新校訂

全訳注

葉隠（上）

菅野覚明、栗原剛

澤景、菅原令子

JN259108

講談社学術文庫

はしがき

佐賀藩士山本常朝の談話を、同じく佐賀藩士の田代陣基が筆録した『葉隠』は、近世を代表する武士道書である。佐賀人士の間では「鍋島論語」とよばれて聖典視され、近年では、現代語訳からの英訳版も刊行されて、海外にも広くその名を知られている。本書は、『葉隠』全十一巻を、文庫版（全三冊）として刊行するものである。

『葉隠』といえば、「武士道と云《いう》ハ死ヌ事と見付《みつけ》たり」（聞書一－2）の一文があまりにも有名である。確かに、死生観にかかわる『葉隠』の主張は衝撃的であり、現代人の精神にとっては劇薬のような効果を与えるものかもしれない。しかし、『葉隠』の思想は決して死生観のみに尽きるものではないし、ましてや、しばしば誤解されるごとき「死に急ぎ」の思想などとは全く別物である。『葉隠』は千三百項以上（写本によって異なる。本書底本では千三百五十五項）の一つ書き項目からなっており、その内容は、当時の佐賀藩士の職務・日常生活・教養などあらゆる面にわたっている。そして、いずれの項目をとってみても、そこには、深い人間洞察に裏付けられた智慧の輝きが満ち溢れている。

本書がめざしたのは、深く豊かな『葉隠』の世界を、原文の息吹にふれながら体感し、味読することのできるテクストの作成である。先人たちも指摘するように、『葉隠』が多くの読者をひきつけてやまないのは、その独特の文体の魅力によるところが大きい。ときに禅僧の喝破を思わせるような、簡潔で迷いのない文体から伝わってくるのは、一つの時代を懸命に生きた武士たちの肉声である。本書の編集に際しては、生身の武士たちの声である原文をできるだけ音読しやすくするよう意を注いだ。また、現代語訳と注も付した。本書が、『葉隠』の世界に踏み込む足がかりになりえていれば幸いである。

菅野覚明

凡例

一、本書は、『葉隠』の原文を翻刻した本文、注、現代語訳、付録、解説とから成る。『葉隠』は、総論に当たる「夜陰の閑談」と題された文章、及び「聞書第一」から「聞書第十一」の全十一巻から成る。文庫版として刊行するにあたり、全体を三つに分け、第一冊には、「聞書第一」から「聞書第三」まで、第二冊には「聞書第四」から「聞書第七」まで、第三冊には「聞書第八」から「聞書第十一」までをそれぞれ収めた。

二、本書の本文は、佐賀県立図書館蔵天保本（天保十三年写）を底本とし、餅木本、小城本などにより校訂した。

三、底本をできる限り忠実に翻刻するようにつとめたが、読解の便をはかって、次のような処置をとった。

1、句読点をほどこし、一つ書きの各項目に巻ごとの通し番号を付した。

2、漢字の表記は、通行の字体に改め、常用漢字表にあるものはそれに従った。ただし、通行の字体と使い分けられている異体字がある場合（例、嶋／島、龍／竜、躰／体、佛／仏、萬／万、會／会など）は底本のままとした。また明らかな誤字はこれを改め、注においてその旨説明を付したが、誤字ではあっても当時の慣用として広く用いられたものや、写本筆者の書き癖によると思われるものは、底本のままとした。
3、仮名遣いは、変体仮名や合字を通行の仮名に改めたほかは底本のままとした。
4、重ね字、小字の捨て仮名は、底本のままとした。
5、音読の便をはかるため、難読箇所には現代仮名遣い・平仮名による振り仮名をほどこした。その際、底本にもともとある振り仮名はカタカナで表記して区別した。また、漢文体となっている箇所は訓み下し、必要に応じて助詞を補った形の振り仮名をほどこした。
6、原文の割注は、〈 〉内に入れた。
7、底本で、藩主の名前などの前に一文字分の空白がとってある箇所（敬意をあらわすための欠字）は、そのままスペースとして残した。
四、注は、文庫本の性格上、必要最小限にとどめたが、条文の歴史的、思想的背景についてはできる限り触れるよう心がけた。また、校異については、大きな意味の違いが生まれるものに関してのみ注で示した。
五、人物に関する注は、本文読解に必要な範囲にとどめ、主要な人物については各巻末の人物補注で詳しい解説をほどこした。
六、注作成のために参照した資史料のうち以下のものは、注の中では、それぞれ（ ）内に記した略号で表記した。

『葉隠聞書校補』（『校補』）、『山本神右衛門常朝年譜』（『常朝年譜』）、『御代々御咄聞書』（『御咄聞書』）、『直茂公譜』『直茂公譜考補』（『直茂公譜』）、『勝茂公譜』『勝茂公譜考補』（『勝茂公譜』）、『寛元事記』『光茂公譜考補地取』（『光茂公譜』）、『綱茂公御年譜』（『綱茂公譜』）、『元茂公御年譜』（『元茂公譜』）、『山本神右衛門重澄年譜』（『重澄年譜』）。

七、現代語訳は、次のような方針の下に執筆した。

1、できる限り原文に即し、原文の語感が残るようにつとめた。

2、必要に応じて主語を補い、会話・心中思惟・引用には「　」をつけた。

3、本文中、同一人物に複数の呼称がなされている場合は、いずれか一つに統一して訳出した。

目次

葉隠

*此《この》始終十一巻ハ追而《おって》火中すへ《べ》し。世上之《の》批判、*諸士之《の》邪正、推量、*風説等ニて、只自分之《の》後学ニ*被覚居《おぼえおられ》候を、噺《はなし》の侭《まま》ニ書付候得《かきつけそうらえば》は、他見之《の》末ニてハ意恨、悪事にも可成《なるべく》候間、堅《かたく》火中可仕《つかまつるべき》由、返〳〵《かえすがえす》御申《もうし》候也。

〈現代語訳〉

「この聞書全十一巻はただちに燃やしてしまわねばならない。その内容は、今の世の中への批評、武士たちの善し悪しについて、推量や世間の噂のたぐいであって、ただ常朝殿がご自分の後のもの学びのために憶えておられたのを話された、その話のままに私、陣基が書きつけたので、他の人が見るようなことになれば、行く行くはひとの恨みを買ったり、好ましくない事態（処罰・喧嘩など）を招くかもしれないから、必ず燃やすように」ということ、陣基殿は何度も何度も仰った。

〈注〉

此始終〜　この文は、餅木本では聞書一と二との間にある。この文の語り手、すなわち「返〱御申候也」の主語が誰であるかについては、二通りの解釈がありうる。ひとつは、山本常朝が、聞き手の田代陣基に「申」したとする解、もうひとつは、田代陣基が誰かに本文を書写させた際、その書写した人物に対して「申」したとする解である。ここでは、「被覚居」が敬語表現であることをふまえて、後者の解によって訳出した。　**諸士之邪正**　もろもろの武士の行いについて、正しいか正しくないか。　**風説**　餅木本では「風俗」。　**被覚居**　餅木本、小城本では「覚居」。「被」がないので、この場合は、「申」した人物は山本常朝と考えられるか。

*宝永七年三月五日　*初而《はじめて》参會

浮世から何里*あろふか　山桜　*古丸

白雲や唯《ただ》今　花に尋合《たずねあい》　*期酔

*夜陰之《の》閑談

御家来としてハ*国学可心懸《こころがくべき》事也。今時国学*目落《めおとし》に相成《あいなり》候。大意ハ　御家之《の》根元を*落着《おちつけ》　御*先祖様方之《の》御苦労、御慈悲を以《もって》、御長久之《の》事を*本落申《もとおとしもうす》為ニ候。*剛忠《ごうちゅう》様御仁心御武勇　*利叟《りそう》様之《の》御*信心ニて　*隆信《たかのぶ》様　*日峯《にっぽう》様御出現、其《その》御威力ニて御家御長久、今か《が》世迄無双之《の》御家ニて候。今時之《の》衆、ケ《か》様之《ようの》義ハ*唱失《となえうしな》ひ、余所之《よその》佛を尊《たつとみ》候事、我等ハ無之《これなく》一円落付不申《おちつきもうさず》候。釈迦も孔子も*楠も*信玄も、終ニ龍造寺、鍋嶋ニ*被官被掛《ひかんかけられ》候義、無之《これなく》候得《そうらえば》は、当家之《の》家風ニ叶不申事《かないもうさざることに》候。*如睦《じょぼく》、甲冑共ニ　御先祖様を奉崇《あがめたてまつり》　御指南を学《まなび》候て、上下共ニ相済申事《あいすみもうす》ニ候。其道こ《そのみちみち》ニては、其《その》家之《の》本尊をこそ尊《たつと》ミ申候。御被官《ひかん》*ならは《ば》余所之《よその》学問無用ニ候。国学得心之《の》上ニてハ、余之《よの》道も慰ニ可承事《なぐさみうけたまわるべきことに》候。能《よく》了簡候へハ《ば》国学ニて不足之《の》事一事も無之《これなく》候。今、他方之《よその》衆より、龍造寺、鍋嶋之《の》根元、又ハ*龍造寺之《の》領地か《が》鍋嶋領地ニ成《なり》候謂《いわれ》、又*龍造寺、鍋嶋ハ九州ニ而之《ての》鑓突《やりつき》と承及《うけたまわりおよび》候か《が》、

如何《いか》様之《の》武功候哉《や》、抔《など》と被尋《たずねられ》候時、国学不知《しらざる》衆、一言之《の》答《こたえ》も成間敷《なるまじく》候。

〈現代語訳〉

宝永七年三月五日　初めてお目にかかりに参上する。

俗世間から何里離れているだろうか、この山桜咲く地は。（ようこそ、この忘れ去られたような私のところへおいでになった）

白雲たなびく奥山をはるばる訪ねて、今ようやく求めていた花に会うことができました。（念願の常朝様にお目通り叶いました）

夜陰の閑談

我が藩の家来衆は、わが藩のことを学ぶ国学を心懸けねばならない。今時はこの国学がないがしろにされてしまっている。国学を学ぶ大きな意味は、鍋島の御家の根本を自分の胸に落ち着けること、つまり歴代藩主様方、当時のご家来衆のご苦労やお慈悲を知ることによって、鍋島家が長く久しく続いていることを根本から腑に落ちるようにするためである。剛忠様の御仁心と御武勇、利叟様の御善行と御信心のおかげで、隆信様、日峯様がご出現になり、お二人の御威力のおかげで御家は長久、今日まで無双の御家である。今どきの人々は、このような根本をすっかり忘れて、よその仏を尊ぶが、そのようなことは私にはまったく承服できない。なぜなら釈迦も孔子も楠木正成も武田信玄も、一度も龍造寺・鍋島家に仕えたことがないのであるから、当家の家風とは関係ないのである。平時も戦時もともに、御先祖様方をあがめ、そのご指南に学び従う、我が藩は主従ともにそれで済むのである。我が藩主従の道だけではなく、いろいろな修行の道にあっては、普通、その修行の道ごとの特定のご本尊を尊ぶものだ。したがって当家に奉公する者などは、当家の本尊を学ぶ国学をさしおいて、他国の学問は無用である。国学に得心がいってからならば、その他の道も暇つぶしに学んでみるのもよい。国学をよく学び理解すれば、国学で不足なことは何一つない。もしいま他藩の人々から、龍造寺・鍋島家の成り立ち、龍造寺の領地が鍋島家の所領になった経緯、また「龍造寺・鍋島は、九州きっての武勇の家とうかがっているが、どのような武功をたてられたのですか」などと尋ねられた時、国学をしらない連中には、一言も答えられないであろう。

〈注〉

宝永七年　西暦一七一〇年。宝永年間は宝永大地震や歴史上最後の富士山の噴火である宝永大噴火などの自然災害が相次いだ。江戸幕府将軍は徳川家宣。佐賀藩主は第四代藩主鍋島吉茂。佐賀では前藩主綱茂の代から天災や火災が多く、財政は逼迫しており、綱茂、吉茂ともに倹約につとめていた。**初而参會**　餅木本では「初会」、小城本では「初日参会」。**あろふか**　餅木本では「あらふぞ」、小城本では「あらふか」。**古丸**　山本常朝の俳号。常朝は初会において五十二歳。主君であった二代藩主光茂の死に際して出家隠棲しており、隠棲十年目であった。（人物補注、山本常朝）**期酔**　田代陣基の俳号。陣基は祐筆役として先代である第三代藩主綱茂に仕えていた。初会においては三十三歳である。餅木本では「期然」。（人物補注、田代陣基）**夜陰之閑談**　餅木本、小城本ではこの題なし。**国学**　歴代藩主と藩主に仕えた先祖たちの事跡を学ぶこと。**目落**　無自覚に、または故意に見落すこと。**落着**　得心する。ある結論に帰着し、動じなくなる。**御先祖様方**　歴代藩主と藩主に仕えた先祖たちをさす。**本落**　餅木本、小城本では「本付」。**剛忠様**　龍造寺家兼。龍造寺隆信の曾祖父。剛忠は剃髪後の法号。（人物補注、龍造寺家兼）**利叟様**　鍋島清久。佐賀藩祖鍋島直茂の祖父。呼び名は法名による。（人物補注、鍋島清久）**御信心**　餅木本では「御善根御信心」、小城本では「御善根御仁心」。**隆信様**　龍造寺隆信のこと。（人物補注、龍造寺隆信）**日峯様**　佐賀藩祖鍋島直茂。祖父は龍造寺家兼家臣、鍋島清久。呼び名は法名による。龍造寺隆信の家臣。隆信の生母慶誾尼が、直茂の父清房に再嫁したために、隆信の義弟として厚い信任を受ける。（人物補注、鍋島直茂）**唱失ひ**　言わなくなってしまうこと。過去のならわしなどをすっかり忘れてしまうこと。**楠**　楠木正成のこと。楠流と呼ばれる兵学の祖。**信玄**　武田信玄。甲州流、またそこから派生した、北條流と呼ばれる兵学の祖。**被官被掛**　家臣として仕えること。**如睦、甲冑**　平時と戦時のこと。如睦は如木（下級役人の装束）で、平服と武装の意か。**ならば**　餅木本では「などは」。**龍造寺之領地か鍋嶋領地ニ成候謂**　もともと佐賀藩祖鍋島直茂は、龍造寺隆信の嫡子政家の後見人として国政をみていた。政家の隠居に伴い、直茂は国政を任されるようになり、その嫡子高房の逝去によって、龍造寺の領地は佐賀藩初代藩主鍋島勝茂に授けられた。**龍造寺、鍋嶋ハ九州ニ而之鑓突**　「鑓突」とは、人であれば武功者、国であれば武国のこと。同様の質問に対して返答する条文が聞書二－137にあり、常朝は沖田畷の戦いにおいて隆信以下の戦死が四百に及ぶことをまず武国の証拠としてあげている。ついで豊臣秀吉、徳川家康の下での九州攻めにおける褒美をその証拠とする。

扨《さて》又面ゝ家職《*かしよく》を勤《つとむ》るより外無之《ほかこれなく》候。多分家職《かしよく》ハ無数奇《*ぶすき》ニて*他職を面白がり、取違《とりちがえ》*散ゝ仕損申《しそんじもうす》事ニ候。家職勤之能《かしよくづとめのよき》手本は　日峯様《にっぽう》　泰盛院《*たいせいいん》様ニて候。其《その》時代之御被官《のごひかん》ハ皆家職《かしよく》を勤申《つとめもうし》候。上よりは御用ニ立者《たつもの》御探促《*たんそく》、下よりは御用ニ立《たち》か《が》かり、上下之《の》志、行渡《ゆきわた》リ、御家黒《*くろ》ミ申《もうし》たる事ニ候。日峯《にっぽう》様御*苦労可申上様無之《もうしあぐべきようこれなく》、血ミと《ど》ろニ御成《おなり》、*御切腹之《の》御覚悟も度ゝ《たびたび》候得共《ども》、御運ニて御家被成御踏留《*おふみとどめなされ》候。泰盛院《たいせいいん》様も*御切腹之《の》場ニも御逢《おあい》、初《はじめ》て*国主ニ被為成《ならせられ》、弓箭之《ゆみやの》御働《はたらき》、御家中之《の》御支配、御国之《の》御政道、所ゝ之要《の*よう》害《がい》、*雑務《ぞうむ》方之《の》御仕組《しくみ》等迄《まで》、御自身様御苦労、佛神ニ御信心なされ　日峯《にっぽう》様御取立之《*とりたての》御家を大形《*おおかた》ニ思ひてハ不当介之《*ふあてがいの》事《ことに》候。子ゝ孫ゝ迄何卒《までなにとぞ*》家か《が》家ニ長久候様ニせでハ不叶《かなわざる》事ニ候。泰平ニ候へハ《ば》次第ニ花麗之《かれいの》世間ニ成行《なりゆき》、*弓箭之《ゆみやの》道は不覚悟ニして奢《おごり》出来、*失墜《しっつい》多ク上下困窮し、*内外共《とも》ニ恥をかき、*家をもほり崩し可申《もうすべく》候。家中之《の》者共《ども》、老人ハ死失《しにうせ》、若キ者共《ども》ハ時代之風斗《の*ふうばかり》を学ひ《び》可申《もうすべく》候。責而《せめて》末か《が》末迄残《のこり》候様ニ書物ニて家之譲《のゆずり》ニ渡置《わたしおき》候ハヽ《ば》、夫《それ》を見候而成共《てなるとも》*覚付可申《おぼえつきもうすべく》候、と被仰《おおせられ》、御一生反故之《*ほぐの》内ニ被成御座《ござなられ》候て被成御仕立《おしたてなされ》候。御秘事ハ不相知《あいしらざる》事ニ候へ共《ども》、*古老之《の》衆語伝《かたりつたえ》候は、*カチクチと申《もうす》御軍法、御代々御代替《ごだいだいごだいがわ》リニ*面授口決《めんじゆくけつ》ニ而《て》被遊御伝《おつたえあそばさるる》之《の》由候《よしに》。御*譲《ゆずり》*御掛硯《かけすずり》ニは*視聴覚知抄《しちようかくちしよう》先《せん》考三以記《こうさんいき》と申《もうす》御書物、是《これ》も御家督之《の》時、御直《じき》ニ*被遊御渡《おわたしあそばさるる》由候《よしに》。扨又《さてまた》、御家中御*仕《し》置《おき》、御国内端々《はし》迄之《までの》御仕組《しくみ》*公儀《こうぎ》方、雑務《ぞうむ》方、一切萬事之《の》御仕置《しおき》、*鳥ノ子御帳《ごちよう》ニ御書《かき》記《しる》シ、諸役々之《の》御掟《おんおきて》帳、御《お》*手頭《てがしら》迄《まで》明細ニ被遊《あそばされ》候。此《この》御苦労限《かぎり》もなき御事ニ候。其《その》御勲功を以《もつて》御家御長久、目出度《めでたき》御事《ことに》候。

〈現代語訳〉

そうしてまた、鍋島の御家の家来は一人一人、各自のなすべき職務を勤めあげるより他にすべきことは何もない。往々にして与えられた職務は好かず、他の職務を面白がり、本末転倒の勘違いをし、ひどい仕損ないをしてしまう。家職を勤めることのよい手本は、日峯様（藩祖・直茂）、泰盛院様（初代藩主・勝茂）である。またその時代のご家来衆はみな家職を脇目もふらず勤めあげた。殿様方はご用に立つ者を探し求め、家来衆からはご用に立とうとし、主従の志が相互に交わされ滲透していて、お家がうまくいっていた。日峯様のご苦労の深さは言いようもないほどであった。多くの戦《いくさ》で血みどろになられ、切腹の覚悟をなされたことも度々あったが、ご強運でお家の滅亡から踏みとどまりきられた。また泰盛院様もご切腹覚悟の場にもあわれながら、初代藩主とお成りになり、戦《いくさ》でのお働き、家来衆のご統制、藩内の政治、藩内各所の城・砦の整備、財務部門の制度整備まで、ご自身みずからご苦労なされ、加えて仏や神へもご信心厚く、「日峯様が混乱を治め立てられたお家をいい加減に考えては勿体ないことである。子々孫々まで鍋島家が長く久しく続く家であるようにしなければ日峯様のご苦労に応えられない。今日は泰平の世なのでだんだん華美な世の中になっていき、武士の道のことなど普段は忘れ去って覚悟も定まらず、ぜいたくを好む気持ちも出てきて、出費が多くなり、主従ともに生活の維持に困り、藩の内外に恥をさらし、最後にはお家さえも自分から滅ぼしてしまうかもしれない。家中の者たちは、昔を知る者はやがて死に失せ、若い者たちは流行の風潮ばかりを学ぶようになるだろうから、せめてずっと後の時代まで日峯様の家風が残るように、書き物にして代替わりの時に譲渡するようにしておけば、実態が廃れていってもそれを見るなどしてでも、覚えさせておくことができるだろう」と仰せられ、一生の間、書き損じては書き直しということを繰り返しておられ、種々の書物を仕上げられた。秘密の事柄については我々家来衆は皆知らぬことだが、先達の方々が語り伝えるところではカチクチという軍法を、代々お代替りの際に、直接口伝えで秘訣としてお伝えになっているとのことである。お譲りの硯箱の中には、『視聴覚知抄』、『先考三以記』という文章が入れられており、これもご家督相続のときに、じきじきに渡されるということである。そうしてまた、ご家中の賞罰の処置、国内隅々までの組織体制、対幕府関係の職務、財務関係の事務をはじめとして、一切のあらゆることの処置を『鳥の子帳』に書き記され、様々な役務上の掟書から覚え書まで、細部にわたって明快に書き残された。このご苦労は際限もないことである。そのご功労によってお家は長く久しく続いており、喜ばしいことである。

〈注〉

家職　なすべき職務。家で代々担ってきた役職。その道の専門の業。家職さえ勤めればよいというのは、当時の一般的道徳でもあった。鈴木正三の『驢鞍橋』には、「何れの道の輩も、正直に其道を守り、家職をだに勤め居たらば、どこに有ても天然と食分断つべからず」（下ー七三）とある。**無数奇**　好きでないこと。餅木本、小城本では「不数寄」。**他職**　他家に与えられた役職。**散〻**　餅木本では「度々」。**泰盛院様**　佐賀藩初代藩主鍋島勝茂。鍋島直茂の嫡男。呼び名は法名による。慶長の役では父と共に渡海し、武功を挙げた。関ヶ原の戦いでは、はじめ西軍に属したが、父直茂に従って東軍に寝返り、筑後柳川の城攻めを命じられ、本領安堵を認められた。龍造寺の領地を授けられ、初代藩主となる。（人物補注、鍋島勝茂）**探促**　「探捉」。探し求める。底本では「探促」が常用されている。**黒ミ**　なんとかやっていける。成り立つ。近世において、家がなんとかやっていける際に使った表現。金銭的なイメージが強い。藩内に自治領が多く、参勤交代に加えて、長崎御番を仰せ付けられていた当時の佐賀藩の財政状況は、借金がかさむばかりで非常に悪かった。とかく倹約倹約という世の風潮に対して、上下の志がいきわたれば、金銭的な事を気にせずとも、なんとかやっていけるはずであるという主張だと思われる。**御苦労可申上様**　餅木本、小城本では「御辛労可申尽様」。**御切腹之御覚悟**　鍋島直茂が切腹の覚悟をしたのは、隆信が戦死した沖田畷の戦いの時、また嫡子勝茂がはじめ西軍について戦っていた関ヶ原の戦いの後などである。

常朝の著作であると考えられる『御咄聞書』（藩祖直茂、初代藩主勝茂、二代藩主光茂の人柄や事績を集めた書物）には、勝茂が西軍について戦った関ヶ原の戦いが東軍の勝利となった際、潔く腹を切るために、「死狂ノ一戦天下ノ人に目をおとろかさすへし」と言った直茂の言葉が見られる。**被成御踏留**　鍋島家の滅亡を留められたこと。餅木本、小城本では「御踏留被成」。**御切腹之場**　鍋島勝茂が切腹をする可能性があったのは、はじめ西軍について戦っていた関ヶ原の戦いの後などである。**国主ニ被為成**　国持大名にならせられ。鍋島勝茂は龍造寺の領知を相続し、鍋島家として初めて大名となった。餅木本では「国主に被為成候間」、小城本では「国主に被為成候」。なお、この箇所から後の内容は、聞書四－82とほとんど重複している。**要害**　城塞など防衛設備のそなえ。**雑務**　銀米の出納などの財務。**取立**　築きあげること。**大形ニ**　いい加減に、疎略に。**不当介**　あるべきあり方にはずれていること。役目や立場にふさわしくないこと。「当介」については、石田一鼎『要鑑抄』に付された恩田一均の注に次のようにある。「此篇に当介といふこと、字義にてハ心得かたし。是昔より云ならハしたる俗語にて、君には忠を思ひ、親には孝を思ふことを当介といふ也。其外それ〳〵に当る所の正道を忘れず勤るを指て、皆当介と云なるべし」**家か家ニ長久候様ニ**　今の家が後の家に継がれ、長く久しく続く様に。**弓箭之道**　戦いの道。**失墜**　無駄づかい、浪費。**内外**　藩の内と外。**ほり崩し**　掘って崩すこと。ここでは自ら家を崩壊させること。**風**　世間に一般的なことがらやありよう。**覚付**　思い付く、気付く。**反故**　書き損じの紙。**古老**　経験を積んだ老功の武士のこと。**カチクチ**　勝口、勝ち方を意味する軍法。鍋島直茂が用いていた。それ以前に関しては不明。佐賀藩内の支藩である小城藩の藩祖、鍋島元茂（勝茂の長男）には、直茂の遺言により大木兵部丞統清から伝えられた（『元茂公譜』「寛永十九年二月、元茂公御在国之内、日峯様御遺言ニ任、大木兵部丞より軍勝口之御伝申上候」）。代々佐賀藩主によって面授口訣される他にも、支藩藩主や、老功の者の一部にも伝えられていたようである。**面授口決**　文書に記さず、面と向かって口伝えに教えを授けること。**御掛硯**　本来は中箱のある硯箱のことだが、ここでは江戸時代における硯箱を兼ねた手文庫のこと。重要な書類や金銭を入れる。鍋島藩では藩主の手文庫として、勝茂の手記や備えの軍用金を入れ、参勤交代にも携帯し、藩主手ずから管理したもののようである。**視聴覚知抄**　**先考三以記**　『校補』によれば慶安四年（一六五一）五月、勝茂の命によって編纂されたものである。内容に関しては不明。石田安左衛門宣之（一鼎）、中野八兵衛良連が編集、三間山の円通寺住持である瑞岩慶順和尚が監修、大木兵部丞統清が老巧者として関わるように命じられた。筆者は、八戸彦左衛門、成富助兵衛、大坪太兵衛、内田正右衛門、大石六左衛門、塚原正兵衛であった。**被遊御渡～公儀方**　餅木本ではこの部分欠。**仕置**　処置の仕方。**公儀方**　幕府関係の職務。小城本では「公義方」。**鳥ノ子御帳**　勝茂が子孫に伝えるために、鍋島家祖先以来の掟を書き留めたもの。最も基本的な佐賀藩法。餅木本では「御鳥の子帳」、小城本では「御鳥之子帳」。**手頭**　箇条書きに書き付けた心得書。

然ハ乍憚《しかればはばかりながら》*御上ニも　日峯《にっぽう》様　泰盛院《たいせいいん》様之《の》御苦労を思召《おぼしめし》知られ、責而《せめて》御譲《ゆずり》の御書物なりとも御熟覧候て、被遊御落着度《ごらくちゃくあそばれたき》事候。御出生候得《そうらえば》は　*若殿と*ひよふすかし立候《たてそうらい》付而《つきて》、御苦労被成事無之《なさるることこれなく》、国学無御存《ごぞんじなく》、我侭之《わがままの》数奇之《すきの》事斗《ばかり》ニて、御家職《かしょく》方大形《おおかた》ニ候故《ゆえ》、近年*新儀《しんぎ》多ク、手薄相成申事《てうすくあいなりもうすことに》候。ケ様之《かようの》時節、*小利口成ル者共か《が》何之《の》*味も不知《しらず》、智恵自慢をして新儀《しんぎ》を工《たく》ミ出し　殿之《の》御気ニ入《いり》、＊出頭《しゅつとう》して、悉《ことごと》ク＊仕《し》くさらかし申《もうし》候。先《まず》申さハ《ば》＊御三人之《の》不熟《ふじゅく》、＊着座《ちゃくざ》作リ、＊他方者《よそもの》抱へ、＊手明鑓物頭《てあきやりものがしら》、＊組替《くみがえ》、＊屋敷替《がえ》、＊御親類並《なみ》家老作リ、＊お東解除《ひがしときの》ケ、＊御掟帳仕替《おんおきてちょうしかえ》、＊独礼《どくれい》作リ、＊西御屋舗取立《とりたて》、＊足軽与《ぐみ》まぜちらかし、＊御道具仕廻物《しまわりもの》、西御屋敷解崩《とき》シ抔《など》、皆御代初《ごだいはじめ》〻《ごだいはじめ》ニ何事か《が》なと新儀《しんぎ》工《たく》ミ之《の》仕そこなひニ而《て》候。乍去《さりながら》　御先祖様、御仕組、御手堅《てがたく》候故《ゆえ》、大本は動《うごきもうさず》不申候。＊無調法成《なる》事ニても　日峯《にっぽう》様　泰盛院《たいせいいん》様之《の》御仕置、御指南を上ニも下ニも守り候時ハ、諸人落着《おちつき》、手強《てごわく》、物静《ものしずか》ニ治リ申《もうす》事ニ候。扨又御《さてまたご》代〻《だいだい》の　殿様ニ悪人無之《これなく》、鈍智《どんち》無之《これなく》、日本之《の》大名ニ二三とさから《が》せらるゝハ終《つい》ニ無之《これなく》、不思議之《の》御家　御先祖様、御信心之《の》可為御加護《ごかごたるべく》候。又《また》御国之《の》者他方《よそ》ニ不被差出《さしいだされず》、他方之《よその》者不被召入《めしいれられず》、＊牢人被仰付《ろうにんおおせつけられ》候ても御国内《おくにうち》ニ被召置《めしおかれ》、切腹被仰付《おおせつけられ》候者之《の》子孫も御国内《おくにうち》ニ被召置《めしおかれ》、主従之《の》契り深き御家ニ、不思議ニも生レ出《いで》、御被官《ごひかん》は不申及《もうしおよばず》、百姓、町人、＊御普代相伝之《の》御深恩不被申尽《ごしんおんもうしつくされざる》事共《ども》ニ候。ケ様之《かようの》義を存当《ぞんじあた》リ、御恩報《ほうじ》ニ何卒《なにとぞ》御用ニ可罷立《まかりたつべし》、との覚悟ニ胸を極《き》メ、御懇《おねんごろ》ニ被召仕《めしつかわれ》候時は弥私《いよいよわたくし》なく奉公仕《つかまつり》、牢人《ろうにん》切腹被仰付《おおせつけられ》候も一ッ之《の》御奉公と存《ぞんじ》、＊山の奥よりも土之《の》下よりも生〻《しょうじょう》世〻《せぜ》御家を奉歎《なげきたてまつる》＊心入《こころいれ》、是《これ》鍋嶋士之《の》覚悟之《の》＊初門《しょもん》、我等か《が》骨髄ニて候。今之《の》拙者ニ不似合《にあわざる》事ニ候へ共《ども》、成佛抔《など》は曾《かって》而願《ねがい》不申《もうさず》候。＊七生迄《しょうまで》も鍋嶋侍ニ生出《うまれいで》、国を治メ可申《もうすべき》覚悟、*膽《きも》ニ染罷在迄《しみまかりあるまで》ニ候。気力も器量も不入《いらず》候。一口ニ申サハ《ば》、御家を一人して荷ひ申《もうす》志、我出来申迄《もうすまで》ニ候。同し《じ》人間に誰ニ劣リ可申哉《もうすべきや》。惣而《そうじて》修行ハ大*高慢ニ而《て》なけれハ《ば》益ニ不立《たたず》候。我一人して御家を動かさぬとかゝらねハ《ば》修行は物ニ不成《ならざる》也。又《また》*薬罐道心《やかんどうしん》ニてさめ安キ事有《あり》。夫《それ》ハさめぬ*仕様有《しようあり》。我等か《が》一流之《の》誓願

一、於武士道《ぶしどうにおいて》おくれ取申間敷《とりもうすまじき》事

一、主君之《の》御用ニ可立《たつべき》事

一、親ニ孝行可仕《つかまつるべき》事

一、大慈悲を起し人之《の》為ニ可成《なるべき》事

此《この》四誓願を毎朝佛神ニ念し《じ》候得は《そうらえば》二《に》人力《にんりき》ニ成《なり》て、跡《あと》へハ*しさらぬ物也。*尺取虫之《の》様ニ少《すこし》宛《ずつ》ニにし《じ》り申《もうす》物ニ候。佛神も先《まず》誓願を起し給ふ也。

〈現代語訳〉

そうであるから、恐れ多いことだが今の殿様（四代・吉茂）におかれても、日峯様、泰盛院様のご苦労をご存じになり、せめて代替わりの際にお譲り伝えられているお書き物などだけでもご熟読いただいて、万事を胸にたたきこんでいただきたいものである。お生まれになるなり、若殿若殿と御機嫌とりばかりされていらしたのが身について、ご苦労なされること

もなく、国学もご存じなく、わがままに好きなことばかりなされ、お家勤めの方面のことをいいかげんになさるので、最近では新しいしきたりが多く導入され、従来の盤石な体制に手薄な点が生じてきている。このような時には、小賢しい者どもが、国学の正味のところを何も知らずに、思いつきの知恵を自慢げに披露して新しい制度をでっちあげ、殿のお気に召すようにし、出世するようになって、なにもかも手をつけてせっかくの体制を腐らせてしまう。目につくものを挙げれば、ご支藩三藩との不和、家老に次ぐ着座という新しい地位を設けたこと、他国の者をかつてなく多く召抱えたこと、予備役である手明槍に物頭をおいたこと、組分けを再編成したこと、屋敷替え、ご親類同様に扱われる家老を置かれたこと、勝茂様・光茂様ご由緒のお東、向陽軒屋敷の取り壊し、掟帳を改訂されたこと、西御屋敷の新規造営、足軽組の連帯を無視した編成替え、藩主様ご逝去の際の身の回りの品を仕廻物として分配したこと、作ったばかりの西屋敷を取り壊したことなど、みなお代替りの初めごとになされたことで、何か目新しい事がないかと、新しいしきたりをでっち上げたことによる失敗である。そうではあるものの、御先祖様方の作られた体制がどっしり盤石であったので、少々のことでお家の根本は動揺することはなかったのだ。たとえ上手くはできなくても、日峯様、泰盛院様のご処置、お教えを主従ともに守っていくならば、人々は落着き、危なげなく、粛々と平穏に治まるものだ。そうしてまた、代々の御藩主様方に悪人がおられず、愚かで鈍い方もおられず、日本全国の大名と比べて、二番三番の地位に甘んじさせられるような殿様はひとりもおられないという不思議の御家であり、これも御先祖様方の御信心に対する神仏の御加護なのだろう。また、お国で生まれた者が他国に追放されることもなく、めったに他国の者が召抱えられることもなく、あやまちがあって浪人を命じられても藩内に住んでいるように処置され、重大な罪で切腹を命じられた者の家族もそのまま藩内に住んでいるように処置され、主君と家臣の契りが深い鍋島家に、不思議にも我々は生をうけた。かくなる上は、現在お仕えしている武士はいうまでもなく、農民や町人にとっても、代々の藩主様方が伝えてきてくださっている深いご恩義は言い尽くすことのできないものである。このようなことをしっかり噛み締めて、ご恩に報いるために何としても御役に立たねばならぬと覚悟を胸に決め、懇ろに召し使っていただいている時は、どこまでも私心私欲なくご奉公に徹し、浪人や切腹を命ぜられたとしても、これも一つのご奉公とわきまえ、隠居して遠く山の彼方から、あるいは死んで土の下からでも、幾度生まれ変わろうとも鍋島家のことをご心配申し上げる心構えでいること、これが鍋島侍の覚悟の入り口であり、我々鍋島侍の骨髄となるべきものである。出家の身である今の私には似つかわしくないことだが、成仏などといまだかつて願ったことはない。輪廻から解脱できなくてもかまわない、七度生まれ変わってもその度に鍋島侍として誕生し、国を治め申さねばならないという覚悟が、私の肝に染みこんでいるだけだ。気力も能力も必要ない。一言で言えば、鍋島の御家を一人で背負う志、それが出てくるだけだ。同じ人間である他の誰に劣ることがあるだろうか。総じて修行は大いに思い上がってうぬぼれてやらなければ、役には立たないものだ。自分一人でお家を不動のものに、と思って修行にかからねば、その修行はものにはならないのだ。また「やかん道心」

といって、修行の志は冷めやすいということがある。それには、冷めないようにするやり方がある。我々、志を同じくする仲間うちでは、次のような誓願を立てている。

一、武士道において他人におくれをとってはならないこと。
一、主君の御用に立たねばならないこと。
一、親に孝行しなければならないこと。
一、大慈悲を心におこして、人のためにならねばならないこと。

この四誓願を毎朝仏神の前で自分の心に刻みつければ、二人分の力が備わり、後ずさりはしなくなるものだ。尺取り虫のように少しずつ、先ににじり進むものである。仏や神も修行に先立ちまず誓願を発するのである。

〈注〉

御上 当時の藩主、四代藩主鍋島吉茂のこと。**若殿** 底本では「若殿」の後の「様」という字が墨で消されている。**ひよふすかし立** 佐賀方言。おだてあげること。子供をあやす時にも使われる言葉。**小利口** 小才のあるさま。目先のことに気が付くが、大局の見えないさま。**新儀** 新しく決められた事柄。**出頭** 立身出世すること。**仕くさらかし** 悪くする。上手くいかなくする。**味** 物の良しあし。**御三人之不熟** 小城・蓮池・鹿島三支藩との間の不和。よく慣れ親しむことを純熟というが、不熟はその否定である。**着座** 着座は家老に次ぐ家格で、藩庁の座に着き藩政に携わることを意味している。この家格に相当する人は、勝茂の頃には長袴の人と呼ばれていたが、二代藩主光茂が、万治二年（一六五九）にそれを改めて着座と名づけ、座位を定めた。家老の業務の実務的な面を主に担った。**他方者抱**　他国の者を召し抱えること。二代藩主光茂は主に医者、三代藩主綱茂は儒者、馬術家などを抱えた。他国の者で召し抱えられた者は、御抱者と呼ばれる。御抱者のうち年寄役となった者は、光茂の時に岡部重利（勝茂継室の付人から、勝茂嫡男忠直の御側役、忠直の嫡男光茂の年寄役）、綱茂の時に坂部正久（綱茂の乳兄弟）である。**手明鑓物頭**「鑓」は「槍」。手明槍は佐賀藩独自の藩士の階級。元和六年（一六二〇）、勝茂が財政整理のために定めた。凡侍二百人ほどの現米五十石以下の知行を召し上げ、代わりとして切米十五石を支給し、平時の役を免除し、戦時は槍一本・具足一領で出陣することとした。足軽隊をまとめる小物頭となることもあったが、ここではそのことが批判されている。**組替**　組とは佐賀藩における兵の編成単位。その組み替え。二代藩主光茂の時から、徐々に組内の人の入れ替わりが増えていった。**屋敷替**　二代藩主光茂の時から、藩主の住む屋敷を替えるということが行われるようになった。**御親類並家老**　藩主御親類と同格の扱いを受ける家老。三代藩主綱茂は元禄十二年（一六九九）、家老のうち龍造寺一門のものを、御親類同格とした。勝茂のころには、もともと、この龍造寺一門のものが御親類と呼ばれており、江戸詰めとなる幕府への忠誠の証人も、龍造寺一門の者から一人ずつと、鍋島分家から勝茂の弟忠茂が送られていた。その後、勝茂の息子たちが三支藩や御親類として分家をなしていくにつれ、彼らが龍造寺一門のものの上座を占めるようになり、三代藩主綱茂の頃に、龍造寺一門のものは御親類同格として、藩主御親類と同格であるけれども、一段下の扱いを受けることになった。**お東**　お東は、勝茂の造営、向陽軒と称した。勝茂は老後に多くここに住み、光茂の住居ともなったが、光茂逝去後、解体された。**御掟帳仕替**　光茂の時に、藩法が替えられた。**独礼** 藩主に礼を行う日に、一対一で謁見する資格を持つ家格。**西御屋舗** 三代藩主綱茂の代に建てられた観頤荘のこと。勝茂造営の向陽軒が御東と呼ばれるのに対して、西御屋敷と呼ばれる。広大な別荘で、綱茂の子が住居とし、綱茂がここで藩政を見ることもあった。綱茂はここに年々手を入れていたが、綱茂逝去後、解体された。**足軽与まぜちらかし** 足軽隊をばらばらに組替えること。直茂、勝茂の代に慎重に吟味された組が、その後無思慮に入れ替えられ、代々因んだ小物頭から離れ、その元の役割とも違う役割を振られるということが見られた。**御道具仕廻物** 藩主の愛用した衣服や道具類を、逝去後払い下げること。**無調法** つたなく、手際の悪いこと。**牢人** 俸禄を失うこと。また失った武士のこと。浪人。**御普代相伝之御深恩** 代々の主君に仕えることで継がれてきた主君への深い恩。**山の奥よりも土之下よりも** 隠棲した山の奥からも、葬られた土の下からも。**生〻世〻** 仏教語で、輪廻転生して経る多くの世のことを意味する。小城本では「世々」。**奉歎** 深く物思いにしずむこと。常朝の教養の大きな背景となっている和歌の世界では「情《こころ》に深くあはれとおもふ事ある」（本居宣長『石上私淑言』）の意で用いられる。宣長は、物思いが深いと「かならず長き息をつく」ことから「ナゲク」というのだと説明している。**心入** 心構え、心がけ。**初門** 最初の段階。餅木本、小城本では「要門」。**今之拙者** 出家の身である今の山本常朝。**七生** 仏教語で、七回生まれ変わること。この世には七回まで生まれ変われるとされたので、その極限までの生のこと、転じて未来永劫を意味する。**膽** 餅木本では「心腑」。**大高慢** 『葉隠』にしばしば引かれる鈴木正三に、次のような言葉がある。「今時は修行に逢て、我を出す人なし。皆くどつきて居るばかり也。強く眼を著て修し行じて、是非に生死を出離せんと云大我慢を発して修すべしと也」（『驢鞍橋』上−一四二）。**動かさぬ** 不動のものにする。**薬鑵道心**　熱しやすく冷めやすい信心。ここでは熱しやすく冷めやすい志。**しさらぬ**　退かない。後ずさらない。**尺取虫**　『驢鞍橋』には、次のようにある。「東へも西へも行んと思ひ、一足づゝ運ば必ず行著もの也。然るに修し行ずる処に於ては、尺取虫の様にもいじる者無し」（上―一二七）。

聞書第一*

1　一、武士たる者ハ武道*を心懸《こころがくべ》へき事、不珍《めずらしからず》といへ共《ども》、皆人《みなひと》油断と見へたり。其《その》子細*は、武道之《の》大意ハ何と心得《こころえ》候哉《や》、と問懸《といかけ》たる時、言下《げんか》ニ答《こたう》る人稀《まれ》也。兼〻《かねがね》胸ニ落*《おち》着《つき》なき故《ゆえ》也。扨《さて》ハ武道不心掛之《ふこころがけの》事知られたり。油断千萬之《ゆだんせんばんの》事也。

〈現代語訳〉

武士たる者は武士道を心がけるべきだ、これはいまさら目新しくもないことだけれども、皆油断していると見える。というのも「武士道の根本は何であると心得ておられるか」と問いかけたとき、即座に答える人は稀である。心が定まっていないからだ。そんなことでは武士道を心がけていないことがあきらかである。油断はなはだしいことである。

〈注〉

聞書第一　餅木本では「聞書　一教訓」、小城本では「葉隠聞書一　教訓」。**武道**　武術、武芸の意ではなく、「武士道」の意。**子細**　くわしいこと。くわしいわけ。この条では「油断千萬之事也」までの内容を指す。　**落着**　得心すること。ある結論に帰着し、動じなくなること。

2　一、武士道と云《いう》ハ死ヌ事と見付《*みつけ》たり。二《*ふた》ッ〳〵之《ふたつの》場ニて早ク死ヌ方《かた》ニ片付《かたづく》斗《ばかり》也。別ニ子細なし。胸すわつて進む也。図《ず》ニあたらぬハ、犬死《いぬじに》抔《など》と云《いう》事ハ上方風《*かみがたふう》之《の》打上《うちあが》りたる武道成ルへ《べ》し。二《ふた》ッ〳〵之《ふたつの》場ニて図《ず》ニあたる様ニ*わかる事ハ不及事《およばざること》也。我人《われひと》生《いく》る方《かた》か《が》数奇《すき》なり。多分数奇《すき》之《の》方《かた》ニ理か《が》付《つく》へ《べ》し。若《も》シ図《ず》ニ迦《はず》れて生《いき》たらは《ば》腰ぬけ也。此《*この》さかい危《あやうき》也。図《ず》ニ迦《はず》れて死《しに》たらは《ば》犬死《*いぬじに》気違《*きちがい》也。恥ニハならす《ず》。是か《これが》武道ニ丈夫《じょうぶ》也。毎朝毎夕改《あらため》てハ死《*し》ニ常住《しにじょうじゅう》死身《*しにみ》ニ成《なり》て居《お》る時ハ、武道ニ自由*を得、一生越度《*おちど》なく、家職を仕課《しおお》すへ《べ》き也。

〈現代語訳〉

武士道の根本は死ぬことだと見きわめた。生きるか死ぬかしかない場でいち早く死ぬ方をとるだけのことだ。特段、理屈はない。迷いなく進むのである。目的を果たせずに死ぬのは犬死だ、などというのは、上方風の思い上がった武士道であろう。生きるか死ぬかしかない場で狙いが果たせるように分別することは、不可能だ。自分も人も生きる方がすきだ。往々にして好きな方に理屈が付くものだ。それでももし狙いを外して生き延びたならば、腰抜けである。この境目はあてにならない。一方、狙いを外して死ぬならば、犬死であり、無分別者である。しかし恥にはならない。これが武士道における一人前だ。だから毎朝、毎晩、改めて死に死に、常に死身になっているときは、武士道において自由を得て、一生の間恥になるような落度なく、代々担ってきた役職を勤めおおせるのである。

〈注〉

見付たり　前項の「武道の大意ハ何と心得候哉」という問いを受けて、常朝自身の出した答えはこうだと述べている。**ニッ〳〵之場**　生きるか死ぬかの二者択一を迫られる場面。**上方風**　京都や大坂だけでなく、江戸を中心とする当時の武士社会に支配的な風潮のこと。佐賀藩の風は、上方風に対して田舎風と呼ばれる。**わかる事**　餅木本では「する事」。**此さかい**　結果として腰抜けになるかならないかの境目。**犬死気違也**　餅木本では「気違て」、小城本では「犬死気違て」。**気違**　人の意表をつく手段に出る者の意で、当時よく使われた言葉。**死ニて**　『驢鞍橋』には「死に習ふ」という言葉が頻出する。ここは、同書の「先づ千騎万騎、抜そろゑたる備の中に駈入、胴腹を撞ぬかれて、死に〳〵して死習ひしに、是は頓て仕習ひて駈入れたり」(上-一三)という記述などをふまえたものか。聞書十一-132にある死の観念修行の記述も、『驢鞍橋』上-一三、上-一二八、下-一〇九などにもとづくものと見られる。**死身**　一般的には死ぬと覚悟をした体、決死の身のこと。しかしここでは、『驢鞍橋』の「死に習ひ」「常住死で居也」と同じく、すでに死んだ身と等しくなっていることをいう。**自由**　禅語で、何ものにもとらわれない理想の境地。**越度**　あやまち、落度。餅木本、小城本では「落度」。

3　一、奉公人ハ一向《いっこう》ニ主人を太切ニ歎*く迄《まで》也。是《これ》最上之《の》*被官《ひかん》也。御当家御代〻《ごとうけごだいだい》名誉之《の》御家中ニ生出《うまれいで》先祖代〻《だいだい》御厚恩之《の》儀を不浅事《あさからざること》ニ奉存《ぞんじたてまつり》、身心を擲《なげうち》一向《いっこう》ニ奉歎《なげきたてまつる》斗《ばかり》也。此《この》上ニ智恵、*藝能も有《あり》て、相応〻《そうおうそうおう》之《の》御用ニ立《たつ》は猶幸《なおさいわい》也。何之《の》御用ニも不立《たたざる》*無調《ぶちょう》法千萬之《ほうせんばんの》者も、ひたすらニ奉歎《なげきたてまつる》志さへあれは《ば》、御頼切之《おたのみきりの》御被官《ごひかん》也。智恵、藝能斗《ばかり》を以《もって》御用ニ立《たつ》ハ下段《げだん》也。

〈現代語訳〉

奉公人はひたすら主人のことを切に深く思うだけでよい。これこそ最上のご被官である。この龍造寺鍋島のお家、歴代のご主君が築き保たれてきた名誉のご家中に生まれて、自分の先祖が代々受けてきた主君の厚いご恩を並々ならぬことと思い申し上げ、身心を投げうって、ひたすらに主君のことを深く思うだけである。そのうえで、知恵や技芸の才覚もあって、それぞれにおいてお役に立つのは、さらに幸福である。何のお役にも立たず、不調法はなはだしい者も、ひたすらに切実に思い申し上げる志さえあれば、主君にとって最も頼みとなるご被官である。知恵や技芸だけでお役に立つのは、下等の奉公である。

〈注〉

歎く　ものに感じて嘆息すること。深い思いをあらわす。**被官**　主君に仕える、役職を与えられた家臣のこと。ただしここでは、たとえ無役の「無調法千萬」の者であっても、主君を「太切に歎く」ことが出来ていれば、主君の信頼を得た家臣として、「最上」のご被官であると表現されている。**藝能**　身につけた技能。**無調法**　つたなく、手際の悪いこと。行き届かないこと。

4　一、生付《うまれつき》ニよりて則座《そくざ》ニ智恵之《の》出《いず》る人も有《あり》。退《しりぞき》て枕*をわりて案シ出《じいだ》ス人も有《あり》。此本《このもと》を極《きわめ》て見るニ、生付之高下《うまれつき*のこうげ》ハ有共《あれども》、四*誓願ニ押当《おしあて》私《わたくし》なく案す《ず》る時、不思議之《の》智恵も出《いず》る也。皆人《みなひと》物を深ク案す《ず》れハ《ば》遠き事も案し《じ》出《いだ》ス様ニ思へ共《ども》、私《わたくし》を根ニして案廻《あんじめぐら》し、皆邪智之《の》働きニ而《て》悪事と成事《なること》のミ也。愚人之《の》習《ならい》、私《わたくし》なく成事成《なることなりが》かたし。乍去《さりながら》事ニ望《のぞんで》て先《まず》其《その》事を差置《さしおき》、胸ニ四誓願を押立《おしたて》、私《わたくし》を除《のぞき》て工夫いたさハ《ば》、大迦《おおはず》れ有へ《あるべ》からす《ず》。

〈現代語訳〉

生来の才覚によって即座に知恵が出る人もいる。いったん持ち返って苦心して考え出す人もいる。この根本を極めて見るに、生まれつきの才覚の優劣はあっても、四誓願に照らし私心なく考えてみれば、不思議の知恵も出てくるのである。人は皆、物事について深く思い巡らせば、深遠なことを考え出せるように思っているが、結局、私心を根底において考えをめぐらし、全て歪んだよこしまな知恵の働きになってしまうので、悪事となることばかりだ。愚かな者の習性として、私心なく何事か行うことは難しい。そうではあるが、問題を前にしたら、まずその問題をわきにおいて、心に四誓願を先に立てて、私心を除いて工夫すれば、大外れはあるはずがない。

〈注〉

枕をわりて　中国の故事「邯鄲の枕」と「肝胆を砕く」の音が通じることから、肝胆を砕くことを言う。苦心して思案する。**之高下ハ有共**　高下とは優劣の意。餅木本では「て馬鹿ハありとも」、小城本では「に高下はありとも」。**四誓願**　「一、於武士道おくれ取申間敷事、一、主君之御用ニ可立事、一、親ニ孝行可仕事、一、大慈悲を起し人之為ニ可成事」。「夜陰の閑談」参照。

5　一、我《わが》智恵一分之《いちぶんの》智恵斗《ばかり》ニて萬事を成《な》ス故《ゆえ》、私《わたくし》となり、天道ニ背き、悪事と成《なる》也。脇より見たる所きたなく、手《て》弱《よわ》く、狭く、働《はたらか》ざる也。真之《の》智恵ニ叶《かない》難き時は、智恵有ル人ニ談合《だんごう》するか《が》よし。其人《そのひと》ハ、我上《わがうえ》ニて無之《これなき》故《ゆえ》私《わたくし》なく有躰之《ありていの》智恵ニて了簡する時、道ニ叶《かな》ふもの也。脇より見る時、根強く慥《たしか》ニ見ゆる也。たとへハ《ば》大木之《の》根、多キか《が》如し。一人之《の》智恵ハ突立《つきたて》たる木之《の》如し。

〈現代語訳〉

自分の知恵、己一個の限られた知恵だけで全てを行うために、私心が出て、天道に背き、悪事となってしまう。傍から見ていると、見苦しく、おぼつかなくて、狭量で、役に立たない。真の知恵に叶いがたい時は、知恵ある人に相談するのがよい。その知恵ある人は、自分の身の上のことではないので、私心なく、ありのままの知恵で考え判断する。それで道に叶うのである。それは傍から見ると、根底がしっかりしていて、ゆるぎなく見える。たとえば、大木の根が多いようなものだ。一人の知恵は、ただ突き立てた木のようなものだ。

〈注〉

天道　天地自然の道理。

6　一、古人之《の》金言《きんげん》、仕《し》業《わざ》抔《など》を聞覚《ききおぼゆ》るも、古人之《の》智恵ニ*任セ、私《わたくし》を立間《たつま》敷為《じきため》也。私《わたくし》之《の》*情識《じょうしき》を捨て、古人之《の》金言《きんげん》を頼ミ、人ニ談合する時ハ、迦《はず》れなく悪事有《ある》べからず。*勝《かつ》茂《しげ》公ハ　*直茂《なおしげ》公之《の》御《お》智恵を御借被成《かりなされ》候。*此《この》事御咄《おはなし》聞書ニ有り。難有御心入《ありがたきおこころいれ》也。又《また》何某ハ弟数人家来ニして召置《めしおき》、江戸上方罷越《まかりこし》候時も召連《めしつれ》、常　住《じょうじゅう》日ゝの公私之《の》事を弟共《ども》と談《だん》合《ごう》*有故《あるゆえ》、迦《はず》れなしと聞伝《ききつたえ》候也。

〈現代語訳〉

昔の人の名言や事跡などを聞き知っておくのも、昔の人の知恵に任せて、私心を生じさせまいとするためである。私情を捨て、昔の人の名言を頼りにし、他人と相談するならば、外れなく、悪事もあるはずがない。勝茂様は直茂様の御知恵を御借りになっておられた。このことは『御咄聞書』にも載っている。なかなかできない御心がけである。また、何某は、弟たち数人を自分の家来にして仕えさせて側に置き、江戸や上方に行く時も連れて行き、いつも公私にわたる日々の事柄を弟たちと相談していたので、外れなかったと聞いている。

〈注〉

任セ　餅木本では「任する為なり」、小城本では「任する為也」。**情識**　仏教語で、煩悩にまみれた衆生の心のこと。**勝茂公**　佐賀藩初代藩主鍋島勝茂。（人物補注、鍋島勝茂）**直茂公**　佐賀藩藩祖鍋島直茂。勝茂の父。（人物補注、鍋島直茂）**此事御咄聞書ニ有り**　『御咄聞書』（「夜陰の閑談」「御切腹之御覚悟」注を参照）に、勝茂公が判断に迷ったときは直茂公ならどうするか考えるという条文がある。聞書四－1にも、同様の内容あり。**有故**　餅木本では「有りそれゆへ」、小城本では「有夫故」。

7　一、*相良求馬《さがらきゆうま》ハ　御主人と*一味同心《いちみどうしん》ニ死身《しにみ》ニ成《なり》て勤《つとめ》たる者也。一人当千と云《いう》べし。*一とせ*左京殿水ケ江《さきようどのみずがえ》屋舗ニて大僉儀《せんぎ》有り。求馬《きゆうま》切腹との沙汰《さた》也。其比《そのころ》大崎ニ*多久縫殿《たくぬい》下屋敷三階之《の》茶屋あり。是《これ》を借請《かりうけ》て、佐加《さが》中之《の》いたつ《ず》ら者共《ども》を集メ、あやつりを企《くわだて》、求《きゅう》馬《ま》人形をつかひ、毎日毎夜酒宴遊興、左京殿《さきょうどの》屋敷を見下し大さわき《ぎ》仕《つかまつり》候。是難《これなん》に進ミ御為ニ望《のぞみ》て腹を切《きる》覚悟、いさぎよき事と《ど》も也。

一、*勝、*宮、企之《くわだての》*内《うち》ニ引入《ひきいれ》、筆取《ふでとる》也。後押込之《のちおしこめの》僉議《せんぎ》ニ及《および》て、*内、*一分《いちぶん》を達《たつし》、座を立《たち》、直《ただち》ニ山居《さんきょ》也。

一、*諸組ニ*御家老中より触《ふれ》有り。何《いずれ》も存寄《ぞんじより》無之《これなし》と申出《もうしいで》候。勝、宮、両組より申出《もうしいで》候。組中列座《くみじゅうれつざ》僉議之《せんぎの》時、*大隈次兵衛《じへえ》一分申達《いちぶんもうしたつし》、同意不仕《つかまつらず》と申《もうし》候。其《その》時*御台所役也。*正左衛門《しょうざえもん》、同意ぞと申ス*寄親《よりおや》と争論ニ及《および》候を引分《ひきわけ》候。正左衛門《しょうざえもん》ハ伯父《じ》也。次兵衛《へえ》ハ正左衛門聟《しょうざえもんむこ》也。次兵衛《じへえ》、寄親《よりおや》、不首尾《ふしゅび》也。正左衛門心遣《しょうざえもんこころづかい》ニ而《て》、*御部屋《おへや》住《ずみ》江《へ》勤申《つとめもうし》候。後ニ忠節之《の》者候間《にそうろうあいだ》被取立《とりたてられ》候様《よう》ニと被仰遣《おおせつかわされ》、百石被下《くだされ》候。*一*峯《みね》五郎左衛門噂ニ付而《つきて》*御目附《おめつけ》*朝倉伝左衛門言上《ごんじょう》す。後ニ*御父子《ごふし》様より之御書《のごしょ》、*御部屋《おへや》様《さま》御《お》筆《ふで》、伝左衛門忠心御感《ぎょかん》、三度之咎《のとが》ハ御免《ごめん》可被成《なさるべき》旨《むね》被遊《あそばされ》被下《くだされ》候。

一、大僉議《だいせんぎ》打崩《うちくずれ》、彼《かの》両人引入被申《ひきいりもうされ》候。

〈現代語訳〉

相良求馬はご主君光茂様と心を一つにして、死身になって仕えた者である。一人で千人分の働きをしたと言えよう。ある年、左京殿の水ヶ江屋敷で大僉議があった。求馬は切腹という処分になった。そのころ、大崎に多久縫殿の下屋敷で三階建ての茶屋があった。求馬はこの茶屋を借りて、佐賀中のならず者を集めて人形芝居を計画し、求馬が人形を操って、連日連夜酒盛りをして遊びに興じ、左京殿の屋敷を見下ろして大騒ぎした。これは、非難されることを進んで行い、主君の非を現さないために望んで腹を切ろうという覚悟で、未練がなく立派な振る舞いである。

一、大木勝右衛門と岡部宮内が、計画の内に引き入れ、筆を取った。のちに光茂様に隠居して頂くかどうかの僉議に至って、鍋島内記は自らの意を申し達し、座を立って、そのまま山に隠居した。

一、諸組に家老衆より知らせがあった。どの組も思い付くことはありませんと申し出た。大木勝右衛門と岡部宮内のそれぞれの組から申し出があった。組の者が列座し僉議する時、大隈次兵衛が自らの意を述べ、申し出に同意しないと言った。その当時、大隈次兵衛は正室付きを勤めていた。大木正左衛門は、同意と言わせようとする寄親大木勝右衛門と大隈次兵衛とが言い争いになったのを仲裁した。正左衛門は勝右衛門の叔父である。次兵衛は正左衛門の娘婿であった。次兵衛と寄親の勝右衛門は折り合いが悪くなった。次兵衛は正左衛門の心遣いで、綱茂様に仕えることになった。次兵衛は、後に、綱茂様から光茂様へ「忠節の者なので、御取り立てくださいますように」と仰せにあずかり、光茂様から百石の知行を頂いた。
峯五郎左衛門の噂について、目付の朝倉伝左衛門が光茂様に報告した。朝倉伝左衛門は、のちに光茂様綱茂様からの御手紙、お部屋様からの御手紙を頂き、伝左衛門の忠義の心に感心したと御褒めにあずかり、峯については三度までは罪を赦すようにと仰せつけられた。
一、大僉議の決定は覆され、大木勝右衛門と岡部宮内の両名は隠居された。

〈注〉

相良求馬　名は及真。初代藩主勝茂継室高源院の手男鶴源兵衛と高源院奥女中との子。二代藩主光茂の遊び相手となり、その後取り立てられ、加判家老（一代限りの家老）となる。条文の僉議は家老の時のこと。主君は鍋島光茂。僉議の一年後に病死。（人物補注、相良及真）　**一味同心**　心を一つにして、力を合わせること。またその心を一つにした味方。　**一とせ左京殿水ケ江屋舗ニて大僉儀有り**　延宝七年（一六七九）の僉議のこと。僉議とは、多人数で評議することを言い、佐賀藩政は、藩主の親類や龍造寺の家系からなる連判家老を中心とする僉議によって行われた。この時の僉議は、二代藩主光茂が側室霊寿院を寵愛し、政務が滞りがちになっていたため、家中で申し合わせ、加判家老である相良及真にその責を負わせて切腹させることによって諫言し、光茂にその非を気付かせようというものであった。対して相良は、自ら罪を作ることによって、自身の切腹による主君への諫言を無効化しようとしたものと思われる。附属の条文によると、大筋として鍋島光茂を隠居させようという僉議だったようだが、詳細は不明。鍋島家の御家騒動にあたり、幕府に明らかになれば改易の理由になるためか、『常朝年譜』、『光茂公譜』にもこの出来事についての記述はない。**左京殿**　神代直長のこと。神代右兵衛とも。初代藩主勝茂の六男で、神代家に養子に入っている。親類格。求馬切腹の僉議に同意していた。（人物補注、神代直長）**多久縫殿**　多久安英。官位から多久縫殿とも。初代藩主勝茂の時の請役家老（家老のうちで中心的な役割を担う人物）多久茂辰と勝茂の娘との子で、四男。多久家は龍造寺隆信の弟長信を祖とする、龍造寺一門の家であり、光茂の時には親類格。兄であり茂辰の嫡男である多久茂矩は、僉議の時、請役家老であり、求馬切腹の僉議に同意していた。（人物補注、多久茂辰、多久茂矩）

勝　大木知昌のこと。大木兵部、後に大木勝右衛門とも呼ばれる。直茂、勝茂の二代にわたって仕えた老巧者、大木統清の孫。父知照が早世したため、祖父統清の組と知行を継いだ。勝茂、光茂に仕え、大目付、年寄役を勤めている。（人物補注、大木知昌）**宮**　岡部重利のこと。岡部宮内とも呼ばれる。もともと徳川家の旗本であったが、母方の親族、岡部内膳長盛の娘（後の高源院）が、家康の養女として勝茂継室となったので、その付き人として肥前に下る。勝茂の嫡男忠直の御側役として仕え、忠直逝去後は、その嫡男光茂に仕えた。着座から御抱者（他藩からの家臣）として初めて年寄役となっている。（人物補注、岡部重利）**内ニ引入**　餅木本では「内被引入レ」、小城本では「内被引入」。諸本では、「内被引入」とあるので、「内」はこのあと出てくる鍋島内記と読まれる。底本では、「内ニ引入」とあるので、僉議に参加する家老衆を相良切腹の計画のうちに引き入れたと訳した。**内**　鍋島普周のこと。普周は剃髪後の名前で、この条文の僉議をきっかけとして北原村に山居、剃髪した。もとの名は種世、官位から鍋島六左衛門、鍋島内記と呼ばれる。大目付などを勧めた。聞書二－113において、僉議の場を立った理由を尋ねられ、大々的な諌言の仕方は悪事を広めるものであり、御家にとって良くないという考えを述べている。（人物補注、鍋島普周）**一分** 自分の主張。意見。 **組** 佐賀藩における兵の編成単位。 **御家老** 大名の家臣のうちの最重職で、藩政を総括する役。佐賀藩では、親類格、親類同格、家老六家が代々連判家老となり、それに一代限りの加判家老と着座を加えた家老衆で合議をし、重要な決定を行っていた。条文の大木知昌、岡部重利は年寄役であり、鍋島家の家政を司る役であった。年寄役の多くは着座として家老の評定に加わっていたことから、両人も藩政に携わっていたと思われる。 **大隈次兵衛** 名は常的。大隈安芸守茂隆の次男大隈玄蕃常明の子。大隈家は後に大隈重信を出し、侯爵家となった。（人物補注、大隈茂隆） **御台所役** 通常、正室付きの役職だが、この時光茂正室継室共にすでに死去しており、側室付きか。 **正左衛門** 大木知清のこと。大木統清の次男であり、大木知昌（この条文の勝）の叔父。島原・天草一揆で軍功があった。（人物補注、大木知昌） **寄親** 組の統率者。組の統率者は寄親、組親、組頭などと呼ばれ、組に所属するそれ以外の兵は組子、寄子などと呼ばれた。 **御部屋住** そのころ部屋住格として居候の身分であった鍋島綱茂付きの役職。 **一** 餅木本、小城本では箇条書きの始めとして扱われ、改行されている。底本では、改行を怠ったか、或はあとの峯五郎左衛門の名前の一部と見ている可能性が考えられる。 **峯五郎左衛門** 未詳。光茂の側室霊寿院に仕えた者か。 **御目附** 監察役のこと。聞書一－110にはその心得として、下々の不正ではなく、上の者の善悪を問うべきであると述べられている。 **朝倉伝左衛門** 名は泰村。朝倉光泰（朝倉久左衛門とも）の次男。御目付役。父、朝倉光泰は徳川家康に仕えていたが、高源院が勝茂継室として佐賀に下向した際、御付となって下向し、奥方付となった。御抱者（他藩からの家臣）である。高源院の拾子である鍋島斎宮が、朝倉光泰の子分とされていたため、その死後、遺跡を継いだ。鍋島姓を許されているが、憚りがあるので朝倉姓を名乗っている。**御父子様**　二代藩主鍋島光茂と、その子三代藩主鍋島綱茂のこと。綱茂はこの時五歳であった。（人物補注、鍋島光茂、鍋島綱茂）　**御部屋様**　光茂の側室、於振のこと。後の霊寿院。

8　一、*一鼎咄《いっていはなし》ニ、相良《さがら》求馬《きゅうま》ハ泰盛院様御《たいせいいんさまご》願《がん》ニ付《つき》出現したる者成へ《なるべ》し。抜群之《ばつぐんの》器量也。毎歳御《ご》願書《がんしょ》〈*別記ニ有《あり》〉御書《おかか》セ被成《なされ》候。御死去前年之《の》御《ご》願書《がんしょ》、宝殿《ほうでん》ニ残居申《のこりおりもうす》事有《ある》べし。求馬末期《きゅうままつご》ニ不足之《の》事有《あり》。我等ニ不相似合大録被下《あいにあわざるたいろくくだされ》、御恩不奉報《ほうじたてまつらざることに》事候。世息《せそく》助次郎幼少ニ而器《て》量不相知《あいしれず》候。然は《しかれば》御知行《ごちぎょう》返上仕《つかまつり》候。名跡御立於被下《みょうせきおたてくださるるにおいて》は助次郎器量次第相応ニ可被下《くださるべき》、と申所《もうすところ》也。求馬《きゅうま》程之《の》者か《が》ぬくる筈ニ而《て》なし。病苦ニて忘却かと思ハるゝ也。笑止成ル事ハ三年之《の》内ニ家潰レ可申《もうすべく》候。荷《にな》ヒきらぬ御恩也。又《また》何某ハ発明也。*のた《だ》らぬ風之《の》奉公人也。四、五年之《の》内、是《これ》も身上崩すへ《べ》し、と被申《もうされ》候か《が》、少シも不違《たがわず》、不思儀之《の》眼と存居《ぞんじおり》候。夫《それ》より気を付《つけ》て見るニ、*のふち《ぢ》もなき奉公人ハ今何年斗《ばかり》と云《いう》事ハ、大かた見ゆるもの也。

助次郎〈後名《こうみょう》求馬〉牢人之《ろうにんの》事。御目附《おめつけ》*山本五郎左衛門、門之《の》戸へ張紙《はりがみ》有り。求《きゅう》馬《ま》、百姓あたり不宜由《よろしからざるよし》也。御《お》改之《あらための》所、不宜《よろしからざる》事のミ有之《これあり》候故《ゆえ》、家来数人御咎《とが》メ、知行主《ちぎようぬし》ニ候故《ゆえ》求馬《きゆうま》牢人《ろうにん》被仰付《おおせつけられ》候。

〈現代語訳〉

石田一鼎の話で「相良求馬は勝茂様の御願によって現れた者に違いない。抜群の器量であった。勝茂様は毎年御願書〈別に記してある〉をお書きになられていた。御逝去の前年の御願書が宝殿に残っているのではないだろうか。その相良求馬でも、臨終に際して行き届かない事があった。『自分に不相応な大きな俸禄を下さって、そのご恩に報いることが出来ておりません。跡継ぎの助次郎はまだ幼少で、その器量は分かりません。ですから、ご知行はお返し致します。家名の跡継ぎをお立て下さるにおいては、助次郎の器量次第に、それ相応に知行を下さいますよう』と言うべきところであった。求馬ほどの者が言い漏らすはずがない。病苦によって言い忘れてしまったかと思われる。気の毒なことには、三年のうちに家が潰れてしまうに違いない。担いきれないご恩である。また、何某は利発だ。成長しないように見える奉公人である。四、五年のうちにこれも身上を持ち崩すに違いない」とおっしゃったが、少しもたがわず、不思議な眼力だと思っていた。それから気を付けて見ていると、永続きしない奉公人は今からあと何年くらいということは、大体見えるものであった。

相良助次郎〈後の求馬〉が浪人したこと。目付の山本五郎左衛門の家の門戸へ張り紙があった。求馬は百姓の扱いが良くないということであった。調査してみたところ、良くないことばかりであったので、家来数人がお咎めを受け、知行主であった求馬は浪人を仰せつけられた。

〈注〉

一鼎 石田一鼎。一鼎は剃髪後の名。剃髪前は石田宣之。石田安左衛門と呼ばれる。勝茂の近侍、光茂の御側相談役。常朝に影響を与えた鍋島武士の一人。(人物補注、石田一鼎) **別記** 聞書四－25に、一鼎咄として勝茂の御願書「一、家中ニ能キ者出来候様、一、家中之者当介を取失不申様、一、家中ニ病者出来不申様」があげられている。同様の内容が『御咄聞書』にも見られる。**のたらぬ** 伸びない、成長しない。餅木本では「のだゝぬ」。**のふち** 能持(のうぢ)。仏教語で、よく受持し、保つこと。佐賀の方言で、効果、価値、継続等の意で用いられるという。**山本五郎左衛門** 山本常治。山本常朝の兄、武弘の子で、常朝の甥。常朝が父重澄の晩年の子であるため、常朝より二十歳年上である。光茂の下で大目付役を勤めた。常朝にとって最も身近な鍋島武士であった。(人物補注、山本常治)

9　一、主人之《の》味方をして、善悪共《とも》ニ打任《うちまかせ》、身を擲《なげうち》て居《お》る御家来は＊無他事《たじなき》もの也。二、三人あれハ《ば》御所方《ごしょがた》＊黒ム物也。久敷《ひさしく》世間を見るニ、首尾能《よき》時は智恵、分別、＊藝能を以《もって》御用ニ立《たち》、ほのめき廻る者多し。主人御隠居被成《なさるる》か、御かくれ被成《なされ》候時ニは、早後《はやうし》ロ向キ、出《いず》ル日之《の》方ヘ取入《とりいる》者数多《あまた》見《み》及《およぶ》、思ひ出してもきたなき也。大身小身《たいしんしょうしん》、智恵深き人、藝之《の》有ル人、我こそめきて御用ニ立《たた》るれ共《ども》、主人之《の》御為ニ命を捨《すつ》る段ニ成《なり》てへろ〳〵《へろ》となられ候。かふばしき事少《すこし》もなし。何之《の》御益《おやく》ニも立《たた》ぬ者か《が》件之《くだんの》時は一人当千と成ル事ハ、兼〻《かねがね》より一命を捨《すて》、主人と一味《いちみ》同心《どうしん》して居《お》る故《ゆえ》也。*御逝去之《の》時*ためし有《あり》。日来《ひごろ》口をきゝ、張肘《はりひじ》をしたる歴〻衆か《が》、御目ふさかる《が》と其侭後《そのままうし》ロむき被申《もうされ》候。主従之《の》契り、義を重クする、なとゝ《ど》云ハ遠ヒ事之《の》様ニ候得共《えども》、目前ニしれたり。唯《ただ》今一部《ひとはま》リはまれハ《ば》、究《く》竟之《きょうの》御家来出現也。

〈現代語訳〉

主人の味方をして、善悪共に委ね、身を投げ打ってお仕えしているご家来は、それ以外の事が何もないものである。そのような家来が二、三人いれば、主人の周囲はしっかりしてくるものだ。長く世間を見ていると、うまくいっているときは知恵や分別、技能で、主人のご用に立ち、思わせぶりに誇示してまわる者が多い。そういう連中で、主人がご隠居なさったり、ご逝去なさった時には、早くも主人に背を向け、これから主人となる若殿の方に取り入る者が大勢いるのを見た、思い出してもけがらわしいことだ。普段、身分の高い者、低い者、知恵の深い人、技芸のある人が、自分こそが主人の味方だというような顔をして御用に立っているけれども、主人のために命を捨てる場面になって、へろへろの腰抜けとなられる。見事なふるまいなど少しもない。何のお役にも立たない者が、そのような時は一人で千人分の働きをする、それは、かねてから自分の一命を捨てて、主人と心を一つにしているからである。光茂様がご逝去した時が先例である。日頃、分かったような口を叩き、威張っていたお歴々が、光茂様の目がふさがると、そのまま背を向けられた。主従の契り、義を重んじるなどというのは、高遠なことのようだけれども、目の前で明らかになった。たった今、主人のために命を捨てようとのみ思いはまれば、究極のご家来が現れるのだ。

〈注〉

無他事　余念がなく、一つになっている。**黒ム**　なんとかやっていける。成り立つ。**藝能**　身につけた技能。**御逝去之時ためし有**　光茂逝去の際、お供を申し出て出家したのが最初常朝一人であったこと。佐賀藩では寛文元年（一六六一）七月に、光茂の命により追腹が禁止されていたため、出家をもって追腹に代えたのである。**ためし有**　この後、餅木本では「御供の所存之者は我一人也其後見習てされたり」、小城本では「御供之所存之者我一人也其後見習ひてされたり」と続く。

10　一、*御道具、*仕舞物《しまいもの》ニして、取《とり》がちニ被仕《つかまつられ》候。是《これ》ニ而《て》了簡候《そうら》へ、頼《たのま》れぬ心入《こころいれ》也。御秘蔵、御寵愛ニ而《て》、七重八重之《の》袋箱ニ入《いれ》たる御道具共《ども》、直《ね》段付《だんづけ》をして奪取《うばいとり》　主君之《の》御魂を被入《いれられ》たる物を、我々の家内之《の》道具に仕《つかまつる》事、勿躰《もったい》至極もなき事ぞかし。御罰を蒙《こうむ》らす《ず》とも、心能有《よくある》事ハ了簡ニ不及《およばざる》事也。鼻之《の》先斗《ばかり》之《の》奉公、君臣之《の》義理はなき事なり。

〈現代語訳〉

亡き主君の愛用の御道具を、仕舞物として、皆、早いもの勝ちで取られている。これで判断されよ、信用できない心根である。主君のご秘蔵の品、ご寵愛の品で、七重八重の袋や箱に入れた御道具を、値段を付けて奪い取り、主君の魂がこもった物を自分たちの家の道具に使うこと、恐れ多いことこの上もないことよ。たとえ亡君のばちがあたらないとしても、平気でいられるなどとは、思いもよらないことである。鼻先だけの上っ面の奉公で、君臣の義理はない。

〈注〉

一、**御道具〜**　餅木本では、この項全部が墨消しとなっている。　**仕舞物**　仕廻物に同じ。藩主の愛用した衣服や道具類を、逝去後払い下げること。またそのもの。

11　一、*山崎蔵人《くらんど》ハ一生*仕廻物《しまいもの》と名之《の》付《つき》たる物ハとられす《ず》候。扨又《さてまた》町人、*百姓宅ヘ一生参リ不被申《もうされず》候。誠《まこと》ニ奉公人之《の》たしなミケ様《かよう》ニこそ有度《ありたく》候。*石井九郎右衛門も仕廻物《しまいもの》不被仕《つかまつられず》候。近代之《の》衆ハ仕廻物《しまいもの》とさへいへハ《ば》我先ニと望《のぞみ》をかけ、町人抔《など》の所ヘハ無理ニ押《おし》掛振舞《かけふるまい》いたさせ、見世棚ニ調物《ととのえもの》ニ参《まいり》候事を慰《なぐさみ》なと《ど》ゝ取成《とりなし》候事、風儀悪敷《あしく》、侍之《の》本意ニあらす《ず》と存《ぞんじ》候。

〈現代語訳〉

山崎蔵人は生涯、仕廻物と名のついたものは取られなかった。そうしてまた町人、百姓の家へ生涯行かれなかった。まさしく奉公人のたしなみはこのようにこそありたい。石井九郎右衛門も仕廻物を取られない。近頃の者たちは仕廻物とさえいえば我先に取ろうと望み、町人などの所へは無理に押しかけてもてなしをさせ、商家に調達に行くことを気晴らしなどとしていること、みっともなく、侍の本分ではないと存ずる。

〈注〉

山崎蔵人　名は政良。始め三郎兵衛、勘左衛門、ついで勘解由とも呼ばれた。光茂の時に、大物頭、年寄役を勤めた。常朝にとって鍋島武士の手本の一人。元禄四年（一六九一）に死去。（人物補注、山崎政良）　**仕廻物**　仕舞物に同じ。藩主の愛用した衣服や道具類を、逝去後払い下げること。またそのもの。　**百姓**　底本では挿入されている。餅木本、小城本にはない。　**石井九郎右衛門**　名は正証。着座から年寄役、小物頭などを勤めている。口上に優れていた。享保六年（一七二一）に死去。本書の時点では存命していた。

12　一、*御逝去前*上方ニ罷在《まかりあり》候処《ところ》、何としたる事ニ候哉《や》、罷下度《まかりくだりたき》心出来《いでき》候付而《につきて》、*河村頼ミ御使申乞《おつかいもうしこい》、夜を日ニ継《つぎ》て下り候か《が》、漸《ようやく》参り合《あい》候。不思議と存《ぞんじ》候。御気色被差詰《さしつめられ》候と有《ある》事は曾《かつ》て上方ヘ不相知《あいしれざる》時分ニて候。若年之《の》時分より一人被官《ひかん》は我等なりと思込《おもいこみ》候一念ニて佛神之《の》御知《おしら》セかと存《ぞんじ》候。差出《さしいで》たる奉公仕《つかまつり》たる事もなく、何の徳もなく候得《え》共《ども》、其《その》時は兼而《かねて》見はめ之《の》通《とおり》我等一人ニ而《て》御外聞は取《とり》候と存《ぞんじ》候。大名之《の》御死去ニ御供仕《つかまつる》者一人も無之《これなく》候てハ淋敷物《さびしきもの》ニて候。是《これ》ニて能《よく》しれたり、なけ《げ》打《うち》たるものハ無キ者ニ而《て》候。唯擲《ただなげうち》さへすれハ《ば》済《すむ》也。*すくたれ、腰ぬけ、欲深之《の》我為斗《わがためばかり》を思ふきたなき人か《が》多ク候。数年胸わろくして暮し候由《よし》。

〈現代語訳〉

光茂様のご逝去前に、上方に赴いていた折、どうしたことか、国元に下向したい思いにとらわれたので、河村権兵衛に頼んで使者の役目を願い出て、夜昼休まず佐賀に下ったが、からうじて今はのきわの光茂様にお目にかかれた。不思議なことだった。ご容態が差し迫っていらっしゃるということは、まだ上方へは知らされていない時であった。若いころからお家を一人で支える被官は自分であると思い込んだ一念で、仏や神がお知らせくださったのかと思う。めざましい奉公をしたこともなく、何の取り柄もないけれども、ご逝去の際は、前もって見定めておいたとおり、自分一人で光茂様のご評判は取ったと存ずる。大名のご逝去に、殉死してお供する者が一人もいないのは淋しいものである。これでよくわかった、身命をなげうってお仕えしている者はいない。ただなげうちさえすれば済むのである。口先だけ、臆病者、欲深で、自分のためばかりを思う見苦しい人が多い。数年、気分を悪くして暮らした、とのことだ。

〈注〉

御逝去前　主君二代藩主鍋島光茂の逝去前。光茂の逝去は元禄十三年（一七〇〇）五月十六日のこと。**上方**　鍋島光茂逝去前、常朝は京都に滞在していた。次注参照。**河村頼ミ御使申乞**　河村とは三条西家御家司（公卿の家などに設置された家政を掌る職）の、河村権兵衛のこと。光茂は三条西実教から古今伝授を授けてもらおうとしており、常朝は元禄九年からその交渉役に任じられ、京都と佐賀とを行き来していた。常朝は同十二年十二月から京都に勤めていたが、使者を願い出ることによって翌年五月一日佐賀に帰国し、光茂にお目見えした。『常朝年譜』にはこの時のことについて、次のように書かれている。光茂が前年腰痛によって参勤交代を延期したこともあり、常朝は光茂の体を案じて帰国を願っていた。しかし、常朝は勝手に帰国する訳にはいかず、河村権兵衛に病気の見舞いの使者に任じてもらうこと、また土産として光茂の望んだ品を持ち帰りたいことを訴え、望みの通り古今伝授のうちの一部を土産として帰国を叶えた。餅木本では「河村」ではなく「何某」と書かれている。（人物補注、三条西実教）**すくたれ**　心が汚いことや、身なりのだらしないさまをあらわす方言。卑劣。怯懦。

13　一、*御返進物《ごへんしんもの》、*火事物之《の》事被仰出《おおせいだされ》候付《につき》、撰出《えりいだし》置被申《おきもうされ》候ニ付《つき》、指南一通《ひととおりの》之事。

〈口達《こうたつ》〉

世界替り役人仕事ニ而《て》無之《これなき》事。
両様《りょうよう》不苦物《くるしからざるもの》ニて候事
鎰《かぎ》封し*年寄衆*合判《あいはん》引渡《ひきわたしの》之事
御不審かゝり可申《もうすべく》候事
両様《りょうよう》御《お》留《とど》メ被成《なされ》候事
*一人ニ段ゝ《だんだん》御尋《おたずね》御《お》請之《うけの》事。
目録引合《ひきあわせ》撰《えり》わけ候事。

〈現代語訳〉

常朝殿が、殿様のご逝去に際してご返納申し上げるもの、火にくべて焼却すべきもののことをお話しになったとき、選び出して手許に置いておかれたものについて、ご指南された一通りのことを書いておく。〈内容は口頭にてお話しくだされた。〉御代が変わり自分の役職の仕事ではないもののこと。返納しても焼却しても差し支えないもののこと。鍵をして厳封し年寄衆の印判を集めて引き渡すべきもののこと。お返ししたり焼却したりすると殿様のご不審がかかるかもしれないもののこと。返納焼却いずれも一度保留されたもののこと。一人に段々とお尋ねがありお受けしたもののこと。目録と引き合わせ選り分けられたもののこと。

〈注〉

御返進物、火事物之事～　この条文は省略が多く、不明な点が多い。「世界替り」とは御代替りのことか。あるいは、常朝が出家したことか。『常朝年譜』には、元禄十三年（一七〇〇）光茂逝去後、常朝を含め御書物役が年寄役鍋島庄兵衛の宅に集まり、御書物蔵の鍵や御書物帳などを鍋島庄兵衛に引き渡したこと、常朝が乞われて心得を話したことが記されている。前日には、常朝一人が内密に庄兵衛と会い、光茂の自筆の書を書写するため、その日の夜に行われるはずだったこの引き渡しを、翌日に延期したことも書かれている。　**火事物**　餅木本、小城本では「火中物」。　**年寄衆**　年寄役のこと。大身の武家の家政を司る。藩政を司るのは家老だが、藩主に仕える年寄役の多くは着座として家老の評定に加わり、藩政の実務にも携わった。　**合判**　別の帳簿と対照したしるしに押す印。餅木本、小城本では「合判伺」。　**一人ニ～**　この行と「目録～」の行の順序が、餅木本、小城本では逆である。

14　一、人ニ*異見《いけん》をして疵《きず》を直すと云《いう》は太切之《の》事、*大慈悲、御奉公之《の》第一ニて候。異見《いけん》之《の》仕様《しよう》、大《おおい》ニ骨を折《おる》事なり。人之《の》上之《の》善悪を見出《みいだ》すは安き事*なり。夫《それ》を異見《いけん》するも安キ事也。大かたハ人之《の》すかぬ云《いい》にくき事を云か《いうが》深切之《しんせつの》様ニ思ひ、夫《それ》を請《うけ》ねハ《ば》力ニ不及《およばざる》事と云《いう》也。何之《の》益《やく》ニも不立《たたず》。人ニ恥をかゝせ悪口すると同事《おなじこと》也。我胸《わがむね》はらしに云迄《いうまで》也。異《い》見《けん》と云《いう》ハ、先其《まずその》人之《の》請《うく》るか請《うけ》ぬかの気を能《よく》見わけ、入魂《じっこん》ニ成《なり》、此方《このほう》ノ詞《ことば》を兼ゝ《かねがね》信仰する様ニ仕成《しな》シてより、好キ之《の》道抔《など》より引入《ひきいれ》、云様種《いいようしゅじゅ》ゝニ工夫し、時節を考へ、或《あるい》ハ文通、或《あるい》ハ暇乞《ひまごい》などの折ニて、我《わが》身ノ上の悪事を申出《もうしいで》、不云《いわず》しても思ひ当る様ニか、先能《まずよき》所を褒《ほめ》立《たて》、気を引立《ひきたて》、工夫を砕《くだき》、渇《かわく》時水呑《のむ》様ニ受合《うけあわ》せ、疵《きず》*直スか《が》異見《いけん》なり。殊外《ことのほか》仕《し》にくきものの也。年来之《ねんらいの》曲《くせ》なれハ《ば》大躰ニてハ直らす《ず》。我《わが》身ニも覚へ有《あり》。諸傍輩《ほうばい》兼《かね》て入魂《じっこん》をして、曲《くせ》を直シ、一味《いちみ》同心《どうしん》に御用ニ立《たつ》所なれハ《ば》御奉公大慈悲也。然《しかる》ニ恥をあたへてハ何《なに》しに直リ可申哉《もうすべきや》。

〈現代語訳〉

人に異見をして欠点を直すというのは大切なこと、大慈悲であり、ご奉公の第一である。異見の仕方が大いに骨の折れることなのだ。他人のことについて善悪を見いだすのは簡単なことである。それに異見するのも簡単なことである。たいていは他人が好まない言いにくいことを言うのが親切であるかのように思い、相手がそれを受けいれなければ、自分の力ではどうしようもないことだという。これでは何の役にも立たない。人に恥をかかせて悪口を言うのと同じことである。自分の気が済むように言っているだけだ。異見というのは、まずその人が受けいれるか受けいれないかの気性をよく見分け、親しくなって、こちらの言葉を前々から信じるようにしてから、好みの方面の話などからはじめて、言い方をいろいろ工夫する。そして状況を鑑みて、手紙であったり、別れ際などの時であったりを選んで、まずは自分についての悪いところを言いだして、言わなくても思い当たるようにするか、まず良いところを褒め立て、気分を引き立てて、工夫に心を砕いて、のどが渇いた時に水を飲むように納得させ、欠点を直すのが異見というものなのだ。思いのほかやりにくいものである。長年のくせだから通りいっぺんの仕方ではなおらない。自分にも身に覚えがある。朋輩たちで前もって親しくしておいて、互いにくせを直し、皆で心を一つにしてご用に立つようになってはじめてご奉公であり大慈悲である。それなのに、恥をかかせてしまっては、欠点など直せるはずがない。

〈注〉

異見　人と異なる見解を述べて、諫めること。意見すること。天保本に「意見」の用例はなく、すべてこの「異見」である。　**大慈悲**　慈しみ哀れむ心のこと。『葉隠』では、四誓願の四つめに「大慈悲を起し人之為ニ可成事」と述べられている。本条文では、諸朋輩で欠点を直し、心を一つにして御用に立つようになることを「御奉公大慈悲」とする。聞書二－129でも「不忠不義之者」を主君のお役に立つような人物に仕立てることを、「面々」が安泰になるようにすることだと言い、「大忠節大慈悲」と述べている。また聞書一‐179では「君父之御為」「諸人之為」「子孫之為」にすることを「大慈悲」とする。基本的には人の為に何かすることが大慈悲である。鍋島武士としては、朋輩の鍋島武士を一人前に仕立てて、主君のお役に立つようにすることが、主君のため朋輩のため、ひいては君父子孫のためであり、大慈悲である。聞書六‐17に湛然和尚の言葉として、武士の家が成り立つには「勇気を表にして内心には腹の破るゝ程大慈悲心を持」つことが必要であると記されている。

事　餅木本では「ゆへ」。　**直ｽか**　餅木本、小城本では「直るが」。

15　一、何某ヘ異見之《いけんの》事。〈口達《こうたつ》〉*牢人之《ろうにんの》身ニて上を恨《うらみ》候事。何某牢人《ろうにん》内実ニ非を知《しり》候か《が》五六年めニ*帰参《きさん》の事。前方《まえかた》仰付《おおせつけ》御《お》断《ことわり》、二度目ニ御《お》請《うけ》*誓詞之《せいしの》事。最前《さいぜん》、御《お》断《ことわり》ニて崩すか剃髪候て崩すか之《の》時ハ見事候《にそうろう》事。同し《じ》筋ニて牢人之《ろうにんの》事。ケ様《かよう》ニ我《わが》非を不存《ぞんぜざる》間ハ帰参《きさん》有間敷《あるまじく》候。今ニも無御情《おなさけなき》の誰か《が》にくひ者抔《など》と斗《ばかり》胸をこかしてハ猶ゝ《なおなお》天道のにくミを請《うく》ル也。何某の評判ニ御罰よと被申《もうされ》たると也。人が遁《のが》さぬ也。罪一人ニ在《あり》と思ひ返され候へ。帰参《きさん》程有《ある》まじと申《もうし》候由《よし》。

〈現代語訳〉

現在浪人している何某に、常朝殿が異見をなさったこと。以下のことについて、口頭で詳しく、述べられた。

牢人の身の上を、殿に対して恨みがましく思うことについて。

ある者は、牢人させられた自分の非を内心でよくわかっていたため、五、六年で帰参がかなったこと。

一回目の帰参の仰せつけをお断わりし、二度目に承諾して誓詞を差し出すこと。

一回目の仰せつけをお断わりして身代を失うか、あるいはみずから剃髪出家して身代を捨てるか、いずれにしても見事な出処進退であるということ。

何某と同じような理由で牢人させられた前例について。

（以上を説き聞かせた上で）「このように、自分の非をさとらないうちは帰参などあろうはずがない。今になっても、殿の仕打ちはお情がないだの、誰それが憎いだのと胸をこがしていては、さらに一層天道の憎みを受けることになる。何某は、神仏の罰を受けたのだと、世間では評判されている。人の目は見のがさぬものだ。罪は自分一人にあると思い返してみるがよい。そうすれば、帰参の時も近いであろう」と申されたそうである。

〈注〉

牢人　俸禄を失うこと、また失った武士のこと。浪人。　**帰参**　俸禄を失った武士が、主君のもとに再び仕えること。　**誓詞**　述べた内容に偽りがないことを神仏の名のもとに誓約した文書。起請文とも。鍋島家では仕官する武士から忠勤を誓った誓詞などを取っていた。

16　一、*沢辺平左衛門を介錯致《いたし》候時分、*中野数馬、江戸より褒美状遣被申《つかわしもうされ》候。一門ノ*外聞を取《とり》候と事こ敷《ことごとしき》書面ニて候。介錯之《の》分ニてハケ様《かよう》ニ被申越《もうしこされ》候事、余り成《なる》事、と其時分ハ存《ぞんじ》候へ共《ども》、其《その》後能こ《よくよく》案シ《じ》候へハ《ば》*老功之《の》仕事と存《ぞんじ》候。若キ者ニハ、少之《すこしの》事ニても武士之仕業《のしわざ》を調《ととのえ》候時ハ、ほめ候て、気を付《つけ》、勇ミ進み候様仕為《つかまつるため》ニて可有之《これあるべく》候。*中野将監《しょうげん》よりも早速《さっそく》褒美状参《まいり》候。乍両通直置《りょうつうながらなおしおき》候由《よし》也。*五郎左衛門よりハ*鞍鐙迄送申《くらあぶみまでおくりもうし》候。

〈現代語訳〉

沢辺平左衛門を介錯した時、中野数馬が江戸から褒美状をよこされた。「中野一門の名を取った」と仰々しい書面であった。介錯程度のことでこのように申しよこされたことは、過分なことだ、とその時は思ったのだが、その後よくよく考えてみたところ、いかにも老練の士らしいやり方であると思ったことだ。若い者には、少しのことであっても武士の務めをやり遂げたときは、褒めて、気合いを入れ、勇んで進むようにするためであろう。中野将監からもさっそく褒美状が来た。両方の書状をそのまままきちんと取っておいてあるそうだ。五郎左衛門からは鞍や鐙まで送られた。

〈注〉
沢辺平左衛門　中野清明の末子、中野政良の子で、常朝の従兄弟。沢辺家の養子となっていた。天和二年（一六八二）十一月に切腹し、沢辺家は断絶となった。介錯は当時二十四歳の常朝が勤めた。聞書八－46によれば、沢辺平左衛門の宅で、弟中野休介を含む数人が的を射ていたが、博打を行い、喧嘩が起きたので、取り調べのうえ喧嘩の当事者の中野休介、福地孫之允が切腹を申し付けられ、沢辺平左衛門も家主として切腹となった。『常朝年譜』には、平左衛門は自身の介錯をはじめ、沢辺一門の者に頼んだが断られ、切腹前日に中野一門の常朝に頼み、引き受けてもらったとある。平左衛門は常朝が介錯を引き受けたことに感謝し、家宝の槍を進上している。聞書七－24には、介錯を引き受けた常朝の返書が載っている。**中野数馬**　中野利明。中野数馬と呼ばれる。常朝の祖父中野清明の嫡男、茂利の孫であり、父政利、利明と中野家本家を継いだ。常朝の従兄弟の子。中野組を束ねる大組頭であり、常朝の寄親である。後に光茂の加判家老となるが、この時はまだ綱茂の御側役の御年寄役であった。（人物補注、中野利明）**外聞を取**　評判を取り、面目を施すこと。**老功**　多くの経験によって、物事に熟練していること。行き届いていること。**中野将監**　中野正包。中野将監と呼ばれる。常朝の祖父中野清明の次男、正守の孫。常朝の従兄弟の子。光茂のもとで大組頭、御年寄役を勤めた。（人物補注、中野正包）**五郎左衛門**　山本常治。常朝の甥で、山本家の当主であった。聞書一－8注、人物補注参照。**鞍鐙**　鞍橋と鐙のこと。鞍橋とは身体を馬上に固定させる装置で騎乗の際に腰かけるもの、鐙とは鞍の両脇に垂らして騎乗した人が足を踏みかけるものである。

17　一、人中《ひとなか》ニて欠《あくび》仕《つかまつり》候事不嗜《ふたしなみ》なる事ニて候。不斗《ふと》欠《あくび》出《いで》候時ハ額《ヒタイ》を撫上《なであげ》候へハ《ば》止《とまり》申《もうし》候。無左《さなくば》ハ舌ニて唇をねふ《ぶ》り、口を開《ひら》かす《ず》、又《また》*襟之《の》内、袖をかけ、手をあてなと《ど》して、*し去《さら》ぬ様ニ可仕《つかまつるべき》事ニ候。くさみも同前ニて候。あほうけ《げ》に見へ候。此外《このほか》ニも心を付《つけ》て可嗜《たしなむべき》事也。

〈現代語訳〉

人前であくびをするのは不嗜みなことである。ふとあくびが出るときは、ひたいを撫で上げれば止まる。それでも止まらなければ、舌で唇をなめて、口を開けず、またえりの内やそでを口の前にかけ、あるいは手をあてるなどして、あくびの出るままにしてしまわぬようにしなければならない。くしゃみも同じである。阿呆じみて見える。この他のことについても、心を配ってたしなまねばならない。

〈注〉

襟之内、袖をかけ　底本では、「襟を明」が「襟之内」に訂正されている。餅木本では「襟を内袖をかけ」、小城本では「襟を内袖とかけ」となっている。　**し去ぬ**　底本では、「しれぬ」が「し去ぬ」に訂正されている。餅木本、小城本では「しれぬ」となっている。

18　一、翌日之《の》事ハ前晩《さきの》より夫〻案《それぞれあんじ》、書付置《かきつけおか》れ候。是《これ》も諸事、人より先ニ謀《はかるべ》へき心得《こころえ》也。何方《いずかた》へ兼約《けんやく》ニて御出《おいで》候時ハ、前晩《さきの》より向様之《むこうさまの》事、万事万端、挨拶咄《ばなし》、時宜《じぎ》等之《の》事迄《まで》案シ被置《じおかれ》候。何方《いずかた》へ御同道申《もうし》候時分、御咄《はなし》ニ、何方参《いずかたまいり》候時ハ、先《まず》亭主之《の》事を能《*よく》思ひ入《いり》て行か《ゆくが》よし。和ノ道也。礼儀也。又《また》貴人なと《ど》より呼ハ《ば》るゝ時、苦労ニ思ひて行ハ《ゆけば》、座付《*ざつき》出来《いでこ》ぬ物也。偖〻忝《さてさてかたじけなき》事哉《かな》、さこそ面白有へ《おもしろかるべ》し、と思ひ入《いり》て行《ゆき》たるか《が》よし。惣而《すべて》用事之《の》外《ほか》ハ呼《よば》れぬ所へゆかぬか《が》よし。招請《しょうせい》ニ逢ハ《あわば》、扨《さて》も能客振《よききゃくぶり》かな、と思わるゝ様ニせぬハ客ニてハなし。いつれ《ず》其《その》座之《の》都《すべて》を前方《まえかた》より腹《ふく》して行か《ゆくが》大事也。酒なと《ど》の事か《が》第一也。立《たち》しほか《が》入《いり》たもの也。あかれもせす《ず》早《はやく》も帰らぬ様ニ有度《ありたき》也。又常〻之《またつねづねの》事ニも馳《ち》走抔《そうなど》しんしやくを仕過《すご》スも却而《かえって》わろき也。一度二度云《いい》て其《その》上ニハ夫《それ》を取持《とりもち》たるか《が》よし。ふと行懸《ゆきがか》りて留《とどめ》らるゝ時抔之《などの》心得《こころえ》も如此《かくのごとき》なり。

〈現代語訳〉

翌日のことは前の晩から一つ一つ考え、書き付けておかれた。これも様々なことを人より先に思い巡らしておくべきだという心得だ。ある方のお宅へかねてからの約束でいらっしゃる時は、前の晩からむこうさまのことを万事万端、挨拶話やお辞儀などのことまで思い巡らしておかれた。ある方のお宅へ常朝殿に同行いたしたとき、お話には、「どなたかのお宅へ参るときは、まず先方のご亭主のことをよく頭に入れて行くのがよい。和の道である。礼儀である。また身分の高い人などから呼ばれたとき、気苦労に思って行けば、その座のとりもちがうまくできないものだ。『つくづくありがたいことだなあ、さぞかし面白いだろう』と思い込んで行くのがよい。総じて用事以外では、よばれないところに行かないのがよい。もし招待されれば、それにしても良い客っぷりだなあと思われるようにしないようでは客ではない。いずれにせよその場のすべてを前もって腹づもりして行くのが大事である。酒などの事が一番考えておくべきだ。座を立つ頃合いが必要なものだ。うんざりもされず、さりとて早く帰らないようにもしたいものだ。また日常のことにおいても、ご馳走してくださるというのを遠慮しすぎるのもかえって悪い。一度二度は辞退して、その上さらに申し出があればそれを受けるのがよい。ふと行きがかりに引き留められる時などの心得も以上と同じである。」

〈注〉

能思ひ入て行かよし　小城本では「能思ひ行ねば座つき出来ぬ物也」となっており、続く「和ノ道也～座付出来ぬ物也」までがない。　**座付**　その座の取り持ち方。

19　一、*四誓願之《の》*琢上《みがきあげ》ハ、武士道ニおゐて後《おく》レを取へ《とるべ》からす《ず》、是《これ》を武勇を天下に現へ《あらわすべ》き事と覚悟すべし。〈*此《この》事*愚見《ぐけん》ニ委《くわし》〉主君之《の》御用ニ立《たつ》べし、是《これ》を家老之《の》座ニ直りて*諫言《かんげん》シ国を可治《おさむべき》事と思ふへ《べ》し。〈*愚見《ぐけん》ニ委《くわし》〉*孝ハ忠に付《つく》也。同物《おなじもの》也。人*之《の》為ニ成へ《なるべ》き事、是《これ》をあらゆる人を御用立《たつ》者ニ仕《し》なすへ《べ》しと心得《こころう》べし。

〈現代語訳〉

四誓願の修行の完成は、「武士道において後れを取るべからず」、この願では、武勇を天下に現せということだと覚悟せよ。（この事は『愚見集』に詳しく記した。）「主君の御用に立つべし」、これを、家老の座に就いて主君に諫言を申し上げ、国を治めることだと思え。（この事も『愚見集』に詳しく記した。）孝は忠に付いている。同じものである。「人の為に成るべき事」、これを、あらゆる人を主君のご用に立つ者に仕立てあげよということだと心得よ。

〈注〉

四誓願　「一、於武士道おくれ取申間敷事、一、主君之御用ニ可立事、一、親ニ孝行可仕事、一、大慈悲を起し人之為ニ可成事」。一人で佐賀藩を支えるような鍋島武士になるという日常の修行のための誓願。「夜陰の閑談」参照。**琢上**　みがいて仕上げること。修練を積んで完成させること。**此事愚見ニ委**　『愚見集』（次注参照）の武勇の項目には、まず一条目に「武士ハ天下ノ守護人、非道を禁して非義を討テ忠節を尽ス役人也、武勇を天下ニ顕シ、先祖ノ名を挙、名を後代に可残と真実ニ決定すれハ、則今日より究竟ノ武士一人出来ル也、仮初ノ参会ニも、半句一言微塵毛頭も後を取てハ、先祖ノ名をくたし一類ノ面よこし、武士道之かきんなれハ、片時も不可弓断事也」とある。**愚見**　『愚見集』のこと。宝永五年（一七〇八）、常朝が養子の山本常俊（権之允）に与えた、鍋島武士としての心得を記したもの。大きくは奉公根本と奉公枝葉に分けられており、奉公根本は忠孝、武勇、慈悲、智恵に、奉公枝葉は風体、芸能に分けられ、奉公枝葉には可慎として婬酒、遊興が挙げられている。　**諫言**　目上の者の欠点や過失を指摘し諫めること。　**愚見ニ委**　『愚見集』の忠孝の項目には、二条目に「忠の肝要ハ諫ニ極ル、治国平天下ノ根本なれハ尤無他事事也、然れ共節ニ臨て一命を捨る者ハ多けれ共、主人ニ御異見を申者ハ昔より稀也、畢竟罪を恐レ身を思ふ故也、前ニ不云や、身命を主君ニ抛置たる者何そ諫るニ難からん、尤御異見を申上ルニハ品有へし、傍輩ニ異見を云さへいひ様悪敷けれハ却而腹を立るそかし、能々了簡可有事也、又其位ニあらすして諫る時ハ害と成由、其役ニあたらぬ者ハ遠慮すへき事也」とある。　**孝ハ忠に付也。同物也**　もともとの誓願は「親ニ孝行可仕事」である。『愚見集』の忠孝の項目には、一条目に「奉公人ハ忠孝を可尽為計ニ生レ出たるといふ事を真実ニ知へし、忠孝といへは二ツノやうなれとも、主ニ忠節を尽スが則親ニ孝行也、然ハ忠一ツニ極りたり（略）」とある。　**人之為ニ成へき事**　もともとの誓願は「大慈悲を起し人之為ニ可成事」である。人の為になることは、慈悲と関わることがらである。聞書一－14において、互いに欠点を直し心を一つにして主君のお役に立つようにすることは、「御奉公大慈悲」とされていた。聞書一－14における「大慈悲」の注も参照のこと。『愚見集』の慈悲の項目には、二条目に「人間一生何事をする物そと云ニ、人ノ為ノ能様ニとするより外なし、善事ハ人ニゆつり、人ノ科ハ我身ニかふる程ニ心を持へし、必親疎を分へからす、如此思ひ入れハ諸傍輩ニ中悪敷人一人もなき物也、此心を以百性以下畜類迄ニをしひろむへし、目付役・究役なとする人ハ猶以心持有へし、慈悲なき人ハ必人罰を蒙るへし」とある。

20　一、*御祝言御道具僉義《せんぎ》之《の》時分、何某殿御申《もうし》候ハ、琴、三絃《げん》、其書付《そのかきつけ》ニ不相見《あいみえず》候。是《これ》ハなくてハ、と也。何某被申《もうされ》候ハ、琴と三絃《げん》、無用ニ候、と*あらかに申《もうし》て差留《さしとめ》候。是《これ》ハそとあたりて被申《もうされ》たる也。翌日被申《もうされ》候ハ、御道具になくても不事足《ことたらぬ》物也。極上ニ二通宛《ずつ》と書付《かきつけ》候へと被申《もうされ》候由《よし》、咄《はなし》申《もうす》人有《あり》。扨《さて》も気味之《の》よき人かなと申《もうし》候へハ《ば》、いや〱《いや》夫《それが》かよからぬ所存也。皆我《わが》威勢立《だて》ノ申分《もうしぶん》也。大形他方《おおかたよそ》者へ有《ある》事也。上たる人に対して先《まず》*慮外《りょがい》也。御為ニもならぬ事也。道を智《し》ルものならハ《ば》、たとへいらぬニ極《きま》リたる物ニても、御尤《ごもっとも》ニ奉存《ぞんじたてまつり》候。乍去夫《さりながらそれ》ハ追《おつて》而吟味可仕《つかまつるべき》、なと《ど》ゝ申《もうし》て、其《その》人之《の》恥ニ不成《ならぬ》様ニして、能《よき》様ニするこそ侍之《の》仕事ニて候。しかも入《い》ルへ《べ》き物故《ゆえ》、翌日ハ書加《かきくわ》へ申《もうし》候物を、当座に貴人ニ恥をかゝせ、何ノ僉《せん》もなく、きたなく*疎早ノ心入《こころいれ》ニて候と也。

〈現代語訳〉

ご婚礼のお道具を評議したとき、何某どのが、「琴と三味線がその目録に見当たらない。これらはなくてはならない」とおっしゃった。別の何某が、「琴と三味線は無用である」と声をあらげてこれを差し止めた。これはまわりの人々を意識して言ったのである。無用と言ったその者が、翌日には、「お道具になくても困るものである。極上の品を二つずつと書き付けてくだされ」と言ったと、そう話す人がいた。私（田代）が「それにしても気持ちの良い人だなあ」と言うと、常朝殿は「いやいやそれが良からぬ考えである。みな自分の威勢を立てる申し分だ。このようなことは往々にして他国者に見られる。目上の人に対してまず失礼である。殿のおためにもならないことである。道を知る者であれば、たとえいらないと決まっているものであっても、『ごもっともでございます。しかしそれは後に吟味いたしましょう』などと言って、その人の恥にならないようにして、良いようにするのが侍の仕事である。しかもそれは必要なものであったから、翌日には書き加えたのに、その場において身分の高い人に恥をかかせるとは、何の意味もなく、汚く粗相な心がけだ」とおっしゃった。

〈注〉

御祝言御道具僉義之時分　正徳二年（一七一二）の於美濃（四代藩主吉茂の実妹で、吉茂の養女）の婚礼か。『吉茂公譜』に僉議についての記事はない。**あららか**　荒々しいさま。粗雑なさま。**慮外**　無礼。失礼。**疎早**　正しくは「粗相」。ぶしつけなこと。非礼。

21　一、覚乃《おぼえの》士、不覚《ふかく》の士と云《いう》事、軍学ニ*沙汰《さた》有り。覚《おぼえ》ノ士と云《いう》ハ、事ニ逢《おう》て仕覚《しおぼ》へたる斗《ばかり》ニてハなし。前方《まえかた》ニ夫ゝ《それぞれ》ノ仕様《しよう》を吟味仕置《しおき》て、其《その》時ニ出合《いであい》、仕課《しおお》するを云《いう》也。然《しかれば》ハ万事前方《まえかた》ニ極置《きわめおくが》か覚《おぼえ》ノ士也。不覚《ふかく》ノ士と云《いう》ハ、其《その》時ニ至りてハ、たとへ間ニ合《あわ》セても、是《これ》ハ時之《の》＊仕合《しあわせ》也。前方穿鑿《まえかたせんさく》せぬを不覚《ふかく》ノ士と申《もうし》候なり。

〈現代語訳〉

「覚の士」、「不覚の士」ということは、軍学において両者の違いが説かれている。「覚の士」というのは、実際に出来事に出くわしたことがあり、その時に対処して覚えていることだけをいうのではない。前もって起こりうる出来事それぞれの仕方を吟味しておいて、後にその時に出くわし、うまくなし遂げるのをいうのだ。したがって何ごとも前もって吟味し尽しておくのが「覚の士」である。「不覚の士」というのは、その時に行きあたって、たとえうまく乗り切っても、これは時のめぐりあわせにすぎない。前もって十分に検討しておかない者を「不覚の士」というのである。

〈注〉

軍学　軍学とは用兵、戦術を研究する学問のこと。江戸時代においては楠流、義経流、甲州流などの兵法学が軍学と呼ばれて流行した。底本では「軍書」が「軍学」に訂正されているが、ある特定の軍学や、その軍学書を指しているのか、軍学一般を指しているのかは判然としない。　**仕合**　めぐりあわせ。ことのなりゆき。

22 一、*日峯《にっぽう》様御百年忌之《の》時分、諸牢人不残被召出度《ろうにんのこさずめしいだされたき》事也。是か《これが》御亡者《ごもうじゃ》様の第一ニ御悦可被成《よろこびならるべき》御法事ニて候。其段《そのだん》ハ我等請《うけ》ニ立《たつ》也。乍去倹約《さりながらけんやく》〱ニて行兼可申《ゆきかねもうすべく》候。近年ハ牢人《ろうにん》者、切腹ノ跡《あと》なと《ど》ハ行捨《ゆきすて》ニ成《なり》、*手明鑓《てあきやり》、牢人抔《ろうにんなど》*取上無之格之《とりあげこれなきかくの》様ニ相成《あいなり》候。国学無御存故《ごぞんじなきゆえ》、手明鑓《てあきやり》なと《ど》ニ*物頭被仰付《ものがしらおおせつけられ》候と也。

〈現代語訳〉

日峯様の百回忌の時、あらゆる浪人を残らずお召し抱えいただきたい。これがお亡くなりになった方の一番お喜びになられるはずのご法事である。そのことは私が保証する。しかしながら何ごとも倹約の風潮でそうはできかねよう。近年は浪人者や切腹した者の名跡などはそのまま捨て置かれ、手明槍、浪人などは取り上げることのない身分のようになっている。国学をご存じないため、手明槍などに物頭をお命じになられるのだとのことである。

〈注〉

日峯様御百年忌　藩祖鍋島直茂の百年忌は享保二年（一七一七）に高伝寺、宗智寺にて行われた。『吉茂公譜』によれば、直茂に追腹した者、直茂に仕え多大な戦功のあった者の子孫で、浪人となっていた者を帰参させている。**手明鑓**　手明槍。「夜陰の閑談」注参照。**取上**　身分を引き上げること。手明槍を凡侍に引き上げたり、浪人を再び被官として取り立てたりすること。**物頭**　足軽などを編成した組を統率する役のこと。ここでは、手明槍は本来平時の役を免除された階級なので、手明槍が物頭に任じられるのはおかしいということ。

23　一、酒盛之《さかもりの》様子ハ＊いかふ可有事《あるべき》也。心を付《つけ》て見るニ大形呑斗《おおかたのむばかり》也。酒といふ物ハ＊打《うち》上《あが》り、寄麗《きれい》ニメ《して》こそ酒ニてあれ。気が付《つか》ねハ《ば》いやしく見ゆる也。大かた人之《の》心入《こころいれ》、たけ〳〵《だけ》もミゆるもの也。＊公界者《くがいもの》也。

〈現代語訳〉

酒盛りの様子はいかめしくあるべきである。気をつけて見てみるとあらかたの者がただ飲んでいるだけである。酒というものは、上品に綺麗にしてこその酒である。気配りがなければいやしくみえるのだ。およそ酒によって人の心構え、人物の大小も見えるものである。酒は公界ものである。

〈注〉

いかふ　「厳し」の連用形。正しくは「いかう」。いかめしく立派なさま。　**打上り**　上品に。立派に。　**公界者**　おおやけの場のもの、公衆の面前のもの。

24　一、何某、当時、*倹約を細かに仕《つかまつる》由申《よしもうし》候へ*ハ《ば》、不宜《よろしからざる》事也。*水至《いたり》て清けれハ《ば》魚不住《すまず》と云《いう》事有《あり》。*もか《が》ら杯《など》の有故《あるゆえ》ニ、其蔭《そのかげ》ニ魚ハかくれて成長する也。少〻《しょうしょう》ハ見遁《のが》し、聞《きき》のがしの有故《あるゆえ》ニ下〻《しもじも》ハ安穏する也。人の身持杯《など》も此心得可有《このこころえあるべき》事也。

〈現代語訳〉

何某が、この時代、細かく倹約するとのことをいうので、「それは良くないことである。水がきわめて清いと魚は住まないともいわれる。もがらなどがあるから、その蔭に魚は隠れて成長するのである。少々は見逃し、聞き逃しするから、下々の者は安穏とできる。人の身持ちなどにもこの心得がなければならない」。

〈注〉

倹約　常朝が正徳五年（一七一五）に、後に五代藩主となる鍋島宗茂に贈った『乍恐書置之覚』には、近年、武士の風俗が悪くなったのは、倹約が流行し、武士が損得勘定を好むようになったからだと述べられている。**ハ**　底本では、「共」が「ハ」に訂正されている。**水至て清けれハ魚不住**　水が綺麗すぎるとかえって魚が住まないということ。清廉すぎる振る舞いはかえって人を遠ざけるというたとえ。「水至清則無魚、人至察則無徒」（孔子家語—入官）**もから**　藻の茎。

25　一、*請《うけ》役所ニて、何某へ*町方《まちかた》何かし《が》訴状《*そじよう》を可渡《わたすべし》と申《もうし》候時、請取間敷《うけとるまじく》と申《もうし》候を、色々申合《いろいろもうしあい》候処《ところ》、何某居合《おりあい》、先請取置《まずうけとりおき》候て無用ニ候ハヽ《ば》、返シ被申《もうされ》候へかしと申《もうし》候ニ付而《つきて》、さらハ《ば》請取置《うけとりおく》べしと申《もうし》候時、請取《うけとら》する物を請取《うけとら》ずに置《おく》事か《が》成《なる》ものかといやしめ被申《もうされ》候由《よし》、咄《はなす》人有《あり》。何某ハ最早《もはや》直りたるかと思ひたれハ《ば》未《いまだ》*角か《つのが》折れず。惣而《すべて》心安キ人にても役所《やくしよ》〳〵ニてハいんき《ぎ》んニ取合か《とりあうが》士ノ作法也。左様ニ恥《はずか》しめ候事きたなき仕《し》かた士之《の》作法ニあらす《ず》と也。

〈現代語訳〉

請役所で何某へ町方の何某が「訴状を渡したい」といったとき、「受け取らんぞ」と言って、色々言い合っているところに、別の何某が居合わせて、「まず受け取っておいて、無用であれば返されるのがよい」といったので、受け取らないと言った何某が「それならば受け取っておこう」といったとき、町方の何某は「受け取ることになっているものを受け取らずにおくことができるものか」と見下していわれたとのこと、話す人がいた。常朝殿は「町方の何某はもう性癖が直ったかと思っていたが、いまだに角が折れていない。一般に、気心の知れた人でも、各役所では慇懃に応対するのが武士の作法である。そのように辱めることは見苦しい仕方で、武士の作法ではない」とのことである。

〈注〉

請役所　藩庁内で請役家老（特に中心となって藩政を統括する家老のこと）が藩の政務を行う場所。　**町方**　町の行政、司法を担当する役職のこと。底本では、「町人」が「町方」に訂正されている。　**訴状**　訴え事や嘆願を記した文書。　**角か折れず**　強情が直らない、素直にならない。

26　一、何某、屋敷を何か《が》し殿より所望ニ付而《つきて》、可差出由申達《さしいだすべきよしもうしたつし》、行先《ゆきさき》をも相談申《もうし》候半《なかば》ニ、用事無之由《これなきよしに》候。夫《それ》ニ付而段〻不届之《つきてだんだんふとどきの》趣《おもむき》言《いい》募リ候付而《につきて》、何某殿より断《ことわり》ニて得心《とくしん》、其《その》上ニて銀子抔《など》得申《もうし》候由咄《よしはなす》人有り。扨〻《さてさて》笑止之《の》仕《し》かた也。惣而《すべて》人よりたま《だ》されて負《まけ》て居《お》るハ機分《きぶん》無キ事と思ふもの也。夫《それ》ハ事か《が》違《ちがう》也。たとへ貴人たり共《とも》一言もいわせぬなと《ど》〻云《いう》ハ別段之《べつだんの》事也。是《これ》ハ損徳之《の》事也。大根《おおね》か《が》きたなき事也。夫《それ》を歴〻《れきれき》ニ向ひ過言抔申《などもうし》候事、無礼慮外《りょがい》と云《いう》もの也。〆《*しま》リ銀なと《ど》取《とり》候へハ《ば》却而負《かえってまけ》也。以来之《の》支《つかえ》と可成《なるべき》也。惣而《すべて》公事《*くじ》沙《ざ》汰《た*》云《いい》分抔《など》と云《いう》事ハ皆損徳之《の》事也。損さへすれハ《ば》相手ハなき物也。是斗《こればかり》ハ堪忍してひけニならぬ事也。智か《が》ほそき故《ゆえ》見へす《ず》候。

〈現代語訳〉

何某が屋敷を何某殿から所望されたので、差し出しますという旨を申し伝え、転居先をも相談しているさなかに、結局、屋敷は入り用でなくなったとのことである。それゆえ何某は、この経緯が行き届いていないという趣旨を言いつのったので、何某殿から謝罪があって納得し、その上で金銭などまで受け取ったということを話す人がいた。なんとまあ馬鹿馬鹿しいやりかたである。普通、人に騙されて負けるのは面白くないと思うものだ。しかし、それは事が違う。たとえ貴人であっても一言も言わせないなどというのは、特別な場合に限る。今回のこの件は損得の事である。根本からしてけがれた事である。それをお歴々に向かって出過ぎたことなどを言うことは無礼で無遠慮というものである。あげく金銭など取るならば、かえって負けである。それ以後の差し支えとなるにちがいない。一般に訴訟事も、それ以前の不満の言い分なども、みな損得のことである。自分が損さえすれば争う相手はないものだ。こういったことだけは、こらえ忍んでも名折れにはならないことである。考えが狭いために見えない。

〈注〉

メリ　結局のところは。しまいには。　**公事沙汰**　裁判に関すること。江戸時代における裁判には、奉行所が職権を以て事件を捜査し被疑者を取り調べて判決を下す吟味筋と、原告が被告を訴える出入筋と呼ばれるものがあったが、ここでは、民事事件に類する出入筋の裁判を指すとみられる。

云分　主張したいこと、不満によって言いたいこと。

27　一、石井又右衛門ハ大器量之《の》者ニて候。病気出《いで》馬鹿ニ成申《なりもうし》候。一《ひ》とゝせ御側《おそば》仕組《しくみ》僉《せん》儀《ぎ》之《の》時、何某殿より又右衛門へ御《お》歌書方之《うたがきかたの》事被相尋《あいたずねられ》候。又右衛門申《もうし》候ハ、病気以来今之《の》事さへ覚不申《おぼえもうさず》候。たとへ覚居《おぼえおり》候共《とも》　殿様の人ニ言《いう》なと被仰付《おおせつけられ》候事を　各《おのおの》ニ可申哉《もうすべきや》。増而《まして》覚《おぼえ》不申《もうさず》候、と申《もうし》候由《よし》。

〈現代語訳〉
石井又右衛門は大器量の者である。病気のために頭がぼけてしまった。ある年、お側役の仕組みを僉議しているとき、何某殿から又右衛門へ和歌・書物担当役のことを尋ねられた。又右衛門は「病気以来、今のことさえ覚えません。たとえ覚えていたとしても、殿様が『人に言うな』と仰せつけられたことを、あなたがたに言うわけがない。ましてそもそも覚えてもおりませぬ」と申し上げたとのことである。

〈注〉
石井又右衛門　石井忠俊。光茂の御歌書役を勤めた。娘が牛島真孝に嫁いでいる。（人物補注、牛島真孝）　**大器量**　度量が大きく、優れた人物であること。　**御側**　御側役のこと。主君の身近に仕える者。

28　一、何某殿屋敷出火之《の》時、*山本五郎左衛門当番御目附《おめつけ》ニて罷出《まかりいで》候処《ところ》、門を固メ入《いれ》不申《もうさず》候。火事ハ此方《こなた》ニて無之《これなき》と申《もうし》候。五郎左衛門*せき上り御意を承《うけたまわり》罷越《まかりこし》候者を不入ハ《いれずば》*なて切《でぎり》可仕《つかまつるべし》、と刀を抜申《ぬきもうし》候付而《につきて》、門を開キ申《もうし》候由《よし》。内ニハ何某一手《ひとて》斗《ばかり》参《まいり》取消被申《とりけしもうされ》候由《よし》。

〈現代語訳〉

何某殿の屋敷から出火した時、山本五郎左衛門は当番の御目付であったので出ていったところ、屋敷の方では門を固めて入れようとしなかった。「火事はここではない」と言った。五郎左衛門は苛立って「殿様のご意向をうけてやってきた者を入れないならば、なで切りにしてくれよう」と刀を抜いたので、門を開いたということである。門の内では何某の身内だけがやってきて火を消したとのことだ。

〈注〉

山本五郎左衛門　山本常治。聞書一－8注、人物補注参照。　**せき上り**　心が急く、急いて我慢できなくなる。　**なて切**　なでるように切ること、片端からあまさず切り捨てること。

29　一、*弥三郎へ色紙ヲ書セ《かかせ》、紙一《いっぱ》はひニ一字書《かく》と思ひ、紙を書《かき》破リ候と思ふて書へ《かくべ》し。

よしあしハ*夫《それ》しやノ仕事也。武士ハあ*く《ぐ》まぬ一種ニて澄《すむ》也、とて染筆《せんぴつ》也。

〈現代語訳〉

弥三郎へ色紙を書かせ、「紙一杯に一字だけ書くと思い、紙を書き破ると思って書け。善し悪しは専門家の仕事である。武士は困難をいとわないというやり方一つで済むのだ」といって筆を染めた。

〈注〉

弥三郎　聞書四‐69に蒲原弥三郎についての記述があるが、弥三郎とはこの蒲原弥三郎のことか。

夫しや　その道に通じた者。玄人。ただ者でない人。　**あくまぬ**　成し遂げることが困難であるからといって、いやにならない。

30　一、*海音《かいおん》和尚之《の》前ニて*草紙御読《およみ》候が、*小者共《ども》、小僧達、皆参リ聞《きか》レ候へ。聞手《ききて》が少《すくな》けれハ《ば》読《よみ》にくし、と御申《もうし》候。和尚感心、小僧共《ども》へ何事もあの気ぞと也。

〈現代語訳〉

海音和尚の前で若殿（光茂公）が草子をお読みなさっていて、「小者ども、小僧たち、みなこちらに来て聞きなさい。聞き手が少なくては読みにくい」とおっしゃった。和尚は感心して小僧どもへ「何ごともあの意気だぞ」と言われたとのことである。

〈注〉

海音和尚　天祐寺の十一世住持。北原永明寺に隠居。常朝も近隣に隠棲していた。**草紙**　紙をとじあわせて本のかたちにした、物語などのこと。「御読」「御申」とあること、また情景から推して、光茂の少年期の逸話と考えられる。**小者**　雑役に従事する下級の使用人のこと。

31　一、毎朝拝《おがみ》の仕様《しよう》、先《まず》主君、親、夫《それ》より氏神、守仏と仕《つかまつり》候也。主をさへ太切ニ仕《つかまつり》候ハ《ば》、、親も悦《よろこび》、仏神も納受可有《＊のうじゆあるべし》と存《ぞんじ》候。此方《こなた》ハ主を思ふより外《ほかの》之事ハしらず。志《こころざし》募リ候へハ《ば》、不断《ふだん》御身辺ニ気か《＊が》付《つき》、片時《かたとき》も離不申《はなれもうさず》候。又《また》女ハ第一ニ夫を如主君可存《しゆくんのごとくぞんずべき》事也。

〈現代語訳〉

毎朝の拝の仕方は、まずご主君を、次に親を、それから氏神、守り仏と拝むのである。ご主君をさえ大切に拝めば、親も悦び、仏神も納受してくださるだろう。こちらはご主君を思う以外のことは知らない。志が募れば、絶えずご主君のご身辺に注意が向けられ、片時も離れない。また女はまずもって夫を主君のように考えなければならない。

〈注〉

納受 受け入れること。 **気か付** 気がまわる。注意が行き届く。

32 一、*仕付方《しつけかた》ノ口伝《くでん》ニ*時宜《じぎ》の二字をダテと読《よま》せ候。*伊達《だて》する心ニてなけれハ《ば》時宜《じぎ》ハ不成《ならず》と也。

〈現代語訳〉

しつけ方の口伝に、「時宜」の二文字を「だて」と読ませている。伊達する心でなければ時にかなった挨拶はできないということである。

〈注〉

仕付方 礼儀作法を担当する役職。 **時宜** 作法や時にかなった挨拶、礼。 **伊達** 派手にふるまうこと。意気を示そうとすること。常朝、陣基が目を通していたとされる小笠原昨雲『諸家評定』には、馬を急がせる時、座敷で腰の物に当たった場合など、誤解や喧嘩を招くような場面の例があげられ、いずれも大げさなほど念入りに、深く「時宜」すべきであるとされている。

33　一、*正徳《しょうとく》三ノ春、雨乞僉議《あまごいせんぎ》之《の》時、*会所《かいしょ》ニて、*金立《きんりゅう》山ヘ雨乞《あまごい》とて毎年度〻《たびたび》の*浮立《ふりゅう》、上下之《の》雑作《ぞうさ》也。此《この》度随分浮立《ふりゅう》念を入《いれ》、若無験ハ《もししるしなくば》、重而《かさねて》無用と候て、成程《なるほど》結構之《の》*三十三囃《ばや》子《し》ニ*踊狂言なと《ど》仕入申《しいれもうし》候。金立之《きんりゅうの》雨乞《あまごい》ハ前〻より不思議之《の》霊験ニて候処《ところ》、此《この》度ハ曾而《かつて》験無之《しるしこれなく》候。其《その》日大太鼓打《うち》候者、無相伝《むそうでん》ニ打《うち》候とて、伝受之《の》者撥《ばち》をもき《ぎ》取申《とりもうし》候末《すえ》ニて及喧嘩《けんかにおよび》*下宮《げぐう》ニて切合打合《きりあいうちあい》死人も出来《いでき》又《また》見物人ニも喧嘩出来《いでき》手負有之《ておいこれあり》候。其比下〻《そのころしもじも》之説ニ今度之《の》浮立會所方之《ふりゅうかいしょがたの》御僉議《せんぎ》実《じつ》なき事故《ゆえ》権現御祟《たたり》ニて悪事其《その》場ニ出来《いでき》候と申　扱《もうしあつかい》候。神事の場ノ不吉ハ前表《ぜんぴょうなる》ニ成事有《あり》と*実教《さねのり》卿御咄《はなし》ニ候。考《かんがえ》候ヘハ《ば》此《この》年ノ内ニ*会所《かいしょ》役者奸謀《かんぼう》ニて数人斬罪《ざんざい》　*寺井《てらい》辺《あたり》　津浪《つなみ》ニて死亡多シ。海辺ニ金立《きんりゅう》ノ下宮有之由《げぐうこれあるよし》。又《また》殿中ニて*原十郎右衛門打《うち》果《はたし》有り。ケ様之《かようの》事共《ども》いかゝ《が》と被存《ぞんぜられ》候也。

〈現代語訳〉

正徳三年の春、雨乞いの僉議の時、会所で、「金立山への雨乞いとして行われる毎年ごとの浮立は上下みなの負担となっている。そこで今回はできるだけ浮立に念を入れ、もしも霊験がなければ、今後は無用ということにしよう」ということになり、できるだけ行き届いた三十三囃子に踊り狂言などを入れて行われた。金立山の雨乞いは前々から不思議な霊験があるが、今回はまったく霊験がなかった。その日は、大太鼓を打った者が伝授にない仕方で打ったといって打ち方伝授の者が太鼓のばちをもぎ取った。そのすえに喧嘩に及び、下宮で斬合い、打ち合い、死人も出て、また見物人にも喧嘩が出て、負傷する者がいた。当時の下々の者たちの説に、今度の浮立は、会所の方々の御僉議に実がないことゆえ、金立権現の祟りで悪事がその場に出て来たものと理解し言い合った。神事の場の不吉な出来事はより大きい悪事の前ぶれになることがあると実教卿はお話になった。考えてみるとこの年のうちに会所役人が奸謀により数人斬罪となり、くわえて寺井のあたりに津波で死者が多く出た。海辺に金立山の下宮があるとのことである。また殿中にて原十郎右衛門の打果たしがあった。これら一連の出来事はどうなのだろうかと思われるのである。

〈注〉

正徳三　西暦一七一三年。佐賀藩藩主は四代藩主鍋島吉茂。聞書二の末尾の俳句のやりとりに「翌朝」と記されており、聞書一、二の全体がいかにも一夜のやりとりのように脚色されているが、実際は長期にわたって談話筆記がつづけられたことが、この年号の記事によってわかる。**会所**　役所。(何の役所がこの僉議を行ったのかは不明。)　**金立山へ雨乞〜**　金立山とは佐賀市金立町の金立山のこと。信仰の対象であった。金立神社の祭神は罔象女命（みずはのめのみこと)、保食神（うけもちのかみ)、また徐福伝説があり、金立権現として徐福が祀られている。餅木本では「金立に雨乞雨降ること度々なり風流上下の雑作也」。**浮立**　餅木本、小城本では「風流」。設備や衣装、持ち物などを華やかに飾って行う行事や芸能のこと。音曲が加わることも多い。『校補』によれば、もともと唐から伝来したもので、あとに見られる大太鼓相伝などは玄蕃流だろうとのこと。玄蕃流は弘治二年（一五五六）、堀江大明神への雨乞神楽において御験があったため、かねて願を立てた通り浮立を行ったことから始まる。神職堀江玄蕃が自身の四十七という年齢にちなんだ太鼓の拍子を打ち、笠鉾を女の衣装や帯で飾った。この後、雨乞において浮立を行うことが広まった。**三十三囃子**　『校補』によれば、三十三村の浮立のこと。あるいは、曲目の数のことか。**踊狂言**　浮立踊りの間に演じられた狂言のことか。**下宮**　金立神社の下宮のこと。金立神社には金立山山頂付近の上宮のほかに中宮と下宮がある。ともに徐福の通り道とされる場所で、下宮は徐福上陸の地とされる筑後川河口付近の寺井津に、中宮は金立山の麓にある。**実教卿**　三条西実教。官位は正二位権大納言。二代藩主鍋島光茂の歌道の師範。常朝を使者として、臨終前の光茂に古今伝授一巻を授けた。（人物補注、三条西実教）**会所役者奸謀ニて数人斬罪**　『校補』によれば、刑を受けた侍五人手明槍四人のうち、死罪が五人、追放が三人、牢人が一人とのこと。奸謀についての詳細は不明。**寺井辺津浪ニて死亡多シ**　『吉茂公譜』の正徳三年（一七一三）七月十三日の出来事に、「大風高潮」の被害の届けとして、田畑や牛馬、民家、橋の損害があげられ、死者百五十一人と記されている。**原十郎右衛門打果有り**　『吉茂公譜』の正徳三年（一七一三）七月十五日の出来事に、「御聖霊祭ノ節、原十郎右衛門、相良源太左衛門ヲ殺害ス、十郎右衛門ハ生害、偖又同坐ノ四人姓名不知追放仰付ラル」とある。またこの事件についての条文が聞書十一－103にあり、同年七月十四日の出来事として、御聖霊祭役の者、御料理人などが二の丸の台所で支度していたところ、相良源太左衛門の首を原十郎右衛門が抜き打ちで打ち落とした、その場にいた馬渡六右衛門、相浦太郎兵衛、古賀金兵衛、柳原利右衛門はうろたえ逃げ、原十郎右衛門が追いかけた、最終的に田中竹右衛門が立ち合って抜き身を取りあげ、石丸三右衛門が手伝って取り押さえたとある。これについての処置は、原十郎右衛門は縛り首、逃げた者は追放、田中竹右衛門は褒美をもらい、石丸三右衛門は隠居となった。

34　一、何和尚ハ近代之《の》出来《*でき》物《もの》也。寛大なる事量《はかり》なし。夫故《それゆえ》大寺能治《よくおさま》りたり。頃日《けいじつ》も咄《はなし》ニかゝらぬ病身ニて大寺を預リ、能《よく》勤むへ《べ》しと思ひたらハ《ば》仕損可有《しそんじあるべく》候。成ル分と存《ぞんじ》候故《ゆえ》、気色勝《すぐれ》ざる時ハ名代《みょうだい》ニて諸事澄《すま》し、何《なに》とそ《ぞ》大迦《おおはずれ》の無キ様ニと心懸斗《こころがくるばかり》也、と被申《もうされ》候。先ヽ住《じゅう》ハ稠《きび》シ過《すぎ》て大衆《*だいしゅ》あき申《もうし》候。先住《じゅう》ハまかせ過《すぎ》て不〆《ふしまり》なる所有り。今ノ和尚ニ成《なり》て、是非ノ沙汰《さた》なく大衆能治《よくおさま》リ申《もうし》候。此《この》境を思ふニ、麁《そ》ニ入細《いりさい》ニ入能《いりよく》事ヽを知リて、偖打《さてうち》任《まかせ》て*かもわす《ず》ニ役ヽニさバかせて、若《もし》尋らるゝ時ハ闇事《くらき》なく差図《さしず》致さるゝ故《ゆえ》、能治《よくおさま》リ申《もうし》候と思わるゝ也。去比《さるころ》、何長老*小見解《しょうけんげ》なと《ど》ニて口を利申《ききもうし》候を呼寄《よびよせ》、法ノ邪魔ニ成ル、打《うち》殺すへ《べ》しとて押被申《*おしもうされ》候か《が》、片輪ニ成《なり》候由《よし》。彼是能《かれこれよき》所多キ也。又《また》病気ニ隠レ被申《もうされ》候也。

〈現代語訳〉

何某和尚は近ごろの大人物である。寛大であることははかりしれない。それだから大寺がよく治まっている。先日も「お話にならないような病身で大寺を任され、それでうまく何とかしようと思えばし損じがあるものである。私はできただけと思っているから、気分がすぐれない時は代理を立てて諸事を済まし、どうか大外れがありませんようにと心がけているだけだ」と言われた。先々代の住職は厳しすぎて衆僧たちはうんざりしていた。先代住職は任せすぎて衆僧が弛んでしまうところがあった。今の和尚になって、是非の沙汰なく衆僧はよく治まっている。この違いを考えると、大まかにも細やかにもよく諸事を知っておき、そうして任せてしまって口出しせずに担当の役の者たちに処理させて、もし尋ねられた時には不明瞭なところなく指図なさるため、よく寺が治まっているのだと思われる。先日、何とかいう長老が小ざかしい見解などで口を利くのを呼び寄せ、「仏法の邪魔になる、打ち殺してくれよう」といって押されて、その長老は身体が不自由になってしまったとのことである。あれこれよいところの多い人である。また自分の有能さを表に出さずに病気に隠れておられた。

〈注〉

出来物　すぐれた人物。　**大衆**　禅院で修行している多くの僧。　**かもわすニ**　小山本では「構ハずに」。　**長老**　宗派によって意味は異なるが、この項は曹洞宗の寺のことと推測される。曹洞宗では、修行僧の上位者の総称。　**押**　餅木本、小城本では「扣キ」。

35　一、今時之《の》奉公人を見るニ、*いかふ低ィ眼ノ付《つけ》所也。スリノ目遣《づかい》之《の》様也。大形《おおかた》身ノ為の欲徳か利発だてか、又少《すこし》魂の落付《おちつき》たる様なれハ《ば》身かまへをする計《ばかり》也。我身ヲ主君ニ奉り遄《すみやかに》死切《しにきり》て幽霊ニ成《なり》て二六時中主君之《の》御事を歎き、事を調《ととのえ》て進上申《もうし》、御国家を固むると言処《いうところ》ニ眼を付《つけ》ねハ《ば》奉公人とハいはれぬ也。上下の差別有へ《あるべ》き様なし。此《この》あたりにぎしと居すわりて仏神の勧メニても不違《たがわざる》様覚悟せねハ《ば》ならず候。

〈現代語訳〉

今どきの奉公人を見ると、ことのほか目の付け所が低い。掏摸《すり》の目づかいのようである。たいていが自身の欲得のためか、利口ぶるか、また少し根性のすわった者といえば自身を守るための身構えをするだけである。自身を主君に奉りすみやかに死にきって幽霊になって四六時中主君のことを深く思い、万事を整えて進言申し上げ、お国お家を固めるというところに眼をつけなければ奉公人とは言われないのである。身分の高い低いの区別などあろうはずがない。このあたりにぎしと居座って、仏神の勧めであっても違わないように覚悟しなければならない。

〈注〉

いかふ　たいそう。はなはだしく。

36　一、或人の咄《はなし》ニ*松隈前《まつぐまさき》ノ亨庵《こうあん》先年申候由《よし》。医道ニ男女を陰陽ニ当て、療治ノ差別有《ある》事《ことに》候。脈も替り申《もうし》候。然《しか》るに五十年以来、男ノ脈か《が》女ノ脈と同し《じ》物ニ成申《なりもうし》候。爰《ここ》ニ気か《が》付《つき》候てより、眼病之《の》療治、男ノ眼も女ノ療治ニ仕《つかまつり》て相応と覚《おぼえもうし》申候。男ニ男ノ療治を仕《つかまつり》て見申《みもうす》ニ其験無之《そのしるしこれなく》候。偖《さて》ハ世か《が》末ニ成《なり》男ノ気おとろへ女同様ニ成《なり》候事と存《ぞんじ》候。是《これ》ハ慥《たしか》ニ仕《し》覚《おぼ》ヘ申《もうし》候事故《ゆえ》、秘事に仕置《しおき》候、と申《もうし》候由《よし》。是《これ》ニ付《つき》て今時之《の》男を見るニ、いかニも女脈ニて可有《あるべし》と思ハるゝが多ク候。あれは男也と見ゆるハ稀《まれ》也。夫《それ》ニ付《つき》今時少力《すこしりき》ミ申《もうし》候*ハ、《ば》、安ク上《う》ハ手取筈《とるはず》也。扨又《さてまた》男ノ勇気ぬけ申《もうし》候証拠ニハ、*縛《しばり》首ニても切《きり》たる者寡《すくな》ク、増而《まして》介錯なと《ど》ゝいへハ《ば》、断之《ことわりの》云勝《いいかつ》を利口者、魂ノ入《いり》たる者抔《など》と云《いう》時代ニ成《なり》たり。*股《もも》ぬきなと《ど》ゝ*云《いう》事、四五十年以前ハ男役と覚《おぼ》へて、疵《きず》なき股ハ人中《ひとなか》ニ出されぬ様ニ候故《ゆえ》、独《ひとり》してもぬきたり。皆男仕事、血くさき事也。夫《それ》を今時ハたわけノ様ニ云《いい》なし、口ノさきの上手ニて物をすまし少も骨《ほね》〳〵《ぼね》と有《ある》事ハよけて通リ候。若キ衆心得有度《こころえありたき》事也。

〈現代語訳〉

ある人の話では、先代の松隈亨庵が先年に次のように言ったとのことである。「医術の道では、男女を陰陽に対応させて、その治療には差別がある。男女で脈も変わる。ところがここ五十年ほど、男の脈が女の脈と同じものになってきた。ここに気が付いてから、眼病の治療では、男の眼にも女の治療を施してちょうどよいと思うようになった。男に男の治療を施してみると、その効果はない。そういうところを見ると世が末になり、男の気が衰え、女同様になってきているのだと思われる。これはたしかに実地で感じたことだから、我が医道の秘事としておいた」と言ったそうだ。これについて今どきの男をみるに、いかにも女の脈であろうと思われるのが多い。あれは男だと見えるのはまれだ。それゆえ今どきは少し力めば、たやすく上手を取れる道理なのだ。さてまた男の勇気がぬけた証拠には、縛り首の罪人の死体でさえ斬ったことのある者は少なく、まして切腹の介錯などといえば、うまい断わりを言い勝った者が「利口者だ」、「魂の入った者だ」などという時代になった。股ぬきなどということは四、五十年以前には男なら皆やることと思われていて、傷のない股は人前に出せない世のありさまであったため、一人でも股ぬきしたものだ。これらはみな男仕事であって、血なまぐさいことなのである。それらを行う者を今どきはたわけのように言いなして、口先の上手で物事を済ませてしまい、少しでも骨のあることは避けて通る。若い衆はこの風潮に対する心得があってほしいものである。

〈注〉

松隈前ノ亨庵　法橋玄磋のこと。鍋島元茂の付き人。（人物補注、鍋島元茂）　**候ハ、**　底本では、「すハ」が「候ハ、」に訂正されている。　**縛首**　麻縄で両手を後ろ手に縛り、首が前に突き出るような格好にし、首を切る刑罰のこと。　**股ぬき**　度胸試しの風習の一種で、自分の股を刀で突きさすこと。　**云**　底本では、「有」が「云」に訂正されている。

37　一、六十、七十迄《まで》奉公する人有るニ、*四十二ニて出家いたし、思へハ《ば》短き在世《ざいせ》ニて候。夫《それ》ニ付難有《つきありがたき》事哉《かな》と思わるゝ也。其《その》時ハ死身《しにみ》ニ*決定《けつじよう》して出家ニ成《なり》たり。今思へハ《ば》今時迄勤《までつとめ》たらハ《ば》偖ゝ《さてさて》いかひ苦労可仕《つかまつるべく》候。*十四年安楽ニ暮《くらし》候事不思議之《の》仕合《しあわせ》也。夫《それ》ニ又《また》我ヲ人と思ひて諸人ノ取持《とりもち》ニ合《あい》候。我《わが》心を能ゝ顧《よくよくかえりみ》候へハ《ば》能《よく》も*ばけ澄《すま》したる事ニ候。諸人ノ取持勿躰《とりもちもったい》なく罰も有へ《あるべ》きとのミ存《ぞんずる》事ニ候。

〈現代語訳〉

六十歳、七十歳まで奉公する人がいる中で、私は四十二歳で出家し、思えば短い生涯であった。それゆえ滅多にないことだなと思われるのである。その時はもはや死んだ身であると決めて出家になった。今思えば、今時分まで勤めたならば、さてさてたいそう苦労しただろうと思われる。十四年間、安楽に暮らしたことは不思議のめぐりあわせであった。それにまた、私を一人前の人物と見込んで多くの人々が引き立ててくれた。自分の心をよくよく顧みると、よくもまあ成りすましてきたことである。人々の引き立てはもったいなく、きっと罰もあるだろうと思われる。

〈注〉

四十二ニて出家いたし　常朝の出家は元禄十三年（一七〇〇）のこと。寛文七年（一六六七）九歳の頃、小僧として鍋島光茂に仕え始めてから三十三年間仕えたことになる。　**決定**　仏教語で、決断安住して動じないこと。　**決定して〜**　小城本では「定して〜いかひ」までが抜けている。　**十四年**　出家から十四年で、正徳四年（一七一四）になる。　**ばけ澄したる**　餅木本では「仕澄したる」となっている。

38　一、何某ノ主人初知《*しよち》入之《いりの》供ニ参《まいり》候由《よし》、夫《それ》ニ付《つき》、今度ノ覚悟ニ遠所《えんじよ》ニて酒たら《だ》け可為《たるべく》候間《あいだ》、酒ヲ仕切可申《しきりもうすべし》と存《ぞんじ》候。夫《それ》も禁酒と申《もうし》候てハ酒曲《ぐせ》ニても有《ある》様に候間《あいだ》、あたり申《もうす》と申《もうし》て二三度捨《すて》て見セ可申《もうすべく》候。其《その》上ニてハ人もしひ申《もうすま》間敷《じく》候。又《また》随分礼を腰ノ痛《いたむ》ほと《ど》仕《つかまつり》、人ノ不云懸《いいかけざる》時ニ一言も物を申《もうすま》間敷《じく》と存《ぞんじ》候と語リ被申《もうされ》候。魂ノ入《いり》たる物ニ候。さきの事を前方《まえかた》ニ分別する処か《ところが》人ノ上をする基《もとい》也。夫故尤之《それゆえもっともの》覚悟ニて候。其方《そのほう》ハ虚労下地《きよろうしたじ》か前方《まえかた》ニハ見替《かわり》ておとなしく成《なり》たりと云ハるゝ程ニ致されよ初口か《しよくちが》大事ニて候と申《もうし》候由《よし》也。

〈現代語訳〉

何某が、主人の所知入りのお供をするというので、それゆえ「今度のお供の覚悟として、遠い所で酒席ばかりになるかもしれないので酒を断とうと思う。それも『禁酒している』と言っては悪い酒癖でもあるようだから、『酒にあたります』と言って二、三度捨てて見せるつもりだ。そうすれば人も酒を強いるまい。またできる限りに礼を腰の痛むほどして、人の話しかけないうちは一言ものを言うまいと思う」と語られた。念の入ったことである。先のことを前もって分別するところが人より優れたことを行う基礎である。それゆえ「もっとものの覚悟である。その方は『病弱な体質だな』とか、『以前とは見違えて大人しくなった』と言われるほどになされよ。はじめが大事である」といったとのことである。

〈注〉

初知入　「初入」、即ち年賀の挨拶とも取れるが、ここでは文脈から、領地を授かった武士が初めて所領に入る「所知入」の意に取った。年賀の「初入」は聞書一－195に用例がある。

39　一、*湛然《たんねん》和尚ノ物語ニ*無念*無心と斗《ばかり》教《おしゆ》る故《ゆえ》ニ落着せぬ也。無念といふハ*正念之《しようねんの》事也と被仰《おおせられ》候。面白《おもしろき》事ニて候。実教《さねのり》卿も一呼吸之《の》中ニ*邪《じや》を含《ふくま》ぬ所か《が》則《すなわち》道也と被仰《おおせられ》候。然《しかれば》ハ道ハ一ツ也。此光《このひか》りを先見《まずみ》付《つく》る者も無キもの也。純一《じゆんいつ》ニ成《なる》事ハ功を積マて《で》ハ成《なる》まし《じ》き事也。

〈現代語訳〉

湛然和尚の物語に、「無念、無心とばかり教えるから聞く者が納得しないのだ。無念というのは正念のことである」とおっしゃった。おもしろいことだ。実教卿も「わずか一呼吸の中にもよこしまを含まない、それがすなわち歌の道である」とおっしゃった。したがって道は一つである。この光をまず見つける者もいないものだ。純一になることは、功を積まないでは成し遂げられないことである。

〈注〉

湛然和尚　湛然梁重和尚のこと。鍋島家菩提寺である高伝寺の十一世住職であったが、ある事件から、松瀬の華蔵庵に禁足蟄居となっていた。常朝は湛然和尚から仏法を学び、血脈を授かった。曹洞宗。（人物補注、湛然梁重）　**無念**　仏教語。妄念や執着のない、心が動揺しない状態のこと。**無心**　仏教語。一切の心の働きをなくした状態のこと。　**正念**　仏教語。仏となるための修行である八正道の一つ、常に正しい道を念じること。　**邪を含ぬ所**　当時の歌壇では、『論語』「為政第二」の、「詩三百、一言以て之を蔽えば、曰く、思い邪《よこしま》無し」が歌道の精神を示すものとしてしばしば言及された。

40　一、*心のとハ《ば》、いかゝ《が》答《こたえ》んと云《いう》下ノ句ほと《ど》有難《ありがたき》ハなし。大形《おおかた》念佛ニ*押並《おしならぶ》へ《べ》しと思わるゝ。*先《まず》ハ人ノ口ニ多クとゝ《ど》まりて有《ある》也。今時之《の》利口者といふハ*智恵ニて外を餝《かざ》り紛《まぎら》かす事斗《ばかり》をする也。夫故《それゆえ》鈍成《どんなる》者ニハ劣《おとる》也。鈍成《どんなる》者ハ直《すぐ》也。右の下句ニて心を究《きわめ》て見れハ《ば》隠れ所ハなき也。能《よき》*究役《きわめ》也。此究役《このきわめ》ニ逢《おう》て恥かしからぬ様ニ心を持度《もちたき》也。

〈現代語訳〉

「心のとはば　いかが答えん」という和歌の下の句ほどまたとなくすばらしいものはない。おおよそ念仏に匹敵する言葉だと思われる。実に多くの人の口にのぼり続けている。今どきの利口者というのは、知恵で外を飾りごまかすことばかりをするのである。それゆえ鈍重な者には劣るのだ。鈍重な者はありのままである。右にあげた下の句で自分の心を究めてみれば、何ごとも隠すことのできる場所はないのである。この句はよい究役である。この究役に逢って恥ずかしくないように心を持ちたいものだ。

〈注〉

心のとハ、いかゝ答ん　『後撰和歌集巻』第十一、恋三の和歌。よみ人しらず。詞書は「親ある女に忍びて通ひけるを、男もしばしは人に知られじと言ひ侍りければ」。もとは「なき名ぞと人には言ひて有ぬべし心の問はゞいかゞ答へん」(ありもしない浮名だと他人には言っていられるだろう。しかし私の心が問うたらどのように答えればよいのか) という和歌。この条は、鈴木正三『盲安杖』の「たちあがりてひとりつゝしめ」の項がふまえられているか。**押並へしと思わるゝ**　餅木本では「押置へしと思わるゝ」、小城本では「押並ふへしと」で「思わるゝ」がない。**先ハ**　実に。たいそう。**智恵ニて**　餅木本では「智恵の」。**究役**　人の罪科や賞与に関して取り調べる役。

41　一、*何某事、*老耄《ろうもう》かと思ハるゝ也。方ゝ招請《ほうぼうしょうせい》ニ被参《まいられ》、心入《こころいれ》ニ成咄《なるはなし》抔《など》致され候由《よし》。此《この》前数年之《の》内も人ノ為ニ成《なる》事斗《ばかり》を案シ《じ》、極ゝ《ごくごく》ノ奉公好キなり。夫故一廉《それゆえひとかど》御用ニハ被立《たたれ》候。*得《え》方《かた》ニ老耄《ろうもう》する者なれハ《ば》、奉公老耄《ろうもう》、人の為ニ成ル老耄《ろうもう》があふ《ぶ》なき也。老人ハ他出《たしゅつ》せぬか《が》重ク*〆《しま》リよき也。

〈現代語訳〉

ある者のこと、老耄かと思われる。あちらこちらに招かれて、ためになるような話などをなされるそうである。こうなる前の数年間にしても、人のためになることのみを考えておられ、極めつきの奉公好きな方である。そのためひときわ殿の御用にもお立ちになった。人は得意な方面において老耄するものだから、奉公老耄、人のためになる老耄がかえって危ない。老人はよそへ出歩かない方が重々しく、結局はその方がよいのだ。

〈注〉

何某　聞書一－168で石田一鼎は理屈老耄とされる。本条文の「何某」と、老耄とされる一鼎の様子は良く似ており、「何某」は一鼎の可能性もある。しかし、その一方で、一鼎は元禄六年（一六九三）に六十五歳で亡くなっている。常朝の出家は元禄十三年（一七〇〇）、周囲の条文には正徳年間（一七一一〜一七一六）の出来事もあり、すでに一鼎の死から十八年は経過していると思われる。聞書一―168で一鼎の様子が「今思ふニ」と回想されていることからも、本条文で「此前数年之内」の様子を述べられる「何某」は、一鼎とは別人と考えるのが自然か。**老耄**　「老」は七十歳以上の老人、「耄」（ぼう）は八十、又は九十歳以上の老人をさす。おいぼれること。老人。**得方**　自分の得意とする方面。　**メリ**　結局のところは。

42　一、幻ハマボロシと訓《よ》ム也。天竺《てんじく》ニてハ*術師《じゅつし》の事ヲ*幻術師《げんじゅつし》と云《いう》。世界ハ皆*からくり人形也。幻《まぼろしの》之字を用《もちい》る也。

〈現代語訳〉

幻という字は「マボロシ」と訓む。インドでは方術使いのことを幻術師という。この世界はみなからくり人形である。（この世界には）幻の字を用いる。

〈注〉

術師　方術に通じた人のこと。方術とは陰陽、天文、療治、亀卜などの占術や、神仙の術のこと。
幻術師　幻術を使う人のこと。幻術とは、人の目をくらますような怪しい術のこと、妖術とも。底本では「幻術師」となっている。**からくり人形**　糸やぜんまいなどの仕掛けで動く人形。この比喩は聞書二－44にも出る。

43　一、＊御縁与之《ぐみの》時、何某＊一分《いちぶん》を申達《もうしたつし》候。此《この》事、若キ衆ノ能心得置《よくこころえおくべ》へき事也。申分《もうしぶん》ハ成程聞《なるほどきこ》へたり。流石《さすが》也と云《いう》者も有《あるべ》へし。其身気味《そのみきみ》能《よく》思ふて可言《いうべき》事を云《いい》て腹切《はらきり》ても本望と思わるべし。能《よく》了簡候《そうら》へ。何之《の》益《やく》にも立《たた》ぬ事也。ケ様之《かようの》事を＊曲者抔《くせものなど》と思ふハ以之外《もつてのほか》なる取違《とりちがえ》也。先《まず》、申出《もうしいで》たる事、其詮《そのせん》なく、我《わが》身ハ＊引取《ひきとり》、御養育も不仕《つかまつらず》、追付《おつつけ》御死去被成《なられ》候ニ御看病も不仕《つかまつらず》残念千萬也。＊気過《きすぎ》なる人ハ多分誤る処《ところ》也。惣而其位ニ不至《すべてそのくらいいたらず》して諫言《かんげん》するハ却而《かえつて》不忠也。誠之《まことの》志《こころざし》ならは《ば》我存寄《わがぞんじより》たる事を似合《にあい》たる人ニ潜《ひそか》ニ内談して其《その》人の思寄《おもいより》ニさせて云へハ《ば》其《その》事調《ととのお》る也。是《これ》忠節也。若《も》シ内談ニても其《その》人不請合ハ《うけあわざれば》、又外《ほか》之《の》人ニも内談し、兎《と》角《かく》色々心遣ひをして其《その》事さへ調《ととのお》る様ニすれは《ば》、我《わが》身ハ大忠節もしれぬ様ニして居《お》るもの也。幾人ニ内談しても不埒明《らちあかざる》時ハ、不及力《ちからおよばず》。其《その》分ニて打過《うちすぎ》、又《また》ハ起《おこ》し立〱《たておこしたて》すれハ《ば》、多分叶ふもの也。我こそ曲者《くせもの》といわるゝ名聞斗《みようもんばかり》ニて、我《わが》手柄ニする故不調《ゆえととのわざる》也。申出《もうしいで》たる事、益《やく》ニハ不立《たたず》、人ニハ難《なんぜ》せられ、我《わが》身を崩したる人数多有之《あまたこれある》也。畢竟《ひつきよう》、真之《の》志《こころざし》なき故《ゆえ》也。我《わが》身を一向《いつこう》ニ捨て、主君之《の》上どふ成共能《なりともよき》様ニとさへ思へハ《ば》、紛《まぎ》るゝ事ハ無《なく》候也。

〈現代語訳〉

ご縁組みの時、ある者が反対意見を申し述べた。このことについて若い衆はよく心得ておくべきことである。申し分はなるほど立派である。さすがだという人もいるだろう。自身には満足感があって、言うべきことを言って、そのせいで切腹したとしても本望であると思われるだろう。よくわきまえなされ。何の役にも立たないことである。このようなことを曲者などと思うのはもってのほかの取り違えだ。まず申し出たことはもうどうしようもないことで、自分は引退し、そのせいでご養育役も勤めず、程なくお亡くなりになられた時にご看病もできず、残念千万なことになった。威勢のよすぎる人は往々にして見誤るところである。総じてしかるべき地位に到達していないのに諫言をするのはかえって不忠である。まことの志ならば自分の思いついたことをふさわしい人にひそかに相談して、その人の思いついたことにして言えば、その主張も通るのである。これこそ忠節である。もし内々の相談をしてもその人が引き受けないならば、また他の人にも相談し、とにかく色々心配りをして、そのことさえまとまるようにすればよいのであって、自分自身は大忠節であることも知られないようにしているものである。何人に相談しても埒が明かない時は、いたしかたない。そのまま一旦やり過ごしておき、またの機会に提起を繰り返せば、大方叶うものである。自分こそ曲者だといわれるための評判ばかり気にして、自分の手柄にするから上手くいかない。申し出たことが、役には立たず、人には非難され、身を崩した人は数多い。結局、本当の志がないからである。わが身をひたすらに捨てきって、主君のことがどうあっても良くなるように、とさえ思えば、根本を見失うことはないはずである。

〈注〉

御縁与　正徳元年（一七一一）九月の、鍋島綱茂の娘であり鍋島吉茂の養女である峯姫と、上杉吉憲との縁組のこと。翌年の六月に峯姫は十四歳で逝去した。『校補』によれば、赤穂浪士の討ち入りの際、上杉家は遅れをとった家であるとして、姫の御付きの者が縁組に反対した。**一分**　自分の主張。意見。**曲者**　普通の人とは違った、剛勇の者のこと。理想的な武士の姿の一つ。常朝の父山本重澄は曲者について、聞書一－60にて「曲者ハ頼母敷者」と述べ、聞書一－133にて、人が落ち目のときに頼みとなるのが曲者であると述べている。また、曲者は聞書一－55において「曲者と云は勝負を不考、無二無三ニ死狂ひする斗也」と述べられる。曲者として言及される人物の一人に志田吉之介がいるが、志田はその剛勇を隠すような言動をしている。**引取**　引き退く。職を辞す。**気過なる**　気がはやる。勢い、調子にのる。

44　一、不義を嫌ふて*義を立《たつ》る事、難《かた》きもの也。然共《しかれども》、義を立《たつ》るを至極《しごく》と思ひ、一《いっ》向《こう》ニ義を立《たつ》る所ニ却而《かえつて》誤リ多キもの也。義より上ニ道ハ有《ある》也。是《これ》を見付《みつく》る事成難《なりがた》し。高上之《こうじようの》賢智《けんち》也。是《これ》より見る時ハ義杯《など》ハほそき物也。我《わが》身ニ覚《おぼえ》たる時ならでハ不知《しれぬ》もの也。但《ただし》我こそ可見付《みつくべき》事不成共《ならずとも》、此《この》道ニ至り様ハ有《ある》也。人ニ談合也。たとへ道ニ至らぬ人ニても脇から人の上は見ゆる物也。碁ニ*脇目《わきめ》八目《もく》と云か《いうが》如し。*念ゝ知非《ねんねんちひ》と云《いう》も談合ニ極《きわま》る也。咄《はなし》を聞覚《ききおぼえ》書物《かきもの》を見覚《みおぼゆ》るも我《わが》分別を捨て古人之《の》分別ニ付ク為《ため》也。

〈現代語訳〉

不義を嫌って義を立てることは難しいものだ。そうはいっても、義を立てることを最上のことと思い、ひたすら義を立てようとすると、かえって誤りが多いものである。義よりも上に道はある。これを見つけることは難しい。高く抜き出た境地の智恵である。ここから見る時は、義などは些細なものである。自分自身で実感したときでなければわからないものだ。ただし、自分でこそ見つけることができないにしても、この道に至りようはある。人に相談するのだ。たとえ道に至らない人であっても、脇からは人のことが見えるものである。碁で「岡目八目」というようなものだ。念々に非を知るというのも人に相談するに極まる。話を聞いたり書き物を見覚えたりするのも、自分の分別を捨てて昔の人の分別に頼るためである。

〈注〉

義　義とは人として行うべき五つの徳（仁義礼智信）の一つで、他人に対して守るべき正しいありようのこと。**脇目八目**　岡目八目に同じ。囲碁をそばで観戦している人は対戦している人より八目先を見通すの意から、当事者よりも傍で見ている者の方が事の真相がわかることのたとえ。**念〻知非**　念々とは、時々刻々、一思い一思いのこと。一瞬一瞬、一思い一思いに生じる自身の非を、その一思い一思いに知ること。念々に非を知ることは、聞書一－47において江南和尚によって「道」と言われ、自身の心に心を向けてみると、自分の非が明らかになるということが述べられている。

45　一、或《ある》剣術者之《の》老後ニ申《もうし》候ハ、一生之《の》間修行ニ次第か《が》有《ある》也。下位《げのくらい》ハ、修行すれ共《ども》物ニ不成《ならず》。吾《われ》も下手と思ひ、人も下手と思ふ也。此《この》分にてハ用ニ不立《たたざる》也。中位《ちゆうのくらい》ハ、いまた《だ》用ニハ不立共《たたざれども》、我《わが》不足目ニかゝり、人の不足も見ゆるもの也。上之《じようの》位ハ、我《わが》物ニ仕《し》成《な》シて自慢出来《いでき》、人之《の》褒るを悦ひ《び》、人之《の》不至《いたらざる》をなげく也。是《これ》ハ用ニ立《たつ》也。上〻《じようじよう》の位ハ知らぬふりして居《お》る也。人も上手と見る也。大形是迄《おおかたこれまで》也。此《この》上ニ一段*立越《たちこ》へ、道之《の》勝《すぐれ》たる位有《ある》也。其《その》道ニ深く入レは《ば》、終《つい》ニ果《はて》もなき事を見付《つく》る故《ゆえ》、是迄《これまで》と思ふ事不成《ならず》。吾《われ》ニ不足有《ある》事を実《じつ》ニ知《しり》て、一生成就之《の》念無之《これなく》自慢之《の》念もなく卑下之《の》心も無之《これなく》して果《はた》す也。*柳生殿之《の》人ニ勝《かつ》道ハ不知《しらず》我ニ勝《かつ》道を知《しり》たりと被申《もうされ》候由《よし》。昨日よりハ上手ニ成《なり》、今日よりは上手ニなりして、一生日〻仕《し》上《あぐ》ル事也。是《これ》より果《はて》ハなきと云《いう》事なりと。

〈現代語訳〉

ある剣術者が老後に言っていたのは、「一生のあいだ、修行には段階がある。始めたばかりの下の位は、修行はするけれどもものにはならない。自分も下手だと思い、他人も下手だと思う。この段階では役には立たない。ある程度進んだ中の位は、いまだ役にはたたないが、自分の足りないところが目につき、他人の足りないところも見えるものである。いよいよ進んだ上の位は、わざを我がものにして己れを誇る気持ちを持つようになり、他人に褒められるのを喜び、また他人が至らないのを嘆く。この段階までくれば役に立つ。この上の位のさらにその上の位は素知らぬふりをしている。それでも他人も上手だと見なすのである。多くの場合はここまでである。この上にさらに一段こえて、修行の道における優れた境地がある。その道に深く入っていくと、結局修行ははてしないということを発見するため、『これまでで修行成就だ』と思わない。自分に不足があることを正しく知って、一生の間、成就したという感覚はなく、己れを誇る気持ちもなく、さりとて卑下の心もなくて、日々の修行を果たす。柳生宗矩殿は『私は、他人に勝つ道は知らない。自分に勝つ道を知っている』とおっしゃったという。昨日よりは上手になり、今日よりは上手になり、ということを重ね、一生日々仕上げていくのである。ここから、修行ははてしない、というのだ」ということだ。

〈注〉

立越へ、道之勝たる　底本では、「立を道之絶たる」が訂正されている。餅木本、小城本では「立を道の勝たる」。**柳生殿**　柳生但馬守宗矩のこと。大和柳生藩主で、徳川家の兵法指南役。佐賀藩では、小城藩初代藩主の鍋島元茂、鹿島藩初代藩主鍋島直朝が指南を受けた。

46　一、直茂《なおしげ》公之《の》御壁書《*おかべがき》ニ大事之《の》思案ハ軽くすへ《べ》しと有《あり》。一鼎之《*いっていの》註ニハ小事之《の》思案ハ重クすへ《べ》しと被致《いたされ》候。大事と云《いう》ハ二三条ならて《で》有《ある》間《ま》敷《じく》候。是《これ》ハ平生ニ僉議《せんぎ》して見れハ《ば》知《し》れて居《お》る也。是《これ》を前廉《まえかど》ニ思案し置《おき》て大事之《の》時取出《とりいだ》して軽くする事と思ハるゝ也。兼而《かねて》ハ不覚悟ニして其《その》場ニ望《のぞんで》て軽く分別する事も難《なりがたく》成図に当《あた》る事不定《さだまらぬ》也。然《しかれば》ハ兼《かね》て地盤をすゑて置か《おくが》大事之《の》思案ハ軽くすべしと被仰《おおせられ》候ケ条之《かじようの》基《もとい》と思ハるゝ也。

〈現代語訳〉

直茂公の御壁書に、「大事の思案は軽くすべし」とある。石田一鼎の註には、「小事の思案は重くすべし」とされている。大事というのはせいぜい二、三項目であろう。これは平生に吟味しておけば知れたことである。これを前もって思案しておいて、大事のとき取り出して思案を軽くすることだと思われる。前もっては覚悟しておらず、その場に接して軽く分別することも難しく、また狙いどおりになることは定まらない。だから前もって地盤をすえておくのが「大事の思案は軽くすべし」と直茂公が仰られた条文の根本であると思われる。

〈注〉

御壁書　壁書とは法令などを板や紙に書いて壁にはりつけた掲示のこと。『直茂公譜考補』御壁書併御物語には次のような二十一ヵ条があげられている。

「一利発は分別の花、花さき実ならさる類多し、
一諸藝ハ独達しかたし、分別を不加時ハ、都て身の難となる事多分、
一已下の心を能はかり、其旨を以て、上に至て校量候半は、迦有かたく候、
一憲法は下輩の批判、道理の外に理あり、
一下輩の言葉ハ助て聞け、金ハ土の中にある事分明、
一子孫の祈禱ハ、先祖の祭也、
一先祖の善悪ハ、子孫の請取手次第、
一信心ハこゝろの掃除、人の心を破さる様に、祈禱ハ花の籬そ、
一身上の届ハ、升橋上る様に、
一人間之一生ハ若きに極而、一座の人にあかれさる様に、
一理非を糺す者ハ人罰におちる也、
一大事の思案ハ軽くすへし
一諸事人に先にはかるへし、
一諸事堪忍之事、

一毎物書道はつれける事、
一鬮占ハ運に付候間、差立用候ハヽ、大に可有迦、
一万事したるき事、十に七ツは悪し、
一軍ハ敵の案に不入様覚悟すへし、透間を計る時ハ、勝利必定、
一武篇ハ麁忽そ、不断不可有、
一上下に不依、一度身命を不捨者には不恥候
一人ハ下程骨折候事、能しるへし、
　已上廿一ヶ條」

一鼎之註　直茂公御壁書に記された石田一鼎の注のこと。佐賀県立図書館所蔵蓮池鍋島家文庫目録・倉永家資料目録『直茂公御壁書』の「大事之思案ハ軽くすへし」に付された一鼎の注は「身を惜む故大事に臨時魂散《アラケ》肝潰て周章ふためく也。是平日修行はかなき故一生の恥を掻《カク》。口惜き事に非すや。我身ハ我身に非すと云ハ此節の為也。兼而我身の迷を思ひ切て置たらハ何そ胡乱《ウロタユル》断事か有ん。平日我儘の事なきやふ気遣して少の事も能慎む時ハ大事の時軽かるへし。命を捨るより外ハなき故也。曾子曰臨大節不可奪者君子也」である。大事は「命を捨る」時のことであり、その修行を平日していれば、軽く思案することで「命を捨る」ことができると述べられている。
「小事之思案ハ重クすへし」に当たる一鼎の言は、『要鑑抄』の次の文言か。
「一当介ハ分別ノカ子《ネ》、同事ニ分別ハ入ル
　諸人ノ分別ハ持タキ物ナレトモ、生ツカ子《ネ》ハナラヌ事ト思ヘリ、分別トテ別ニアル者ニ非ス、当介サヘツヨケレハ、物事ニ当介ヲ推アテ見ル時、スルヘキ事トスルマシキ事ト其儘分ル也、指

立タル事ハ其紛ナシ、シテモセテモ同事ト思フ時、能吟味シテスルカスルマシキカ、分別スヘキ也、軽事ヨリ大事ハ起ルヘシ」

してもしなくても同じと思う時は、よく吟味して、すべきかすべきでないかを分別すべきである、軽い事より大事は起こるものであると述べられている。

47　一、*宗龍寺《そうりゅうじ》*江南《こうなん》和尚ニ、*美作《みまさか》殿*一鼎《いってい》抔《など》学文《がくもん》仲ケ間《なかま》*面談ニて学文咄《がくもんばなし》を仕懸《しかけ》被申《もうされ》候へハ《ば》、各《おのおの》ハ物知《ものしり》ニて結構之《の》事《ことに》候。然共《しかれども》道ニうとき事ハ平人《へいじん》ニは劣《おとる》也、と被申《もうされ》候付《につき》、聖賢之《の》道より外《ほか》ニ道ハ有間敷《あるまじく》、と一鼎《いってい》被申《もうされ》候。江南被申《こうなんもうされ》候ハ、物知之《ものしりの》道ニ疎き事ハ東ニ行《ゆく》筈之《はずの》者か《が》西ヘ行か《ゆくが》如くニて候。物を知るほと《ど》道ニは遠さ《ざ》かり候。其子細《そのしさい》ハ古之《いにしえの》聖賢之《の》言行《ごんぎょう》を書物ニて見覚ヘ、噺《はなし》ニて聞《きき》覚ヘ、見解《けんかい》高ク成《なり》、早我《はやわが》身も聖賢之《の》様ニ思ひて、平人《へいじん》ハ虫之《の》様ニ見成ス也。是《これ》道ニ疎キ処《ところ》ニて候。道と云《いう》は*吾《わが》非を知《しる》事也。念〻《ねんねん》ニ非を知《しり》て一生不打置《うちおかざる》を道と云《いう》也。聖の字をヒジリト訓《よむ》ハ非を知《しり》給ふ故《ゆえ》也。*心ニ心を付《つけ》て見れハ《ば》一日之《の》間ニ悪心之《の》興《おこ》る事数限リなく候。吾《われ》ハ能《よし》と思ふ事はならぬ筈《はず》也、と被申《もうされ》候付《につき》、座中夫《ざちゅうそれ》より崇敬被致《いたされ》候由《よし》。然共《しかれども》武篇《ぶへん》ハ別筋《べつすじ》也。*大高慢ニ而《て》、吾《われ》は日本無双之《の》勇士と思わねハ《ば》、武勇を顕《あらわ》す事は成難《なりがた》し。武勇を顕す気之《の》位在之《これある》也。〈口伝《くでん》〉

〈現代語訳〉

宗龍寺の江南和尚に、美作殿や一鼎殿など学問仲間が面談して、学問話をしかけられたところ、江南和尚は「おのおのは物知りで結構なことです。しかし道というものに疎いということについては、普通の人にも劣りますな」と言われたので、「道とは我々が学び知っている聖人賢人の道のほかには何もありますまい」と一鼎は言った。江南和尚が言われたのは、「物知りが道に疎いということは、東に行くはずの者が西へ行くようなものです。物を知れば知るほど道からは遠ざかります。そのわけは、太古の聖人賢人の言行を書物で見知ったり、人の話を聞き覚えたりしていくうちに、やたら見識が高くなって、もはや自分自身のことも聖人賢人と同じように思って、それを知らない普通の人は虫けらのように見なすのです。これが物知りがかえって道に疎くなるところです。道というのは我が非を知ることです。一瞬一瞬に自分の非を改めて知り、一生の間、その非を放っておかないのを道というのです。聖人の『聖』を『ひじり』と訓むのは、聖人がご自分の非をご存じであるからです。自分の心を注意して見てみると、一日の間に道に外れた悪しき思いが起こることは数え切れません。『自分は大丈夫』と思うことはできないはずです」と言われたので、その場にいた一同はそれから江南和尚のことを心から尊敬されたとのことである。しかし戦働きは別の筋のことだ。大高慢になって、「自分は日本に並ぶ者のない勇士だ」と思わなければ、武勇を打ち立ててみせることはできない。武勇を打ち立てる気合いの持ちようというものがあるのである。（詳細は口頭で伝える）

〈注〉

宗龍寺　龍造寺隆信の菩提寺として建立された寺。のちに隆信と共に沖田畷の戦いで戦死した者の牌も建てられた。　**江南和尚**　宗龍寺の住職として名が残っていない。『校補』によれば万治二年（一六五九）江南和尚は他の僧三名から事実でない女性関係の訴えを受け、三名のうち一名が死罪となった。これらのことにより住職を辞めたため、名が残されなかったのではないか。　**美作殿**　多久茂辰のこと。多久美作と呼ばれる。鍋島勝茂に仕え、請役家老を勤めた。（人物補注、多久茂辰）

一鼎　聞書一－8注、人物補注参照。　**面談ニて学文咄を仕懸被申候ヘハ**　餅木本では「面談の時被申候ハヽ」、小城本では「面談之折被申候ハヽ」。　**吾非を知事也**　この前に、餅木本、小城本では、「何も不入」とある。　**心ニ心を**　この前に、餅木本では「仏は知非便捨の四字を以吾道を成就すると説給ふ也」、小城本では「仏ハ知非便捨之四字を以我道を成就すると説給ふ也」という一文がある。

座中夫より崇敬被致候由　餅木本、小城本では「一鼎得道の由也」。　**大高慢**　自身の才能や能力が日本一すぐれていると、誇張して虚勢を張ること。「夜陰の閑談」では「惣而修行ハ大高慢ニてなければ益ニ不立候」と言われ、聞書二－32においては「武勇と少人ハ我ハ日本一と大高慢ニてなければならす。道を執行する今日之事ハ知非便捨ニしくハなし。ヶ様ニ二ツにわけて心得ねば埒明すと也」と述べられている。日々の修行においては己の非を知ることが必要だが、その修行を役立て、武勇を表したり主君のお役に立つためには大高慢が必要である。

48　一、武*士道功者《こうしや》書ニ、功者之《こうしやの》武士はせさ《ざ》る武篇《ぶへん》ニ名を取道有《とるみちあり》、とかゝれ候。後ゝの誤《あやまり》可有之《これあるべく》候。もノ字一字加ヘて見申《もうし》候。又*志田吉之助《しだきちのすけ》、生《いき》ても死《しんで》ても残らぬ事ならは《ば》生《いき》たるか《が》まし*、と申《もうし》候。志田《しだ》ハ曲者《くせもの》ニて戯《たわむれ》ニ為申《もうしたる》事ニて候。*生立之《おいたちの》者共聞《どもきき》誤り、武士之《の》疵《きず》ニ成る事を可申出《もうしいだすべく》と存《ぞんじ》候。此追句《このついく》ニ喰《くう》か喰《くう》まひかと思ふ物ハ*くわぬがよし。死《しの》フか生《いきよ》フかとおもふ時は*死《しんだ》たか《が》よしと仕《つかまつり》候。

〈現代語訳〉

『武士道功者書』に「功者の武士はしない戦働きに名を取る道あり」と書かれている。のちのちの誤りもあるだろう。「しない戦働きにも」と「も」の字ひと文字を加えて見る。また、志田吉之助が「生きても死んでも名を残すことができないならば、生きるのがよい」と言った。志田は曲者であって、ふざけて言ったことなのだ。若者たちが趣意を取り違えて、武士にあるまじきことを言い出すかもしれない。この言葉の続きには、「食おうか食うまいかと思うものは食わないのがよい。死のうか生きようかと思う時は死ぬのがよい」とあるのだ。

〈注〉

武士道功者書　小笠原昨雲勝三の『当流軍法功者書』のこと。元和三年（一六一七）成立。言及されている箇所は、巻之上「武道功者ノ徳之事」で、全文は「功者ノ徳ト云ハ不レ為武辺ニ名ヲ取道アリ。或少ナル武辺ナレトモ言ヲ以小ヲ大ニ云ナス徳ナリ。是在ㇾ学。学在ㇾ志。武道ノ学ト云ハ必書ヲ読ニアラズ。常ニ物馴タル人ノ物語ナドヲ聞テ心掛不ㇾ可ㇾ有ニ弓断一者也」である。**志田吉之助** 志田良正。龍造寺政家の小姓。政家の死後、家督を甥に譲り、隠居した。型破りの奇行が多かったという。『葉隠』において曲者と言われる人物の一人。（人物補注、志田良正）**まし** 佐賀の方言では、他と比較してどちらかといえば良い方という意味ではなく、単に良いという意味で用いられる。

生立 成長すること。大きくなること。**くわぬがよし** 餅木本では「くわぬかまし」。**死たかよし** 餅木本では「死たかまし」。

49　一、何某、大坂へ数年相勤《あいつとめ》罷下《まかりくだり》、請役所罷出《まかりいで》候節、上方口《*かみがたぐち》ニて物を申《もうし》候ニ付而《つきて》、無《ぶ》興千万之《きょうせんばんの》物笑《ものわらい》ニて候。夫《それ》ニ付《つき》、江戸、上方《かみがた》へ久敷詰《ひさしくつめ》候節は常よりも御国口《*おくにぐち》ひらく可申《もうすべき》事《ことに》候。おのつ《ず》から気前よそ風ニ移リ、御国方之《おくにがたの》事は田舎風と見おとし、他方《よそ》ニ少《すこし》も理之《の》聞《きこ》へたる事有之《これある》時は夫《それ》をうらやミ申《もうす》義、何之《の》味も不存《ぞんぜず》うつけたる事ニ候。御国ハ田舎風ニ而《て》初心なるか《が》御重宝ニて候。余《よ》そ風をまね候てハ似せ物ニて候。或《ある》人春岳《*しゅんがく*》へ法花宗ハじやうかこわき物ニて不宜《よろしからず》と被申《もうされ》候へハ《ば》、春岳《しゅんがく》被申《もうされ》候ハ、じやうか《が》こわき故《ゆえ》法花宗ニ而《て》候。じやうのこわふなけれハ《ば》余《よ》宗ニてこそ候へと被申《もうされ》、尤《もっとも》之事《ことに》候。

〈現代語訳〉

ある者が、大坂で数年勤務して帰国し、請役所に出頭したとき、上方言葉でものを話したので、不愉快この上なくもの笑いの種であった。それにつけても、江戸や上方へ長く赴任しているときは、普段にも増してお国言葉を話すべきである。そうしないで自然と気風が他所風に変わってしまい、お国のことがらは田舎風だと軽視し、他所のことがらに少しでも理屈にあっているようなことがあるときはそれをうらやむようなことになるのは、物の味もわからず愚かしいことである。お国のことがらはそれこそ田舎風であって、うぶであるところが美点なのである。他所風を真似ても、それは本物ではなくて似せているに過ぎない。別のある人が、春岳和尚に「法華宗は感情が激しくてよくない」と仰ったところ、春岳和尚が仰ったのは、「感情が激しいから法華宗なのだ。感情が激しくなければ他の宗である」と仰られ、もっとものことであった。

〈注〉

上方口　京・大坂の言葉。**御国口**　御国言葉。ここでは佐賀の方言。**春岳**　春岳明凞和尚のこと。臨済宗水上山萬寿寺の十四世住持で、泰長院の九世住持を兼任していた。キリスト教徒の疑いがあり貞享四年（一六八七）に訴えられた。聞書五の光茂の年譜には、「十二月廿五日春岳邪宗被企之由道心者浄心長崎御奉行衆ニ申出候被相改候処無実ニ付而追而被差免候」と書かれている。キリスト教徒の疑いは晴れたが、春岳はその後押し込めとなった。元禄元年（一六八八）の『常朝年譜』に「二月廿四日迄、春岳番相勤候処、数馬殿与中宗門人改役被申付候付、春岳番断申候而、相除リ候事」とあり、常朝も春岳の番についていたことが分かる。春岳はこの件によって両寺から追放となっている。**法花宗**　法華経を根本教典とする天台宗、日蓮宗をさす。ここでは日蓮宗のこと。開祖日蓮以来、弾圧に抵抗し多くの殉教者を出してきたことから、「じやうかこわき物」という印象を生んだのであろう。

50　一、何某、立身御詮議《ごせんぎ》之《の》時、此前《この》酒狂《さかぐるい》仕《つかまつり》候事有之《これあり》、立身無用之《の》由《よし》、衆義一決《しゅうぎいっけつ》之《の》時、何某被申《もうされ》候は、一度誤リ有之《これあり》たる者を御捨被成《すてなされ》候而《て》ハ人ハ出来《いでき》申間敷《もうすまじく》候。一度誤《あやまり》たる者ハ其誤《そのあやまり》を後悔いたす故《ゆえ》、随分嗜《たしなみ》候而《て》御用ニ立申《たちもうし》候。立身被仰付《おおせつけられ》可然《しかるべき》由《よし》、被申《もうされ》候。何某被申《もうされ》候ハ、其方《そのほう》ハ御請合《うけあい》候哉《や》、と被申《もうされ》候。成程《なるほど》某受《うけ》ニ立申《たちもうし》候、と被申《もうされ》候。其《その》時何《いず》れも、何を以《もっ》て受《うけ》ニ御立《たち》候哉《や》、と被申《もうされ》候。一度誤リたる者ニ候故請《ゆえうけ》ニ立《たち》申《もうし》候。誤リ一度も無《なき》者はあぶなく候、と被申《もうされ》候ニ付而《つきて》、立身被仰付《おおせつけられ》候由《よし》。

〈現代語訳〉　とある者の登用の御僉議があったとき、これより以前に酒乱で粗相をしたことがあったので、登用に及ばないということが、全会一致で決まろうとしたとき、ある方が言われたのは、「一度過ちがある者をお見捨てなされてはこれという人物は出て来ますまい。一度過ちがある者はその過ちを後悔するため、十分に気をつけてお役に立ちます。登用してやるのがよろしいでしょう」とのことを言われた。別の方が「あなたが彼を保証しますか」と尋ねられた。その方は「いかにも請け合いましょう」と言われた。その時、誰もが「どうして請け合われるのか」と尋ねられた。その方は「一度過ちを経ている者であるから請け合うのです。一度も過ちのないものはかえってあぶない」と仰ったので、登用の御命令があったとのことである。

51　一、*中野数馬は科人《とがにん》御僉議《せんぎ》之《の》時、相当之《の》科《とが》、一段宛《ずつ》軽く申出候《もうしいで》。一代一ふり*之《の》秘蔵之《の》智恵ニて候。其比《そのころ》ハ数人之《の》出座《しゅつざ》ニて数馬一人ならて《で》ハ口を披《ひら》キ為申《もうしたる》人無之《これなく》候。*口明《あ》ケ故《ゆえ》*廿　五《にじゅうご》日殿と申《もうし》候由《よし》。

〈現代語訳〉

中野数馬は罪人の吟味取り調べのとき、しかるべき刑罰に対して、一段階ずつ軽いものを申し出た。あとにもさきにも数馬ひとりの秘蔵の知恵である。そのころは評定に数人が出席されても数馬その人でなければ口火を切る人はいなかった。口火を切るため「二十五日殿」といわれたとのこと。

〈注〉

中野数馬　中野利明。（人物補注、中野利明）　**一代一ふり**　その人だけの独自のあり方。「一代」は、その人一代限り、「ふり」は助数詞。　**口明ヶ故**　「口明ヶ故廿五日殿」と言われるような日付と関係が深い口明けは、山開きや磯開きのことか。口明けとは、物の口を開くことや、物事のしはじめを意味し、共同体で共有している入会地の利用の解禁も指した。利用の解禁は一定の日に定められ、その解禁や最初の数日は山の口明け、磯の口明けなどと呼ばれた。　**廿五日殿**　入会地の解禁日が二十五日であったか。二十五日が入会地の解禁を意味する口明けを連想させるために、最初に話しだし、物事を始める中野数馬のことを二十五日殿と呼んだか。『校註葉隠』では、味噌・沢庵は二十五日ほど経って蓋を開ける風習があったことによるとする。

52　一、殿之《の》御心入《こころいれ》を能仕直《よくし》し、御誤リなき様ニ仕《つかまつ》ル人か《が》*大忠節ニて候。惣而《すべて》御若年之《の》時分ニ御家之《の》様子　御先祖様御心入《こころいれ》なと《ど》得《とく》と御合点被遊《あそばされ》候様仕度《したき》事ニ候。御守《おもり》か《が》大事ニて候由《よし》。

〈現代語訳〉

殿のお心構えを良く改め、誤りがないようにしてさしあげるのが大忠節である。総じて殿がまだお若いうちに、鍋島家の来歴と今日のありよう、鍋島の御先祖さま方のお心構えなどしっかりとご納得いただくようにしたいことである。守り役が大事であるとのこと。

〈注〉

大忠節　聞書十一―28では、主君の「御心入を直し御国家を堅メ申ス」ことが大忠節と言われ、その場で命を捨てる一番鑓よりも忠節であり、一生苦労する仕事であるとされる。聞書二―129では朋輩の考えや誤りを直すことが、聞書十一―128では主君を思い朋輩同士互いに思い合うようにすることが大忠節と言われる。

53　一、昔人之《むかしびとの》刀ハ*落シさ《ざ》しニ仕《つかまつり》候。今時刀之《の》指《さし》様吟味する人無之《これなく》候。柳生流ニ*抜《ぬき》出《いだ》してさゝせ候由申《よしもうし》候。夫《それ》を相伝もなく、何之《の》了簡もなく、抜出《ぬきいだし》を見習《ならい》て指申《さしもうす》と相見ヘ候。直茂《なおしげ》公　勝茂《かつしげ》公も落シさ《ざ》しニ被遊《あそばされ》候由《よし》。其《その》時代手覚之《ておぼえの》有《ある》衆ハ皆落シ指《ざし》ニ仕《つかまつり》候上ハ、*利方能《りかたよき》と相見《みえ》候。先ッ抜出《まずぬきいだし》て、不図《ふと》とられ左右《そう》ニ思ハれ候。光茂《みつしげ》公は　勝茂《かつしげ》公之《の》御差図《さしず》ニておとしさ《ざ》し被遊《あそばされ》候由《よし》。

〈現代語訳〉

昔の人は刀を「落し差し」にしていた。今日では刀の携えかたをよく考える人はいない。柳生流では刀を抜き出しで差させたと言われている。ある人々は、それを習いもせず、何の分別もなく、抜き出し差しを見まねして差していると見える。直茂公、勝茂公も「落し差し」に差していらっしゃったとのことである。その時代の刀の心得ある人々はみな「落し差し」にしていらっしゃったのだから、利点のある差しかたと見受ける。そもそも抜き出しでは、不意に刀を取られてしまうように思われる。光茂公は勝茂公のご指示で「落し差し」に差しておられたとのことである。

〈注〉

落シさし　鞘の末端（こじり）を下げる刀の差し方。　**抜出してさゝせ**　閂差のことか。刀身を水平に浅く差して、刀身が体の前に突き出す差し方のこと。　**利方**　有利な仕方。

54　一、光茂《みつしげ》公　綱茂《つなしげ》公御在府之《ざいふの》時正月元日上御屋敷ニて　光茂《みつしげ》公へ御目見《おめみえ》有之付而其《これあるにつきてその》間ハ　綱茂《つなしげ》公御式台《*おしきだい》裏之《の》間ニ被成御座《ござなられ》候。　光茂《みつしげ》公　信濃《*しなの》はどこニ居《おり》候哉《や》と被仰《おおせられ》候時御小性《*おこしょう》何某　若殿様ハ御隠レ被成御座《ござなられ》候と申上《もうしあげ》候。ケ様之《かようの》誤り可有事《あるべきことに》候也。

〈現代語訳〉

光茂公、綱茂公が江戸におられた時、正月元日、上屋敷で、家臣たちの光茂公への年賀の拝謁があるので、そのあいだ綱茂公は御式台の裏の部屋に隠れておられた。光茂公が「綱茂はどこにいるのだ」と仰られた時、小姓のある者が「若殿様はお隠れになられました」と申し上げた。このような言ってはならない言葉を言ってしまう誤りはありがちである。

〈注〉

御式台　玄関などを上がってすぐの、送迎のための部屋。　**信濃**　鍋島綱茂のこと。信濃守とも呼ばれた。　**御小性**　小姓。主人の側で日常的な雑務を勤める役。

55　一、何某、喧嘩*打返《うちかえし》をせぬ故《ゆえ》恥ニ成《なり》たり。打返之《うちかえしの》仕様《しよう》ハ踏懸《ふみかけ》て切《きり》殺さるゝ迄《まで》也。是《これ》ニて恥ニ不成《ならざる》也。仕課《しおお》すへ《べ》きと思ふ故《ゆえ》間《ま》ニ不合《あわず》。向《さき》ハ大勢抔《など》と云《いい》て時を移シ*〆《しま》リ止《や》メなる相談ニ極る也。相手何千人もあれ、片端よりなて《で》切《ぎり》と思ひ定而立向《さだめてたちむか》ふ迄《まで》ニて成就也。多分仕澄《しすま》スもの也。又《また》*浅野殿浪人夜討《ようち》も、*専岳《せんがく》寺ニて腹切らぬか《が》越度《おちど》也。又《また》主を討《うた》セて敵《かたき》を討《うつ》事延ゝ《のびのび》也。若《も》シ其中《そのうち》ニ吉良《きら》殿病死之《の》時は残念千萬也。上方《かみがた》衆は智恵かしこき故《ゆえ》褒らるゝ仕様《しよう》は上手なれ共《ども》、*長崎喧嘩之《の》様ニ無分別ニする事ハならぬ也。又《また》*曾我殿夜討《ようち》も殊《ことの》外之《ほかの》延引《えんいん》、*幕之《の》紋見物之《の》時、祐成《すけなり》図《はず》を迦したり。不運之《の》事也。五郎申《もうし》様見事也。惣而《すべて》ケ様之《かようの》批判はせぬ者なれ共是《どもこれ》も武道之《の》吟味なれハ《ば》申《もうす》也。前方《まえかた》ニ吟味して置《おか》ねハ《ば》行当《ゆきあた》リて分別不出来合故《いできあわぬゆえ》、大形《おおかた》恥ニ成《なり》候。咄《はなし》を聞《きき》覚へ、物之《の》本を見るも、兼而之《かねての》覚悟之為《ための》也。就中《なかんずく》、武道ハ今日之《の》事も不知《しらず》と思ふて、日ゝ夜ゝ《にちにちやや》ニケ條《かじょう》を立て吟味すべき事也。時之《の》行懸《ゆきがかり》にて勝負ハ有へ《あるべ》し。恥をかゝぬ仕様《しよう》ハ別也。死ぬ迄《まで》也。其《その》場ニ不叶《かなわざれば》は打返《うちかえし》也。是《これ》ニて夢*覚《さむ》る也。是《これ》ニハ智恵業《わざ》も不入《いらぬ》也。曲者《くせもの》と云《いう》は勝負を不考《かんがえず》、無二無三ニ*死狂《しにぐる》ひする斗《ばかり》也。

〈現代語訳〉

ある者は喧嘩を売られてすぐ仕返しをしなかったので恥になった。仕返しのやり方は踏み込んで斬り殺されるだけのことだ。これによって恥にはならない。うまくやり遂げようと思うから間に合わない。「相手は大勢いるので」などといって時を無駄にし、しまいにはやめにする相談に行き着くのだ。相手が何千人であれ、片っ端からなで切りにすると思い定めて立ち向かっていくだけで十分仕遂げたことになるのだ。そういうふうにすれば、往々にして成功するものである。また、浅野殿の旧臣の浪人たちの夜討も、仇討ち後、泉岳寺ですぐに切腹しなかったのが落度である。また、主君を討たれながら、敵を討つことが延び延びになった。もしそうしているうちに敵の吉良殿が病死などしてしまったら、限りない悔いが残ることになる。上方衆は知恵づいてさかしらなので、賞められるやり方は上手だが、我が藩の長崎喧嘩のように無分別に仕返すことはできない。又曾我殿の夜討ちもことのほか時間が延び、幕の紋の見物のとき、兄の祐成は敵を討てなかった。不運なことであった。（ただ、そのときの）弟五郎の言い様は見事である。総じてこのような批判はしないものだが、これも武道を追究するためのものなので申し上げる。前もって検討しておかないと、ことに行きあたって適切な判断ができず、大体恥になるのだ。人の話を聞き覚えたり、そうした本を読んだりするのも、前もっての覚悟のためである。とくに、武士の道においては今日のこともわからないと思って、毎日毎夜、箇条を立てて検討しておかなければならない。その時の行きがかり次第で勝つことも負けることもあるだろう。恥をかかない仕方はそれとは別だ。死ぬだけだ。その場でできなければ、すぐとって返してけりをつけるのだ。これには知恵をめぐらした行為はいらない。曲者のやり方は、勝敗を度外視して、ただひたすら死を決して切りまくるだけである。これで夢も覚めるのだ。

〈注〉

打返　攻撃された側が逆に相手を攻め返すこと。反撃。仕返し。　**〆リ**　しまいに。結局。　**浅野殿浪人夜討**　元禄十五年十二月（一七〇三）に起こった、いわゆる赤穂浪士による討ち入り事件のこと。吉良上野介義央に遺恨があった浅野内匠頭長矩が、吉良上野介を殿中で切り付けたため、元禄十四年三月（一七〇一）に切腹を命ぜられた。その浅野内匠頭長矩の敵討ちとして、家臣であった播磨赤穂藩の浪人たちが吉良上野介義央の屋敷に討ち入りを行った。討ち入りの後、浪人たちは吉良上野介の首を泉岳寺の主君浅野内匠頭の墓に供えた。主君の切腹から敵討ちまで約一年九ヵ月の歳月がかかっている。　**専岳寺**　万松山泉岳寺。東京都港区にある曹洞宗の寺院。浅野長矩と赤穂浪士の墓がある。　**長崎喧嘩**　元禄十三年十二月（一七〇一）におこった、喧嘩、討ち入り事件のこと。聞書五の年表の元禄十三年の箇所には、「一十二月廿日於長崎高木彦右衛門中間と深堀三右衛門志波原武右衛門喧嘩同夜彦右衛門家来共打返シ夜明ニ深堀之侍十九人罷越彦右衛門以下数人打取候事委細別書ニ記之」と記されている。長崎の町年寄高木彦右衛門（帯刀を許された町人）の家来と、深堀鍋島家の家来深堀三右衛門、志波原武右衛門が路上で行き会った際の争いから、その夜高木の家来が長崎の深堀鍋島家の屋敷に押し寄せ、深堀、志波原の二人を叩きのめし、刀を奪って去った。二人は替えの刀を得ると、深堀鍋島家の屋敷に踏み入ったのは深堀鍋島家への狼藉だとして、駆けつけた一族の者や家来らと共に、すぐさま高木の屋敷に討ち入り、高木彦右衛門らを討ち切腹した。**曾我殿夜討**　曾我兄弟の敵討ちのこと。所領をめぐる争いから父を殺された曾我十郎祐成とその弟五郎時宗の兄弟が親の仇である工藤祐経を討った。**幕之紋見物**　富士の巻狩の際、仇の工藤祐経の館を、幕の紋を手がかりに探りに出た十郎が、好機を得たが、弟と共に仇討ちをと思って見送った場面をさす。「五郎申様」は、そのときの五郎の言葉、「便宜よく候はゞ、御うち候べき物を。さりながら、一太刀づゝともぐ〳〵にきりたく候ぞかし」（古活字本『曾我物語』巻第八「屋形まはりの事」）をさす。**死狂ひ**　分別を捨て、自ら死地に身を投じて激しく戦うこと。『葉隠』では武士道、武勇において推奨されるありよう。聞書一―114では、鍋島直茂の言として、「武士道は死狂ひ也、一人之殺害を数十人して仕兼る物」と述べられ、「本気ニ而は大業はならす。気違ニ成て死狂ひする迄也。又武士道ニおゐて分別出来れハ、早おくるゝ也。忠も孝も不入。武士道ニ於ては死狂ひ也。此内ニ忠孝ハ自ら籠るへし」と続く。聞書二―39では「死狂ひ之覚悟」、聞書二―63では「死狂は我一人と内心ニ覚悟」とあるように、単に死を覚悟するのではなく、積極的に死地へ突入することが覚悟とされている。**夢覚る**　眠りから覚め、夢が消えること。『葉隠』において、この世は「夢の世」「夢之間」「夢之中」などと形容され、はかなく、またたくまに過ぎる、意味がないものとされる。「勝負を不考、無二無三ニ死狂ひする斗」によって「夢覚る」とは、分別を捨てて死地に突入することによって、この世の無意味なありようから脱し、真に意味がある世界に達するということか。『驢鞍橋』には、「内外打成一片となつて、業識無明の魔軍を悉く討滅し、忽然夢醒、実有の城郭を打破り、生死の怨敵を截断して般若の都に居住を定め、太平を守る、此の心即ち武勇に使ふ宝也」（中－八八）とある。あるいは、このような境地が想定されているか。

56　一、奉公人ニ疵之《きずの》付《つく》事一ッ有《あり》。富貴《ふうき》ニ成《*なり》たがる事也。逼迫《ひっぱく》ニさへあれは《ば》疵《きず》ハ不付《つかぬ》也。又《また》何某は利口者なるか《が》人之《の》仕事之《の》非か《が》目ニかゝる生付《うまれつき》なり。此位《このくらい》ニ而《て》は立《たち》かぬるもの也。世間ハ非た《だ》らけと始《はじめ》ニ思ひ込《こま》ねハ《ば》多分顔つきか《が》悪敷《あしく》して人か《が》請取《うけと》らぬもの也。人か《が》請取《うけとら》ねは《ば》いかやうの能《よき》人ニ而《て》も本義《ほんぎ》ニあらす《ず》。是《これ》も一ッ之《の》疵《きず》と覚《おぼえ》たる由《よし》。

〈現代語訳〉

奉公人の汚点となることが一つある。富貴になりたがることである。貧乏で困窮していれば汚点になるようなことはおきないのだ。また、ある者は利口な者であるが、人の仕事の行き届かない点が目についてしまう性質である。その程度の利口さでは奉公人としてはやっていけない。「世間は非だらけだ」と初めに思い込むくらいでなければ、往々にして顔つきが悪くなり、人が認めてくれないものだ。人が認めなければ、どのようなできる人であっても意味がない。これも奉公人の一つの欠点となると思われたとのことである。

〈注〉

成たがる　餅木本では「成たる」。

57　一、何某は気情者也。何某之《の》前ニてケ様之儀《かようのぎ》を申《もうし》候と咄《はな》ス人有《あり》。夫か《それが》面《つら》ニ似合《にあわ》ぬ云《いい》分也。曲者《くせもの》といわれ度迄《たきまで》也。ひくひ位《くらい》也。青キ所か《が》有《ある》人と見ヘたり。侍たる者は、先《まず》礼義正敷《ただしき》こそうつくしけれ。其《その》様ニ人之《の》前ニて物を云《いう》は、鑓持《*もち》、中間之《*ちゅうげんの》出合《であい》同然ニて賤敷《いやしき》事也と。

居宅《きょたく》、衣装、諸道具等ニつらニ似合《にあわ》ぬ事する人多し。扇鼻紙《はながみ》*料紙《りょうし》*臥具《がぐ》抔《など》は少能《すこしよき》物ニても不苦《くるしからざる》也。

〈現代語訳〉

「誰それはしっかり者だ。誰それの前でこのようなことを言った」と話す人がいた。その者の人となりに似つかわしくない発言である。これは曲者と呼ばれたいだけである。程度の低いことだ。未熟なところがある人と見受けた。侍たる者は、まず礼儀正しいのこそ美しいというものだ。そのように人に対してものを言うのは、槍持や中間の威勢の張り合い同然で、下品なことである。
住居、衣装、様々な道具など、身のほどをわきまえないことをする人が多い。扇や鼻紙、料紙、寝具などは少しよい物であっても差し支えない。

〈注〉

鑓持 武士に仕える、槍を持って供をする従者。 **中間** 武士に仕える、雑務を勤める従者。 **料紙** ものを書くときに用いる紙。 **臥具** 布団や枕などの寝具。

58 一、何か《が》しか《が》養子、鈍《どん》ニ候故《ゆえ》、気ニ不入《いらず》。殊《こと》ニ親長病《ながやみ》ニて気短相成《きみじかくあいなり》、不断《ふだん》折檻仕《つかまつり》、悪口《あっこう》を申《もうし》候ニ付而《つきて》、養子居《い》こたへ候義《ぎ》難成《なりがたく》、近ゝ引取可申《ひきとりもうすべき》様子ニ相見ヘ候。此《この》事を養母参《まいり》候て何とも迷惑ニ候間《あいだ》、病気なか《が》ら諸事堪忍候様ニ親ヘ御異見《いけん》頼申由申《たのみもうすよしもうし》候。断申《ことわりもうし》候得共《えども》、是非《ぜひ》共頼申《ともたのみもうす》、と涙を流し申《もうし》候故《ゆえ》、不及力請合申《ちからおよばずうけあいもうし》候。親ニ異見《いけん》ハ逆ニて候。殊《こと》ニ病中《びょうちゅう》也。倅《せがれ》を此方《こなた》ヘ遣《つかわ》シ候へと申《もうし》候。母不落着《ふらくちゃく》ニて罷帰《まかりかえり》候。倅参《せがれまいり》候ニ付申《つきもうし》候ハ、惣《すべて》而人間ニ生《うま》レ出《いず》ルも生ゝ之《しょうじょうの》大幸《たいこう》と可存事《ぞんずべきことに》候。其上《そのうえ》御当家之《の》士《さむらい》と成《なり》候事、生前之《の》本望也。百性町人を見て思ひ知ルへ《べ》し。実父之《の》遺領を取《とる》さへ有《ありが》かたき事なるニ、末子ニ生れて他之《の》家を継御被官之《つぎごひかんの》一人と成《なる》事は*優曇花之《うどんげの》仕合《しあわせ》也。是《これ》を取迦《とりはず》して*無足人《むそくにん》ニ成《なる》事は不忠、親之《の》気ニ入らぬハ不孝也。忠孝ニ背きたる者ハ世界ニ置《おき》所なし。能立《よくたち》帰りて案し《じ》て見られ候へ。今其方之《そのほうの》忠孝ハ只《ただ》親之《の》気ニ入迄《いるまで》也。気ニ入度《いりたく》ても親の気《き》向か《むきが》わるきとのミ可被存《ぞんぜらるべく》候。親之《の》気を直し様を教へ申《もうす》へし《べ》。私の面《つら》つき、其外物毎《そのほかものごと》親之《の》気ニ入申《いりもうす》様ニと血之《の》涙を流し、氏神ニ祈るへし《べ》。是《これ》私之《の》事ニあらす《ず》。忠孝之為《のため》也。此《この》一念忽《たちまち》親之《の》心ニ*感応有《かんのうある》物也。帰りて見られよ。早《はや》親之《の》心直リて居《お》るへし《べ》。天地人感通《てんちじんかんつう》する不思儀之《の》道也。殊《こと》ニ長病《ながやみ》なれは《ば》久しかるべからす《ず》。纔《わずかの》之間之《の》孝行逆立《さかだち》する共《とも》安キ事也、と申《もうし》候へハ《ば》、涙を流し忝《かたじけなし》と申《もうし》て帰り申《もうし》候。後《のち》ニ承《うけたまわり》候へハ《ば》帰懸《かえりがけ》ニ親申《もうし》候は、異見《いけん》ニ逢たりと見へて先ツ《まず》見懸能成《みかけよくなり》たり、と其儘《そのまま》機嫌直り候由《よし》。誠ニ不思儀之《の》道理、人智之《の》及《およば》ぬ所也。其時之《そのの》異見故《いけんゆえ》忠孝共《とも》ニ立《たち》候て忝由《かたじけなきよし》礼ニ被参《まいられ》候。真之《の》道を祈リて叶ハぬ事なし。天地も思ひ*ほがすもの也。紅涙之《こうるいの》出る程ニ徹する所、則《すなわち》神ニ通するか《ず》と存《ぞんじ》候由《よし》。

〈現代語訳〉

ある者の養子がにぶいところがあって養父の心にかなわなかった。とくに養父がながわずらいで短気になっており、常日頃から厳しく責め、ののしるので、養子は養家にいづらくなって、近々実家に戻ってしまうような様子に見えた。このことについて、養母がいらっしゃって、「養子が戻ってしまっては何とも困ったことになるので、病気ではあろうけれども、何ごとも辛抱してくれるようにと養父に意見してやってほしい」と言ってきた。常朝殿は断わられたが、「是非とも頼みます」と涙を流して言われるので、どうしようもなく引き受けられた。「親に意見するというのは逆です。特に病気中のことです。ご子息をこちらへよこしてください」と言われた。それを聞いて養母は、納得がいかない様子で帰っていった。養子がやってきたので言われたのは、「そもそも人間に生まれるのも、生まれ変わりの繰り返しの中の大いなる幸せと考えなければならない。その上、この鍋島の御家の侍になることは、この世に生まれた本懐である。百姓や町人を見て思い知られるはずだ。長兄として実父の遺した所領を受け継ぐことさえめったにないことであるのに、本来所領など得られない弟として生まれて他人の家を継ぎ、殿様の御被官となることは優曇華の花に巡り会うほどの幸せである。この機を取り逃がして所領を持たない者になることは殿様に対する不忠であり、同時に養父母の心にかなわないのは不孝である。忠や孝に背いた者はこの世界のどこにも身の置き所はない。よく我が身を振り返って考えてみなされ。今あなたのなすべき忠孝は、ただ養父母に気に入られるようになるだけのことである。いくら自分が親の心にかないたくても、養父の気持ちが受けつけてくれないとばかり考えておられよう。そこで、親の心もちを改めるすべをお教えしよう。自分の顔つき、その他一つ一つ、親の心にかないますようにと血の涙を流し、氏神に祈られるのがよい。これは自分のためにすることではない。忠孝のためである。この他なき一心の思いがたちまちに親の心に通じるものだ。帰ってご覧なさい。

はやくもご養父の心もちも直っておられよう。天地と人とが一貫して通じて感化される不思議の道である。とくにあなたの場合はご養父がながわずらいだから、心にかなうようにと励む時間は長くはあるまい。わずかのあいだの孝行は逆立ちしてするにしてもたやすいことである」と言ってやったところ、養子は涙を流して「かたじけない」と言って帰った。のちに聞いたところでは、養子が帰るやいなや、養父母が言うには、よい意見に出会ったと見えて、まず見かけが良くなった、と言って、そのまま養父の心もちが直ったとのことである。ほんとうに不思議の道理であり、人智の及ばぬものである。その時の意見のおかげで、忠も孝も両方とも成り立たせることができてありがたいということをお礼にいらっしゃった。まことの道のことを祈ってかなわないことはない。天地すら思い突き通すものである。血の赤い涙を流すほどに徹するものは、そのまま神に通じるのかと思われた、とのことである。

〈注〉

優曇花 仏教で三千年に一度咲くと伝えられる花。瑞兆とされる。きわめてまれなことのたとえ。

無足人 所領を持たない家臣。 **感応** 仏教語で、仏が人に応じて働きかけ、人が仏の働きを感じ取ること。転じて、信心が神仏に通じることをいう。ここでは、親を神仏にたとえ、親に心が通じることをいう。 **ほがす** 九州の方言で、穴をあける、貫通するの意。

59 一、一世帯構《かまう》るか《が》わろき也。精を出して見解《けんげ》なと《ど》あれは《ば》早澄《はやすま》シて居《お》る故《ゆえ》、早違《はやたがう》也。尤《もつとも》、精を出して先ッ《まず》種子《たね》ハ慥《たしか》ニ握《にぎり》て、扨夫か《さてそれが》*熟するニと執行《しゆぎよう》する事ハ一生止《やむ》る事ハならす《ず》。見付《みつけ》たる分ニて、其位《そのくらい》ニ叶ふ事ハ思《おもい》もよらす《ず》。只《ただ》、是《これ》も非《ひ》也〳〵《なりこれもひなり》、と思ふて、何としたらは《ば》道ニ可叶哉《かなうべきや》、と一生*探促《たんそく》し、心を守《まもり》て、打置《うちおく》事なく執行《しゆぎよう》可仕《つかまつるべき》也。此内《このうち》ニ則《すなわち》道ハ有《ある》也と。

〈現代語訳〉

一家言を構えるのが良くないのだ。精を出して自分なりの見解などひねり出すと、それでもう悟りすましているせいで、じきに本筋から外れてしまうのである。一方で、精を出してまず根本を確かに握りしめて、そうしてそれが熟するようにと修行すること、これは一生のあいだ止めることはできない。たまたま見当をつけた程度では、本来目指すべき位置にかなっているなどとは思いもよらない。ひたすら、「これも非である、これも非である」と思って、どうしたら道にかなうことになろうかと一生捜し求め、心が他所事に走らぬように保って、修行にはげまねばならない。この過程の中に、そのまま道があるのだ、と常朝殿はおっしゃった。

〈注〉

熟するニ　餅木本は「熟するやうニ」、小城本では「熟する様に」。　**探促**　「探捉」。探し求める。

一*60

一、*山本前《さきの》 神右衛門《じんうえもん》常ニ申《もうし》候詞《ことば》数ヶ条書留《かきとめ》候内《うち》

一、一方見《みゆ》れハ《ば》八方見《みゆ》る。

一、*すら笑《わらい》する者ハ、男ハ*すくたれ、女ハ*へらハる。

一、*口上《こうじよう》、又《また》ハ物語等ニても、物を申《もうし》候時は向之《さきの》目を見合《みあわせ》て申《もうす》へ《べ》し。礼ハ初《はじめ》ニして澄《すむ》也。*くるぶきて申《もうす》ハ不用心なり。

一、袴の下ニ手を入《いる》る事不用心なり。

一、草紙《そうし》、書物を取扱《とりあつかい》候へハ《ば》則《すなわち》焼捨被申《やきすてもうされ》候。書物見るハ公家《くげ》之《の》役、中野一門ハ*樫ノ木握リて武篇《ぶへん》するか《が》役也と被申《もうされ》候。

一、組付《くみつかず》す、馬もたぬ侍ハ、侍ニてなし。

一、曲者《くせもの》ハ頼母《たのも》敷《しき》者。

一、朝ハ*七ツニ起《おき》、日《ひ》行水《ぎようずい》、日《ひ》*さかやき、食ハ日出《ひので》ニ給《たべ》、暮《くれ》より休ミ被申《もうされ》候。

一、士《さむらい》ハ喰《くわ》ね共《ども》空《そら》楊枝。*内ハ犬之《の》皮外は虎之《の》皮。

〈現代語訳〉

山本神右衛門が常に言っていた言葉を数ヵ条、書きとどめておいた内のいくつか。

一、突破口が一つ見えれば、すべてが見えてくる。
一、へらへらしている者は、男なら口先だけで、女なら浮気する。
一、公式の場での物言いも、日常の会話も、ものを話す時は相手の目を見合わせて話すべし。礼ははじめにしておけば済む。うつ向いて話すのは不用心である。
一、袴の下に手を入れておくこと、不用心である。
一、文芸書、学問書を参照したならばすぐに焼き捨てなされた。書物を見るのは公家の役割、中野一門は樫の木でできた刀の柄を握って戦働きをするのが役割である、とおっしゃった。
一、組にも所属せず、馬も持たない侍は、侍ではない。
一、曲者とは頼もしい者。
一、朝は七つ時に起き、毎日行水し、毎日さかやきを剃り、朝食は日の出に食べ、暮れからのちはお休みになられた。
一、武士は食わねど空楊枝。内には犬の皮を身につけていても、外は虎の皮をまとう。

〈注〉

山本前神右衛門　山本常朝の父、山本重澄。法名は孝白善忠。中野神右衛門清明の子で、山本宗春の養子。聞書十一－42にも、重澄の言葉が箇条書きであげられており、この条文といくつか重なっている。（人物補注、山本重澄）

一　箇条書きの前に「一」があるが、誤字か。

すら笑　そら笑

い、つくり笑い、追従による愛想笑い。聞書十一－42では「虚笑」と書かれている。**すくたれ**　当て字で「寸口垂」とも書く。心が汚いことや身なりのだらしないさまをあらわす方言。卑劣、怯懦。聞書十一－42では「すくたれ」ではなく「臆病」と書かれている。臆病や私欲が深いことと並列して述べられることが多い。聞書二－139では、兼好、西行が腰抜けすくたれ者と呼ばれ、「武士業かならぬ故、ぬけ風を拵たる物也」と述べられている。また聞書二－140では「御主人ニおくれ、兼々出頭仕候者ハすくたれ御外聞を失申候」として、主君に重用された者が主君の死において後れを取り、卑怯未練な醜態をさらしたことを「すくたれ」とする。**へらハる**　淫乱の意で用いられる方言。**口上**　公式の場での物言い。弁舌。**くるぶき**　うつむく意の九州方言。**樫ノ木**　聞書十一－42には「若キ者共歌草紙盤上之様成気之ぬくる事を不可仕。中野一門ハ樫ノ木之柄握て武篇する役也」とある。樫の木とは刀の柄の意味。**七ッニ起**　午前三時から五時頃。暁の七ツは、十二支では寅の刻にあたる。北条早雲の家訓『早雲寺殿廿一箇条』には、「子に臥し、寅に起きよ」という古語を引き、寅の刻に起きて、行水し、身だしなみを整えよと述べられている。**さかやき**　額から頭上にかけて髪を剃ること。**内ハ犬之皮外は虎之皮**　内は粗末でも、外見は派手に威勢を示す。

61　一、人として肝要《かんよう》ニ心懸《こころがけ》、執行《しゆぎよう》すへ《べ》き事ハ何事ニ而《て》候哉《や》、と被問《とわれ》候時、何と答《こたえ》可有之哉《これあるべきや》。先申《まずもうし》て見るべし。只今正念《ただいましようねん》ニして居《お》る様ニ也。諸人心か《が》ぬけて斗《ばかり》見ゆる也。活《いき》た面《つら》ハ正念之《*しようねんの》時也。万事をなす内《うち》ニ胸ニ一ッ出来る物有《ある》也。是《これが》か、君ニ対して忠、親ニは孝、武ニは勇、其外《そのほか》万事ニ仕《つか》ハるゝ物也。是《これ》を見付《みつく》る事も成《なりが》かたし。見付《みつけ》て不断《ふだん》持《もつ》事又成難《またなりがた》シ。只今之当念《ただいまの*とうねん》より外《ほか》ハ無之《これなき》也。

〈現代語訳〉

人として肝要に心がけ、修行すべきことはなにごとであろうか、と尋ねられた時、何と答えるべきか。まず言ってみよう。たった今、正念でいるように、と心がけるのだ。誰もかれも心が抜けている者ばかりに見える。生きた顔は正念の時の表情だ。いろいろなことをしていくうちに、胸に一つできてくるものがある。これが、ご主君に対しては忠、親に対しては孝、武士としては勇、そのほか何ごとにも働いてくるものである。これを見定めることも容易ではない。見定めて絶えず保つことも難しい。たった今のこの思いにおいて以外にはないのである。

〈注〉

正念之時也。 **万事**　餅木本では「正念也。時々万事」。「正念」は仏教語で、邪念を離れて真理を思いつづけることをいう。　**当念**　いまこの瞬間の心の思いのこと。

62　一、昔ハ寄親組子《*よりおやくみこ》無他事《たじなき》心入《こころいれ》有《あり》。光茂公《みつしげ》御代《ごだい》、御馬廻《*おうままわり》御使番《おつかいばん》母袋《ほろ》一人不足之《の》時、御家老中御僉議《せんぎ》ニて、若手ニ器量之者《の》ニ候間《あいだ》、*馬渡《まわたり》源兵衛《げんだゆう》可被仰付旨《おおせつけらるべきむね》、相〆《あいしま》リ候。此《この》事、源太夫《げんだゆう》親*市之允《いちのじょう》隠居ニて罷在《まかりあり》候か《が》、承《うけたまわり》付《つき》、寄親《よりおや》*数馬所ヘ早天《そうてん》ニ参《まいり》候て申達《もうしたつし》候ハ、扨ゝ《さてさて》是非ニ不及《およばざる》仕合《しあわせ》ニ候。御組之儀《のぎ》、*皆御一門衆斗《ばかり》ニて候故《ゆえ》、拙者覚悟ニは、御一門衆を追越《おいこし》、寄親之《よりおやの》用ニ可罷立《まかりたつべし》と存《ぞんじ》部《はま》リ、源太輔《げんだゆう》ヘも、一門与《ぐみ》ニ而《て》候間《あいだ》、油断不仕《つかまつらず》、一門衆を押《おし》のけ寄親之《よりおやの》用ニ罷立《まかりたち》候様ニ、と兼ゝ《かねがね》申《もうし》聞置《きこえおき》候。然処《しかるところ》ニ御組内より源太輔《げんだゆう》を被撰退《よりのけられ》候義《ぎ》、面目次第も無之《これなく》、無御情被成《おなさけなきなされ》かたニ而《て》候。此《この》上ニは、*知行主《ちぎょうぬし》ニ罷成《まかりなり》候源太輔《げんだゆう》は不申及《もうすにおよばず》隠居仕《つかまつり》候。拙者迚《とて》も世間無面目《めんぼくなく》候ニ付《つき》て、父子共《とも》ニ覚悟を相極申《あいきめもうし》候由《よし》、屹《きつ》と申《もうし》候。数馬承《うけたまわ》り、以之外《もってのほかの》御了簡違《ちがい》ニ而《て》候。今度之《の》組代《がわ》リは源太輔《げんだゆう》、規模之《きぼの》仕《し》合《あわせ》、不過之《これにすぎず》候。御家老中御僉議《せんぎ》ニ、器量者ニ候故被仰付之《ゆえおおせつけられの》由《よし》候。父子なから《が》成程《なるほど》悦《よろこび》被申筈《もうさるるはず》ニ候、と申《もうし》候得《え》は《ば》、市之允申《いちのじょうもうし》候ハ、御僉議《せんぎ》之《の》節、彼者《かのもの》ハ私一門同前ニ組内《くみうち》ニ寄合《よりあい》申《もうす》者ニ候得《え》は《ば》差出《さしいだし》候義《ぎ》不罷成《まかりならず》、と被相達筈《あいたつせらるるはず》ニ候を、御請合被成《うけあいなされ》候ハ、兼ゝ無他事《かねがねたじなく》も不思召故《おぼしめされざるゆえ》ニ而《て》候。爰《ここ》を以《もつて》御見限リ被成《なされ》候義《ぎ》と骨髄ニ通リ、意恨ニ存《ぞんじ》候由《よし》、中ゝ存部《なかなかぞんじはま》リたる様子ニ申《もうし》候。其《その》時数馬申《もうし》候は、成程尤《なるほどもつとも》ニ而《て》候。今日御家老中ヘ御《お》断申《ことわりもうし》候て見可申《もうすべき》由《よし》申《もうし》候ニ付而《つきて》、責而其《せめてその》御一言成共不承《なりとももうけたまわらず》してハ難罷帰《まかりかえりがたし》、と申《もうし》候て帰り申《もうし》候。数馬登《と》城《じょう》いたし御家老中ヘ申《もうし》候は、人之《の》命は知れぬ物ニて候。私義《ぎ》今朝《けさ》既ニふと腹を突《つか》れ申《もうし》候。ケ様〱之《かようかようの》子細ニ而《て》候間《あいだ》、源太輔《げんだゆう》義《ぎ》は御免被成《なされ》候様ニ、と申《もうし》候故《ゆえ》、余人《よじん》ニ被仰付《おおせつけられ》候也。

〈現代語訳〉

昔は寄親と組子との間には純一無雑な心の合一があった。光茂様の時代、御馬廻の使番の母袋武者に一人欠員が出た時、ご家老衆のご合議で、若くて有能な者であったので、馬渡源太輔を任命するということで、ことが片付いた。このことを、源太輔の親の市之允はそのころは隠居していたが、話を聞き付け、寄親の中野数馬のところに早朝に参上して、「それにしても話にならない成り行きになりました。中野組については、みな中野一門の方々ばかりですので、自分が覚悟しておりましたのは、中野一門の方々を追い越し、寄親数馬どののご用に立たねばならないと思いつめ、息子の源太輔へも、中野一門が中心の組であるから、一門外のお前は油断せず、ご一族を押しのけ寄親数馬さまのご用に立つようにと、常々申し付けておりました。そうしたところに、中野組の中から源太輔を選んで外されたことは、面目なく、あまりにもお情けない御処置です。かくなる上は馬渡家当主になっております源太輔は言うまでもなく隠居いたします。拙者にしても世間に顔向けができませんので、父子ども覚悟を決めました」というようなことを頑として言ってきた。数馬はそれを聞いて、「もってのほかの見当違いです。今度の組替えは、源太輔にとって栄誉のめぐりあわせ、これ以上のことはないのです。ご家老みなさんの評議において、源太輔が有能な者であるがゆえに任命されたということです。ご隠居どのと父子ともども、当然お喜びになってしかるべきことなのです」と言ったところ、市之允が言ったのは、「ご評議の際に数馬様から『あの者は我が中野家同然に組の中に入れているものですので、ご近習に差し出すわけにはまいりません』と申し達されるはずであるのを、お引き受けなさってくるのは、以前から数馬様は我々と心一つとはお思いになっておられなかったゆえでしょう。これによってお見限りなさったということ、骨の髄まで身に染みて、情けなく思います」というようなことを、かえって思いつめた様子で言った。そのとき数馬は「なるほどもっともです。今日、ご家老みなさまへお断りしてみよう」ということを言ったので、市之允は「せめてその一言だけでもいただかずには帰られないと思っておりました」と言って帰っていった。数馬は登城してご家老衆に「人の命はわからないものです。私めは今朝がたこの太い腹を突き刺されました。かくかくしかじかの事情ですので、源太輔の件はお許し下されますように」と申し上げたので、他の者が任命されることになった。

〈注〉

寄親組子　藩の軍事組織である組の長（大組頭）を寄親といい、組下の士卒を組子という。**御馬廻御使番母袋**　馬廻とは、主将の馬の周囲で警護を行う騎馬の侍のこと。使番とは戦時の伝令、巡視役のこと。御馬廻御使番とは、主君の馬の周囲で警護を行い、主君のもとで伝令、巡視、監察などを行う役のことか。母袋とは、軍陣で背にかける大型の布のことで、もともと流れ矢を防ぐ武具であったが、使番であることを示す標識の役割も果たした。御馬廻御使番は母袋を着けた武士であったか。　**馬渡源兵衛**　正しくは「馬渡源太輔」。底本は本条二度目に出てくる箇所で「兵衛」を抹消して「太輔」にしている。他の諸本は「源大夫」が多いが、元禄八年（一六九五）の『佐賀本藩着到帳』では「馬渡源太輔、物成一四二石、知行三五五石」となっている。馬渡俊将のこと。馬渡家久の養子。着座。　**市之允**　馬渡家久の実子、馬渡茂陳。馬渡市佑と呼ばれる。茂陳は鍋島勝茂のもとで小小姓を勤め所領を与えられたので、家久の家督は養子である俊将が継いだ。茂陳は部屋住の頃の鍋島光茂の年寄役も勤めている。茂陳はその後有罪となり隠居を命じられたため、茂陳の後も俊将が継いだ。　**数馬**　中野利明。聞書一－16注、人物補注参照。　**皆御一門衆斗**　中野数馬利明の組は、主に中野家の者で構成されていた。常朝の父である重澄の年譜によれば、島原・天草一揆での働きの褒美として、中野利明の祖父、中野内匠茂利（中野清明の養子で重澄の義兄）が大組頭に任じられ、中野家の者を他の組から集めて組を作るように言われたとある。その際、組は中野一門組と名付けられた。その後、中野一門組は中野数馬政利（中野内匠茂利の子）を経て、中野数馬利明（中野内匠茂利の孫）に受け継がれた。　**知行主**　知行を取っているその家の主人。当主。

63　一、五六十年以前迄之《までの》士《さむらい》ハ、毎朝行水、月代《さかやき》、髪ニ香《こう》をとめ、手足之《の》爪を切《きり》て、軽石ニて摺《こす》リ、こ*か《が》ね草ニてミか《が》き、無懈怠《けだいなく》身元を嗜《たしな》ミ、尤《もっとも》武具一通《ひととおり》は錆《さび》を不付《つけず》、ほこりを払ひ、ミか《が》き立《たて》、召置《めしおき》候。身元を別而《わけて》嗜《たしな》ミ候事だて之《の》様ニ候得《え》共《ども》風流之《の》義ニて無之《これなく》候。今日打死〳〵《きょううちじにうちじに》と必死之《の》覚悟を極《き》メ若無《もしぶ》嗜《たしなみ》ニて打死《うちじに》いたし候得《えば》は兼而之《かねての》不覚悟も顕《あらわ》れ敵ニ見限られきたなまれ候故《ゆえ》ニ老若共《とも》ニ身元を嗜申《たしなみもうし》たる事候。事《ことに》むつかしく隙《ひま》つひへ申《もうす》様ニ候得共《えども》武士之《の》仕事ハケ様之《かようの》事ニて候。別ニ忙敷《いそがしき》事、隙入《ひまいる》事も無之《これなく》候。常住《じょうじゅう》討《うち》死之《じにの》仕組《しくみ》ニ打部《うちはま》リ、得《とく》と死身《しにみ》ニ成切《なりきり》て、奉公も勤《つとめ》、武篇も仕《つかまつり》候ハヽ《ば》、恥辱有間《あるま》敷《じく》候。ケ様之《かようの》事を夢ニも不心付《こころつかず》、欲徳、我侭斗《わがままばかり》ニて日を送り、行当《ゆきあた》リてハ恥をかき、夫《それ》も恥とも不思《おもわず》、我さへ快《こころよく》候へハ《ば》何も不構《かまわず》、などゝ言《いい》て、放埒無作法之《の》行跡《ぎょうせき》ニ成行《なりゆき》候事、返ゝ《かえすがえす》口惜《くちおしき》次第ニて候。*兼而《かねて》必死ニ極《きめ》候ハヽ《ば》、何しニ平生賤敷振舞可有哉《いやしきふるまいあるべきや》。此当《このあた》リ能ゝ《よくよく》工夫可仕《つかまつるべき》事也。又《また》、三十年以来風儀打替《うちかわ》リ、若侍共之《どもの》出合之咄《であいのはなし》ニ、金銀之《の》噂損徳之《の》考、*内証支之咄《ないしょうつかえのはなし》、衣装之《の》吟味、色欲之《の》雑談斗《ばかり》ニて、此《この》事なけれハ《ば》一座*しまぬ様ニ相聞《あいきこ》へ候。無是非《ぜひなき》風俗ニ成行《なりゆき》候。昔ハ二十三十共迄《どもまで》も素《もとよ》り心之《の》内ニ賤敷《いやしき》事持不申《もちもうさず》候故詞《ゆえことば》ニも出《だし》不申《もうさず》候。*年倍之《としばいの》者も不斗《ふと》申出《もうしいで》候へハ《ば》怪我之《の》様ニ覚居《おぼえおり》申《もうし》候。是《これ》ハ世上花麗《かれい》ニ成《なり》、内証方《ないしょうがた》斗《ばかり》を肝要《かんよう》ニ眼《め》付《つけ》候故《ゆえ》ニて可有之《これあるべく》候。我《わが》身ニ不似合驕《にあわぬおごり》さへ不仕《つかまつらず》候へハ《ば》兎《と》も角《かく》も相済《あいすむ》物ニ候。*又《また》、今時若キ者之《の》*始末心有之《しまつごころこれある》者は義理欠申《かけもうし》候。義理なき者ハ*寸《すく》口垂《たれ》也。

〈現代語訳〉

五、六十年前までの武士は、毎朝行水し、月代を剃り、髪に香を焚きしめ、手足の爪を切って、軽石でこすり、こがね草で摩き、怠ることなく身辺に気を配り、とくに武具一式はさびつかせず、ほこりを払い、磨き立てて、そばに置いておく。身辺にとりわけ気を配っておくことは、格好をつけているようではあるが、実用から離れた遊びのためではない。「今日討死する」、「今日討死する」と決死の覚悟を定め、もし身辺に気を配らずに討死したならば、前もっては死を覚悟していなかったということも現われ、敵に見透かされ、見下されるがゆえに、老いも若きも身辺に気を配ったのである。面倒で時間の無駄のようではあるが、武士の仕事というのはこのようなことなのである。特段、忙しいこと、時間が必要なこともない。いつも討死の覚悟の中にはまりこんで、とっくり死身になりきって、奉公も勤め、戦働きも勤めれば、恥辱などあるはずがない。このようなことを夢にも心がけず、欲得ばかり、わがままばかりで日々を送り、いざ事に出くわして恥をかき、それを恥とも思わず、自分さえ気分が良ければ他はどうでもよいなどと言って、放埓で不作法な振る舞いを重ねていくことは、どう考えてもいまいましい流れである。前もって必死の覚悟を定めておけば、どうして普段賤しい振る舞いがあるはずがあろうか。このあたりのことをよくよく熟慮しておかねばならないことである。また、三十年このかた、時代の風が変わってしまい、若い侍たちが出会ってちょっと話す際に、金銭の損得の考え、家の経済状態の話、衣装の吟味、色恋の雑談ばかりで、これらのことでなければその場の全員が打ち解けないというように言っている。話にならない風潮になってきたものだ。昔は二十歳、三十歳の連中も、平素から心の中に賤しいことがらを思わなかったので、言葉にも出なかった。年配の者も思わず賤しい内容のことを口に出してしまえば、大きな過ちを犯したように思ったものだ。これは世の中が華麗になり、経済の方面ばかりに専ら目が向いているので、こんな風潮になってしまうのだ。自分の分際に見合わない贅沢さえしなければ、なんとかかんとかやっていけるものである。また今どきの若い者で倹約の心がある者は、義理を欠いている。義理を欠く者は卑怯者だ。

〈注〉

こかね草　かたばみ（酢漿草）のこと。『重修本草綱目啓蒙』には、かたばみの肥前、讃岐での地方名としてあげられている。また『宜禁本草』では、その葉で銅器を磨くと銀のように白くなるとされている。　**兼而～**　餅木本、小城本では、この文の前に「兼而必死之覚悟無之者ハ必定死場悪敷に極り候。又」という一文が入る。　**内証支**　家計の行きづまり。「内証」は、家計、ふところぐあい、等の意。　**しまぬ**　関心をもたない。興味をひかない。「しむ」は関心をもつ、感じ入るの意。　**年倍**　「年延へ」（としばへ）の転で、年配の意。　**又、今時～**　餅木本では「又今時の若者の始末こゝろ有をよき家持なとゝ褒るハ浅ましきことにて候。始末の心有之者は義理を欠也」となっている。　**始末心**　倹約心。　**寸口垂**　卑怯。卑劣。聞書一‐60注参照。

64　一、一鼎《いってい》之《の》咄《はなし》ニ、能《よき》手本を似セて精を出《いだし》習《なら》ヘハ《ば》悪筆も大躰之《の》手跡《しゅせき》ニ成《なる》也。奉公人も能《よき》奉公人を手本ニしたらハ《ば》大躰ニは成《なる》へ《べ》し。今時能《よき》奉公人之《の》手本か《が》なき也。夫故《それゆえ》手本作リて習《ならい》たるがよし。作リ様は、時宜《じぎ》作法一通《とおり》ハ何某、勇気ハ何某、物言《ものいい》ハ何某、身持《みもち》正敷《ただしき》事は何某、律儀成《なる》事は何某、*つゝ切《きれ》て胸早くすわる事ハ何某と、諸人之《の》中ニて第一能《よき》所一事ツ《ず》ゝ持《もち》たる人之《の》其能《そのよき》事斗《ばかり》を撰立《えらびたつ》れは《ば》手本か《が》出来る也。萬之《の》藝*能も師匠之《の》能《よき》所は不及《およばず》、悪敷曲《あしきくせ》を弟子ハ請取《うけとり》て似する者斗《ばかり》ニて、何の益《やく》ニも不立《たたざる》也。時宜《じぎ》能《よき》者ニ不律儀成《なる》者有是《これある》を似するニ、多分時宜《じぎ》は差置《さしおき》て不律儀を似する斗《ばかり》也。*能《よき》所ニ心付ケハ《ば》何事も能《よき》手本師匠と成《なる》事之《の》由《よし》。

〈現代語訳〉

石田一鼎は次のように話していた。「よい手本に似せて、精を出して見習えば、下手な字もそれなりの字になるのだ。奉公人についても、よい奉公人を手本にしたならば、それなりにはなるはずだ。しかし今はよい奉公人の手本がいない。したがって手本を作って見習うのがよい。作り方は、礼儀作法一通りは誰それ、勇気は誰それ、弁舌は誰それ、品行方正なのは誰それ、義理堅いのは誰それ、迷いをすぱっと断ち切って心が素早く定まる決断は誰それと、いろいろな人々の中で一番良いというところを一点だけ持っている人の、その良いところだけを選び出して組み合わせれば手本ができるのだ。あらゆる技芸においても、師匠の良いところにはかなわず、師匠の悪い欠点を弟子が受け取って似せる者ばかりで何の役にも立たない。礼儀正しい者で不義理な者がいたとして、彼に似せようとすると、往々にして礼儀は差し置いて、不義理なところを真似するだけだ。良いところに意を注げば何ごとも良い手本、師匠となる」とのことであった。

〈注〉

つゝ切て　悩み、迷いがない状態をいう。　**藝能**　修練によって身につく技芸。　**能所ニ〜**　以下の文章、餅木本にはなし。

65　一、大事之《の》状、手紙、書付《かきつけ》等持届《もちとどけ》候節、道すから《が》も手ニ握リて片時も離さす《ず》、向《むこう》様《さま》ニて直《じか》ニ相渡ス物ニて候由《よし》。

〈現代語訳〉

大事な書状、手紙、書付けなどを持って届ける時、道中もずっと手に握って片時も離さず、先方において直接渡すものである、とのこと。

66 一、奉公人ハ二六時《にろくじ》中気をぬかさす《ず》、不断《ふだん》主君之《の》御前《ごぜん》、*公界《くがい》ニ罷在《まかりある》時之《の》様ニするもの也。休息之《の》間*うかと成《なり》てハ、其分《そのぶん》公界《くがい》ニてうかと見ゆる也。此《この》気之《の》位有之《これある》事也。

〈現代語訳〉

奉公人は四六時中気を抜かず、いつも主君の御前、あるいは公衆の面前にある時のようにするものである。休息の間うかうかとしては、同様に人前でうかうかとしているように見える。この気概の持ちようがあるのである。

〈注〉

公界 おおやけの場。 **うか** うわついて、不注意なさま。

67 一、短気ニしてハならぬ事も有《あり》。*庵替《がえ》之《の》事〈口達《こうたつ》〉。能《よき》時節か《が》出来《しゆつたい》するもの也。此《この》様成《なる》事は堪忍か《が》第一也。爰《ここ》ぞと思ふ時ハ手早《ばや》クたるミなき様ニ仕《し》たるか《が》能《よき》也。案し《じ》廻リてぐ*と《ど》つきて仕損す《ず》る事有《あり》。又初《またはじめ》より一途ニ踏破《ふみやぶり》て能《よき》事も有《あり》。愛相も尽《つき》、興も覚《さめ》る様ニして却而《かえって》能《よき》事か《が》有《ある》也。ケ《か》様成《ようなる》時ハ別而《わけて》一言《いちごん》か《が》大事也。兎角《とかく》気をぬかさす《ず》胸すわるか《が》肝《かん》要《よう》なり。

〈現代語訳〉

せっかちにしてはうまくいかないこともある。引っ越しのこと（詳しくは口頭で話された）。良い頃合いが後になってあるものである。このようなことにおいては踏み留まることが第一である。「今だ」と思う時は、手早く、間延びのないようにするのがよい。考えをめぐらしてぐずぐずして仕損じることもある。またはじめから一直線に踏み破ってよいこともある。人が自分に愛想が尽き、興醒めになるようにしても、かえってよいことがあるのだ。このようなときは、特に、一言が大事になる。とにかく気を抜かず、腹を決めるのが肝要である。

〈注〉

庵替之事　常朝は黒土原の宗寿庵に隠居していたが、正徳三年（一七一三）、光茂の側室霊寿院（於振）が宗寿庵に葬られたため、それを憚って大小隈へ庵を移した。庵替とはその時のことか。『常朝年譜』には、「八月廿日、霊寿院殿御死去、依御願宗寿庵ニ御取置之事　此節御墓所を憚、大小隈へ移庵之事　十月十三日入庵」とある。**ぐとつき**　ぐずぐずする。『驢鞍橋』に用例が多い。「今時修行に逢て我を出す人なし。皆くどつきて居計也」（上-一四二）など。

68　一、大酒*ニて後《おく》レを取《とり》たる人数多《あまた》也。別而《わけて》残念之《の》事也。先我《まずわが》たけ分を能覚《よくおぼえ》、其《その》上ハ呑ぬ様ニ有度き也。其内ニも時ニより酔過す事有。酒座ニては就中気をぬかさす、不図《ふと》事出来《いでき》ても間ニ合《あう》様ニ了簡可有《あるべき》事也。又《また》酒宴ハ公界《くがい》もの也。可心得《こころうべき》事也。

〈現代語訳〉

大酒を飲んで失敗した人は大勢いる。とりわけ残念なことである。まず自分の酒量の限界をよくわきまえ、それ以上は飲まないようにしたいものだ。限界内であっても時によっては酔い過ぎることがある。酒の席では、とくに気を抜かず、はからずも大事になっても間に合うようにわきまえがなければならない。また酒席は外の世界のものである。心得ておくべきことである。

〈注〉

大酒 常朝は飲酒についてはきびしい考えを持っていたようである。『愚見集』では、「酒ハ悪事ノ根元」であるとし、酔った者を相手にしないこと、飲む場合のたしなみなどが記されている。御歌書役、京都役をつとめ、長く常朝の身近な同僚で、光茂逝去の際、常朝と共に出家した牛島源蔵真孝も酒癖のよくない者だったようで、常朝もしばしば迷惑を蒙っていたらしい（聞書二－123、五－95）。あるいはそうした経験が反映しているか。

69 一、上下ニよらす《ず》、身之《の》分際ニ過《すぎ》たる事をする者ハつまり比興《ひきよう》比劣《ひれつ》抔《など》して、下こは逃走《にげはしり》もするもの也。*下人抔《げにんなど》ニ気を可付《つくべき》也。

〈現代語訳〉

身分の上下にかかわらず、身分や分際に見合わないことをする者は、結局卑怯卑劣なことなどをして、身分の低い者ならば一目散に逃げ出すものである。下人などに注意すべきである。

〈注〉

下人　武士に仕える、中間、小者、足軽などの奉公人のこと。

70　一、*武藝ニ貪着《とんじやく》して弟子抔取《などとり》て武士を立《たつ》る人多し。骨を折《おり》て漸《ようやく》*藝者ニならるゝハ惜き事也。*藝能ハ事欠《かか》ぬ分ニ仕習《しならう》て澄《すむ》事なり。惣而《すべて》多《た》能成《のうなる》者ハ下劣ニ見へ、肝要之《かんようの》所か《が》大《おお》形《かた》ニなるもの也。

〈現代語訳〉

武芸にしがみついて、弟子などをとって、武士の面目を保っている人が多い。苦労して、やっとのことで、芸者になられるのは残念なことである。芸能は不都合ない程度に学んでおけばそれで済むことである。総じて多芸の者は下劣に見え、肝心のところがいいかげんになるものである。

〈注〉

武藝 弓、馬、槍、剣、鉄砲など、武力闘争において敵を制する技術のこと。 **藝者** 一芸に秀でたひと、芸能を職業とする者。 **藝能** 学問、芸術、技能など、身に着けるべきとされる才芸のこと。

71 一、吉凶ニ付仰《つきおおせ》渡《わたし》なと《ど》の時、無言ニて引取《ひきとり》たるも当惑之《の》躰《てい》ニ見ゆる也。能《よき》程之《の》御《お》*請《うけ》、可有《あるべき》事也。前方《まえかた》之覚悟か《が》肝要《かんよう》也。又《また》、役なと《ど》被仰付《おおせつけられ》候節、内心ニ嬉敷《うれしく》思ひ自慢之《の》心なと《ど》あれハ《ば》、其侭面《そのままつら》ニ顕《あら》ハるゝもの也。数人見及《みおよび》たり。見苦敷《みぐるしき》もの也。我等無調法者成《な》ルニ、ケ様之《かようの》役を被仰付《おおせつけられ》、何と可相懸哉《あいかかるべきや》。扨ゝ《さてさて》迷惑千萬気遣《きづかい》なる事哉《かな》、と我《わが》非を知《しり》たる人ハ、詞《ことば》ニ不出共《ださずとも》面《つら》ニ顕《あら》ハれ、おとなしく見ゆる也。うわ気ニて*ひよふすくハ、道ニも違《たが》ひ、初心《しょしん》ニも見へ、多分仕損《しそんじ》有るもの也。

〈現代語訳〉

吉事や弔事などで主君からお言葉を賜わったとき、黙って承るのも当惑しているようにみえるものだ。ほどよい挨拶を返したいものである。前もっての覚悟が肝要である。また、役などを命じられたとき、内心に嬉しく思っておごりの心などがあると、そのまま顔に現れるものである。そういう人を数人見たことがある。見苦しいものである。「私のような者は力不足の者であるのに、このような大役を命ぜられ、どのようにして役目を果たすことができるだろうか。さてさて迷惑この上なく気の重いことよ」と自分の至らなさを知っている人は、言葉に出さなくても謙虚さが顔に現れ、立派に見える。浮ついてへらへらするのは、道にも外れて、未熟に見え、往々にしてし損ずることがあるものである。

〈注〉

請　返答。うけこたえ。　**ひよふすく**　お調子にのる。

72　一、学文《がくもん》ハ能《よき》事なれ共《ども》多分失出来《しついでく》るもの也。*行南《こうなん》和尚之《の》禁《いましめの》之通《とおり》也。一行有《いっこうある》ものを見ても、我《わが》心之《の》非を可知《しるべき》ためニすれハ《ば》其侭《そのまま》用ニ立《たつ》也。然共《しかれども》ケ《か》様《よう》ニは成《なり》かぬるもの也。大形見解《おおかたけんかいが》か高ク成リ理数寄《りずき》ニなる也。

〈現代語訳〉

学問はよいことであるが、そこから往々にして過失も出てくるものである。江南和尚がたしなめられた通りである。有意義な一行を読んでも、自分の心の至らぬ点を知る参考にするならば、学問もそのまま役に立つ。とはいえ、このようにはできないものである。学問をするとだいたいは何ごともわかったような気になり、理屈好きになる。

〈注〉

行南和尚　江南和尚。聞書一－47注参照。

73　一、人之《の》難《なん》ニ逢《あい》たる折見《み》廻《まい》ニ行《ゆき》て一言か《が》大事之《の》物也。其《その》人の胸中か《が》しるゝもの也。兎《と》角《かく》武士ハ*しほたれ草臥《くたぶ》るゝハ疵《きず》也。勇ミ進《すすみ》て*物ニ勝《かち》、浮《うか》ブ心ニてなけれハ《ば》用ニ不立《たたざる》也。人をも引立《ひきたて》る事有之《これある》也。

〈現代語訳〉

他人が苦境に陥っているとき、見舞いに行ってかける一言が大切なものである。苦難においてこそその人の心根が知られるものである。とにかく武士はしょんぼりとして憔悴しているのはいけない。勇んで進み、何ごとにも勝ち、苦境を脱する心でなければ役には立たない。他人さえも奮起させる方法があるのである。

〈注〉

しほたれ草臥るゝ　「しほたれ」は嘆きに沈む、しょぼくれるの意。「草臥る」は疲れ衰えたさま。

物ニ勝、浮ブ心　鈴木正三『万民徳用』の「武士日用」の段に、「凡夫心に物に勝て浮心あり、物に負て沈心あり」とあり、「物に勝て浮心の類、勇猛の心を体とす」として、「生死を守心」「恩をしる心」「一陣にすゝむ心」など十七の具体的な心のありようが例示されている。また同じく正三の『驢鞍橋』にも同様の記述があり、「物に勝て浮心」の例として、「歯をかんで、ぐつと死して直に死習ふ心」「此身を主君に抛心」など、十七の心構えがあげられている（中－八七）。

74　一、*後醍醐天皇隠岐国より還幸之《かんこうの》時、*赤松、*楠《くすのき》、御迎《おむかえ》ニ参上、御感《ぎょかん》也。勅掟《ちょくじょう》有り。円心《えんしん》は唯《ただ》平伏して退《しりぞ》ク。正成《まさしげ》ハ御請申上《おうけもうしあげ》たり。よき御請《おうけ》なり。*本書ニて可見《みるべき》也。

〈現代語訳〉

後醍醐天皇が隠岐国からお戻りになったとき、赤松円心と楠木正成がお迎えに上り、天皇はいたく感じ入られた。その旨、お言葉をかけられた。円心はただ平伏して退出した。正成はご返答申し上げた。すばらしい返答であった。原書で見ておくとよい。

〈注〉

後醍醐天皇隠岐国より還幸之時　隠岐島に流罪となった後醍醐天皇が、元弘三年（一三三三）、鎌倉幕府倒幕を志して隠岐島から脱出し、挙兵した時のこと。**赤松**　播磨の守護である、赤松則村のこと。法名は円心。後醍醐天皇を迎えた時のことは、『太平記』巻第十一に、「其日赤松入道父子四人、五百余騎ヲ率シテ参向ス。龍顔殊ニ麗クシテ、『天下草創ノ功偏ニ汝等贔屓ノ忠戦ニヨレリ。恩賞ハ各望ニ可任』ト叡感有テ、禁門ノ警固ニ奉侍セラレケリ」とある。**楠**　楠木正成。後醍醐天皇を迎えた時のことは、同じく『太平記』巻第十一に「主上御簾ヲ高ク捲セテ、正成ヲ近ク被召、『大儀早速ノ功、偏ニ汝ガ忠戦ニアリ』ト感ジ被仰ケレバ、正成畏テ、『是君ノ聖文神武ノ徳ニ不依バ、微臣争カ尺寸ノ謀ヲ以テ、強敵ノ囲ヲ可出候乎』ト功ヲ辞シテ謙下ス」とある。**本書**　『太平記』を指す。

75　一、何某、*欠落者《かけおちもの》追手ニ罷越《まかりこし》候処《ところ》、駕籠《かご》ニ乗リ戸をさして通《とおり》候者有《あり》。走リ寄《より》、戸を引《ひき》明《あけ》、何某ニ而《て》ハ無之哉《これなくや》、と申《もうし》候へハ《ば》、他方《よその》之者ニて候。傍輩を待兼《まちかね》、麁《そ》相《そう》仕《つかまつり》候、と申《もうし》候て、差通《さしとおし》候由《よし》。

〈**現代語訳**〉

ある者が、逃亡者の追跡に向かっているときに、駕籠に乗って戸を閉めて通る者がいた。とっさに走り寄って戸を引きあけ、「誰それではないか」と言ったところ、他国の者であった。とっさに「同僚かと待ちきれず、不作法いたしました」と謝り、そのまま通過させたとのことである。

〈注〉

欠落者　悪事や失策などのために、他の地へ逃亡する者のこと。現代の法律における失踪のことを、欠落あるいは出奔とよんだ。

76　一、先年、大僉議《せんぎ》之《の》時、其頭取《そのとうどり》可討果《うちはたすべき》覚悟ニて、何某仕懸《しかけ》、其理《そのことわり》＊聞届《ききとどけ》、申上《もうしあげ》候。又《また》御仕置之《しおきの》上、何某ハ、＊御領掌《りょうしょう》早ク候て御《お》側手薄頼《そばてうすくたのみ》すくなく可存《ぞんずべく》、と申上《もうしあげ》候。

〈現代語訳〉

数年前、大きな評定のときに、ある者がその評定の座長を打ち殺す覚悟で議論をふっかけたところ、その言い分が聞き届けられ、殿様にまで申し上げられることになった。また御処置があったあとで、ある者は、「ご了承があまりに早うございましたので、殿様のお側は手薄く、頼りなげに思われました」と申し上げた。

〈注〉

聞届、申上候　餅木本では「聞届申候」。**御領掌早ク候て**　あまりにも短時間で決定されたため、殿の周辺に意見を述べる人材が少ないのではないかと推量したことをいう。

77　一、役所抔《など》ニて別而《わけて》取込居《とりこみおり》候処《ところ》ニ、無心ニ何角《なにかと》用事なと《ど》申《もうす》人有之《これある》時、多分取合《とりあい》悪敷《あしく》立腹なと《ど》する者有《あり》。別而《わけて》不宜《よろしからざる》事也。左様之《さようの》時程《ほど》押しづめ能《よき》様ニ取合《とりあい》可仕《つかまつるべき》事、侍之《の》作法也。*角ケ間敷《かどがましく》取合《とりあい》候ハ中間《ちゅうげん》なと《ど》の出合之《であいの》様也。

〈現代語訳〉

役所などで特に多忙を極めているところに、迷惑も考えず何かと用事などをいう人がいる時には、往々にして乱暴に対応したり、腹を立てたりする者が出る。とりわけよろしくないことである。そのようなときほど気を静めて、丁寧に対応するのが侍の作法というものである。荒々しく応対するのは中間などの柄の悪いやりとりのようである。

〈注〉

角ケ間敷　荒々しく。目をいからせて。

78　一、時ニより、人ニ用*をいひ、物をもろふ事有《あり》。夫《それ》も度《たび》かさならハ《ば》無心*ニ成《な》リ、いやしかるへ《べ》し。何卒済《なにとぞすむ》事ならは《ば》用をいわぬ様ニ有度《ありたき》也。

〈現代語訳〉

ときによってはやむをえず他人にこれこれが入用であるといって物をもらうこともある。それも度重なれば図々しい物ねだりになり、意地きたなかろう。何とかして済ますことができるならば、用立てを頼まないようにしたいものである。

〈注〉

用をいひ　用立ててくれるよう頼む。　**無心**　遠慮もなくものをねだること。

79　一、大雨之感《の*かん》と云《いう》事有《あり》。途中ニて俄《にわか》雨ニ逢《あい》て、濡《ぬれ》じとて、道をいそぎ走リ、軒下など《ど》を通リても、濡るゝ事は不替《かわらざる》也。初《はじめ》より思ひはまりて濡るゝ時、心ニ苦《くるし》ミなし。濡《ぬる》る事ハ同し《じ》。是《これ》萬ニ渡る心得《こころえ》也。

〈現代語訳〉

大雨の時の心の持ちよう、ということがある。途中でにわか雨に降られ、「濡れまい」と思って道を急いで走り、道端の軒下などを通っていったとしても、濡れることには変わりはない。はじめから思い定めて濡れるとき、心に苦しみがない。濡れることは同じである。これは万事に通じる心得である。

〈注〉

感　考え方。気の持ち方。

80　一、万之《の》藝能も、武道奉公之《の》為ニ、と心ニ構ヘてすれハ《ば》、用ニ立《たち》て能《よき》也。多分藝好キに成《なる》もの也。学文《がくもん》なと《ど》就中《なかんずく》危《あやう》キなり。

〈現代語訳〉

どんな技芸も「戦働きと御奉公のために」と心構えを持って取り組めば、役に立てやすい。ところが往々にして技芸そのものを好きになるものである。学問などは中でもとりわけ危ないものである。

81　一、*唐土《もろこし》ニ龍之《の》図を好める人有《あり》。衣服、器物ニも龍之《の》模様斗《ばかり》を付《つけ》られたり。其《その》愛心深き故《ゆえ》龍神ニ感通して、或《ある》時、窓前ニ真之《の》龍顕《あらわ》れたり。此《この》人驚き*絶入《ぜつじゅ》しけると也。内〻ニ而《て》は*広言《こうげん》を云《いい》て、事ニ望《のぞみ》て*違却《いきやく》する人有《ある》べし。

〈現代語訳〉

中国に龍の図画を好んでいた人がいた。衣服や道具にも龍の模様ばかりをつけていた。その愛好心の深さゆえにそれが龍神まで届いて、ある時、窓の外のすぐ前に本当の龍があらわれた。この人は驚いて気絶してしまったということである。普段は大きなことを言っていて、いざそうなったときに口ほどでもないという人もいるものだ。

〈注〉

唐土ニ龍之図を　「葉公《しょうこう》好龍」の逸話。漢の劉向撰『新序』『雑事篇』五に見える。**絶入**　気絶すること。**広言**　放言すること。大言壮語。**違却**　理屈がちがうこと。道理からはずれること。困惑すること。

82　一、鑓《やり》つかひ何某、末期《まつご》ニ一之《の》弟子を呼《よび》て遺言いたし候は、一流奥儀少《すこし》も不残《のこさず》相伝候上は、今更可申置《もうしおくべき》事なし。若《も》シ弟子可取《とるべく》と存《ぞんじ》候ハヽ《ば》、毎日竹刀を手馴《てならす》べし。*勝負合之《あいの》事は格別也と申《もうし》候由《よし》。又連歌師《またれんがし》之《の》伝受ニも、會席之《の》前日より心をしづめ歌書《*かしょ》を可見由《みるべきよし》也。一事三昧之《いちじ*ざんまいの》所也。面ヽ之《の》家職三昧《かしょくざんまい》ニ可有《あるべき》事也。

〈現代語訳〉

槍使いのある者が、いまわの際で一番弟子を呼んで遺言したのは、「わが流派の奥義はひとつ残らず伝授したので、今さら言っておかねばならないことはない。ただし、もし弟子を取ろうと思うならば、毎日竹刀に触れて修練しておかねばならない。とはいえ実戦の呼吸はそれとは別であるがな」といったとのことである。また連歌師の師弟間の伝授においても、歌会の席の前日から心を静めて歌集歌論などをみるのがよいということを伝えるという。一つのことに没入して他無きありようが求められる。武士もそれぞれの家職一つに没入している状態でありたいものである。

〈注〉

勝負合　勝負が思い通りに運ぶこと。実戦の機微。**歌書**　歌集や、歌学の書物。**三昧**　心を一つの対象に集中すること。

83　一、中道《ちゅうどう》は物之《の》至極《しごく》なれ共《ども》、武篇は平生ニも人ニ乗り越《こえ》たる心にてなくてハ、成間《なるま》敷《じく》候。弓指南ニ左右*ろくのかねを用《もちい》れ共《ども》、右高ニ成《なり》たかる《が》故《ゆえ》、右ひくニ射さする時ろくのかねニ合《あう》也。軍陣ニてハ武功之《の》人ニ乗越《のりこえるべ》へきと心懸《こころがけ》、強敵を可討取《うちとるべし》と昼夜望《のぞみ》をかくれは《ば》、心猛《たけ》ク草臥《くたびれ》もなく武勇を顕《あらわ》すよし、老士之《の》物語也。平生ニも此心得有《このこころえあるべ》へきなり。

〈現代語訳〉

偏らず中道というのは物事の究極の理想だが、戦働きは普段から他人を凌ごうとする心でなくては実現できない。弓の指南において、左右水平の構えを用いるが、右が高くなりがちなので、右をこころもち低くして射させると、水平の構えにあうのである。戦の陣内では武勇で功をなした人を凌ぐ働きをしようと心がけ、強敵を討ち取ってやると朝な夕な望みをかければ、心は勇猛でしょげることもなく武勇を示すとのこと、老練の武士が語ったところである。平生にもこの心得があるべきだ。

〈注〉

ろくのかね　「ろく」は水平であること、「かね」は、弓、矢、体の各部分の曲尺合（かねあい）、バランスのこと。胸をはさんで両肩が水平になるような構え。

84　一、＊鉄山《てつざん》老後ニ申《もうし》候は、＊取手《とりて》ハ相撲とは違ひ、一旦《いったん》下ニ成《なり》ても後ニ勝《かち》さへすれハ《ば》澄ム事と心得罷有《こころえまかりあり》候。近年存当《ぞんじあたり》候は、一旦《いったん》下ニ成《なり》て居《おり》候時、若《も》シ誰そ《ぞ》取《とり》さかへ候ハ《ば》ヽ、負《まけ》ニ成《なる》べし。始《はじめ》ニ勝か《かつが》始終之《の》勝《かち》也、と申《もうし》候由《よし》。

〈現代語訳〉

鉄山が老後に言ったのは、「取手は相撲とは異なり、一旦は下になってもその後で勝ちさえすれば済むことだ、と思い込んでいた。最近思い当たったのは、一旦下になっている時、もし誰かに止められ引き離されたら、負けになってしまう。始めから勝っておくのが全体の勝ちである」と言ったとのことである。

〈注〉

鉄山　大木知烈のこと。大木権左衛門とも。老功者大木統清の甥。島原の乱で軍功を立てた。法名は鉄山浄無。**取手**　武術の一種で、素手で人を捕える術。

85　一、武士之《の》子共ハ育立様可有《そだてようあるべき》事也。先《まず》幼稚之《の》時より勇気を進め、仮初《かりそめ》ニもおと《ど》しだます事抔有間敷《などあるまじく》候。幼少之《の》時ニても臆病気候得《えば》ハ、一生之《の》疵《きず》也。親ヽ不覚ニして、雷鳴之《の》時もおぢ気を付《つけ》、くらかり《が》抔《など》ニハ不参様《まいらぬよう》ニ仕成《しな》し、泣《ナキ》やますへ《べ》きとておそろしかる事抔《など》を申　聞《もうしきこえ》候ハ不覚之《の》事也。又《また》、幼少にてつよく呵候得《しかりえば》は、*入気《いりき》ニ成《なる》也。又《また》、わるくせ染入《しみいら》ぬ様ニすへ《べ》し。染入《しみいり》てよりは異見《いけん》しても不直《なおらぬ》也。物言《ものいい》、礼儀なと《ど》そろ〳〵と気を付《つけ》させ、欲義なと《ど》不知様《しらざるよう》ニ、其外育立様《そのほかそだてよう》ニて大体之《の》生付《うまれつき》ならは《ば》能成《よくなる》へ《べ》し。又《また》、女夫中《めおとなか》悪敷者之《あしきの》子ハ不孝成由《なるよし》、尤之《もっともの》事也。鳥獣さへ生落《うまれおち》ても見馴《みなれ》、聞馴《ききな》るヽ事ニ移るもの也。又《また》、母親愚《おろか》ニして、父子中悪敷成《なかあしくなる》事有《あり》。母親ハ何之《の》わけもなく子を愛し、父親異《い》見《けん》すれは《ば》子之《の》贔屓《ひいき》をし子と一味《いちみ》する故《ゆえ》、其《その》子ハ父に不和《ふわ》ニ成《なる》也。女之《の》浅ましき心ニ而《て》、行末《ゆくすえ》を頼《たのみ》て子と一味《いちみ》すると見へたり。

〈現代語訳〉

武士の子供にはそれ相応の育て方がある。まず幼ないときから勇気を持たせるようにし、ちょっとしたことでも脅したりだましたりすることなどあってはならない。幼少のときでも臆病なようであれば武士一生の傷になる。親たちに思慮が足りず、雷が鳴るときにも怖がらせ、暗がりなどへは行かせないようにしてやり、泣き止ませようとして恐ろしがることなどを言って聞かせるのはつくづく不覚なことである。また、幼少のときに強く叱ると気弱になる。また、悪い癖が身に染みつかないようにしなければならない。染みついてしまってからだと、意見をして直させようとしても直らないのだ。物言い、礼儀などだんだんと気をつけさせ、欲などは知らないように、そのほか育て方次第でたいていの生れつきならば正しく成長させることができよう。また、夫婦仲が悪い者たちの子は不孝者になるとのこと、もっともなことである。鳥獣でさえ生まれたら見慣れるもの、聞き慣れるものに性質が似通っていくものである。また、母親が愚かであって、父と子の仲が悪くなることがある。母親はわけもなく子を溺愛し、父親が子をたしなめると、母は子のひいきをして、子と結託して反抗するので、その子は父と不和になるのである。女の浅ましい心であって、老後は頼みにしなければならないと思って、子と結託するのであろう。

〈注〉

入気　内気。消極的な性格。

86　一、＊決定《けつじょう》＊覚悟うすき時は人ニ転《ぜ》せらるゝ事有《あり》。又《また》参會咄《はなしの》之時分、気ぬけて居《お》る故《ゆえ》ニ、我《わが》覚悟ならぬ事を人之《の》申懸《もうしか》ヶ咄《はなし》なと《ど》するニうかと移りてそれと同意ニ心得《こころえ》、挨拶もいかニもとする事有《あり》。脇より見てハ同意之《の》人の様ニ思ハるゝ也。夫《それ》ニ付《つき》、人ニ出合《であい》てハ片時も気のぬけぬ様ニ可有《あるべき》事也。其《その》上、咄又《はなしまた》ハ物を申懸《もうしかけ》られ候時ハ転《ぜ》せられまし《じ》きと思ひ、我《わが》胸ニあわぬ事ならは《ば》其趣申《そのおもむきもうす》へ《べ》しと思ひ、其《その》事之《の》越度《おちど》を可申《もうすべし》とおもひて取合《とりあう》へ《べ》し。差《さし》たる事ニてなくても少《すこしの》之事ニて＊違却《いきやく》出来るもの也。心を付《つく》へ《べ》し。又兼《またかね》而《て》いかゝ《が》と思ふ人ニは馴寄《なれよら》ぬか《が》よし。何としても転《ぜ》せられ引入《ひきい》らるゝ者也。爰之慥《ここのたしか》ニ成《なる》事ハ功を積《つま》ねハ《ば》ならぬ事也。

〈現代語訳〉

絶対不動の覚悟が足りない時には、人に足をすくわれることがある。また人と出会って話す時、油断しているせいで、自分の主義主張とは違うことを人が言ってきて、話しているうちに、うっかり乗せられて、自分もそれと同意見だと思い込み、「いかにも」などと挨拶してしまうことがある。脇から見れば同じ考えの一派のように思われるのだ。それについて、人に出会ったなら片時も油断しないようにあらねばならない。その上、話したりものを申しかけられたりしたときは、相手に乗せられまいと思い、自分の考えにあわないことならば、その趣を言おうと思い、相手の言うことのあやまりを指摘しようというつもりで取り合わねばならない。さしたることではなくても少しのことで意図しない結果が生じてくるものである。気をつけねばならない。また、日頃からこの人はいかがなものかと思われるような人には親しく寄りつかないのがよい。何気ないことで足をすくわれ引き入れられるものである。このあたりの確かな境地に至るには、功を積まねばならないことである。

〈注〉

決定　仏教語で、決断安住して動じないこと。　**悟**　底本では「語」とあるが、誤字であろう。
違却　道理とくいちがうこと。

87　一、何某事数年之《の》精勤ニて我人《われひと》一廉《ひとかど》御褒美可被仰付《おおせつけらるべし》と存居《ぞんじおり》候処《ところ》*、御用手紙参リ諸人前方《まえかた》より祝儀を申述《もうしのべ》候。然処《しかるところ》*役米《やくまい》御加増被仰付《おおせつけられ》候付而《につきて》皆人《みなひと》案外之《の》義《ぎ》と存《ぞんじ》候。然処《しかるところ》仰付之《おおせつけの》事ニ候故《ゆえ》悦び申《もうし》候へハ、何か《が》し以之外《もつてのほか》皃《かおぶ》ふり悪敷《あしく》、無面目仕合《めんぼくなきしあわせ》ニ御座《ござ》候抔《など》と取合《とりあい》、畢竟《ひっきょう》御用ニ不相立者《あいたたざる》ニ候故《ゆえ》、如是之《かくのごとくの》行か《ゆきが》ゝり、是非御《お》断申候《ことわりもうし》而引取可申《てひきとりもうすべし》なと《ど》ゝ申《もう》候を、入魂之《じっこんの》衆色ゝ申宥《もうしなだめ》候て相勤申《あいつとめもうし》候。是偏《これひとえ》ニ奉公之《の》覚悟無之唯我《これなくただわが》身自慢之《の》故《ゆえ》ニて候。御褒美之《の》事ハ扨置《さておき》、侍を足軽ニ被召成《めしなされ》、何之《の》科《とが》も無之《これなき》を切腹被仰付《おおせつけられ》候時、一入《ひとしお》いさミ進ミ候こそ御譜代之《の》御家来ニて候。無面目抔《めんぼくなきなど》と申《もうす》は皆私《わたくし》ニて候。此所《このところ》ニ得《とく》と可落着《らくちゃくすべき》事也。但曲者之《ただくせものの》一通《ひととおり》ハ別ニ可有《あるべき》事也。

〈現代語訳〉

とある者のことだが、数年の間精を出して勤めあげ、誰もが人一倍のご褒美にあずかるにちがいないと思っていたところに、御用手紙が届けられ、みなが前もって祝儀を申し述べた。そうしているところに、役米のご加増が仰せつけられただけだったので、皆は予想外のことだと思った。そうは言ってもともあれ、ご加増仰せ付けのことにお祝いを言ったところ、その者はもってのほかに顔ぶりが悪く、「面目ない結果になりました」などと返事をし、「結局御用に立たない者であったから、このような結果になったわけで、この上はご加増をきっぱりお断り申し上げて役職を退こう」などというのを、仲の良い連中が色々と申しなだめて加増を受けて勤めさせた。こんなことになるのはひとえに奉公の覚悟がなく、ただ自身のおごりのせいである。ご褒美のことはさておき、侍の身分を足軽身分に落とされ、何の罪科もないのに切腹を仰せつけられるとき、いっそう勇んで進んでいくのこそ御譜代の御家来である。面目がないなどというのはみな私欲である。このところをしっかりと納得すべきことである。ただし曲者の場合の仕方は別にあるだろう。

〈注〉

御用手紙　主君からの用を告げる手紙。　**役米**　役職に応じて米で支給される手当のこと。

88　一、藝ハ身をたすくると云《いう》は他方《よそ》の侍之《の》事也。御当家之《の》侍は藝ハ身をほろぼす也。何ニ而《て》も一藝有之《これある》者ハ藝者也。侍ニあらす《ず》。何某ハ侍也といわるゝ様ニ可心懸《こころがくべき》事也。少《すこし》ニても藝能有《ある》ハ侍之《の》害ニ成《なる》事と得心《とくしん》したる時、諸藝共《とも》ニ用ニ立《たつ》也。此当《このあた》リ可心得《こころうべき》事也。

〈現代語訳〉

芸は身を助く、というのは他国の侍のことである。御当家の侍にとっては、芸は身を滅ぼす、である。なんであっても一芸を身につけている者は芸者である。侍ではない。「誰それは侍だ」と人に言われるように心がけねばならない。少しでも芸能を身につけるのは侍であることの害になることだと納得したとき、いろいろな芸も役に立つようになる。このあたりを心得るべきである。

89　一、*風躰之《ふうていの》執行《しゆぎよう》ハ*不断《ふだん》鏡を見て直したるか《が》よし。是《これ》ハ秘蔵之《の》事也。諸人鏡を能《よく》見ぬ故《ゆえ》、風体《ふうてい》わろし。*口上之《こうじようの》稽古は宿元《やどもと》ニて之《の》物云《ものいい》にて直ス事也。文談之《ぶんだんの》執行《しゆぎよう》ハ一行之《の》手紙も案文《あんぶん》する迄《まで》也。右いつ《ず》れも閑《しず》カニ*強ミ有か《あるが》能《よき》也。又《また》手紙ハ向様《むこうさま》ニて掛物ニ成《な》ルとおもへと、*了山上方《りようざんかみがた》ニて承《うけたまわり》候由《よし》。

〈現代語訳〉

姿・ふるまいの修行は普段から鏡を見て直しておくのがよい。これは奥の手である。みな鏡をよく見ないから、外見が良くない。公式の場でのものいいの稽古は自宅でのふだんの口のきき方で直すものだ。文章の修行は、たとえ一行の手紙でも文をよく推敲するだけのことだ。これらのことはいずれも静かで強みがあるのがよい。また、手紙は先方様において掛け軸になると思え、と了山は上方で言われたとのことである。

〈注〉

風躰　ふるまい。姿かたち。**不断鏡を見て**　聞書一―108にも常朝の経験として述べられる。**口上**　使者に立って何かを申し伝えたり、上に対して報告・説明するなどの、公式の場での口頭の陳述をいう。**強ミ**　強さを感じさせるもの。強い様子の度合。**了山**　梁山宗秀和尚のこと。臨済宗黄檗派の禅僧。母は鍋島茂利の娘。鍋島普周の甥。七歳で慶雲院に出家した。京都に上り、西行法師の遺跡に庵を建て住んでいたことがある。常朝出家後に書かれた『山本常朝和歌幷日記』には、常朝と梁山和尚との歌のやりとりが残されている。

90　一、*過《あやまち》て改《あらた》むるニ憚《はばかる》事なかれといへり。少《すこし》も猶豫《ゆうよ》なく改《あらたむ》れは《ば》、誤《あやまり》リ忽滅《たちまちめっ》する也。誤《あやまり》を紛《まぎ》らかさん抔《など》とする時、猶〻見《なおなおみ》苦敷《ぐるしく》くるしミ有り。禁句抔《など》を云《いい》出したる時、手取早《てとりばや》ニ其趣《そのおもむき》をいへは《ば》、禁句少《すこし》も不残《のこらず》、心屈セさ《ざ》る也。若又咎《もしまたとが》むる人ならは《ば》、誤《あやまり》て申出《もうしいで》候故《ゆえ》、其謂《そのいわれ》を申披《もうしひらき》候ニ、無御聞分《おききわけなくば》ハ不及力《ちからおよばず》候。不存当《ぞんじあたらざる》ニて申《もうし》候へは《ば》、無御聞《おききなき》同前ニて候。誰が上をも沙汰《さた》ハ致事《いたすことに》候、と云《いい》て覚悟すへ《べ》し。さてこそ人ごと隠し事ふつと云可《いうべか》らす《ず》。又《また》一座をはかりて一言も云《いうべ》へき事也。

〈現代語訳〉

過ちを改めるときは躊躇するなと一般に言われる。少しも時間をおかず改めれば誤りはたちまち消滅するのだ。誤りをごまかそうなどとするとき、ますます見苦しく苦しむことになる。言ってはならぬことなどを口走ってしまったとき、手っ取り早くその事情を申し開きすれば、禁句を口走ったことは遺恨を残さず、そのことで卑屈になることもない。もしまだとがめ立てする人がいれば、「誤って口にしたので、誤りであったと申し開きをしたが、ご納得いただけないならば仕方がない。そのつもりもなくて口走っただけなので、耳にされていないも同然です。だいたい、誰のことでも世間はあれこれとはいうものです」と言って斬合いになる覚悟をせよ。そもそもそうだから他人のこと、隠し事などをふっと口にするものではない。また、たとえ一言であっても、どういう人たちと話しているのかを考えてから言わねばならないのだ。

〈注〉

過て改むるニ憚事なかれ　『論語』における孔子の言葉。「子の曰わく、君子、重からざれば則ち威あらず。学べば則ち固ならず。忠信を主とし、己れに如かざる者を友とすること無かれ。過てば則ち改むるに憚ること勿かれ」(「学而第一」)。「子罕第九」にも同じ言葉がある。

91　一、*手跡《しゆせき》も、行儀正しく、疎略《そりやく》なきより上は有《ある》ましけれ共《ども》、其《その》分ニてハ堅《かた》くれいやしく見ゆる也。此《この》上ニ格をはなれたる姿有《あるべ》へし。諸事《じ》ニ此《この》理有《あるべ》へし。

〈現代語訳〉

書の美しさも、基本通りに、いいかげんなところがないようにするのよりも上はなかろうが、それだけでは堅苦しくなって、賤しく見えるものだ。この上にさらに格を離れている姿があるはずだ。書道だけでなくあらゆることにこのことわりがあるはずである。

〈注〉

手跡　筆跡。書体。

92　一、何某申《もうし》候ハ、牢人抔《ろうにんなど》と云《いう》は、難儀千万無此上様《このうえなきよう》ニ皆人《みなひと》思ふて、其期《そのご》ニは殊之外《ことのほか》*仕《し》おくれ草臥《くたぶ》る事也。牢人《ろうにん》して後《のち》ハ左《さ》ほと《ど》ニは無キもの也。前方《まえかた》思ふたるとは違《たがう》也。今一度牢人《ろうにん》仕度《したし》と云《いう》、尤之《もつともの》事也。死の道も平生死習《しなら》ふては心安ク死へ《しぬべ》き事也。災難は前方《まえかた》了簡したる様ニは無物《なきもの》なるを、先《さき》を量《はかり》て苦しむハ愚成《おろかなる》事也。奉公人之《の》打留《うちど》メハ牢人《ろうにん》切腹ニ極《きわまり》たると兼而可覚悟《かねてかくごすべき》也。

〈現代語訳〉

ある者が言うのには、「浪人なんぞというものは、大変な難儀でこれ以上のことはないように、誰もが思って、その場にのぞめば心が臆し、しょげるものである。ところが実際浪人してみるとそれほどのこともないものだ。浪人する前に思っていたのとは違うのである。もう一度浪人したいくらいだ」とのこと、もっともなことである。死へと向かう道も、平生から己の死を思い浮かべておくと落ち着いて死ぬことができる。災難は、前もって考えていた通りにならないものなのに、先のことを考えて苦しむのは愚かなことである。奉公人の最後は浪人、切腹に極まるのだと前もって覚悟せねばならない。

〈注〉

仕おくれ 気おくれすること。あるいは「しほたれ」の誤りか。聞書一—73注参照。

93 一、役義《やくぎ》をあふ《ぶ》なくと思ふはすくたれ者也。其事《その》ニ備《そなわ》リたる身なれは《ば》、其事《その》ニて仕《し》損《ず》するハ定《さだま》りたる事也。外之《ほかの》事 私之《わたくしの》事にて仕《し》損《ず》するこそ、辱《はじ》ニても有《あるべ》へし。無調法《ぶちょうほう》ニて何と可相勤哉《あいつとむべきや》との心遣《こころづか》ひハ可有《あるべき》事也。

〈現代語訳〉

任された役目が果せるか不安だと思うのは底の浅い者である。そのことに携わっている身なのだから、そのことで仕損じてしまうのははなから決まっていることだ。そのこと以外のこと、私事に関わることで仕損じがあるなら恥にもなるだろう。ただし、「自分は不器用なので、どのようにして勤め上げることができるだろうか」と謙虚に工夫することは必要である。

94　一、人之《の》心を見んと思ハ《ば》、煩《わずら》へと云《いう》事有《あり》。日比《ひごろ》ハ心安《こころやすく》寄合《よりあい》、病気又《また》ハ難義《なんぎ》之《の》時大形《おおかた》ニする者ハ腰ぬけ也。都而《すべて》人之《の》不仕合《ふしあわせ》之《の》時、別而《わけて》立入《たちいり》、見舞付届《みまいつけとどけ》可仕《つかまつるべき》也。恩を請《うけ》候人ニは、一生之《の》内《うち》疎遠ニ有間敷《あるまじき》也。ケ様《かよう》之《の》事ニて人之《の》心入《こころいれ》ハ見ゆるもの也。多分我難《わがなん》義《ぎ》之《の》時は人を頼《たのみ》、後ニは思ひも出さぬ人多し。

〈現代語訳〉

他人の内心の思いを見ようと思うなら病気になってみよ、ということがある。日ごろは気兼ねなく集まり、病気または苦難の時に、付き合いをいいかげんにする者は腰抜けである。総じて人が不幸せのときは、普段以上に訪問し、見舞いや付け届けをするべきなのだ。恩をうけた人には、一生の間、疎遠になることはあってはならない。このようなことで人の心構えは見えるものである。たいがいにおいて、自分が困った時には他人を頼み、後では全く思い出さない人が多い。

95　一、盛衰を以《もつ》て人之《の》善悪ハ沙汰《さた》されぬ事也。盛衰ハ天然之《の》事なり。善悪ハ人之《の》道也。教訓之《の》為《ため》ニは盛衰を以《もつ》て云《いう》也。

〈現代語訳〉

時流に乗っているか乗り損ねているかで人の良し悪しは判断できないものである。栄えるか没落するかは自然の運命によるものだ。一方、善悪は人の道である。教訓として理解させるために、善ならば栄え、悪ならば滅ぶというだけだ。

96　一、山本前《さきの》神右衛門《じんうえもん》、召使之《の》者ニ不行跡之者《ふぎょうせきの》あれハ《ば》、一年之内《のうち》何となく召仕《めしつかい》、暮《くれ》ニ成《なり》候てより、無事ニ隙《ひま》を呉申《くれもうし》候。

〈現代語訳〉

先代山本神右衛門は、召使う者に行いの良からぬ者がいると、一年の間は何ごともないように召使い、年の暮れになってから、穏便に暇を出したものである。

97　一、*鍋嶋次郎右衛門切腹之《の》時、何某へ四段之《の》異見有《いけんあり》。御仕置《しおきの》之中《うち》ニ世上之《せじょうの》聞《きこ》へを不憚《はばからず》してハ、却而《かえって》御悪名ニ成《なる》事有《あり》。最初此沙《このさ》汰《た》有共《ありとも》、不被取立筈《とりたてられぬはず》也。次ニ究《きわめの》之節、偽《いつわり》候ハ《ば》、其《その》分ニて被差置筈《さしおかるるはず》也。其次《そのつぎ》ニ咎之《とがの》僉議《せんぎ》之《の》時、*先祖之《の》功、先年公儀《こうぎ》江《へ》四郎が《が》御旗御覧なされ候義申達《もうしたつし》可差留《さしとむべき》事也。其次《そのつぎ》右之《の》條〻《じょうじょう》成《なりが》かたくハ《ば》、御同意可被申上事也《もうしあげらるべき》と。

〈現代語訳〉

鍋島次郎右衛門が切腹するとき、ある者へ、四つの段階で意見がなされた。処罰の際に、世間の評判を考えに入れなければ、かえって殿の名に傷がつくことがある。まず、そもそも、事件が問題となった時点で、このような事案は取りあげるべきではない（という意見）。次の段階で、取り調べの場で、適当な作り話をしておけば、そこでお構いなしになるはずだ（という意見）。次の量刑の段階でも、先祖が島原の乱で奪った天草四郎の旗を将軍の御覧に入れたという功績を考慮して、そこで処罰をさし止めるべきである（という意見）。その次の段階、つまりこれまでの一つ一つが認められなかったときは、そこではじめて殿の意見に同意しなければならない（という意見）。

〈注〉

鍋嶋次郎右衛門　鍋島義之。光茂の御供として高伝寺に供した際、光茂の目に入るところで小用したため、元禄六年（一六九三）に切腹となった。**先祖之功**　鍋島正之の武功のこと。鍋島義之の曾祖父、鍋島大膳正之は、勝茂の小姓から取り立てられ、その武勇によって鍋島大膳の名を許された人物。島原の乱の際、江戸留守心遣を任されたが、命に背いて出陣し、一番乗りによって天草四郎時貞の旗を奪った。

98　一、*諸岡彦右衛門用事有之由《これあるよし》ニて召寄《めしよせ》*被申聞《もうしきけられ》候一通之《とおりの》事。*神文《しんもん》と被申候得共《もうされそうらえども》、侍之《の》一言金鉄より堅《かたく》候、自身決定之《けつじょうの》上ハ佛神も被及間舗《およばるまじ》、と申《もうし》候て神文相止《しんもんあいやめ》候事。廿六《にじゆうろく》歳之《の》事也。〈*弁才公事《べんざいくじ》之《の》極意之《の》事〉

〈現代語訳〉

諸岡彦右衛門からご用があるということで呼び出され話を聞かれた時、申し述べた一連のこと。「起請文を」と言われたが、「侍の一言は金や鉄よりも堅いものです。自分で決定した以上、神や仏も及びますまい」と言って、起請文を書くのはやめになったということ。二十六歳のときのことである。（弁財公事の決着の秘訣のこと）

〈注〉

諸岡彦右衛門　諸岡興貞。常朝二十六歳の時は貞享元年（一六八四）。その翌年貞享二年に、興貞の父利定が浪人、家督を継いだ興貞が切米にて帰参している。この興貞の帰参に関して、何か聞かれることがあったか。　**被申聞**　「もうしきけられ」。「申し聞ける」は申し伝える、申し述べるの意の下一段活用動詞。　**神文**　述べた内容に偽りがないことを神仏の名のもとに誓約した文書。起請文、誓詞とも。　**弁才公事**　元禄五年（一六九二）に起こった、脊振山をめぐる佐賀藩と福岡藩との境界争論。福岡藩の百姓が公儀に脊振山における権利を訴え出ることによって起こった。脊振山には弁財天の神社があり、弁財公事、弁財嶽公事とも呼ばれる。元禄六年に佐賀藩の勝訴となった。

99　一、*同人御前ヘ罷出《まかりいで》候節将監《しょうげん》事ニ付《つき》御尋《たずねの》之義御請申上《うけもうしあげ》候事。

〈注〉

同人〜　この項は、孝白本系の陣内本では次の項の末尾に記されている。その場合、「同人」は石井三郎太夫のことで、目付役として将監切腹の様子を報告したものと思われる。この項は次の条文の訳に続けて訳出した。この項は、小城本、餅木本、五常本、石橋家本にはない。また、山本本は底本と同じ順序である。

100　一、*将監《しょうげん》介錯一通《ひととおりの》之事。*御目附《めつけ》*鍋嶋十太夫《だゆう》、*石井三郎太夫《だゆう》也。三郎太輔見届《だゆうみとどけもうし》申候と詞《ことば》をかけ、*屏風引廻《ひきまわし》候由《よし》。

〈現代語訳〉

将監介錯一通りのこと。御目付は鍋島十太夫、石井三郎太夫である。三郎太夫が「見届け申した」と言葉をかけ、屏風を引き回したとのこと。三郎太夫は殿様の御前に出た時、将監のことについてお尋ねがあり、お答え申し上げたこと。

〈注〉

将監 中野正包のこと。中野将監とも呼ばれる。常朝の従兄弟の子。光茂のもとで大組頭、御年寄役を勤めた。元禄二年（一六八九）、財政状況の悪化の責に加え、主君への忠言を差し止め、勝手な振る舞いをしていたとして、切腹を申し付けられた。介錯は同門の常朝。聞書五－34、また『常朝年譜』には、親類格と家老が密談の上、鹿島藩主鍋島直朝と蓮池二代藩主直之とが光茂に隠密に進言し、年寄役であった中野将監と馬場勝右衛門とが、親類格白石家領主の屋敷で家老の追及にあったとある。結果、中野将監は切腹、馬場勝右衛門は浪人を仰せ付けられた。（人物補注、中野正包）
御目附 監察役。 **鍋嶋十太夫** 名は契。一字名を相伝する松浦党、山代氏の出身。曾祖父山代貞が龍造寺家に属し、のちに鍋島姓を拝領、鍋島喜左衛門茂貞と名乗った。以後、山代領主は鍋島名字を用いる。十太夫は、光茂のもとで大物頭、大目付役を勤めた。 **石井三郎太夫** 名は忠統。光茂のもとで目付役を勤めた。 **屏風引廻候由** 屏風を引廻して、将監の遺体を隠した。陣内本ではこの後に、条文内の条文として99項が記されている。今回は陣内本の構成が自然であると判断し、99項の訳を100項に続けて訳出した。99項の注を参照のこと。

101 一、*造酒《みき》切腹ニ付一通之《つきひととおりの》事。両人〈*八助殿付《つき》也〉子細之《の》事。預り物御改之《あらための》時、*数馬申達《もうしたつし》候事。*番付《ばんにつき》候時一言申達《もうしたつし》、*内ニ入《いり》候事。女房病気ニ付《つき》、医師呼《よび》候一通之《とおりの》事。中様聞合之《もうしようききあわせの》事。

〈現代語訳〉

山村造酒の切腹について一通りのこと。二人（村田八助殿のお付きの者たちである）の事情のこと。預かり物のお改めの時、中野数馬が言い伝えたこと。番についている時一言告げて、室内に入ったこと。造酒の女房が病気であったので、医師を呼んだ一通りのこと。造酒の言い分を聞き合わせたこと。

〈注〉

造酒　山村造酒之俊。山村外記連俊の養子で、父から社務の勤めを引き継いでいた。元禄三年（一六九〇）に切腹。切腹の理由は不明。**八助殿**　村田政盛。光茂の子であり、親類格久保田家（久保田は知行地）の養子となった。村田政盛に付いていた二人が、どのように造酒と関わっていたのかは不明。小城本では「八助殿付也」が割注ではなく、「八助殿附両人」となっている。餅木本でも同じく割注ではなく、「八助殿に付両人」とあり、ある二人が八助殿について事情を話したという内容になっている。**数馬**　中野利明。聞書一－16注、人物補注参照。餅木本、小城本には、「中野数馬へ申達候事」とある。**番付候時**　番についている時。常朝は造酒切腹において、元禄三年正月から造酒が切腹した同年三月まで、造酒の見張り番を勤めた。**内ニ入候**　餅木本、小城本では「内に入れ候」である。本文においては、常朝が造酒の見張り番についていたことを考慮し、本条文内における主語が曖昧な部分は常朝自身を主語として訳出した。よって「番付候時一言申達」に続く

「内ニ入候」も、誰かを内（造酒の屋敷）に入れたのではなく、常朝自身が内（造酒の屋敷）に入ったものとし、その後の医師を呼ぶこと、言い分を聞いたことも、常朝の行為として訳出している。

102　一、御抱者《おかかえもの》ニは心得可有《あるべき》事也。器量を顕ハし、御用ニ立《たち》、名を揚《あ》ケ《げ》、子孫之《の》為ニ成《なる》事をするもの也。子孫ニも多分此《この》風移る物也。＊御譜代之《の》者は、科《とが》は我《わが》身ニ引請《ひきうけ》、主君之《の》御為ニ成《なり》候様ニと思ふ所有《あり》。＊何某三家出《で》入《いり》之《の》時之《の》諫言《かんげん》之《の》様成《なる》事也。

〈現代語訳〉

新たに召し抱えられた者には用心しなければならない。器量を表に出し、役儀で功績を上げ、名声を高めて、自分の子孫の繁栄をはかるものである。子孫にも多くはこの気風がうつるものである。ご譜代の者は、罪過は自身に引き受け、ご主君のためになるようにと思うところがある。ある者が支藩三家とのもめ事の時諫言したようなのがそれにあたる。

〈注〉

御譜代　代々主家に仕えてきた者のこと。**何某三家出入之時之諫言**　何某とは中野正包のこと。出入とはもめごとのこと。聞書五－99には、佐賀藩本藩と三支藩との間にもめ事が起きた際に、正包が光茂に支藩の成立について説き、本藩から謝るようにと諭したとある。これによって本藩は三家に歩み寄り、三家とのもめ事を解消させた。正包はこれを光茂のおかげとして、自身が諫言した事実を隠した。

103　一、*一鼎《いってい》之《の》咄ニ、何事も願《ねがい》さへすれハ《ば》願ひ出《いだ》すもの也。御国ニむかしハ松茸と云《いう》物なし。上方《かみがた》ニて見候者共《ども》御国内之《の》山ニ出来《いでき》候へかしと願《ねがい》候か、今ハ*北山ニ願出《ねがいいだ》シいか程も出来《いでき》たり。以後は御国之《の》山ニ檜《ひのき》出来《いでき》可申《もうすべく》候。是我《これわが》*未来記也。諸人願《ねがい》候故《ゆえ》也。然は《しかれば》人こ願《ねがい》事可有《あるべき》事と也。

〈現代語訳〉

一鼎の話に、「何ごとも願いさえすれば願うことが現出するものである。お国に昔は松茸というものはなかった。上方で見た者たちがお国の山にも生えてほしいと願ったのだろうか、今は北山に願いが実現し、いくらでも生えている。今後はお国の山に檜も生えてくるにちがいない。これは私の予言である。人々が願っているからである。だから人々は願い事を持っておくのがよい」ということである。

〈注〉

一鼎　石田一鼎。聞書一－8注、人物補注参照。　**北山**　神崎・佐賀及び小城郡の北部。『校補』に

よれば、天正以前から、松茸も檜もあったようである。　**未来記**　未来の出来事を予言して書いた書物。

104　一、*人相を見るハ大将之《の》*専要《せんよう》也。*正成《まさしげ》湊川《みなとがわ》ニて正行《まさつら》ニ相渡《あいわたし》候一巻之《の》書ニは眼斗《ばかり》書《かき》たりと云伝《いいつたえ》たり。人相ニ大秘事有之《これある》也。〈口伝《くでん》〉

〈現代語訳〉

人相を見るのは大将の最も重要なことである。楠木正成が湊川で息子正行に渡した一巻の書には眼だけ書いてあると言い伝えられている。人相を見るのについて重要な秘訣があるのだ。以下、口伝された。

〈注〉

人相を見るハ〜　『校補』によれば、松本貞丘の頭書に「人相ホウシ（眸子）ニ有ルヘシ、人一物アレハ自ラマフタ（瞼）ヲおろしゐるなり」とある。松本新右衛門貞丘は宝永七年（一七一〇）生まれ。『葉隠』に頭書を施した。　**専要**　最も大切なこと。　**正成湊川ニて〜**　楠木正成はその死地となった湊川の合戦の前に、桜井の宿にて息子正行に別れを告げた。『太平記』には、その際、正成が正行に庭訓を残し、形見の刀を渡したという記述が見られる。『太平記』に論評を加えた評判記である『太平記評判秘伝理尽鈔』には、正成が正行に国政や法令について書き置いた巻物一巻を渡したという記述がある。近世には正成を中心とした『太平記』の様々な評判記が書かれ、その講釈が行われた。そのうちの一つに、正行に渡した書物に「眼斗書たり」というものがあったか。

105　一、常ニなき事之《の》あれハ《ば》怪事といひて何事之《の》前表《ぜんぴょう》抔《など》と云《いい》扱ふは愚《おろか》なる事也。*日月重出《ちょうしゅつ》、*箒星《ほうき》、御旗雲、*光リ物、*六月《みなづき》の雪、*師走之《の》雷なと《ど》は、五十年百年之《の》間ニ有《ある》事也。*陰陽《いんよう》之運行にて出現する也。日の東より出《いで》、西ニ入《いる》も常ニなき事ならは《ば》怪事と云へ《いうべ》し。*是《これ》ニ替る事なし。又天変有之《これある》時、世上《せじょう》ニ必《かならず》悪事出来《いでく》る事ハ、御旗雲を見てハ何事そ《ぞ》有へ《あるべ》しと人〻我と心ニ怪事を生し《じ》悪事を待故《まつゆえ》、其《その》心より悪事出来《しゅったい》する也。怪事之《の》用《もちい》様口《く》伝有之《でんこれある》也

〈現代語訳〉

常にはないことがあると「怪事だ」といって、何かの前ぶれだなどと言って心配するのは愚かなことである。日月が重なり出ること、帚星、旗雲、光り物、六月の雪、十二月の雷などは五十年百年の間にはあることである。陰と陽の運行で出現するものである。日が東から出て西に没むのも常にないことであれば「怪事」と言われるだろう。それと同じことである。また天変がある時、世の中に必ず悪いことが起こることは、旗雲を見て「何ごとか起こるにちがいない」と人々が自分から自分の心に怪事を生み出し悪事を予期するため、その心

から悪事が起こるのである。「怪事」の用い方には口伝がある。

〈注〉

日月重出　日と月が重なって出ること。　**箒星**　彗星のこと。　**御旗雲**　旗のようにたなびいている雲。とよはたぐも。　**光リ物**　光を放ちながら空中を飛ぶもの。流星、鬼火などについて言ったものか。　**六月の雪**　旧暦の水無月は現在の七月あたりに相当する。　**師走之雷**　師走は旧暦の十二月、現在の一月あたりに相当する。　**陰陽之運行**　日、春、夏など積極的性質を持つものを陽とし、月、秋、冬など消極的性質を有するものを陰とする。天地間にあって両者の相互作用によって、万物が作り出され、めぐり、消滅するとされた。　**是ニ替る事なし**　太陽が東から出、西に沈むことは変わらないので怪事とは言われない。頻度の差に過ぎないその他のめずらしい現象も怪事というのは馬鹿げているということ。

106　一、*張良か《が》石公之《の》書を伝へたるといひ、*義経は天狗之《の》伝を継抔《つぐなど》といふハ兵法一流建立之《の》為也。

〈現代語訳〉

張良が黄石公の書を伝え持っているといったり、義経は天狗の伝を継いでいるなどといったりするのは兵法の一流をでっちあげるためにいわれるのだ。

〈注〉

張良か石公之書を伝ヘたる　張良は漢の太祖劉邦の軍師。『史記』五十五巻には、張良が謎の老人黄石公から、太公望の兵法の書を授けられたとある。**義経は天狗之伝を継**　源義経が鞍馬山にいた時、天狗から兵法を授けられたという伝説。『平治物語』の流布本に見られる。謡曲『鞍馬天狗』では、天狗が張良と黄石公との故事を引き、その後義経に兵法を授けている。

107　一、御側*長崎御仕組ニ、一とせ*二番立《だて》ニ割付《わりつき》、御帳出来《いでき》候を見候ニ付而《つきて》、役人ヘ申候《もうし》ハ、陣立之《じんだての》時分　殿之《の》御供不仕《つかまつらざる》義、拙者ハ不罷成《まかりならず》候。*弓矢八幡、触《ふれ》状帳面ニ判不仕《つかまつらず》候間《あいだ》、左様《さよう》心得可被申《もうさるべく》候。是《これ》ハ*書物役仕《つかまつる》故《ゆえ》ニ而《て》候半《そうらわん》と存《ぞんじ》候。ケ様《かよう》ニ申《もうす》義不届と候而《て》役被差迦《さしはずさるる》は本望、切腹幸《さいわい》ニて候、と申捨《もうしすて》罷立《まかりたち》候。其《その》後僉議《せんぎ》候て仕直シ被申《もうされ》候。若キ内力《りき》ミ無之《これなく》候而《て》は不罷成《まかりならず》候。心得有《ある》事之《の》由《よし》。

〈現代語訳〉

お側に仕える者たちの有事の際の長崎警備の編成に、ある年二陣として割り当てられ、書類ができたのを見た時に、役人に言ったのは「陣立ての時に殿様のお供をしないということ、拙者は承服いたしかねる。弓矢八幡にかけて、通達書に判は押さないので、そのように心得られよ。これは自分が御書物役についているための措置だろうと存ずる。このように言うのが不届きであるということで役を外されるのは本望、さらに切腹となれば幸いである」と言い捨て立ち去った。その後で詮議があって、編成しなおされた。若い内はりきみがなくてはならない。心得ておくようにとのこと。

〈注〉

長崎御仕組　長崎警備の編成のこと。寛永十七年（一六四〇）、長崎にポルトガル船が来航し、まず福岡藩に長崎の警備が命じられた。その後、寛永十九年（一六四二）、佐賀藩主鍋島勝茂に長崎警備が命じられ、福岡藩と佐賀藩とで一年交代で長崎を警備することとなった。警備はポルトガル船の来航を禁止し帰帆を命じるためである。光茂の代においても延宝元年（一六七三）イギリス船が長崎に着岸し、帰帆を命じた事がある。**二番立**　長崎警備は、先手とそのほぼ同数か二倍三倍からなる二陣によって構成された。二番立とはその二陣のこと。二陣は後方の配置になるため、先陣への編成を希望したものか。**弓矢八幡**　弓矢取りの神である八幡大菩薩。武士が誓いを立てる際に用いた。**書物役**　書物の管理を行う役。天和二年（一六八二）、二十四歳のころ、常朝は書物役に任じられている。『常朝年譜』にはその翌年に、「長崎御仕組帳野口新右衛門被仕立候を内見申候而、権丞愚意を申候事」とある。権丞（権之丞、権之允）は当時の常朝の呼び名。

108　一、*風躰之《ふうていの》執行《しゅぎょう》は不断《ふだん》鏡を見て直したるか《が》よし。*十三歳之《の》時、髪を御立《たて》させ被成《なされ》候付而《につきて》一年斗《ばかり》引入居《ひきいりおり》候。*一門共兼〻申《どもかねがねもうし》候ハ、理発なる面付《つらつき》ニて候間《あいだ》、頓而仕損可申《やがてしそんじもうすべく》候。殿様別而《わけて》御嫌《きらい》被成か《なさるるが》理発めき候者ニ而《て》候、と申《もうし》候ニ付而《つきて》、此《この》節顔付《つき》仕直シ可申《もうすべし》と存《ぞんじ》立《たち》、不断《ふだん》鏡ニて仕直し、一年過《すぎ》て出《いで》候へハ《ば》、*虚労《きょろう》ノ下地と皆人申《もうし》候。是《これ》が奉公之《の》基《もとい》かと存《ぞんじ》候。理発を面《つら》ニ出《いだ》ス者ハ諸人請取不申《うけとりもうさず》候。ゆりすわりて聢《しか》としたる所之《の》なくてハ風躰《ふうてい》不宜《よろしからざる》也。うや〳〵敷《しく》、にがミ有《あり》て、調子しづか成《なるが》よし。

〈現代語訳〉

振舞、姿の修行は絶えず鏡を見て直すのがよい。十三歳の時、髪を立てるように命じられたので一年ほど引きこもっていた。一門の者どもが前々から言っていたのは「賢い顔つきだから、やがてしくじるだろう。殿様が特にお嫌いになられるのが賢そうな者である」というので、「この際顔つきをなおそう」と思い、絶えず鏡でなおし、一年過ぎて出仕したところ「虚弱な体質に見える」と皆言った。これが奉公の基礎かと思う。賢さを顔に出すのは人々に相手にされない。どっしりと落ち着いた確固たるところがなくては振舞、姿はよろしくない。礼儀正しく、渋みがあって、様子が静かなのがよい。

〈注〉

風躰之執行　聞書一－89に前出。**十三歳之時、髪を御立させ被成候**　『常朝年譜』によれば、寛文十年（一六七〇）十二歳の時に髪を立てるように命じられ、十三歳の時に引きこもった。十四歳の時、中野利明に中剃りしてもらい、髪を立て、名を不携から市十郎に改め、小小姓に任じられた。髪を立てるとは、髪を伸ばし中剃りをし、髻を結って、童の髪型から大人の髪型になることである。 **一門共** 中野一門のこと。常朝の父は山本家に養子に入ったが、もともと中野一門であり、分家として中野一門に属する。常朝も中野一門として、中野一門の組を任された中野利明が寄親である。 **虚労ノ下地** 生まれつき、心身が虚弱な性質であること。

109 一、火急之《の》場ニて人ニ相談も不成《ならざる》時、分別之《の》仕《し》様《よう》ハ四*誓願ニ押当て見れハ《ば》*其侭《そのまま》わかるゝ《る》也。立越《たちこえ》たる事ハいらぬ也。

〈現代語訳〉

緊急の場面で人に相談もできない時、分別の仕方は四誓願を目当てにしてみれば自然に分別されるのである。それを越えていることはいらない。

〈注〉

四誓願 鍋島武士の修行の心得として、「夜陰の閑談」で上げられていた四つの誓願のこと。

一、於武士道おくれ取申間敷事

一、主君之御用ニ可立事

一、親ニ孝行可仕事
一、大慈悲を起し人之為ニ可成事
である。聞書一―19参照。

其侭　餅木本では、「其まま理か」。

110　一、目《め》附《つけ》役ハ大意之《の》心得なくハ《ば》害ニ可成《なるべき》也。目《め》附《つけ》を被仰付置《おおせつけおかれ》候は、御国御治《おさめ》為可被成《なさるべきため》ニて候。殿様御一人ニて端ゝ迄《はしばしまで》御見聞不被相叶《あいかなわせられざる》ニ付《つき》　殿様之《の》御身持《みもち》*、御家老之《の》邪正、御仕置之《しおきの》*善悪、世上之《せじょうの》唱《となえ》、下ゝ之《しもじもの》苦楽を分明《ふんみょう》ニ被聞召《きこしめされ》、御政道を御糺《ただし》為可被成《なさるべきため》也。上ニ目を付《つく》るか《が》本意也。然《しかる》ニ下ゝ之《しもじもの》悪事を見出《いだ》し聞出《ききいだ》し言上致《いたす》時ハ、悪事たへす《ず》、却而《かえって》害ニ成《なる》也。下ゝ《しもじも》に直《すぐ》なる者は稀也。下ゝ《しもじも》の悪事ハ御国家之《の》害ニならぬ物也。又究《またきわめ》役ハ科《とが》人之《の》云分《いいわ》ヶ立《たち》て助かる様ニと思ひて可究《きわむべき》*事也。是《これ》も畢竟《ひつきよう》*御為也。

〈現代語訳〉

目付役は、その根本的な主旨の心得がなければ害になることもあるのだ。目付役を仰せつけ置かれるのは、お国をお治めなさらんがためである。殿様お一人ですみずみまで見聞されることは叶わないので、殿様のお身持ち、御家老の邪正、ご処置の善悪、世上の評判、下々の苦楽をはっきりと承知なさって、ご政道を正さんがため（目付役は置かれるの）である。

上のものに眼をつけるのが目付役の本来の意義である。そうなのに目付役が下々の悪事を見いだし聞きとがめ上に報告する時は、下々の悪事は絶えず、かえって害になるのである。下々の中に正しい者は稀である。下々の悪事はお国、お家の害にはならないものである。また究明役は罪人の言い訳が立って助かるように、と思って究明しなければならない。これも結局殿様の御為である。

〈注〉

身持　振舞のこと。　**善悪**　餅木本では「吉凶」。　**御為**　お国をお治めなさる殿さまのため、の意。

111　一、主人ニ諌言《かんげん》をするニ色〻有へ《あるべ》し。志之《の》諌言《かんげん》ハ脇《わき》ニしれぬ様ニする也。御気ニさかわぬ様ニして御曲《くせ》を直し申《もうす》もの也。*細川頼之か《よりゆきが》忠義なと《ど》也。むかし御道中ニて脇寄《わきより》可被遊《あそばさるべく》と被仰出《おおせいだされ》候節、御*年寄何某承リ、某《それがし》一命を捨可申上《すてもうしあぐべく》候。段〻《だんだん》御延引之《えんいんの》上ニ脇寄《わきより》なと《ど》可被遊事《あそばさるべき》以之外《もってのほか》、不可然《しかるべからず》候と、諸人ニ向ひ、御*暇乞　仕《いとまごいつかまつり》候と、*詞《ことば》を渡し、行水、*白帷子《かたびら》下着ニて御前ヘ被罷出《まかりいでられ》候か《が》追付《おっつけ》退出、又《また》諸人ニ向ひ、拙者申上《もうしあげ》候義、被聞召分《きこしめしわけられ》本望至極、皆様ヘ二度《ふたたび》御目ニかゝり候義不思儀之《の》仕合《しあわせ》なと《ど》と、*広言被申《もうされ》候。是《これ》皆主人之《の》非を顕し我忠を揚《あげ》威勢を立《たつ》る仕事也。多分*他国者ニ在之《これある》也。

〈現代語訳〉

主人に諫言をするには色々のやり方があるだろう。志のこもった諫言は傍の者に知られないようにするものだ。ご主人のお気に逆らわないようにして、あやまちをお直しするのである。細川頼之の忠義などが良い例である。むかしご道中で寄り道なさろうと仰られた時、御年寄のある者が承り、「それがし一命を捨て申し上げねばならない。段々と予定が引き延びている上に寄り道などなさろうというのはもってのほかのことで、よろしくない」と、人々に向かって「お暇乞いをいたす」と別れの挨拶をし、行水をし、白帷子を下に着てご主人のご前に出たが、そののち退出してきて、また人々に向い、「拙者が申し上げたことをお聞き分けくださったのは本望この上なく、皆様へ再びお目にかかれることは不思議な成り行きだ」などと、ぬけぬけと申された。これはすべて主人の非を明るみに出し、自分の忠を目立たせ、威勢を世間に誇示する仕方である。だいたいにおいて他国からの召し抱え者によくあるのである。

〈注〉

細川頼之　室町幕府の管領として幼少の足利義満を補佐した。『太平記評判秘伝理尽鈔』やその抜粋である『細川頼之記』には、将軍の権威を高めるため、内密に意見をしたり、わざと将軍から勘当されたりしたとある。**御年寄**　年寄役のこと。大身の武家の家政を司る。聞書一－13注参照。

御暇乞　死に臨んだ別れの挨拶。　**詞を渡し**　最期の別れの挨拶をし。　**白帷子下着**　身を清めた後に着る死に装束。　**広言**　はばかることなく好き勝手なことを言うこと。　**他国者**　他国から召し抱えられた年寄役は、光茂の代の岡部宮内茂利、綱茂の代の坂部又右衛門正久である。

112　一、勘定者ハすくたるゝ*者也。子細は勘定ハ、損徳之《そんとくの》考《かんがえ》する物なれハ《ば》、常ニ損《そん》徳之《とくの》心不絶《たえざる》也。死ハ損、生ハ徳《とく》なれハ《ば》、死ぬる事をすかぬ故《ゆえ》すくたるゝ物也。又学文《またがくもん》者ハ才智弁口《べんこう》ニて本躰之《の》臆病欲心なと《ど》を仕《し》かくす物也。人之《の》見誤る所也。

〈現代語訳〉

勘定に聡い者は卑怯未練になるものである。そのわけは、勘定は損得の考えをするものだから、常に損得の心が絶えないのである。死は損、生は得だから死ぬ事を好まないため、卑怯になるものなのだ。また学問をする者は才知と弁舌で本心の臆病さや欲心などをつくろい隠すものである。そのあたりを人が見誤るのである。

〈注〉

すくたるゝ　聞書一－60注参照。

113　一、*追腹御停止《ちょうじ》ニ成《なり》てより、殿之《の》御味方する御家来なき也。*幼少ニても家督被相立《あいたてらるる》ニ付而《つきて》奉公ニはげミなし。*小ゝ性《ここしょう》相止《あいやめ》候ニ付《つき》て侍之《の》風俗悪《あ》敷成《しくなり》たり。余リ御慈悲過《すぎ》候而《て》奉公人之《の》為ニならす《ず》候。今からニても小《こ》小性《こしょう》ハ被仰付度《おおせつけられたき》事也。十五六ニて*前髪取《とり》候故《ゆえ》、引嗜《ひきたしなむ》事を不知《しらず》、呑ミ喰《くい》する雑談斗《ばかり》ニて、禁忌之《の》詞《ことば》、風俗之《の》吟味もせす《ず》、隙《ひま》を持《もち》て徒事《いたずらごと》ニ染入《しみいり》、能《よき》奉公人出来《いでこ》さる《ざ》也。小《こ》ゝ性勤《こしょうつとめ》候者は幼少之《の》時より諸役*見馴《みなれ》、御用ニ立《たつ》へ《べ》し。*副嶋《そえじま》八右衛門四十二歳、*鍋嶋勘兵衛四十歳ニて元服也。

〈現代語訳〉

追腹をご禁止になってから殿様のお味方するご家来のないものである。幼少であっても家督相続を許されるので奉公に励むことがない。小小姓が廃止になったので侍の風俗が悪くなった。殿様があまりに寛大に過ぎて、かえって奉公人のためにならない。今からでも小小姓を復活していただきたいものである。十五、六歳で前髪を取り元服するので、一歩引いて嗜むことを知らず、飲み食いの雑談ばかりで、禁忌の言葉を口にしたり、風俗の吟味もしなかったり、暇さえあれば無駄なことをするのが身につき、よい奉公人が出現しないのだ。小小姓を勤める者は幼少の時からいろいろな役を見慣れ、ご用に立つことができる。副嶋八右衛門は四十二歳で、鍋島勘兵衛は四十歳で元服した。

〈注〉

追腹御停止　追腹とは、主君が死去した際、あとを追って腹を切ることである。『光茂公譜』によれば、寛文元年（一六六一）、鍋島直弘（勝茂四男、御親類筆頭白石家の祖、山城殿とも）が逝去した際、その家来三十六人が追腹しようとしているのを光茂が聞き、相良求馬、生野織部を遣わして、追腹を禁じたのが始めである。命に反して追腹をした者の家は断絶となる。寛文三年（一六六三）には、幕府も追腹の停止を命じている。（人物補注、鍋島直弘、鍋島光茂）**幼少ニても家督被相立**　『光茂公譜』によれば、光茂は明暦四年（一六五八）「御代始御書出」において、幼少の子に家督が譲られた際は知行や切米を減らし、元服後に戻すということを改め、幼少の子であってもそのまま家督を申し付けるように命じている。**小こ性相止候**　小小姓とは元服前の小姓見習いのこと。『光茂公譜』によれば、光茂は参勤交代の供廻りを減らしており、天和元年（一六八一）の参勤から小小姓を連れていくことを止めている。それに伴い、小小姓の数自体も減らしたか。小小姓を命じるのを止めたという明確な記述は見られない。**前髪取候**　前髪を剃り元服すること。**見馴**　餅木本は「見習」。**副嶋八右衛門**　名は頼由。勝茂、光茂に仕えた。**鍋嶋勘兵衛**　名は房利。十一歳から勝茂の小小姓を勤めた。元服が四十歳だとすると、勝茂の死後七年経ってからであり、光茂にも小小姓として仕えていたと考えられる。

114　一、武士道は*死狂《しにぐる》ひ也、一人之《の》殺害を数十人して仕《し》兼《かぬ》る物也、と　直茂《なおしげ》公被仰《おおせられ》候。本気ニ而《て》は大業はならす《ず》。*気違《きちがい》ニ成《なり》て死狂《しにぐる》ひする迄《まで》也。又《また》武士道ニおゐて*分別出来《いでく》れハ《ば》、早《はや》おくるゝ也。忠も孝も不入《いらず》、武士道ニ於《おい》ては死狂《しにぐる》ひ也。*此内《この》ニ忠孝ハ自《おのずか》ら籠《こも》るへ《べ》し。

〈現代語訳〉

「武士道とは「死に狂い」である。一人の殺害に数十人でも手こずるものだ」と直茂公はおっしゃった。分別があっては大きな仕事はできない。分別を捨て、死を決して奮戦するまでだ。また、武士道において分別が出てくると、早くも他人に遅れをとるものである。忠だの孝だのはいらない、武士道ではとにかく自ら死地に突入することである。そうすることのうちに忠や孝は自然と含まれてくるはずだ。

〈注〉

死狂ひ　聞書一－55注参照。**気違**　人の意表をつく手段に出る者の意。聞書一－2注参照。**分別**　分別を捨てることによって思いもかけない活路が見出せるというのが『葉隠』の基本的な主張である。**此内ニ忠孝ハ自ら籠るへし**　常朝は『愚見集』において、「忠孝といへば二つのやうなれども、主に忠節を尽くすが則親に孝行なり、然ば忠一つに極りたり」と述べている。聞書一－31には、親は主君を大切にすることを喜ぶともある。武家においては、忠と孝とが重なる。ここでは武士としての働きのうちに、主君への忠義、親への孝行が自然に含まれると述べられている。

115 一、*此《この》事此《この》内承《うけたまわり》候。此度《このたび》の御咄如斯《はなしかくのごとく》候。*志田吉之助か《が》、生《いき》ても死《しに》ても残らぬ場ならは《ば》生《いき》たか《が》まし、と申《もうし》候は裏を云《いい》たるもの也。又《また》、行《いこ》ふか行《いく》まひかと思ふ所へハ行《いか》ぬか《が》よし、と。此《この》*追加ニ、喰《く》ハふか喰《くう》まひかと思ふ物ハ喰《く》ハぬか《が》よし。死なふか死ぬまひかとおもふ時は死《しんだ》たか《が》よし。

〈現代語訳〉

同様のことはこの前も承った。今回のお話はつぎのようなものであった。志田吉之助が「生きても死んでも何も残らない場面ならば生きた方がましだ」と言ったのは、裏をいったものである。また「行こうか行くまいかと思う所へは行かないのがよい」と言った。このことばには続きがある。続きは「食おうか食うまいかと思う物は食わないのがよい、死のうか死ぬまいかと思うときは死ぬのがよい」。

〈注〉

此事此内承候。此度の御咄如斯候　聞書一－48にほぼ同様の内容の条文がある。この条文の内容が、以前聞いた内容とほぼ同じだったので、その注意書きを書いたものか。この二文は原文において挿入されている。餅木本にはない。小城本は末尾に割注としてこの二文がある。**志田吉之助**　志田良正。聞書一－48注、人物補注、志田良正参照。　**追加**　前記一－48では、「も」を加えて考えよ、とあるので、この場合も「追加」は志田の言葉ではなく、それを聞く者が補って「裏」を見逃してはならないということか。

116　一、大難、大変ニ逢《おう》ても動転せぬと云《いう》はまた《だ》しき也。大変ニ逢《おう》てハ*観喜踊躍《かんぎゆうやく》していさミ進むへ《べ》き也。一関越《こえ》たる所也。*水増《まさ》れハ《ば》舟高《たか》しと云か《いうが》如し。*村岡氏御 改《あらため》前異見《いけん》之《の》事。〈口達《こうたつ》〉

〈現代語訳〉

大災難や大凶変に出くわしても動転しないというのはまだまだである。大凶変に出くわしたら歓喜踊躍して勇んで進むぐらいでなければならない。一関門越えた境地である。「水かさが増せば船は高くなる」というようなものだ。村岡氏御取り調べの前に意見したこと。（口頭にて伝達する）

〈注〉

観喜踊躍　「歓喜踊躍」。喜び、小躍りすること。仏語では、仏法を聞き信心を抱いた際の、喜びにあふれる様子の表現。**水増れハ舟高し**　「水長船高、泥多仏大（水長せば船高く、泥多ければ仏大なり）」。『碧巌録』第二九則本則、第七七則評唱にある言葉。禅問答において、問う者の力量があれば、また答える者の力量も現れるということ。ここでは大災難や大凶変に遭うことで、その者の力量が現れるということか。**村岡氏**　村岡宣長のこと。村岡喜右衛門とも。後に名を清貞、呼び名を村岡五兵衛と改めている。二代藩主光茂の祐筆役、物頭などを勤めた。

117　一、名人之《の》上を見聞《けんぶんし》て不及《およばざる》事と思ふはふかひ《が》無《なき》事也。*名人も人也、我も人也。何しニ可劣《おとるべき》、と思ふて一度打向《うちむか》ハヽ《ば》、最早其《もはやその》道ニ入《いり》たる也。*十有《ゆう》五ニして学ニ志す所か《が》則《すなわち》聖人也。後ニ修行して聖人ニ成《なり》給ふニはあらす《ず》、と*一鼎被申《いっていもうされ》候。*初発心《しょほっしん》の時弁成《べんじょう》正覚《しょうがく》、とも有之《これある》也。

〈現代語訳〉

名人のことを見聞きして自分は及ばないことと思うのはふがいないことである。名人も人、自分も人である。何の劣るはずがあるだろうか、と思ってひとたび打ち向かえば、もはやその道に入っているのである。「『十有五にして学に志す』と言った瞬間に聖人になったのである。後に修行して聖人になりなさるのではない」と石田一鼎殿はおっしゃった。「初発心の時、便ち正覚を成す」とも言われている。

〈注〉

名人も人也、我も人也。何しニ可劣　『孟子』「滕文公」上に「彼も丈夫なり、我も丈夫なり。吾何ぞ彼を畏れんや。顔淵曰く、舜何人ぞや、予何人ぞや。為すことあらんとする者は亦是の若くなるべし」とある。孔子の弟子顔淵が舜に劣らないという気概を表したこの言葉を、常朝なりに模した言葉か。舜は儒教における代表的な聖人（知徳兼備の為政者）。**十有五ニして学に志す**　『論語』「為政第二」の言葉。孔子の学のはじめを述べたもの。**一鼎**　石田一鼎。聞書一－6注、人物補注参照。**初発心の時弁成正覚**　「弁」は「便」。『華厳経』（六十華厳）梵行品十二など多数の仏教経論に見られる言葉。仏道を志すはじめの心（初発心）が、そのまま正覚（さとり）の成就であるということ。

118　一、武士は万事ニ心を付《つけ》、少《すこし》ニてもおくれニ成《なる》事を可嫌《きらうべき》也。就中《なかんずく》物云《いい》ニ不吟味なればハ《ば》、我は臆病也、其時《その》は逃可申《にげもうすべし》、おそろしき、いたひ抔《など》と云《いう》事有《あり》。*ざれニも*たわふ《ぶ》れニも寝*言ニもたわ言ニも云《いう》まじき詞《ことば》也。心有者之《あるもの》聞《きき》てハ心之《の》奥おしはかる物也。兼而《かねて》吟味して可置《おくべき》事也。

〈現代語訳〉

武士は万事に心をくばり、少しでも遅れになることを嫌わねばならない。とりわけ物言いを吟味しておかなければ、「自分は臆病だ」「その時は逃げよう」「恐ろしい」「痛い」などと言ってしまうこともある。冗談でも、本気でなくても、寝言でも、うわごとでも言ってはならない言葉である。心得ある者が聞けば、心の奥を推し量るものである。前もって吟味しておかねばならない。

〈注〉

ざれ 「ざれごと」。ふざけていう言葉。 **たわぶれ** 「たはぶれ」。軽い気持ちでいう冗談。 **たわ言** 「たはごと」。正気をなくしていう言葉。うわごと。

119 一、*一分之《いちぶんの》武篇《ぶへん》を聢《しか》と我心ニ極置《きめおき》無疑《うたがいなき》様ニ覚悟すれハ《ば》、*自然之《の》時一番ニ撰出《えらびいだ》さるゝ事必定《ひつじょう》也。是《これ》ハ折節之《おりふしの》仕《し》かた、物云《いい》ニて顕るゝもの也。別而《わけて》一言か《が》大事也。我《わが》心を披露するものニてハなし。兼日《けんじつ》ニて人か《が》知るものなり。〈口伝《くでん》〉

〈現代語訳〉

己一個の戦働きをしかと我が心に決めておき疑いないように覚悟すれば、いざという時一番に選び出されることは必定である。この覚悟は普段のふるまい、物言いに現われるものである。特に一言が大事である。我が心を披露するものではない。日ごろの態度で人が知るものである。（詳細は口頭にて伝える）

〈注〉

一分　己一個のあり方、立場、面目。　**自然之時**　万一の時。不慮の事態が起こった時。

120　一、奉公之《の》心掛《こころがけ》をする時分、内ニても外ニ而《て》も膝を崩したる事なし。物をいわす《ず》、云《い》ハて《で》不叶事《かなわざる》は十言を一言て《で》澄《すま》ス様ニと心掛《こころがけ》し也。＊山崎蔵人《くらんど》なと《ど》如是《かくのごとき》也。

〈現代語訳〉

奉公を志していた頃、内でも外でも膝を崩したことはない。物を言わず、言わなくてはいけないことは十言を一言で済ませるようにと心がけた。山崎蔵人などがこのようであった。

〈注〉

山崎蔵人　山崎政良。聞書一－11注、人物補注参照。

121　一、＊首打落《うちおと》させてより一働《はたらき》ハ聢《しか》とする物と覚《おぼえ》たり。＊義貞《よしさだ》、＊大野道賢《どうけん》なと《ど》ニて知れたり。何ぞ人か《が》人ニ劣《おとる》へ《べ》きや。＊三谷如休《じょきゅう》ハ、病死も二三日はこたへ可申《もうすべし》、と申《もうし》候也。〈口伝《くでん》〉

〈現代語訳〉

首を打ち落とされてから一働きは確かにするものと思っている。新田義貞、大野道賢などで明らかだ。どうして人が人に劣るはずがあるか。三谷如休は「病死も二、三日は持ちこたえることができる」と言っていた。（口頭にて伝える）

〈注〉
首打落させて　餅木本では「首打落されて」。　**義貞**　新田義貞のこと。『太平記』巻二十によれば、新田義貞は額に矢が刺さったのち、自身の首をはね、そのはねた首を泥の中に隠して死んだという。この条文と同様の内容が、聞書二－52にある。　**大野道賢**　大野治胤のこと。号から、道賢（道犬、道軒）とも。豊臣秀頼に仕え、大坂夏の陣にあたって堺の町に火を放った。『葉隠』では、そのため堺の町衆に恨まれ、大坂夏の陣にて生け捕りにされた後、町衆の希望によって火あぶりにされたとある。火あぶりによって黒こげになったが、その姿のまま、検使を突き殺して灰になった。聞書十－55に詳細あり。　**三谷如休**　三谷政道のこと。三谷千左衛門と呼ばれる。剃髪後、如休と号した。初代藩主勝茂御徒十人衆の随一で、勝茂逝去後は光茂に仕え、光茂逝去の後出家した。聞書八－32で「人ハ気持か大事也」として、同様の内容を述べている。（人物補注、三谷政道）

122　一、古人之詞《のことば》ニ*七息思案と云《いう》事有《あり》。*隆信《たかのぶ》公は、分別も久敷《ひさしく》すれハ《ば》*ねまる、と被仰《おおせられ》候。*直茂《なおしげ》公は、万事*したるき事十ニ七ッ悪《あ》シ、*武士は物毎手取早《ものごとてっとりばや》ニするものぞ、と被仰《おおせられ》候由《よし》。心気《しんき》うろ〱としたる時は分別も埒明《らちあかず》す。なつ《ず》ミなくさわやかニりんとしたる気ニ而《て》ハ、七息ニ分別済《*すむ》物也。胸すわりてつゝ切れたる気の位也。〈口伝《くでん》〉

〈現代語訳〉

古人の言葉に「七息思案」ということがある。隆信公は「分別も久しくすれば腐る」と仰った。直茂公は「万事だらだらしたことは十の内七つは悪い。武士は物ごとを手っ取り早くするものだ」と仰ったとのことである。気も心もうろうろとしている時は分別も埒が明かない。泥みなく爽やかに凛としている気持ちでは、七呼吸の間で分別は済むものだ。腹がすわって突っ切っている気持ちのありようである。詳細は口頭にて伝える。

〈注〉

七息思案　七息（七回の呼吸）の間に思案すること。**隆信公**　龍造寺隆信。鍋島直茂の主君であり、義兄。肥前一国の平定に努め、佐賀藩の基礎を築いた。『直茂公譜』の附録「御物語聞書」では、直茂が隆信の言葉として「談合も久しくすれハねまる物そ」と述べたと書かれている。（人物補注、龍造寺隆信）**ねまる**　腐る。腐って悪臭を放つ。**直茂公**　佐賀藩祖鍋島直茂。『直茂公譜』の附録「御遺訓二十一ヶ条」（「御壁書」とも）には「万事したるき事、十に七ツは悪し」、同じく「御物語聞書」には「武士は毎物かろく、手取早ニする物也」という条文がある。（人物補注、鍋島直茂）**したるき**　のろのろした。ぐずぐずした。**武士は**　餅木本では「武篇は」**済物也**　小城本では「する物也」。

123　一、少《すこ》シ理屈抔《など》を合点したる者は頓《やが》て高慢して一*ふり者といわれてハ悦ひ《び》、我《われ》今之《の》世間ニ合《あわ》ぬ生付《うまれつき》、抔《など》と云《いい》て、我《わが》上あらじと思ふは天罪*有へ《あるべ》き也。何様之《いかようの》能《よき》事持《もち》たりとても人之《の》すかぬ者は役ニ不立《たたず》。御用ニ立《たつ》事、奉公する事ニはすきて、随分《ずいぶん》へりくた《だ》り、傍輩之《ほうばいの》下ニ居《お》るを悦ふ《ぶ》心入之《こころいれの》者は諸人嫌《きら》ハぬもの也。

〈現代語訳〉

少し理屈などを合点している者はすぐに高慢になり、人と違う者と言われては喜び、「自分は今の世間に合わない生まれつきだ」などと言って、「自分よりも上はあるまい」と思うのは天の罪があるはずだ。いかなる良い点を持っているとしても、人が好かない者は役に立たない。御用に立つこと、奉公することは好んで、できる限りへりくだり、傍輩の下にいるのを喜ぶ心がけの者は人々が嫌わないものである。

〈注〉

一ふり者　独自のものがある者、人と違う者。**罪**　底本では「罪」とあるが「罸」の誤りか。小山本、山本本等は「罸」。「罸」は「罰」の異体字。

124　一、諫言之道《かんげんの》ニ、我《われ》*其《その》位ニあらす《ず》は《ば》其《その》位之《の》人ニいわせて御誤リ直る様ニするか《が》*大忠也。此階《このきざはしの》之為《ため》ニ諸人と懇意する処《ところ》也。我為《わがため》ニすれハ《ば》追従《ついしょう》也。一方ハ我等荷《にな》ひ申《もうす》　心入《こころいれ》から也。*成程成《なるほどなる》もの也。

〈現代語訳〉

諫言の道において、自分がその位になければその位の人に言わせてご主君の過ちが直るようにするのが大忠である。この仲介役を得るため、人々と懇意にしておくのである。それを自分のためにすれば追従である。もう一つの理由は自分がお家を担おうとする心がけからである。なんとかなるものである。

〈注〉

其位　諫言ができる位。藩政を司る家老や、家政を司る年寄役のこと。聞書十一‐28には、「年寄家老役ニ成されたる上ニ而なければ、諫メ申す事不叶」とある。また特に家老になり諫言することは、『葉隠』や『愚見集』において奉公人の目標として語られている。聞書二‐139では、「奉公之至極は家老之座ニ直り御異見申上る事ニ候」と、また聞書一‐19では四誓願「主君之御用ニ立べし」の磨き上げとして「家老之座ニ直りて諫言シ国を可治事と思ふへし」と述べられている。　**大忠**

忠義の核心のこと。最終的に至るべき忠義の姿。『愚見集』では「忠之肝要ハ諫ニ極ル」と述べられている。**成程成もの**　たとえその位になくとも、諫言や御家を一人で支えるという事が実現するということ。

125　一、御家中ニ能《よき》御被《ひ》官《かん》出来《いでき》候様《よう》ニ人を仕《し》立《たて》候事忠節也。志《こころざし》有《ある》人ニは指南申《もうす》也。我《わが》持分《もちぶん》を人を以《もつて》御用ニ立《たつ》るは本望之《の》事也。

〈現代語訳〉

ご家中に良いご被官が出現するように人を仕立てることが忠節である。志のある人には指南する。自分の持つものを人を通じてご用に立てるのは本望のことである。

126　一、隠居当住《とうじゅう》、父子、兄弟中悪《なかあ》敷《しき》事は欲心よりおこる也。主従中悪《なかあ》敷《しき》と云《いう》事之《の》なきか《が》証拠也。

〈現代語訳〉

隠居と当主、父と子、兄と弟の仲が悪いことは欲心からおこるのだ。利害関係のない主従には、仲が悪いということのないのが証拠である。

127　一、若キ内《うち》ニ立身して御用ニ立《たつ》は*のふぢなきもの也。発明之生付《のうまれつき》ニても器量熟せす《ず》、人も請取《うけとら》ぬ也。五十斗《ばかり》よりそろ〳〵仕上《しあがり》たるか《が》能《よき》也。其中《そのうち》は諸人之《の》目ニ立身遅キと思ふ程成《なるが》かのふぢ有《ある》也。又《また》*身上崩シても、志《こころざし》有《ある》者ハ*私曲之《しきよくの》事ニて無之故《これなきゆえ》、早く直る也。

〈現代語訳〉

若いうちに立身して御用に立つ者は結局永続きはしないのだ。利発、聡明の生まれつきでも器量が熟さず、人も信用しないものだ。五十歳ぐらいからそろそろ仕上がっていくのがよい。その間は人々の目には「立身が遅い者だ」と思われるぐらいであるのが、永く役に立つことができるのである。また身上を崩しても、志がある者は私利私欲から起きたことではないから、早く元の地位に戻れるのだ。

〈注〉

のふぢ　「能持（のうぢ）」。仏教語で、よく受持し、保つこと。「のうぢなし」は、佐賀の方言では、永持ちしないことを意味するという。　**身上崩シても**　出世が遅れるどころか、家禄が取り上げられてしまっても。　**私曲之事ニて無之故**　身上を崩した理由が、私欲からの不正によってではないので。

128 一、*牢人抔《ろうにんなど》して取乱《とりみだ》すハ*沙汰之限《さたのかぎり》也。*勝茂《かつしげ》公御代之《ごだいの》衆ハ、七度牢人《ろうにん》せねハ《ば》誠之《の》奉公人ニてなし、七ころひ《び》八おき、と口付《くちづ》ケニ申《もうし》候由《よし》。*成富兵庫抔《なりどみひょうごなど》七度牢人之《ろうにんの》由《よし》。起上《おきあが》り人形之《の》様ニ合点すべき也。主人も試《ためし》ニ被仰付《おおせつけらるる》事有《ある》べし。

〈現代語訳〉

浪人などして取り乱すのはもってのほかである。勝茂公の時代の御家来衆は「七度浪人しなければ誠の奉公人ではない、七転び八起きだ」と口ぐせのように言っていたという。成富兵庫なども七度も浪人したという。起き上がりこぼしのように心得ておくのがよい。ご主人様も、人物を試すために浪人を仰せつけられることもあるだろう。

〈注〉

牢人 俸禄を失うこと、あるいは俸禄を失った仕官していない武士のこと。**沙汰之限也** 言語道断である。もってのほかだ。**勝茂公** 佐賀藩初代藩主鍋島勝茂。（人物補注、鍋島勝茂）**成富兵庫** 名は茂安、成富十右衛門とも。龍造寺隆信、鍋島直茂、鍋島勝茂に仕えた武巧者。戦時だけではなく、新田開発や治水工事を行い、治世においても大きな功績を残している。（人物補注、成富茂安）

129　一、病気抔《など》は気持《きもち》から重ク なる物也。吾《われ》は老後ニ御用ニ*可有《あるべし》との*大願有《あり》し故《ゆえ》、親七十歳之《の》子ニて*かけ《げ》ほ《ぼ》し之《の》様ニ有《あり》しか共《ども》、*一機《いっき》を以《もって》仕《し》直《なお》し、終《つい》ニ病気不出《いでず》。扨婬事《さていんじ》を慎ミ灸治を間もなく致《いたし》候也。是《これ》ニて慥《たしか》ニ覚有《おぼえあり》。*ひらくちハ七度焼《やき》ても本躰ニかへると云《いう》事有《あり》。我《われ》大願有《あり》。七生迄《しちしようまで》も御家之士《のさむらい》ニ生出《うまれいで》て可遂本望《ほんもうとぐべし》と聢《しか》とおもひ込《こみ》候也。

〈現代語訳〉

病気などは気持ちから重くなるものである。私は老後に御用を担う立場にあらねばならないという大願があったので、親が七十歳の時の子で影法師のようであったが、気合によってその性質をなおし、ついに病気は出ていない。そうして淫事を慎み、お灸を常々据えていた。これで確かに実感がある。まむしは七度焼けてももとの体にかえるということがある。自分には大願がある。七度まで生まれかわってもお家の侍に生まれ出て本望をとげるのだと、しかと思い込むのだ。

〈注〉

可有　餅木本、小城本では「可立」。**大願**　大きな祈願のこと。仏教語では仏が衆生を救おうとするときに立てる誓願のこと。ここでは、常朝が立てた五十を過ぎてから家老になるという誓いのこと。聞書二－140には、常朝が役目を外されている時に、「さらは一度御家老ニ成て見すへしと覚悟を極め」「五十歳斗より仕立可申と呑込」、修行に励んだと述べられている。**かけほし之様**　「かげぼし」とは影法師のこと、影を擬人化した呼び方。本体そっくりでありながら実体のない存在、幻や夢にも例えられる。弱々しく、存在感がなかったことの表現。**一機**　あるきっかけ。仏教語では仏道に入る際の決定的な機縁のこと。ここでは五十歳を過ぎてから家老になるという大願を立てたことがきっかけ。**ひらくち**　蝮（まむし）のこと。『物類称呼』『大和本草』などに、蝮の西国における呼名とある。

130　一、*直茂《なおしげ》公御意之《の》通《とおり》、志《こころざし》有《ある》侍は諸傍輩《ほうばい》と懇意ニ寄合筈《よりあうはず》也。夫故《それゆえ》侍より足軽迄《まで》、大分入魂《だいぶんじっこん》いたし置《おき》たり。此衆《この》は、自然之《の》時一働《はたらき》存立《ぞんじたち》候か《が》主人之《の》御為ニ同意有間敷哉《あるまじきや》と申時《もうす》、*二言といわぬ所見届置《みとどけおき》たり。然《しかれば》は能《よき》家来を持《*もち》たると同前也。御為ニ成る事也。

〈現代語訳〉

直茂公が仰ったとおり、志ある侍はもろもろの同僚と懇意に集うはずである。それゆえ侍から足軽までずいぶん昵懇にしておいた。この者たちは「いざという時ひと働きすると思い立ったが、ご主人のために心を一つにしてはくれないか」と言うとき、二言となく同意するところを見届けおいた。こうなればよい家来を持っているのと同じである。ご主人のためになることである。

〈注〉

直茂公　佐賀藩祖鍋島直茂のこと。『直茂公譜』の付録「御物語聞書」には「武篇の嗜ハ、まつ相当〳〵の武具油断なく所持し、左候て傍輩といかにも心よく寄合、親子・兄弟のことくなるへし」という条文がある。（人物補注、鍋島直茂）　**二言**　餅木本、小城本では「二三」。　**持たると同前也**　餅木本では「持たるはじめ也」、小城本では「持たる始也」。

131　一、*義経軍歌ニ、大将は人ニ言葉を能《よく》かけよと有《あり》。*組被官《くみひかん》ニても、自然之《の》時は不及申《もうすにおよばず》、平生ニも、扨《さて》も能仕《よくつかまつり》たり、爰《ここ》を一ッ働《はたらき》候へ、曲者《くせもの》かな、と申《もうし》候時、身命をおしまぬもの也。兎角《とかく》一言が大事之《の》もの也。

〈現代語訳〉

『義経軍歌』に「大将は人に言葉をよくかけよ」とある。組の者、配下の者であっても、有事は言うまでもなく、平時においても「それにしてもよくお仕えしている」「ここでもう一働きなされ」「さすが曲者だな」と言った時、身命を惜しまないものである。とにかく一言が大事なものである。

〈注〉

義経軍歌　『義経軍歌』あるいは『義経百首軍歌』のこと。源義経に仮託して、兵法の教えを百首の和歌形式で説いた歌集であり、慶安二年（一六四九）、宝永二年（一七〇五）には版本化もされ流布していた。引用された歌の全文は「大将は人に詞をよく懸て、目をくばりつつ、懸引をせよ」。懸け引きとは戦場での進退のこと。**組被官**　組とは佐賀藩における兵の編成単位。被官とは配下の侍のこと。組被官で、組の者、配下の者をまとめていう。共に、何事かあれば駆けつけ、組の一員に、あるいは主人に味方する立場の者である。

132　一、*山本前《さきの》神右衛門《じんうえもん》〈善忠《ぜんちゅう》〉兼〻申《かねがねもうし》候は、侍は人を持《もっ》ニ極《きわまり》候。何程《なにほど》御用ニ可立《たつべし》と存《ぞんじ》候ても、一人武篇《ぶへん》はされぬもの也。金銀は人ニ借《かり》ても有《ある》物也。人ハ俄《にわか》ニ無《なき》もの也。兼而能《かねてよ》キ人を懇《ねんごろ》ニ*扶持《ふち》すへ《べ》き也。人を持《もつ》事は我《わが》口ニ物をくふてはならす《ず》、一飯《いっぱん》をわけて下人ニくわすれハ《ば》人ハ持《もた》るゝ物也。夫故《それゆえ》、身上《しんしょう》通りニ神右衛門《じんうえもん》程人持《もち》候人ハ無之《これなく》、神右衛門《じんうえもん》ハ我ニましたる家来を多ク持《もち》候、と其《その》時分取沙汰《とりざた》有之《これあり》候也。仕立《したて》候者ニ御*直之《じきの》侍、手明鑓《てあきやり》ニ罷成《まかりなり》候衆数多有之事《あまたこれあることに》候。扨又《さてまた》*組頭ニ被仰付《おおせつけられ》候節、組之《の》者義は神右衛門《じんうえもん》気ニ入《いり》候者を新《あらた》ニ召抱《めしかかえ》候様ニ、と被仰付《おおせつけられ》*御切米被下《きりまいくだされ》候。皆《みな》家来共《ども》ニて候。勝茂《かつしげ》公御*月待被遊《まちあそばされ》候時分ハ、*寺井之《の》*しほいを取《とり》ニ被遣《つかわされ》候ニ、神右衛門《じんうえもん》与之者《くみのもの》へ申付《もうしつけ》候様ニ、此者共《このども》は深《ふか》ミに入《いり》て可汲《くむべき》者共《ども》、と被成御意《ぎょいなされ》候。ケ様《かよう》ニ御心付《こころづき》候得《そうらえば》ハ、志《こころざし》を勤メ*候半而不叶《そうらわでかなわざる》事也。

〈現代語訳〉

先代の山本神右衛門（善忠）がかねがね申したのは「侍は人を持つことにきわまる。どれほど御用に立とうと思っても、一人で合戦はできないものである。金銀は人に借りても手に入るものだ。人は簡単には手に入らない。かねて良い人に懇ろに扶持を与えておかねばならない。自分の口で物を食うようでは人を持つことはできない、自分の食う一杯の飯を分けて使用人に食わせれば人を持てるようになるものである」とのことだった。それゆえ「同じ禄高身分において神右衛門ほど人を持っている人はおらず、神右衛門は自分に勝っている家来を多く持っている」とその時分には取りざたされたのだ。取り立てた者に直臣の侍や手明槍になった者たちがあまたいたことであった。さてまた組頭に仰せつけられたとき「組の者については神右衛門が気に入る者を新たに召抱えるように」と仰せつけられ御切米をくだされた。結局みな元々の私的な家来たちであった。勝茂公が月待の行事をなされている時分には、寺井の潮水を取りにつかわされるのに「神右衛門の組の者に申しつけるように。この者どもはどんな深みに入っても汲むはずの者どもだ」と仰った。このようにお気に入りくださるのでは、志を勤め申さないでは叶わないことである。

〈注〉

山本前神右衛門　山本常朝の父、山本重澄。善忠は法名。（人物補注、山本重澄）　**扶持**　扶持米の略で俸禄米のこと。「扶持する」で、俸禄を与えて家来として抱え置くこと。　**御直之侍**　佐賀藩藩主に直接仕える家臣のこと。直臣。　**組頭**　組の統率者。『重澄年譜』には、元和元年（一六一五）重澄二十六歳の時に、鉄砲足軽組の組頭を仰せ付けられ、その時山本重澄の組頭であった多久図書茂富から、気に入った者を抱えるように言われたとある。　**御切米**　三季に分けて支給される俸禄米のこと。　**御月待**　月の出を待つ行事のこと。特定の月齢の夜に集まり、月を待ちながらなんらかの講を行うものが多い。ここでは金立神社奉加のための講を行ったか。　**寺井**　筑後川下流の徐福上陸の地と言われる場所。上陸した徐福が、井戸を掘り手を洗ったため、「手洗い」が訛って「寺井」になったと言う。徐福を金立権現として祀る金立神社の下宮がある。　**しほい**　清めのための潮水のこと。餅木本では「塩」となっている。　**勤メ**　小城本では「励」となっている。

133　一、*神右衛門《じんうえもん》申《もうし》候ハ、曲者《くせもの》は頼母敷《たのもしき》者、頼母敷《たのもしき》者は曲者《くせもの》也。年来《としごろ》ためし覚有《おぼえあり》。頼《たの》母敷《もしき》と云《いう》は首尾能時《よきとき》は不入《いらず》。人之《の》落目《おちめ》ニ成難義《なりなんぎ》する時節くゞり入《いり》て頼《たの》もしするか《が》頼母《たのも》し也。左様之《さようの》*人は必定《ひつじょう》曲者《くせもの》也、と。

〈現代語訳〉

神右衛門が言っていたのは「曲者は頼もしい者、頼もしい者は曲者である。長年の経験から確信がある。頼もしい、というのは万事うまくいっている時は入ってこない。人が落ち目になり困ったときに門をくぐり入ってきて頼りになることをしてくれる。それが頼もしいということである。そのような人は必ず決まって曲者である」ということだ。

〈注〉

神右衛門　山本常朝の父、山本重澄。本条文と同様の内容は、聞書一－60、聞書十一－42、『愚見集』、『重澄年譜』に見られる。（人物補注、山本重澄）　**人**　小城本では「心」。

134　一、何某帰参、*忰初而《せがれはじめて》*御目見之《おめみえの》時申《もうし》候ハ、御礼仕《つかまつり》候節、扨〻難有《さてさてありがたき》事かな。埋《う》もれ候者か《が》御目見《おめみえ》を仕《つかまつり》、*冥加之《みょうがの》仕合不過之《しあわせこれにすぎず》、此《この》上ハ身命を擲《なげうち》て御用ニ可罷立《まかりたつべし》、と観念可有《あるべく》候。此《この》一心則《すなわち》御心ニ*感応有《あり》て御用ニ立申事《たちもうすことに》候、と申《もうし》候。又《また》御礼前殿中ニて、目ニ物を見す《ず》口ニ物を不言《いわず》と合点して、すハりたる所を不動《うごかず》、人之《の》申懸《もうしかけ》候共《そうらえども》、十言は一言ニて済《すま》し可申《もうすべく》候。脇より見て聢《し》かりと見ヘ候。八方を詠《なが》メ口を扣《たた》キ候付而《につきて》、内之《の》心か《が》外ニちり、うかつけ《げ》ニ見ゆる也。心之《の》すわりと申《もうす》もの也。馴《なれ》候程失念有間敷《あるまじく》、と申《もうし》候也。

〈現代語訳〉

ある者が帰参し、息子がはじめて殿にお目見えの時、息子に言ったのは「御礼をいたす時に『さてさてありがたいことだ。埋もれていた者が、お目見えをいたし、神仏のお助けもこれ以上のものはなく、かくなるうえは身命を投げ捨て御用に立ち申さねばならぬ』と強く念じなければならない。この専一なる心がそのまま殿の御心に感応して御用に立つということである」と言った。また御礼の前に「城内では、目に物を見ず口に何も言わずと合点して、座っているところを動かず、人が話しかけてきても、十言を一言ですまして申さねばならない。脇から見て確かであると見える。八方を見わたし口をたたくせいで、内々の心が外に飛び散り、うかつ気に見えるのだ。『心のすわり』というものである。慣れていくほど失念があってはならない」と言っていた。

〈注〉

帰参　俸禄を失い仕官していない牢人が、再び同じ主君に仕官すること。**御目見**　主君の目の前に出て、直接会うこと。**冥加**　目に見えない神仏の加護のこと。**感応**　聞書一－58注参照。ここでは主君を神仏にたとえ、奉公人の御用に立ちたいという念が、主君に通じ、御用に立つことの実現につながることをいう。**心之すわり**　心が落ち着いていること。

135　一、少《すこし》智恵有《ある》者は当代を諷《*ふう》するもの也。災《わざわい》之《の》基《もとい》也。口をたしなむ者ハ、善世《ぜんせい》ニは用《もち》ひられ、悪世《あくせい》ニは刑戮《けいりく》をまぬかるゝもの也。

〈現代語訳〉

少し智恵のある者はその時代を批判するものである。災いのもとだ。口をつつしむ者は、善政の世では用いられ、悪政の世では処刑を免れるものである。

〈注〉

諷 本来の意味は、「それとなくいう」「あてこする」。

136 一、*神文《しんもん》ニ深き秘事有之《これある》也。

〈現代語訳〉

神文には深い秘事がある。

〈注〉

神文 起請文。誓詞。聞書一－98注参照。

137　一、*御異見《いけん》*を申上《もうしあげ》候得《そうらえば》は、一倍*御こぢ被遊《あそばされ》、却《かえって》而害ニ成《なり》候故《ゆえ》、御異見不申上《いけんもうしあげず》、*御無理之《の》事なか《が》ら 畏《かしこまり》罷在《まかりあり》、と被申《もうされ》候ハ、皆《みな》云わけ也。一命を捨《すて》て申上《もうしあげ》候得《そうらえば》ハ、被聞召分《きこしめしわけらるる》物也。なまかわニ被申上《もうしあげられ》候故《ゆえ》、御気ニさかひ、云出《いいいだ》さるゝ半《なかば》ニて打崩《うちくず》され、引取《ひきとる》衆斗《ばかり》也。先年、*相良求馬御気ニさかひ候。御異見《いけん》を強ク申上《もうしあげ》候付《につき》、御立腹被成《なられ》、切腹と被仰出《おおせいだされ》候。*生野《いくの》織部《おりべ》、*山崎蔵人《くらんど》参《まいり》候而《て》*内意被申聞《もうしきけられ》候得《そうらえば》は、求馬は、本望至極、乍去《さりながら》今一事申残《もうしのこし》、死後迄之《までの》残念ニ候。各《おのおの》年来之《としごろの》御よしみニ、此《この》事を被仰上被下《おおせあげられくだされ》候様ニと申《もうし》候ニ付而《つきて》、則《すなわち》両人より求馬申上《もうしあげ》候趣《おもむき》被達《たっせられ》、御*聞《きき》候。尚ゝ《なおなお》御立腹被遊《あそばさるる》事ニて候つる由《よし》ニ候処《ところ》、求馬切腹相待《あいまち》候様ニと被仰出《おおせいだされ》、被聞召分《きこしめしわけられ》、被差免《さしゆるされ》候。又《また》*中野数馬年寄之《の》時分、*羽室清左衛門《はむろせいざえもん》、*大隈五太輔《おおくまだゆう》、*江副《えぞえ》甚兵衛、*石井源左衛門、*石井八郎左衛門、御意を相背《あいそむき》候ニ付《つき》、切腹と被仰出《おおせいだされ》候。其《その》時綱茂《つなしげ》公之《の》御前へ数馬罷出《まかりいで》、右之《の》者共《ども》は御助被成《おたすけなされ》候様ニ、と申上《もうしあげ》候。公被聞召《きこしめされ》御立腹被成《なられ》、僉議《せんぎ》相極《あいきわめ》切腹申付《もうしつけ》候ニ可助《たすくべき》道理有之而《これありて》申《もうす》義ニ候哉《や》、と御意被成《なされ》候。数馬承之《これをうけたまわり》、道理ハ無御座《ござなく》候、と申上《もうしあげ》候。道理無之処《これなきところ》ニ助ケ候様ニと申《もうす》義不届之《ふとどきの》由《よし》御呵《しかり》被成《なされ》、引取《ひきとり》、又罷出《またまかりいで》、右之《の》者共《ども》は何卒《なにとぞ》御助《たすけ》被成《なされ》候様ニ、と申上《もうしあげ》候ニ付《つき》、如最前《さいぜんのごとく》又ゝ《またまた》御呵《しかり》被成《なされ》候ニ付《つき》、引取《ひきとり》、又罷出《またまかりいで》如斯《かくのごとく》*七度迄申《までもうす》事ニ候間《あいだ》、助《たす》くる時節ニて有《ある》へし、と忽《たちまち》被思召直《おぼしめしなおされ》、御助《たすけ》被成《なされ》候。ケ《か》様之《ようの》事共数《どもあま》多有之候也《たこれあり》。

〈現代語訳〉

「殿に御異見を申し上げたならば、いっそう固執なされ、かえって害になるゆえ、御異見は申し上げず、ご無理のことではあるがかしこまって承る」と言われるのは、みないいわけである。一命を捨てて申し上げたならば、お聞きになり分別なさるものである。中途半端に申し上げるから、お気に逆らい、言い出している半ばで挫かれ、引き下がる者たちばかりである。先年、相良求馬が殿のお気に逆らった。御異見を強く申し上げたので、ご立腹になり「切腹せよ」と仰せ出された。生野織部、山崎蔵人がやってきて内意を申し聞かせると、求馬は「本望至極である。さりながら今ひとつ申し上げ残しており、死後までの残念である。おのおの長年のよしみに、このことを申し上げてくださるように」といったので、そのまま両人から求馬の申し上げていた内容を申し達し、お聞きになった。ますますご立腹になられたということだったが「求馬の切腹は待つように」と仰せられ、御異見もお聞き届けになり分別され、求馬は許された。また中野数馬が年寄役であったころ、羽室清左衛門、大隈五太輔、江副甚兵衛、石井源左衛門、石井八郎左衛門が殿のご意志に背いたので、「切腹せよ」と仰せ出された。その時綱茂公の御前に数馬がまかり出て「右の者どもはお助けなされますように」と申し上げた。綱茂公はお聞きになりご立腹になり「詮議はきわめ尽され切腹を申しつけたのに助けねばならない道理があって言うのか」と仰られた。数馬はご意向を承って「道理はございません」と申し上げた。道理がないのに助けるようにと申したのは不届きであるとのことをお叱りになられ、数馬は引き下がったが、またまかり出て「右の者どもは何とぞお助けになられますように」と申し上げたので、先ほどのように又々お叱りになられたので、引き下がった。またまかり出てこのように七度まで申すことになったうちに「助ける頃合いであるのだろう」とたちまちにお考え直され、お助けになられた。このようなことは多くあるのである。

〈注〉

御異見 主君の考えと異なる見解を申し上げ、諫めること。**を** 底本では、「之」を訂正して「を」となっている。**御こぢ** 意固地（依怙地）になる。強情に意地を張る。主君が自分の意見や主義をかたく言い張って変えることのないこと。**御無理** 道理にかなわないこと。**相良求馬** 名は及真。聞書一‐7、人物補注相良及真参照。**生野織部** 名は孝時。二代藩主鍋島光茂に仕え、御側役から、年寄役、大物頭、加判家老まで勤めた。**山崎蔵人** 山崎政良。（人物補注、山崎政良）**内意** 公表していない内々の意向。心中の考え。**御聞** 餅木本、小城本では「御耳」となっている。「被達御耳」で「おみみにたっせられ」となり、このほうが文意は通る。**中野数馬** 名は利明。常朝の従兄弟の子。中野家一門を束ねる大組頭で、常朝の寄親。藩主となる前の三代藩主鍋島綱茂の御側役、年寄役を勤め、後に二代藩主鍋島光茂の加判家老となる。本条文の出来事は、利明が綱茂の年寄役を勤めていた時のこと。天和元年（一六八一）に、徳川綱吉が将軍となったお祝いの能興行のため、人手が必要となり、主君護衛の馬廻組に手明槍を数人加えたところ、争論となり、綱茂付きであった本条文の五人が牢人となった（聞書一－169）。（人物補注、中野利明）**羽室清左衛門**　名は長英。父貞明は徳川家の御家人で、江戸の与力であったが、貞明の妻が光茂の娘於春の乳母を勤めたことから、光茂に召し抱えられた。於春と長英は乳兄弟である。足軽頭から着座、江戸御屋敷頭人などを勤めた。**大隈五太輔**　名は不明。父は大隈加兵衛孝辰（大隈安芸守茂隆の曾孫）。大隈家は後に大隈重信を出し、侯爵家となった。（人物補注、大隈茂隆）**江副甚兵衛**　名は豊季。江副為豊の次男。父江副為豊（太郎右衛門為豊）は手明槍から二代藩主光茂によって取り立てられた者である。**石井源左衛門**　名は正澄。石井正之の次男。父石井正之は、島原の乱において一番乗りの軍功を立てた者である。（人物補注、石井正之）**石井八郎左衛門**　名は美文。父は形左衛門忠充。光茂に仕え、目付役を勤めた。**七度迄**　この後、餅木本では「同事を申上候。公被聞召、道理は無之候処に、七度迄」、小城本では「同じ事を申上候。公被聞召、道理は無之処、七度迄」という文言が続く。

138　一、人ニ*超越する処《ところ》ハ、我《わが》上を人ニいわせて異見《いけん》を聞斗《きくばかり》也。並之《の》人ハ我一分《わがいちぶん》ニて済《すま》ス故《ゆえ》、一段越《こ》へたる処《ところ》なし。人ニ談合する分か《が》一段越《こえ》たる所也。何某役所之《の》書付《かきつけ》を相談被申《もうされ》候。我等よりは能書調《よくかきととのうる》人也。添削を被請か《こわるるが》人より上也。

〈現代語訳〉

人よりすぐれた境地というのは、自分にかかわることを人に論じさせて意見を聞くだけのことである。並みの人はおのれの一存で済ませるから、一段越えているところがない。人と談合した分が一段越えているところなのである。ある者が役所の書付けを相談してきた。私のような者よりはよく書き調える人である。添削を頼むところが人よりすぐれたところである。

〈注〉

超越 「ちょうおつ」。仏教語で有無の対立を立ちこえること。とびぬけていること。飛びこえること。

139 一、修行ニおゐてハ是迄《これまで》成就と云《いう》事はなし。成就と思ふ所其侭《そのまま》道ニ背《そむく》也。一生之《の》間不足〳〵と思ひて思ひ死《じに》する所、*跡《あと》より見て成就之《の》人也。純一無雑ニ*打成《うちな》り一片ニ成る事ハ中〻《なかなか》一生ニ成兼《なりかぬべ》へし。まじり物有《あり》てハ道ニあらす《ず》。奉公武篇《ぶへん》一片ニなる事、心懸《こころがくべ》へき也。

〈現代語訳〉

修行においては「これまでで成就した」ということはない。「成就した」と思うところが、そのまま道に背いているのだ。一生の間、「不足だ、不足だ」と思って思い死にするところを、その軌跡をかえりみて成就の人というのだ。純一無雑になりきり、心が一つになることは、なかなか一生の間では成りがたいだろう。混じりものがあっては道ではない。奉公と武勇とが一つになることを心がけるべきである。

〈注〉

跡より見て　「跡」は痕跡、軌跡の意。死ぬまでの一生の軌跡をかえりみて、成就の人だったとわかるということ。あるいは『葉隠』中には「跡にする」で、「後回しにする」の意で用いた例もあるので、死後にはじめて成就の人だったとわかる、と訳してもよいか。　**打成り一片**　禅語の「打成一《たじょういっ》片《ぺん》」にもとづく。心と外界とが一つに成りきること。分別意識のなくなった心のあり方。「長短好悪、打成一片、一一拈来、更無異見」(『碧巌録』第六則)、「久久純熟自然内外打成一片」(『無門関』一)など。『驢鞍橋』中－八六、八八にも用例がある。

140　一、物か《が》二ッニなるか《が》悪敷《あしき》也。武士道一ッニて他ニ求《もとむ》る事有へ《あるべ》からす《ず》。道之《の》字は同シ《じ》事也。然ニ《しかる》＊儒道佛道を聞《きき》て武士道抔《など》と云《いう》は道ニ叶ハぬ所也。＊如此心得《これのごとくこころえ》て諸道を聞《きき》てハいよ〱道ニ叶ふへ《べ》し。

〈現代語訳〉

物が二つになるのがよくないのだ。武士道一つで他に求めることがあってはならない。道の字は同じことである。そうなのに儒道や仏道を学んで、それと並べて武士道などというのは、道の本来の意味にかなわないところである。このように心得て諸々の道のことを聞けば、ますます道にかなうだろう。

〈注〉

儒道仏道を聞て武士道抔と云　儒学の道や仏教の道があり、それに対して武士の道があると考えること。餅木本では「儒道仏道」が「神道仏道」となっている。**如此心得て諸道を聞てハ**　道は根本において一つだと理解した上で、様々な学問、芸能のことがらを知るならば。

141　一、歌の読方《よみかた》ニ、*つゝ《づ》けか《が》ら、*てにはか《が》大事也といへり。是《これ》を思ふニ、常ゝ《つねづね》之《の》物言《ものいい》心を付《つく》べき事也。

〈現代語訳〉

和歌の詠み方に「続けがら」「てには」が大事だと言われている。これを思うと、日常の物言いも細部に気を配ることが大切である。

〈注〉

つゝけから　和歌の詠みぶりを表わす歌学用語で、歌詞の続けぐあいをいう。用語・表現に滞りがなく、すらすらと詠み下された歌が求められた。「すべて詞に、あしきもなくよろしきも有るべからず。たゞつゞけがらにて、歌詞の勝劣侍るべし」（藤原定家『毎月抄』）　**てには**　和歌における「てにをは」、すなわち助辞の用法、特に係結びのこと。古今伝授においても詠作の基礎教育の重要な一項として含み込まれていた。

142　一、武士は*当座之《の》一言か《が》大事也。只《ただ》一言ニて武勇顕《あら》ハるゝ也。治世《ちせい》ニ勇を顕《あらわ》すハ詞《ことば》也。乱世ニも一言ニて剛臆《ごうおく》見ゆると見へたり。*此《この》一言か《が》心之《の》花也。*口ニてハいわれぬ物也。

〈現代語訳〉

武士は当座の一言が大事である。ただ一言で武勇が顕れるのだ。治世において武勇を顕すのは詞である。乱世においても一言で剛胆か臆病かは見えると思われる。この一言が花となって咲いた心である。口先の技巧では言えないものだ。

〈注〉

当座　事に当面したその時。　**此一言か心之花也**　歌の世界では、「心」は心中の思いや歌の意味内容、「花」は「詞」、すなわち美しい表現をさしていわれる。餅木本、小城本では「心ち尤也」。

口ニてハいわれぬ物也　口先では、武勇が顕れる一言は言えないということ。

143　一、武士はかりニも弱気之《の》事を云《いう》まし《じ》、するまし《じ》、と兼〻《かねがね》心懸《こころがくべ》へき事なり。かりそめ之《の》事ニて心之《の》奥見ゆるもの也。

〈現代語訳〉

武士はかりにも弱気なことを言うまい、するまい、とかねがね心がけておかねばならないことである。ちょっとしたことで心の奥底が見えるものである。

144　一、何事もならぬと云《いう》事なし。一念起《おこ》ると天地《あめつち》をも思ひ*ほ《が》かす物なり。ならぬと云《いう》事なし。人か《が》かひなき故《ゆえ》思ひ立得《たちえ》ぬ也。*力をも入《いれ》すして天地を動かすと云《いう》も只《ただ》一心之《の》事也。

〈現代語訳〉

何ごとも成らないということはない。一念が起れば天地さえも思いで貫けるものである。成らないということはない。人が不甲斐ないから思い立つことができないのだ。「力も入れずに天地を動かす」というのもただ一つの心のことである。

〈注〉

ほかす 穴をあける、貫き通すの意の方言。**力をも入すして天地を動かす** 『古今和歌集』仮名序冒頭の一節。和歌の効用の一つとして挙げられる。仮名序では和歌は「人の心を種として」できあがるといわれる。

145　一、礼ニ腰おれす《ず》、*恐惶《きようこう》ニ筆《ふで》つひへす《ず》、と申《もうす》事親*神右衛門《じんうえもん》常ニ申《もうし》候。当時之《の》人は礼かす《が》くなき故《ゆえ》、うつかりとも見へ、*風躰《ふうてい》悪敷《あしき》也。分《わ》ケ隔テなく礼ゝ敷《いやいやしき》か《が》よし。又《また》長座之《の》時は、始メと終《おわり》ニ深く礼をして、中ハ座之宜《のよろしき》ニ随《したが》ふへ《べ》し。相応ニ礼をすると思へは《ば》不足ニ有《ある》也。近代之《の》衆は無礼*調子早《ちようしばや》ニ成《なり》たり。

〈現代語訳〉

「礼に腰折れず、『恐惶』に筆ついえず（礼のし過ぎで腰が折れることはない、敬意を幾ら書いても筆はなくならない）」ということを父の神右衛門は常に申していた。近頃の人は礼が足りないので、うっかりしているとも見え、風体が悪いのだ。わけ隔てなく恭しいのがよい。また長座のときには、始めと終わりに深く礼をして、中ほどはその座のよろしさに随わねばならない。相応に礼をすると思えば礼が足りなくなることがあるのだ。近ごろの連中は無礼で様子がうわつくようになった。

〈注〉

恐惶　書状などの末尾に記す、相手に敬意を表す文言のこと。　**親神右衛門**　常朝の父親、山本重澄のこと。同様の内容が聞書十一－42の重澄の教訓にある。（人物補注、山本重澄）　**風躰**　ふるまい、姿かたち。　**調子早**　せっかちで、うわついているさま。「調子早」に対し、聞書一－108には、良いふるまい、姿として、「調子しづか」、様子が静かで、落ち着いていることが挙げられている。

146　一、奉公人は喰ハね共《ども》空《から》楊枝、内ハ犬之《の》皮、外は虎之《の》皮、と云《いう》事、是又《これまた》＊神右衛《じんうえ》門《もん》常《つねづね》ニ申《もうし》候。士《さむらい》ハ外目《そとめ》をたしなミ、内は費《ついえ》なき様ニすべき也。多分逆ニ成る也。

〈現代語訳〉

「奉公人は食わねども空楊枝、内は犬の皮、外は虎の皮（奉公人は食事をしなくても、食べたかのように楊枝を使う。内では粗末な犬の皮でも、外では立派な虎の皮を用いる）」ということ、これまた神右衛門が常々言っていた。武士は外見をたしなみ、内は無駄な出費がないようにしなければならない。多くはこの逆であることだ。

〈注〉

神右衛門　常朝の父親、山本重澄のこと。同様の内容が聞書一－60、聞書十一－42の重澄の教訓にある。（人物補注、山本重澄）

147　一、藝能*に上手といわるゝ人は馬鹿風*之《の》者也。是《これ》ハ只《ただ》一篇ニ貪着《とんちゃく》する愚痴故《ゆえ》、余念なくて上手ニ成《なる》也。何之《の》益《やく》ニもたゝぬもの也。

〈現代語訳〉

一芸に達者な人は馬鹿の仲間である。これはただ一つのことにだけ執着する愚かさゆえ、余念がなくて上手になるのだ。何の役にもたたないものである。

〈注〉

藝能　各種の才芸、技芸のこと。『葉隠』では剣術馬術などの武術や、能や連歌などの技芸、仏法などの学問も指す。芸に執着し、一芸ある者、名人と成った者は、『葉隠』においては芸者と呼ばれ、武士ではないと言われる（聞書一－88、聞書二－101）。　**馬鹿風**　馬鹿のようであるということ。馬鹿に見えること。

148　一、*聖君賢君と申《もうす》は、諫言《かんげん》を被聞召《きこしめさるる》斗《ばかり》也。其《その》時、御家中力を出し、何事か《が》な申《もうし》上《あげ》、何事か《が》な御用ニ可立《たつべし》、と思ふ故《ゆえ》、御家治《おさま》る也。士《さむらい》は諸傍輩《ほうばい》ニ頼母敷《たのもしく》寄合《よりあう》中ニも、智恵有《ある》人ニ我《わが》身之《の》上之《の》異見《いけん》を頼《たのみ》、我《わが》非を知《しり》て、一生道を*探促《たんそく》する者は、御国之《の》宝と成《なる》也。

〈現代語訳〉

聖君や賢君というのは、要するに諫言をお聞き容れになる殿様ということに尽きる。その時、ご家中で力を出し、「何か申しあげることはないか」「何か御用に立つべきことはないか」と思うから、お家が治まるのである。武士というものは、もろもろの傍輩たちと信頼しあいながら、智恵ある人に自分の身の上について異見を依頼し、自分の非を知って、一生道を探し求める者が、お国の宝となるのである。

〈注〉

聖君賢君　徳の優れた君主や賢明な君主。　**探促**　「探捉」。探し求めること。底本の表記はすべて「探促」となっている。

149　一、四十より内は*強ミたるか《が》よし。五十ニ及ぶ比《ころ》は*おとなしく成リたるか《が》相応なり。

〈現代語訳〉

四十歳より前は強みがあるさまなのが良い。五十歳に及ぶころには大人らしくなっているのが相応である。

〈注〉

強《み》たる　強さを感じさせる。強い様子である。　**おとなしく成《り》たる**　一人前になっている。落ち着きがあって、何事にも動じない様。

150　一、人ニ取合咄《とりあいはなし》なと《ど》するハ、夫〻《それぞれ》相応か《が》能《よき》也。能《よき》事とて合《あわ》ぬ事を云《いい》てハ無興之《ぶきょうの》もの也。

〈現代語訳〉

人に応対して話などをするのは、相手それぞれに相応なのが良い。良いことだからといって相手に合わないことを言っては興ざめなものである。

151　一、御前近き*出頭人ニは親敷《したしく》可仕《つかまつるべき》事也。我為《わがため》ニすれハ《ば》追従《ついしょう》也。何ぞ申上度《もうしあげたき》事有《ある》時之《の》階《きざはし》也。尤《もつとも》其《その》人忠義之《の》志《こころざし》無キ人ならは《ば》無用也。*何事も皆主人之《の》御為也。

〈現代語訳〉

主君のお近くにお仕えする出世の人には親しくお仕えしなければならないことである。ただし、自分のためにすれば追従になってしまう。何か主君に申し上げたいことのあるときの取次である。もっとも、その出頭人が忠義の志のない人ならば無用である。何ごともみなご主人のためである。

〈注〉

出頭人　主君に重用され、要務に参与する者。　**何事**　餅木本では「何時」となっている。

152　一、人之《の》異見《いけん》を申《もうし》候時は益《やく》ニたゝぬ事ニても忝《かたじけなし》と深ゝ《ふかぶか》請合可申《うけあいもうすべき》也。左様《さよう》ニ不仕候得は《つかまつらずそうらえば》、重而《かさねて》見付聞付《みつけききつけ》たる事をも云ハぬもの也。何卒《なにとぞ》心安く異見《いけん》を云ヒ能《よき》様ニ仕《し》成《な》して、人ニいわするか《が》能《よき》也。

〈現代語訳〉

人が異見を言ってくる時は、役に立たない事でも「かたじけないことです」と深々と受け取るべきである。そのようにしておかなければ、その後、目につき耳にいれたことをも言ってくれなくなるものである。何としても気安く異見を言いやすいようにしておき、人に言わせるのが良いのだ。

153　一、諫言之《かんげんの》仕《し》様か《ようが》第一也。何もかも御揃《そろい》被成《なされ》候様ニと存《ぞんじ》候て申上《もうしあげ》候へハ《ば》、御用《もち》ひ不被成《なされず》、却而《かえって》害ニ成《なる》也。*御慰之《なぐさみの》事抔《など》はいか様ニ被遊《あそばされ》候而《て》も不苦《くるしからず》候。下ゝ《しもじも》安穏ニ御座候様ニ、*御家来之《の》者御奉公ニ進ミ申《もうし》候様ニと被思召《おぼしめされ》候へは《ば》、下より御用ニ立度《たちたく》と存《ぞんじ》候付而《につきて》、御国家治《おさま》る義ニ候。是《これ》は御苦労ニ成リ申《もうす》事ニ而《て》も無之《これなく》候、と申上候ハヽ《ば》、御得心可被遊《とくしんあそばさるべく》候。諫言異見《かんげんいけん》は和之《の》道、*熟談ニてなけれハ《ば》用ニ不立《たたず》。*屹《きつ》と仕《し》たる申分《もうしぶん》抔《など》ニ而《て》ハ、*当《あた》リ合《あい》ニ成《なり》て安き事も直らぬもの也。

〈現代語訳〉

諫言の仕方が第一である。何もかも完璧になられるようにと存じて申し上げれば、御採用にならず、かえって害になるのだ。「遊び事などはいくらなさっても差し障りございません。下々の者たちが安心できるように、御家来の者たちが御奉公に進むように、と思っていただけたならば、下から自然と御用に立ちたいと思いますので、お国お家が治まることでございます。これは殿様にご苦労をおかけすることにはなりません」と申し上げたならば、必ず納得してくださるだろう。諫言や異見は和の道、熟談でなければ用に立たない。きっちりした言い方では、意地の張り合いになって、簡単なことも直らないものである。

〈注〉

御慰　気晴らしになるような楽しみ、娯楽。　**御家来**　餅木本、小城本では「御家中」。　**熟談**　よく納得のいくまで話し合うこと。ここでは主君が納得できるように言葉を重ねること。　**屹と**　はっきりと。まちがいなく。　**当リ合**　相手になって争うこと。

154　一、世ニ教訓する人ハ多し。教訓を悦ぶ人は寡《すくな》し。まして教訓ニ従ッ人ハ稀《まれ》也。年三十も越《こえ》たる者は教訓する人もなし。教訓之《の》道ふさか《が》りて我侭成《わがままになる》故《ゆえ》、一生非を重ね*愚を増してすたる也。道を知れる人ニは何卒馴近付《なにとぞなれちかづき》て教訓を可請《*こうべき》事也。

〈現代語訳〉

世に教訓する人は多い。しかし教訓を喜ぶ人は少ない。まして教訓に従う人は稀である。年が三十歳をも越えた者には教訓する人もいない。教訓の道もふさがり、わがままになるため、一生非を重ね、どんどん愚かになって、ダメになっていくのだ。道を知っている人には何としても慣れ親しんで教訓を請うべきことである。

〈注〉

愚　餅木本では「悪」。　**可請**　餅木本では「可受」、小城本では「受べき」。

155　一、名利《みようり》薄き士《さむらい》は多分*ゑせ者ニ成《なり》て、人を*謗《そし》リ高慢して益《やく》ニたゝす《ず》。名利《みようり》深き者ニは劣《おとる》也。今日之《の》用ニ不立《たたざる》也。

〈現代語訳〉

名誉や利益に対する関心の薄い武士は、多くはえせ者になって、人を謗り、高慢になって、役に立たない。名利に関心の深い者には劣るのだ。ただ今の用に立たないのである。

〈注〉

ゑせ者　見かけはそれらしく見えるが、実はそうではない者のこと。ここでは、見かけは武士に見えるが、武士とは言えない者のこと。　**謗リ**　餅木本では「誤り」。

156　一、*大機《たいき》ハ晩《おそ》ク成《なる》と云《いう》事有《あり》。二十年三十年して仕課《しおお》する事ニならて《で》は大功ハなきもの也。奉公も急《いそぐ》ク心有《ある》時、我《わが》役之《の》外ニ推参し、*若功者《こうしや》といわれ、乗気《のりき》さし、かさ《が》つニ見へ、*出来《で》カした《だ》て、功者《こうしや》振リをし、追従《ついしよう》軽薄之《の》心出来《いでき》、*指さゝるゝ也。修行ニは骨を折《おり》、立身する事ハ人より引立《ひきたて》らるゝ者ならて《で》ハ用ニ不立《たたざる》也。

〈現代語訳〉

「大器は晩く成る」ということがある。二十年、三十年かけて仕上げていくことでなければ、大きな功はなせないのである。奉公も急ぐ心がある時、自分の役職以外のことにでしゃばって、「若いのに使える奴」とおだてられ、その気になり、落ち着かず雑に見え、でかしたような顔をし、やり手ぶって、追従や軽薄の心が出て来て、後ろ指をさされるのだ。修行には骨を折って、立身では他人から推挙されて引き立てられる者でなくては、役にたたないのである。

〈注〉

大機ハ 『老子』第四十一章の「大方は隅無し。大器は晩成す」(巨大な方形には四隅がなく、大きな容器はすぐにはできない)による。 **若功者** 若くして物事に熟練している者のこと。 **出来カしたて** 「でかしだて」。何事か手柄を立てたような顔で振る舞うこと。得意然とすること。 **指** 餅木本、小城本では「後ろ指」。

157　一、一役を勤《つとむ》る者は其《その》役之《の》肝要《かんよう》を僉議《せんぎ》して、今日斗《ばかり》と思ひ、念を入《いれ》、主君之《の》御前と思ひ、大節《たいせつ》ニすれハ《ば》誤リなき也。役を勤《つとめ》て*本意を*達すと云《いう》事有《あり》。其《その》役を手ニ入るへ《べ》き也。

〈現代語訳〉

一つの役職を勤める者は、その役の要となることをよくよく吟味して、今日をかぎりと思い、念を入れて主君の御前であると思い、大切にすれば、誤りはないのだ。役職を勤めることを通じて、自分の理想に達するということがある。そのためには、役職を手に入れなければならない。

〈注〉

本意　奉公人としての本来のあるべき理想。　**達す**　餅木本では「通す」、小城本では「通」となっている。

158　一、*不気味成《ぶきみなる》事有《あり》とて役所*引取抔《ひきとりなど》する事は、*御譜代相伝之《の》身として、主君を*跡ニなし逆心同前也。*他国之《の》侍は不気味成《ぶきみなる》時引取《ひきと》るを*たてはニ《ば》する也。仰付《おおせつけ》とさへあらは《ば》理非ニかまわす《ず》畏《かしこま》リ、扨《さて》気ニ不叶《かなわざる》事はいつ迄《まで》も〳〵《いつまでも》訴訟をすへ《べ》し。

〈現代語訳〉

気に入らないことがあるといって役職を辞任などすることは、御譜代相伝の身としては、主君をないがしろにしており、逆心同然である。他国の侍は、気に入らない時に、辞任するのを武士の意地の見せ場にしている。主君の命令とさえあれば、理非を問わずかしこまって受け、その上で気に食わないことはいつまでもいつまでも訴えをすればよい。

〈注〉

不気味　気持ちが良くない。気分を損ねる。　**引取**　辞職する。引退する。　**御譜代相伝之身**　代々の殿様にお仕えしてきた家柄を継いでいる立場。　**他国之侍**　小城本では「他家之衆」。　**たては**　拠って立つ場。餅木本では「たて」。

159　一、*楠正成《くすのきまさしげ》兵庫記之《の》中ニ、降参と云《いう》事ハ謀《はかりごと》ニても君之《の》為ニても武士之《の》せざる事也と有《あり》。忠臣ハ如此可有《かくのごとくあるべき》事也。

〈現代語訳〉

『楠正成兵庫記』の中に、「降参ということは、相手を偽るためであっても、君主のためであっても、武士のしないことである」とある。忠臣はこのようにあるべきである。

〈注〉

楠正成兵庫記　『楠兵庫記』『楠判官兵庫記』とも。楠木正成が兵庫で恩地和田に授けたとされる軍記、兵法書。降参について触れた条文があり、謀であったとしても「降人トナル事勇士ニアラス」とし、「敵ヲ謀テ身ヲ全シ栄ント思フ時ハ私出来テ其謀不レ可レ成」と、謀で我が身の保全を図った時は、その謀が「私」となって上手くいかないとしている。降参をし、首を刎ねられた例をあげる。直接的には、「君」や「忠臣」について触れた条文ではない。

160　一、奉公人は只《ただ》奉公ニすきたるか《が》能《よき》也。又《また》大役抔《など》を危《あやう》き事と思ひ引取《ひきとり》たがるは逃《にげ》*尻《じり》*すくたれ者也。其《その》役ニさゝれて心ならす《ず》仕《し》損《そんず》するハ*虎口之討死《うちじに》同前也。

〈現代語訳〉

奉公人はただ奉公を好んで打ち込むのが良いのだ。また、大役などを危ういことと思い、辞退するのは、逃げ腰、すくたれ者である。大役に指名されて、心ならずも仕損じるのは、戦場での討死同然である。

〈注〉

逃尻　逃げ出そうとするさまであること。逃げ腰。　**すくたれ者**　卑怯者。聞書一－60注参照。
虎口　戦場において要所にあたる出入り口のこと。戦いにおける大事な場、危険な場のこと。このような場における討死は武士の名誉であり、失敗ではない。

161　一、*役義を*見立好《みたてこの》ミ、主君*頭人之《の》気風をはかり我《わが》為ニ勤《つとむ》る者は、*仮《かりに》十度はかりて当る共《とも》、一度はかり*迦《はず》したる時滅亡して*きたな崩しをする也。手前ニ一定《いちじょう》したる忠心なく、*私曲*邪智之《の》深きよりする事也。

〈現代語訳〉
役目を選り好みし、主君や上役の機嫌を伺いながら、自分のために勤める者は、仮に十回推測して機嫌を当てたとしても、一度機嫌を測り損なった時に破滅して、みっともなく身上を崩すのである。自分に一つ定まっている忠心がなく、私曲邪智が深いことからなすことなのだ。

〈注〉
役義　役目、任務。　**見立**　見て選ぶこと。　**頭人**　集団を統率する、長たる人のこと。組頭など。**仮** 餅木本では「たとひ」。**きたな崩し** 私欲によって未練を残し、潔くない仕方で身上を失うこと。**私曲** 自身の利益のために不正な行いをすること。**邪智** 正しくない、誤った智恵。**より** 餅木本、小城本では「故」。

162　一、*一門*同組ニ介錯*取《とり》者抔《など》武士道ニかゝりたる事有《ある》時、我ニ続ク者なき様ニ平生覚悟して置ケハ《ば》、自然之《の》時人之《の》目ニも懸《かか》る物也。常に武勇之《の》人ニ乗越《のりこえ》んと心掛《こころがけ》、何某《なにがし》ニ劣るまし《じ》きと思《おもい》て勇気を修すへ《べ》き也。

〈**現代語訳**〉

一門や同組に介錯や捕物など武士道にかかわることがある時、自分以外に適任者などないというつもりで平生覚悟しておけば、いざという時人の目にもとまるものである。常に武勇の人を乗り越えようと心がけ、誰それに劣るまいことと思って、勇気を修すべきである。

〈**注**〉

一門 親族関係にある人々の総称。本家の名字を冠して、中野一門などと呼ばれる。山本家に養子に入った中野重澄や、その息子山本常朝が共に中野一門の一員として数えられるように、他家に養子に入った場合も、養子先の一門はもちろん、元の一門の一員としても数えられる。連帯意識が強く、一門内で何か問題があった場合はその一門で対応することが多い。常朝が介錯した沢辺平左衛門某（中野政良の子で常朝の従兄弟、沢辺家の養子）（聞書一－16）、中野将監正包（常朝の従兄弟の子）（聞書一－100）も中野一門の者である。石井家、中野家のように大きく有力な一門であれば、同じ一門の者で組を編成することもある。 **同組** 自身が所属する組と同じ組の意。 **取者** 捕物。罪人を召し取ること。

163 一、戦場ニても人ニ先を越されし《じ》と思ひ敵陣を打破《うちやぶ》リ度《たし》とのミ心懸《こころがく》る時、人ニおくれす《ず》、心気《しんき》たけく成《なり》、武勇を顕《あらわ》す＊よし、＊古老申伝《もうしつたえ》候也。又《また》＊討死《うちじに》したる時、敵方ニ死骸向《むけ》て居《お》る様ニと可覚悟《かくごすべき》也。

〈現代語訳〉

戦場においても人に先を越されまいと思い、敵陣を打ち破りたいとのみ心がけるとき、人に遅れをとらず、心気が猛々しくなり、武勇をあらわにするとのこと、古老の武士が申し伝えている。また討死した時、敵の方を死骸が向いているようにと覚悟すべきである。

〈注〉

よし 餅木本では「ぞかし」。 **古老** 経験を積んだ老功の武士。 **討死したる時、敵方ニ死骸向て居る** 聞書二－27に「日比之心懸ケか死後ニ迄顕れ申物」として、徳川家康の士卒が皆敵陣の方を向いて死んでいたという逸話が記されている。同じ逸話は『甲陽軍鑑』にも見られる。家康を剛の大将と称え、「此度味方が原御合戦に、討死の三河武者下々迄、勝負を仕らざるは一人もなく候。其証拠は、躰此方へ転たるは、うつむきになり、浜松のかたへころびたるは、あふむきになり申候」（品第三十九）というものである。

164　一、諸人《しょにん》*一和《いっか》して*天道ニ任せて居《お》れハ《ば》心安き也。一和《いっか》せぬは*大儀を調《ととの》へても忠儀ニあらす《ず》。傍輩と中悪敷《なかあしく》、仮初之出合《かりそめのであい》ニも顔出シ悪敷《あしく》、すね言のミ云《いう》は、胸量狭き愚痴より出る也。自然之《の》時之《の》事を思ふて、心ニ叶ぬ事有共《ありとも》、出合度毎《であうたびごと》ニ*会釈《えしやく》能《よく》、*無他事《たじなく》、幾度ニ而《て》もあかぬ様ニ心を付《つけ》て取合《とりあう》へ《べ》し。又《また》無常之《の》世の中今之《の》事も知れす《ず》。人ニ悪敷《あしく》思ハれて果《はた》すは無詮《せんなき》事也。但《ただ》*売僧《マイス》軽薄は見苦敷《みぐるしき》也。是《これ》ハ我為《わが》ニする故《ゆえ》也。又《また》人を先ニ立て、争ふ心なく、礼儀を乱さす《ず》、へりくた《だ》りて、我《わが》為の悪敷《あしく》ても人之《の》為ニ能様《よき》ニすれハ《ば》、*いつも*初会の様ニて中悪敷成《なかあしくなる》事なし。*婚礼の作法も別之《の》道也。終《おわり》を慎ム事、始《はじめ》之如くならは《ば》、不和之《の》儀不可有《あるべからざる》也。

〈現代語訳〉

もろもろの人々が一つに和して天道に任せていれば心安らかである。一つに和していなければ大儀なことをやりとげたとしても忠義ではない。朋輩と仲悪く、ちょっとした寄合いにもつきあいが悪く、すねたことばかりいうのは、心が狭く愚かであることから出るのだ。いざという時を思って、心にかなわないことがあっても寄合いのたびごとに会釈よく、腹をわって、何度でも飽き飽きしないように心をこめて応対すべきである。また無常の世の中で、今のこともわからない。人から悪く思われて終わるのは何の甲斐もないことである。ただし、おもねりや軽薄は見苦しいものだ。これは自分のためにするからだ。また、人を先に立てて争う心なく、礼儀を乱さずへりくだって、自分にとって悪くとも他人にとって良いようにすれば、いつも初対面のときと同じような気持ちでいられ、仲が悪くなることはない。夫婦のありかたも、互いの区別・礼儀を守りながら親しみ和合する「別の道」である。終わりを慎むことが初めのときのようであれば、不和ということはあるはずがないのだ。

〈注〉

一和　互いに調和して円満であること。**天道**　天地を主宰する者の意志。自然にそうなるような道理。**大儀**　大義、太儀とも。骨折りなこと。**會釈能**　礼儀正しく挨拶すること。**他事無**　隔意なく、うちとけていること。心の底からうちあけ、うちとけること。**売僧**　禅宗で、僧形で商売などをした堕落僧をいう。転じて、嘘やいつわりのこと。佐賀方言では「ミャース」と言い、へつらいやおもねりを意味する。**いつも**　餅木本では「いつれ」。**初会**　餅木本、小城本では「初参会」。**婚礼の作法も別之道也**　儒教では、聖人の五つの教え（五倫）として、父子の親、君臣の義、夫婦の別、長幼の序、朋友の信を説く。「別」の道とは、区別を正しくし、和気合同することをいう。餅木本では「婚礼も作法も別の故なし」。小城本では「婚礼も作法も別の道也」。

165　一、何事も人よりは一段立上《たちあが》りて見ねハ《ば》ならす《ず》。同《じ》シあたりニく《＊ぐ》どつきてがたひしと当《あた》リ合《あい》ニ成《なる》故《ゆえ》はつきりとしたる事なし。何某身上崩し之《の》事を諸人嘲《あざけり》申《もうし》候故《ゆえ》、不苦《くるしからざる》事ニて候ニ不運ニて残念之《の》事、と申《もうし》候。又《また》御主人之《の》御懇《ねんごろ》も御た《だ》まし二而《て》候故《ゆえ》難有《ありがたく》も不存《ぞんぜず》、と申《もうす》人候故《ゆえ》、扨〻《さてさて》＊不当介之《ふあてがいの》人かな、志深き者はた《だ》まさるゝが一入《ひとしお》嬉敷《うれしき》物《もの》ニて候、と申聞《もうしきかせ》候也。

〈現代語訳〉

何ごとも人よりは一段立ち上がって見なければならない。同じあたりでぐずぐずして、がたぴしとぶつかり合いになるから、埒が明かない。ある者が俸禄を取り上げられたことをみながあざけるので、「たいしたことではありませんが、不運で残念なことです」と申した。また、「ご主人が懇ろにしてくださるのも、お騙しでございますので、ありがたくも存じません」という人がいたので、「さてさて不当介の人ですな。志の深い者はだまされるのが一層うれしいものでございます」と言って聞かせた。

〈注〉

くどつきて　愚図愚図する。うろうろする。**不当介**　あるべきあり方にはずれていること。ここでは奉公人としてふさわしくないの意。

166　一、何和尚は利発ニて万事を*押付《おしつけ》て済《すま》シ被申《もうされ》候。今日本ニ手向《てむか》ひ申《もうす》出家なし。替《かわり》たる事少シもなし。大根《おおね》を見届《みとどく》ル力有《ある》人なきもの也。

〈現代語訳〉

とある和尚は利発で、万事を人にまかせて済まされている。今、日本に手向かいする出家はいない。変わった人では少しもない。物事の根本を見届ける力のある人はいないものである。

〈注〉

押付て　仕事や権限を人にまかせて。聞書一－34と同趣旨の話。

167　一、能《よき》人ハなきものニ而《て》候。*功《いさ》ミなる咄《はなし》を聞《きく》人さへなし。まして修行する人ハなし。此《この》前より方〻《ほうぼう》ニて数人出《で》合申《あいもうし》候ニ、皆加減して咄申《はなしもうし》候。一《いっぱ》はひを咄《はなし》候ハゝ《ば》、きらひ可被申《もうさるべく》候。

〈現代語訳〉

良い人はいないものである。勇ましい話を聞く人すらいない。ましてや修行する人はさらにいない。この前から方々で数人と出会ったときには、みなに手加減して話してきかせた。目一杯を話せば、嫌われるに違いない。

〈注〉

功ミなる咄　はげみになる話。奮い立たされる話。餅木本では「功なる咄」。小城本では「功に成る咄」。

168　一、*老耄《ろうもう》ハ得方《えかた》ニする物と覚ヘたり。気力強キ内は差引《さしひき》をして隠シ課《おお》すれ共《ども》、衰ヘたる時本躰之《の》得《え》方か《かたが》出《いで》、恥《はず》ケ敷《しき》物也。色品《いろしな》こそ替《かわ》れ、六十ニ及ぶ人之《の》老耄《ろうもう》せぬハなし。せぬと思ふ所か早老耄なり。一鼎ハ理屈老耄と覚へたり。我《われ》一人して御家はかゝへ留《とどむ》るとて、歴ゝ方《れきれきがた》ヘ老《おい》ほれたる形《なり》ニて駈廻《かけまわ》り入レ魂《いだましい》を被仕《つかまつられ》候。諸人尤《もっとも》と*存《ぞんずる》事ニて候。*今思ふニ老耄《ろうもう》也。我等か《が》能《よき》手本。老気《ろうき》身ニ覚ヘ候付而《につきて》、*御寺へも*御十三年忌限《かぎり》ニ不参仕《まいりつかまつらず》弥《いよいよ》禁足ニ極《き》メたり。先《さ》キを積《つも》らねハ《ば》ならす《ず》。

〈現代語訳〉

耄碌は得意な方面においてあらわれるものと思われる。気力の強いうちは差し引きをして隠しおおせるが、衰えた時にもともとの得意な方面が出張ってきて、恥ずかしいものである。姿や身分こそ人それぞれでも、六十歳に及ぶ人で耄碌しない人はいない。「しない」と思うところがもはや耄碌である。石田一鼎は「理屈老耄」と思われた。自分一人でお家を抱え留めると言って、お歴々の所へ老いぼれた姿で駆け回り、意見を言ってまわった。みなが「ごもっともです」と思うことだった。今思えば耄碌である。自分が良い手本である。老いを身に覚えて感じるので、お寺へも光茂公の御十三回忌を限りに参らず、いよいよ禁足することに決めている。先々のことを予め考えておかねばならない。

〈注〉

老耄ハ得方ニする　聞書一－41参照。　**一鼎**　石田一鼎。聞書一－8注、人物補注参照。　**入レ魂**　他人に自分の考えを吹き込むこと。入れ知恵に同じ。餅木本では「入魂」。　**存事**　餅木本では「不存事」。　**今思ふニ老耄也。我等か能手本**　餅木本では「今思ふニも老耄の我等か能手本」。　**御寺へも**　「御寺」は鍋島家菩提寺である高伝寺。　**御十三年忌**　二代藩主鍋島光茂の年忌。『常朝年譜』正徳二年（一七一二）には、「乗輪院様御十三回御法事」に続けて、毎月御忌日に高伝寺へ参詣していたが、老衰によって下山に難儀するようになったので、月参りを十三年忌限りとしたと書かれている。

169　一、*新儀《しんぎ》と云《いう》は能事《よきこと》ニ而《て》も悪事出来る物也。*先年*御参勤前*御側*年寄抔僉議《などせんぎ》ニて、此《この》度《たび》*将軍宣下《せんげ》御*能《おのう》ニ人多ク入申《いりもうし》候間《あいだ》、*御馬廻《うままわり》組之《の》手明《て》鑓《あきやり》侍役をさせ、兼ヾ《かねがね》御見知被成《なさるる》為ニも能《よく》候、とて数人被召連《めしつれられ》候様被仕《つかまつられ》候。*功者之《の》衆は悪事之《の》基《もとい》と申《もうし》候か《が》争論出来*御部屋付《づき》*羽室大隈抔《など》五人牢人仕《ろうにんつかまつり》候。又《また》侍御見知被成《なさるる》為とて*究役《きわめやく》二十人被申付《もうしつけられ》候。夫《それ》より究役之隙無之《きわめやくのひまこれなき》程ニ悪事多ク候。

〈現代語訳〉

新儀というものは良いことであっても悪いことが出てくるものである。先年のご参勤の出発前、御側役や年寄役などが僉議して、「この度の将軍宣下のお能には人が多く要るので、御馬廻組の手明槍に侍役をさせると、殿が前もってこれらの者をお見知りおきなされるのにも好都合であろう」といって数人を召し連れることにした。老功の衆は悪事のもとだと反対して争論になり、御部屋付役の羽室や大隈など五名が浪人した。また侍の実態を殿がお見知りなされるためといって究役二十人を申しつけられた。それからは究役に休む間がないほど、悪事が多くなった。

〈注〉

新儀 新しく決められた事柄。 **先年** 延宝八年（一六八〇）のこと。 **御参勤** 参勤交代のこと。江戸に向かうことを御参勤、佐賀に戻ることを御下国と言う。この時の参勤に、常朝は二代藩主鍋島光茂の御側小姓として御供をした。 **御側** 御側役のこと。主君の身近に仕える役の者。 **年寄** 年寄役。聞書一－13参照。 **抔** 「衆」が「抔」に訂正されている。 **将軍宣下** 征夷大将軍に任じる勅旨を天皇が下すこと。ここにおける将軍宣下とは、延宝八年における宣下のことで、徳川綱吉が征夷大将軍に任じられた。 **御能** 翌年の天和元年（一六八一）に、徳川綱吉が将軍の宣下を受けたことを祝う、能の興行が行われ、佐賀藩が運営を命ぜられた。 **御馬廻組之手明鑓侍役をさせ** 御馬廻組とは、佐賀藩における兵の編成単位である組のうち、侍を編成した組で、主君の護衛を任とする組のこと。手明槍は佐賀藩独自の藩士の階級で、知行がなく切米が支給される侍のこと。御馬廻組のうちには、足軽や手明槍を統率する物頭も含まれている。「御馬廻組之手明鑓侍役をさせ」とは、本来は物頭が統率する組から手明槍を引き抜き、御馬廻組の侍として扱うこと。 **功者之衆** 物事に熟練した者たちのこと。老練な者たち。 **御部屋付** 部屋住格（家督相続前の居候の身分）であった鍋島綱茂付きのこと。 **羽室大隈抔** 聞書一－137には、この時の争論によって、羽室清左衛門長英、大隈五太輔、江副甚兵衛豊季、石井源左衛門正澄、石井八郎左衛門美文の五人が一旦は切腹を申し付けられ、中野数馬利明のとりなしによって切腹を免れたと書かれている。 **究役** 聞書一－40注参照。

170 一、本筋をさへ立《たて》はづさぬ様ニすれハ《ば》、枝葉之《の》内ニは＊飛手《とびて》をも＊案外之《の》事をもして不苦《くるしからざる》也。枝葉之《の》事ニ*結句《けつく》大事ハ有《ある》也。少《すこしの》之事ニ*ふ《ぶ》りのよしあし有《ある》也。

〈現代語訳〉

本筋をさえ立てて外さないようにすれば、枝葉のことのうちは手を飛ばしても、思いもよらないことをしても、差し支えないのだ。とはいえ枝葉のことに結句の大事はある。少しのことに全体の印象の善し悪しがあるのだ。

〈注〉

飛手　間を省略したやりかた。　**案外之事**　非常識なこと。思いがけないような無礼なこと。　**結句**　歌の結語。結末。　**ふり**　しぐさ、身ぶり。またその姿形のこと。和歌では、心と詞の結合した一首全体の形態や表現様式、全体の印象を指す。

171　一、*龍泰寺之咄《りゆうたいじのはなし》ニ、上方《かみがた》ニて易者申《もうし》候ハ、御出家方ニても四十より内之《の》立身無用ニて候。誤リ有《ある》物ニて候。*四十ニしてまどわすと云《いう》は孔子之《の》上はかり《ば》ニてハなし。賢愚共《とも》ニ四十ニなれハ《ば》*たけ〱《だけ》相応ニ*功の入《いり》て不惑《まどわぬ》もの、と也。

〈現代語訳〉

龍泰寺で聞いた話に、「上方で易者が言うには、ご出家の方においても四十歳より若い内の立身は無用です。誤りがあるものです、ということだ。『四十にして惑わず』というのは孔子の身の上だけのことではない。賢人も愚人もともに四十歳になれば身のたけ相応の効用を積んで惑わないものである」ということだ。

〈注〉

龍泰寺　龍造寺隆信が自身の菩提を弔う場所として開いた寺。龍造寺氏の安泰を願って龍泰寺と名づけられた。　**四十ニしてまどわす**　「子の曰わく、吾れ十有五にして学に志す。三十にして立つ。四十にして惑わず。五十にして天命を知る。六十にして耳順がう。七十にして心の欲する所に従って、矩を踰えず」（『論語』「為政第二」）。孔子が自分の思想・人格の発達過程を回顧した言から。
たけ〴〵　それぞれの程度。　**功の入て**　年を経て経験を積んで。修錬を積んで。

172　一、武篇《ぶへん》ハ、敵を討取《うちとり》たるよりハ主之《の》為ニ死《しに》たるか《が》手柄也。＊継信《つぐのぶ》か《が》忠義ニ知れたり。

〈現代語訳〉

武勇では、敵を討ち取ることより主人のために死んだことの方が手柄である。継信の忠義によって明らかである。

〈注〉

継信　佐藤継信のこと。源義経の郎等。屋島の戦いにおいて平教経が矢を放った時、多くの郎等が義経をかばったが、継信は真っ先に矢面に立ち、射られた。継信は死に瀕しつつ、義経に思い残したことはないかと問われ、主人の命に代わって討たれたと末代まで語られることが武士としての名誉であると述べている（『平家物語』巻第十一「嗣信最期」）。継信については、聞書十一－87でも述べられており、「主君御大事之時、御家来として御命代ニ不立者ハ一人も有へからす。然共兼而覚悟したる者は希也」として、「兼て覚悟」をしていた佐藤継信の前に出られる者はなかったとし、「兼而覚悟」をして御側に勤めるべきであるとする。継信のありようは「浦山敷事」と述べられている。

173　一、若キ時分、残念記と名付《づけ》て、其日《そのひ》〳〵《そのひ》の誤《あやまり》を書付《かきつけ》て見たるニ、二十三十なき日はなし。果《はて》もなく候故《ゆえ》止《や》メたり。今ニも一日之《の》事を寝てから案《じ》して見れハ《ば》、云《いい》そこなひ仕《し》そこなひなき日はなし。扨《さて》もならぬ物也。利発任セニする人は了簡ニ不及《およばざる》事也。

〈現代語訳〉

若い時分に、残念記と名づけて、その日その日の誤りを書き付けて見たところ、二十、三十と誤りのない日はない。きりがないので止めた。今でも一日のことを寝てから思案してみると言い損ないや仕損ないのない日はない。それにしても上手くいかないものである。利発さ任せの人は仕損ないに気づかない。

174　一、物を読むハ腹ニて読《よみ》たるか《が》よし。口ニて読メは《ば》声か《が》つゝ《づ》かず、と式部*ニ指南也。

〈現代語訳〉

「物を読むときは腹で読むのがよい。口で読めば声が続かない」と、式部への指南である。

〈注〉

式部　未詳。聞書一―181の式部と同一人物か。

175　一、*仕合《しあわせ》能《よき》時分、自慢と奢《おごり》か《が》あぶなき也。其《その》時は日来之《ひごろの》一倍つゝしまねハ《ば》追付《おいつか》さ《ざ》る也。能《よき》時進*ム者は悪《あ》敷《しき》時草臥《くたぶる》る物也。

〈現代語訳〉

物事が順調に進むときは自慢とおごりがあぶないものである。その時は日ごろの二倍慎まなければ追いつかないのだ。よい時に勇んで進む者は上手くいかない時には疲れて嫌になるものである。

〈注〉

仕合　めぐりあわせ、ことのなりゆき。　**進ム**　はやる、積極的になる。

176　一、*忠臣ハ孝子之《の》門ニ尋《たずね》よと有《あり》。随分《ずいぶん》心を尽して孝行すへ《べ》き事也。無キ跡ニて残《のこり》多《おおき》事有へ《あるべ》し。奉公ニ精を出す人ハ自然ニはあれ共《ども》、孝行ニ精を出す人ハ稀《まれ》也。忠孝と云《いう》は*無理なる主人、無理なる親ニてなくハ《ば》知れまじき也。能《よき》者ニは他人も懇《ねんごろ》ニする也。*松柏《しょうはく》ハ霜《そう》後ニ顕《あら》ハるゝと有《あり》。*元政《げんせい》法印は、夜明《よあけ》ニ魚之《の》棚ニ行《ゆき》て、苞《つと》を衣之《の》内ニかくし、母ニ進んせ《ぜ》られたりと云《いう》。案し《じ》て見ても*常躰之《つねていの》事ニてなし。

〈現代語訳〉

「忠臣は孝子の門に尋ねよ（忠臣を求めるならば、親孝行な子の家に求めよ）」とある。できるかぎり心を尽くして孝行をすべきである。親の亡き後になって、やり残したことが多いということがあるだろう。奉公に精を出す人はいざとなればそれなりにあるものだが、孝行に精を出す人は稀である。忠孝というのは、無理を言う主人、無理を言う親に対してでなければ、表にはあらわれないだろう。性格のよい者に対しては、他人でも親切にするのである。「松柏は霜後に顕われる（寒くなってから、はじめて松やヒノキがはっきりと現れる）」とある。元政法印は夜明けに魚屋に行き、包みを法衣の中に隠し母君に進ぜられたという。どう考えても、なみたいていのことではない。

〈注〉

忠臣ハ孝子之門ニ尋よ 『後漢書』「韋彪伝」の孔子の言葉。「求忠臣必于孝子之門」（忠臣を求むるには必ず孝子の門においてす）。 **無理なる** 道理に反する、非道な。 **松柏ハ霜後ニ顕ハるゝ** 『論語』「子罕第九」の孔子の言葉から。「歳寒くして、然る後に松柏の凋むに後るることを知る」（寒くなってから、はじめて松やヒノキが散らないことがわかる）。人の真価も困難において分かるという意味。本条文と同様の言葉遣いのものは、『曾我物語』五「松柏は霜の後に顕はれ、忠臣は世の危きに知らる」である。 **元政法印** 日蓮宗の僧、日政のこと。法印は最高位の法位。元政上人などと呼ばれる。常朝の父重澄と同時代の人物。出家した後も母を側に住まわせ、孝行を尽くした。餅木本では「元政法師」。 **常体** ありきたりの様子、有様。ふつうのありよう。

177 一、物を書クは紙と筆と墨と思ひ合《あう》様ニなるか《が》上《あが》りたる也、と*一鼎《いってい》被申《もうされ》候。はなれ〳〵《ばなれ》に成《な》りたか《が》る也。

〈現代語訳〉

「物を書くには、紙と筆と墨とが互いに思い合うようになるのが上達ということだ」と一鼎は言われた。離れればなれになりたがるものである。

〈注〉

一鼎　石田一鼎。一―8注、人物補注参照。

178　一、*文庫より書物を出し給ふ。明《あ》ケ候へハ《ば》*丁子之《ちょうじの》香《かおり》*いたしたり。

〈現代語訳〉

殿様が文箱から書物をお出しになる。お開けになると丁子の香りがしたものだ。

〈注〉

文庫　書物や日用雑貨を入れておく手箱。**丁子**　丁子のつぼみを乾燥させた香料。クローブ。

いたしたり　餅木本、小城本では、「いたし候也」。

179　一、*大気《たいき》と云《いう》は大慈悲之《の》儀也。神詠*　慈悲の目ににくしと思ふ人あらし《じ》科《とが》のあるをは《ば》猶《なお》も哀《あわれ》め　広く大成《だいなる》事限リなし。普《あまね》くと云《いう》所也。*上古三国之《の》聖衆《しょうじゅ》を今日迄《まで》崇奉《あがめたてまつ》るも慈悲之《の》広ク*至る所也。何事も君父之《の》御為又《また》ハ諸人之《の》為子孫之《の》為とすへ《べ》し。是《これ》大慈悲也。慈悲より出る*智勇か《が》本之《ほんの》物也。慈悲之《の》為ニ罰し慈悲之《の》為ニ働ク故《ゆえ》強ク正しき事限リなし。我《わが》為ニするは狭クちいさく*小気《しょうき》也。悪事と成《なる》也。勇智之《の》事は此前《このまえ》得心せり。慈悲之《の》事は頃日得《けいじつとく》と手ニ入《いれ》たり。*家康公仰《おおせ》ニ諸人を子の如く思ふ時諸人又《また》我を親之《の》如く思ふ故《ゆえ》天下泰平之基《のもとい》ハ慈悲也と。又《また》*寄親組子と申《もうす》事親子之《の》*因《ちな》ミ一和《いっか》之《の》心を付ケ候而《て》之《の》名かと思《おもわ》れ候。*直茂《なおしげ》公理非を糺《ただ》す者は人罰ニ落《おつ》る也と被仰《おおせられ》候は慈悲よりの御ケ條《か》かと存《ぞんぜ》られ候。道理之《の》外ニ理有《あり》と被仰《おおせられ》候も慈悲成へ《なるべ》し。無尽成《なる》事味《あじわ》ふへ《べ》しと*精を入而《いれて》御噺《はなし》也。

〈現代語訳〉

度量が広いというのは、大慈悲のことである。神詠「慈悲の目に憎いと思う人はあるまい、罪のある人を一層あわれむようにせよ」。広く大いなることは限りない。「あまねく」といったところか。上古三国の聖衆を今日まで崇め奉るのも、慈悲が広く行き渡っているからである。何ごとも君父のため、または諸人のため、子孫のためとしなければならない。これぞ大慈悲である。慈悲から出る知恵と勇気が本物である。慈悲のために罰し、慈悲のために働くゆえに、強く正しいことは限りない。自分のためにするのでは心がせせこましく、器が小さい。これは悪事となるのだ。勇気と知恵のことはこの前に得心した。慈悲のことは先日とくと手に入れた。家康公のおっしゃるには「諸人を子のように思う時、諸人はまた自分のことを親のように思うから、天下泰平の基礎は慈悲である」ということだ。また寄親と組子ということは親子のちなみ、一和の心を指しての名であるかと思われる。直茂公が「理非を糺す者は人罰に落ちるのだ」と仰られるのは、慈悲からの御箇条かと思われる。「道理の外に理あり」と仰られるのも慈悲であろう。慈悲は尽きることのないことを味わわねばならない、と精魂込めてのお話になった。

〈注〉

大気　気が大きいこと。度量が広く、小さな事にこだわらないさま。**神詠**　神が詠んだとされる和歌。本条文の和歌は『愚見集』にもあり、天照大御神の歌とされている。**上古三国之聖衆**　大昔のインド、中国、日本の聖者たち。聖衆は仏教語で、菩薩など大乗の聖者や、声聞、縁覚など小乗の聖者を指す。**至る**　餅木本では「出る」。**智勇**　智慧と勇気のこと。智、仁、勇を儒教では三徳という。「知仁勇三者、天下之達徳也」『中庸』第八章。**小気**　気が小さいこと。小心で、度量が狭い。肝が小さい。**家康公**　徳川家康の家訓とされる『東照宮御遺訓（とうしょうぐうごゆいくん）』には、「汝等は万民を、親の子を愛するがごとくにせよ。如斯する時は、人又汝らをおやのごとくに思ふものぞ。其上にて若悪逆非道のやからあらば、たちまち亡し給へと申べし。是天下を治る第一の道也」とある。なお、同書には、「先慈悲を万の根元とす。……慈悲より出たる智恵が誠の智恵ぞ」という言葉もある。**寄親組子**　組の統率者とそれ以外の兵のこと。統率者は寄親、組親などと呼ばれ、組に所属するそれ以外の兵は組子、寄子などと呼ばれた。 **因ミ** 関係、縁。 **直茂公** 佐賀藩祖鍋島直茂のこと。『直茂公譜』の附録「御壁書」には「理非を糺す者ハ人罰におちる也」（他人の理非を厳しく問い詰める者は、他人から罰せられることになる）、「憲法ハ下輩の批判、道理の外に理あり」（何事かについて、きまりであるというのは下輩の批判である。道理と思われるものの外にも理がある）という条文がある。「御ケ条」というのは「御壁書」の条文のこと。（人物補注、鍋島直茂） **精を入而** 精魂込めて。底本では「精ニ」が「精を」に訂正されている。餅木本、小城本ともに「精に入て」。

180 一、*湛然《たんねん》和尚御申《もうし》候。奉公人之《の》利発成《なる》はの*た《だ》らぬもの也。され共《ども》*ふうけの人ニ成《なり》たる事ハなしと。

〈現代語訳〉

湛然和尚は言われた。「奉公人の利発であるのは大成しないものである。とはいえ、ふうけの人で大成した事例もない」と。

〈注〉

湛然和尚 湛然梁重和尚。聞書一－39注、人物補注参照。 **のたらぬもの** 伸びない、成長しないもの。餅木本では「のだゝぬもの」。 **ふうけの人** 馬鹿な人、愚かな人。

181　一、*式部ニ異見有《いけんあり》。若年之《の》時*衆道《しゆどう》ニて多分一生之《の》恥ニ成《なる》事有《あり》。心得なくしては危《あやうき》也。云聞《いいきか》する人か《が》無キもの也。大意を申《もうすべ》へし。*貞女両夫《りようふ》ニま見へす《ず》と心得《こころうべ》へし。*なさけハ一生一人之《の》もの也。左《さ》なけれハ《ば》*野郎かげまニ同《じ》しく*へらはり女ニひとし。是《これ》は武士之《の》恥也。*念友之《ねんゆうの》なき前髪は縁夫《えんぷ》もたぬ女ニひとしと西鶴か《が》書《かき》しハ名文也。人か《が》*なぶりたがるもの也。念友《ねんゆう》は五年程試《ためし》て志《こころざし》を見届《みとど》ケたらは《ば》此方《こなた》よりも頼むへ《べ》し。*うハ気者は*根ニ入らす《ず》後ハ見はなすもの也。互《たがい》ニ命を捨《すつ》る*後見なれは《ば》能こ《よくよく》性根を可見届《みとどくべき》也。くねる者あらは《ば》障 有《さわりあり》と云《いい》て手強《てづよく》ふり切《きるべ》へし。障《さわり》ハとあらは《ば》夫《それ》ハ命の内ニ申《もうす》べき哉《や》と云《いい》てむたいニ申サば腹立尚《はらたてなお》無理ならは《ば》切捨申《きりすてもうすべ》へし。又《また》男之《の》方は*若衆之《の》心底を見届《みとどけ》る事前ニ同《じ》し。命を擲《なげうち》て五六年はまれハ《ば》叶ハぬと云《いう》事なし。尤《もつとも》二道すべからす《ず》。武道をはげむへ《べ》し。爰《ここ》ニて武士道となる也。

〈現代語訳〉

式部に意見をした。若い時、衆道にて往々一生の恥になることがある。よくよく心得なくしては危ういのだ。こういうことはなかなか言い聞かせる人がいないものなのだ。大意を言おう。「貞女両夫にまみえず」と理解しておけ。情を通じるのは一生に一人に限る。さもなければ、男娼と同じく、姦婦と等しい。これは武士の恥である。「念友のなき前髪は縁夫もたぬ女にひとし（兄分を持たない年少者は、決まった男を持たない女に等しい）」と井原西鶴が書いたのは名文である。人がからかい半分に言い寄ってくるものである。念友は五年ほど試して志を見届けたならば、こちらからも心を許したらよいだろう。浮気者は本心からのものではないので、のちには見放すものである。たがいに命を捨てて助け合う後見であるから、よくよく性根を見届けるべきである。すねる者がいれば「さしさわりがある」と言ってきっぱりと振り切るべきだ。「さしさわりとは何か」と言えば、「それは生きているうちに言うようなことではない」と言い、むやみに言い寄ってくるならば腹を立ててみせ、それでも無理に言い寄るならば切り捨てるべきだ。また兄役の方が若衆の心底を見届けることも同前である。命をなげうって五、六年はまり切れば思いが叶わないということはない。とは言っても、衆道と武道、二道としてしてはならない。この二つ一体となる武道を励むべきである。ここにおいて武士道となるのだ。

〈注〉

式部 未詳。聞書一‐174の式部と同一人物か。 **衆道** 男色の道。若衆道、若道とも。年長者の兄分と、年少者の弟分があり、兄分を念友や念者、弟分を若衆という。 **貞女両夫ニま見ヘす** 貞淑な女は一度夫を持ったら、離別死別しても別の夫を持たないという慣用表現。出典は『史記』「田単伝」「忠臣不事二君、貞女不更二夫」（忠臣は二君につかえず、貞女は二夫をあらためず）。 **なさけ**

恋心、愛情のこと。　**野郎かげま**　前髪を落し月代を剃った、野郎頭の男娼のこと。　**へらはり女**　夫以外の男と通じる女、姦婦のこと。餅木本では「へらはる女」。　**念友之なき前髪は縁夫もたぬ女ニひとし**　井原西鶴『男色大鑑』巻一の「玉章は鱸に通はす」に、「念友のなき前髪は、縁夫もたぬ女のごとく思はれて、時のすがたとて恋は闇、若道は昼になりぬ」とある。念友とは衆道の兄分のこと。前髪とは元服前のまだ前髪を落していない年少者のこと。縁夫は縁組関係にある男を指し、許嫁から夫まで含む。　**なぶりたがる**　からかい、ひやかしたがる。嘲弄したがる。　**根ニ入らす**　心の根底から深く思い入ることがなく。　**後見**　表に出ずに、陰から世話や支援をすること。　衆道の関係にある者は、互いに命を懸けて助け合うものとされる。　**若衆**　年少者。弟分。

182　一、*星野了哲《りょうてつ》は御国*衆道の元祖也。弟子多シといへ共《ども》皆一ツ宛《ずつ》伝ヘたり。*枝吉氏は*理を得られ候。江戸御供之《の》時了哲《りょうてつ》暇乞《いとまごい》*ニ若衆好之《ずきの》得心いかゝ《が》と被申《もうされ》候ヘハ《ば》枝吉答ニすひてすかぬものと被申《もうされ》候。了哲《りょうてつ》悦《よろこび》其《その》方を其《その》たけニなさんとて数年骨を折《おり》たりと被申《もうされ》候。後年枝吉ニ其《その》心を問《とう》人有《あり》。枝吉被申《もうされ》候は命を捨《すつ》るか《が》衆道之《の》至極也。左《さ》なけれハ《ば》恥ニ成《なる》也。然ハ《しからば》主ニ奉る命なし。夫故《それゆえ》好きてすかぬものと覚《おぼえ》候由《よし》。

〈現代語訳〉

星野了哲は御国の衆道の元祖である。弟子は多くいたが、みなそれぞれに一つずつ伝授した。枝吉氏は理を会得された。江戸への殿のお供の時、了哲が暇乞いに「若衆好きの極意は何か」と言われたところ、枝吉は答えて「好いて好かないもの」と言われた。了哲は喜び「そなたをその境地にしようとして何年も骨を折ってきた」と言われた。後年、枝吉にその心を問う人がいた。枝吉が言われたのは「相手のために命を捨てるのが衆道の究極の理想である。命を捨てなければ恥になる。しかし、そうすると主人に差し上げる命がない。それゆえ『好いて好かないもの』と理解した」とのことである。

〈注〉

星野了哲　星野源兵衛重之。了哲は、法名。**衆道**　男色の道。若衆道、若道とも。**枝吉氏**　枝吉三郎右衛門順恒。枝吉順之の養子。福岡藩と佐賀藩とが境界を争った弁財公事において、訴訟に対応するための役人の一人として活躍した。その働きにより加増、のちに請役家老の相談人となった。（人物補注、枝吉順之）**理**　物事の筋道、ことわり。**若衆好**　衆道のこと。若衆とは衆道において女役に相当する年少者のこと。若衆好で、衆道を意味する。

183　一、*中《なか》嶋山三《さんざ》殿は*政家《まさいえ》公之《の》*御小性也。船中ニて死去。*高尾竈王院《かもう》ニ墓有《あり》。*中嶋甚五左衛門先祖也。或《ある》者恋之《の》叶ハぬを意恨ニ存《ぞんじ》、*七ッ過《すぎ》れハ《ば》二合半《こなから》恋し、と云《いう》小歌を教《おしえ》申《もうし》候。御座ニて諷《ふうし》　被申《もうされ》候。古今無双之《の》*少人《しょうじん》と誉申《ほめもうし》候由《よし》。*勝茂《かつしげ》公も御執心御座候由《よし》。

御出仕之《の》時分山三《さんざ》殿通り懸《がけ》ニ御膝ニ足さハり、則《すなわち》居《い》さか《が》り御膝を押《おさ》へ御断《ことわり》被申上《もうしあげられ》候と也。或《ある》夜、百武《*ひやくたけ》次郎兵衛、辻之《の》堂屋敷ニ山三《さんざ》殿被参《まいられ》中入《もうしいれ》られ候付而《につきて》次郎兵衛驚キ、かけ出《いで》、外ニて出《で》合《あい》、御前之《の》憚《はばかり》、外見、共《とも》ニ不宜《*よろしからず》、則《すなわち》御帰リ候様ニ、と申《もうし》候。山三《さんざ》殿被申《もうされ》候は、唯《ただ》今遁《のが》れぬ行《ゆ》キ懸《がか》リ候て三人切捨《きりすて》、則座《そくざ》之《の》切腹は残念之《の》事ニ候故《ゆえ》、子細を申上《もうしあげ》てよりと存 其間 之《ぞんじそのあいだの》命、御自分を見立《みたて》、御近付《ちかづき》ニても無候得共《なくそうらえども》、御頼 致《たのみいたす》と也。次郎胸おさまり私を人と思召《おぼしめし》、御頼《たのみ》過《か》分《ぶん》至極ニ候。御心 安《*こころやすく》候へ、と内ニ入《いり》、身支度も少シ之《の》おくれ、直《ただち》ニ、と云《いい》て*けなりニて伴ひ、先《まず》筑前之《の》方へと 志《こころざ》し、都渡城《*ととぎ》迄《まで》手を引《ひい》たり負《おう》たりして夜明《あけ》ニ山中へ入《いり》て隠す。其《その》時ニ、此《この》事偽也。御心底見届申《しんていみとどけもうし》候、と契《*ちぎら》セられし也。其《その》前二年之《の》間、次郎兵衛無懈怠《けだいなく》山三《さんざ》殿登城之《の》道筋の橋ニ通リ合セ、下城ニも通リ合せ、毎日見送リしと也。

〈現代語訳〉

中嶋三左殿は龍造寺政家公のお小姓である。船中にて死去した。高雄の竈王院に墓がある。中嶋甚五左衛門の先祖である。ある者が恋の叶わないのを恨めしく思って、「夕暮れ時にはもう晩飯が恋しい（のべつ腹を空かせているように恋いこがれている）」という小歌を教えた。三左はその小唄を殿の御前で、殿の思いを諷して歌われた。古今無双の美少年であると誉めそやされたとのことだ。勝茂公も三左にご執心であられたとのことだ。勝茂公ご出仕の際、三左殿が通りがけに、公のお膝に足が触れ、すぐに下がって座り、公のお膝を押して、お断り申し上げたとのことである。ある夜、百武次郎兵衛の辻之堂屋敷に三左殿が来られ、来訪を告げられたので、次郎兵衛は驚き駆け出し、外で対面し、「殿様の手前、他人の外聞もありますので、よろしくない。すぐにお帰りくださるように」と言った。三左殿が言うには「たった今、逃れぬ行きがかりがありまして、三人切り捨て、その場での切腹は心残りなことがございました。事情を説明してから切腹しようと考え、その間の命についてあなたを見込んで、親しくしていただいているわけでもございませんが、お頼みいたします」ということだった。次郎兵衛は気持ちが収まり、「自分を人と見込まれてのお頼み、過分至極でございます。ご安心ください」と「屋敷内に入り、身支度するのも少しの遅れ、直ちに」と言って、普段着の姿で三左殿をともなって、まず筑前の方へとむかい、都渡城まで手をひいたり、背負ったりして、夜明けに山中に入って、三左殿を隠した。その時に三左殿は「さつき申し上げたことはいつわりです。あなたのご心底を見届けました」と契りを交わしたのだ。その前の二年の間、次郎兵衛は怠ることなく三左殿の登城の道すがらの橋に通りあわせ、三左殿が下城する際にも通りあわせて、毎日見送っていたということである。

〈注〉

中嶋山三殿　中嶋三左のこと。政家の嫡男龍造寺高房の小姓も勤めた。高房江戸参勤の供をした際、海上で病死。**政家公**　龍造寺政家のこと。龍造寺隆信の嫡男。（人物補注、龍造寺政家）**御小性**　小姓。主君の側で日常的な雑務を勤める役。**高尾竈王院**　佐賀市巨勢町大字高尾にある、浄土宗の寺。**中嶋甚五左衛門**　中嶋尭英のこと。中嶋三左の伯父の系統にあたる。**七ッ過れハ二合半恋し**　七つは七つ時のことで、午前四時か午後四時のこと。二合半は下級武士の一食の量。午後四時が過ぎると早くも夕食の二合半が恋しいの意か。**少人**　衆道における弟分のこと。若衆。**勝茂公**　初代藩主鍋島勝茂のこと。（人物補注、鍋島勝茂）**百武次郎兵衛**　百武政長のこと。龍造寺四天王の一人であった百武賢兼の甥。**不宜**　「不宜」が挿入されている。餅木本、小城本では欠。**心安**　餅木本では「安心」。**けなり**　「褻形」。普段の服装。**都渡城**　地名、現在の佐賀県佐賀市大和町大字梅野上都渡城の辺り。**契**　関係の固い約束をかわすこと、また情を交わすこと。

184　一、*一鼎《いってい》被申《もうされ》候ハ能《よき》事をするとは何事ぞと云《いう》ニ一口ニいへハ《ば》苦痛《いた》さこらゆる事也。苦をこらへぬハ皆悪敷《あしき》事也と。

〈現代語訳〉

一鼎が言われるには「良いことをするとは何ごとかというと、一口に言えば、苦痛をこらえることである。苦をこらえないのは、皆悪いことである」と。

〈注〉

一鼎　石田一鼎。聞書一－8注、人物補注参照。

185　一、大人《たいじん》ハ詞《ことば》すくなきもの也。*日門様へ*一雲《いちうん》御使者ニ被参《まいられ》候時御面談ニて御返言《へんごん》*丹後守へ能様《よき》ニと斗《ばかり》被仰《おおせられ》候。

〈現代語訳〉

高貴な人は言葉少ないものである。日光門主様へ鍋島一雲が御使者に参らされたとき、ご面談において御返事は「丹後守へ、よしなに」とだけ仰せられた。

〈注〉

日門様　日光門主のこと。日光山輪王寺の管領で、皇族出身の僧侶が輪王寺宮法親王として就任した。輪王寺は日光山の寺院全体を統合する名で、徳川家康を祀った東照宮も含まれる。天台座主を兼ねることも多い。　**一雲**　鍋島弥平左衛門嵩就のこと。一雲と号した。神代《こうじろ》鍋島家。二代藩主鍋島光茂の下で加判家老を勤めた。（人物補注、鍋島清房）　**丹後守**　二代藩主鍋島光茂。（人物補注、鍋島光茂）

186　一、四十才より内ハ智恵分別をのけ強ミ*過《すぐ》る程がよし。人ニより身之《の》程ニより四十過《すぎ》ても強ミなけれハ《ば》＊響キなき物也。

〈現代語訳〉

四十歳より若いうちは知恵や分別を押しのけ強みすぎるぐらいがよい。ただし人柄や身分により、四十を過ぎても強みがなければ世間に一目置かれないものである。

〈注〉

強ミ　強さを感じさせるもの、強い様子の度合い。　**響キ**　世の評判になること。

187　一、＊物頭抔《など》は＊組衆ニ＊真切《しんせつ》ニ可有《あるべき》事也。＊中野数馬〈利明《としあき》〉大役ニて隙無之《ひまこれなく》候付而《につきて》終ニ《つい》与《くみ》衆之《の》所へ参り候事無之《これなく》候。然共《しかれども》組衆病気か何事ぞ有之《これある》時は御城より＊帰懸《かえりがけ》ニ毎日見舞《みまい》申《もうし》候。夫故《それゆえ》＊与《くみ》中思ひ付《つき》候也。

〈現代語訳〉

物頭などは組衆に細やかに配慮すべきことである。中野数馬（利明）は大役にあって暇がなかったため、始終組衆の所へ行くことは無かった。しかし組衆が病気か何ごとかあるときは、お城から帰りがけに毎日見舞った。それゆえ組の者たちが思いを寄せた。

〈注〉

物頭　組の統率者のこと。組には足軽を編成した組と侍を編成した組とがあり、前者の組頭は特に物頭、小物頭、後者の組頭は大物頭とも呼ばれる。　**組衆ニ**　組の成員。組子、寄子とも。餅木本は「与衆へ」、小城本は「与衆と」。　**真切**　思いやりがあること、配慮がゆきとどいていること。親切。　**中野数馬〈利明〉**　常朝の従兄弟の子。中野家一門を束ねる大組頭で、常朝の寄親。藩主となる前の三代藩主鍋島綱茂の御側役、年寄役を勤め、後に二代藩主鍋島光茂の加判家老となる。大役とは加判家老のことか。（人物補注、中野利明）　**帰懸ニ毎日**　「懸」と「毎日」が挿入されている。餅木本では「帰りニ毎日」、小城本では「帰に毎日」となっている。　**与中**　組の者一同。「与」で「くみ」と読む。

188　一、何か《が》し今度*江戸御供出立《しゅつたつ》ノ内御一宿より*細書《こまがき》を認《したた》め被差越《さしこされ》候。*取紛之《とりまぎれの》時分は大形無沙汰をする物なるか《が》ケ様《かよう》ニ*心之《の》入廻《いりまわ》りたる分か《が》人より上之《の》所也。

〈現代語訳〉

何某が今度江戸に殿のお供の出立の道中、あるお宿から細々と書いた手紙をしたため送って寄越した。忙しさに取り紛れる時分は、往々にして無沙汰をするものであるが、このように配慮の行き届いている分が、人よりも上のところである。

〈注〉

江戸御供出立ノ内御一宿より細書を認め被差越候　底本では、「御供」「立ノ内」「を認め」が挿入されている。餅木本、小城本では挿入部分がなく、「江戸出御一宿より細書を被差越候」となっている。　**細書**　詳細に書かれた手紙。　**取紛**　いろいろ気をとられる、物事に気を奪われる。　**心之入廻りたる**　心がけが行きわたる。

189　一、*古老之《の》*評判ニ武士之《の》意地を立《たつ》る事は過《すぐ》る程ニする物也。能《よき》加減ニ*仕《し》て置《おき》たる事は後日の評判ニ不足出来るもの也。仕《し》過《すご》すと思《おもう》て仕《し》たる時迦《はず》れなしと承《うけたまわり》候。ケ様《かよう》之《の》義失念すましき事《じ》也。

〈現代語訳〉

古老の批評に「武士が意地を立てる場合はやりすぎるほどにするものだ。ちょうどよいあたりに留めておいたことは後々の批評で足りないことが見えてくるものである。やりすぎると思ってした時、外れることはない」とうかがった。このようなことを失念してはならない。

〈注〉

古老　経験を積んだ老功の武士。　**評判**　批評して是非を判定すること。世評。　**仕て置たる事は**　餅木本では「仕て迦たる事は」。

190　一、打果《うちはた》すとはまりたる事有時《ある》、たとへは《ば》、直《ただち》ニ行《ゆき》てハ仕《し》課《おお》せか《が》たし。遠けれ共《ども》此《この》道を廻《まわ》りて可行《ゆくべし》、なんと《ど》ゝ思ハぬもの也。*手延《てのび》ニ成《なり》て心ニたるミ出来る故《ゆえ》大形仕届《しとどけ》ず。武道は*卒忽《そこつ》なれハ《*ば*》無二無三可然《しかるべき》也。或《ある》人川上*御経之《の》内、渡《わた》シ船《ふね》ニて、小性*酒狂《さけぐるい》ニて船頭《せんどう》*をからかひ、向《むこう》ヘ上《あが》りて小性刀を抜《ぬき》候を船頭竿ニて頭を打申《うちもうし》候。其時《その》あたりの船頭共《ども》かいを提《さげ》、駈集《かけあつま》り、打《うち》ひしき《ぎ》可申《もうすべし》と仕《つかまつり》候。然《しかる》ニ主人は知らぬふりニて被通《とおられ》候。小性一人走り帰り、船頭共《ども》へ断《ことわり》を云《いい》、申宥連《もうしなだめつれ》帰リ、其《その》晩右酒狂之《さけぐるいの》者大小を*取払《とりはらい》被申《もうされ》候由承《よしうけたまわり》候。先《まず》船中ニて酒狂者《さけぐるい》を叱《しか》り船頭を不宥《なだめざる》所不足也。又《また》無理ニ而《て》も頭を打《うた》れてからは断《ことわる》所ニてなし。断云《ことわりいう》ふりニて近寄《ちかより》相手の船頭打捨《うちすて》酒狂者も打捨《うちすつべ》へき所也。主人はふがひなし也。

〈現代語訳〉

打ち殺す以外のことに選択肢がない状況に立ち入った時、たとえば「すぐに行っては仕果しがたい。遠いがこの道をまわって行くのがよい」などとは思わないものである。間延びになって戦意がさめてしまうから、大概、やり遂げない。戦闘は拙速を旨とするから、無二無三をよしとするべきである。ある人が「川上村実相院の御経会があった時、渡し船の船上で、小姓が酒乱で船頭をからかい、対岸へ上がって小姓が刀を抜いたのを、船頭は竿で頭を叩いた。そのときまわりの船頭たちは櫂を持って駆け集まり、叩きのめしてやろうという騒ぎになった。それなのに小姓の主人は知らぬふりで通り過ぎた。小姓の一人が走り戻って、船頭たちに詫びを入れ、酒乱の小姓をなだめすかして連れ帰った。その晩、例の酒乱の小姓は大小を取り上げられた」と言うのを聞いた。この主人は、こうした場合には、まず船上で酒乱の小姓を叱りつけ、船頭をなだめなかったところが不手際である。またこちらに非があっても、小姓が頭を叩かれてしまった以上は詫びる場面ではない。そのときは詫びを言うふりをして船頭に近寄り、相手の船頭を切り捨て、酒乱の小姓も一緒に切り捨てるべきところである。この主人はふがいない、とのことである。

〈注〉

手延　事を為すにのびのびになること、手遅れになること。**卒忽**　突然であること、即時であること。思慮をする暇なく、あわただしいこと。八　餅木本では「とも」。**無二無三**　脇目もふらないさま、一途なさま。仏語で、成仏の道はただ一つ、一切衆生が救われる一乗の教えにあり、二乗三乗の教えにないということから。**川上御経**　佐賀県佐賀市大和町川上にある河上山実相院の御経会のこと。毎年四月十日から二十日に行われる大法会で、期間中には茶屋も出、多くの参拝者で賑わった。 **小性** 小姓。主人の側で日常的な雑務を勤める役。 **を** 餅木本、小城本では「と」。 **大小** 刀と脇差のこと。刀と脇差を取り上げるとは、帯刀資格のある士分格を取り上げることを意味する。

191 一、*古人之《の》覚悟は深き事也。十三以上六十以下は出陣と云《いう》事有《あり》。其故《それゆえ》ニ*古老八年を隠すといへり。

〈現代語訳〉

昔の人の覚悟は今の人の覚悟よりずっと深いことである。「十三歳以上六十歳以下は出陣」ということがある。だから昔の年よりは年齢を隠していたと言う。

〈注〉

古人 昔のすぐれた人。餅木本では「古老」。 **古老八年を隠す** 古老とは経験を積んだ老功の武士のこと。年をとっても出陣できるように、経験を積んだ武士は年を隠していた。

192 一、或人覚悟之《の》躰覚《ていおぼえ》書ニ主君之《の》身邊勤《つとむ》る者は別而《わけて》身《み》持《もち》覚悟可慎《つつしむべき》事也。御側之《の》者之《の》

様子を見て主人之《の》*たけを人か《が》積《つも》るもの也。又《また》*諫言《かんげん》は時を不移可申上《うつさずもうしあぐべき》事也。今ハ御機嫌わろし。序《ついで》ニなと《ど》ゝ思ふて居《お》る内ニ不斗《ふと》御誤《あやまり》も可有《あるべき》事也。又《また》*科《とが》人をわろく云《いう》は不義理之《の》事也。仰出済《おおせいですみ》て後も其《その》者ニ理を付少宛《つけすこしずつ》も能《よき》様ニ云《いい》なせば*帰参も早キもの也。又《また》*仕《し》合能《あわせよ》キ人ニハ*無音《ぶいん》しても不苦《くるしからず》。落《おち》ぶれたる者ニハ随分*不便《ふびん》を加《くわ》へ何卒立直《なにとぞたてなお》す様ニ可致《いたすべき》事侍之《の》義理也と在之《これあり》候也。

〈現代語訳〉

あるひとが覚悟のありかたを記した覚え書に「主君の身辺でお勤めする者は特に素行をよく自覚し、慎むべきことである。お側の者の様子を見て主人の品格を人がおしはかるものである。また諫言はただちに申し上げなければならない。『今は御機嫌が悪い』、『何かのついでに』などと思っているうちに、いつなんどき殿様のお過ちがあるかも知れないのだ。また処罰された人を悪く言うのは不義理なことである。処分が済んだのちも、その者について理が立つように少しずつでも良いように言いなせば、帰参も早いものである。また物事が順調にいっている人には無沙汰にしても差し支えない。落ちぶれている者は十分に面倒を見て、何としても立ち直るようにするのが、侍の義理である」と書いてあった。

〈注〉

たけ　程度、よしあし。　**諫言**　目上の者の過失を指摘し諫めること。　**科人**　罪科のある者。　ここでは牢人を科せられたもののこと。　**帰参**　俸禄を失い仕官していない牢人が、再び同じ主君に仕官すること。　**仕合**　めぐりあわせ、ことのなりゆき。　**無音**　長くほうっておくこと。　**音信訪問をしないこと。**　**不便を加へ**　気の毒だと、あわれみを掛けること。

193　一、何か《が》し今の役ニて音物《いんもつ》を不請《うけず》。其《その》上返したる時無拠《よんどころなく》して家来共《ども》潜《ひそか》ニ留置《とどめおく》も無心元《こころもとなし》とて時ゝ手形を取らせ候由《よし》。其《その》外＊一双取入言入頼《いつそうとりいりいいいれたのむ》事不成《ならず》。今《いま》日ノ出之《の》きけ役と佐加《さが》中取沙汰《とりざた》之《の》＊由《よし》ニ候。＊初心成る事ニて候。欲深きニはましなれ共《ども》真之《の》志ニはあらす《ず》。我《わが》身立《たて》候仕形《しかた》也。今時此分《このぶん》する衆之《の》なき故《ゆえ》ニ沙汰《さた》をすると見へたり。少《すこし》＊踏張《ふんば》れは《ば》名を取る事抔《など》は安キ事也。欲ハ内心ニ離レ目ニたゝぬ様ニするか《が》ならぬ物也。

〈現代語訳〉

何某は今の役職において贈り物を受け取らない。そのうえ、辞退したときに家来たちが返しきらなくて、こっそりと受け取ったままにしておくのが心配だということで、いちいち受け取りの証文をとらせた。そのほか、万事、取り入ったり陳情したりすることも受け付けない。今、日の出の勢いの切れ者の役人と佐賀中で評判になっているとのことである。なんとも未熟なやり方だ。欲が深いのよりはましであるが、本当の奉公の志ではない。我が身の保身出世のためのやり方だ。近年はこの程度のことをする衆もいないので、評判になっているだけだと思われる。だから今時は、少し気合を入れれば名を取ることなどは簡単なことだ。立身欲は内心から離れて表に出て来てしまう、まったく無私になって目立たないようにするのが、本当に難しいものである。

〈注〉

一双　一切。すべてまったく。餅木本では「一惣」。　**由ニ候**　餅木本では「時に候」、小城本では「由候」。　**初心成る**　未熟である。世なれていない、うぶである。　**踏張れは**　餅木本では「踏込強くハ」。

194　一、我身《わが》ニかゝりたる重キ事は一分之《いちぶんの》分別ニて*地盤をすへ無二無三ニ踏破《ふみや》リて仕《し》てのかねは埒明《らちあか》ぬ物也。大事之《の》場を人ニ談合しては見限らるゝ事多ク人か《が》有体《ありてい》ニいわぬ物也。ケ様之《かようの》時か《が》我《わが》分別入《いる》もの也。兎角《とかく》*気違《きちがい》と極《きめ》て身を捨《すつ》るに片付《かたづく》れは《ば》済《すむ》也。此《この》節能仕《よきし》様《よう》と思へハ《ば》早《はや》迷ひか《が》出来て多分仕《し》損《そんず》する也。多クハ味方之《の》人之《の》此方之《こなたの》為を思ふ人より*転せ《ぜ》られ引《ひき》くさらかさるゝ事*有《あり》。

〈現代語訳〉

一身上の重大事は、一存で地盤を据え、無二無三に踏み破ってやりぬかなければ埒はあかないものである。大事の場を人に相談しては見限られることが多く、だいたい人が正直に言わないものである。このような時が、自分の分別の要るものである。とにかく分別を捨てると決めて、身を捨てる方に片付ければ済むのだ。「この折に良い仕方を」と思えば、早くも迷いが出て来て、往々にしてし損ずるものである。多くの場合、味方の人で、こちらのためを思う人から、足を引っ張られ、台無しにさせられてしまう事がある。

〈注〉

地盤　考えなどのよりどころ。　**気違**　聞書一－2、一－114注参照。　**転せられ引くさらかさるゝ**　考えを他のものに変えられ、ダメにさせられる。　**有**　このあとに、餅木本、小城本では「出家願之時のやう成事ニ候也」と続く。

195　一、*当春《とうしゅん》*権之丞《ごんのじょう》所へ*初入之《はついりの》時去暮《さるくれ》より*出米休息《だしまいきゅうそく》ニて八月迄《まで》は隙《ひま》を持申《もちもうし》候間《あいだ》此間《このあいだ》*一字一石なと《ど》書可申《かきもうすべし》と申《もうし》候ニ付《つき》異見申《いけんもうし》候は第一隙《ひま》なき時節ニてこそあれ。当九月ニ人並ニ勤《つとめ》ニ出ては本望ニてなし。出米休息之《だしまいきゅうそくの》内ニ撰出《えらびいだ》されてこそ嬉しかるへ《べ》けれ。然《しかれ》ハ《ば》唯今か《ただいまが》一《いっ》チ隙《ひま》なき時也。有無《うむ》出米之《だしまいの》内ニ撰出《えらびいだ》さるべきと粉骨を*尽し相部《あいはま》リ候得《そうらえば》は其侭《そのまま》叶申《かないもうす》物也。是《これ》ハ我等覚有《おぼえある》事也。十二才より髪を立候様ニと被仰付《おおせつけられ》引入《ひきいり》十四歳迄《まで》無奉公ニて居申《おりもうし》候。然処《しかるところ》*御両殿様御下国御行列を奉拝《はいしたてまつり》頻ニ《しきり》奉公仕度存《つかまつりたくぞんじ》候ニ付《つき》*巨勢宮《こせのみや》ニ致参詣《さんけいいたし》当年五月朔日《ついたち》ニ被召出《めしいだされ》候様ニと願を掛申《かけもうし》候。誠ニ不思議之《の》事ニて四月晦日《みそか》ニ明《あくる》朔日《ついたち》より相勤《あいつとめ》候様ニと被仰付《おおせつけられ》候。其《その》後*若殿様御前ニ罷出度《まかりいでたく》いつそ《ぞ》御《お》出之《いでの》折*見合可申《みあいもうすべし》と夜白心掛《よるひるこころがけ》居申《おりもうし》候処或《ところある》夜若殿様御出被成《なされ》候間《あいだ》*小ミ性罷出《まかりいで》候様ニと申来《もうしきたり》早速罷出《まかりいで》候へは《ば》扨ミ《さてさて》早《はやく》罷出《まかりいで》候。外《ほか》ニ出《で》合《あい》候者一人もなく候。能罷出《よくまかりいで》候と呉ミ《くれぐれ》被成御意《ぎょいなされ》此《この》時之《の》難有《ありがた》さ今ニ不忘《わすれず》候。一念志《こころざ》シ候へハ《ば》叶ハぬと云《いう》事無キもの也と申《もうし》候処《ところ》今度権之允《ごんのじょう》出米内《だしまい》に御使者被仰付《おおせつけられ》一家之《の》者不思議と申事《もうすことに》候。若年之《の》比《ころ》より見懸《みかか》り之《の》拙者ニ候得《そうらえば》は御用ニ立《たつ》事もなく*出頭人抔《など》を見て浦山敷《うらやましき》時も候へ共《ども》殿様を大切ニ思ふ事は我ニて続キ被申間敷《もうされまじ》と存出《ぞんじいだ》し是《これ》一ツニて心を慰ミ*小身無束《しょうしんむそく》をも打忘《うちわす》れ勤申《つとめもうし》候。〈如案《あんのごとく》*御卒去ノ時我等壱人ニ而《て》御外聞取《とり》たり〉

〈現代語訳〉

この初春、権之丞（允）のところへ初入りの時、「さる暮れより出米休息で八月までは暇がありますので、一字一石など書こうと思います」と言うので、意見をしたことには、「今こそ一番暇のない時節であるはずだ。今年の九月に人並みに勤めに出るのでは本望ではない。出米休息の内に御用に選び出されてこそ嬉しいだろう。そうだからただ今が一番暇のない時である。何としても出米の内に選び出されようと粉骨を尽くし、はまってしまえば、そのまま叶うものである。これは私自身におぼえがあることである。十二歳から髪を立てるようにと仰せつけられ、引き入って十四歳まで無奉公でいた。そうしていたところ、両殿様のご下国のご行列を拝し申し上げ、しきりに奉公いたしたいと思われたので、巨瀬宮に参詣し、『今年の五月一日に召し出されますように』と願をかけた。まことに不思議のことで、四月末日に、『明くる一日から勤めるように』と仰せつけられた。そののち、若殿様の御前に参上したく、いつかおいでの際に見合わねばと、昼夜心がけていたところ、ある夜『若殿様がおいでなされるので、小小姓は参上するように』と言ってきた。早速参上すると、『さてさて早く参上した。他に出てきた者は一人もいない。よくぞ参上した』とかえすがえすもお褒めになられた。このときのありがたさは今も忘れない。一念の志があれば叶わないということはないものである」と言ったところ、このたび権之丞（允）が出米の内に御使者を仰せつけられ、一家の者は「不思議だ」といっていることである。年若いころから見かけばかりの拙者であるので、御用に立つこともなく、出頭人などを見て羨ましいときもあったが、殿様を大切に思うことは自分一人で誰にも続かれまいと考え出し、これ一つで心を慰め、小身で無束であるのも忘れ勤めた。（案のごとく、御卒去の時、私一人で殿の御外聞を取った）

〈注〉

当春　正徳五年（一七一五）のことか。『常朝年譜』によれば、正徳五年三月に、権之丞が「長崎御番御請取之御使者」に仰せ付けられたとある。**権之丞**　権之允。山本常俊のこと。常朝の養子。権之丞（允）は常朝の父重澄や常朝も用いていた呼び名である。（人物補注、山本常俊）**初入之時**　年始に挨拶に行く時。**出米休息**　藩財政立て直しのため、藩士に献米をさせ、そのかわりに一定期間休暇を与える制度。**一字一石**　仏教語。経文を一字ずつ小石に書いたもの。追善のために地中に埋めた。**を尽し**　「を尽し」が挿入。餅木本、小城本では「を尽し」は欠。**御両殿様**　二代藩主鍋島光茂と、当時部屋住格であった後の三代藩主鍋島綱茂のこと。（人物補注、鍋島光茂、鍋島綱茂）**巨勢宮**　佐賀市巨勢町牛島にある巨勢神社のこと。藩祖鍋島直茂が祈願し、大友宗麟との戦に勝利したという伝えがある。**若殿様**　鍋島綱茂のこと。『常朝年譜』によると、延宝六年（一六七八）、常朝二十歳の時、綱茂が本丸に来たため夜中に小小姓が呼び出され、常朝一人が早々に参上したとある。この綱茂在国時に、常朝は綱茂にしばしば召し出され、歌を交わすなどのやりとりがあった。**見合**　底本は、「懸」が「見」に訂正されている。餅木本は「懸合」。小城本は「見合」。**小〻性**　元服前の小姓見習いのこと。**出頭人**　主君に重用され、要務に参与する者。**小身無束**　身分が低く所領をもたないこと。所領がない者には俸禄として米が支給される。**御卒去ノ時我等壱人ニ而御外聞取たり**　二代藩主光茂が逝去した時、常朝一人が早々に出家し、主君の体裁を保ったこと。聞書一－12にも、同様の文があり、大名の逝去に際して、出家して御供するものがなくては、さびしきものであると述べられている。

196　一、*山崎蔵人《くらんど》之《の》見へ*過《すぐ》る奉公人はわろきと被申《もうされ》たるが名言也。*忠之《の》不忠之《の》*義之《の》不義之《の》*当介《あてがい》之《の》不《ふ》当介《あてがい》之《の》と*理非邪正之《の》あたりニ心之《の》付か《つくが》いや也。*無理無躰ニ奉公ニ好キ無二無三ニ主人を大切ニ思へハ《ば》夫《それ》ニて済《すむ》事也。是《これ》ハ能《よき》御被官《ひかん》也。奉公ニ数寄過《すきすご》し主人を歎過《なげきすご》してあやまち有《ある》事も可有候得共夫か《あるべくそうらえどもそれが》本望也。*萬事ハ過《すぎ》たるハ悪《あ》しきと申候得共《もうしそうらえども》奉公斗《ばかり》は奉公人ならは《ば》数寄過《すきすご》しあやまち有か《あるが》本望也。理之《の》見ゆる人ハ多分少之《すこしの》所ニ滞《とどこお》リ一生をむだニ暮シ残念之《の》事也。誠ニ纔之《わずかの》一生也。只ゝ《ただただ》無二無三か《が》能《よき》也。二ツニ成か《なるが》いや也。萬事を捨て奉公*三昧ニ極《きま》リたり。忠之《の》義之《の》と云立上《いうたちあが》りたる理屈か《が》返ゝ《かえすがえす》いやなり。

〈現代語訳〉

山崎蔵人が「見え過ぎる奉公人はよくない」と言われたのが名言である。忠だ不忠だとか、義だ不義だとか、当介だ不当介だとかと、理非邪正のあたりに気を配るのが嫌である。無理無体に奉公を好み、無二無三に主人を大切に思えばそれで済むことである。これは良いご家来である。奉公に打ち込みすぎ、主人を歎きすぎて、過ちのあることもあるだろうが、それが本望である。万事は「過ぎたるは悪しき」というが、奉公ばかりは奉公人ならば好きすぎ、過ちのあるのが本望である。理屈の見える人は往々にして少しの所に留まり、一生を無駄に暮らし、残念のことである。まことにわずかの一生である。ただただ無二無三がよいのだ。二つになるのが嫌である。万事を捨てて、奉公三昧にきわまるのだ。忠だ義だという偉そうな理屈がかえすがえすも嫌である。

〈注〉

山崎蔵人　名は政良。聞書一-11注、人物補注参照。　**見ヘ過る**　判断ができすぎる、わかりすぎる。　**忠之不忠之**　忠とは家臣における主君とのあるべき関係のことで、家臣として主君や御家に誠実に尽くし、家臣としての本分を全うすることである。主君に尽くす家臣として、本分のありかたであるとか、そうでないとかを問題にすること。　**義之不義之**　義とは人として行うべき五つの徳（仁義礼智信）の一つで、他人に対して守るべき正しいありようのこと。正しいありようであるとか、そうでないとかを問題にすること。　**当介之不当介之と**　自身の立場にふさわしいであるとか、ふさわしくないであるとかを問題にすること。餅木本では「当介の不当介なと」。　**理非邪正**　理と非、邪と正。理にかなっていることとそうでないこと、よこしまなことと正しいこと。　**無理無体**　意向にかかわらず強いて物事を行うこと。ここでは自身がどうしたいかにかかわらず、自らに強いて奉公を好くという意。　**万事ハ過たるハ悪しき**　『論語』「先進第十一」の「過猶不及」（過ぎたるは猶及ばざるが如し。程度を越えたものは、足りないのと同じように良くないの意）から。　**奉公三昧**　奉公に専心すること。三昧は仏教語で、雑念を離れ、心を一つの対象に集中した状態を言う。

197　一、*先祖之《の》善悪は子孫之《の》請取《うけとり》人次第と被仰《おおせられ》候。先祖之《の》悪事を不顕《あらわさず》善事ニ成行《なりゆく》様ニ子孫として仕様《しよう》可有《あるべき》事也。是《これ》孝行ニ而《て》候。

〈現代語訳〉

「先祖の善悪は、それを受け取る子孫次第で決まる」と直茂公は仰せられている。先祖の悪事を顕わさず、善事になっていくように、子孫としてやり方があるはずのことなのだ。これぞ孝行である。


〈注〉

先祖之善悪は子孫之請取人次第　『直茂公譜』の附録「御壁書」には「先祖の善悪ハ、子孫の請取手次第」とある。餅木本では「子孫の請取次第」、小城本では「子孫の請取手次第」となっている。

198　一、養子縁組ニ金銀之《の》沙《さ》汰斗《たばかり》ニて氏素性之《の》訳もなく成行浅間《なりゆきあさま》敷《しき》事也。ケ《か》様之《ようの》事も先《まず》不義なから《が》今日が立《たた》ぬと理を付《つけ》て不義を行ふハ重〻《じゅうじゅう》悪行也。理を付而《つけて》は道は不立《たたず》候也。

〈現代語訳〉

養子縁組において、金銀の沙汰ばかりであって、氏素性を判別することもなくなっていき、あさましいことである。「このようなことも、まず不義ではあるが、それでは今日をやっていけない」と理屈をつけて不義を行うのは、ただ行うよりはるかに悪行である。悪行に理屈をつけては、道は立たないのだ。

199　一、或《ある》人何《が》かしハ惜《おし》キ者早死《はやじに》したると被申《もうされ》候。おしき者之《の》内ニて候と答申《こたえもうし》候。又《また》世か《が》末ニ成《なり》て義理は絶申《たえもうし》候と被申《もうされ》候付《につき》＊窮すれハ《ば》変す《ず》と申《もうし》候へハ《ば》追付能成へ《おっつけよくなるべ》き時節ニて候と答申《こたえもうし》候。ケ様之《かようの》＊越度《おつど》か《が》大事也。＊中野将監《しょうげん》切腹之《の》脇《わき》＊大木前《さきの》兵部《ひょうぶ》所ニて組中参會ニ将監《しょうげん》事を様ミ悪口被仕《つかまつられ》候。兵部被申《ひょうぶもうされ》候ハ人之無キ跡ニ而《て》わる口をせぬもの也。殊《こと》ニ科《とが》被仰付《おおせつけられ》候衆は不便之《ふびんの》事ニて候へハ《ば》能《よき》様ニ少成共云成《すこしなりともいいなし》てこそ侍之《の》義理ニて候へ。廿年《にじゅうねん》過候半《すぎそうらわば》は将監《しょうげん》は忠臣と取沙汰可有《とりざたあるべし》と被申《もうされ》候由《よし》。誠ニ老功之申分《のもうし》ニ而《て》候由《よし》。

〈**現代語訳**〉

ある人が「何某は惜しい者、早死にをした」と言われた。「惜しい者のうちの一人でございます」と答えた。また、「世が末になって義理は絶えました」と言われるので、「窮すれば変ずると申しますので、そのうち良くなるような時節でございます」と答えた。このようなあえて大勢に背くありかたが大事である。中野将監、切腹の場の近くで、大木前兵部の所で組中が集まった時に、組の者が将監のことを様々に悪口された。兵部が言われたのは、「人の亡くなった後において、悪口をしないものである。殊に罪科を仰せつけられた連中は不憫なことであるので、良いように少しであれ言いなしてこそ侍の義理である。二十年すぎると、将監は忠臣であると取沙汰されるだろう」と言われたとのこと。まことに老巧の者の言いようであるとのこと。

〈注〉

窮すれハ変す 『易経』「周易繫辞下伝」、「易窮則変、変則通、通則久」（易の原理が行き詰れば変化し、変化することで通じるようになり、通じると長く続くということ）から。ここでは、行き詰れば変化し、良い方へ向かうだろうという意。「変」は書き損じを訂正してある。 **越度** 古くは関所破りのこと。また法に反すること。ここではあえて世間のありかたに対して異を唱え、一石投じる必要を説いている。餅木本、小城本では「越端」。 **中野将監** 中野正包。聞書一－100注、人物補注参照。 **大木前兵部** 大木知昌。聞書一－7注、人物補注参照。

200 一、*古川六郎左衛門申《もうし》候ハ主人として用ニ立《たつ》者をほしか《が》らぬ主人ハ無之《これなく》候。我〻式《しき》さへほしく候へは《ば》大人程《たいじんほど》御大望之《たいもうの》事ニ候。然処《しかるところ》ニ何卒《なにとぞ》御用ニ立度《たちたし》と思へは《ば》其侭《そのまま》一致して御用ニ立《たつ》物也。我ほしきと兼〻存《かねがねぞんず》る物を人か《が》呉可申《くれもうすべし》と申《もうし》候ハヽ《ば》飛《とび》かゝり可取《とるべき》也。此当《このあた》リを諸人気か《が》付不申《つきもうさず》一生むた《だ》ニ暮す事と老期《ろうご》ニ漸《ようやく》存付《ぞんじつき》候。若キ衆油断有《ある》まじと被申《もうされ》候。耳ニ留《とどま》リて覚居《おぼえおり》候。何角之《とかくの》分別を止《や》メて只《ただ》御用ニ立度《たちたし》と思ふ迄之《までの》事也。如是《かくのごとく》おもふまし《じ》き事ニてハなけれ共《ども》色ゝ阻《へだ》テ物か《が》有《あり》て打破《うちやぶ》らぬ故《ゆえ》*あたら一生をむた《だ》ニ暮すは返《かえす》く《がえす》残念之《の》事也。我等式《しき》は何として御用ニ可立《たつべし》と卑下之《の》心ニて暮すも有《あり》。御用ニ立度《たちたし》と真実さへ強けれハ《ば》無調法者程か《が》能《よき》也。智恵利口なと《ど》*は多分害ニ成《なる》事有《あり》。小身《しょうしん》ニして田舎抔《など》へ居《お》る者ハ家老*年寄*抔《など》と云《いう》は神変*不思議ニ而《て》も有《ある》様ニ思ひのぼせ*て寄リも付得《つきえ》す《ず》。したしく成《なり》て心安《こころやすく》咄《はなし》抔《など》して見るニ不断《ふだん》御用之《の》事を不忘歎《わすれずなげ》かるゝより外《ほか》ニ替《かわ》りたる事少《すこし》もなし。御用之《の》筋ニ左程《さほど》*奇妙之《の》智恵は入《いら》ぬもの也。何卒《なにとぞ》　殿之《の》御為ニ御家中民百姓迄之《までの》為ニ成《なる》事をと思ふ事は愚鈍之《グの》我ゝ式《しき》ニても済《すむ》もの也。され共《ども》御用ニ立《たち》*度《たし》と思ひ立《たつ》事か《が》いかふ成《なり》にくきもの也。

〈現代語訳〉

古川六郎左衛門が言ったのは、「主人として役に立つ者を欲しがらない主人はいない。自分程度の者でさえ人が欲しいのだから、上に立つ者であればあるほど深く望んでいるのだ。そういうところに『何とぞご用に立ちたい』と思えば、そのまま欲しいという思いと合致して採用されるものである。なぜなら、自分が欲しいと前々から思っているものを人がくれるといえば、飛びついてでも取るはずだからだ。このあたりの機微をみな気がつかず、一生を無駄に暮らすことだと老後にようやく気がついた。若い連中は油断してはならない」と仰った。この古川の言葉が今でも耳に残って覚えている。あれこれの分別をやめて、「ご用に立ちたい」と思うまでのことである。このように思わないつもりではないのだけれど、色々隔てるものがあって打ち破らないので、あたら一生を無駄に暮らすのは、実に残念なことである。「自分ごときは何をしたところでご用に立つことができようか」と卑下の心をもって暮らす者もある。「ご用に立ちたい」と心から思ってさえいれば、むしろ不調法者ぐらいの方がよいのである。知恵ある者、利口な者などは往々にして害になることがある。うだつが上がらなくて田舎にいる者は、家老や年寄などという人たちは神仏や不思議なものでもあるように崇め奉り寄りつきもできない。けれども親しくなって心安く話などをしてみると、普段からご用のことを忘れず、殿のことを嘆かれるよりほかに、他の人と変わっていることは少しもない。ご用に関することにそれほどの奇妙な知恵はいらないものである。「何とぞ殿の御ために、お家中、民百姓までのためになることを」と思うことは、愚鈍の我々しきの者であってもできるものである。されども「ご用に立ちたい」と思い立つことがどれほどか成りにくいものである。

〈注〉

古川六郎左衛門　古川元孝のこと。初代藩主勝茂の小小姓、二代藩主光茂のもとでは目付役を勤めた。**あたら**　もったいないことに。惜しいことに。**なとは**　餅木本では「なる者は」。**家老**　家老役のこと。聞書一－7注参照。**年寄**　年寄役のこと。聞書一－13注参照。**神変不思儀**　神の力によるような、人知で計れない不思議。**のぼせ**　高い所におく、まつりあげる。**奇妙之智恵**　普通にはない智慧。**度と**　餅木本、小城本では「ほと」。

201　一、仕合能《しあわせよき》時分之《の》第一之《の》用心は*自慢奢也。*常こ《つねづね》一倍用心せではあぶなき也。

〈現代語訳〉
めぐり合わせがよい時の第一の用心は自慢とおごりである。常々の倍用心しなくてはあぶないものである。

〈注〉
自慢奢　餅木本では「自慢」。**常こ一倍**　餅木本では「常の倍」、小城本では「常之一倍」。

202　一、武具を立派ニして置クハ能嗜《よきたしなみ》なれ共《ども》何ニ而《て》も数ニ合へハ《ば》済《すむ》事也。*深堀猪《い》之《の》助《すけ》か《が》物具之様成《もののぐのようなる》もの也。用意銀*抔《など》も*大身人持《たいしんひともち》なと《ど》は入《いる》事也。*岡部宮内《くない》ハ組中之《の》数ほと《ど》袋を作リ名を書付銘こ《かきつけめいめい》相応之《の》*軍用銀入置被申《いれおきもうされ》候由《よし》。ケ様《かよう》ニ嗜《たしなみ》候事奥深き事也。小身者《しょうしん》抔《など》ハ*其期《そのご》ニ用意なくハ《ば》*寄親《よりおや》ニ頼ミはごくまれても済むべし。去程《さるほど》ニ兼こ《かねがね》寄親《よりおや》ニ*入魂《じゅこん》して置《おく》へ《べ》し。*御側之《の》者は　殿ニ付《つき》てさへ居《おり》たらは《ば》用意なく共可済《ともすむべき》事也。何かし《が》ハ〈*古瀬《こせ》弥《や》兵衛《ひょうえ》祖父か〉*大坂夏陣之《の》時*灰吹《はいふき》十二匁《もんめ》持《もち》て*多久図書《たくずしょ》殿ニ付《つき》て被罷立《まかりたたれ》候。只早ゝ《ただそうそう》駈出《かけいだし》さへすれハ《ば》済《すむ》事也。ケ様之《かようの》世話ものけたるか《が》よきと覚《おぼ》へたり。

〈現代語訳〉

武具を立派にしておくのはよい嗜みであるけれども、何であっても一式そろっていれば済むことである。深堀猪之助の武具のようなものである。用意銀なども、位の高い人や被官を多く持つ人には必要である。岡部宮内は組衆の数、袋を作り、名を書き付け、めいめいに相応しい軍用銀を入れておかれたとのこと。このように嗜むこと、奥深いことである。対して身分の低い者などはいざという時に用意がなければ、寄親に頼み、用立ててもらっても済むだろう。だから、前々から寄親に昵懇になっておくべきである。お側の者は、殿についていさえすれば、用意がなくても済むであろう。何がしは（古瀬弥兵衛の祖父か）大坂夏の陣の時、灰吹銀を十二匁持って、多久図書殿について出立された。とはいえ、ただ早々に駆けだしさえすれば済むことである。身分の低い者は金を用意するような手間も除いた方がよいと思われる。

〈注〉

深堀猪之助　深堀賢保のこと。もとの名字は田代で、田代猪之助とも。深堀鍋島家の家老で、鍋島茂賢に仕えた。聞書六－68には、柳川の戦い、島原の乱で活躍し、初代藩主鍋島勝茂から小袖、刀を拝領したとある。本条文の「深堀猪之助か物具」とは、深堀猪之助の武装のこと。深堀猪之助は島原の乱で斥候に出ていた際、立花宗茂からその姿を、戦の前における「毛色之能武者ふり」と褒められている。島原の乱では、多くの者が自身の手柄の証人として猪之助をあげ、各所で夜昼通して格別の働きをしていると勝茂に報告されており、その盛んな働きぶりが立花宗茂の目についたのだと思われる。**用意銀**　準備金。ここでは戦のために用意しておいた金銭のこと。**大身人持**　大身は位が高い人、禄高の多い人。人持は被官を多く抱えている人。餅木本、小城本では「大身の人持」。**岡部宮内**　岡部重利。聞書一－7注、人物補注参照。**軍用銀**　軍資金。**其期ニ**　その時に。餅木本では「其場に」。**寄親**　組の統率者。組頭とも。**はごくまれて**　面倒をみられて。ここでは、軍資金を用立ててもらって。**入魂して**　とりわけ親しくして。懇意にして。**御側之者**　主君の身近に仕える役の者。**古瀬弥兵衛祖父か**　古瀬弥兵衛は未詳。餅木本、小城本ではこの注なし。山本本では「古賀弥太右衛門祖父」とある。「古賀弥太右衛門祖父」の場合、古賀弥太右衛門は古賀盛郷、大坂夏の陣に出陣した祖父は古賀英利か。古賀英利は、多久安順、多久図書を寄親とし、多久安順の死に際して追腹を切っている（聞書六－153）。**大坂夏陣**　慶長二十年（一六一五）に、江戸幕府が大坂城を攻め、豊臣家を滅ぼした戦いのこと。前年の冬の陣と合わせて、大坂の役とも呼ばれる。**灰吹**　灰吹銀の略。灰吹法で精錬した銀。**多久図書**　多久茂富のこと。多久図書、後年、初代藩主鍋島勝茂から鍋島姓をたまわって鍋島図書とも。多久安順の甥で、安順の養子。常朝の父である山本重澄の寄親であり、山本常朝の幼名松亀の名づけ親である。（人物補注、多久茂富）

203　一、昔之《の》事を改《あらため》て見るに*事ニより説ゝ《せつせつ》有《あり》て決定《けつじょう》されぬ事有《あり》。それハ知れぬ分ニして置《おき》たるか《が》能《よき》也。*実教卿《さねのり》御咄《はなし》ニしれぬ事は知るゝ様ニ仕《し》たる者か《が》有《あ》り。又自《またじ》得《とく》して知るゝ事も有《あり》。又《また》何としても知れぬ事も有《あり》。是か《これが》面白き事也と被仰《おおせられ》候。奥深キ事なり。*甚秘広大《じんぴこうだい》之《の》事は知れぬ筈《はず》也。たやすく知るゝ事は浅き事也。

〈現代語訳〉

昔のことを改めて見ると、事柄によっては諸説あって決定されないことがある。それはわからないままにしておくのが良いのだ。実教卿のお話に「分からないことには、分かるようになったものがある。また自分で自然に分かることもある。また何をしても分からないこともある。ここがおもしろいところである」と仰られた。奥深いことである。甚秘広大のことはわからないはずである。たやすくわかることは浅いことである。

〈注〉

事ニより　「事ニより」が挿入されている。餅木本、小城本は欠。**実教卿**　三条西実教のこと。官位は正二位権大納言。二代藩主鍋島光茂の歌道の師範。常朝を使者として、臨終前の光茂に古今伝授一巻を授けた。（人物補注、三条西実教）**甚秘広大**　意味深く、はかり知れず、その及ぶところ広く大なることを言う。

聞書第二

1　一、奉公人之《の》禁物は何事ニて候半哉《そうらわんや》と尋《たずね》候へハ《ば》大酒自慢奢成《なるべ》へし。不仕合之《*ふしあわせの》時は気遣《づかい》なし。ちと仕合能《*しあわせよき》時分此《この*》三ケ条あふ《ぶ》なき物也。人之《の》上を見給へ。頓而《やがて》乗《のり》気さし自慢奢か《が》付《*つき》て散〻見苦敷《みぐるしく》候。夫故《それゆえ》人ハ苦を見たる者ならて《で》は根情すわらす《ず》。若キ中ニハ随*分不仕合成《ふしあわせなるが》かよし。不仕合之《ふしあわせの》時草臥《*くたぶ》るゝ者は益ニ不立《たたざる》なりと。

〈現代語訳〉

「奉公人として絶対してはならないことは何でしょうか」と、尋ねると、「大酒、自慢、奢りであろう。不仕合せの時にはその心配はない。すこし物事が順調に行っているような時に、この三つがあぶないものである。他の人の身の上を見なさい。すぐに調子に乗って、自慢や奢りが身について、なんとも見苦しい。それだから、人は苦労をしたことのある者でなければ、根性がすわらない。若いうちには随分不仕合せなのがよい。逆境にあって気落してしまうような者は役に立たないのである」と言われた。

〈注〉

不仕合　運が向かない。うまい具合にいかない。　**仕合**　めぐりあわせ。ことのなりゆき。　**三ケ条**　餅木本、小城本では「二ケ条」　**付**　ある気持ち、状態になること。　**随分**　極力、できるかぎり。　**草臥るゝ**　疲労する、疲れていやになる。

2　一、角蔵流とは如何様之《の》心ニて候哉《や》と申候得《もうしそうらえば》は*鍋嶋喜雲草履取《とり》*角蔵と申《もうす》者*力量之《の》者ニ候故喜雲剣術者ニ而《て》*取手《とりて》一流仕立《したて》角蔵流と名付《なづけ》方ト指南いたし尓今《じこん》*手形残《のこり》居申《おりもうし》候。*組打《くみうち》*やわら抔《など》と申《もうす》*打上《うちあが》りたる流ニては無之《これなく》候。我等か《が》流儀も其《その》如く上びたる事はしらす《ず》*げす流ニ而《て》草履取《とり》角蔵か《が》取手《とりて》之《の》様ニ端的之《の》当用ニ立申《たちもうす》故此前《このまえ》から我等か《が》角蔵流と申《もうし》候。又此前寄合申《またこのまえよりあいもうす》衆ニ咄申《はなしもうし》候は恋之《の》至極は*忍恋《しのぶこい》と*見立《みたて》候。逢《おう》てからは恋之《の》長《*た》ケか《が》*ひきし。一生忍《しのび》て*思ひ死《じに》するこそ恋之《の》本意なれ。歌ニ*恋死なん後の煙にそれと知れつひニもらさぬ中の思ひは　是こそたけ高キ恋なれと申《もうし》候へハ《ば》感心之《の》衆四五人有《あり》て煙仲《なか》ケ間《ま》と被申《もうされ》候。

〈現代語訳〉

「角蔵流とはどういう意味でしょうか」と尋ねたところ、「鍋島喜雲の草履取りで角蔵と言う者が力量ある者だったので、剣術者であった喜雲が、格闘術の一流派として立て、角蔵流と名づけ、方々で指南し、現在も技の形が残っております。組打や柔術などというご立派な流派ではないのです。私の武士道も、そのように上品めいていることは知らない、下種の流派であって、草履取りの角蔵の取り手のように、ただちに実戦の役に立つということで、以前より自分式の角蔵流と呼んでいるのです。またこの前、寄り集まった衆への話しで、『恋の至極は忍ぶ恋と見立てました。逢ってからは恋の格調が低い。一生相手に打ち明けずに、思いこがれたまま死んでしまうのこそ、恋の本意である。歌に、恋死なん後の煙にそれと知れ、つひにもらさぬ中の思ひは、とある。これこそ、格調の高い恋である』と、申し上げたところ、同意した者が四、五人あって、それを『煙仲間』と称しました」。

〈注〉

鍋嶋喜雲　鍋島六之允とも。喜雲は法名で、久雲とも。もとは千手という名字だったが、鍋島姓を拝領した。小城藩鍋島元茂に仕えた。**角蔵**　未詳。『校補』には、「元和五年（一六一九）六月六日、草野忠次郎江贈所之兵法伝書ニ、九州肥前佐嘉郡龍造寺之住人岩永覚蔵坊大倉信勝と有、久雲草履取と云ハ不審」とある。**力量之者**　能力のすぐれたもの。**取手**　武術の一種で、素手で人を捕える術。**手形**　取り手の形。**組打**　戦場で相手と組み合って討ち取ることから生まれた武芸。　**やわら**　柔術のこと。　**打上りたる**　高尚になっている、上品になっている。ここでは、武芸の流派として立派になっている意。　**げす**　下種、下衆とも。賤しい、下品な。餅木本では「下手」。　**忍恋**　心に隠した恋。相手に打ち明けずに心に秘めた恋と、他人の見る目をはばかる恋との二つの意味があるが、ここでは前者の意。　**見立**　見て選ぶこと。　**長ヶ**　歌論の用語で、風格、格調の意。　**ひきし**　「ひくし（低し）」の古形。餅木本は「ひくし」、小城本は「ひきくし」。　**思ひ死**　思い焦がれて死ぬこと、思いつめて死ぬこと。　**歌ニ**　中院通村の歌「こひしなむ後の煙にそれとみよつひにしられぬ中の思ひを」（『後十輪院内府集』一二一六）による。元和三年（一六一七）七月八日、「寄煙恋」と題した三首の一。中院通村は、鍋島光茂の後妻甘姫の祖父。「忍恋」の題材は「永久四年百首（次郎百首）」で、恋十種の第一とされて以来、深い恋心をあらわす代表的な歌題とされ、『続後撰集』のころからは、煙と結びつけて歌われることが多くなったという。

3　一、*多久美作《みまさか》殿老後ニ家中之《の》者ヘ無情無理之《の》御仕形共有之《しかたどもこれあり》候故誰か*異見申《もうし》候得は《ば》*長門《ながと》か《が》為也。我死後ニ枕を高クして緩リと休ミ可被申《もうさるべし》と答《こたえ》のよし。惣而《すべて》家中を憐愍《れんびん》し隠居前ニ無理之《の》事共《ども》あれハ《ば》嫡子ニ家を譲り候時家中之《の》者早く*直代《じきだい》に*思付《おもいつく》ものニて候。是*秘説之《の》由或人之《の》咄《はなし》也。

〈現代語訳〉

多久美作殿は、老後に家中の者へ無情で無理な仕打ちがたびたびあったので、誰かが異見を申し上げると、「嫡子長門のためにわざとしているのだ。私の死後に皆枕を高くしてゆっくりと休まれるがよろしい」と答えたとのこと。すべて家中のためを思ってのことであって、隠居前に先代がひどい仕打ちをすれば、嫡子に家を譲る時、家中の者がすぐに新しい主君になつき親しむものである。これは秘説とのこと、ある人の話である。

〈注〉
多久美作　多久茂辰。多久茂富（多久図書）の子。（人物補注、多久茂辰）　**異見**　相手と異なる見解のこと。　**長門**　多久茂矩。多久茂辰の子として多久家を継いだ。（人物補注、多久茂矩）　**直代**　直後の代の当主。　**思付**　親しみを持ち、心服する。　**秘説**　秘密にして公にしてはならない話。餅木本では「秘談」。

4　一、人ニ出逢候時は其人之《そのの》*かた気を早く呑込《のみ》ミ夫〳〵《それぞれ》ニ応し《じ》て*会釈可有《あるべき》事也。其内《そのうち》*理堅く*強勢の人ニは*随分おれて*取合《とりあい》角立《たた》ぬ様ニし*間《あいだ》*ニ相手ニ成り上ハ手之《の》理を以《もつ》て云伏《いいふ》セ其跡ハ少も遺恨を残さぬ様ニ有へ《あるべ》し。是は*胸の働《はたらき》詞の働《はたらき》也。何某へ和尚*出會之《の》異見。
〈口達有〉

〈現代語訳〉

人と接する時は、その人の気質を早くのみこみ、それぞれに応じて適切な応対をすべきである。中でも理屈っぽく強情な人には極力折れて取り合い、角の立たないようにして、適宜こちらの考えを述べながら、上手の理で言い伏せ、その後は少しも遺恨のないようにあるべきである。これは胸の働き、詞の働きである。何某へ和尚が出会いの意見。〈口達あり〉

〈注〉

かた気　人それぞれの性質、こだわり、気だて。　**会釈**　挨拶をしたり、配慮して応対をしたりすること。餅木本では「会拶」。　**理堅く**　理屈で自己を堅固に守っている。　**強勢**　自説を強く押し通そうとする勢いこんだ態度。　**随分**　できるかぎり、極力。　**取合**　相手の発話に応対すること。　**間ニ**　そのうちに。はじめに相手の理屈に屈服して見せておいてから。聞書十－139に「間々ニ」とあり、それとは区別されていると見るべきか。　**相手ニ成り**　対論を受けて立ち。　**胸の働詞の働**　外に出さずに内面において処理しておくべき事柄と、表現をして相手との間に成り立たせるべき事柄とが、調和して働くこと。　**出會之異見**　人との接し方についての意見。

5　一、*加州大乗寺隠居*了為《りようい》和尚下国之《の》前北山*宗寿庵普請掃除有之《これある》時分*行寂《ぎようじやく》和尚*上堂之《の》掃除は自身被成《なされ》候。又*天祐寺*雪門和尚隠居*海音《かいおん》和尚へ夏衣持参候処新物能過不似《よきにすぎ》合とて返進*雪門之《の》古衣所望ニて候。又宗寿庵へ*水岩《すいがん》和尚御越《おこし》前新敷《あたらしく》上堂立申《たてもうし》候。御*待《まち》儲《もうけ》ニとて壁は了為《りようい》和尚御塗リ候。冥加《みようが》ニ被叶《かなわれ》候処也と。

北山黒土原《クロツチばる》了為《りようい》和尚隠居所長陽軒と申候《もうし》。正徳二年四月十九日寺号引相済《ひきあいすみ》宗寿庵と申候《もうし》。

〈現代語訳〉

加賀国大乗寺の住職を退いた了為和尚が佐賀への帰国を前にして、隠居所の北山宗寿庵の修繕や掃除が行われた時、高伝寺住職の行寂和尚が僧堂の掃除は自らなされた。また天祐寺の雪門和尚が、隠居の海音和尚へ夏衣を持参したところ、新しいものは良すぎて不似合いであると返され、雪門和尚の古着を所望であった。また宗寿庵へ水岩和尚がお越しの前、新しく僧堂を建てられた。お迎えする準備として、壁は了為和尚がお塗りになった。神仏のおぼしめしにかなったことである、とのこと。

北山黒土原の了為和尚隠居の所を朝陽軒という。正徳二年（一七一二）四月十九日、寺号の引き継ぎが済み、宗寿庵という。

〈注〉

加州大乗寺　加賀国の大乗寺。曹洞宗の寺。**了為和尚**　絶学了為和尚のこと。高伝寺の第十九世住持。二代藩主鍋島光茂を弔った後、常朝の山屋敷を譲られ、そこに隠居、常朝と同居していた。常朝は了為和尚から授戒をされている。隠居後、加賀国大乗寺の住職に請われ、第三十世住持となった。常朝年譜によると、宝永五年（一七〇八）に加州大乗寺住職に請われ、宝永六年に出立、正徳四年（一七一四）に下国している。（人物補注、絶学了為和尚）**北山宗寿庵**　佐賀城の北、金立山の麓にある。『佐賀県近世史料第十編第二巻』の曹洞宗由緒によれば、了為和尚は、高伝寺を隠居した際、適した場所がなく、山本常朝の山屋敷を譲られ朝陽軒と名づけ、そこに住んでいた。のちに寺号を引き、宗寿庵と正式に改めた。高伝寺の末寺にあたる。**行寂和尚**　柏宗行寂和尚のこと。高伝寺二十世住持。三代藩主鍋島綱茂を弔った後、梅林庵に隠居。**上堂**　僧堂・禅堂における、上手の間。餅木本では「浄堂」。**天祐寺**　龍造寺高房の菩提を弔うため、佐賀藩藩祖鍋島直茂が建てた寺。**雪門和尚**　天祐寺住持に雪門の名はない。海音和尚の後の十二世正燈和尚の事か。**海音和尚**　天祐寺十一世住持。北原の永明寺に隠居。**返進**　餅木本では「返上」。**水岩和尚**　高伝寺十六世住持。**待儲**　準備して待ち受けること。**黒土原**　佐賀城の北、金立山の麓。**長陽軒**　山本常朝が了為和尚の隠居場所として譲った山屋敷。北山宗寿庵の注を参照のこと。『校補』や『佐賀県近世史料第十編第二巻』の曹洞宗由緒には「朝陽軒」と書かれている。

6　一、夢か《が》*正直之《の》*ためし也。切死《きりじに》切腹之《の》夢*折こ《おりおり》見候ニ勇気*すわり候へハ《ば》段こ夢中心《こころ》持《もち》替リ申《もうし》候由。*閏五月廿七日夜之《の》夢之《の》事。

〈現代語訳〉
夢は、自分のありのままの心をあらわす証拠である。切死にや切腹の夢を見るたびごとに、勇気がすわってくると、だんだん夢の中の心持ちが変わるということである。正徳三年（一七一三）閏五月二十七日の夜の夢のこと。

〈注〉

正直　うそのない本当のところ。　**ためし**　証拠、しるし。　**折こ**　そのたびごと。次第に。　**すわり**　しっかりとして動かなくなる。　**閏五月廿七日**　閏五月とは、五月と六月の間にある閏月の五月のこと。『葉隠』が書かれていたと思われる期間で、閏五月があったのは正徳三年のみである。

7　一、武士之《の》*大括《ぐくり》之《の》次第を申さハ《ば》先《まず》身命を主人ニ*得《とく》と奉るが*根元也。*如《かくのごときの》是之上ハ何事をするぞといへハ《ば》内ニは*智仁勇を備ふる事也。*三徳兼備抔《など》といへハ《ば》凡人之《の》及び無《なき》事之《の》様なれ共《ども》安キ事也。智ハ人ニ*談合する斗《ばかり》也。量《はかり》もなき智也。仁ハ人之《の》為ニ成《なる》事也。我と人とくらべて人之《の》*能《よき》様ニする迄《まで》也。勇ハ*歯噛《がみ》也。*前後ニ心付《つけ》ず。歯噛《がみ》して*踏破《ふみや》る迄《まで》也。此《この》上之《の》*立上《たちあが》りたる事は知らぬ事也。扨外《さてそと》ニハ*風躰《ふうてい》*口上*手跡《しゅせき》也。是ハ何《いずれ》も常住《じょうじゅう》之《の》事なれハ《ば》*常住《じょうじゅう》之《の》稽古ニて成《なる》事也。*大意ハ*閑《しず》カに強ミ有《ある》様ニと心得べし。此《この》分手ニ入《いれ》たらハ《ば》*国学を心懸《こころがけ》其《その》後気晴シニ諸藝能も習ふへ《べ》し。能《よく》思へハ《ば》奉公抔《など》ハ安《やすき》事也。今時少《すこし》御用ニ立《たっ》人を見れハ《ば》外《そと》之《の》三ケ条迄《まで》也と。

〈現代語訳〉

武士の要諦を順序立てて言うなら、まずは身命をすっぱりと主君に差し上げるのが根本である。そうした上で、次に何をするかといえば、内には智仁勇を備えることである。三徳兼備などというと、凡人にはとても不可能なことのように聞こえるが、実はたやすいことなのである。智というのは、人に相談するだけのことである。限りのない智恵である。仁とは、人のためになることである。自分と人とを比べて、人が良くなるようにするまでである。勇は歯がみである。あとさきのことを考えず、歯がみして踏み破るまでである。それ以上の高級なことは、あずかり知らぬことである。さて、外には風体、口上、手跡である。これはどれも日常のことであるから、普段の稽古で身についていくものである。基本の心構えは、しずかに強みあるように、と理解しておけばよい。以上が身についたならば、佐賀藩についての学びを心がけ、その後、気晴らしに諸芸能も習えばよい。考えてみれば、奉公などはたやすいことである。今どきの少し御用に立つ人物を見てみると、せいぜい外の三ヵ条（風体・口上・手跡）が身についているという程度である。

〈注〉

大括　肝心かなめのことがら。**得と**　篤と。きっぱりとすべて。小城本では「得而」。**根元**　根源。ここでは前提となる基本態度。**如是之上**　身命をとくと主人に奉った上で　**智仁勇**　知仁勇は儒学で三徳と言われる。『論語』「子罕第九」、『中庸』第八章など。江戸時代初めの林羅山著『三徳抄』には「心ニ疑ナキハ智也。心ニヨク分別シテ後悔ナキハ仁也。心剛ニシテ強キハ勇也」とある。**也**　小城本では「哉」。　**三徳兼備**　智仁勇の三徳をすべて欠けることなく備えていること。**談合**　知恵ある他人に相談すること。　**能様ニする**　自分にとってではなく他人にとって有利になるよう振舞う。　**歯噛**　力んで歯をくいしばる。「奥歯を咬合せ」「歯咬を作て」は、鈴木正三も多用する言葉である。「奥歯を咬合せ、眼をするゐて、忽可死心を以て、一陣に可進」（『反故集』）など。**前後ニ心付す**　事前、事後のことを気にかけず。　**踏破る**　前に踏みだし、障害を破り越えていく。**立上りたる事**　こむずかしい理論・理屈。高級、上品なあり方。　**風躰**　姿や振舞。　**口上**　公式の場でのものいい。弁舌。　**手跡**　書いた字の美しさ。　**常住之稽古**　普段の鍛錬。　**大意**　風体、口上、手跡など武士が嗜むべき外のことがらに共通のあるべき心構え。　**閑カに強ミ有様ニ**　聞書一－89では、「風躰」「口上」「文談」の修行について、「右いつれも閑カニ強ミ有か能也」と言われている。　**国学**　歴代藩主と藩主に仕えた先祖たちの事績を学ぶこと。

8　一、或出家被申《もうされ》候ハ*渕瀬もしらぬ川を*うかと渡リ候てハ*向《むこう》へも不届《とどかず》用事も不済《すまず》流レ死《じに》も仕《つかまつ》る事ニ候。時代之《の》風俗主君之《の》好嫌《すききらい》をも合点なく無分別ニ奉公ニ乗気《のりき》抔《など》さし候ハ《ば》、御用ニも不立《たたず》身を亡《ほろぼ》し候事可有之《これあるべく》候。*御意ニ可入《いるべし》と仕《つかまつる》は見苦《みぐるし》敷ものニ候。先《まず》*引取《とり》てちと渕瀬をも心得候て御嫌《きらいなさるる》被成事を不仕《つかまつらぬ》様可仕《つかまつるべき》事と存《ぞんじ》候由。

〈現代語訳〉

ある僧侶が言われたのは、「どこが浅瀬でどこが深い淵かもわからないまま、うかうかと川を渡れば、向こう岸にも着けず、用事も済まず、流れ死にすることもある。時代の風俗や、主君の好き嫌いを呑みこまぬまま、無分別に調子に乗って奉公をすれば、御用にも立たず、身を滅ぼすこともあるでしょう。主君の気に入られようとばかりするのは見苦しいものです。まずは一歩引いて、ちと淵瀬をも心得た上で、主君のお嫌いなさることをしないようにと心がけるのがよいと思います」とのこと。

〈注〉

淵瀬　渡りにくい川の深いところと渡りやすい川の浅いところ。**うかと**　うかうかと、うっかりと。**向**　餅木本、小城本では「先」。**御意ニ可入**　おぼしめしにかなおう。気に入られよう。**ニ可入と**　小城本では「へ入と」。**引取**　退くこと。退出すること。

9　一、*前《さきの》神右衛門〈法名善忠〉ハ*沓《くつ》わらち《じ》作リ候事上手ニて候。*組被官抱ヘ候時もわらち《じ》作《つくり》候哉《や》此《この》細工不成《ならぬ》者ハ足もたず也と申《もうし》候。又一里外ヘは一人ニ壱升宛之《ずつの》兵粮《ひょうろう》を袋ニ入《いれ》付ケさせ候。向《むこう》より直《じき》ニ出陣之《の》仕組也。先《まず》一升宛《ずつ》さへあれハ《ば》其《その》内ニ*才覚成へ《なるべ》し。夫故《それゆえ》*浅黄木綿之《の》袋数多作リ置《おき》候。*大閤様*名古屋御下向之《の》時朱鞘之《の》*御大小ニ*足半《あしなか》を御懸《かけ》候て*高木上道御通り候。又*家康公之《の》騎馬を大閤様ヘ被懸御目《おめにかけられ》候時*成瀬小吉紅之《の》沓《くつ》を鞘ニかけ候由也。軍中ニて第一之《の》用意也。今ニても*長崎立《だち》と申《もうし》候時上下数万人之《の》用ニ立《たち》候ニ付而《つきて》沓《くつ》わらち《じ》一束も有間敷《あるまじく》候。然《しかれば》は兼ゝ心ニ懸ケ用意可有《あるべき》事也。尤《もっとも》作リ習ひ候半而《そうらわで》*不叶《かなわざる》*義也。芝原山道川中抔《など》ニて*わらち《じ》ハすべり候。足半《あしなか》能《よく》候也と。

〈現代語訳〉

山本前神右衛門（法名善忠）は沓やわらじを作ることが上手であった。組衆や被官を召し抱える時も、「わらじは作るか。この細工ができない者は足を持っていないのと同じだ」と、言った。また一里以上遠方へ行く際には、一人に一升ずつの兵糧を袋に入れて付けさせた。行先からそのまま直ちに出陣できる仕組みである。とりあえず一升ずつ持参していれば、あとは何とかなるだろう。そのため、浅黄木綿の袋を数多作り置いた。太閤様が名護屋に御下向の時、朱鞘の御大小に足半をかけられて高木上道をお通りになった。また徳川家康公の騎馬を太閤様へお目にかけられた時、成瀬小吉は紅の沓を鞘にかけていたということだ。軍中で第一の用意である。今であっても、長崎に出立という時、上下数万人分が入用になるのだから、（どこをさがしても）沓もわらじも一足もないに違いない。そうであるので、かねがね心に懸け、用意すべきことである。もっとも普段作り習っていなくては、いざというときできないことである。芝原、山道、川中などでわらじはすべる。足半が良いということだ。

〈注〉

前神右衛門〈法名善忠〉　山本常朝の父山本重澄。呼び名は常朝と同じく神右衛門で、もともと重澄の父中野清明から譲られた呼び名である。（人物補注、山本重澄）　**沓わらち**　沓とわらじ。沓は皮革などで作られた、足先全体を覆った履物を、わらじは藁で作られた、長い緒を足にまといつける履物を言う。　**組被官**　組とは佐賀藩における兵の編成単位。被官とは配下の侍のこと。組被官で、組の者、配下の者をまとめていう。　**才覚**　工面すること。　**浅黄木綿**　浅黄色（薄い藍色）に染めた木綿。　**大閤様**　太閤豊臣秀吉のこと。　**名古屋**　肥前国松浦群（現在の佐賀県唐津市）名護屋のこと。文禄慶長の役に際して名護屋城が築かれた。　**御大小**　刀と脇差のこと。　**足半**　踵の部分がない短い草履。餅木本、小城本では「脚半」に「アシナカ」と振りがながある。　**高木上道**　目達原から小城へ抜ける街道。名護屋への往還に用いた。嘉瀬川を渡る駄市川原の渡は、名護屋渡（現在の名護屋橋）と名が残っている。　**家康公之騎馬**　馬揃えにおいて騎馬隊を披露したということ。餅木本では「家康公御家中の騎馬」。　**成瀬小吉**　成瀬正成。徳川家康に仕えた。犬山城城主で、尾張藩の附家老。『常山紀談』巻九「成瀬正成忠信の事」には、「秀吉大坂にて馬揃の時、千貫矢倉に上り観られしに、黒き馬の太くたくましきに乗りて、紅の沓を後輪に附けたる者あり」と書かれている。成瀬は秀吉から五万石で召し抱えると言われたが、それを断った。　**長崎立**　長崎警備への出立。　**不叶**　思った通りにならない、できない。ここでは、沓わらじを用意することが出来ない。　**わらちハすべり**　小城本では「わらちハ」が欠け、「ずべり」のみ。

10　一、*丁子*匕袋身ニ付《つけ》候へは《ば》*寒気《かんき》風気《ふうき》ニ当らす《ず》。先年*前《さきの》数馬*寒中*早打《はやうち》ニて*罷《まかり》下り*老人少《すこし》も痛《いたみ》不申《もうさず》。*右伝受と被申《もうされ》候。又落馬血《ち》留之《どめの》法*芦毛馬之《の》糞煎《せんじのむ》呑と也。

〈現代語訳〉

「丁子を火打袋に入れて身に付ければ、寒気や風気にあたらない。先年、中野前数馬が寒中に早打ちで下国され、老人は少しも体を痛めなかった。右のこと伝受する」と言われた。また「落馬の血止めの方法は、葦毛の馬の糞を煎じ飲む」ということである。

〈注〉

丁子　丁子のつぼみを乾燥させた香料。今でいうクローブも丁子。**匕袋**　「火打袋」のことか。火打袋は、火打石やほくちを入れる袋で、薬を入れることもあり、武装する時は刀につける。漢字の「匕」であれば、匙の意でその場合は、禅僧の用いる「匙《し》筋袋《じょたい》」（さじとはしを入れる袋）とも考えられるが、この場合はどうか。なお、底本は、「数袋」が「匕袋」に訂正されており、餅木本、小城本では「数袋」とある。**寒気風気ニ当らす**　寒さや風が体に障らない。**前数馬**　中野利明のこと。常朝の従兄弟の子。中野家一門を束ねる大組頭で、常朝の寄親。三代藩主となる前の鍋島綱茂の御側役、年寄役を勤め、後に二代藩主鍋島光茂の加判家老となる。利明の次男貞起が長男幸明の後を継ぎ、数馬と呼ばれたため、利明をさきの数馬と呼ぶ。（人物補注、中野利明）**寒中**　大寒と小寒の二候にわたる期間で、寒さの厳しい時期。**早打**　急使をすること、急使として。**罷下り**　命を受けて佐賀に下ること。**老人**　中野利明のこと。**右伝受と**　右とは、丁子を数袋身に付ければ、寒気や風気にあたらないということ。餅木本、小城本では「右之伝故と」。**芦毛馬之糞**　芦毛馬とは、後天的に白毛となり、白毛に他の色の差毛のある馬を指す。葦毛とも。馬の糞が戦場で血止めの治療薬として用いられていた話は聞書十－157にもある。また『雑兵物語』（明暦～天和頃成立）には「葦毛馬の糞を水にたて喰へば、胴へ落た血が下りて、疵も早く癒へるものだ」（下巻「夫丸茂助」）とある。

11　一、*結構者《けつこうしや》はすり*下《ず》り候。*強ミにてなけれハ《ば》ならぬもの也。

〈現代語訳〉

お人よしの好人物は、妥協してひきさがってしまうものだ。強みを保たねばならないものである。

〈注〉

結構者　人が良い人物。好人物。**すり下り**　前から後ろへ、上から下へ次第に下がっていく。ゆるんで下がる。**強ミ**　強さを感じさせるもの。強い様子。

12 一、内気ニ*よふ気なる御主人は随分誉《ほめ》候而《て》*御用ニ*越度無様《なき》ニ調《ととのえ》て上ケ申《げもうす》筈《はず》也。御気をそだて申《もうす》所也。扨《さて》又*御気《おき》勝《かち》*御発明成《なる》御主人ハちと*御心被置《おかれ》候様ニ仕懸《しかけ》、此事を彼《かの》者承《うけたまわり》候ハ、《ば》何とか可存《ぞんずべし》、と被思召《おぼしめさるる》者ニ成候事大忠節也。ケ《か》様之《ようの》者一人も無之《これなき》時は御家中御*見こなし皆*手もみと被思召《おぼしめされ》御高慢出来申《もうし》候。不依上下《じょうげによらず》何程善事を成シ候ても高慢ニ而打崩《てうちくずす》也。右之《の》当りニ眼《*め》の付《つく》人なきもの也。*求馬*吉右衛門抔《など》は慥《たしか》ニ*見知らセ申《もうし》て置《おき》たるもの共《ども》也。吉右衛門ハ病中ニも隠居後も事ニより御相談被成《なられ》候由候。難有《ありがたき》御事ニ候。*成《なり》にくき事と斗存故不成《ばかりぞんずるゆえならず》候。十年骨を砕候得《くだきそうらえば》はしかと成《なる》事候。覚有《おぼえある》事ニ候。一国一人之《の》重宝なれハ《ば》成度《なりたく》思ハぬは腑骸《ふがい》なき事也。先ッ《まず》*仕寄《しより》ハ*信方《のぶかた》*喬朝之《タカともの》如きもの也。疎まれてハ忠を竭《つく》す事不叶《かなわず》。爰か《ここが》大事也。大形之《の》人之《の》見付《つか》ぬ所也。*其《その》後少宛《すこしずつ》*ずめかせ申《もうし》て置迄《おくまで》也と。

〈現代語訳〉

消極的で凡庸な御主人には、極力お褒めし、御用に落度がないよう、お膳立てを調えてさし上げねばならない。気力をお育て申し上げるためである。これに対し、勝気でご聡明な御主人には、少々こちらを煙たく思わせるように仕向け、「この事をあの者に知られたら、何と思うだろうか」と思っていただける者になる事が、大忠節である。このような者が一人もない時は、家中の者をあなどって、皆腰抜けの追従者とお思いになり、御高慢も出て来る。身分の上下によらず、どれほど善事をなしても、高慢によって身上を崩すのである。このあたりに眼のつく人はないものである。相良求馬や、原田吉右衛門などは、自身の器量をたしかに見知らせ申し上げていた者どもである。吉右衛門は病中であっても隠居後でも、事によって主君が御相談されたとのことである。ありがたい事である。（主君に一目置かれるようになるのは）難しい事とばかり思うために、そうなれないままとなる。十年も粉骨砕身すれば、たしかに成就する。自分にも覚えがある事である。（主君の相談相手になれるような人材は）一国に一人の重宝なのだから、そうなりたいと思わないのは不甲斐ない事である。まず手がかりとすべきは、板垣信方や秋元喬知のようなやり方である。主人に疎まれてしまっては、忠節を尽くすことは叶わない。ここ（まず主君に近づくこと）が大事である。だいたいの人はそこに気がつかない。そうして主君の懐に入ってしまったら、あとは少しずつ、何事も主君のもくろみ通り運んでいるように思い込ませていくだけである、と言われた。

〈注〉
よふ気　小山本では「ようき」。庸器（ようき）。平凡な器量。**御用**　主人のなすべき仕事。**越度**　餅木本では「落ど」、小城本では「落度」。**御気勝**　きかん気、気が勝っていること。**御発明**　物事を明らかにするはたらきが優れていること。明敏。利口。**御心被置**　配慮する、気を許さない。「を」が「被」に訂正されている。**見こなし**　見くびる、あなどる。**手もみ**　揉み手をすること。相手におもねる動作。**眼の付**　着眼する、気が付く。「を」が「の」に訂正されている。餅木本、小城本では「を」。**求馬**　相良及真のこと。相良求馬とも。初代藩主勝茂継室高源院の手男鶴源兵衛と高源院奥女中との子。二代藩主光茂の遊び相手から、御側役に取り立てられ、その後、年寄役、加判家老（一代限りの家老）となった。（人物補注、相良及真）**吉右衛門**　原田種文のこと。原田吉右衛門とも、法名は照庵。鍋島直澄（蓮池初代藩主、佐賀初代藩主勝茂の三男）の祐筆役として召し抱えられ、その後、勝茂、光茂、綱茂と三代にわたって仕えた。番頭・御用人、大組頭、加判家老。（人物補注、原田種文）**見知らせ**　見て分からせる、価値を理解させる。ここでは自身の価値を主人に分からせること。**成にくき事と斗存故不成候**　相良求馬や原田吉右衛門のような、主人に一目置かれるような者になることを、難しいこととばかり思っているので、そのような者になれないということ。**仕寄**　城塞などへ攻め寄せること、またそのための塹壕や盾。ここでは目的を達成するための手掛かりの意。**信方**　板垣信方。武田信玄の家臣。聞書十－154には、外様であった信方が信玄に諫言をするために、信玄が好んだ詩歌を学び、気に入られてから諫言をしたとある。**喬朝**　秋元喬知。徳川綱吉、家宣に仕えた老中。聞書十－155には、嵩知に「将軍之御意ニ入て近寄、力を尽し御政道を被糺候」という覚悟があったと書かれており、将軍が御寵愛になる品々を時代時代に献上したと書かれている。**其後**　主人に疎まれては忠を尽くすことはできないと、気付いたあと。疎まれないようにしたあと。**ずめかせ**　「すめかせ」とする写本（小城本、石橋家本、陣内本）もある。『校註葉隠』は「感付かせる。漸次悟らせること」とするが、根拠は不明。「滑る」の佐賀方言「ずめる」から「滑らせる」の意とも考えられるが、ここでは「図」（もくろみ、はかりごと）＋「めく」（～のように見える）の使役形と見て訳出した。

13　一、火事之《の》節請取之《うけとりの》場へ駈付《かけつく》る事は火消之《ひけしの》為斗《ばか》りニはあらす《ず》。敵方《てきがた》又ハ逆心之《の》者共《ども》は付火《つけび》をして其騒之《そのさわぎの》紛《まぎ》レニ取《とり》かくる事有《あり》。其心持《そのこころもち》を可仕《つかまつるべき》事也。然《しかれば》ハ火事之《の》不《ふ》懸《かけ》合《あい》は不覚悟也。常こ心懸可有《こころがけあるべき》事也。御門〳〵之《ごもんごもんの》固《かた》メも其《その》為也。又御法事之《の》節之《の》*堪忍番ハ非常を禁《いまし》むる為也。*寸善尺魔ニて法會ニは必《かならず》邪魔入来《いりきた》ルもの也。喧嘩口論其外《そのほか》不意之《の》事有之《これある》節御法事之《の》障ニならざる様ニ早速取《とり》鎮むる役と心得て堪忍番可仕《つかまつるべき》事也。ケ《か》様之《ようの》事我人能存《よくぞんじ》たる事なれ共《ども》、多分うかと罷出《まかりいず》ル故、事ニ望て仕《し》後《おく》レ申《もうす》と相見ヘ候。証拠之《の》咄抔可承置《などうけたまわりおくべき》由*助右衛門殿御咄《はなし》なり。

〈現代語訳〉

火事の時、担当の場へ駈けつけるのは、ただ火消しのためばかりではない。敵方、または謀反人は、付け火をして、その騒ぎに紛れて事を起こす場合がある。その心づもりをすべきなのである。だから、火事の現場に駆けつけないのは、武士として不覚悟である。常々心がけておくべき事である。(火事の際) 御門御門を固めるのもそのためである。また、御法事の際の堪忍番は、非常の事態を防ぐためである。寸善尺魔というもので、法会には必ず魔物の妨害が入るものである。喧嘩口論その他、不慮の事が起きた時、御法事への差し障りとならないよう、すみやかに取り鎮める役と心得て、堪忍番をつとめなければならない。このようなことは誰もよく知っていることだが、多くの場合うかうかと仕え出ているから、変事に臨んで立ちおくれるものと見える。前例となる話などを聞いておくようにと、助右衛門殿が話された。

〈注〉

堪忍番　本来その役でないものが、無給で、あるいは最低限の手当てを受けて職務外の仕事に動員されること。**寸善尺魔**　一寸の善と一尺の魔の意で、世の中は善が少なく、悪が多いことを表す。善事があっても必ず悪事が起こって邪魔することのたとえ。**助右衛門**　徳永助右衛門のこと。田代陣基の母方の叔父。横岳鍋島家に仕えていた。

14　一、諫言《かんげん》異見抔《など》悪事之《の》出来てよりしては其験《そのしる》シ有兼《ありかね》却而《かえって》悪名をひろげ申《もうす》様なるもの也。病気出来てより薬を用《もちい》ルか《が》如し。兼而《かねて》養生を能《よく》すれハ《ば》終《つい》ニ病気不出《いでず》。病気出てより養生するよりは兼而《かねて》養生は手間も不入《いらず》仕《し》能《よき》物也。未《いまだ》悪事不思立《おもいたたざる》前ニ兼ゝ心持《こころもち》ニ成《なる》事を何となく諫言《かんげん》異見仕《つかまつり》候ハ《ば》、兼《かね》養生之《の》如く可成《なるべき》由。

〈現代語訳〉

諫言や意見などは、悪事が起こってからしたのでは、その効果も薄く、かえって悪しき名を世間に広めるようなものである。病気になってから薬を用いるようなものである。かねてより養生が出来ていれば、病気にかかることはない。病気になってから養生をするより、ふだんからの養生は手間もいらず容易なものである。(同じように)まだ悪事を思い立たないうちに、かねがね心得になることを何となく諫言・意見すれば、それはふだんの養生と同じことになるであろう、とのこと。

15　一、御用ニ立度《たちたし》と思ふ奉公人は其侭《そのまま》引上《ひきあげ》被召仕《めしつかわるる》義疑《うたがい》もなき事也。上よりは御用ニ立《たつ》者かなと兼ゝ御探捉被成《たんそくなさるる》事ニ候。仮《たとえば》＊能囃子《のうはやし》ニ御数奇《すき》候御主人ハ藝之《の》有《ある》者を御探《たん》促被成処《そくなさるるところ》ニ百姓町人ニても笛成共《なりとも》大鼓成共《たいこなりとも》得方之《かたの》者候得《そうらえば》は其侭《そのまま》被召出《めしいだされる》と同し《じ》事也。能役者よりハ御国家之《の》御用ニ立《たつ》奉公ニ心懸《こころがけ》候者はいつ之《の》御時代ニも御探促之《たんそくの》事ニ候。又上之《の》御好被成《なさるる》事ニ其道《そのみち》〳〵《そのみち》之者出来申《もうす》事ニ候得《そうらえば》は、御用ニ立《たつ》者を御数奇《すき》可被遊《あそばさるるべき》事也。昔より其位《その》〳〵《そのくらい》ニは出来兼《かね》候。下より登リ大功を遂《とげ》御用ニ立《たち》たる人御代ゝ《ごだいだい》数人在之《これあり》候事之《の》由。

〈現代語訳〉

御用に立ちたいと思う奉公人は、そのまま取り立てがあり、召し使われるのは疑いもないことである。上よりは、御用に立つ者はないかと常にお探しになっている。たとえば、能囃子をお好きなご主人は、つねづねその芸ある者をお探しになっているが、そこに百姓町人であっても、笛なり太鼓なり得意な者があれば、ただちに召し出されるのと同じことである。能役者よりも、国家の御用に立つ奉公を心懸ける者ならなおのこと、いつの時代でもお探しになっている。また、上が好まれる事に応じて、それぞれの道に秀でた者があらわれるわけだから、主君は、御用に立つ者を好むべきである。昔からそれぞれの位におさまっている者からは、そうした者は出現しにくい。下の位から出世して大功を成し遂げ、御用に立った者が、歴代それぞれに数人挙げられる、とのこと。

〈注〉

能囃子　能楽における、笛・小鼓・大鼓・太鼓などからなる合奏のこと。

16　一、*御位牌釈迦堂より御移被成《うつしなされ》候を何か《が》し見《み》付《つけ》候而《て》可申達哉《もうしたつすべきや》と相談被申《もうされ》候付而《につきて》尤《もつともの》之事ニ候。ケ様《かようの》之儀存寄《ぞんじより》候人今時御手前ならでは無之《これなき》事ニ候。然共《しかれども》被仰達《おおせたつせらるる》儀は御無用ニ候。右十分尤《もつとも》ニ候とて如元《もとのごとく》相成《あいなり》候時世上ニ相知れ御手前御外聞能成《よくなる》事ニ候。

若不相済《もしあいすまざる》時ハいよ〱《いよ》不宜《よろしからざる》義と取沙汰《とりざた》仕《つかまつり》　御手前御外聞斗《ばかり》能《よく》候。悪事ハ我身《わが》ニかぶり申《もうす》こそ当介《あてがい》ニて候。今の如くして先被召置《まずめしおかれ》候時ハ誰ぞ気之《の》付申《つきもうす》者も無之《これなく》何之《の》沙汰《さた》もなく相済申《あいすみもうす》事ニ候。左《さ》候而《て》いつぞ時節次第沙汰《さた》なしニ如元《もとのごとく》御直り候様ニ致様可有之《いたしようこれあるべく》候と申《もうし》候而《て》差留置申《さしとめおきもうし》候。ケ様之《かようの》事ニて上之《の》御無調法世間ニ知れ申《もうす》事有之《これある》義候。心を付《つけ》罷《まかり》在候得《ありそうらえば》はしかと能《よき》時節か《が》ふり来る物ニ候。大かた悪事ハ内輪から云《いい》崩スもの也。上之《の》批判抔《など》は一向不申出《もうしいでざる》物と覚悟可仕《つかまつるべき》事ニ候。親子兄弟入魂之《じっこんの》間抔《など》は各別《かくべつ》と存《ぞんじ》隠密沙汰《さた》なし抔《など》と申《もうし》候て咄《はなし》候へハ《ば》頓而《やがて》ひろかり《が》後ニは自国他国日本国ニ洩聞《もれきこ》ヘ申《もうす》事間もなき物ニ候。又下人あたり其外《そのほか》内証ニて仕形《しかた》悪敷《あしき》人は頓而《やがて》世上ニ悪名唱《となえもうし》申候。内輪ほと《ど》慎《つつしみ》可申《もうすべき》事也と。

〈現代語訳〉

ご位牌を釈迦堂からお移しになったのをある者が見つけ、上に申告すべきであろうかと相談されたので、「ご不審はもっともである。このようなことに思い及ぶ者は、今どきあなた以外にはあるまい。しかし、ご申告については無用である。それはたしかにもっともである、としてご位牌が元に戻された時は、このことが世に知れ渡る一方、あなた自身のご評判はよくなる、という事になろう。さらに、もしすんなりご位牌が戻されない時は、いよいよよくない事態であると取り沙汰され、あなたのご評判ばかりがよくなってしまう。御家の悪事は、わが身にかぶり申し上げることこそ、奉公人の本分である。今の状態で、さしあたりはそのままにしておかれれば、誰一人気づく者もなく、何のうわさにもならずに済んでしまうのだ。そうしておいて、いつか機会をみて、表沙汰にすることなく、元の状態に直るようにする仕方があるはずだ」と言って、さしとどめておいた。このような事で、上の過ちが世間に知られてしまう場合があるのである。心をつけて構えていれば、きっとしかるべき機会は訪れるものである。たいてい悪事は、内輪の者から漏れ広まるものである。上に対する批判などは決して申し出さぬと、覚悟しなくてはならない。親子兄弟、入魂の間柄は特別だと思い、「秘密である、口外無用」と言って話してしまうと、すぐさま広まり、はては自国・他国・日本中にまで漏れていってしまうのもあっという間である。また、使用人の扱いその他、家内の取りさばき方が悪い者は、すぐさま世間に悪名が立つことになる。内輪であればあるほど、慎まなければならない、と言われた。

〈注〉

御位牌釈迦堂より御移被成候　御位牌とは鍋島家当主の位牌のこと。釈迦堂とは、鍋島勝茂が高伝寺内に建てた、釈迦三尊像が安置されたお堂のこと。鍋島家の位牌はもともと菩提寺である高伝寺の本堂に置かれていたが、勝茂が父直茂と母陽泰院の菩提を弔うために釈迦堂を建立し、そこに位牌を移していた。「御位牌釈迦堂より御移被成候」とは、その位牌が、いつのまにか釈迦堂から本堂に戻されていたということである。『校補』には「明暦元年日峰様・陽泰院様為御追福、赤栴檀之釈迦像・脇立普賢・文珠之像幷堂塔御建立、夫より御位牌釈迦堂ニ被御移置候、然処如元此比本堂ニ御移被遊候もの也」とある。この後、位牌は再び釈迦堂に移された。

17　一、端的只今之《の》一念より外《ほか》は無之《これなく》候。一念〳〵と重《かさね》て一生也。此《この》所ニ覚付《おぼえつき》候へハ《ば》外《ほか》ニ忙敷《いそがしき》事もなく承る事もなし。爰之《ここの》一念を守《まもり》て暮す迄《まで》也。皆人此《この》所を取失《とりうしな》ひ別《べつ》ニ有《ある》様《よう》ニ斗《ばかり》存《ぞんじ》て探促《たんそく》いたし、爰《ここ》を見付《みつけ》候人なきもの也。守リ詰《つめ》てぬけぬ様ニ成《なる》事は功を積《つま》ねハ《ば》成間敷《なるまじく》候。され共《ども》一度たつ《づ》り付《つき》候へは《ば》常住《じょうじゅう》ニなくても最早《もはや》別之《の》物ニ而《て》はなし。此《この》一念ニ極《きわま》リ候事を能〻《よくよく》合点候得は《そうらえば》事少《すくな》く成《なる》事也。此《この》一念ニ忠節備り候也と。

〈現代語訳〉

まさに今この一瞬の心、これよりほかには何もない。一念、一念と積み重ねたところが、一生である。この境地を会得すれば、ほかにあれこれ考える事もなく、ほかに学ぶべき事もない。ここにある一念を正しく保って暮らすまでである。誰もがこの境地をつかみそこない、求めるところが別にあるようにばかり思って探し回り、ここにある一念のみ、と見定める者はないのである。一念を保ちつづけて瞬時も弛まないというところに至るのは、経験を積まねばかなわないことだ。しかし、一度でもこの境地にたどり着いたなら、常にその状態にいなくとも、もはやその境地と別物ではない。全てはこの一念に極まるという事をよくよく合点できれば、何事も問題なく運ぶものだ。この一念にこそ、忠節はすでに備わっているのだ、と言われた。

18　一、時代之《の》風と云《いう》ものはかへられぬ事也。段〻と落《おち》さかり候ハ世之《の》末ニ成《なり》たる処也。一年之《の》内春斗《ばかり》ニても夏斗《ばかり》ニても同様ニはなし。一日も同前也。然《しかれば》は今之《の》世を百年も以前之《の》能《よき》風ニ成度《なしたく》候ても不成《ならざる》事也。然《しかれば》は其《その》時代《じだい》〳〵《じだい》ニ而《て》能《よき》様ニするか《が》肝要也。昔風を慕ひ候人ニ誤《あやまりある》有ハ此《この》所也。合点無之故《これなきゆえ》也。又当世風斗《ばかり》と存《ぞんじ》候て昔風を嫌ひ候人はかゑ*りまちもなく成《なる》也と。

〈現代語訳〉

時代の風潮というものは、変えることができない。だんだんと低級下品になっているのは、世が末になったということだ。一年の間でも、ずっと春だけとか、ずっと夏だけとか、同じ状態が続くということはない。一日の間でも同様である。だから、今の世を百年も前の良い気風に戻したくても、出来ないことである。となれば、その時代時代において、良いようにするのが大切である。昔風を慕う人が過ちを犯すのは、この点である。時代相応ということを合点しないからである。とはいえ他方、当世風ばかりを良しとして昔風を嫌う人は、刀に「かえり」も「まち」もなくなってしまうように、強さも余裕も失ってしまうのだと言われた。

〈注〉

かゑりまち　「返り（かへり）」と「区（まち）」。「返り」は、刀の切先の強度を高めるため、先端部分で焼刃が折り返してあること。「区」は、刀身と茎（なかご）の境界のかぎ形にくぼんだ部分。これがないというのは、刀が研ぎ減りをして、これ以上研ぐ余裕が残っていないことを意味する。

19　一、奉公ニ志有《あり》て工夫修行なと《ど》致《いたし》候時、多分*高上《たかあが》りニ成リ至過《いたりすぎ》、本《もと》を*となへ失ひ候。唯《ただ》何之《の》合点も不入《いらず》、世間並《なみ》ニして、主を歎き奉公ニすく迄《まで》也。*本《もと》ニ立《たち》かへり勤《つとめ》たるかよし《が》。尤《もっとも》初《はじめ》より此心《このこころ》入《いれ》ニてハ役ニ不立《たたず》。一通リ工夫修行して夫《それ》をさらりと捨て如是《かくのごとく》心得《こころえ》候事也と。

〈現代語訳〉

奉公で立身の志をもって工夫や修行をする時、多くは身分不相応な高級なことばかり考え、それが行き過ぎて、根本を忘れてしまう。余計な見識は何もいらないので、世間並みにしながら、ただ主君を深く思い、奉公を好くまでである。この根本に立ち返って勤めるのがよい。もっとも、はじめからこの心懸けだけでは役に立たない。一通り工夫し修行した上で、それをさらりと捨て、根本に立ち返るべきことである、と言われた。

〈注〉

高上り　高い地位に上がること。分を越えて上座にすわること。**となへ失ひ**　言わなくなってしまうこと。過去のならわしなどをすっかり忘れてしまうこと。**本ニ**　餅木本では、以下の文が別項目として立てられている。

20　一、当念を守ﾘて気をぬかさす勤《つとめ》て行《ゆく》より外《ほか》ニ何事も入《い》らす《ず》。＊一念〳〵と過す迄《まで》也と。

〈現代語訳〉

当座の一念を守って気を抜かずに勤めていくよりほかに、何事もいらない。一念、一念と過ごすまでである、と言われた。

〈注〉

一念〳〵と　聞書二－17に同様のことが述べられている。

21　一、*付紙《つけがみ》之《の》仕様《しよう》有《あり》。端を剣先ニ切り、尖りニ粘を薄く付《つけ》て書キもの之《の》裏ニ付《つけ》候由。又弔状其外凶事之《の》包物《つつみもの》は両之《の》折返しを一度ニする也。夫《それ》故常ニは片こ宛折《かたかたずつおり》候。其時は左之《の》方を初《はじめ》ニ折《おり》返し可申歟《もうすべきか》。

〈現代語訳〉

付箋にはその付け方がある。端を剣先のように切り、尖った部分にのりを薄く付けて、文字を書いてある面の裏に貼り付ける、とのこと。また、弔い状その他、凶事の包み物は、両端の折り返しを一度にするのである。ゆえに常のものは片方ずつ折る。その時は左の方をはじめに折り返すべきであろう。

〈注〉

付紙　文書や書物の中に、あとで読み返すための目じるしとして貼り付けておく紙片のこと。付箋。不審紙。

22　一、古来之《の》勇士は大かたそげ*者也。そげ廻り候気情故、気力強《つよく》して勇気有《あり》。此あたり不審ニ候て尋《たずね》候へは《ば》、気力強キ故平生手荒くそげ廻り申《もうす》と相見《あいみえ》候。此方《こなた》ハ気力弱《よわく》候故そげ候事は不成《ならざる》也。気力ハ劣《おとり》候。人柄は増《まし》候。勇気は別事也。此方《こなた》ハ無気力故おとなしくして死*狂ひニ劣るべき謂なし。気力之《の》入《いる》事ニてハなき也と。

〈現代語訳〉

古来の勇士はたいがい皆変わり者である。突飛なふるまいに走る性格である分、気力が強く、勇気もある。勇気とはそういうものなのか、そのあたりがよくわからないので尋ねたところ、「(そうではなく) 彼らは気力がありすぎるので、普段でも粗暴で奇矯なふるまいに走るのだと思う。当世の武士は気力は弱いので、突拍子もないふるまいは出来ない。気力は昔の勇士に劣る。その分、人柄はきちんとしている。ただし勇気の有無は本来、気力や人柄とは別の事がらである。当世の武士は気力がないから常識的で、死地に突入する勇気も劣るなどとおとしめられるいわれはない。死を決して戦うことに、気力は必要としないのだ」、と言われた。

〈注〉

そげ者　奇人。変人。一風変わった者。「そげ廻る」とは、常軌を逸したふるまいに走ること。

死狂ひ　聞書一－55注参照。

23　一、奉公は色と心持《こころもち》有之《これあり》と相見《あいみえ》、大躰ニてハ成兼可申《なりかねもうすべし》と申《もうし》候へは《ば》、左様ニてなし。生付《うまれつきの》之分別ニて済《すむ》物也。　勝茂公能《よく》御撰《えらびなされ》被成たる御掟《おきて》ニ合《あわ》セて行《ゆく》迄也。安キ事也。*其時之《の》御家中下ゝ迄之《の》為ニ成《なる》様ニと思ふてするか《が》上へ之《の》奉公也。不了簡之《の》*出頭人抔《など》は　上之《の》御為ニ成《なる》とて*新義を　企《くわだて》、下之《の》為ニならぬ事は不構《かまわず》、下ニ愁《うれい》出来《いでき》候様ニいたし候。是ハ第一之《の》不忠也。御家中下ゝ皆　殿様之《の》物ニて候。又上よりハ御慈悲ニて済《すむ》物也。其時は磔も御慈悲ニ成る也。

〈現代語訳〉

「奉公にはいろいろと心がけねばならぬことがあると思われ、並大抵では出来かねるものでしょう」と申したところ、「そうではない。生まれついての分別で済むものである。勝茂公が適切に選び定められた掟に合わせていくまでである。たやすいことだ。その時代の御家中、下々までのためになるようにと思ってするのが、主君への奉公である。了簡違いの成り上がり者などは、ご主君のためになるとして新たな事を企て、それが下の為にならなくても構わず、（むしろ）下に憂いを生じさせるような仕方をする。これは不忠の最たるものである。御家中は下々まで皆、殿様のものである。他方、上からはというと、これは御慈悲ひとつあれば済むものである。その場合は磔刑でも御慈悲になるのである」（と言われた）。

〈注〉

其時之御家中　「其中家中」が訂正されている。餅木本では「其中御家中」、小城本では「其あたり御家中」。**出頭人**　主君に重用され、要務に参与する者。**新義**　新しく作る制度。新たな政策。

24　一、*権之允殿被参《まいられ》、*長崎仕組之《の》事を被尋《たずねられ》候返答ニ、我等は御側ニ居《おり》候故其方之《の》今之《の》*かねニは合す《あわず》。其時分皆人御供之《の》仕組被仕《つかまつられ》候ニ我等は唯不断之《の》枕一ツニて済《すみ》候。其子細ハ　殿様御発足之《の》時御供ニて罷立《まかりたつ》迄ニ候。武具も金銀も兵粮も御傍ニ居候得《おりそうらえば》は上之《の》物ニて済《すま》す合点也。*御納戸置《おき》物之《の》事〈口達〉。其折ハ　御前へも可申上《もうしあぐべき》事ニ候。御側役人も其期ニ成リ何と異義可被申《もうさるべき》哉《や》。仕組如是《かくのごとく》ニて相済《あいすま》シ候。尤*夫丸《ぶまる》*荷付《につけ》馬等之《の》*引合《ひきあい》ハ張《はり》紙《がみ》仕置《おき》候へ共《ども》大根ハ殿様と一所ニ居候得《おりそうらえば》は相済《あいすむ》物と存罷在《ぞんじまかりあり》候由。

〈現代語訳〉

権之允殿が来られ、長崎警護のことを尋ねられた返事に、「私の場合は殿の御側にいたので、今のそなたにとっての基準には合わない。その当時、皆が御供のための準備を調えていたが、私は普段使っている枕一つだけで準備が済んだ。そのわけは、殿様がご出発の時は、ただ御供をして出立するだけでよかったからだ。武具も金銭も兵糧も、御側にいるのだから殿様の物で済ます、という心づもりだった。御納戸の備品を使用する場合〈これについては口頭で伝達〉。その場合は、ご主君にも申し上げておけばよい。御側役人も、その期に及んでは何といって異議を申し立てることができようか。私の支度は、このようにして済ませていた。もっとも、人夫や荷付馬などの照合のためには張り紙をしておいたが、根本は、殿様と一つ所におりさえすればそれで済むものと存じ上げていた」、とのこと。

〈注〉

権之允　山本常俊のこと。常朝の養子。権之允は常朝の父重澄や常朝も用いていた呼び名である。（人物補注、山本常俊）　**長崎仕組**　長崎警備における用意のこと。長崎の警備はポルトガル船の来航を禁止し、帰帆を命じるために行われた。寛永十七年（一六四〇）、長崎にポルトガル船が来航したため、まず福岡藩に長崎の警備が命じられた。その後、寛永十九年（一六四二）、佐賀藩主鍋島勝茂に長崎警備が命じられ、福岡藩と佐賀藩とで一年交代で長崎を警備することとなった。　**かね**　物差しの曲尺から、規範となるもののこと。　**御納戸**　殿様の衣服・調度を納めておく部屋。　**夫丸**　人夫、人足のこと。貨物の運搬をする肉体労働者のこと。　**荷付馬**　荷物をつけて運ぶ馬のこと。　**引合**　取り引きのこと。

25　一、奉公仕《つかまつり》候時分は内証*支之《つかえの》事共《ども》何とも不存《ぞんぜず》候。若飢申《もしうえもうす》時節ハ御側之《の》衆へも御前江も申上《もうしあげ》*江副兵部左衛門か《が》如く拝領可仕《つかまつるべし》と存居《ぞんじおり》候。*先年京都より罷下《まかりくだり》又罷《まかり》のぼり候時分年寄衆へ拙者事久敷在京《ひさしくざいきょう》仕《つかまつり》候ニ付而《て》内証差支申《さしつかえもうし》候。上方罷登《まかりのぼり》候時分引懸《ひっかか》りなど候てハ御外聞不宜《よろしからざる》事ニ候。御僉議被成可被下《なされくださるべく》候。全《まったく》私欲ニて無之《これなく》御用ニて在京仕事ニ候故申上《もうしあげ》候由申《もうし》候ニ付而《つきて》則《すなわち》御前江被申上《もうしあげられ》銀子拝領致《いたし》候。又*病気ニ而《て》服薬仕《つかまつり》なから《が》相詰居《あいつめおり》候時分、医師より*人参用《にんじんもちい》候様ニと被申《もうされ》候へ共手《どもて》支《つかえ》故不相叶《あいかなわず》候処、*諸岡彦右衛門聞付《ききつけ》、*神右衛門殿用之《の》人参《にんじん》は御用之《の》内より何程ニても可相渡《あいわたすべく》候間、無用捨《ようしやなく》御用《もちい》候様ニと被申《もうされ》、少《すこし》も遠慮不仕《つかまつらず》請取申《うけとりもうし》候。彦右衛門被申《もうされ》候ハ、御自分方ハ*殿様被入御精《ごせいにいられ》候御用相調申《あいととのえもうす》人ニ候得《そうらえ》は《ば》人参抔何程遣《つかわし》候而《て》も不苦《くるしからず》候と被申《もうされ》候。惣而《すべて》奉公人ハ何も角も根からく《ぐ》わらりと主人ニ打《うち》任すれは《ば》済《すむ》もの也。阻《へだて》候故六ケ《むつか》敷《しく》成る也と。

〈現代語訳〉

奉公をしていた頃は、家計の支障のことなど何とも思わなかった。もし飢えた時には、御側の衆へもご主君へも申し上げ、江副兵部左衛門がそうしたように、上から拝領すればよいと思っていた。先年京都から帰国して再び上京する際、年寄衆へ「久しく在京しておりましたので、生計に差し支えが生じております。上方を出て参ります際に借金などありましては、御外聞がよろしくありません。ご詮議いただくべきものと存じます。決して私欲からではなく、御用によって京に勤めておりますゆえ、申し上げる次第です」との旨を申し述べたので、すぐにご主君に申し上げられ、銀子を拝領した。また、病気で薬を飲みながら勤めていた頃、医者から人参を用いるようにと言われたが、金が不足してかなわずにいたところ、諸岡彦右衛門が聞きつけ、「神右衛門殿の人参は、御用の品の内よりいくらでも渡せますから、気になさらずに使われるように」と言われ、少しも遠慮せず受け取った。彦右衛門は、「あなたは殿が精力を注がれている御用を取りさばいておられる方であるから、人参などどれだけ用立ててもかまわないのだ」と言われた。すべて奉公人は、何もかも、根っこからがらりと主人に身を任せれば、それで済むのである。隔てて構えるから難しくなるのだ、と話された。

〈注〉

内証支　「内証」は家計。ふところぐあいのこと。「内証支」とは、家計が困窮していることをいう。　**江副兵部左衛門**　江副茂久。江副家久の次男。父家久は龍造寺周家（隆信の父）に仕え、主君と共に戦死した。茂久は鍋島直茂に仕え、直茂と共に龍造寺隆信の下で活躍、一番槍や使者を勤めている。朝鮮出兵には直茂の御馬廻として渡海し、直茂隠居後は、元茂（勝茂長男、小城藩初代藩主）に付けられた。直茂死去の際に追腹した。『直茂公譜』附録には、多布施隠居後の直茂の元を久しぶりに訪れ、米を無心し、与えられたという出来事が書かれている。　**先年〜**　元禄十二年（一六九九）のことか。『常朝年譜』には、この年に在京のため家計が苦しいことを伝え、銀二十枚を拝領することになったとある。その後、在京中は毎年銀二十枚を拝領できることになった。　**病気ニ而〜**　元禄十年（一六九七）のことか。『常朝年譜』には京都から江戸に向かった際に瘧を患って、江戸にいる間養生していたとある。　**人参**　朝鮮人参のこと。煎じて飲む薬として用いられた。大変高価だった。　**諸岡彦右衛門**　諸岡定政のことか。定政の曾祖父茂之は勝茂のもとで大組頭、御蔵方などを勤めた。定政は四代藩主吉茂のもとで年寄役・御屋敷頭人を勤めている。定政の父興貞も彦右衛門と呼ばれるが、興貞は元禄八年（一六九五）に死去しているため、定政とした。**神右衛門殿**　山本常朝のこと。常朝は元服後、名を権之允と改めていたが、元禄四年（一六九一）に、親の名である神右衛門を名乗ることが許された。　**殿様被入御精候御用**　殿様（光茂）が力を入れていた御用向きとは、光茂の念願である『古今和歌集』の秘伝を授かる（古今伝授）ための交渉を、常朝が任されていたことをさす。

26　一、*直茂公御軍法は兼ゝ御家中之《の》者何共不存《なにともぞんぜず》其場ニ望ミ御一言ニて萬事はらりと埒《らち》明申《あきもうす》所か《が》御一流ニて候と*内田正右衛門咄被申《もうされ》候。既ニ御他界之《の》時分、御家老衆御尋《たずね》被申上《もうしあげられ》候ニさへ不被仰聞《おおせきけられず》候と也。

〈現代語訳〉

「直茂公の御軍法は、御家中の者は前もって何も知らされておらず、それでいてその場に臨むと、殿の一言によって万事からりと埒が明いてしまう、というところがその真骨頂である」と内田正右衛門が話された。もはやご臨終という時、御家老衆が（御軍法について）お尋ね申し上げてさえ、仰せを承ることはなかった、とのことである。

〈注〉

直茂公御軍法　カチクチと呼ばれる軍法のこと。勝口、勝ち方を意味する軍法で、鍋島直茂が用いていた。敵に軍法が漏れないように、家中の者に対しても秘事としていた。『元茂公譜』には、直茂の遺言により大木兵部丞統清から鍋島元茂（小城藩藩祖。勝茂の長男）へ伝えられたとある。代々佐賀藩主によって面授口訣される他にも、支藩藩主や、老功の者の一部にも伝えられていた。**内田正右衛門**　内田良昌のことか。良昌は勝茂のもとで『視聴覚知抄』『先考三以記』の書写に関わり、その際、老功者として関わった大木統清から直茂の軍法について聞いたか。山本重澄は良昌の父と懇意で、良昌は重澄の養女を嫁にもらったことがあるが、離別した。子良棟も正右衛門と呼ばれる。陣基、常朝と近い年代の人物としては、ここの正右衛門は良棟か。良棟は綱茂の代で足軽頭を勤め、正徳四年（一七一四）に四十七歳で死去した。

27　一、家康公或時御軍利あらす《ず》*後之《の》評判ニ家康公は大勇気之《の》大将也。討死之《うちじにの》士卒一人も後向《うしろむき》て死《しに》たる者なし。皆敵陣之《の》方を枕ニして死《しに》て居《おり》候と沙汰有之《これあり》候由。武士は日《ひ》比之《ごろの》心懸ヶ《が》か死後ニ迄顕れ申《もうす》物ニて恥《はずか》ヶ敷《しき》事也と。

〈現代語訳〉

家康公がある時戦さに敗れたが、後の評判に、「家康公は大勇気の大将である。討死した兵に、敵に背を向けて死んだ者は一人もいなかった。皆敵陣の方を頭にして死んでいた」と噂されたとのことである。武士は日頃の心懸けが死後にまで顕れるのであり、それでこそ、相手を恥じ入らせるほどとなる、と言われた。

〈注〉

御軍利あらす　『甲陽軍鑑』は、徳川家康が三方原合戦で敗北した際、「家康方三河武者もみだりににげたる衆なければ、結句、馬場美濃守は、浜松衆の躰（むくろ）皆勝負をして死する故、此方へ向たると、信玄公御前にて家康衆を浅からずほめ候」（品第十四）と記している。

28　一、今時之《の》衆、*陣立抔無之《などこれなく》候て仕合《しあわせ》と被申《もうされ》候。無嗜之《の》申分ニ而《もうしぶんて》候。纔之《わずかの》一生之《の》内其手ニ合度事《あいたきことに》候。寝《ね》蓙之《ござの》上ニて息を引切《ひききり》候ハ先《まず》苦痛之《の》堪《たえ》かたく、武士之《の》本意ニあらす《ず》。古人ハ別而《わけて》歎キ申《もうし》たる由候。討死《うちじに》ほと《ど》死能《しによき》事ハあるまし《じ》く候。右躰之《の》事申《もうす》衆ニ一言申《もうす》も事ゝ敷《ことごとしく》、老人なと《ど》被申《もうされ》候時はまぎらかし候て居申《おりもうす》事も候か《が》、脇より心有《ある》人聞《きき》候ハ、《ば》同意之様《のように》可存《ぞんずべく》候へハ、《ば》不障様《さわらざる》ニ一言可申《もうすべき》ハ、左様ニても無之《これなく》候。今時分之《の》者無気力ニ候は無事《ぶじ》故ニて候。何事そ《ぞ》出来《いでき》候ハ、《ば》ちと*骨ゝと成可申《なりもうすべく》候。昔之《の》人とて替る筈ニて無之《これなく》候。よし〳〵替り候ても昔ハむかしニて候。今時之《の》人は世間おしなめて落下《おちくだ》り候《そうら》得《え》は《ば》劣可申謂《おとりもうすべきいわれ》無之《これなく》候なと《ど》ゝ一座を見《み》量可申事《はかりもうすべきことに》候。誠ニ一言か《が》大事之《の》物と也。

〈現代語訳〉

「今どきの者たちは、戦さが無くてありがたいなどと申している。武士のたしなみに欠けた申し分である。わずかな一生の内、その手の機会に出会いたいものである。布団の上で息を引き取るのは、何より堪えがたい苦痛であり、武士の本意でない。古人はわけてもそれを歎いたと聞く。討死ほど安んじて死ねる事は、他にないのである」。こうした事を申す者に一言反駁するのも角が立つし、老人などがそう言われた時は、その場を紛らわしておく事もあるだろうが、脇で心ある者が聞けば、同意しているように思われるであろうから、やはり差し障りないよう一言述べるとすれば、「そんなこともない。今どきの者に気力が無いのは、世が平穏無事であるせいである。何か事が起きさえすれば、少しは骨っぽくなるであろう。昔の人間が今と異なっているはずはない。たとえ違っていたとしても、昔は昔である。今の者については、世間全体の気力がおしなべて低下しているのだから、昔の者に人として劣っているなどといわれる筋合いはない」などと、その場の状況を見はからって言えばよかろう。まことに一言が重要なものだ、と言われた。

〈注〉

陣立　軍陣や隊伍を整え、戦闘態勢をつくること。　**骨こと成**　気骨があるようになること。

29　一、安田右京*か《が》盃之《の》納め場の事を申《もうし》たる如く唯仕廻《しまい》口か《が》大事ニ而《て》候。一生も如是《かくのごとく》ニて可有《あるべく》候。客人帰《かえり》候時分抔《など》名残尽《つき》ぬ心持《こころもち》肝要也。無左候得《さなくそうらえば》は早あきて居《おり》たる様ニ而《て》終日終夜之《の》咄も無ニ成ル也。都而《すべて》人之《の》受ヶは悪*心之《の》出来《いでこ》ぬか《が》肝要也。いつも〱珍敷《めずらしき》様ニすべき也。是ハ少《すこしの》之心得ニて替るものと也。

〈現代語訳〉

安田右京が、酒盃のおさめ時について申したように、酒席はひとえに締めくくり方が大切である。一生についても同様であろう。客人が帰る時など、名残が尽きない心もちが肝要である。そうでないと、すでに座に飽きていたかのようで、終日終夜にわたった語り合いも無になってしまう。総じて他人とのつきあい方は、飽きる心が生じないようにすることが肝要である。いつでも常に、心新たな応対であるようにすべきである。これは少しの心得で変わるものである、と言われた。

〈注〉

安田右京　飛鳥井家の雑務を行っていた者。飛鳥井家は公家で、蹴鞠、和歌、書道を家業としていた。『校補』によれば、安田は酒好きで「酒納候時ハ一扁盃・銚子共に改めねハ酒ニヒケを付ル」と述べていたという。酒宴の終わりにおいては、盃や銚子を新しいものにしなければ、酒の価値が下がるということ。　**悪心**　餅木本、小城本ともに「あく心」とあり、ここも「飽く」のあて字とみて訳出した。

30　一、萬事実一ツニて仕て行《ゆ》けハ《ば》済《すむ》物也。其中ニ奉公人は御側外様大身小身古家取立《とりたて》なと《ど》ニ付而《つきて》夫〻《それぞれ》ニ少宛《すこしずつの》之心入《こころいれ》ハ替《かわるべ》へし。御前近き奉公抔《など》は差出《さしいで》たる事第一わろき也。*大人之《たいじんの》御嫌ひ候物也。御前之《の》仕事は成程引取《ひきとり》て、あれニてハ埒か《が》明兼《あきかぬ》るがされ共《ども》別ニ人か《が》なけれハ《ば》、と被思召位《おぼしめさるるくらいが》かよき也。扨《さて》先役ハ本より同役を成程《なるほど》御用ニ立《たつ》様ニ仕成《しな》し、若《もし》病気差合《さしあい》役替り等之《の》時、御事欠《かき》候ニ付《つき》て、我身勤《つとめ》候様ニ心得たるがよし。是か《が》道ニ而《て》もあるへ《べ》し。兎角《とかく》忠節を根ニして見れハ《ば》能知《よくしり》候也。早《はや》出頭の*うぢなき物也。古来例多し。幼少より御前へ相勤候得共《あいつとめそうらえども》一言を*尖ニ為申上事《するどもうしあげたる》事なし。爰《ここ》ニハ*いかふ心得《こころえ》ある事候と也。

〈現代語訳〉

万事、まこと一つでなして行けば済むものである。その上で奉公人は、勤めが御側であるか外向きであるか、身分が高いか低いか、古くからの家か新しく取り立てられた家か、などにより、少しずつだが心懸けは変わるであろう。御側近くの奉公などは、差し出たありようが最もよくない。ご身分ある方がお嫌いになるものである。主君の御前での仕事は極力ひかえめにして、あやつでは埒が明かないが、といって他に人がないから、とお思いになるくらいがよいのである。さて、役勤めにおける先輩はもとより、同輩をも出来るだけ御用に立てるよう前面に立て、もしもその者たちに病気、差し支え、役替わりなどが生じた時は、御用に穴があいてしまうので、自分が代わりにお勤めするものと心得ているのがよい。これが道というものであろう。とにかく忠節を根本として見れば、わかることである。出世が早いと、永続きしないものである。古来その例は多い。私は幼少の時から御前近くに勤めたけれども、自分の意見をぴしりと申し上げたことはない。そこには深い考えがあってのことだった、と言われた。

〈注〉

大人　身分地位の高い人。大名や貴人。**のうぢ**　能持。仏教語で、よく受持し、保つこと。**尖**　「するど」。鋭利。きびしいさま。鋭敏なさま。**いかふ**　「厳（いか）う」。たいへん。はなはだ。

31　一、*身は*無相之《の》中より生を受《うく》と有《あり》。何も無《なき》処ニ居《お》るか《が》*色則是空也。其何もなき処ニて萬事を備ふるか《が》*空則是色也。二ツニならぬ様ニと也。

〈現代語訳〉

人の身は、（形のない）無相のうちから生を受けるとされる。何もないところにいるのが、色即是空である。その何もないところにいて、万事を備えているのが空即是色である。以上が二つにならないように、とのことである。

〈注〉

身は　過去七仏の一、毘婆尸仏の偈「身は無相の中より生を受く。猶ほ諸の形像を幻出するがごとし。幻人の心識は本来無なり。罪福は皆空にして住する所無し」（『景徳伝燈録』巻第一など）による。　**無相**　仏教語。姿、形がないこと。姿がある、ないを超えた、仏の境地についてもいう。**色則是空**　仏教語。般若心経の「色即是空」による。形あるもの（色）は、実体としての有ではなく、実体のないありかた（空）の現象であるということ。　**空則是色**　仏教語。般若心経の「空即是色」による。すべての有は実体がなく（無自性）、空の現象したものにすぎない。とはいっても、空というのは、有が有ではない（非有）という意味での空なのであって、空そのもののような実体があるわけではないということ。

32　一、武勇と少人ハ我ハ日本一と大高慢*ニてなけれハ《ば》ならす《ず》。道を執行《しゆぎよう》する今日之《の》事ハ知非便捨*《ちひべんしや》ニしくハなし。ケ様《かよう》ニ二ツにわけて心得ねば埒明《あかず》すと也。

〈現代語訳〉

武勇のことと若衆道については、自分は日本一であると、大高慢でおらねばならない。（これに対して）道を修行する今のことにおいては、己れの非を知ったらただちに捨てる、これ以上のものはない。このように二つに分けて心得なければ、埒が明かないとのことである。

〈注〉

少人 衆道における弟分のこと。若衆。 **知非便捨** 「非を知れば便（すなわ）ち捨つ」。己れの非を知ったら、ただちにそれを捨てる。

33 一、〈此事此中も承る〉恋之《の》部《はま》り之《の》至極は忍《しのぶ》恋也。*恋死なん後の煙ニそれとしれ終ニ《つい》もらさぬなかの思ひは 如是《かくのごとく》也。命之《の》内ニ夫《それ》と知らするハ深《ふかき》恋ニあらす《ず》。思死之《おもいしにの》長ケ《た》の高き事限《かぎり》なし。縦《たとえ》向よりケ様《かよう》ニてハなきかと問ハれても全《まったく》思《おもい》もよらすと《ず》云《いい》て唯思ひ死ニ極《きわむ》るか《が》至極也。廻り遠キ事ニ而《て》はなく候哉《や》。此前是を語《かたり》候へハ《ば》請合《うけあう》者共有《どもあり》しか《が》其衆中を煙仲ケ間《なかま》と申《もうし》候也。此事萬之《の》心得ニわたるへ《べ》し。主従之《の》間なと《ど》此心ニて済《すむ》也。又人之《の》かげニて 嗜《たしなむ》が 則《すなわち》*公界也。独リ居《お》るくらかり《が》ニていやしき事を思ハぬ様ニ心懸《こころがけ》ねバ公界ニて奇麗ニは見へす《ず》。俄ニ嗜《にわかたしなみ》てハ垢か《あかが》見ゆるものと也。

〈現代語訳〉

〈このことは最前にも承った〉恋に落ちての至極のありようは、忍ぶ恋である。「恋に殉じて死んだ私（の亡骸）を焼く煙にそれと知ってくれ、ついに漏らさなかった内の思いは」、といったものがそれだ。命あるうちにそれと知らせるのは、深い恋でない。恋の思いに焦がれ死にすることの気高さは、限りない。たとえ先方から「そうではないか」と問われても、「全く思いもよらないことです」と答えて、ひたすら思い死にするという一点に向かうのが、至極である。回りくどい事ではないか。先日以上のように語ったところ、同意する者たちがいたので、その面々を煙仲間と称したところである。このことは、よろずの心得に通じていよう。主従の間柄など、この心があれば済むのである。また、人の目につかないところで己れを磨くことが、そのまま公の場におけるふるまいである。一人きりでいる暗がりでいやしいことを思わないよう心懸けていなければ、公の場で綺麗には見えない。にわか仕込みの修練では、ぼろが出るものである、と言われた。

〈注〉

恋死なん～　聞書二―2に前出。　**公界**　おおやけの場、公衆の面前。

34　一、*照庵ハ*連歌好《ずき》、*素方《そほう》ハ*誹諧好《はいかいずき》、たけかあれほと《ど》違《ちがう》也。常〻之《の》慰《なぐさみ》方ニも心を付《つけ》て長《た》ヶの高き所ニ眼を可付《つくべき》事かと我見立《みたて》なり。連誹よりハ狂歌*成共《なりとも》読習《よみなら》ひ度《たき》事也と。

私曰《いう》 *腰折《こしおれ》とは武家ニ而《て》は云間《いうま》敷《じき》事也。

〈現代語訳〉

照庵は連歌好き、素方は俳諧好きで、その格はあれほど違うのである。日々の慰めとする方面にも心を留めて、品格の高いところに目をつけるべきであろうと、私は考える。連歌俳諧より、私は狂歌でも手習いしたいところだ、と言われた。

私見だが、腰折とは、武家にあっては言ってはならない言葉である。

〈注〉

照庵　原田種文。聞書二―12において、主君に一目置かせた家臣として、相良求馬と共に名があげられている。（人物補注、原田種文）　**連歌**　和歌形式（五・七・五・七・七）で詠まれる、上の句と下の句を別人が詠む詩歌のこと。江戸時代初頭には、上の句と下の句とを交互に連ねて応答して詠む、長連歌が流行した。　**素方**　中島尚俊のこと。中島善太夫とも。法名は祖法。光茂の代において武士に取り立てられ、のちに年寄役となった。もとは江副尚俊と言ったが、同じく年寄役であった江副矩久と同じ苗字だったので、母方の中島に改めた。　**誹諧**　俳諧連歌の略。卑俗、滑稽を中心とする連歌のこと。　**狂歌**　滑稽、諧謔の意を盛り込んだ、和歌形式の詩歌。　**腰折**　腰折歌の略。和歌形式の詩歌で三句と四句との接続が悪い、へたな歌のこと。自作の歌をへりくだっていう言葉でもある。

35　一、*謙信之《の》、*始終之《の》勝《かち》なと《ど》ゝ云《いう》事ハしらす《ず》。*場を迦《はず》さぬ所斗《ばかり》を仕《し》覚《おぼえ》たりと被申《もうされ》候由。是か《が》面白き事也。奉公人抔《など》其場を迦《はず》してハ口ハきけす《ず》と也。右之《の》如く当座〱の働き挨拶感心不浅《あさからず》候也。

〈現代語訳〉

謙信が「最後の勝ちがすべての勝ちなどという事は自分は知らない。ただ目前の戦い一つひとつに負けないようにということを、体得してきたまでだ」と申されたとのこと。これが面白いことである。奉公人なども、その場を逃しては、きくべき口はきけない、と言われた。このように、当座の働きや挨拶ひとつひとつが人の心を動かすことには、浅からぬものがあるのである。

〈注〉

謙信　越後の戦国大名、上杉謙信（輝虎）。　**始終之勝**　最終的に勝利を得ること。『太平記』巻十六「正成下向兵庫事」には、楠木正成の言葉として「合戦ハ兎（と）テモ角（かく）テモ、始終ノ勝コソ肝要ニテ候へ」とある。　**場を迦さぬ所**　当面の戦いに負けまいとすること。『甲陽軍鑑』品第五十三には、目先の戦いに負けても最終的な勝利を得ればよいとする織田信長の「弓矢取様」に対して、「後の負にもかまはず、さしかゝりたる合戦をまはすまじきとある」のが、謙信の気質であると記されている。

36　一、病気を養生すると云《いう》は第二段ニ落《おちる》也。六ケ敷《むつかしき》也。佛家ニ而《て*》有相ニ付《つき》て沙汰する如く、病気以前ニ病気を切断する事を医師も知らぬと見へたり。是ハ我聢《しかとし》仕覚《おぼえ》たり。其仕様は飲食婬欲を断《たち》て灸治間《ま》もなくする此分也。我は老人之《の》子なる故水すくなしと覚《おぼえ》候。若年之《の》時医師抔は廿歳を越間敷《こえまじく》と被申《もうされ》候ニ付《つき》、適《たまたま》生出《うまれいで》御奉公も不仕届《しとどけず》相果《あいはて》候ては無念之《の》事ニ候。さらは《ば》生《いき》て可見《みるべし》と思ひ立《たち》、七年不婬したるが、病気終《つい》ニ不発《おこらず》今迄存命仕《つかまつり》候。薬呑《のみ》たる事なし。亦小《またこ》煩《わずらい》なと《ど》は気情ニ而押《ておし》たくり候。今時之《の》人生付《うまれつき》弱《よわく》候処ニ婬事を過《すごす》故皆若死《わかじに》をすると見へたり。たわけたる事也。医師ニも聞セて置度《おきたき》ハ今時之《の》病人を半年か一二年か不婬させ候ハ《ば》、自然と煩《わずらい》ハ直るへ《べ》し。大形虚弱之《の》性也。是を切《きり》得ぬは腑骸《ふがい》なき事也。

〈現代語訳〉

（すでに発症した）病気を養生して治すというのは、次善に落ちた策である。なかなか面倒なことである。仏教者が形あるいまここの現実世界に即して悟りを求めるように、病気以前に病気を切断するということを、医者も知らないと見える。これを、私自身はしかと会得した。その方法は、飲食・淫欲を断って、灸治を不断に施す、というものである。私は父が老いてからの子なので、水気が少ないと思われる。若い時、医者などは「二十歳をこして生きられまい」と言われたので、「たまたま生まれ出て、ご奉公もしとげずに死んでしまっては無念である。ならば長生きをしてやろう」と思い立ち、七年間淫事を封じたところが、病気には全くならず、今にいたるまで生きながらえている。薬を飲んだことはない。また、多少の体調不良などは気力で振り払った。今の世の人々は生まれつき体が弱いところに、淫事を過ごすから、皆若死にすると思われる。愚かなことである。医者にも聞かせておきたいことだが、今の病人を半年か一、二年不淫させれば、おのずと病気は治るであろう。病いのもとはおおよそ虚弱の体質によるのである。この根を切断できないのは不甲斐ないことである。

〈注〉

有相　仏教語。形あるもののこと。因縁和合によって生じた、それ自身は実体をもたない現象界の事物。

37　一、貴人老人抔之《などの》前ニて左右《そう》なく学文かた道徳之《の》事昔咄等遠慮すへ《べ》し。聞《きき》にくし。

〈現代語訳〉

貴人や老人などの前で、あたりかまわず学問のこと、道徳のこと、昔話などするのは、遠慮すべきである。聞きぐるしい。

38　一、上方ニ而《て》花見提重有《＊さげじゅうあり》。一日之《の》用事也。帰《かえり》ニは踏散《ふみちら》して捨《すつ》る也。流石《さすが》都之《の》心付《こころづき》也。萬仕廻《しまい》口か《が》大事也と。

〈現代語訳〉

上方では花見用の折り詰めがある。一日限りの使い捨てである。帰りには踏み散らして捨てるのである。さすがは都びとの思いつきである。万事につけその切り上げ方が大事である、と言われた。

〈注〉

提重　提げて携帯するようにつくられた重箱。

39　一、武士たる者ハ武勇ニ大高慢をなし死狂ひ之《の》覚悟が肝要也。不断之《の》心立《こころだて》物云《ものいい》身之《の》取廻《とりまわ》し萬奇麗ニと心懸《こころがけ》嗜《たしなむ》へ《べ》し。奉公方ハ其位を落着《おちつけ》人ニ能《よく》談合し、大事之《の》事は構ハぬ人ニ相談し、一生之《の》仕事ハ人之《の》為ニ成斗《なるばかり》と心得、雑務《*ぞうむ》方を知らぬか《が》よし。

〈現代語訳〉

武士たる者は、武勇において大高慢となり、死に突入する覚悟が肝要である。常々の心構え、物言い、身のさばき方は、すべて綺麗にと心懸け、たしなむべきである。奉公については、その分を確かにわきまえて人によく相談し、（とくに）重要な案件は利害の外にある者に相談し、（総じて）己れ一生の仕事は人の為になるまでのことと心得て、財務の方面は知らないでいるのがよい。

〈注〉

雑務方 銀米の出納などの財務に関すること。

40 一、無謂《いわれなく》傍輩ニ席を越され、居肩下り*たる、少《すこし》も心ニ不懸《かけず》奉公する人有《あり》、又夫《それ》を腑骸《ふがい》なきと云《いい》て、愚意《ぐい》を申《もうし*》引取《ひきとり》なと《ど》するも有、如何と申《もうし》候へハ《ば》、夫《それ》ハ時ニより事ニよるべし。

〈現代語訳〉

「理由なく朋輩に先を越され、地位を押し下げられたのを、少しも気にかけず奉公する者があり、他方それを不甲斐ないことと言って、所存を申し立て辞任などする者もある。どう思われますか」と申したところ、「それは時と場合によるべきものだ」（と言われた）。

〈注〉

居肩下りたる　地位が下になること。餅木本、小城本では「居肩下りたる時」。　**引取**　引退すること。職を辞すること。

41　一、*水増《まさ》れは《ば》船高しと云《いう》事有《あり》。器量者又ハ我得《え》方之《かたの》事ハ六ケ《むつか》敷《しき》事ニ出逢《いであう》ほと《ど》一段すゝむ心ニ成ル也。迷惑か《が》るとハいかひ違《ちがい》ぞと也。

〈現代語訳〉

「水かさが増せば船は高くなる」ということがある。器量ある者、または自分の得意な方面については、難しいことに出会うほど、一段上へ進む心になるものである。（それを）迷惑がるのとは大違いである、と言われた。

〈注〉

水増れは船高し　「水長船高、泥多仏大（水長せば船高く、泥多ければ仏大なり）」。『碧巌録』第二九則本則、第七七則評唱にある言葉。禅問答において、問う者の力量があれば、また答える者の力量も現れるということ。ここでは大きな困難に直面したときに、その者の力量が遺憾なく発揮されるということ。同様の話は、聞書一－116にもある。

42　一、梁山*咄ニ上方ニて指南を請《うけ》候。書物ハ残る物なれハ《ば》手紙一通も則《すなわち》向方*ニてハ*掛物《かけもの》ニ成《なる》と思ふて嗜《たしなみ》て可書《かくべき》也。大形恥をかき置斗《おくばかり》と也。

〈現代語訳〉

梁山和尚のお話によれば、「上方で教えを受けた。書いた物は残るから、手紙一通でもそのまま先方では掛け物になると思い、十分吟味して書くべきである。たいていは恥を書き残すばかりだ」とのことである。

〈注〉

梁山　梁山宗秀和尚のこと。臨済宗黄檗派の禅僧。母は鍋島舎人佐茂利の娘。七歳で慶雲院に出家した。京都に上り、西行法師の遺跡に庵を建て住んでいたことがある。常朝出家後に書かれた『山本常朝和歌幷日記』には、常朝と梁山和尚との歌のやりとりが残されている。　**方**　底本、「様」に

「方」が併記されている。餅木本では「方」、小城本では「様」。**掛物**　聞書一－89にも同様の話がある。

43　一、奉公人ハ*風躰口上手跡ニて上ハ手取《とる》也。風躰之《の》本は*時宜《じぎ》なり。*見事なるもの也。今時ちと目ニ立《たつ》衆は書読《かきよみの》之分ニ而《て》、安き事と人か《が》油断して居ると也。

〈現代語訳〉

奉公人は、風体・口上・筆跡において、人より抜きんでるものである。風体の根本は、時や場所にふさわしくふるまうことである。それが注意すべき見どころである。今時少々目立つ者は読み書きに秀でた程度のことで、見た目の姿・ふるまいなどはたやすいものと人々は油断している、と言われた。

〈注〉

風躰口上手跡　聞書一－89、二－7参照。　**時宜**　作法や時・場所にかなった挨拶、ふるまい。

見事　見るべき価値があること。見もの。見どころ。

44　一、道すから《が》、何と能《よく》からくつた人形て《で》ハなきや。糸を付而《つけて》もなきニあるいたり飛《とん》た《だ》りはねたり物迄も云《いう》ハ*上手之《の》細工也。来年之《の》盆ニは客ニそ《ぞ》可成《なるべし》。扨《さて》もあたな《だ》*世界かな。忘れて斗《ばかり》居《お》るぞと。

〈現代語訳〉

道を歩きながら、「何とよく出来たからくり人形ではないか。糸をつけてもいないのに、歩いたり飛んだり跳ねたり、物まで言うとは、名人の仕事である。来年の盆には精霊となって盆棚の客になっているかもしれない。さても定めない世の中であることよ。皆忘れてばかりいるぞ」と言われた。

〈注〉

上手　物事にたくみな人。　**世界かな。忘れて**　餅木本では「世界をわすれて」。

45　一、*柳生殿伝受ニ道ニて牛ニ行合《ゆきあい》て恐るゝ気色有《けしきある》ハ見苦敷《みぐるしき》也。牛之《の》人を突《つく》時は常之《の》形ニ而《て》其侭突《そのままつく》ものニあらす《ず》。屹《きっ》と角構《つのがまえ》をしてから突《つく》もの也。ケ様《かよう》ニ心得候へは《ば》脇を通りても恐るゝ事なしと有之《これある》由。如是《かくのごとき》事迄も武士は可嗜《たしなむべき》事也と。〈私曰《わたくしにいう》〉馬之《の》跱る《ハヌル》を度ゝ《たびたび》見候ニ跱るニてはなし。足を引上《ひきあげ》てのべて踏《ふむ》也。馬ニより付す《つかず》ハ《ば》はねても当《あた》ルまし《じ》。一足立《たち》直りても中《あた》ルまし《じ》き也。

〈現代語訳〉

柳生殿の伝授に、「道で牛に出会って、恐れる様子を見せるのはみっともないものである。牛が人を突く時は、通常の体勢からそのまま突くのではない。ぐっと角を構えてから突くのである。このように心得ておけば、牛の脇を通っても恐れることはない」とあるそうだ。このようなことまで、武士は心得ておかねばならない、と言われた。〈以下私見を述べる〉馬が跳ねるのをたびたび見たが、あれは跳ねるのではない。足を引き上げ、伸ばし、踏む動きである。馬に寄りつかなければ、跳ねても当たるまい。二本足で立った状態から元に戻ってきても、当たらないはずである。

〈注〉

柳生殿 但馬守宗矩。聞書一―45注参照。

46 一、奉公人ハ能《よき》手本か《が》入《いる》事ニ候へ共《ども》今時手本か《が》無《なき》物也。風体口上ハ*石井九郎右衛門なと《ど》ニて可有《あるべく》候。律儀成《なる》事ハ*村岡五兵衛ニ而《て》候。物を書調《かきととのえ》候事ハ*原田殿以後ニ不見及《みおよばざる》也。扨《さて》も人ハ無《なき》物也。あれこれ寄せても昔之《の》一人前ニも不成《ならず》候。尤《もっとも》昔もすくなき成《なる》へ《べ》し。若キ衆ハ少《すこし》精出《いだし》候ハ、《ば》上ハ手取ル時節成《なる》ニ、油断そ《ぞ》と也。

〈現代語訳〉

奉公人にはよい手本が必要であるが、最近はその手本がないものである。風体・口上については、石井九郎右衛門などであろう。律儀であることについては、村岡五兵衛である。文章を書き調えることについては、原田殿以後、見当たらない。それにしても人物がないものである。あれこれ寄せ集めても、昔の一人前にもならない。もっとも昔も（一人前の手本は）少なかったであろうが。若い者たちは、少し精を出せば人の上手を行ける時代なのに、油断していることよ、と言われた。

〈注〉

石井九郎右衛門　石井正澄。聞書一－11注参照。　**村岡五兵衛**　村岡清貞。聞書一－116注参照。

原田殿　原田吉右衛門種文。（人物補注、原田種文）

47　一、*権之允殿江咄ニ、唯今か《が》其時、其時か《が》唯今也。二ツニ合点して居《お》る故其時之《の》間ニ不合《あわず》。唯今　御前へ被召出是〳〵之《めしいだされこれこれの》義をそこニて言《い》て見よと被仰付《おおせつけられ》候時多分*迷惑成《なるべ》へし。二ツニ合点して居る証拠《しょうこ》也。唯今か《が》其時と一ツニして置《おく》と云《いう》は終《つい》ニ御前ニて物申上《もうしあげ》ル奉公人ニ而《て》はなけれ共《ども》奉公人と成《なる》からハ御前ニ而《て》も家老衆之《の》前ニても　*公儀之《の》御城ニて　*公方様之《の》御前ニ而《て》もさつはり《ぱ》と言《いい》て済《すま》ス様ニ寝間之《の》隅ニて云習《いいならい》て置《おく》事也。萬事如是《かくのごとく》也。准《じゅんじ》して吟味すへ《べ》し。鑓を突《つく》事も＊公儀を勤る事も同前也。ケ様《かよう》ニせり詰《つめ》て見れハ《ば》日比之《ひごろの》油断今日之《の》不覚悟皆知るゝがと也。

〈現代語訳〉

権之允殿へ次のように話された。「たった今がその時であり、その時がたった今である。二つを別ものと考えているから、いざという時、間に合わない。たった今、殿様の御前に呼び出され、『これこれの事をそこで言ってみよ』と仰せつけられたら、大いに当惑するだろう。別ものと考えている証拠である。たった今こそその時、と一つに合点しておくというのは、生涯殿の御前で物を申し上げる機会のある奉公人ではないとしても、奉公人となるからには、御前でも家老達の前でも、幕府江戸城で将軍様の御前にあっても、さっぱりと言って済ませられるように、寝間の隅で物を言う練習をしておくことである。万事これと同様である。これに準じて工夫せよ。槍を突くことも、奉公を勤めることも同じである。このように押し詰めて考えれば、平生の油断、今日の不覚悟、皆わかるはずだ」と言われた。

〈注〉

権之允　山本常朝の養子、山本常俊。（人物補注、山本常俊）　**迷惑**　どうしてよいかわからないこと。当惑すること。　**公儀之御城**　「公儀」は幕府で、「公儀之御城」は江戸城をさす。　**公方様**　将軍。　**公儀を勤る**　公的な職務を果たす。「公儀」は、狭義には幕府を、一般的用語としては、公的な役儀を意味する。

48　一、公儀方抔《など》は仕損《しそんじ》候而《て》も無調法不馴《ふなれ》なと《ど》ゝ云《いい》て済可申《すみもうすべく》候。今度*不慮之《の》座ニ居合《いあわせ》候者之《の》後レハ何と云《いい》訳可仕《つかまつるべきや》哉。*善忠様常ニ武士は曲者一種ニて済《すむ》と御申《もうし》候もケ《か》様之《ようの》事《ことに》候。若《もし》無念也と思ハゝ《ば》、武運ニ尽《つき》則座之《の》働《はたらき》をもせす《ず》悪名と成《なる》からニは身之置《のおき》所なし。中〳〵《なかなか》生《いき》て恥をさらし胸を焦《こが》すへ《べ》きよりハ腹を切《きり》たらは《ば》責《せめ》て成ルへ《べ》し。是も命か《が》惜《おしみ》てむた《だ》死抔《じになど》と云《いい》て生《いく》る方之《の》分別ニ仕《し》かへ今から先五年か十年廿年之《の》間生《いき》て後ロ指さゝれ恥をさらしみてゝ死失骸之《しにうせむくろの》上ニ恥をぬり付《つけ》子ゝ孫ゝ咎《とが》もなき者も縁ニよりて生来《うまれきた》り恥を受《うけ》先祖之《の》名を下《くだ》し一門親類ニも疵を付《つけ》無念千萬之《の》次第ニ候。偏《ひとえ》ニ日来心掛《ひごろこころがけ》なく武士とハ何としたる物やら夢ニも不存《ぞんぜず》うか〳〵と日を暮シ罰と云《いう》物成へ《なるべ》し。だしぬきニ切《きら》れたる者は不及力《ちからおよばず》武運ニ尽《つき》たると云《いう》物成へ《なるべ》し。切《きり》たる者ハ遁《のが》れぬ行懸ニ而《ゆきがかりて》残らぬと思ふ心ニ而《て》命を捨《すつる》からはどこと云《いう》事は見へぬ筈也。短気ニ而《て》不当介者と云成へ《いうなるべ》し。相手向《むかい》二人は*すくたれとはいわす《ず》。一座之《の》者ハ生《いき》て恥をかき武士にあらす《ず》。其時か《が》唯今と兼而《かねて》吟味工夫して押直《おしなお》して置ねば成《なら》ぬ筈ニ而《て》候。皆人油断ニて大形ニても一生過《すぐ》すは不思議之《の》仕合《しあわせ》也と申候得は《もうしそうらえば》武道は毎朝〳〵死《しに》習ひ彼《かれ》ニ付《つけ》是ニ付《つけ》死《しに》てハ見《み》〳〵《しにてはみ》して切れ切《きり》て置《おく》一ッ也。尤《もっとも》大儀ニ而《て》は有共《あれども》すれハ《ば》成《なる》事也。すまし《じ》き事ニ而《て》はなし。又詞《ことばの》之勢《いきおいが》か武篇之《の》大事也。今度も取留《とりとどむ》れハ《ば》上也。手ニ余《あま》らは《ば》打捨取遁《うちすてとりのが》してハ何某やらぬそ《ぞ》比興《ひきょう》者逃《にげ》るかなと《ど》ゝ時ニ応《おうじ》し変ニ乗《じょうじ》し詞《ことば》を懸《かく》る勢ニ而《いきおいて》仕《し》済《すま》す也。何某目心きゝ候者と兼《かねて》而諸人之《の》目ニも乗《のり》候か《が》仕留《しと》メたり。唯今か《が》其時*といふ証拠也。*横座之《の》鑓も是也。兼而《かねてが》か入《いり》たる物也。兎角《とかく》兼ゝ《かねがね》吟味可仕置《しおくべき》事数多可有《あまたあるべき》也。殿中殺害人は若取《もしとり》のばし切働《きりはたら》キ御次辺《つぎあたり》迄可参《まいるべく》も不相知《あいしれず》候へハ《ば》いづれ切捨可然《きりすてしかるべく》候。尤《もっとも》後之《の》御咎《とが》メ同類か意趣有《ある》かとの御僉儀も可有《あるべく》候へ共《ども》唯仕留申《しとめもうす》事斗《ばかりの》之所存科《とがの》之義ハ不顧《かえりみず》と可申《もうすべき》事。

〈現代語訳〉

公的な職務などは、たとえ仕損じても「不行届きで、不慣れで」などと言って済むであろう。（しかし）このたびの不慮の出来事に居合わせて遅れをとった者は、何と申し訳出来ようか。善忠様が常に「武士はくせ者でありさえすれば済む」と仰っていたのも、このような場合のことなのだ。もし無念だと思うなら、すでに武運尽きて当座の働きもならず、悪評をとったからには、もはや身の置き所もないはずだ。半端に生きて恥をさらし、無念の思いに胸を焦がすよりは、腹を切ってしまえばせめてものことである。ここに至っても命が惜しく、切腹は無駄死になどと言って生きる方へ選択をすり替え、今後五年か、十年二十年の間生きて後ろ指を指され、恥をさらし続けて死に失せ、これにより骸の上へ恥を塗りつけ、咎もない子々孫々には縁によって子孫として生まれたがゆえに恥辱を受けさせ、先祖の名を貶め、一門親類にも傷をつけるとなれば、無念は極まりない次第である。これはひとえに、日ごろ心懸けなく、武士とは何たるものやら夢にもわきまえずにうかうかと日を過ごしてきた、その罰というものである。今回出し抜けに斬られた者は、力およばず武運尽きた、ということになろう。またこれを斬った者は、のっぴきならない成り行き上、決死の思いで命を捨てたのである限り、それ以上何がどうということもないはずだ。短気で奉公に向かない者、というだけのことであろう。互いに対峙した者二人は、浮薄の輩とは言われない。しかし座を取り巻いた者たちは、生き恥をかいたのであり、武士ではない。いざというその時がたった今なのだと、かねてより吟味工夫し、その心懸けを自らに押し当て直しておかねばならぬはずである。「誰もが油断して、生半可でも一生を過ごせてしまうのは、本来不思議な成り行きである」とも申したところであり、武の道とは、毎朝毎朝、あらかじめ死ぬという習練を行い、この場合あの場合と想定して、このように死ぬ、あのように死ぬ、とくりかえし覚悟し、己れの生を残さず断ち切っておく、これ一つである。なかなかに大儀であるが、やれば出来ることである。不可能なわざではない。また、言葉の勢いが武勇における重大事である。今回の件も、取り押さえればこれは上々である。手に負えなければ切り捨てるが、取り逃がした時は、「誰々のがさぬぞ。卑怯者逃げるか」などと、時に応じ変化に応じて言葉をかける、その勢いで戦いきるのである。かの者は目も気も利くと、かねてより諸人の目に映っていた者が、最後に仕留めた。たった今こそがその時、ということの証拠である。「横座の槍」というのもこれである。かねての心懸けが不可欠な働きである。とにかく、かねがね吟味しておくべきことは、あまたあるのである。殿中での殺害に及んだ者は、取り押さえようとして逃がし、さらなる刃傷に及び、主君のお近くまで行くかもしれぬから、どうあっても切り捨てるのがよい。もっとも、事後のお咎めにおいて、当人と同類か、怨恨があったかとのご詮議もあるだろうが、その場合は「ただ仕留めるというだけの頭で、お咎めのことは顧みなかった」と申し上げればよい。

〈注〉

不慮之座　聞書十一―103にある次のような事件をさすか。正徳三年（一七一三）七月十四日、二の丸中台所で、原十郎左衛門が、相良源左衛門の首を抜き打ちに打ち落とした。その場には四名いあわせたが、十郎左衛門はさらに、その中の一人古賀金兵衛を追いかけ、歩行屯（かちたむろ）まで来たところで、田中竹右衛門が立ち合い、十郎左衛門の抜身を奪い取った。事件後、犯人十郎左衛門は縛り首、いあわせながらうろたえ逃げた四名は追放、犯人をうしろから追っただけの者は隠居を仰せつけられ、田中竹右衛門は褒美として銀三枚を賜った。この年、常朝は五十五歳である。**善忠様**　山本常朝の父、山本重澄のこと。善忠は法名。（人物補注、山本重澄）**すくたれ**　卑怯。怯懦。**といふ**　底本、「之」が「といふ」に訂正されている。餅木本では「之」に「と云」が傍書、小城本では「之」。**横座之鑓** 横座とは囲炉裏端の上座で、主人席のこと。その席に備える槍のことか。『直茂公譜』の「御壁書幷御物語」には、直茂が横座の槍を付けるべきか、付けるべきでないかと聞かれて、付けるべきである、と答えるものがある。その際、常に武道の話をしていると、いざという時に話と合った動きができるだろうという事を述べており、横座の槍も兼ねての用意に関わるものと思われる。

49 一、日来之《ひごろの》心掛《こころがけ》ほと《ど》仕《し》課《おお》する之《の》証拠ハ*此前何事そ《ぞ》。男仕事ニ而《て》さへ有ハ《あれば》*三谷千左衛門手ニ廻《めぐ》り合仕《あいし》課《おおせもうし》申候。軍神之《の》加護なるへ《べ》し。

〈現代語訳〉

日頃の心懸けある者ほど見事にやってのけるということの証拠は、以前のあの一件だ。とにかく男仕事だというので、三谷千左衛門の腕にお鉢が回ると、見事になしとげた。軍神の加護であろう。

〈注〉

此前何事 聞書六-187にある次のような話を想定しているか。万治元年（一六五八）七月、佐賀藩が預りのキリシタン囚人八十人を斬首したさい、切り手は歩行士から選ばれ、一人が三人ずつを切った。最後の三人は、三谷千左衛門が「功者」であるとして指名され、「無類の手際」を示したという。常朝の生まれる前年のことである。**三谷千左衛門**　三谷政道のこと。剃髪後は三谷如休とも。初代藩主勝茂御徒十人衆の随一で、勝茂逝去後は光茂に仕え、光茂逝去の後出家した。（人物補注、三谷政道）

50　一、殿中ニ而《て》ハ抜懸《ぬきかけ》られても手向ひ不致《いたさず》其段御目附ヘ断《ことわり》候ハ、《ば》非義たり共《とも》理ニ付《つけ》らるへ《べ》しと承伝《うけたまわりつたえ》候。後之《の》理運と存《ぞんじ》当座之《の》恥を堪忍致《いたす》事いかゝ《が》と申候得は《もうしそうらえば》*元心師之《の》指南ニ詞之《ことばの》働入《はたらきいる》所也。相手を召連申《めしつれもうす》か我身斗ニ而《ばかりて》も御目附ヘ面談如此之《かくのごとくの》仕合《しあわせ》誠ニ堪忍難仕候得共《つかまつりがたくそうらえども》殿中憚多《はばかりおおく》御上ニ奉対《たいしたてまつり》当座之《の》恥辱を堪忍仕《つかまつり》候。心底御推量可被下《くださるべく》候。某一命は遄ニ捨置《すみやかすておき》候。此段御届仕《とどけつかまつり》候段当座之《の》趣次第ニ可申達《もうしたつすべく》候。若《もし》相手御構無之《かまいこれなく》候ハ、初ニ《ばはじめ》捨置《すておき》たる一命ニ候ヘハ《ば》何之《の》手もなく打果可申《うちはたしもうすべく》候由。

〈現代語訳〉

「殿中で斬りつけられても手向かいせず、その旨、御目付役へ断りを入れれば、（その後）たとえこちらに非があるとされても、有利に取り計らわれると伝え聞いています。後の利になると考え、当座の恥を堪え忍ぶというのは、いかがなものでしょう」と申したところ、元心師の教えには、「言葉の働きが必要なところだ。相手を召し連れてか、あるいは自分一人でも御目付と面談し、『このような成り行きで、まことに堪えがたかったのですが、殿中ゆえの憚りは大きく、ご主君のもとにおります上は、当座の恥辱を堪忍いたしました。心底をご推察ください。私の一命はとうに捨ててございます。以上お届け申し上げます』との旨、当座の状況に即して言上すべきである。もし相手に何のご処分もなかった時は、当初から捨ててある命なのだから、もはや何一つ策を講じることなく、切り捨ててしまえばよい」とある。

〈注〉

元心師　不詳。常朝祖父中野清明（法名元心）をさすか。

51　一、武道奉公方ニ付《つき》段ヽ心得打替申《うちかわりもうし》候。不図《ふと》気ニ乗《のり》此上あらし《じ》と存《ぞんじ》候事も暫《しばらく》していや〳〵危《あぶな》キ事ニて有《あり》しと打替《うちかわり》候事共《ども》御座候。時ヽ心相改り行申《ゆきもうす》事共若書付《どももしかきつけ》候ハ《ば》、若年より此かた百度や二百度と申《もうす》事ハ有間敷《あるまじく》候。扨ヽ《さてさて》埒明不申事《あきもうさざることに》候。何卒仕届度《しとどけたく》と申《もうし》候得《そうらえば》は其内か《が》能《よき》也。仕届《しとどけ》候へは《ば》はや違《たがい》候。一生と存《ぞんじ》候へと也。

〈現代語訳〉

「武勇の道、奉公の仕方について、時とともに考え方は変わっていきます。ふとその気になって、これ以上はあるまいと思ったことも、しばらくして『いやいや危ういものであった』

と、考えが変わることがございます。その時々で心が改められていく跡を、もし書き付けたとしたら、若い頃よりこのかた、百度や二百度という程度ではありますまい。さてさて埒が明かないことです。何とかして極めたいものです」と言うと、「そうしている内がよいのだ。極めてしまえば、その時点でもう違っている。一生続くと考えなさい」と言われた。

52　一、出シ抜《ぬけ》ニ首打落《うちおと》されても一働《はたらき》ハしかと成《なる》筈ニ候。*義貞之《よしさだの》最期か《が》証拠也。心かひなく候て其侭打倒《そのままうちたおるる》と相見《あいみえ》候。*大野道賢か《が》働《はたらき》なと《ど》ハ近き事也。是ハ何か《が》する事と思召《おぼしめす》ぞ。只一念也。武勇之《の》為怨霊悪鬼とならしと《じ》大悪念を起したらは《ば》首之《の》落《おち》たるとて死筈《しぬはず》ニ而《て》はなし。

〈現代語訳〉

出し抜けに首を打ち落とされても、そのあと一働きは必ず出来るはずである。義貞の最期が証拠である。心が不甲斐ないから、そのまますぐ倒れてしまうものと思われる。大野道賢の働きなどは最近の実例である。あなたはこれは何がさせた事だと思われるか。ただ一念である。「武勇のため怨霊悪鬼にもなろう」と強烈な執念を起こせば、首が落ちたからといって死ぬはずはない。

〈注〉

義貞　聞書一―121注参照。　**大野道賢**　聞書一―121注参照。

53　一、*正徳三年八月三日夜夢中騒動之《の》場之《の》事。

〈現代語訳〉

正徳三年（一七一三）八月三日夜、夢の中の騒動の場のこと。

〈注〉

正徳三年～　『校補』には松本貞丘の書入れとして、「又左衛門夢を見たるを常朝ニ咄被申候得は、夫ハ修行の長上リたると被申候由也」と書かれている。又左衛門は田代陣基のこと。陣基が夢を見たということを常朝に話したところ、それは修行の段階が上がったということだと言われたとのことである。

54　一、或人ニ物語ニ大人之《の》名言を被仰出《おおせいださるる》事不思儀ニ存《ぞんじ》不斗《ふと》存当《ぞんじあたり》候。下ニハ欲徳を初《はじめ》常ニきたなき事斗《ばかり》を思ひ胸中を汚《けが》シ候ニ付俄《つきにわか》ニ思慮を廻らさんとしても又詩歌等之《の》作意も出か《いでが》たく候。大人ハ元来汚レたる事御胸中ニ出来《いでき》不申《もうさず》清浄心ニ自然と被相叶《あいかなわれ》候故と存候由《ぞんじ》。

〈現代語訳〉

ある人へ語った話に、「貴人が名言を発せられるという事を不思議に思い、ふとそのわけに思い当たった。下々の者は、欲得をはじめ、常々きたないことばかりを思い、胸中を汚しているので、にわかに思慮をめぐらそうとしても、また詩歌などの着想も、出来にくいのである。貴い人は、元来汚れたことがお胸の内に生じず、清浄心というものにおのずと適っておられるゆえ名言・名句などが出るのだと思う」とのこと。

55 一、貴となく賤となく老となく少となく悟《さとり》ても死迷《しにまよい》ても死《しぬ》。扨《さて》も死事哉《しぬることかな》。我人死ぬと云《いう》事知らぬでハなしと思ふて居る也。はかなき事ニてハなきや。何も角《か》も益《やく》ニ立《たた》ず。夢之《の》中之《の》たわむれ也。ケ様《かよう》ニ思ひて油断してはならす《ず》。足本ニ来る事成程《なる》ニ随分精を出して早仕舞《はやしまう》筈也。

〈現代語訳〉

貴きも卑きも、老いも若きも、悟っても死に、迷っても死ぬ。さても人は死ぬことであるよ。誰もかれも、死ぬということを知らないわけではない、と思っている。（それこそ）はかない事ではないか。「何もかも無益である、夢の中の戯れだ」。このように（まで）思って、油断してはならない。(死とは) 足下に迫る事案であるから、出来るかぎり精を尽くして、一刻も早く片を付けるべきである。

〈注〉

と思ふて　直前に脱文あるか。餅木本、小城本では、「なし」と「と思ふて」の間に、「爰に奥の手有り。死と知てハ居るか、皆人死はてゝから、我ハ終ニ死事の様ニ覚て、今時分ニ而ハなし」とある。

56　一、不慮之《の》事出来て動転する人ニ＊笑止成《なる》事抔《など》といへハ《ば》尚〻《なおなお》気ふさかり《が》て物之《の》理も不見《みえざる》也。左様之《の》時何もなげニ却而能仕合抔《てよきしあわせなど》と云《いい》て＊気を奪《うばう》位有り。夫《それ》ニ取付《とりつき》て格別之《の》理も見ゆる物也。不定世界之《の》内ニ而愁《てうれい》も悦《よろこび》も心を可留《とむべき》様なき事也。

〈現代語訳〉

不慮のことがあって動転している人に、気の毒なことだなどと言えば、ますます心がふさいで、物の道理も見えなくなる。そのような時、さも何でもないように、かえって好都合だなどと言って、心を奪ってやる手段がある。それを手がかりとして、一段立ち越えた道理も見えるものである。定めなき世の中にあって、憂いにも喜びにも、心を縛られているわけにはいかない事である。

〈注〉

笑止　気の毒なこと。　**気を奪位**　心の状態・段階という意味での「機の位」という造語は、鈴木正三が多用するところで、常朝もそれをふまえているようである。例えば正三の『反故集』には、「機の沈みたる人に向て曰、何とぞして途など情（せい）を出して行時の機なりとも用て見らるべし。又腹立たる時の機なりとも、用てめされよと也」とあり、「兎角機の活る位、曳立る位を不知（しらざれ）ば用に不立（たたざる）也」と述べられている。

57　一、悪逆之《の》者之《の》仕方ハ人之《の》上之《の》非を見出聞出《みいだしききいだし》て語《かたり》広げ　慰《なぐさむ》也。又何某こそケ様之《かようの》悪事故御究《きわめ》ニも逢《あい》閉門蟄居　仕居《つかまつりおり》候など〻《ど》無事《なき》迄も云《いい》はやらかし世上普《あまね》く取沙汰《とりざた》させて其者之《の》耳ニ入扨《いれさて》ハ此事顕ハれ候と存《ぞんじ》　先ッ《まず》病気分ニて引入《ひきいり》候時我身ニ悪事有《ある》故手前から引取《ひきとり》たり其子細御　改可有《あらためあるべく》と沙汰して歴こ之《の》耳《ミミ》ニも入止《いれやむ》事なく悪事ニ成《なる》様ニ仕成《しなす》もの也。此手を知らでうろたゆる者を笑《わらい》悪事ニなして面白か《が》り又我身之《の》為之《の》工《たくみ》ニも　仕《つかまつる》　ものニ而《て》候。度こ在《たびたびあり》し事也。*弁財天御下*袋酒盛二*法師江戸頭人断何《いずれ》も口達《こうたつ》。広キ御家中なれは《ば》か《か》ケ様之《ようの》佞悪之《の》者いつ之《の》世ニも有《ある》物也。可覚語《おぼえかたるべき》事也。

〈現代語訳〉

悪逆の者のやり方は、他人の非を見つけ出し聞き出し、それを言い広めて愉快がることである。また、「かの者はこのような悪事によって、お取り調べも受け、閉門蟄居させられている」などと、無いことまでも言いふらし、あまねく世間に取り沙汰させて当人の耳に入れ、当人が「さてはことが露見した」と思い、まず病気を名目に引きこもると、「身に覚えがあるから、自分から引きこもったのだ。事実をお調べになるべきだ」とあげつらってお偉方の耳にも入れ、どうしても悪事となるように仕向けるのである。この手を知らずにうろたえる者を嘲笑し、悪事に仕立て上げて面白がり、またわが身のための工作も行うものである。しばしば実例のあったことである。弁財天がお下りになった件、袋酒盛りの件、二法師江戸頭人断りの件について、いずれも口頭で語られた。広いご家中であるから、このような悪人はいつの時代にもいるものである。覚えておき、伝えるべきことである。

〈注〉

弁財天御下　元禄十年（一六九七）三月、新たに作った背振山弁財天の像を、京都から佐賀へ常朝が持ち運んだ。それに関連して何かあったか。『校補』には未詳とある。**袋酒盛**　御袋との酒盛りの意。鍋島敬意とその母親が、年寄役であった石井氏久と酒盛りをし、石井氏久が浪人を命じられた事件のこと。その際、鍋島敬意の父親鍋島茂敬から、金丸一久と妻との内通が訴えられたが、金丸一久は無実であった。聞書七－23に詳細あり。**二法師江戸頭人断**　『校補』には未詳とある。詳細は不明。

58　一、同座ニ若輩之《の》人欠被仕《あくびつかまつられ》候時欠《あくび》ハ見苦敷《みぐるしき》もの也。欠《あく》ビくさめハするまじきと思へは《ば》一生せぬ者也。気之《の》ぬけたる所ニて出《いず》る物也。不斗《ふと》欠出《あくびいで》候ハ《ば》、口を隠すへ《べ》し。くさミハ額を押《おさ》ゆると留《とま》る也。又酒を呑ム衆ハあれ共《ども》酒盛能《よく》する人なし。*公界物也。気を可付《つくべき》事也。ケ様之《かようの》事共《ども》奉公人之《の》嗜《たしなみ》若キ内ニ一ゝ仕付度《しつけたき》事也とてケ條書《*かじょうがき》百斗《ばかり》出来《いでき》申《もうし》候。猶ゝ僉議して書付《かきつけ》候へと也。

〈現代語訳〉

同席の若者があくびをした時、「あくびは見苦しいものである。あくびやくしゃみは、するまいと思えば一生しないものである。気が抜けると出るものである。ふとあくびが出てしまった時は、口を隠しなさい。くしゃみは額を押さえると止まるものである。また、酒を飲む者はいるが、酒盛りの心得ある者はいない。酒席とは公の場である。気をつけなければならない。これらのことは、奉公人のたしなみとして、若い内に一つ一つしつけたいことであると思って箇条書きをして百条ほどが出来た。なお検討して書き加えるように」と言われた。

〈注〉

公界物　公的な場での行為。　**ケ條書百斗**　『草庵雑談覚書』のことか。百七条からなる。「一、第一可求師、第二可選友事」のような短文で、内容は『葉隠』と重なる部分が多い。

59　一、帯之《の》仕様上下付《かみしもつき》ハ御国之《の》風ニ増《まし》たるハ無シと*加賀守殿被仰《おおせられ》候由。皆加州之《の》御《お》仕出《しだし》也。帯之《の》結《むすび》めはさむ事他所《よそ》ニなし。別而能《わけてよき》也。

〈現代語訳〉

「帯の締め方、裃の付けかたは、御国の風儀にまさるものはない」と加賀守殿がおっしゃったとのこと。これらは皆、ご自身による工夫であった。帯の結び目をはさむことは他国にはない。とくに良いものである。

〈注〉

加賀守殿　小城藩第二代藩主鍋島直能のこと。加州とも。初め飛騨守と言った。配下の礼儀作法、口上の仕方などをよく指導している。

60　一、山崎*蔵人被申《もうされ》候は見ヘ過《すぐ》る奉公人ハわろしと是金言ニて候。唯奉公ニ好《すき》たるか《が》当介家職也。或は理非之《の》穿鑿《せんさく》強く、又は無常を観し《じ》隠者を好ミ、濁れる世之《の》中事繁き都なと《ど》ゝ見なし、佛道執行ニて生死を離れ、詩歌之《の》翫《もてあそび》風雅を好ミなと《ど》する事、能《よき》事之《の》様ニ思ふ也。是ハ皆我一身を安楽して心を浄《きよ》く持斗《もつばかり》也。隠居人出家抔《など》世外者はよし。奉公人ニは第一之《の》禁物。如斯《かくのごとき》者ハ皆腰ぬけ也。武道奉公は骨を折《おり》て仕《し》にくき事成《なる》故逃《のがれ》て安楽を好《このむ》物也。世間ニ無学文盲ニして奉公一篇ニ精を入《いれ》又妻子以下之《の》育《そだて》ニ心懸る者ハ一生見事ニ暮す也。奉公人ニ而《て》は有《あり》なから《が》座禅を勤《つとめ》詩歌ニ心を寄《よせ》境界を風雅ニ異風ニする人ハ多分身上持《もち》そこなひ無力ニ被責《せめられ》俗ニも憎ニもあらす《ず》公家隠者ニもあらす《ず》して見苦敷《みぐるしき》有様《ありさま》也。又一篇ニかたぶかす《ず》家職之《の》隙《ひま》ニ気晴シ慰《なぐさみ》ニ余之《の》事をするは不苦《くるしからず》と申《もうす》事有《あり》。是ハ障《さわり》迄ニハ成間敷《なるまじく》候。乍去《さりながら》家職一篇ニ心掛《こころがけ》候へは《ば》曾《かつ》て少《すこしの》之隙《ひま》も無之《これなき》物也。隙之《ひまの》有《ある》ハ未打部《いまだうちはまら》ざる故也。老功之《の》士之《の》一言ハ厚キ事也。蔵人年寄役之《の》時分誹諧はやり殿中ニ而《て》も誹諧する人多ク候へ共《ども》蔵人一人終《つい》ニ仕習不被申《しならいもうされず》御用済《すみ》候へば各《おのおの》ハ誹諧被成《なされ》候へと申《もうし》候而《て》帰り被申《もうされ》候。隠居以後連歌三昧《ざんマイ》ニ而《て》日を暮し被申《もうされ》候由。

〈現代語訳〉

山崎蔵人は「ものが見えすぎる奉公人はよくない」と申されたが、これは金言である。ひとえに奉公を好くことが、奉公人として過不足なき勤めである。（ものが見えすぎると）どこまでも理非を穿鑿したり、または無常を観じて隠者を好み、濁った世の中・煩わしき都などと思いなし、仏道修行において生死を離れ、詩歌のもてあそびや風雅を好んだり、といったありようを、良いことのように思うのである。これらは皆、我が身ひとつを安楽にし、心を清く保つばかりである。隠居・出家など、世俗の外にいる者はそれでよい。しかし奉公人には第一の禁物である。このような者はみな腰抜けである。武道・奉公は骨の折れる難事であるがゆえに、ここから逃げて安楽を好むのである。世間的なことにはまったく暗いままに奉公一筋に精力を込め、また妻子以下の養育に心懸ける者こそは、一生を見事に暮らすのである。奉公人ではありながら、坐禅をくみ、詩歌に心を寄せ、生きざまを風雅に、世と一線を画したようにする者は、おおかた身代を持ち崩し、無力さに苛まれ、俗人でも僧侶でもなく、公家でも隠者でもない、見苦しいありさまとなる。また、奉公一辺倒にはならず、家職の合間の気晴らしや慰みとして、他のことをするのはよろしかろう、という向きがある。これは支障にまではなるまい。しかし、家職を一筋に全うしようと心懸ければ、暇など少しもあろうはずがないのである。暇があるのは、いまだ打ち込めきれていないからである。蔵人のような老巧の武士が発する一言には、厚みがあるものである。蔵人が年寄役であった頃、俳諧が流行り、殿中でも俳諧をする者が多くいたが、蔵人一人は最後までたしなまれず、「御用は済んだので、おのおの方は俳諧をなさるがよい」と言って帰宅された。後に隠居されてから、連歌三昧に暮らしておられたということである。

〈注〉

山崎蔵人　山崎政良。光茂の代において大物頭、年寄役を勤めた。中野政利（数馬利明の父）が、手本とすべき武士としてあげた人物。（人物補注、山崎政良）

61　一、奉公人は心入《こころいれ》一ツニ而済《てすむ》事也。分別藝能ニわたれハ《ば》事六ケ《むつか》敷《しく》心落付《おちつか》ぬもの也。又業ニ而《て》御用ニ立《たつ》は下段也。分別も無《なく》無藝無勇ニ而《て》何之《の》御用ニも不立《たたず》田舎之《の》果《はて》ニて一生朽果《くちはつ》る者か《が》我ハ殿之《の》一人被官也御懇《ねんごろ》ニあらふも御情なく有《あろ》ふも御存被成《ぞんじなられ》まひも夫《それ》ニは曾而《かつて》不構《かまわず》常住御恩之《の》忝《かたじけなき》事を骨髄ニ徹し泪を流シて大切ニ奉存《ぞんじたてまつる》迄也。是は安キ事也。是か《が》ならぬ生付《うまれつき》とてハ有《ある》まし《じ》。又如此《かくのごとく》思ふまひ事て《で》はなし。され共ケ《どもか》様之《ようの》志之《の》衆は稀《まれ》成《なる》物也。只《ただ》心之《の》内斗《ばかりの》之事也。長ケ《た》高き御被官也。恋之《の》心入《こころいれの》之様成《なる》事なり。情なくつらきほと《ど》思ひを増《ます》也。適《たま》ニも逢《あう》時は命も捨《すつ》る心ニ成《なる》＊忍《しのぶ》恋なと《ど》こそ能《よき》手本なれ。一生云《いい》出《いだ》す事もなく思ひ死《じに》する心入《こころいれ》は深き事也。又自然偽《いつわり》ニ逢《あい》ても当座は一入悦《ひとしおよろこび》偽之《いつわりの》顕《あらわ》るれハ《ば》猶《なお》深く思入《おもいいる》也。君臣之《の》間如此《かくのごとく》成へ《なるべ》し。奉公之《の》大意は是ニ而《て》埒明《あく》也。理非之外《のそと》成《なる》物也。

私《わたくし》曰《にいわく》、君臣之《の》間と恋之《の》心入《こころいれ》と一致《いっち》成《なる》事*宗祇註ニ見当リ申《もうし》候。

〈現代語訳〉

奉公人は、心入れ一つあればそれで済むのである。求めるところが物事の分別、芸事の能力にわたれば事は複雑になり、心は落ちつかないものである。また、技能で御用に立つのは奉公として下段である。分別もなく、芸も武勇もなくて何の御用にも立たず、田舎の片隅に朽ち果てて一生を終える者が、「自分は殿にとってただ一人の家来である、懇ろにしてくださろうと、ご非情であろうと、自分をご存じないままであろうと、それには一切かまうことなく、ご恩のありがたさを常に変わらず骨髄まで染みわたらせ、涙を流して殿を大切に思い申し上げるまでである」（との心入れをもつ）。これはたやすい事である。これが出来ない生まれつきの者などあるまい。また誰でも、このように思わないわけではあるまい。それでも、こうした志をもつ者はまれなのである。これはひとえに、心の内だけのことである。それゆえに気高いご奉公である。恋における心入れのようなものである。つれなく冷たくされるほど、思いを増すのである。ほんの偶然でも思いが通った時は、それだけで命も捨てる心になる、忍ぶ恋などこそ良い手本である。一生相手への思いを口に出す事もなく、思い焦がれて死ぬのだという心入れは、深いものである。また、万が一騙されて情けをかけられることがあっても、当座はひとえに喜び、それが偽りであることがわかれば、なおいっそう思い入れを深くするのである。君臣の間柄は、このようなものである。奉公の根幹は、これで埒が明く。理非をこえたものである。

私に注記するが、君臣の間柄と恋の心入れが一致することは、宗祇の注にも見られた。

〈注〉

忍恋 和歌の題のひとつ。相手に打ち明けずに心に秘めた恋の意。聞書二－2、二－33参照。**宗祇** 室町時代の連歌師。古今伝授を授けられている。宗祇の歌論にこのようなものがあったかは未詳。ただ君臣の交わりと恋が一致するという説自体は必ずしも珍しいものではない。例えば寛保二年（一七四二）成立といわれる堀景山の『不尽言』には、「君臣朋友の間も是亦天然自然のものなれば、人の五倫に具はれること也。すれば畢竟君臣朋友の交も亦恋と云ふべし」とある。

62 一、御側之《の》奉公ハ成程《なるほど》不差出《さしいでざる》様ニぶら《ぶ》〳〵《ら》として年を重《かさね》自然と御用ニ立《たつ》様ニなければ《ば》物ニ不成《ならざる》也。一家之《の》内之《の》様なれハ《ば》也。外様之《＊とざまの》奉公は夫《それ》ニてハ不追付《おいつかず》。随分迦《はずれ》なく心《こころ》懸《がけ》、上たる人之《の》目ニも付ク心持《モチ》有る也。

〈現代語訳〉

主君のお側を担う奉公は、なるべく差し出がましくないように、ぶらぶらと年を重ねながら、おのずと御用に立っているようでなければ、ものにならない。一家の内のようなものだからである。（しかし）外向きの奉公は、それでは勤まらない。極力誤りのないように心懸け、上役の目にも留まるような心構えをもつのである。

〈注〉

外様之奉公　主君の身辺、奥向きのことにかかわる「御側之奉公」に対して、公的な政務・事務にかかわる奉公をいう。

63　一、何之《の》徳もなき身ニて候得《そうらえば》はさせる奉公も不仕《つかまつらず》*虎口前《こぐちまえ》仕《つかまつり》たる事もなく候得《そうらえ》共《ども》若年之《の》時分より一向ニ殿之《の》一人被官ハ我也武勇ハ我一人也と骨髄ニ徹シ思ひ込《こみ》候故か何たる理発人御用ニ立《たつ》人ニ而《て》も押下得《おしさげえ》不被申《もうされず》候。却而《かえつて》諸人之《の》取持《とりもち》勿躰《もつたい》なく候。只《ただ》殿を大切ニ存《ぞんじ》何事ニ而《て》もあれ死狂《しにぐるい》は我一人と内心ニ覚悟仕《つかまつり》たる迄ニて候。今こそ申せ終《つい》ニ人ニ語り不申候得共《もうさずそうらえども》一念天地を動す故ニ而《て》候か人にゆるされ申《もうし》候。*御子様方始《はじめ》諸人之《の》御懇意誠ニ痛入申事《いたみいりもうすことに》候。主人ニ思付《おもいつく》事ハ御譜代之《の》士は奉公する之《の》せぬ之《の》ニはより不申候得共《もうさずそうらえども》勤る時ハ又品有事《しなあることに》候。知行御加増金銀過分ニ拝領ぼと*有難《ありがたき》事ハなく候得共夫《そうらえどもそれ》より只《ただ》御一言か《が》忝《かたじけなく》て腹を切《きる》志は発《おこ》ル物也。*火事御仕組《しくみ》ニ江戸ニ而《て》御書物心遣《こころやり》と被申上《もうしあげられ》候へハ《ば》若キ者ニ候間供申付《もうしつけ》候へと被仰出《おおせいだされ》候時忽《たちまち》身命を捨《すつ》ル心ニ成《なり》たり。又大坂*ニて御夜之《の》物御蒲団拝領之《の》時慰《なぐさみ》方ニ召仕《めしつかい》候者ニ加増とは遠慮故志迄ニくるゝぞ年寄共へ礼ニも及ハ《ば》ぬと被仰《おおせられ》候時哀《あわれ》*昔シならは《ば》此蒲団を敷《しき》此夜着をかぶり追腹《おいばら》可仕《つかまつるべき》物と骨髄ニ難有《ありがたく》奉存《ぞんじたてまつり》候也。

〈現代語訳〉

何の取り柄もない身であるから、さしたる奉公もしておらず、戦ばたらきをしたこともないが、若い頃からひたすら「殿のただ一人のご家来は自分である、武勇は我こそ随一である」と骨身に徹して思い込んでいたためか、どんな利発な人、御用に立つ人でも、私を軽く扱うことはできなかった。むしろ諸人から持ち上げていただいたのは、もったいないことである。ただ殿を大切に思い、どんな事においても、死地に突入する者は自分一人だと、内なる心に覚悟したまでである。今でこそ述べもするが、当時は最後まで人に語らなかった。にもかかわらず、「一念天地を動かす」がゆえであろうか、人に認めてもらえたのである。お子様がたはじめ、人々のご懇意には、まことに痛み入ることである。主君を思い慕うのは、ご譜代の者にとっては、そもそも奉公するのしないのという違いに左右されないことだが、実際お勤めしてみると、そこにはやはり（思いを強くするような）いろいろなことがあるものだ。知行のご加増や、金銀を過分に拝領する時ほどありがたいことはないけれども、それよりむしろ、おかけいただくただ一言がありがたく、（そのかたじけなさに）腹をも切る志がわき起こるものである。江戸で、火事に対する配備をご勘案の際、私には御書物を守る役を、との案に対し、殿みずから「若い者であるから、予の供を申しつけるように」とご発言されたその時、たちまち身命を捨てる心になった。また大坂で、お手持ちの夜着とお蒲団を拝領した際、「慰みごとの方面に召し使っている者に、知行を加増するのは憚られるから、予の思い一つで与えるのだ。年寄役への礼もなくてよい」とおっしゃったその時、ああ昔ならば、この蒲団を敷き、この夜着をかぶって追い腹できたものをと、骨の髄までありがたく思ったことである。

〈注〉

虎口前　戦場。合戦の場。　**御子様方**　鍋島綱茂を始めとする、光茂の子供たちのこと。光茂ののち藩主となった綱茂、吉茂、宗茂は全員光茂の息子である。　**ぼと**　ほどの誤字か。　**火事御仕組～**　火事の際の各藩士の担当部署を決めること。『常朝年譜』には、貞享二年（一六八五）に「自然火事之節之御仕組帳　御覧被成候、権丞儀御書物役ニ付、御用物心遣と書載有之候処、御意被成候ハ、権丞儀ハ　御傍御供ノ内ニ可被　仰付由、忝　御意ニ而、御帳面直リ候由、江副八兵衛被申聞候事」とある。　**大坂ニて～**　『常朝年譜』には、元禄九年（一六九六）に「右大坂逗留之中、牛嶋源蔵　御前被　召出、源蔵・神右衛門粉骨御用相調、御太慶被遊候、御褒美をも被下度被　思召候へ共、御隠居脇不被任御心候、依之、御召古シ之御夜物幷御蒲団、両人へ両様宛銘々被為拝領候、右御道中物ノ内ニ候ハ、、只今相渡候様ニ、無左は御国許ニ而山ノ神共へ相渡候様ニと　石井久弥江被　仰付候、此儀年寄共迄不及御礼、沙汰も仕間敷候、神右衛門へハ、於京都此旨可申達旨、御懇之　御意之段、源蔵帰京候て被申聞、奉承知候事」とある。**昔**シ　追腹が許されていた昔ならば。鍋島藩では寛文二年（一六六二）に、光茂によって追腹が禁じられた。聞書一－113注参照。

64　一、*帰り新参抔《など》は扨も鈍《どん》ニ成《なり》たると見《みゆ》る位か《が》よし。しつかりと落着《おちつき》て動かぬ位が有《ある》也。御譜代之忝《のかたじけな》サ有難《ありがた》キ御国なる事は気之《の》付《つく》ほと《ど》御恩か《が》重くなる也。ケ様《かよう》ニ行当《ゆきあた》リてよりは牢人抔は何け《げ》もなき事也。此主従之《の》契《ちぎり》より外《ほか》ニは何も入《い》らぬ事也。此事はまた《だ》也とて釈迦孔子天照大神之《の》御出現ニて御勧《すすめ》ニてもぎすともする事ニてなし。地獄ニも落《おち》よ神罰ニも中《あた》れ此方ハ主人ニ志立《たつる》より外《ほか》は入《い》らぬ也。悪敷《あしく》すれハ《ば》神道之《の》佛道之《の》と云《いう》結構な打上《うちあがつ》た道理抔ニ転せ《ぜ》らるゝ物也。佛神も是をわろしとハ思召間敷《おぼしめすまじき》也と。

〈現代語訳〉

浪人の身から奉公への復帰を許された者は、それにしても鈍くなった、と見られるくらいがよい。そこにしっかりと落ち着いて動じない境地があるのだ。ご譜代であることのかたじけなさ、この御国のありがたさといったことは、（いったん勤めを離れたり、再びお召しを受けたりして）そこに（改めて）思い至るほど、ご恩が重くなるからである。このように思い当たれば、浪人などは何でもないことである。この主従の契り以外には、何もいらぬことである。それは不十分だと、釈迦・孔子・天照大神がお出ましになってお説きになったとしても、びくともするものでない。地獄にも落ちよ、神罰にも当たれ、我々は、主君に向かって志を立てるほかには何もいらぬ。下手をすると、神道だの仏道だのという、けっこうで上品ぶった道理などに、乗せられてしまうものである。仏神とて、この志を悪いものとは思われまい、と言われた。

〈注〉

帰り新参　俸禄を取り上げられ浪人していたのが許され、再び奉公するようになった者。

65　一、或方《ある》ニ見舞《みまい》ニ御同道申《もうし》暫《しばらく》咄《はなし》有《あり》て罷《まかり》帰ると有《あり》。亭主先《まず》暫《しばら》ク御咄候へ晩迄と存《ぞんじ》候得共《そうらえども》客約束と被申《もうされ》候。追付《おつつけ》罷立《まかりたち》候。差合《さしあい》をいわれてから帰るは追立《おいたて》られたるニてこそあれと也。

〈現代語訳〉

あるところへの見舞いにご同行したが、しばらく話をしてから帰る、という予定だった。先方の亭主は、「まずはしばらくお話いたしましょう。晩まで（ご一緒したい）という気持ちではありますが、来客の約束もありまして」と申された。それで早々に退出した。差し支えを言われてから帰るのは、追い立てられたということである、と言われた。

66　一、*写シ紅粉を懐中したるがよし。自然之《の》時ニ酔覚《よいざめ》か寝起《ねおき》なと《ど》ハ皃之《かおの》色悪《あし》敷事有《あり》。ケ様之《かようの》時紅粉を引《ひき》たるがよき也と。

〈現代語訳〉

化粧用の紅粉を懐に入れておくとよい。いざという時、それが酔い覚めか寝起きなどであれば、顔色が悪いことがある。このような時に紅粉をつけるとよいのだ、と言われた。

〈注〉

写シ紅粉　移紅のこと。紅を皿や猪口、板などに塗って乾燥させたもの。化粧に用いる。

67　一、*相楽求馬ほと《ど》*発明なる人又出来《いでき》間敷《まじく》と思われ候。打見《うちみ》たる所扨《さて》も理発なる人と相見ヘ分別するほと《ど》発明顕《あらわ》れ候。　光茂公歌道一篇之《の》御執心故　勝茂公より御異見*年寄役ハ蟄居被仰付《おおせつけられ》候。其時御側之《の》者被召出《めしいだされ》御叱《しかりて》ニ而候。求馬若年之《の》時分ニて末座ニ罷《まかり》在《あり》候か《が》申上《もうしあげ》候は　丹州様之《の》御気質を某ならて《で》能存《よくぞんじ》候者無御座《ござなく》候、御気質やわらぎ申《もうす》為ニは御歌学頂上之《ちょうじょうの》儀ニ候、抜群之《の》御器量ニて御短気手荒ク被成御座《ござなられ》候、然《しからば》は御歌御好被遊《すきあそばされ》候は御家御長久之《の》基《もとい》と奉存《ぞんじたてまつり》候と申上《もうしあげ》候由也。後迄もケ様《かよう》ニ申《もうし》候。後日ニ勝茂公仰《おおせ》ニ　丹後守か《が》側之《の》者共呼出呵《どもよびいだししかり》候ニ一言も申《もうす》者なし、たわけ共《ども》ニ而《て》候、末座ニ若輩之《の》者居《おり》候が面付《つらつき》器量ニ見ヘ候と被成御意《ぎょいなされ》候由。

此段*脇説ニ承《うけたまわり》　候ハ相違ノ所有《あり》。尚可尋《なおたずぬべし》。

〈現代語訳〉

相良求馬ほど賢明な者は、またとは現れないだろうと思われる。一見していかにも利発な人物と見え、その人となりが分かれば分かるほど、賢さは露わになった。光茂公が歌道にひたすらご執心だったので、勝茂公からご異見があり、年寄役は蟄居を命じられた。その時、お側に仕える者たちも呼び出され、お叱りを受けた。まだ若い頃のことで、末座に控えていた求馬が申し上げたことには、「光茂公のご気性を、私以外によく存じ上げる者はありません。ご気性が和らぐためには、歌を学ばれるのが最上の方法です。他を寄せつけないほどのご器量で、（そうであるがゆえ）お気が短く手荒いこともおありです。となれば歌をお好みになることは、御家ご長久の基であると思われます」と申し上げたとのことである。後々まで、求馬は同じ意見を述べつづけた。後日、勝茂公は「光茂のそばに仕える者どもを呼び出して叱った時、一言も言う者がなかった。愚かな者どもである。末座にいた若い者が、顔つきからも器量ある人物と見えた」とおっしゃった、とのことである。

この話、別筋から聞いたのとは違うところがある。さらに尋ねる必要がある。

〈注〉

相楽求馬　相良及真。（人物補注、相良及真）　**発明**　賢いこと。　**年寄役**　副島五左衛門（名前不明）と馬渡茂陣のこと。二人はそのころ部屋住格であった光茂の年寄役であったが、明暦三年（一六五七）に本条文の一件で蟄居となった。馬渡茂陣は、その後、養弟馬渡俊将に家督を譲っている。聞書一－62に、中野利明の組であった馬渡俊将が、馬廻を仰せ付けられそうになり、茂陣が利明に抗議をするという条文がある。　**脇説**　聞書五－72にも本件に関する条文がある。勝茂が歌書をすべて焼き捨て、光茂は歌書をもう二度と見ないという誓いを立てさせられた。光茂は政道に専念することに納得し、その隙に歌道で名を立てることを考えるようになったということである。

68　一、新儀は仮能《たとえよき》事ニ而《て》も如何《いかが》也。＊中野又兵衛元《もと》組之《の》者申《もうし》候は、旦那様被成御苦労《ごくろうなされ》、我々弓廿五人御仕立被召置《したてめしおかれ》候処、散々《ちりぢり》ニ相成《なり》候ニ付《つき》、責而《せめて》御形見ニと存《ぞんじ》、器量之《の》者十人すぐり、＊沢野殿組ニ遣《つかわし》候か《が》、組中膽《きも》を潰させ、御恩報《ほうじ》ニと奉存《ぞんじたてまつり》候。残《のこり》は鉄炮組ニ成《なり》候故、弓切折《きりおり》、今より火縄扱成《あつかいな》ル間敷《まじく》と申《もうし》候て、気味をくさらかし申《もうし》候。一人ハ一＊石組之《の》押《おさ》ヘニ参《まいる》筈ニ候得共《そうらえども》、請合不申《うけあいもうさず》候ニ付而《つきて》、某申《もうし》候は、弓ハ我等ニ続く人なし。然共《しかれども》老年ニて業不相成《わざあいならず》候。御上之《の》仰付《おおせつけ》を不罷成《まかりならず》抔と申《もうす》は慮外ニ而《て》候間、我等一石組ニ可参《まいるべく》と申《もうし》乞《こい》、今は弓を手ニも取不申《とりもうさず》と泪を流し咄申《もうし》候。ケ様之《かようの》義上ニ相知不申《あいしれもうさず》、下〻不和出来《いでき》笑止之《の》事ニ候。尤《もつとも》難有《ありがたき》御家ニ候へは《ば》追日《ひをおつて》ハ不合点之《の》者有間敷《あるまじく》候。直茂公ハ一和之《の》所を肝要ニ被遊《あそばされ》候。又*有馬之《の》軍功一二《いちに》之《の》*入札《いれふだ》ニ被遊《あそばされ》候。備〻《そなえそなえ》ニ御目付《めつけ》有之《これあり》候由。其比《ころ》諸人不合点之《の》由。敵合之《てきあいの》働《はたらき》何として見分《みわけ》明白ニ可成哉《なるべきや》。御目付《めつけ》武功之《の》人ニ而《て》無之《これなく》候ハ《ば》、相違可有之《これあるべく》候。江戸*御式台ニ而《て》*石井弥七左衛門有馬咄を仕出《しいだし》候時、*問田市郎左衛門罷《まかり》在《あり》、能折《よきおり》か《が》らニ而《て》候、一番乗《のり》を我等より先ニ為参《まいらする》者有之哉《これあるや》、申《もうし》て見候へと申《もうし》候ニ付而《つきて》、夫《それ》は乗《のり》口か《が》違《ちがい》可申《もうすべく》と申《もうし》候由。ケ様之《かようの》事多ク手がら隠れ残念ニ存《ぞんじ》候者数多有之《あまたこれあり》候由。

〈現代語訳〉

新たな定めごとは、たとえ良いことだとしても疑わしいものである。中野又兵衛の組にかつて配された者が言うには、「旦那様がご苦労され、我々弓を引く者二十五人を仕立て上げ、召し抱えておられたところが、（組が解かれ）散り散りになるというので、せめて（旦那様の）お形見にと思い、優れた者十人を選りすぐり、沢野殿の組に派遣したところ、組中が肝をつぶしたほど（の実力）で、ご恩に報いることが出来たと思っております。残りは鉄砲組になったので、弓は折ってしまいましたが、今さら火縄を扱うことなど出来ないと言って、気を腐らせています。（またその中から）一人は一石組の固め役となるはずでしたが、誰も承知しなかったので、私が『弓を引くとなれば私に続くほどの者はあるまい。しかし老年ゆえ、その技も持ち腐れである。お上のご命令を承知できないなどと言うのはもっての外であるから、私が一石組へ参ろう』と願い出て、今となっては弓を手に取りもいたしません」と、涙を流して話すことであった。このようなことが上には知られないまま、下々に不和が生じるのは、悲しいことである。もっとも、ありがたい御家のことであるから、月日を経るうちには、不如意の者もなくなるはずである。直茂公は、御家中が一つに和することを何よりの大事としておられた。また、有馬の陣における軍功を定める際には、事細かな投票を手立てとされた。備えごとにお目付を置いてあったとのことである。しかし当時の人も、（この新たな方法には）納得出来なかったとのことである。敵と相対しての戦ばたらきを、どうしてはっきりと見定めることが出来ようか。お目付の者が武功の者でなければ、誤りがあるであろう。江戸屋敷の式台で、石井弥七左衛門が有馬の戦ばなしを始めた時、問田市郎左衛門が居合わせて、「ちょうどよい機会だ。一番乗りを私より先にした者があるか。（もしいるなら）言ってみたまえ」と申したところ、「それは攻めかかった場所が違うのだろう」と答えたとのことである。このような事が多くあり、手柄が埋もれ残念に思う者は数多かった、とのことである。

〈注〉

中野又兵衛　中野政良のこと。中野清明の息子で、常朝の叔父。弓の名人で、免許皆伝を受け、師範も勤めている。弓を扱う弓足軽組を任されていた。**沢野殿**　沢野精種のこと。沢野新右衛門とも。沢野家は代々鉄砲を扱う鉄砲足軽組の組頭だったが、中野政良死去ののち、足軽組の組み替えがあり、弓足軽組の組頭となった。**一石組**　一石取りの足軽からなる組か。一石は大人一人が一年に食べる米の量に相当する。**有馬之軍功**　島原の乱の出陣における軍功のこと。島原が有馬晴信の所領であったことから。**入札**　投票。**御式台**　玄関などを上がってすぐの、送迎のための部屋。**石井弥七左衛門**　石井正之のこと。医者であった林貞正（法名栄久）の息子で、石井茂清の養子。（人物補注、石井正之）島原の乱において一番乗りの軍功を立て、別家を立てることが許された。**問田市郎左衛門**　父と共に島原の乱で軍功があったとされる。名前など詳細不明。

69　一、＊何某或《ある》御方ニて＊笄《こうがい》失ひ候事を何角《なにかと》申《もうし》候を同道之《の》衆異見申《もうし》候而《て》沙汰なしニ被帰《かえられ》候。追而盗《おってぬすみ》候人相知レ仕《し》置有之《おきこれあり》候。御亭主ニ恥かゝせ申《もうす》事を＊不行当云出《ゆきあたらずいいいだ》して見出し不申《もうさざる》時は尚ゝ無興《なおなおぶきょう》也。刀之《の》拵《こしらえ》様置《おき》所失ひたる時之《の》事をも兼ゝ《かねがね》吟味可仕《つかまつるべき》事之《の》由。

〈現代語訳〉

ある者が、ある御方の所で笄がなくなった事を何やかや申したので、同行した者が意見して、表沙汰にはしないまま帰った。その後、盗んだ者がわかり、処分があった。先方の主人に恥をかかせることを見当もなしに言い出して、もしわからずじまいとなった時は、いよいよ気まずくなる。自分の刀のこしらえ、置き場所、紛失した時のことをも、かねてから吟味しておくべきである、とのこと。

〈注〉

何某或御方ニて〜　聞書七‐44に詳細がある。その家の家老が、客人が笄を失くしたことに気づき、主人に伝えたところ、主人は家中の者を集め、自首しなければ全員を手打ちにすると申し渡し、名乗り出ても出なくてもどのみち死ぬのであるから、それならば他の者の命を助けるようにと促したところ、盗人が名乗り出たということである。**笄**　髪をかき上げたり撫でつけるのに用いる、箸に似た道具。刀の鞘に挿す。近世においては刀の鞘に付属する装飾品の要素が強い。**不行当**　さきのことを深く考えず。

70　一、興ニ乗し《じ》ては*口柄《こうへい》ニて噺をもする事有《あり》。我心浮《うき》て実なく脇よりも左様ニ見ゆる也。其跡ニて実儀成《なる》事を見合《みあわせ》咄へ《べ》し。我心ニ実か《が》出来《いでく》る也。軽ひ挨拶をする時も一座を見計《みはかり》て人之《の》気ニ不障《さわらざる》様ニ少し案し《じ》てより可申《もうすべき》也。又武道之《の》方御国家之《の》事ニ難を申《もうす》衆候ハ《ば》ヽ、愛相尽《つかし》てしたゝかニ申《もうすべ》へし。兼而《て》覚悟可仕《つかまつるべきの》之由。

〈現代語訳〉

興が乗ると、口まかせに勢いで話をしてしまうことがある。心が浮わついて確かさがなく、傍目にもそう見えるのである。話した後でも実にそうだとなる事を、思い合わせて話さなければならない。（そうすれば）自分の心に、実なるものが生じるのである。軽い挨拶をする時も、その座の様子を見はかって、人の気を害さぬように、少し思案してから話すべきである。また、武道の方面や御国のことについて難じる者があれば、（その時は）情け容赦なく、したたかに説破しなくてはならない。かねてそう覚悟すべきである、とのこと。

〈注〉

口柄ニて　口まかせにしゃべること。いきおいで話すこと。

71　一、談合事なと《ど》は先《まず》一人と示合《しめしあわせ》其後可聞《きくべき》人ゝを集メ一決すへ《べ》し。左《さ》なけれハ《ば》恨ミ出来《いでく》る也。又大事之《の》相談はかもわぬ人世外之《の》人抔ニ潜《ひそか》ニ批判させたるか《が》よし。贔屓なき故能《よく》理か《が》見ゆる。一くるわの人ニ談合候得《そうらえば》は我《わが》心之《の》理方ニ申《もうす》物ニ候。是ニてハ益ニ立不申《たちもうさず》候由。〈*二法師口伝〉

〈現代語訳〉

相談事などにおいては、まず一人と示し合わせておき、その後、話を聞くべき人々を集めた場で、一決するのがよい。そうでなければ、恨みが生じるものである。また大事にかかわる相談は、部外者や、世俗の外にいる人などに、ひそかに批判させるのがよい。（そういった人たちには）贔屓がないので、よく事の道理が見える。同じ仲間の人に相談すると、こちらの気持ちにかなうように斟酌して言うものである。これでは役に立たない、とのこと。

〈二法師のこと、口頭にて伝える〉

〈注〉

二法師　聞書二―57にある、二法師が江戸頭人を断ったことに関するか。

72　一、一藝有《ある》者は藝敵を思ふ物成《なる》ニ*左仲先年*正珎江連歌宗匠を譲りたり。奇特之《の》事也。

〈現代語訳〉

一芸に秀でる者は、芸を競う相手を敵として意識するものだが、先年、兵動左仲は山口正珎へ、連歌の宗匠たる位を譲った。奇特なことである。

〈注〉

左仲　兵動延貞。与賀神社の神職。『肥前古跡縁起』によれば与賀神社では、神事として連歌が行われていた。聞書三－28注参照。　**正珎**　山口正珍。六座町の町人。

73　一、*湛然和尚風鈴を掛置《かけおか》れ、音を愛するニ而《て》はなし。風を知《しり》て火之《の》用心すへ《べ》き為《ため》也。大寺を持《もつ》気遣ひハ火の用心斗《ばか》り也と御申《もうし》候。風吹《ふく》ニは自身夜廻り被成《なされ》、一生火鉢之《の》火を不被消《けされず》枕元ニ行燈《あんどん》*付木《つけぎ》被揃置《そろえおかれ》俄《にわかの》之時うろたへて火を早く立《たつ》る者なきもの也と御申《もうし》候。

〈現代語訳〉

湛然和尚は、風鈴を掛けておかれ、「音を愛でるのではない。風の状態を知って、火の用心をするためである。大寺を持っての気遣いは、火の用心だけである」と言われた。風が吹けばご自身で夜回りをされ、一生の間火鉢の火を絶やさず、枕元に行燈と火付木をそろえて置き、「急な時には皆うろたえて、火を早く付ける者がないものである」と言われた。

〈注〉

湛然和尚　湛然梁重。（人物補注、湛然梁重）　**付木**　ヒノキの薄片の端に硫黄を塗ったもの。火種から火を移しつけるのに用いる。火付片木。

74　一、*公界《くがい》と寝間之《の》内、*虎口《こぐち》前と畳之《の》上、二ッニ成《なり》、俄《にわか》ニ作リ立《たつ》ル故、間ニ不合《あわざる》也。唯常ゝニ有《ある》事也。畳之《の》上ニ而《て》武勇之《の》顕るゝ者ならて《で》は虎口《こぐち》へも撰出《えらびいだ》されす《ず》。

〈現代語訳〉

公の場と寝室の中、戦場と畳の上とが別ものになり、いざという時にはにわか仕立てをするから、間に合わないのである。有事への構えもただ常々にあることである。畳の上で武勇が顕れる者でなければ、戦場へも選び出されない。

〈注〉
公界　公の場。公衆の面前。　**虎口前**　戦場。

75　一、剛臆《ごうおく》と言《いう》物は平生当りて見ては当らす《ず》。別段ニ有《ある》物也。御*留守居《るすい》二度之《の》〈口《こう》達《たつ》〉。

〈現代語訳〉

剛勇か臆病かは、平常の時に推測しては当たらない。一段別の時に判るものである。留守居役二度の話〈口頭で伝える〉。

〈注〉

御留守居二度　常朝は京都役で元禄九年（一六九六）から十一年（一六九八）まで、元禄十二年（一六九九）の二度、京都に詰めている。その時のことか。

76　一、主人ニも何気もなく思われてハ大事之《の》奉公ハされぬ物也。此当リ一心之《の》覚悟ニ而《て》顕ハるゝ也。御呵之《しかりの》時は御悪口のミ被仰出《おおせいだされ》候へ共終《どもつい》ニ御悪口ニ逢不申《あいもうさず》候。*若殿様は主人を見限《かぎり》左右《そう》なる者と度ゝ《たびたび》被成御意《ぎょいなされ》、本望と存居《ぞんじおり》候。光茂公御卒去之《の》時分抔《など》ハ、我等申上《もうしあげ》候事は少《すこし》も御疑《うたがい》無之《これなく》候由。

〈現代語訳〉

主君にも、何ということもない者と思われては、大事のご奉公は出来ない。このあたり、心ひとつの覚悟によって、顕れるところである。（光茂公が）お叱りの時はひたすら悪口を浴びせておられたが、私は最後まで悪口を被らなかった。若殿様は（私を）主人を見限りそうな者だとたびたびおっしゃったが、本望と思っていた。光茂公がお亡くなりになった頃などは、私の申し上げたことは少しもお疑いにならなかった、とのことである。

〈注〉

若殿様　鍋島綱茂のこと。

77　一、今ニ而《て》もあれ御家一大事之《の》出来《いでき》候時は進出《すすみいで》一人も先ニハやるまし《じ》き物をと存出《ぞんじいで》候得《そうらえば》はいつニ而《て》も落涙仕《つかまつり》候。今は何事も不入《いらず》死人同前と思ふて万事捨果《すてはて》候へ共《ども》此一事は若年之《の》時分より骨髄ニ通り思込《おもいこみ》候故也。何と可忘《わするべき》と思ても不任心《こころにまかせず》、天晴《あっぱれ》我等一人ならて《で》ハ無《なき》ものと存《ぞんじ》候。家老衆を初《はじめ》御家中之《の》衆ケ様《かよう》ニ御家を思ふて上《のぼ》らるまし《じ》きかと思《おもう》也と御申《もうし》候て涙落《おち》聲ふるひ暫《しばらく》は咄も成不申《なりもうさず》候。いつも此事さへ存出《ぞんじいで》候へハ《ば》ケ《か》様《よう》ニ有之《これある》也。夜半、暁、獨居、対座之《の》時も同前也。誠ニ益躰《やくたい》もなき事と也。此咄ニて落涙之《の》事数度見および申《もうし》候。

〈現代語訳〉

「今でも、御家に一大事が出来すれば自分が進み出て、誰一人先へは行かせないものを、との思いに駆られると、いつでも涙がこぼれてくる。今は、何もいらぬ、死人同然と思い、すべてを捨てきっているのだが、この一事だけは若い頃から、骨髄にしみ通るまで、思い込んできたゆえである。どんなに忘れようと思っても心にまかせず、おう、この自分でなくては他に誰もいないぞ、と思われてくる。家老の人達をはじめ、ご家中の人々は、このように御家を思ってお仕えしてはいないのか、と思う」とおっしゃって、涙を流し声を震わせ、しばらくは話をなさることも出来なかった。「いつでも、他ならぬこの事を考え出すと、こんな具合である。夜更けでも明け方でも、一人で居る時も二人で対座の時も、同じである。まことに、しようもないことである」と言われた。この話になって涙を流されたのを、数度お見受けした。

78　一、一鼎*ニ逢《あい》て、御家なと之《どの》崩るゝと云《いう》事ハ末代迄無之《これなく》候、子細は、生ゝ世ゝ《しょうじょうせぜ》御家中ニ生出《うまれいで》、御家ハ我一人して抱留《だきと》メ申《もうす》と申《もうし》候へハ《ば》、卓本和尚*へ一鼎被申《もうされ》候ハ、御国ニ替りたる者出来《いでき》申《もうし》候、昔恥《はず》かしからぬ、と咄被仕《つかまつられ》候を承《うけたまわり》候出家、物語也。

〈現代語訳〉

一鼎に会って、「御家なるものが滅びるということは、末代までありません。そのわけは、未来永劫どこまで転生しても、御家中に生まれ出つづけて、御家は私一人で抱き留め申し上げるからです」と述べたところ、一鼎は卓本和尚へ「御国に変わった者が現われた。昔の人に照らしても恥ずかしくない者だ」と話されたという。これを聞いたある僧が、語ってくれたことである。

〈注〉

一鼎　石田一鼎。（人物補注、石田一鼎）　**卓本和尚**　実山卓本和尚のこと。天和元年（一六八一）から龍雲寺住持、元禄元年（一六八八）から高伝寺十七世住持を勤めた。

79　一、湛*然和尚御申《もうし》候は常ニ氏神と心を釣合《つりあわせ》て居可申《おりもうすべく》候。運強可有《つよくあるべく》候。親同前ニて候と指南候由。

〈現代語訳〉

湛然和尚がおっしゃるには、「常に氏神と心の丈を合わせておきなさい。運が強くなるだろう。氏神は親同然である」と教えられた、とのこと。

〈注〉

湛然和尚　湛然梁重。（人物補注、湛然梁重）

80　一、御国ニ生《うま》れ候者之《の》日峯様を不奉拝《おがみたてまつらざる》事大形之《の》事也。御存生之《ぞんじようの》内も立願懸《かけ》

申《もうす》者共《ども》為有之《これありたる》由《よしに》候。大切之《の》事と存《ぞんじ》候は宿願を奉《かけたてまつり》掛候か《が》一度も不叶《かなわざる》事ハ無之《これなく》と
*前神《さきの》右衛門常〻咄申《もうし》候由。

〈現代語訳〉

「御国に生まれた者が、日峯様を拝み申し上げないのは、粗略なことである。ご存命の時から、願をかける者たちがいたと聞いている。自分も重大事と思えば（日峯様に）願をかけたが、それが叶わないことは一度もなかった」と、先代神右衛門が常々話していた、とのこと。

〈注〉

前神右衛門　常朝の父、山本重澄のこと。（人物補注、山本重澄）

81　一、神は穢《けがれ》を御嫌《きらい》被成《なされ》候由候へ共《ども》一分之《の》見立《みたて》有之《これありて》而日拝怠り不申《もうさず》候。其子細は軍中ニて血を切《きり》かぶり死人乗越〱《のりこえのりこえ》働《はたらき》候時分運命を祈申《いのりもうす》為ニこそ兼〻《かねがね》ハ信心仕《つかまつる》事ニ候。其時穢有《けがれあり》とて後向《うしろむき》候神ならは《ば》無詮《せんなき》事と聢《しか》と存極《ぞんじきめ》穢之《けがれの》無構《かまいなく》拝《おがみ》仕《つかまつり》候由。

〈現代語訳〉

神は穢れをお嫌いになるとのことだが、自分なりの考えがあって、毎日礼拝するのを怠らなかった。そのわけは、戦闘中に返り血を浴び、死人をいくつも乗り越えて働く時、武運を祈るためにこそ、かねての日々は信心をしたのである。（もし）その時、穢れがあるといって背を向ける神ならば、（それはそれで）仕方のないことだときっぱり割り切って、穢れの有無にかまわず礼拝した、とのことである。

82　一、大難大変之《の》時も一言也。仕合能《しあわせよき》時も一言也。当座之《の》挨拶咄之《の》内も一言也。工夫して可置《おくべき》事也。ひつかりとする物也。慥《たしか》ニ覚有《おぼえあり》。精気を尽し兼ゝ可心懸《かねがねこころがくべき》事也。是ハめつたに咄にくき事也。皆心之《の》仕事也。心ニ覚《おぼえ》たる人ならて《で》は知《しる》まし《じ》と也。

〈現代語訳〉

大難や大変事の時も、一言が肝要である。吉事に恵まれた時も、一言である。その場限り、挨拶程度の話であっても、一言である。その一言が出せるよう工夫しておくべきことである。たった一言によって引き締まるものである。確かにその覚えがある。精力を尽くして、かねがね心懸けておくべきことである。これは、むやみに話しても伝わりにくいことである。ひとえに心の仕事である。心にその覚えがある人でなくてはわかるまい、と言われる。

た。

83　一、或方ニ而《て》咄半《なかば》出家見《み》廻有《まいあり》。上座ニ而《て》候か《が》則《すなわち》末座ニ下《お》り一通《ひととおりの》之礼義有《あり》。其後は常之《の》通《とおり》也。兼而《て》教訓之《の》礼儀之《の》所也。

〈現代語訳〉

ある人のところで談話をしている最中に、僧侶が訪ねてきた。（常朝殿は）上座にいたが、すぐに下座へ移り、一通りの挨拶をした。その後は普段の通りであった。かねてよりご教訓のある礼儀に則ったところである。

84　一、権之允殿長崎御仕組《しくみ》仮物頭被仰付《おおせつけられ》候。就夫為心得書付《それにつきこころえのためのかきつけ》ニ早速打立《うちたち》候仕組《しくみ》夫丸《ぶまる》ニ宿元見せ置《おき》候事共有《どもあり》、又組之《の》者召寄《めしよせ》、馳走など致《いたし》、会釈之《の》心入《こころいれ》有事《あることに》候、一言ニ而《て》あの様成寄親《なるよりおや》かなと思《おもう》物也、御為之《の》志堅固ならは《ば》此次は物頭ニ可被仰付《おおせつけらるべき》由也。

〈現代語訳〉

権之允殿が、長崎警護の臨時の物頭を仰せつかった。それについて（常朝師が）心得を記した書き付けには、すみやかに出立する備え、人夫に宿所を見せておくこと、などがあった。また「組の者を集め、馳走などをし、挨拶にも心入れがあるべきである。その一言で、あのような寄親であるのか、と思うものである。ご主君のためという志が堅固であれば、この次は正式の物頭に仰せつけられるだろう」、との趣旨であった。

85　一、人間一生誠ニ纔《わずか》の事也。すひた事をして可暮《くらすべき》也。夢之《の》間之《の》世之《の》中ニすかぬ事計《ばか》リして苦を見て暮すハ愚成《おろかなる》事也。此事はわろく聞《きき》てハ害に成《なる》事故若キ衆抔ニ終《つい》ニ語らぬ奥之《の》手也。我ハ寝る事か《が》好キ也。今之《の》境界相応ニ弥《いよいよ》禁足して寝て可暮《くらすべし》とおもふと也。

〈現代語訳〉

人間の一生はまことに短いものである。好きなことをして暮らすべきである。夢の間の世の中に、好きでもないことばかりして、苦しい目を見て暮らすのは、愚かなことである。このことは、下手に聞けば害になることだから、若い者などには決して話さない奥の手である。私は寝ることが好きである。今の身の上にふさわしく、いよいよ庵を出ずに、寝て暮らそうと思う、と言われた。

86　一、*正徳三年十二月廿八日夜夢之《の》事、志強ク成《なる》ほと《ど》夢中之《の》様子段ゝ替り申《もうし》候。有躰之《の》例《ためし》ハ夢ニて候。夢を相手ニして精を出《いだ》し候が能《よき》となり。

〈現代語訳〉

正徳三年十二月二十八日夜の夢のこと。志が強くなるほど、夢の内容も次第に変わってくる。自分のありのままが顕れるのは、夢である。夢（が映す自分）を相手として、努力するのがよい、と言われた。

〈注〉

正徳三年　この年、常朝は五十五歳。隠棲していた宗寿庵に、鍋島光茂側室霊寿院が葬られたため、墓所を憚って十月に大小隈に庵を移している。

87　一、慚愧《サンギ》懺悔と云《いう》事ハ器物ニ入《いれ》たる水を打《うち》かへす様成《なる》物也。或御方之《の》*笄《こうがい》盗人白状之《の》仕様を聞候得は《ききそうらえば》不便《ふびん》ニ成《なる》也。則《すなわち》改《あらたむ》れハ《ば》忽《たちまち》跡ハ消《きえ》て行《ゆく》なり。

〈現代語訳〉

罪を恥じて悔い改める、ということは、器に入れた水をひっくり返すようなものである。あるお方のもとにあり、人の笄を盗んだ者が、その罪を白状した時の様子を聞き、憐れに思った。（過っても）すみやかに改めれば、たちまちその跡は消えていくものである。

〈注〉

笄盗人　聞書二―69、七―44参照。

88　一、少シ眼見ヘ候者ハ、我《わが》＊長《た》ケを知り、非を知《しり》たりと思ふ故、猶〻《なおなお》自慢ニ成《なる》物也。実ニ我《わが》長《た》ケ我非を知る事難成《なりがたき》物之《の》由、＊海音和尚御咄也。

〈現代語訳〉

少々見る眼をもった者は、自分の限界を知り、自分の非もともに知っていると思うので、（そのこと自体に満足し）いっそう自惚れを増すものである。自らの限界、自らの非が、真にどれだけのものであるかを知るのは、難しいことであるとのこと、海音和尚がお話しになった。

〈注〉

長ケ　高さ。長さ。限度。歌論用語では崇高な風格をいう。

海音和尚　聞書二―5注参照。

89　一、打《うち》見へたる所ニ其侭《そのまま》其人ミ之《の》長《たけ》分之《の》*威か《いが》顕るゝ物也。引嗜《ひきたしなむ》所ニ威有《あり》。調子静《しずか》成《なる》所ニ威有《あり》。詞寡《ことばすくな》キ所ニ威有《あり》。礼義深キ所ニ威有《あり》。*行義重キ所ニ威有《あり》。奥歯噛《かみ》して眼差尖《まなざしするど》成ル所ニ威有《あり》。是皆外ニ顕ハれたる所也。畢竟《ひっきょう》ハ気をぬかさず正念なる所か基《がもとい》ニ而《て》候と也。

〈現代語訳〉

外から一見して印象的なところに、各人がその人なりにもつ、人としての威勢が、そのまま顕れるものである。嗜み深いところに威がある。言動の調子がゆるやかなところに威がある。言葉数が少ないところに威がある。礼儀が丁寧であるところに威がある。立居ふるまいが重々しいところに威がある。奥歯をかみしめ、眼差しの鋭いところに威がある。これらは皆、(あくまで威が) 外に顕れたものである。つまるところは、(内において) 気を抜かず、常に正念である、というところが (威の) 根本だ、と言われた。

〈注〉

威　他人を圧する威力。威厳。威勢。　**行義**　立居ふるまい。行為。修行方法。

90　一、*貪瞋痴《とんじんち》と能撰分《よくえりわ》ケたる物也。世上之《の》悪事出来《いでき》たる時引合《ひきあわせ》て見るニ此*三ヶ條ニ迦《はず》るゝ事なし。吉事を引合《ひきあわ》すれバ*智仁勇ニ洩れす《ず》と也。

〈現代語訳〉

貪・瞋・痴とは、よく仕分けたものである。世に悪事が起こった時、照らし合わせてみると、この三ヵ条から外れるものはない。また吉事について照らし合わせるなら、これは智・仁・勇（の三者）から漏れることがない、と言われた。

〈注〉

貪瞋痴 むさぼり、いかり、おろかさ。仏教における代表的な煩悩で、三毒といわれる。**此三ヶ條ニ迦るゝ事なし。吉事を引合すれバ** この一文が挿入されている。**智仁勇** 儒学の三徳、天下に通じる徳であると言われる。『論語』「子罕第九」では「子曰く、知者は惑はず。仁者は憂へず。勇者は懼れず」、また江戸時代初めの林羅山『三徳抄』には「心ニ疑ナキハ智也。心ニヨク分別シテ後悔ナキハ仁也。心剛ニシテ強キハ勇也」とある。聞書二－7では、「智ハ人ニ談合する斗也」「仁ハ人之為ニ成事也。我と人とくらべて人之能様ニする迄也」「勇ハ（中略）歯噛して踏破る迄也」と述べられている。

91 一、＊五郎左衛門申《もうし》候は、奉公人之《の》心入《こころいれ》はいつニ而《て》も根本ニ替る事ハ無之候得共《これなくそうらえども》、御時代〳〵ニて趣は替申《かわりもうし》候。直茂公 勝茂公麁《そ》ニ入細《いりさい》ニ入《いり》何事ニ而《て》も闇《くら》き事なく被成御存知《ごぞんじなされ》候付《につき》、萬事御下知之《の》通《とおり》ニ勤《つとめ》候而《て》迦《はず》れ無之《これなく》、疑敷《うたがわしき》事ハ御尋申上《たずねもうしあげ》御指南を請《うけ》申《もうす》事ニ候。是は仕能《しよき》奉公ニ而《て》候。又御無案内之《の》御主人之《の》時は、随分工夫致思案《しあんいたし》、国家を治《おさめ》て上ケ不申候《げもうさずそうらわで》て不罷成《まかりならず》。是ハ*大儀ニ而《て》候由。

〈現代語訳〉

山本五郎左衛門が言ったことには、「奉公人の心入れは、いつでも根本が変わることはないが、時代時代によって趣きは変わるものである。直茂公、勝茂公は、大きな事から小さな事まで、どんな事についてもくまなくご存じだったので、万事ご命令の通りに勤めれば誤りはなく、疑わしいことについてはお尋ね申し上げ、ご指南を受けたことであった。これは、つとめやすい奉公である。しかし、物事に不案内でいらっしゃるご主君の時は、（こちらで）出来るかぎり工夫し、思案をめぐらせ、国家をお治め申し上げなくてはならぬ。これは、たいそう骨が折れる」、とのこと。

〈注〉

五郎左衛門　山本常治。常朝の兄武弘の子で、常朝の甥。常朝より二十歳年上である。光茂の下で着座、大目付役を勤めた。（人物補注、山本常治）　**大儀**　容易でないこと。骨が折れて大変なこと。

92　一、*数馬〈利明〉申《もうし》候ハ茶之《の》湯ニ古キ道具を用《もちい》る事を*むさき事新敷《あたらしき》器奇麗ニして可然《しかるべく》と申衆《もうす》あり。又古キ道具ハ*しをらしき故用《もちい》るなと《ど》ゝ思ふ人も有《あり》。皆相違也。古キ道具ハ下賤之《の》者も取扱《とりあつかい》たる物なれ共《ども》、能ミ《よくよく》其徳有《ある》故ニ、大人之《たいじんの》手ニも触《ふれ》らるゝ物也。徳を貴《たつとん》で也。奉公人も同前也。下賤より高位ニ成《なり》たる人は其徳有《ある》故也。然《しかる》を、氏もなき者と同役は成《なる》まし《じ》、唯今迄足軽ニて有《あり》し者を頭人ニは不罷成《まかりならず》、と思ふは以《もつての》之外之《ほかの》取違《とりちがえ》也。本より其位ニ*備わり人よりは、下より登りたるは徳を貴《たつとんで》て一入《ひとしお》崇敬する筈也。

〈現代語訳〉

中野数馬が言ったことには、「茶の湯に古い道具を使うのは不潔だとし、新しい器できれいにするのがよいと申す者がいる。また、古い道具は、地味で控えめであるのをよしとして使うのだ、などと思う者もある。皆間違っている。古い道具は、(かつては)卑しい者も使用したものであるが、よくよく優れたところがあり、それゆえに、貴人の手にも触れられるに至ったものである。優れているのを貴んで使うのである。奉公人も同じことである。低い身分から高位に上った者は、優れた実力あるがゆえである。それなのに、『氏素性もわからない者と同役にはなれない』『たった今まで足軽だった者を頭とすることはできない』と思うのは、もってのほかの心得違いである。もともとその地位に生まれついた者より、下から上ってきた者に対してこそ、その優れた実力を貴んで、いっそう尊敬すべきである」と。

〈注〉

数馬〈利明〉 中野利明。常朝の従兄弟の子で、常朝の寄親。光茂のもとで加判家老を勤めた。（人物補注、中野利明） **むさき** きたならしい。不潔。 **しをらしき** ひかえめでつつましい。 **備わり人よりは** 餅木本、小城本は、「備たる人よりハ」。

93　一、*前《さきの》神右衛門申付《もうしつけ》ニて、幼稚之《の》時分、市風ニ吹《ふか》せ、*人馴人為とて、*唐人町出橋ニ節こ《せつせつ》遣《つかわ》シ候由。*五歳より各《おのおの》様方ヘ名代ニ出申《いだしもうし》候。*七才より*せんぢうの為とて*武者草鞋《むしやわらじ》をふませ先祖之《の》寺参仕《まいりつかまつ》らせ候由。

〈現代語訳〉

先代神右衛門の言いつけで、（私が）幼い頃、町の風に当たらせ、人に馴れさせるためということで、唐人町の出橋に、たびたび行かされた、とのこと。五歳の時から、いろいろな方のところへ名代として出向かされた。七歳からは、丈夫になるためにということで、武者草鞋を履かせて先祖の寺参りをさせた、とのことである。

〈注〉

前神右衛門　常朝の父、重澄。（人物補注、山本重澄）　**人馴人為**　餅木本、小城本では「人馴申為」。　**唐人町出橋**　現在の佐賀市唐人。「出橋」は未詳だが、『校註』は、唐人町土橋付近とする。
五歳より　『常朝年譜』には「今年より松亀事、神右衛門為名代高伝寺参詣、御親類・御家老中其外方々相勤候事」とある。　**七才より**　『常朝年譜』には「今年より先祖菩提所小城深川勝妙寺へ、松亀事歩行ニ而堂参仕候、武者草鞋をふませ、向後かんちやうノ為、神右衛門名代ニ遣被申候事」とある。　**せんぢう**　餅木本では「がんぢう」、小城本では「がんぢやう」。『常朝年譜』からみても「がんぢう」の誤字か。　**武者草鞋**　切れやすい乳（ち）と紐を布でこしらえ頑丈にした草鞋。武者が戦場ではいたもの。

94　一、主人ニも家老年寄ニもちと*隔《かく》心ニ思ハれねハ《ば》大業はならす《ず》。何気もなく*腰ニ被付而《つけられて》は働《はたらか》れぬ物也。此心持有之《こころもちこれある》事之《の》由。

〈現代語訳〉

主人からも、家老や年寄役からも、少々敬遠されるくらいでなければ、大きな仕事は出来ない。上から何とも思われないまま、腰ぎんちゃくにされてしまっては、働けるものではない。この心構えがあるべきことだ、とのこと。

〈注〉

隔心　うちとけずに気をつかう。気が許せず、遠慮する。　**腰ニ被付**　好きなように使われる。思うままにされる。

95　一、御家之《の》事、御家中之《の》事、古来根元能不存《よくぞんぜず》候而不叶事《そうらわでかなわざる》ニ候。然共《しかれども》時ニ依《より》て物知り差合《さしあう》事有之《これある》物也。了簡可入《いるべき》也。*石井新五左衛門山本紛《まぎれの》之事。〈口達《こうたつ》〉

〈現代語訳〉

お家のこと、ご家来衆のことについて、古来の成り立ちをよく知っておかなければならない。しかし、場合によっては、博識が差し障りになることもあるものである。判断の必要なところである。「石井新五左衛門山本紛れ」のこと。〈くわしくは口頭で伝える〉

〈注〉

石井新五左衛門山本紛　石井新五左衛門は、石井貞房のこと。貞房は手明槍頭、綱茂の御側頭を勤め、元禄六年（一六九三）に死去。鍋島家の姻戚である石井家の者である。山本紛れについては不明。

96　一、*春岳咄ニそこを引《ひく》なと云侭《いうまま》ニ*二人張《ばり》と*草紙ニ有《あり》。是面白く候。端的ニすまぬ事ハ一生埒明《あかず》す。其時一人力ニ而《て》は成か《なりが》たく二人力ニ成《なり》て埒明《あく》る所也。後ニと思へハ《ば》一生之《の》懈怠と成《なる》也。又左足《*さそく》を踏《ふみ》鉄壁も通れと云《いう》も面白《おもしろく》候。忽《たちまち》飛込《とびこみ》直《ただち》ニ踏破《ふみやぶ》る事ハ一歩之《の》左足也。又大一機を得たる人ハ日本開闢以来秀吉一人と被思《おもわれ》候由。

〈現代語訳〉

春岳和尚のお話によれば、「『そこを引き下がるな、と踏みとどまれば、それがただちに二人分の働き』とものの本にある。これは面白い。たった今済まないことなら、一生かけても埒は明くまい。この時、自分一人の力ではなしがたく、自分の力が二人分にもなってはじめて、埒が明くのである。後でと思えば、一生なおざりになるのだ。また、『左足を踏み出し、鉄壁も突き通れ』というのも面白い。(難事に直面して)すぐにも飛び込み、ただちに踏み破るという事は、第一歩の左足にかかっているのである。また、危急の場で機をのがさない〝大一機〟を得た者はとなると、それは日本開闢以来、秀吉一人だと思われる」、とのこと。

〈注〉

春岳　春岳明凞和尚。聞書一-49注、人物補注、春岳明凞参照。　**二人張**　二人がかりで弦を張るような強弓。　**草紙**　中・近世の娯楽読物の総称。　**左足を踏鉄壁も通れ**　「左足を踏」とは、危急の場合、まず左足を前に踏み出して相手に切りかかることをいう。あるいは「早足」の意で、すばやく足を踏み出すことともいう。ここは、謡曲『熊坂』の「苛って熊坂さそくを踏み、鉄壁も通れと突く長刀を」という文言を指しているか。

97　一、何某ハ第一顔之《の》皮厚く器量有《あり》て利発者ニ而《て》御用ニ立《たつ》所も有《あり》。此前其方ハ理発か《が》不残《のこらず》外へ出て*奥深き所なし、ちと鈍ニ成《なり》て十の物三ッ四ッ内ニ残す事ハ成間敷《なるまじき》哉《や》と申《もうし》候得《そうらえ》は《ば》、夫《それ》は成不申《なりもうさず》と申《もうし》候。*ほしめかして*公儀前なと《ど》さすれハ《ば》どこ迄も仕《し》て行《ゆく》所有《あり》。乍去《さりながら》御身辺国家*篇《へん》重キ事ハ少《すこし》もさせられぬたけ也。誰ゝと一風之《の》者也。利発智恵ニて何事も済《すむ》物と覚《おぼえ》て居る也。智恵利発ほと《ど》きたなき物はなし。先諸人不請取《うけとらず》、帯紐解《おびひもとき》て入魂《じっこん》されぬ物也。何某は不弁《ふべん》ニは見ゆれ共《ども》実か《が》有《ある》故ニ立《たち》て行《ゆく》奉公人也と。

〈現代語訳〉

何がしは、まずもって面の皮が厚く、有能で利発な者であるから、御用に立つところもある。だがこの前、「あなたは、利発さが残らず顔に出ていて、奥ゆかしいところがない。少し鈍くなって、十あるうちの三つ四つを、内に残すことは出来ないだろうか」と言ったところ、「それは出来ない」と答えた。（このような者は）おだててやって幕府への応対などさせれば、どこまでもこなして行く、というところがある。しかし、殿のご身辺、御家にかかわることなど、重要なことは少しもさせられない人物である。誰々と同じ種類の者である。利発さや知恵によって、どんな事でも片付くと思っているのである。知恵や利発さほど、きたないものはない。何より人々が信用せず、胸襟を開いて親しくしてくれることがないのである。（これに引きかえ）何がしは不器用には見えるけれども、朴実であるがゆえに、しっかり身を立てていく奉公人である、と言われた。

〈注〉

奥深き　深みがある。奥ゆかしい。　**ほしめかして**　そそのかす、けしかける意の方言。　**公儀前**　幕府への応対。　**国家篇**　藩政にかかわること。

98　一、*殿参りするも奉公人之《の》疵也。惣而《すべて》御内縁殿贔屓を持《もち》てハ口か《が》きけぬ物也。折角《せっかく》骨を折《おり》て奉公しても引《ひき》ニて仕合能《しあわせよき》なと《ど》ゝ後《うしろ》指さゝれ奉公か《が》無ニ成る物也。何之《の》引《ひき》もなき奉公は仕《し》能《よき》物也と。

〈現代語訳〉

殿のもとへの頻繁な出入りも、奉公人にとって疵となる。何につけ、ご主君との間に縁故やご贔屓があれば、物が言えなくなるものである。せっかく骨を折って奉公しても、贔屓でよい目を見るのだなどと後ろ指を指され、奉公が無になってしまうものである。何の贔屓もない奉公こそ、つとめやすいものである、と言われた。

〈注〉

殿参り　貴人のもとへご機嫌うかがいに参上すること。

99　一、さもなき事を念を入《いれ》て委《くわし》ク語る人ニは多分其裏ニ申《もうし》分か《が》有《ある》物なり。夫《それ》を紛らかし隠さん為ニ何となく繰立《くりたて》て語る事也。夫《それ》ハ聞《きく》と胸ニ不審か《が》立《たつ》もの也。

〈現代語訳〉

さして重要でもないことを、念を入れてくわしく語る人には、おおかたその裏に言いたいことがあるものである。それを紛れさせ隠すために、何となくくどくどしく語るのである。それは、聞いていれば（おのずと）胸に疑いが生じるものである。

100　一、*僉議事、又は世間之《の》咄を聞《きく》時も、其理を尤《もっとも》と斗《ばかり》思《おもい》て其当リにぐと《ど》付《つき》てハ、立越《たちこえ》たる理か《が》不見《みえず》。人か《が》黒キといは《ば》ゝ、黒キ筈て《で》ハなし、白キ筈也、白キ理か《が》有べしと、其上之《の》上ニ理を付《つけ》て案し《じ》て見れは《ば》一段立上《たちあが》りたる理か《が》見ゆる物也。ケ様《かよう》ニ眼を付《つけ》ねば上ハ手取る事ハならす《ず》。扨《さて》其座ニて可云《いうべき》相手ならハ《ば》障らぬ様ニ云《いうべ》へし。いわれぬ相手ならは《ば》障らぬ様ニ取合《とりあい》して心ニは其理を見出シて置《おき》たるか《が》よし。人ニ越《こえ》たる理之《の》見ゆる仕様は如是也《かくのごとくなり》。何某＊縁辺切之《えんぺんきりの》事〈口達《こうたつ》〉。わる推量、裏廻り、物疑抔《うたがいなど》とは違ヒ候也。

〈現代語訳〉

詮議においても、または世間の話を聞く時にも、相手が示した道理をもっともとばかり思い、その周辺をうろうろし続けているようでは、それを立ち越えた道理が見えない。人が黒いと言えば、黒いはずはない、白いはずだ、白いという道理があるだろうと、その上、また上を行くような道理を加味して考えると、一段抜きんでた道理が見えるものである。このような視点をもたなければ、人より上手をとることは出来ない。さて、その場で反駁すべき相手ならば、相手の気に障らないように言うべきである。その場で言えない相手ならば、気に障らないように応対しつつ、心の中では上位の道理を見出し、保持しているのがよい。人にまさった道理が見える次第は、このようなものである。ある者が離縁したこと〈口頭で伝える〉。邪推、狡猾、猜疑などとは別ものである。

〈注〉

僉議 評議。評定。罪の取調べ。 **縁辺切** 離縁。「縁辺」は婚約、結婚の意。

101　一、何某へ異見申《もうし》候は身持心入《みもちこころいれ》今時之《の》人ニ勝《すぐ》レ被申《もうされ》結構之《の》事《ことに》候。乍此上立上《このうえながらたちあが》りたる所ニ眼を付《つけ》られ候へかし。今之《の》分ニ而《て》は惜き事ニ候。藝ニすかれ候も低ひ位也。若《もし》名人ニ成《なり》御用ニ立《たち》候時、先祖以来之《の》侍を立迦《たてはず》し、藝者ニならる事ニ候。御国之《の》侍ハ＊藝は身を亡《ほろぼ》すと兼こ《かねがね》見《み》立《たて》候者爰《ここ》ニて候。尤《もっとも》低ひ長《た》ケニては能《よき》事ニ候。立上《たちあが》りたると云《いう》ハ、何某儀は武士也、流石《さすが》之《の》奉公人也と見られ、御家老御用之《の》時撰出《えりいだ》さるゝ事也。御無人之《の》時節は昔之《の》科《とが》も消《きえ》て行《ゆく》事なり。御国家治メ申上《もうしあぐ》ル之忠節何か可有哉《あるべきや》。縦《たとえ》不被召出《めしいだされず》候ても一分之《の》覚悟は御用ニ立《たち》たる事也。多分大事之《の》時は潜《ひそか》ニ相談ニ参る物也。夫《それ》ニ指南申《もうす》は尚こ《なおなお》忠義也。＊無他事《たじなき》物成《なる》故、少シ立上《たちあが》りたる者は人か《が》捨置《すておか》ぬ物也。此あたりニ眼を付《つけ》候へかしと申《もうし》候へハ《ば》、夫《それ》ハ稽古ニて可成哉《なるべきや》と被申《もうされ》候付《につき》、安き事也、当念ニ気をぬかさす《ず》上ハ手之《の》理を見出ス迄也、少《すこし》精を入《いれ》れハ《ば》慥ニ成《たしかなる》物也。又十日之《の》内ニ国中ニ器量＊響《なり》く仕様も有《あり》。何和尚と兼而《て》咄之《の》由。彼和尚ハ皆人恐れて居る也。上ハ手の理か《が》得方ニて鳴廻る所を覚《おぼえ》たる人也。明日ニても、何事そ《ぞ》被申《もうされ》候を打《うち》崩シ、せかせ候て、上ハ手之《の》理ニて云伏《いいふ》セ、理詰《づめ》可被仕《つかまつらるべく》候。諸人肝を潰シ云伝へ〳〵《いいつたえいいつたえ》頓《やがて》而沙汰する物也。大犬をかミ伏セねば響キ＊無《なき》物也と申候《もうしそうら》へは《ば》、誠ニ利発なる和尚と被申《もうされ》候故、左様ニ阻被申《へだてもうされ》候故大業かならす《ず》。何之《の》＊かふばしき事可有哉《あるべきや》、誰ニても*そくもやるまし《じ》きとか丶らねバ、*ほこ手ハ不延《のびず》。又義経之《の》勇智仁との給ひしも面白《おもしろく》候。今か《が》世にも四十才より内ハ勇智仁也。埋《うも》れ居《おり》候衆は四十過《すぎ》ても勇智仁ニ而《て》なくは《ば》ひゞき有間《あるま》敷《じく》候。彼和尚抔たつた勇智仁を以《もつてなり》鳴廻り名高ク聞《きこ》ヘ候。又　殿様之《の》御上御家老年寄衆抔之《の》上はたとへ上ハ手之《の》理を見付《みつけ》候而《て》も人ニ批判セぬ物也。聞《きこ》ヘぬ事ニ而《て》も御　尤《もつとも》と理を付《つけ》て諸人思付《おもいつく》様ニ褒め崇《あがめ》て置《おくが》か忠儀也。人之《の》不審いたす様ニ仕成《しな》スは無勿躰《もつたいなき》事也。人之《の》心ハ移り安き物ニ而《て》一人褒《ほむ》れハ《ば》早夫《はやそれ》ニかたふ《ぶ》き一人誹《そし》れは《ば》早《はや》わろく思《おもう》物也。又どこへ在付《ありつき》候様ニと何か《が》し被申《もうされ》候由、先年　承《うけたまわり》　候。左様之《の》時は日来之《ひごろの》懇意愛相も尽《つき》てしたゝかに申《もうし》たるか《が》能《よく》候。事を不破《やぶらざる》様、結構づくニ取合候得《とりあいそうらえ》は《ば》、うさんニ思ハるゝ物也。ケ様之《かようの》事ニ味方之《の》人より転《てんぜ》せられ引《ひき》くさらかさるゝ事有《ある》物也。飢死《うえじに》ても御家来之《の》内也。殿立迦《たてはず》す事ハ佛神之《の》勧《すすめ》ニも見向《みむき》も不　仕《つかまつらぬ》合点ニて朽果《くちはて》可被申《もうさるべく》と申《もうし》候由。

〈現代語訳〉

ある者へ意見したことには、「身持ち、心入れが、最近の者にまさっていて結構なことである。さらにもう一段、立ち越えたところに眼を着けていただきたい。今のままでは惜しいことである。芸事をお好きなのも、（奉公人として）程度が低い。もし名人になり、その筋で御用に立つ時は、ご先祖以来の侍という名から外れ、芸者になってしまう。御国の侍においては、芸は身を滅ぼすとかねがね思っているのは、こういうことである。もっとも、低い程度の奉公としては（それも）よいことである。立ち越えたところと言ったのは、あの者は武士である、さすがの奉公人であると見られ、誰かを家老職にという御用の時、選び出されることである。他に人物がいない時節においては、（器量さえあれば）昔の咎も消えて行くものである。御家をお治め申し上げるという忠節以上のものが、他にあるだろうか。たとえ召し出されなくても、その覚悟があれば、御用に立つのである。大事が生じたときは、多くの場合、水面下で相談を受けるものである。それに応えて教示するのは、なおいっそうの忠義である。御家の大事以上に大切なものはないのだから、少しでも人より抜きんでた者は、人が捨てておかないのである。このあたりに眼を着けるように」と言うと、「それは稽古して出来ることでしょうか」と言われたので、「たやすいことである。その時その時、当座の一念において気を抜かず、人より上手の道理を見出すまでのことである。少し努力すれば、必ず出来ることである。また、十日以内に、国中に自分の器量を知らしめる方法もある。そなたは、某和尚とかねてつき合いがあるそうだ。あの和尚には、誰もが恐れをなしている。明日人の上を行く道理を見出すのが得意で、器量を鳴り響かせるすべを心得た人物である。明日にでも訪ねて、何事かおっしゃったことをずばり否定し、慌てさせ、彼の上を行く道理で言い負かし、理詰めにするがいい。（和尚を恐れていた）人々は肝をつぶして、次々に言い伝えて、すぐにも評判となるはずである。大きな犬を噛み伏せなければ、世には響かないものである」と言うと、「(あの方は)本当に利発な和尚なのです」と言うので、「そのように遠慮するから、大きな事ができない。(それでは)何ひとつ外に響かないではないか。誰であろうが一足も自分の先には行かせない、というつもりでかかっていかなければ、矛先ものびまい。また、義経が、勇・智・仁と言われたのも面白い。今の時代でも、四十歳になるまでは、勇・智・仁が大切である。埋もれている者は、四十歳を過ぎていても、やはり勇・智・仁を体現できなければ、世に認められることはあるまい。かの和尚などは、ただ勇・智・仁をもって世に広く知られ、名高くなったのである。また、殿様のこと、御家老や年寄衆のことについては、たとえ上手の道理を見出しても、人前で批判するものではない。人聞きのよくないことでも、ごもっともなことと理由を付け、人々が上を慕うように、お褒めし崇めておくのが忠義である。人々が御家に居づらくなるようにするのは、恐れ多いことである。人の心は移ろいやすいもので、一人が褒めればすぐそちらに傾き、一人が謗ればすぐに悪く思うものである。また、どこぞ他家へ仕えるようにとある者が言ったとのこと、先年耳にした。そのような時は、日頃の親しみも愛想も捨てきって、こっぴどく言ってやるのがよい。事を荒立てないように、いい顔をして話に取り合っていれば、(自分の方が)いかがわしく思われるものである。このようなことで、味方の人に乗せられ、足を引っ張られて堕落させられることがあるものである。たとえ飢え死にしても御家来の一員である。殿をないがしろにすることは、たとえ仏神の勧めであっても見向きもしないと合点して、朽ち果てるべきである」と話された、とのこと。

〈注〉

藝は身を亡す　聞書一-88参照。　**無他事**　「他事なし」は、他のことをかえりみない、余念がないの意。　**鳴廻る**　広く知れわたらせる。　**響キ**　世間の評判。　**かふばしき**　「かうばしき」。立派な。美しい。　**そくもやるましき**　一歩でも先へ行かせない。　**ほこ手ハ不延**　「ほこ手」は「鉾手」。萎縮して大きな働きができない。

102　一、*当時之《の》*差合《さしあい》ニ成左右《なりそう》なる事をいわぬ物也。気を付可申《つけもうすべき》也。世上ニ何角《なにかと》六ケ敷《むつかしき》事なと《ど》有之《これある》時は、皆人浮立《うきたち》て覚へ知らす《ず》ニ其事のミ沙汰する事有《あり》。無用之《の》事也。わろくすれハ《ば》*口引張《ひっぱり》ニなるか、左《さ》なくても口故ニ不入《いらざる》事ニ敵を持《もち》、意恨出来《いでく》る物也。左様之《の》時は他出を止《や》メ歌なと《ど》案し《じ》て居たか《が》能《よく》候由。

〈現代語訳〉

御治世に差し障るような事は口にしないものである。気をつけねばならない。世の中に、何であれ厄介な問題が持ち上がると、誰もが浮き足立って、知らず知らずその事ばかりあげつらうことがある。無用なことである。悪くすると、口にしたことで咎めを受けるか、そうでなくても、物言いゆえに作る必要のない敵を持ち、遺恨が出来るものである。そのような時は、外出を控え、歌など作っているのがよい、とのこと。

〈注〉

当時 現在。当世。当今。 **差合** 言ってはならない言葉。禁句。さしつかえ。 **口引張** 未詳。諸注は「口喧嘩」「口ぎたなく冗言すること」などとする。「引張」は「はりつけ」の異称であるので、発言がもとで罰せられるの意にとっておく。

103 一、人事《ひとごと》を云《いう》は大キなる失《しつ》也。誉《ほむ》るも似《に》合《あわ》ぬ事也。兎《と》角我《かくわが》たけを能《よく》知り我執行《わがしゆぎよう》を精を出し口を慎ミたるか《が》よし。

〈現代語訳〉

他人のことを言うのは、大きな誤ちである。褒めるのもふさわしくないことである。とにかく、わが身の程をよく知り、自分の修行に精を出し、口を慎むのがよい。

104 一、徳有《ある》人は胸中ニゆるりとしたる所か《が》在《あり》て物毎忙《ものごとイソガしき》敷事なし。小人は静《しずか》なる所なく当合《あたりあい》ニ而《て》か《が》たつき廻り候也。

〈現代語訳〉

徳のある人は、胸中にゆったりした所があって、物事に忙しく振り回されることがない。小人は、静かなところがなく、人と衝突し合ってのべつ騒がしいものである。

105　一、夢の世とは能見立《よきみたて》也。悪夢抔《など》見たる時早ク覚《さ》メよがしと思ひ夢ニ而《て》あれかしなと〵《ど》思ふ事有《あり》。今日も夫《それ》ニ少《すこし》も不違《たがわざる》也と。

〈現代語訳〉

世は夢であるとは、よい見立てである。悪夢などを見た時、早く覚めよと思い、夢であってくれ、などと思うことがある。今日この世の中も、それと少しも違わない、と言われた。

106　一、智恵有《ある》人は、実も不実も智恵ニ而《て》仕組《しくみ》、理を付《つけ》て仕通《しとお》ると思《おもう》物也。智恵之《の》害ニ成《なる》処也。何事も実ニ而《て》なけれバ*のふぢなき物也と。

〈現代語訳〉

智恵ある人は、実があろうとなかろうと、智恵によって細工をし、理屈をつければまかり通る、と思うものである。智恵が害になるところである。何事も、実がなければ永続きしないものである、と言われた。

〈注〉

のふぢ　「能持」。仏教語で、よく受持し保つこと。佐賀の方言では永続きすることをいう。

107　一、*公事沙汰又は云募《いいつの》ル事なと《ど》ニ早ク負《まけ》て見事な負か《まけが》有《ある》物也。相撲之《の》様なる物也。勝《かち》たがりてきたな勝《がち》すれハ《ば》負《まけ》たるニは劣《おとる》也。多分きたな負《まけ》ニ成《なる》物也と。*上《あが》り屋敷の事。〈口達《こうたつ》〉

〈現代語訳〉

訴訟沙汰、または論争などには、すみやかに負けて見事、という負けがあるものである。相撲のようなものである。勝ちたがって、きたない勝ち方をすれば、それは負けより劣るのである。（ただ勝ちたがる者の）多くは、きたない負けになるものである、と言われた。上り屋敷のこと。〈これは口頭で伝える〉

〈注〉

公事沙汰　訴訟事件。　**上り屋敷**　藩や幕府に没収された屋敷のこと。公事沙汰などの内容から、聞書一－26の件を指すか。聞書一－26では、ある者が上の者から屋敷を所望され了承して転居先を相談していたところ、不用となり、謝礼を要求した出来事が述べられ、訴訟に勝って「あげく金銭など取るならばかえって負けである」と言われる。

108 一、自他之《の》思《おもい》強ク人をにくミゑせ*中抔《など》するハ慈悲之《の》すくなき故也。一切悉《ことごとく》*慈悲門ニ括《くく》り込《こみ》てからハあたり合《あう》事なき物也。

〈現代語訳〉

自他を隔てる心が強く、人を憎み、名ばかりのつき合いなどするのは、慈悲が少ないからである。一切をことごとく、慈悲の働きのうちに括り込んだ上ならば、人とぶつかり合うことはないものである。

〈注〉

ゑせ中 形ばかりのつき合い。いいかげんなつき合い。 **慈悲門** 仏教語。寺の本堂の前にある三門の一つ。本堂を仏の境地に見立て、門をそこに至るための功徳にたとえた。三門には空・無相・無願や智恵・慈悲・方便が当てられる。

109 一、少《すこし》知りたる事知りだて*をする也。初心なる事也。能《よく》知りたる事ハ其振《ふり》見へす《ず》。奥床敷《おくゆかしき》物也。

〈現代語訳〉

少し知っていることについては、知っていると人に見せようとする。未熟なことである。よく知っていることについては、知ったそぶりを人に見せることがない。奥ゆかしいものである。

〈注〉

知りだて 知っているふりをすること。知ったかぶり。

110 一、*権之丞殿江咄ニ、今時之《の》若キ者女風ニ成《なり》たがる也。*結構者《けつこうしや》、*人愛之有《にんあいのある》人、物を破らぬ人、やわらか成《なる》人と云《いう》様なるを能《よき》人と取《とり》はやす時代ニ成《なり》たる故、*ほこ手不延《のびず》*突切《つつき》れたる事ハならぬ也。第一ハ身上を抱留《だきとむ》る合点か《が》強キ故、大事と斗《ばかり》思ひ心ちゝ《ぢ》まると見へたり。其方も、我《わが》知行ニてなく親之《の》苦労して為被取立《とりたてられたる》物を養子ニ来て崩《くずし》候而《て》はならぬ事と大事ニ可被思《おもわるべくが》か、夫《それ》ハ世上之《の》風也。我等か《が》所存は各別《かくべつ》也。奉公する時分身上之《の》事なと《ど》ハ何とも思ハさ《ざ》りし也。素《もと》より主人之《の》物なれは《ば》大事かり《が》可惜《おしむべき》様無《なき》事也。我等生《しよう》世《ぜ》之《の》中ニ奉公方ニ而《て》牢人切腹して見すれハ《ば》本望至極也。奉公人之《の》打留《うちどめ》は此二ケ条ニ極《きめ》たる物也。其中きたな崩れは無念也。おくれ、不当介、私欲、人之《の》害ニ成《なる》事なと《ど》は有《ある》まし《じ》き事也。其外ニ而《て》は崩すを本望と思へ《おもうべ》し。如此《かくのごとく》落着《おちつく》と其侭《そのまま》ほこ手延《のび》てはたらかれ勢ひ格別《かくべつ》也。

〈現代語訳〉

権之丞（允）殿へ話されたことには、「今の若い者は、女のようになりたがっている。無難な人、人好きのする人、事を荒立てない人、柔和な人というような者を、良い人物としてもてはやす時代になったので、踏み込みの勢いに欠け、きっぱりとした働きが出来ないのである。第一に自分の身代を手放すまいという心が強いので、慎重にとばかり思い、心がちぢこまるのだと思われる。そなたも、自身の知行ではなく、親が苦労して上からいただいたものを、養子に来てつぶしてはならない、と慎重に思うであろうが、それは世間並みのありようである。私の思うところはまったく別である。奉公していた時には、自分の身代のことなどは何とも思わなかった。もとより主人のものであるから、自分が大事ぶって惜しむ必要などないのである。私がこの世に生きているうちに、（そなたが）奉公上の理由で浪人か切腹をしてみせてくれれば、それこそ至極の本望である。奉公人の行き着くところはこの二つと、思い定めたところである。ただし、見苦しく身代をつぶすのは無念である。武士として遅れをとること、奉公人としての不心得、私欲、人の害になることなどは、（浪人・切腹の事由として）あるまじきものだ。そのほかの事由にあっては、身代をつぶすことこそ本望と思え。このように落ち着けてしまえば、いきおい働きに思い切った踏み込みが生じ、その勢いは格段のものとなる」とのことであった。

〈注〉

権之丞 権之允。山本常俊。常朝の養子。（人物補注、山本常俊） **結構者** おひとよし。大人しい人。 **人愛** つき合い。交際。 **ほこ手不延** 「ほこて」は「鉾手」。思い切った働き、大胆なことができない。 **突切れたる事** きっぱりとして明快なこと。余念、迷いが断ち切られていること。『驢鞍橋』には、「我胸をづんと持て出、手強くつゝ切ていわで不叶」（上－六九）とある。

111 一、奉公之《の》志之《の》出来ぬも自慢故也。我を能《よし》と思ひ贔屓の上から理を付《つけ》てわるかたまりニかたまり一世帯構《かまえ》て済《すま》して居る故也。嘆かしき事也。分別藝能大身富貴器量発明何ぞ一ッ之《の》取柄《とりえ》ニ自慢して我是ニて済《すむ》と思《おもう》より心闇《くら》く人ニ向ひ尋《たずね》もせす《ず》一生をあらぬ事して果《はた》す也。能ゝ《よくよく》慢心ハ有《ある》ものなれハ《ば》こそ何某は御家中一番之《の》たわけ成《なるが》かたわけニ自慢して我はたわけたる故身上無恙《つつがなし》と申《もうし》たると也。奉公之《の》志と云《いう》は別之《の》事なし。*当介《あてがい》を思《おもい》自慢を捨我《すてわが》非を知り何とすれは能《よき》ものかと探促し一生成就せす《ず》探促仕《つかまつり》死ニ極《きわま》る也。非を知《しり》て探促するか《が》則《すなわち》取《とり》も直さぬ道なり。

〈現代語訳〉

奉公の志が出来ないのも自慢ゆえである。自分をこれでよしと思い、身びいきから理屈をつけて頑なに凝り固まったまま、ひとかどの者という構えですましているからである。嘆かわしいことである。分別、芸能、身分、富、器量、機転、何か一つの取り柄に自慢するところとなり、自分はこれでよいと思うそばから心は闇となり、人に向かって尋ねもせず、一生をつまらないことに費やして終えるのである。つくづく慢心とはどこにでも生じるもので、何がしはご家中一の愚か者であるが、（あろうことか）自身の愚かさを自慢して、「自分は愚かであるからこそ、身を持ち崩さずにいる」と語ったという。奉公の志というのは他でもない。その身の本分を思い、自慢を捨てて己れの非を知り、ではどうすればよいかと探求して一生成就しないまま、探求し続けた果てで死ぬ、というその一点に、目指すところは収斂する。自分の非を知って探究すること、それがとりもなおさず道である。

〈注〉

当介　自分にふさわしいあり方。道理にかなったあり方。

112　一、何方《いずかた》へ咄抔《など》ニ行《ゆく》ニは前方申通《まえかたもうしつうじ》シてより行《ゆき》たるか《が》よし。何分之《の》＊隙入《ひまいり》可有《あるべく》も不知《しらず》亭主之《の》心懸《がか》り之《の》所へ行《ゆき》てハ無興之《の》物也。惣而《そうじて》呼ハ《ば》れねハ《ば》行《ゆか》ぬニ＊しくはなし。心之《の》友ハ希成《まれなる》もの也。呼ハ《ば》れても心持入へ《こころもちいるべ》し。希之《まれの》参會ならではしまぬ物也。慰《ナグサミ》講《こう》ハ失《しつ》多キ物也。又問《とい》来る人ニ縦《たとえ》隙入《ひまいり》とも不會釈はすまし《じ》き事也。

〈現代語訳〉

どこかへ話などしに行く際には、事前に予定を申し合わせてから行くのがよい。（先方に）どのような用事があるかもしれず、相手の主人が気がかりであるところへ行っては、気まずいものである。総じて、招かれない限り、行かないにこしたことはない。（いつ訪ねても心地よいような）心の友は稀なものである。たとえ招かれたとしても、その心構えが必要である。久しぶりに会えた、というのでない限り、おのずと興が乗る、とは行かないものである。慰みごとの寄り合いは、失態の多いものである。また、（逆に）自分を訪ねて来た人に対しては、たとえこちらに用事があるとしても、冷淡な応対をしてはならない。

〈注〉

隙入　所用。　**しまぬ**　興が乗らない。「染む（しむ）」は、深く感じること。興に入ること。

113　一、*生駒壱岐守《いこまいきのかみ》殿家老*前野助左衛門悪行ニ付《つき》、*生駒将監　公儀江訴《うつたえ》、御糺明之《きゆうめいの》上《うえ》、助左衛門御成敗、生駒殿領地被召上《めしあげられ》壱万石被下《くだされ》候。此聞書読申《ききがきよみもうし》候処、将監忠義なか《が》ら主之《の》家を崩したる也、不訴《うつたえずば》は二三年成共《なりとも》こたへ申《もうすべ》へし、其内ニいか様成変《なるへん》も有之《これあり》候ハヽ《ば》、抱留申《だきとめもうす》ニ而《て》も可有《あるべく》候。又助左衛門立置《たておき》ては不成《ならず》と存《ぞんじ》候ハヽ《ば》、跡之《の》事ハ餘之《よの》家老共《ども》ニ申《もうし》含《ふくめ》*むき〳〵《むき》ニ可打果《うちはたすべき》事ニ候。其時は家之《の》疵ニ成間《なるま》敷《じく》候。ケ様之《かようの》事に牛之《*の》角直すとて牛を殺す仕《し》形《かた》有《ある》もの也。*海音被申《かいおんもうされ》候は、先年*普周ニ尋《たずね》候は、御異見僉議之《の》時一人御迦《はず》し候はいか様之《の》子細ニ候哉《や》と申《もうし》候へハ《ば》、御異見は仕《し》様《よう》か《が》有《ある》事ニ候。挙而《こぞって》申《もうし》上る抔と云《いう》は、悪事を銘打《うち》て世上ニ出す様成る物也。大人《たいじん》ハ我侭《わがまま》ニ育立《そだち》て曲有《くせある》ニ定《さだま》リたる物也。大抵之《の》曲《くせ》ニ而《て》は国を失ふ程之《の》事はなし。多分仕直《しなおす》とて*どしめき候時、世上ニ洩聞《もれきこ》へ国を失《うしなう》　事有《あり》。先年之《の》僉議相止《あいやみ》候か《が》、御国少《すこし》も別条無之《これなし》と被申《もうされ》候由。大形諫言と申《もうす》ニは、*佞臣か《が》、我《わが》手柄立《だて》か又後見抔有《あり》てする事也。忠義之《の》諫言と申《もうす》ハ、能《よく》御請被成《うけなされる》筋を以《もつて》潜《ひそか》ニ申《もうし》上る物也。若《もし》御請不被成《うけにならざる》時は　弥《いよいよ》　隠し候而《て》、我《わが》身ハ　弥《いよいよ》　御味方ニ成《なり》て、御名之《の》不立《たたざる》様ニ仕《つかまつる》　物ニ候。多分*腕立《うでだて》ニ成《なし》たがり、御請不被成《うけならざる》時後《うし》ロ向申《むきもうす》か《が》多ク候。と《ど》しめき廻り候ハ不忠之《の》至極ニ候。又御家なと《ど》は根元不思儀之《の》御建立故か、悪敷《あしき》様ニ而《て》も自然と能様《よき》ニ相成《あいなり》候と也。

〈現代語訳〉

生駒壱岐守の家老前野助左衛門の悪行について、生駒将監が幕府に訴え、お取り調べの結果、助左衛門は処刑され、生駒殿は領地を召し上げられた上、一万石を下された。この件をめぐる聞き書きを読んだが、将監は忠義であるものの、主人の家をつぶしてしまったのである。訴えなければ、たとえもう二、三年でも、持ちこたえたであろう。その間に、どのようにでも情勢の変化があれば、主家を守り続けることが出来たかもしれない。また、助左衛門をそのままにはしておけない、と思うなら、後のことは他の家老たちに言い含め、己れの一存で斬り殺せばよい。こうすれば、御家の疵になるまい。このような事において、牛の角を直そうとして牛を殺してしまうような（まずい）やり方はあるものである。海音和尚が話されたところによると、「かつて普周に、『殿へのご意見について詮議があった折、あなた一人席を外されたのはどういうわけか』と尋ねたら、普周は『ご意見するには、しかるべきやり方があるのである。一同そろって申し上げるなどというのは、主君の悪事を、そう銘打って世間に知らしめるようなものである。（そもそも）身分の貴い方というのは、わがままに育って癖がある、と相場が決まっている。しかしたいていの癖は、それによって国を失うほどのものではない。おおかた、それをお直しすると騒ぎ立てた時、世の中に漏れ聞こえ、国を失うことにもなる。先年の詮議は中止になったが、御国には少しも別状ないではないか』と答えた」とのことである。たいてい諫言と称して行われるものは、佞臣が、自身の手柄とするためにか、または後ろで糸を引く者などがあってすることである。（これに対して）忠義の諫言というのは、よくお聞き入れいただける筋から、ひそかに申し上げるものである。もしお聞き入れのない時には、ますます隠して、自分はいよいよ（殿の）お味方となり、ご評判が外には聞こえないようにするものである。おおかた力ずくで押し通そうとし、それを聞き入れていただけないとなると、ご主君に背を向けてしまう者が多い。始終騒ぎ立てるのは、不忠の最たるものである。また、わが御家に関しては、その根本からして不思議の成り立ちであるからか、（その時は）悪いようであっても、おのずから良いようになるのである、と言われた。

〈注〉

生駒壱岐守殿　讃岐高松藩藩主、生駒高俊のこと。藩内で起こった騒動により、寛永十七年（一六四〇）に出羽へ流罪となり、堪忍分（生計のための知行）として出羽矢島藩一万石が与えられた。**前野助左衛門**　生駒藩の家老。もとは生駒高俊の後見である藤堂高虎の家臣。藤堂家の威を借り、権勢をふるった。**生駒将監**　生駒藩の家老。息子帯刀と共に生駒家譜代の家臣として、前野ら藤堂家からの家臣に対抗、結果的に騒動を引き起こした。**むき〳〵ニ**　思い思い。それぞれ。**牛之角直すとて牛を殺す**　曲がっている牛の角をまっすぐにしようとして牛を殺してしまうこと。一部の欠点を直そうとして、かえって全体をだめにしてしまうというたとえ。角を矯めて牛を殺す、とも。**海音**　海音和尚。天祐寺の十一世住持。北原永明寺に隠居。**普周**　鍋島種世のこと。鍋島六左衛門、鍋島内記とも呼ばれる。普周は剃髪後の名。延宝七年（一六七九）における光茂への諌言に関する僉議に反対して、隠遁、剃髪した。（人物補注、鍋島普周）　**どしめき**　ドタバタ騒がしく音をたてる。大声で騒ぎたてる。　**佞臣**　口先が達者でへつらう家臣。　**腕立**　力ずくで争うこと。

114　一、能事《よき》も過《すぐ》るハ悪《あ》し。*談義*説法教訓抔《など》も云過《いいすご》セは《ば》害ニ成《なり》候と也。

〈現代語訳〉

良いことも、度が過ぎたものは悪である。談議、説法、教訓なども、言い過ぎれば害になる、と言われた。

〈注〉

談義　書物などの解説をし、論じること。　**説法**　仏教など宗教の教義を説くこと。

115　一、*佞人《ねいじん》ニ気力強ク邪智深キ者有《ある》時は主人をだまし込ミ我《わが》立身之《の》才覚のミ致《いたし》候。主之《の》気ニ入《いる》筋を考覚《かんがえおぼえ》たる者は少〻ニ而《て》邪之《の》所見ヘぬもの也。能〻《よくよく》見にくき物なれは《ば》こそ*権現様を*弥四郎だましぬき申《もうし》候。ケ様之《かようの》者は多分新参成リ上リニ有《ある》物也。譜代大身ニは希《まれ》ニ有《ある》也と。

〈現代語訳〉

上に媚びへつらう人物の中でも、気力が強く、邪智の深い者がいると、主人を騙してまるめ込み、自らの立身出世の画策ばかりするものである。主君の気に入る筋をさぐり、心得た者は、少々の見立てでは、どこが邪悪なのかわからないものである。よくよく見抜きがたいものであるからこそ、家康公をも大賀弥四郎は騙し抜いたのである。このような者は、多くは新参者や成り上がり者にあるものである。譜代の者や身分の高い者にはまれである、と言われた。

〈注〉

佞人　口先が巧みで上にへつらう人。**権現様**　徳川家康のこと。東照大権現として祀られたことによる。**弥四郎**　大賀弥四郎のこと。もとは徳川家康の中間であったが、その後代官に任じられ、驕りがみられるようになった。一城の主となるため謀反を企て、武田勝頼と通じ、露見して処刑された。

116　一、*前《さきの》神右衛門申《もうし》候は娘之《の》子ハ育立《そだて》ぬがよし。名字ニ疵を付《つけ》親ニ耻をかゝする事有《あり》。*郎子抔《など》は格別其外ハ捨可申《すてもうすべし》と也。

〈現代語訳〉

先代の神右衛門が言うには、「女の子は育てないのがよい。家名に疵をつけ、親に恥をかかせることがある。男の子どもは別として、その他は捨てよ」とのことである。

〈注〉

前神右衛門　山本重澄。常朝の父。人物補注参照。　**郎子**　男子。餅木本では「嫡女」。

117　一、*恵芳《えほう》和尚咄ニ*安藝殿物語ニ武篇は*気違《きちがい》ニならねバされぬ物也と御申《もうし》候由。我等覚悟ニ合《あい》候義不思儀ニ存《ぞんじ》、其後弥《いよいよ》気違《きちがい》ニ極《きめ》候となり。

〈現代語訳〉

恵芳和尚の話によると、「安芸守殿が語られたことだが、武勇は分別をなくさなければ出来ないものだ、と言われた」とのことであった。私の覚悟と合致するのを、不思議にありがたいことと思い、その後はいよいよ分別を捨てるようにと心を決めた、と言われた。

〈注〉

恵芳和尚　一桂懐芳和尚のこと。高伝寺十五世住持。　**安藝殿**　鍋島茂賢のこと。鍋島家の姻戚石井信忠の次男で、深堀純賢の養子。深堀領主。（人物補注、鍋島茂賢）　**気違**　聞書一－2、一－114注参照。

118　一、＊前《さきの》数馬申《もうし》候は茶之《の》湯之《の》本意ハ六根＊を清くする為也。眼ニ掛物生《かけものいけ》花を見鼻ニ香を嗅《かぎ》耳ニ湯音を聞《きき》口ニ茶を味《あじわ》ひ手足格を正し五根清浄成《なる》時意自《おのずか》ラ清浄也。畢竟《ひっきょう》意を清クする処也。我は＊二六《にろく》時中茶之《の》湯之《の》心不離《はなれず》。全《まったく》慰《なぐさみ》事ニあらす《ず》。又道具ハたけ〳〵《だけ》相応ニする物也。梅＊一字之《の》詩ニ　前村深雪裏《ぜんそんしんせつのうち》昨夜数枝開《ひらく》　此数枝富貴也とて一枝と直されたりと也。一枝之《の》所か《が》わび＊好《すき》也と被申《もうされ》候由。

〈現代語訳〉

先代中野数馬の話に、「茶の湯の本来の目的は、六根を清くすることである。目に掛け物や生け花を見、鼻に香をかぎ、耳に湯の音を聴き、口に茶を味わい、手足はその姿を正し、五根が清浄であるとき、心はおのずから清浄である。つまるところ、心を清くすることである。私は二六時中、茶の湯の心を離れずにいる。全くもって、慰みごとではない。また、道具は分相応にするものである。後に一字を改められた梅の詩は、『前村深雪裏昨夜数枝開

（眼前の村はいまだ深く雪に覆われてある中に、昨夜、数枝の梅が花を開いた）』であったが、数枝では華美贅沢にすぎるとして、一枝と直されたという。一枝というところが、わびの趣向である」と言われた、とのことである。

〈注〉

前数馬　中野利明のことか。家督を継いだ次男貞起も数馬と呼ばれるため、当時の数馬に対して、前数馬と呼んだ。利明の父中野政利も数馬と呼ばれるため、政利の可能性もある。**六根**　仏教語。六識（六種の認識作用）のよりどころとなる器官、眼、耳、鼻、舌、身、意を言う。六根によって煩悩（貪瞋痴など）が起こる一方、六根を清らかにすることで、仏の境地に至ることができるとされる。　**二六時中**　二、六で十二時中。昔は一日が十二時だったので、一日中、いつもの意。**梅一字之詩**　詩において、相応しくない一字の表現を直してくれた師のことを一字の師という。一字の詩とは、それにかけて一字の表現を直された詩のことか。もとの詩は唐代の詩人斉已の「早梅」と題する詩だったが、鄭谷が早梅に数枝はおかしいとし、一枝に直したとされる。斉已は鄭谷を一字の師と仰いだ。　**わび好**　わびとは閑寂な風趣のこと。数寄とは風流、風雅の道を好むこと。わび数寄で、閑寂な風趣の道を好むことで、そのまま茶道を意味することもある。

119　一、恩を請《うけ》たる人懇意之《の》人味方之《の》人ニは、縦《たとえ》悪事有共《ありとも》潜《ひそか》ニ異見いたし、世間ニは能《よき》様ニ取成《とりな》シ悪名を云《いい》ふさぎ誉立《ほめたて》、無二之《の》味方一騎当千ニ成《なり》、内ゝニて能受《よくうけ》候様ニ異見すれは《ば》、疵も直り能者《よき》ニ成《なる》也。誉立《ほめたて》候へは《ば》人之《の》心も移り、自然と悪敷《あしき》沙汰止《やむ》もの也。都而《すべて》*慈悲門ニ括込《くくりこみ》て能《よく》なさねば置《おか》ぬ念願《ねんがん》也と。

〈現代語訳〉

恩を受けた人、懇意の人、味方の人には、たとえ悪事があってもひそかに意見をし、世間に対しては、よく見えるように取りなして悪い評判を打ち消し、さらには褒め立て、（当人にとって）無二の味方、一騎当千の味方となり、よく受け入れてもらえるよう内々に意見すれば、欠点も直り、良い者になることである。褒め立てれば人々の心も移り、自然と悪い噂はなくなるものである。これは、すべてを慈悲の働きのうちに括り入れて、何としてもその人を良くしないではおかぬ、という念願によるものである、と言われた。

〈注〉

慈悲門　仏教語。寺の本堂の前にある三門の一つ。本堂を仏の境地と見立て、門をそこに至るための功徳にたとえた。三門には、空、無相、無願や、智恵、慈悲、方便が当てられる。聞書二－108参照。

120　一、或人云《いう》、意地ハ内ニ有《ある》と外ニ有《ある》との二ッ也。外ニも内ニも無キ者ハ益ニたゝす《ず》。縦《たとえ》は《ば》刀之《の》躬《み》之《の》如く切れ物を*研《とぎ》はしらかして鞘ニ納《おさめ》て置《おき》、*自然ニは抜《ぬき》て*眉毛ニ懸拭《かけふき》て納《おさむ》るか《が》よし。外ニ斗有《ばかりあり》て白刃を不断《ふだん》振廻《ふりまわ》る者ニハ人か《が》寄附《よりつかず》す、一味之《の》者無《なき》者也。内ニ斗《ばかり》納置《おさめおき》候へハ《ば》錆も付《つき》刃も*鈍《にぶ》れ人か《が》*思《おもい》こなす物也と。

〈現代語訳〉

ある人の言葉に、「意地は内に保つものと、外に示すもの、この二つがある。外にも内にもない者は役に立たない。たとえば刀身のように、よく切れるものを研ぎ澄まして鞘に納めておき、時々は抜いて『眉毛に懸け』、ぬぐって再び納めるのがよい。意地が外にばかりあって、白刃をのべつ振り回すような者には、人が寄りつかず、味方となる者がいない。（また）意地を内にばかり納めておいたのでは、さびもつき、刃も鈍くなり、人に高をくくられるものである」と。

〈注〉

研はしらかして　全体を研ぎすまして。「はしらかす」は、走らせる、めぐらすの意。　**自然ニは**　たまには。ときには。　**眉毛ニ懸**　不詳。「眉毛を切って切れ味を示す」（相良亨）、「打ち粉をふる」（奈良本辰也・駒敏郎）、「手入れする」（松永義弘）など諸説がある。　**鈍れ**　底本には「にぶ」と平仮名で振り仮名がある。　**思こなす**　心の中で馬鹿にする。「こなす」は思いのままに扱う、けなすの意。

121　一、小利口なと《ど》は物毎《ものごと》済ぬ物也。大キに見ねハ《ば》ならす《ず》。是非之《の》沙汰なと《ど》むさとすまし《じ》き事也。又*ぐなつきてはならす《ず》。切るゝ所早クすわつて*突切《つっき》れて埒明《あか》ねは《ば》武士ニてはなき也と。

〈現代語訳〉

小利口などでは物事は解決しない。大きく見なければならない。是非の判断など、軽はずみにしてはならない。といってまた、腰がすわらずにいてはならない。思い切るべきところで早く肝が据わり、きっぱりと決断して見事に埒が明く、というのでなければ武士ではない、と言われた。

〈注〉

ぐなつきて　腰がすわらずにいて。「ぐなつく」は、しっかりしない、ぐにゃぐにゃしたの意。**突切れて**　きっぱりと決断して。鈴木正三『反故集』には、「たった今、乱心者が切りかかってきたらどうするか」との問いに、ある者が「飛びかかって捕えよう」と答えたところ、師は「吾は左に非ず。是非に及ばぬ迄よ（分別を離れるまでよ）」と答えた。これに注して、「是つゝきれて、すわりたる心也。働は時に可随也」とある。

122　一、若年之《の》時分一鼎*被申《もうされ》候ハ其方ハ末頼母敷《たのもしき》器量ニ而《て》候、我死後ニ御家を偏《ひとえ》ニ頼ニ申《たのみもうし》候、乍太儀《たいぎながら》御国を荷《にな》ふて上ケ《げ》候へと涙を流し被申聞《もうしきけられ》候。其時不斗《ふと》胸ニこたへ此一言か《が》荷ニ成《なり》今ニおひて忘不申《わすれもうさず》候。ケ様之《かようの》詞《ことば》始而《て》承り候。今時はやらぬ事ニ而《て》候。人ニ教訓するも身持《みもち》心持《こころもち》嗜《たしなみ》よく奉公仕候得《つかまつりそうらえ》と申か《もうすが》一は《ぱ》ひ也。是は我身之《の》嘆き迄也。いかひ行違《ゆきちがい》也。ケ様之《かようの》一言最早云《もはやいう》人も有《ある》まし《じ》。嘆かしき事之《の》由。

〈現代語訳〉

私が若い頃、一鼎が言われたことには、「そなたは末頼もしい器量である。私の死後、御家をひとえにお頼みする。ご苦労であろうが、御国を背負って差し上げるのだ」と、涙を流して言い聞かされた。その時、不意にこの一言が胸に響き、わが身に重くのしかかって、今に至るまで背負い、忘れたことはない。このような言葉は、初めてお聞きしたのである。今どき、はやらないことである。（昨今は）人に教訓するとしても、身持ち、心持ちの嗜みをよくして奉公するように、と言うのがせいぜいである。これは、わが身のありようを大切に思うまでである。（一鼎の言葉とは）大変な違いである。このような一言を出す人は、もはやいないであろう。嘆かわしいことだ、とのこと。

〈注〉

一鼎　石田一鼎。人物補注参照。

123　一、意趣意恨出来《しゅったい》公事沙汰抔《など》いたす人ハ拵《こしらえ》様ニて何之《の》事もなく済《すむ》物也。一*ッ橋ニて*奴《やっこ》出《で》合《あい》、互ニよけず《ず》打果《うちはたし》候処へ、大根売か《うりが》中ニ入《いり》、*枴《おうこ》之《の》先ニ双方取《とり》つかせ荷替《かえ》て通したる様成《なる》物也。やり様は幾筋も有《ある》事也。是又主君へ之《の》奉公也。大事之《の》御家中めったに死なせ不和ニなしてはならぬ事也。先年京都ニて*江嶋正兵衛を*源蔵酒之《の》上りニて異見を申《もうし》候。是か《が》源蔵酒僻《さけぐせ》ニて候。翌朝、正兵衛大小を差《さし》、源蔵長屋へ仕《し》懸申《かけもうし》候を、*本村武右衛門聞付《ききつけ》、すかし候而《て》長屋ニ連《つれ》帰リ候由ニ而《て》、武右衛門我等長屋へ参リ、如何可仕哉《いかがつかまつるべきや》と申《もうし》候半《なかば》、源蔵参《まいり》、正兵衛は居不申《おりもうさず》候哉《や》、先程あの方へ事〻敷仕《ことごとしくし》掛参《かけまいり》候由、たわけたる家来共《ども》拙者へ不申聞《もうしきけず》、唯今聞付参《ききつけまいり》たると申《もうし》候而《て》、正兵衛小屋へ可参《まいるべく》と仕《つかまつり》候を差留《さしとめ》、先ッ《まず》可被帰《かえらるべく》候、我等請取《うけとり》候間、正兵衛所存聞届《ききとどけ》、しらせ可申《もうすべき》由申聞《もうしきけ》、帰シ申《もうし》候。左《さ》候而《て》正兵衛を呼《よび》、承《うけたまわり》候得《そうらえ》ば《ば》、諸人之《の》中ニて誤リをかそ《ぞ》へ立《たて》、異見を被申《もうされ》候ハ、異見とは不存《ぞんぜず》、意趣有《あり》て恥をかゝせ被申《もうさるる》義かと存《ぞんじ》候、意趣直《じき》ニ可承《うけたまわるべく》と存《ぞんじ》、仕懸《しかけ》候由申《もうし》候。某申《もうし》候は、尤《もっとも》之《の》事也、乍去《さりながら》源蔵意趣有間《あるま》敷《じく》候、異見か《が》酒僻《さけぐせ》ニ而《て》候。*永山六郎ハ抜か《ぬくが》酒癖《さけぐせ》ニ而《て》候、癖《くせ》は色〻有物ニ而《て》、酒之《の》云《いい》たる事を実ニ取持《とりもち》、大事之《の》御家来二人打果《うちはたし》、主人ニ損取らせ、どこか《が》忠節ニて可有之哉《これあるべきや》、其方も御重恩之《の》人ニ候得《そうらえば》は、何卒《なにとぞ》御恩を可報《ほうずべく》とこそ可被存《ぞんぜらるべく》候、曾《かつ》て恥ニ成《なる》事ニて無之《これなく》候。源蔵心底我等聞合《ききあわせ》可申達《もうしたつすべく》と申《もうし》候て返し、源蔵ヘケ様〱《かようかよう》と申候得《もうしそうらえば》は、夜前申《やぜんもうし》候事曾《かつ》て覚不申《おぼえもうさず》候、素《もと》り意恨少《すこし》も無之《これなし》と申《もうし》候ニ付《つき》、さらは《ば》正兵衛ニ其旨申聞《もうしきけ》、*頭人ニ向ひ事〻敷仕《ことごとしくし》懸《かけ》候事は不届《ふとどき》ニ候へ共《ども》、年若ニ候而《て》不了簡も可有之《これあるべく》候、向後《きょうこう》嗜《たしなみ》候様ニ可申聞《もうしきけるべし》と申《もうし》候而《て》罷帰《まかりかえり》、正兵衛ニ申聞《もうしきけ》、何之《の》事もなく候。其上ニて、正兵衛*納戸役断申遣《ことわりもうしつかわし》候由、武右衛門ヘ申聞《もうしきけ》候ニ付《つき》、武右衛門より申遣《もうしつかわし》、*甚左衛門手元を差留《さしとめ》、正兵衛ニ右之《の》通リ申達《もうしたつし》候へハ《ば》、いつれ《ず》中宜《なかよろしく》は有間敷《あるまじく》候間、代り可申《もうすべく》と申《もうし》候。夫ニ付《つき》、中能成《なかよくなり》候事は我等請取申《うけとりもうし》候、先《まず》了簡して被見《みられ》候へ、半途《はんと》ニ代り被申《もうされ》候節は、源蔵と酒事之《の》上ニて意恨出来《いでき》、下り被申《もうされ》候と沙汰有之《これあり》候時は、其方も酒呑ニて候得《そうらえば》は奉公之《の》障ニ成リ、源蔵為ニも不罷成《まかりならず》候、暫《しばらく》時節を待被申《まちもうされ》候様ニと申宥《もうしなだめ》、寄〻《よりより》ニ源蔵と無二之《の》中ニ成《なり》候へと申《もうし》候へは《ば》、我等左様《さよう》ニ存《ぞんじ》候而《て》も源蔵殿心解申間《とけもうすま》敷《じく》と申《もうし》候。其解《とか》シ様相傳可申《もうすべく》候、向《さき》ニは不構《かまわず》、其方心斗《ばかり》ニ、扨〻《さてさて》痛入《いたみいり》たる事かな、能《よく》顧《かえりみ》候へは《ば》我等ニ誤有《あやまりあり》、殊《こと》ニ頭人ニ無礼を仕《し》懸《かけ》無調法、此上は彼方役中ニは粉骨ニ可勤《つとむべく》と被存《ぞんじられ》候へは《ば》、其心忽《たちまち》向《むこう》ニ感通し、其侭中能成《そのままなかよくなる》事ニ候。其方も酒癖有《さけぐせあり》、我《わが》非を知《しり》て禁酒して被見《みられ》候へと節〻申《もうし》候ニ付《つき》、不図得心いたし、禁酒仕《つかまつり》候。其後正兵衛心入《こころいれ》源蔵へ咄候へは《ば》、扨〻感入《さてさてかんじいり》たる事痛入《いたみいり》恥かしき仕合《しあわせ》、此上は我《わが》役中ニはかへ申間敷《もうすまじく》と無二之《の》中ニ成リ、源蔵代リ申来《もうしきたり》候節、源蔵より申遣《もうしつかわし》、正兵衛も代り申《もうし》候。仕様ニよりケ《か》様《よう》ニ成《なる》事ニ候。扨又《さてまた》当座ニて、酒狂ニ而《て》も妄言ニ而《て》も耳ニ立《たち》候事申《もうす》人有之《これある》節は、其相応之《の》返答仕《つかまつり》たるか《が》よし。愚痴ニ候而《て》早胸ふさがり心せき、則座之《の》一言不出合《いであわず》、是ニては残らぬ仕合《しあわせ》と打果申《うちはたしもうす》事、たわけたる死様《しにざま》也。馬鹿者と申懸《もうしかけ》候ハ《ば》、たわけ者と返答して済事《すむことに》候。正兵衛も其座ニて、御異見ハ忝《かたじけなく》候へ共《ども》、夫《それ》は追而差向《おってさしむかい》ニ可承《うけたまわるべく》候、諸人之《の》中ニ而《て》は恥御かゝせ候様ニ聞へ申《もうし》候、又人之《の》上云く《いいぐ》ろふならは《ば》、御手前之《の》上ニも可有御座《ござあるべく》候、兎角《とかく》酒之《の》上ニて申《もうす》理屈ハ違申《たがいもうし》候、本性之《の》時承り嗜ニ可仕《たしなみつかまつるべく》候、先《まず》御酒御上り候へなと《ど》ゝ軽ク取《とり》なせは《ば》、恥ニも不成《ならず》腹も不立《たたず》。其上ニ而《て》も理不尽ニ申懸《もうしかけ》候ハ《ば》ヽ、相当〳〵の返答して済《すむ》事也。又爰《ここ》ニは些《いささか》様子あり。兼而《かねて》しかとしたる所有《ある》者ニは酒狂人もめつたニ云懸《いいか》ヶ得ぬ物也。先年御城ニて、何某江何か《が》しざれ言之《の》上ニて礫道具よと申《もうし》候を憤リ、可打果《うちはたすべく》と仕《つかまつり》候を、*五郎左衛門*成《なる》蔵人泊《とまり》番ニて聞付拵《ききつけこしら》ヒ、何か《が》し夜中ニ態《わざ》と出仕候て断《ことわり》いわせ済申《すみもうし》候。是も其座ニ而《て》其方こそ火炙《ひあぶり》道具よと返言《かえりごと》すれは《ば》何之《の》事もなく候。始終たまるハ《だ》腰抜《こしぬけ》也。詞《ことば》之《の》働《はたらき》当座之《の》一言可心懸《こころがくべき》事也と。

〈現代語訳〉

意趣・遺恨が生じて、訴訟などを起こす者は、扱い方によっては、何のこともなく収まるものである。一本橋の上で中間同士が出会い、互いによけず、斬り殺そうとするところへ、大根売りが割って入り、天秤棒の先に双方をとりつかせ、かつぎ回して通してやるようなものである。やりようは何通りもある。これもまた、主君への奉公なのだ。大切な御家来を無駄に死なせたり、不和にしたりしてはならないのである。

先年、京都で、江島正兵衛に対して牛島源蔵が、酒の勢いで意見をした。これが源蔵の酒癖であった。翌朝、正兵衛が大小の刀を差し、源蔵の長屋へ押しかけたのを、木村武右衛門が聞きつけ、なだめて長屋へ連れ帰ったとのことで、武右衛門が私の長屋へやって来て、どうしたらよいかと尋ねた。そのさなかに源蔵が訪れ、「正兵衛は（こちらに）おりませんか。先ほどあちらの我が家に仰々しく押しかけてきたとのことですが、馬鹿な家来たちが私に申し伝えず、たった今聞きつけてこちらへ参ったのです」と言って、正兵衛の小屋へ行こうとするのを押し留め、「まずはお戻りなさい。この件は私がお預かりしますから、正兵衛の所存を確かめた上で、そちらへお知らせします」と言い聞かせ、家に帰した。そうしておいて正兵衛を呼び、話を聞いたところ、「人々がいる前で誤りを数えあげ、意見をされるのは、意見とは思いません。何か意趣があって、恥をかかせるつもりかと存じました。恨みがあるなら直接承ろうと思い、押しかけたのです」と言った。私は、「もっともなことです。

しかし、源蔵に意趣はないでしょう。人への意見が酒癖なのです。永山六郎なら、刀を抜くのが酒癖。癖にも色々あるもので、酒が言わせたものを真に受け、大切な御家来を二人殺させて主君に損をさせては、どこに忠節があるでしょうか。そなたも御恩を重く受けた身なのだから、何とぞ御恩に報いようとこそ、考えなければいけません。この件、決してそなたの恥になることではありません。源蔵の心底は私が聞いて、知らせましょう」と言って帰し、源蔵へ「かくかくしかじかであった」と伝えた。すると「昨夜言ったことは全く覚えておりません。もとより遺恨など少しもありません」と言ったので、「では、正兵衛にその旨を伝え、頭人に対して事々しく押しかけたのは不届きであるが、若さゆえの不了簡もあろう、今後気をつけるように、と言い聞かせましょう」と言って帰り、正兵衛にも言い聞かせ、(ひとまずは)何のこともなく済んだ。

(ところが)その上で、正兵衛が納戸役を辞したいと申し出た、との旨、武右衛門に伝えられたので、武右衛門からの申し入れにより、北島甚左衛門のもとに預けられていた(正兵衛辞職の)手続きを差し止めた。正兵衛に右の次第をそのまま伝えたところ、「何にしても仲が良くなることはないだろうから、役を代わることにします」と言った。それで「仲良くなることは私が請け合います。まずは考えてごらんなさい。もし中途で役を代わられ、源蔵と酒の上で遺恨を生じ帰国されたのだ、との噂が立てば、そなたも酒飲みではあるのだから、奉公への差し障りとなり、源蔵のためにもなりません。しばらくお待ちになるように」と言ってなだめ、折にふれて「源蔵と無二の仲になりなさい」と言ったところ、「私がそう思っても、源蔵殿の心が解けないでしょう」と言った。そこで、「その解かし方をお伝えしましょう。先方にはかまわず、そなたの心一つに『さてさて痛み入ることよ。よく反省してみれば、私に過ちがある。ことに、頭人に対して無礼を働いたのは不届きなことであった。この上は、あの方がお役にある限り、粉骨砕身お勤めしよう』と思われれば、その心がたちまち先方へ通じ、そのまま仲が良くなります。そなたにも酒癖はあるのだから、自分の非を知って、禁酒してみなさい」とたびたび言ったので、（正兵衛は）ふと得心して、禁酒をした。その後、正兵衛の心入れを源蔵に話すと、「さてさて感じ入りました。痛み入り、恥ずかしく思う次第です。この上は、私がこの役にある限り、彼を代わらせはいたしません」と無二の仲になり、（後に）源蔵が役代わりとなった時は、源蔵から申し出て、正兵衛もともに役を代わった。やり方によっては、このようになるのである。

さてまた、当座の席で、酒乱であろうと単なる暴言であろうと、耳障りなことを言う者がいた時には、それ相応の返答をするのがよい。愚かにも、かっとして胸がふさがり、気のみがせいて、即座の一言を出すことが出来ず、こうなった上は致し方なし、と果たし合いに及ぶのは、馬鹿げた死に方である。相手が馬鹿者と言ってくれば、こちらは愚か者と返答して済むことである。正兵衛もその場で、「ご意見はありがたいけれども、それは後日、差し向かいで承ります。人々のいる前では、恥をかかせる為のように聞こえます。また、人の欠点をあげつらうとなれば、ご自身にもそれはあることでしょう。とかく酒の上で言う理屈には誤りがあるものです。正気の時に承り、自ら戒めといたします。まずはお酒を召し上がってくださいなどと軽くとりなせば、恥にもならず腹も立たない。それでも理不尽にからんでくれば、こちらもさらに、それ相応の返答をすれば、済むことである。ただし、ここには多少の補足がある。かねてよりしっかりした所のある者には、酒狂の者もめったに言いがかりをつけられぬものである。先年城中で、ある者が他の者から冗談で、そなたは磔道具よと言われたことに憤り、斬り殺そうとしたところを、泊番であった山本五郎左衛門、成富蔵人が聞きつけて対処し、その者を夜中にわざわざ出仕させて謝罪させ、事を収めた。これもその場で、そなたこそ火炙り道具よ、と言い返せば、何のこともなかったのである。終始黙っているのは腰抜けである。言葉の用いよう、当座の一言を、心懸けるべきことである、と言われた。

〈注〉

一ッ橋　一本の丸木をわたした橋。一本橋。　**奴**　中間。男伊達（侠客）。　**楞**　「おうご」。「朸」。天秤棒。　**江嶋正兵衛**　詳細不明。　**源蔵**　牛島真孝のこと。牛島与惣右衛門、牛島源蔵とも。出家後は一中。勝茂のもとで小小姓を勤めたのち、光茂のもとで寛文十一年（一六七一）に歌書役、鉄砲物頭、貞享四年（一六八七）から京都留守居役を勤め、元禄十二年（一六九九）に隠居、翌十三年、光茂逝去によって常朝と共に出家した。常朝より十六歳ほど年上である。歌書役の真孝と書物役の常朝は、共に書物の取り扱いを任されており、もともと関係が深かった。貞享二年から京都御用を共に勤めることが多かった。（人物補注、牛島真孝）　**本村武右衛門**　聞書九-33によれば、本村は、もともとある僧正の小姓であった。僧正について江戸に来ていたところ、衆道の遺恨から旗本に狙われていると聞き、その旗本を先に打ち果たした。そのことで寺から追い出されたところを、横岳鍋島家の鍋島武興が手明鑓として召し抱えたということである。**永山六郎**　永山貞宣のこと。祖父は川上神社の大工で、勝茂のもとで上方での普請において活躍、知行を与えられた。貞宣は光茂のもとで究役、鉄砲物頭を勤めている。貞享二年（一六八五）に死去。**頭人**　役どころの長のこと。牛島真孝が、京都の屋敷の管理を担う、京都留守居役であることを指すか。**納戸役**　主君の衣服、調度の調達、管理や、賜与の金銀、物品の管理を行う役職。**甚左衛門**　北島元範のこと。北島甚左衛門とも。元禄九年（一六九六）に手明槍から侍となっている。**五郎左衛門**　山本常治のこと。常朝の甥。光茂のもとで着座、大目付を勤めた。人物補注参照。**成　蔵人**　「成」の次に「富」が抜けているか。餅木本、小城本でも「成蔵人」。成富蔵人ならば、成富為門のこと。曾祖父は武功や治水に名高い成富兵庫茂安で、祖父はその養子、成富蔵人安利である。

124　一、源蔵御究《きわめ》之《の》沙汰承《うけたまわる》付《につき》、何某殿ヘ参《まいり》、人を御のけ被下《くだされ》候様ニと申《もうし》、何事を被相究事候《あいきわめらるることに》哉《や》、幸《さいわい》爰元参居《ここもとまいりおり》、不承届候《うけたまわりとどけずそうらわで》而は難黙止《もくしがたく》、御尋仕《たずねつかまつり》候、御しらせ被下《くださり》候様ニと無拠《よんどころなく》仕《し》懸申《かけもうし》候ニ付《つき》、御屋形道具を自分ニ取遣《とりつかい》、節ヽ御門外ヘ出遊《いでゆ》山所《さんしょ》ヘ参り、又下女を召抱《めしかかえ》、大酒仕《つかまつり》候事言上と被申《もうされ》候ニ付而《つきて》、扨ヽ《さてさて》落着申《もうし》候。何事もなき事ニ候。数年之《の》*留守居ニて似合之《の》諸道具ハ事欠不申《かきもうさず》。御手前様御越之《こしの》時分も御覧之《の》通《とおり》ニ候。留主居寄合《よりあい》三四十人之《の》客ニ不足之《の》物御道具を借リ申《もうす》事ニ候。是御用筋ニ而《て》候。又御役人方堂上《どうじょう》方勤《つとめ》ニ間もなく外江出《いで》、他方《よそ》之《の》留主居*銀主《ぎんしゅ》参會ニは、茶屋芝居不参《まいらず》候而《て》は御用不相済《あいすまず》候。下女置《おき》候事は、数年詰之《づめの》者は足軽*手男迄召仕置申《めしつかいおきもうす》事御存之《ぞんじの》前ニ候。大酒仕《つかまつり》候事は今ニ初不申《はじまりもうさず》候へ共《ども》、酒狂仕《つかまつり》たる事ハ一度も無之《これなく》候。然《しかれば》は皆以《もって》御咎メ可被成《なさるべき》事ニて無御座《ござなく》候。不馴之《ふなれの》*歩行《かち》目付《めつけ》見馴不申《なれもうさざる》事故、御法背之《そむきの》様ニ存《ぞんじ》候而《て》言上仕《つかまつり》候は尤《もっとも》ニ候。留主居役右之《の》通不仕《とおりつかまつらず》候而《そうらわで》は不罷成《まかりならざる》物ニ候。安堵仕《つかまつり》候由申《もうし》候而《て》罷《まかり》帰《かえり》候。然《しから》バ、此節御免ニて居付《いつき》ニ相勤《あいつとめもうされ》被申候訳、有之《これあり》候。物は言《いい》様ニ而《て》理能聞《よくきこ》ヘ申《もうし》候。又仕掛《しかけ》様ニて聞取申《ききとりもうす》事も有之《これあり》候由。

〈現代語訳〉

牛島源蔵がお取り調べを受ける、という話を承ったので、さるお方のもとへ行き、人払いをしてくださるようにと言い、「何事をお取り調べになるのでしょうか。幸い御国へ戻ってきておりながら、子細を承らないままでは、黙っていることが出来ず、お尋ねいたします。お知らせくださいますように」と、断りようのない仕方で訴えたところ、「ご主君の道具を自分のために使い、たびたび御門の外へ出て遊興の場所へ行き、また下女を召し抱え、大酒をしたことが報告されたのだ」と明かされたので、「さてさて納得いたしました。何でもないことです。（源蔵は）数年来の京都留守居ですから、役相応の道具には不自由しておりません。あなた様が（京都へ）お越しになった時にも、ご覧になった通りです。留守居役の寄り合いで、三、四十人の客を迎えて不足した物を、殿のお道具からお借りしたのです。これは御用の向きによることです。また、幕府役人や公家方を相手とした勤めにおいては頻繁に外出いたしますし、他国の留守居役や借り主の商人との参会には、茶屋や芝居小屋にも行かなくては、御用が勤まらないのです。下女を置いたことについては、数年留守居役を勤める者が、足軽、手男まで召し使うことはご存じの通りです。大酒をすることは、今に始まったことではありませんが、酒乱に及んだことは一度もございません。ですから、どれもお咎めを受けるようなことではございません。不馴れな歩行目付には見慣れない事情なので、御法に背いたことのように思って言上したのはもっともです。（しかし）留守居役とは、右のようにしなくては勤まらないものです。安堵いたしました」と言って退出した。こういった次第で、このたび（源蔵が）ご容赦となり、引き続き留守居役を勤めることになったのには、訳があるのである。物事は、言いようによって道理が通っているように聞こえるものである。また、相手への訴えかけ方によって、話を聞き出すということもある、とのこと。

〈注〉

留守居　留守居役のこと。留守居役とは、主君の不在時において、居城や江戸、京などの屋敷の管理にあたる役職である。幕府や諸藩との連絡、調整や、情報収集なども行っていた。情報の交換のために、留守居役は、関係のある諸藩の留守居役で留守居の組合（留守居寄合）を作っていた。牛島源蔵真孝は貞享四年（一六八七）から京都留守居役を勤め、元禄十二年（一六九九）に隠居した。常朝は元禄九年（一六九六）から京都留守居役を勤め、真孝の同役であった。**銀主**　資金を出す人。大名に融資する者。江戸では金主という。**手男**　佐賀藩職制における最下級の雑役に従事する役。『外様御側諸役系図』から一例をあげれば、目付方では、最上級が大御目付方（着座、二人）、次に御目付（侍、十一人）、次に郡目付（手明槍、二十七人）、次に下目付（足軽、三十一人）とあり、その下に手男（四人）とある。**歩行目付**　御目付の下にあって監察の職務にあたる役。歩行侍身分の者から選ばれた。

125　一、何和尚へ耳ニ口を付《つけ》、*上院之《の》時分も申《もうし》候様ニ暫《しばらく》ハ行衛《ゆくえ》もしれさ《ざ》る様ニ被成《なされ》、夫《それ》ニは不及《およばず》と御差図《さしず》之《の》時佐嘉へも御出《いで》候時は現住之《の》時よりは光リ差申《さしもうし》候、今程佐嘉御出頭、諸人請取不申《うけとりもうさず》、若《も》シ上より御沙汰も御座候時は何事も捨《すた》リ申《もうし》候。何和尚追院之《の》後、高伝寺ニ被居《おられ》候事達御耳《おみみにたつし》、内意ニて二度《ふたたび》佐嘉へ出被申《いでもうさるる》義不罷成《まかりならず》候。能ゝ《よくよく》御了簡候へと申捨《もうしすて》罷立《まかりたち》候。我《わが》身ハ見へぬ所か《が》有《ある》物ニ候由。

〈現代語訳〉

ある和尚の耳へ口をつけて、「お寺へ参上した時にも言ったように、しばらくは行方も知れないようにされ、それには及ばないとのお指図が出た時に、佐賀へもおいでになれば、住職であった時よりも、ご境遇に光がさすことでしょう。今時分佐賀へご出頭されたところで、人々も（それを）了承せず、もし上からお咎めなどもありました時は、すべてが駄目になってしまいます。某和尚は寺を追放された後、高伝寺におられたことが主君のお耳に入り、内々のご意向によって、二度と佐賀へおいでになることが出来なくなりました。よくよくお考えください」と言い捨てて立ち去った。わが身については見えないところがあるものである、とのこと。

〈注〉

上院　餅木本では「追院」。小城本にこの条文なし。

126　一、小《こ》〻性《ごしょう》仲ケ間五六人同船ニ而罷登《てまかりのぼり》候時分、夜中ニ此方之船《のふね》*廻船《かいせん》ニ突当申《つきあたりもうし》候。船子五六人飛《とび》乗り、船作法ニ任せ碇《いかり》を取《とり》上ケ申《げもうす》とひしめき候を承り走り立《たち》、作法はおのれ仲ケ間之《の》事、武士之《の》乗《のり》たる船之《の》道具をとらせて可置《おくべき》か。一〻《いちいち》海ニ切《きり》はめよとなり*廻《まわ》りて候付而悉逃帰申《につきてことごとくにげかえりもうし》候。ケ様之《かようの》時、武士之《の》仕事之《の》振か《ふりが》入《いる》もの也。軽き事ニは鳴廻りて済《すま》したるか《が》よし。軽キ事ニ重クかゝり、手延《のび》ニ成《なり》、末はとまらす《ず》不出来之《の》事有る物也。

〈現代語訳〉

小小姓の仲間五、六人で船に同乗し、御国を出て上っていった時、夜中にこちらの船が、廻船に突き当たった。先方の船乗り五、六人が（こちらの船に）飛び乗ってきて、船同士の作法として碇を取り上げる、と騒ぎ立てるのを聞いたので走り出て、「その作法はお前達の仲間でのこと、武士の乗った船の道具を取らせておくものか。一人ずつ海に切り捨てよ」とどなり回ったところ、ことごとく逃げ戻った。このような時は、いかにも武士の仕事、という振る舞い（を見せつけること）が必要である。軽微なことにあっては、どなり回って済ませるのがよい。軽微なことに対して大事をとり、機を逃して、果てはおさまりがつかず失態となる、という事があるものである。

〈注〉

廻船　商品を輸送する船。　**なり廻り**　どなりまわる。大声をあげてまわる。

127　一、何某帳納《おさめの》之時銀不足ニ付《つき》、*寄親ヘ申達《もうしたつし》、金銀之《の》事ニ而《て》腹を切らせ候而《て》は残念之《の》事候《ことに》、寄親役ニ銀子被差出《さしいだされ》候様ニと申《もうし》候ニ付《つき》、尤《もっとも》之由ニて合力被致相済《ごうりきいたされあいすみ》候。悪事も破れぬ仕様有《ある》物ニ候由。

〈現代語訳〉
ある者が、決算して帳簿を納める際、金が不足していたので、組頭へ申し出て「金銭のことで腹を切らせては、残念なことです。組頭として金をお出しくださいますように」と述べたので、もっともであるとして助力され、無事に済んだ。悪事にも破綻させないやり方があるものである、とのこと。

〈注〉

寄親　組の統率者。組頭。組親。

128　一、*将監常〻申《つねづねもうし》候は諫と云詞《いうことば》早私《はやわたくし》也、諫ハ無《なき》物也と申《もうし》候、一生御異見為申上《もうしあげたる》を知《しり》たる人なし、又一度も理詰《りづめ》ニ而為申上《てもうしあげたる》事なし、潜《ひそか》ニ御納得被成《なされ》候様ニ申上《もうしあげ》候由。前《＊さき》の*数馬も終《つい》ニ御用と申《もうし》て罷出《まかりいで》御異見為申上《もうしあげたる》事なし。御序《ついで》ニ潜《ひそか》ニ申上《もうしあげ》候ニ付能《つきよく》御請《うけ》被成《なされ》候。外《ほか》ニ存《ぞんじ》たる者無之《これなき》故御誤リ終《つい》ニしれ不申《もうさず》候。理詰《りづめ》ニて申上《もうしあぐ》るハ、皆我《わが》忠節た《だ》て、主君之《の》悪名を顕シ申ニ付《もうすつき》、大不忠也。御請不被成《うけなされざる》時は弥《いよいよ》御悪名ニなり、不申上《もうしあげざる》ニは劣《おとる》ニて候。我斗《わればかり》忠節者と諸人ニしられ申《もうす》迄ニ候。潜《ひそか》ニ申上《もうしあげ》御請不被成《うけなされざる》時は、不及力《ちからおよばざる》義と存《ぞんじ》果《はたし》、弥《いよいよ》隠密ニいたし、色〻工夫を以《もって》又ハ申上〳〵《もうしあげもうしあげ》仕《つかまつり》候へハ《ば》、一度ハ御請被成《うけなさるる》事ニ候。御請《うけ》不被成《なされず》御悪事有之《これある》時、弥《いよいよ》御味方仕《つかまつり》、何とそ《ぞ》世上ニ知れ不申《もうさざる》様ニ可仕《つかまつるべき》事也と。

〈現代語訳〉

中野将監は常々「諫という言葉は、すでに私心を含んでいる。諫とはあってはならぬものだ」と言っていた。一生、彼が（主君に）ご意見を申し上げたことを知る者はなかった。また、一度として理詰めで申し上げたことはなかった。ひそかにご納得されるように申し上げたとのことである。先代の中野数馬もまた、ご用がありますと言って（わざわざ）出向き、ご意見を申し上げたことはついぞなかった。他用のついでにひそかに申し上げたので、（ご主君も）よくお聞き入れになった。（またその事実を）ほかに知っている者もいないので、ご主君の失点は決して外に知られなかった。（これに対し、）理詰めで申し上げるのは、すべて自分の忠節を誇示しようとするもので、（その結果）主君の悪しき評判を広めることになるから、大不忠である。もしお聞き入れにならない時は、いよいよ主君の評判は悪くなり、申し上げなかった場合よりも劣ることになる。自分ばかりが、忠義者として人々に知られるまでである。ひそかに申し上げ、お聞き入れにならない時は、力及ばぬことと割り切って、いよいよ事を隠密にし、さらに色々な工夫をこらして、またはくり返して申し上げれば、ついにはお聞き入れになることである。お聞き入れにならず、悪事がおありの時は、（それまで以上に）いよいよお味方となり、何とか世間に知られないようにしなければならない、と言われた。

〈注〉

将監　中野正包。光茂のもとで大組頭、年寄役を勤めた。元禄二年（一六八九）に切腹、介錯は常朝が行った。（人物補注、中野正包）**前の数馬**　中野利明のこと。中野組の大組頭で、常朝の寄親。部屋住の時の綱茂の御側役、年寄役、光茂の加判家老を勤めた。もし、訂正がなく「前々数馬」であれば、利明の父中野政利のこと。政利も同じく中野組の大組頭で、勝茂の年寄役、加判家老を勤めた。**の**　底本、「ゝ」が訂正されている。餅木本、小城本は「ゝ」。

129 一、上下萬民之《の》心入《こころいれ》を直シ、不忠不義之《の》者一人も無之《これなく》、悉《ことごとく》　御用ニ立《たち》て面ゝ安堵仕《つかまつり》候様ニ可仕成《しなすべし》と大誓願を起《おこ》すへ《べ》し。＊伊尹か《が》志之《の》如し。大忠節大慈悲也。人之《の》僻《くせ》を直すは我僻《わがくせ》を直すよりハ仕《し》にくき物也。先《まず》一人もゑせ中をもたす《ず》、近付《ちかづき》ハ素《もとよ》り不見知《みしらぬ》人よりも恋忍《こいしのば》ハるゝ様ニ仕成《しな》スか《が》基《もとい》也。我《わが》身ニ而《て》も覚有《おぼえあり》。相口《あいくち》之《の》人よりいハるゝ異見は能請《よくうく》る也。扨《さて》異見之《の》仕様は＊応機説法《おうきせっぽう》ニ而《て》、人ゝのかたき次第ニ、好キ之《の》道抔《など》より取入《とりいり》て、云《いい》様品ゝ有《あるべ》へし。非を見立て云《いい》たる分ニ而《て》は請《うけ》ぬ筈也。我ハ能者《よき》ニなり、人は悪敷《あしき》者ニ云《いい》成《なし》てハ、何しニ悦可申哉《よろこびもうすべきや》。先我《まずわが》非を顕し、何としても直らぬ故宿願をも懸置《かけおき》たり、懇意之《の》事《ことに》候間、潜《ひそか》ニ異見召《めさ》れ給《たまい》候様ニなと《ど》ゝいへハ《ば》、夫《それ》は我等も左様《さよう》ニ有《あり》と申《もうし》候時、さらは《ば》申合《もうしあわ》せて可直《なおすべし》と云《いい》て、心ニ能請《よくうけ》候へハ《ば》頓《やがて》而直る物也。*一念発起すれは《ば》過去久遠劫《くおんごう》之《の》罪を滅《めつ》するも此心也。何程之《の》悪人ニ而《て》も直さす《ず》ニハ置《おく》まし《じ》きと思ふへ《べ》し。不了簡之《の》者程不便《ふびん》之《の》事也。色ゝ工夫して直せハ《ば》直らぬと云《いう》事なし。ならぬと云《いう》は成《な》シ様不足故也。何某子を諸人にくミ、かゝらぬ生れ付《つき》なれ共《ども》祖父以来頼《たのむ》といわれたる一言故今ニ捨《すてず》す、毎朝佛神ニ致祈誓《きせいいたし》候。真《まこと》は天地ニ通《つうず》する物なれは《ば》験《しるしあるべ》有へし。是我等一生之《の》願なり。人之《の》すかぬ悪人程懇意ニして通りたり。誰ゝ諸人請取《うけとら》ぬ者共《ども》なれ共《ども》、我等一人贔屓して、人ニ逢《あい》てハ、扨ゝ《さてさて》*一ふり有ル秘蔵之《の》者共《ども》、第一ハ御為也と褒立《ほめたて》候へは《ば》、人之《の》心も移り思直《おもいなお》し候。人ニ少宛《すこしずつ》之《の》取柄《とりえ》有《ある》物也。悪《あ》敷《しき》所有共取柄《ありともとりえ》を取持《とりもち》候へは《ば》益《やく》ニ立《たつ》也。兼ゝ《かねがね》示合《しめしあい》候は　殿ハ近年之《の》内御他界有《あるべ》へし、其時拙者追腹之《おいばらの》覚悟ニて髪を剃《そり》、五六十人之《の》御側之《の》者共《ども》ニ目を覚《さま》さすへ《べ》し、不断《ふだん》御呵斗《しかりばか》りニ逢《あい》、大時之《の》ときは身を捨《すて》、損なる事なれ共《ども》、是こそ真之《の》御被官なれ、日陰奉公之《の》小身者共か《どもが》歴ゝ《れきれき》衆追《おい》倒し、御外聞を取《とる》事無他《たじなき》事義也、随分打《うち》任せて可勤《つとむべし》と申合《もうしあい》候。出来《でき》出頭なと《ど》かあたまかぶせニか《が》さつ成《なる》事申《もうし》候時は*可相果《あいはたすべし》と申《もうし》たる者も候へ共《ども》、扨ゝ取違《さてさてとりちがえ》かな、あれは　殿之《の》尻拭《ぬぐい》役也、しまり潰さるゝ奴也、夫か《それが》目ニかゝらぬか、四五年之《の》内ニ　殿之《の》御外聞取《とり》て上ケ申《げもうす》大事之《の》御被官か《が》、今*かつたひと棒打《うち》する物かと申《もうし》候而《て》差留《さしとめ》申《もうし》候。殿之《の》御為ニ諸傍輩入魂《じっこん》いたし、人之《の》能成《よくなる》様ニ為ニ成《なる》様ニとの大誓願を起《おこ》し候奇特にや、我等か《が》申《もうす》事は何《いず》れも能請《よくうけ》被申《もうされ》候。又御為と存《ぞんじ》、着座より下足軽迄ニ究竟之《くきょうの》者数十人入魂《じっこん》ニて手ニ付《つけ》、我等か《が》一言ニ而《て》忽《たちまち》御為ニ命を捨申《すてもうし》候様と仕置申《しおきもうし》候。又人之《の》心入《こころいれ》少《すこし》も直り候時は、夫《それ》をそた《だ》て随分褒《ほめ》候而《て》嬉《うれ》しか《が》らせ、いよ〳〵能成《よくなり》候様ニと申候得《もうしそうらえば》は、進《すすみ》て直リ申《もうす》物と也。

〈現代語訳〉

上下万民の心入れを直し、不忠不義の者が一人もなく、すべての者が御用に立って、それぞれ安堵するようにしてやろう、と大誓願を起こさねばならぬ。伊尹の志と同様である。すなわち、大忠節、大慈悲である。人の癖を直すのは、自分の癖を直すよりも難しい。まず一人も不仲な者を作らず、近しい者はもとより、見知らぬ人からも恋い慕われるようにするのが基である。私にも身に覚えがある。気の合う人から言われる意見はよく聞き入れるものである。次に意見の仕方は、いわゆる応機説法で、人それぞれの気質に応じ、その人の好きなことなどを入り口としつつ、言いようには色々あるであろう。その人の非を見出して指摘するようなことでは、聞き入れられなくて当然である。自分は良い者になり、相手を悪い者のように言うのでは、どうしていい気持ちがするだろうか。まず自分の非を打ち明けて、「どうしても直らないので、かねてより願かけまでしています。ご懇意の仲ですから、こっそり意見してくださいますように」などと言えば、「それは私も同じことです」と返してくる。この時「では互いに言い合って直しましょう」と言い、心から非を認めてくれれば、すぐに直るものである。仏を信じる一念を発起すれば、遠い過去から積み重ねられた罪も滅せられる、というのもこの心である。どれほどの悪人でも直さずにおくものか、と思わなければならない。心得違いの者ほど不憫なことである。色々と工夫をして直せば、直らないということなどない。出来ないというのは、やりように不足があるからである。ある者の子が人々に憎まれているのを、（私とは）縁のない生まれの者だけれども、その子の（親のみならず）祖父からも「頼む」と言われた一言ゆえに、今まで見捨てず、毎朝仏神に祈っている。まことは天地に通じるものであるから、効験があることだろう。これは私の一生の願いである。人に好かれない悪人ほど懇意にして生きてきた。誰それは人々が背を向ける者たちであったが、私一人でひいきして、人に会えば「いやはや一癖ある秘蔵の者どもである。何をおいても、主君のお為になる者だ」と褒め立てたので、人々の気持ちも変わり、思い直してくれた。人には少しずつの取り柄があるものである。悪い所があっても、取り柄を掬い上げてやれば、御役に立つのである。

かねがね（周囲の者と）示し合わせたことには、「殿は近いうちにご他界なさるだろう。その時私は追い腹の覚悟で髪を剃り、五、六十人の御側の者たちの目を覚ましてやる。日頃はお叱りばかりを受け、大事にあって身を捨てるとは損なことであるが、これこそ真のご家来である。日陰で奉公している身分の低い者どもが、歴々の人々を乗り越えて殿のご評判をお取りするとは、この上ないことだ。存分に全てをなげうって勤めようではないか」と、申し合わせたのである。「にわか出の成り上がり者などが、頭ごなしにがさつなことを言った時には、討ち殺すべきだ」と言う者もいたが、「さてさて思い違いであることよ。あれは殿の尻ふき役である。結局は潰される奴である。それが見てとれないか。四、五年の内に、殿のご評判をおとりすることになる大事な御家来が、今、相手にもならない連中と本気でやり合いなどしてよいものか」と言って、押し留めた。殿の御ために諸朋輩が懇ろとなり、各人が良くなるように、当人のためになるように、との大誓願を起こした功徳であろうか、私の言うことは、誰もがよく聞き入れてくれた。また、殿の御ためと思い、（上は）着座から、下は足軽に至るまで、すぐれた者数十人と懇ろにしてこれを味方とし、私の一言でたちまち殿の御ために一命を捨てるような仲に仕立てておいた。また、人の心入れが少しでも直った時は、それを育て、存分に褒めて嬉しがらせ、ますます良くなられるようにと言えば、いっそう進んで直り行くものである、と言われた。

〈注〉

伊尹 中国古代の王朝、殷の宰相。湯王に王道（徳による政治）を説いて補佐した。湯王の死後その孫太甲が位についたが、法を守らず暴虐だったので、伊尹は太甲を桐宮に追放した。追放後三年経ち、太甲が反省し善心に目覚めたので、伊尹は太甲に政権を返しこれを補佐した。『孟子』「尽心章句上」に、この太甲の出来事をあげ、臣下として主君を追放するのは可かという問いがある。孟子は、伊尹の志があればよい、なければ簒奪であると答えている。**応機説法**　仏教語。相手の機根に応じて教え導くこと。釈迦は悟りを開くための教えを様々に説いたが、それらは相手を教え導くため、相手の機根に応じて説いたものとされる。**一念発起**　仏教語。それまでの心を改めて、悟りを開こうという心を起こすこと。**一ふり有ル**　一本の刀を持っている。武士としての鋭さを持っているという意か。**可相果**　餅木本、小城本では「可打果」。**かつたひと棒打する**　「かつたひ」は「かたゐ（乞丐）」で、もの乞いや皮膚病患者をさげすんだ当時の言い方。「かつたひと棒打する」とは、不利な条件をかかえた弱者を相手に本気で戦いを挑む愚かさをいう当時の差別的な慣用表現。

130　一、皆人気短《みじか》故ニ大事をなす事能《あたわ》ず仕《し》損《そんず》する事有《あり》。いつ迄《まで》も〳〵《いつまでも》とさへ思へハ《ば》然《しか》も早く成《なる》もの也。時節か《が》ふり来る物也。今十五年向《さ》キを考《かんがえ》て見給へ。扨《さて》も世間違《たがうべ》へし。＊未来記抔と云《いう》も余《あま》り替りたる事有《ある》まじ。今時御用立《だつ》衆十五年過《すぐ》れは《ば》一人もなし。今之《の》若手之《の》衆か《が》打《うち》て出《いで》ても半分だけニ而《て》も有《ある》まし《じ》。段〻下り来《きた》り金払底《ふってい》すれハ《ば》銀か《が》宝と成《なり》、銀払底《ふってい》すれは《ば》銅か《が》宝となるか《が》如し。時節相応ニ人之《の》器量も下り行《ゆく》事なれは《ば》、一精《いっせい》出《いだ》し候ハ《ば》、十四五年にハちやうと《ど》御用ニ立《たつ》也。十五年なと《ど》は夢の間也。身養生さへして居《お》れハ《ば》＊しまり本意を達し御用ニ立《たつ》事也。名人多き時代ニこそ骨も折《おる》事也。世間一統ニ下り行《ゆく》時代なれは《ば》其中ニて抜出《ぬけいず》るは安き事也。

〈現代語訳〉

誰も彼も、気が短いために大事を成し遂げられず、挫折することがある。いつまでもいつまでもと思っておりさえすれば、気長なようでありながら、かえって早く成し遂げられるものである。好機がおのずと訪れるのである。今から十五年先を考えて見たまえ。想像しただけでも、世の中は変わっていることだろう。未来記などという予言の書物もあるが、（我々に想像できる変化と）さほど変わることはあるまい。今現在御役に立っている者たちは、十五年過ぎれば一人もいなくなる。今若手である者たちが頭角を現すとしても、（その働きは）今の（ご家来衆の）半分にさえ足りないだろう。だんだんと世が下り衰えて、金が払底すれば銀が宝となり、銀が払底すれば銅が宝となるようなものである。世の衰微に応じて人の器量も落ち下っていくものであるから、（それを見越して）ひとつ今からと精を出せば、十四、五年後にはちょうど御役に立つのである。十五年などは夢の間である。身体さえ養生しておれば、最後には本意を遂げて御役に立つことである。すぐれた者が多い時代であれば、骨も折れることである。しかし世の中がおしなべて下り衰えていく時代であるから、その中で人に抜きんでるのはたやすいことである。

〈注〉

未来記　未来を予言した書。　**しまり**　しまいには。結局。

131　一、精を出して人の僻《くせ》を直シたらは《ば》直る筈也。*似我蜂《ジガばち》之《の》如し。養子抔《など》も我ニ似《に》よ〱《によ》と云《いい》教《おしえ》いたし候ハ《ば》、似るべき也と。

〈現代語訳〉

精を出して人の癖を直せば、直るはずである。似我蜂のようなものである。養子なども、自分に似よ、似よ、と言って教育するならば、似ていくものである、と言われた。

〈注〉

似我蜂　ジガバチ科の蜂。地中に穴を掘り、青虫などを麻痺させて蓄え、そこに卵を産み付けて幼虫の餌とする。穴をふさぐ際の羽音がジガジガと聞こえ、埋めた青虫が蜂となって出てくるように見えることから、似我蜂と呼ばれた。鈴木正三『驢鞍橋』中-五四に、「似我の功徳」として、「似我蜂と云者、菜虫を子とし、似我類、似我類とさせば、功積て天然と蜂となる也」とあるのにもとづくか。

132　一、*佞人《ねいじん》出頭之《の》時か、又上ニ悪事在之《これある》時、多分無構《かまいなき》者迄も気すさひ《び》して欠《あくび》気色《けしき》ニ成《なり》、奉公ニ精を出《いだ》さす《ず》沙汰評判斗《ばかり》する物也。ケ様之《かようの》時第一口を慎《つつしむべ》へし。爰《ここ》ニ眼之《の》付《つけ》所有《あり》。左様《さよう》ニ致《いたし》候時は殿は何と可被成哉《なさるべきや》。ケ様之仕《かようのし》にくき時こそ一入《ひとしお》精を出して能《よき》様ニして上ケ申《げもうす》筈也。古キ家は佞人幾人出来《いでき》候而《て》も上ニ悪事何程有《あり》ても十年より内ニ崩るゝ物ニ而《て》なし。廿年も続《つづき》候ハ《ば》、危《あやうき》事もあるへ《べ》し。爰《ここ》を呑込《のみこみ》て、左様之《さようの》時分十年より内ニ仕直《しなお》シて御家を抱留《かかえとめ》て上ケ可申《げもうすべく》と可存《ぞんずべき》事也。身ニかゝらぬ者迄もはや気草臥《きくたびれ》して、不宜《よろしからざる》事と*そゞめき廻り、御家中籠《かご》ニ成《なり》*うそゝけ候故、世上江も洩聞《もれきこ》へ、十年より内ニも崩るゝ也。悪事は内輪から多分云崩《いいくず》す物也。惣而《すべて》人之《の》上之《の》悪事をにくまぬか《が》能《よき》也。いらぬ所ニ敵を持《もち》、害ニ成《なる》事有《あり》。悪人も此方をたのむ様ニして、折《おり》を以能様《もってよきように》仕《し》成《な》して可遣《つかわすべき》事也と。

〈現代語訳〉

佞人がのさばり上がった時か、あるいは上に悪事がある時、往々にして、関わりのない者までも気持ちがすさみ、(成り行きまかせに)呆けた様子となり、(自分の)奉公には精を出さずに(無責任な)噂話や批評ばかりするものである。このような時、何より口を慎まなければならない。ここに眼の着けどころがある。(自分たちが)そうなってしまったら、殿はどうすればよいのか(という点である)。(そこに眼を着ければ)このように(奉公が)やりにくい時こそ、ひとしお精を出して、殿にとって良いようにして差し上げる、となるはずである。古い家柄は、佞人が何人出てきても、上に悪事がどれほどあっても、十年の内には潰れるものではない。（しかしそれが）二十年も続けば、危ういこともあるだろう。ここをよく理解して、そのような時は、十年以内に立て直し、御家を抱え止めて差し上げるのだ、と思わねばならぬことである。（ところが）直接関わりを持たない者まで嫌気がさしてしまい、よくないことであると陰でこぼし回って、ご家中はまるで籠のように隙だらけとなるので、（悪事は）世の中へも漏れ聞こえ、まだ十年たたない内に（御家は）潰れてしまうのである。悪事はおおかた、（その評判が）内輪の者から口に出され、家を崩すにいたるものである。総じて、他人の悪事を憎まないのがよい。余計なところに敵を作り、害になることがある。悪人までもこちらを頼みとするようにしておき、折を見て、良くなるよう仕向けてやるべきである、と言われた。

〈注〉

佞人　口先が巧みでへつらう人。　**そゞめき**　ざわつく。そわそわする。落ち着かない。　**うそゝけ候**　「うすすく」の転訛なら、そわそわする、おろおろするの意。また「うそうそ」から変化した語なら、空虚、不安などの意。ここは後者ととって訳出した。

133　一、気力さへ強けれは《ば》詞《ことば》ニ而《て》も身之《の》行ひニ而《て》も道ニ叶《かなう》様ニ成《なる》もの也。是を脇よりは褒《ほむ》ル也。然共《しかれども》心ニとわれたる時一句もいかぬもの也。*心のとハ《ば》、の下之《の》句ハ諸道之《の》極意共《とも》可申《もうすべき》物也。能目《よきめ》付《つけ》也と。

〈現代語訳〉

気力さえ強ければ、言葉においても身の行いにおいても、（外から見て）道に適うようになるものである。これを、周囲からは褒めるのである。しかし、己れの心に問いただされた時、一言も返せないものである。「心の問はば（いかが答へむ）」という歌の下の句は、あらゆる道の極意と言ってもよいものである。よい目付役である、と言われた。

〈注〉

心のとハ、『後撰和歌集』巻第十一に収められた「なき名ぞと人には言ひて有ぬべし心の問はばいかゞ答へん」（ありもしない浮名だと他人には言っていられるだろう。しかし私の心が問うたらどのように答えればよいのか）という和歌。聞書一―40参照。

134 一、巧者之《の》咄なと《ど》聞《きく》時、たとへ我知《わがしり》たる事ニ而《て》も深く信仰して可聞《きくべき》也。同《おなじ》事を十度も廿度《にじゅうど》も聞《きく》ニ不《ふ》図《と》胸ニ請取《うけとる》時節有《あり》。其時ハ格別之《の》物ニ成《なる》也。老之《の》繰言《くりごと》と云《いう》も巧者なる事也と。

〈現代語訳〉

年功ある人の話などを聞く時、たとえ自分の知っていることでも、深く仰ぎ尊んで聞くべきである。同じことを十度も二十度も聞くうちに、不意に胸に深く受け止められる、という瞬間がある。その時は、（自分が知っていた内容とは）全く別のものになるのである。老人の繰り言というが、それも年功を積んだ者ならではの事である、と言われた。

135　一、事ニ依《より》てハ主君之《の》仰付《おおせつけ》をも、諸人之《の》愛相をも尽《つかし》て*だゝを踏《ふみ》廻りて打破《うちやぶり》てのけねハ《ば》ならぬ事有《あり》。畢竟《ひっきょう》ハ御為一篇之《の》心入《こころいれ》さへ出来《いでく》れハ《ば》紛れぬ物也。何某事御前《ごぜん》様付《つき》ニて御死去之《の》時　上より被差留《さしとめらるる》と申《もうし》候而《て》髪を剃不被申《そりもうされず》。表より被相附《あいつけられ》候人さへ剃髪　仕《つかまつ》り、無興ニ候故、付《つけ》役共剃申《そりもうし》候。ケ様之《かようの》時抔《など》は、御意ニ而《て》も差図ニ而《て》も不聞入《ききいれず》、上ニも御家老衆も御存《ぞんじ》　有間敷《あるまじく》候。　*伝高院様付之《つきの》男女六人追腹《おいばら》、上代ニハ*八並《やつなみ》武蔵覚悟　仕《つかまつり》候。上之《の》御外聞ニて候へハ《ば》承引不　仕《つかまつらず》と申切《もうしきる》筈と也。

〈現代語訳〉

場合によっては、主君のお申しつけをも、周囲からは愛想を尽かされるまでにだだをこね回って、拒絶してのけなければならないことがある。つまるところ、ひたすら主君の御為を思う心入れが前に出さえすれば、なすべきことは見失われないものである。何がしは奥方付きの役であったが、その方がご逝去された時、ご主君より差し止められていると言って髪を剃らなかった。ところが、ご主君の方から（奥方のもとへ）派遣された者でさえ剃髪してしまい、気まずくなったので、もともと付役であった者たちも髪を剃ることになった。このような時などは、主君のお心であってもご命令であっても聞き入れず、ご主君もご家老たちもご存じないままに、動いてしまえばよい。（近くは）伝高院様付きの男女六人の追い腹があり、昔においては、八並武蔵が追い腹を覚悟した（例がある）。ご主君の評判となることである以上、承服いたしませんと言い切るのが筋だ、と言われた。

〈注〉

だゝを踏　意のままにならないのを憤って、激しく足を踏みならすこと。**伝高院様**　勝茂の長女、於市のこと。伝高院は法名。出羽米沢藩二代藩主上杉定勝に嫁いでいた。寛永十二年（一六三五）に、三十歳で逝去。**八並武蔵**　八並重のこと。波多三河守親の家臣。波多親が龍造寺隆信の養女於安を娶った際、嫁入りの迎えに来たが、於安が病気だったため、そのまま於安が亡くなった際は追腹することを覚悟していた。

136　一、山之《の》奥迄閑《しずか》ニして、適《たま》ニ問《とい》来る人ニ世間之《の》事を尋《たずね》候得は《そうらえば》　殿様公儀御首尾能《よき》事御慈悲之《の》御仕置《しおき》之《の》沙汰斗《ばかり》承《うけたまわり》候而《て》、目出度《めでたき》御家、日本ニ並《ならぶ》所有間敷《あるまじく》候。此跡《あと》不宜《よろしからざる》事共《ども》も有之《これあり》候へ共《ども》、自然と能《よき》様ニ成行《なりゆき》候は、不思議之《の》御家　御先祖様方之《の》御加護在之而《これありて》御仕置《しおき》被遊《あそばさるる》義かと存《ぞんじ》候由。

〈現代語訳〉

（このような）山の奥まで静かなことであり、たまに訪ねてくる人に世間のことを尋ねれば、殿様と幕府のご関係が円満であることや、慈悲深いご政道の評判ばかりを、承っている。めでたい御家であること、日本において並ぶものはあるまい。これから先、よくない事も起こるだろうが、おのずと良いように成っていくのは、まさに不思議の御家であり、ご先祖様がたのご加護のもとに、政道が行われているという筋なのかと思われる、とのこと。

137　一、或牢人衆被申《もうされ》候は、他国出を不被差免《さしゆるされず》、牢人者ニ飯料も不被下《くだされざる》は御無理成《なる》事、他国成共出《なりともいで》候ハヽ、渡世之《の》仕様も可有之《これあるべく》候、追付《おつつけ》悪事ニ可罷成《まかりなるべく》と被申《もうされ》候付而《につきて》、他国を不被差免《さしゆるされざるが》か難有《ありがたき》事ニて可有《あるべく》候、牢人ハ御異見ニて候、大切ニ被思召《おぼしめさるる》故他国ヘは不被差出《さしいだされず》候、ケ様《かよう》成ル主従之《の》契《ちぎり》深キ家中ハ又有間敷《あるまじく》候、御懲《こら》し被成《なされ》候而《て》段ゝ被召出《めしいださるる》事ニ候、悪事ニ成《なる》と申《もうす》事は数年跡《あと》より申《もうす》事ニ候、面ゝ苦痛さニ上を恨《うらみ》て申《もうす》拵事《こしらえごと》と相見《あいみえ》候、御罰危事《あやうきことに》候と申《もうし》候へは《ば》、また、今佐嘉之《の》士共《さむらいども》、朝は昼迄休ミ、役義ニは虚病を構《かまえ》、自堕落《ジダらく》千萬之《の》風俗と被申《もうされ》候付《につき》、夫《それが》か御家之《の》強ミにて候、利口発明ニかせぎ廻り申《もうす》者は、ケ様《かよう》ニ仕《つかまつり》候ハ《ば》、他方《よそ》ニては大身ニも可成《なるべく》、御褒美も無之《これなき》抔と存《ぞんじ》、脇心出来《いでき》可申《もうすべく》候、御譜代相伝之《の》侍ニ候へハ《ば》元来脇心出来《いでき》不申《もうさず》、誰教《おしゆ》るとなしニ爰《ここ》ニ生出《うまれいで》爰《ここ》ニ死ぬと落着、我《わが》宿と存《ぞんじ》候付《につき》、悠ゝと朝寝も仕《つかまつり》候、是程之《の》強ミどこに可有之哉《これあるべきや》と申《もうし》候へハ《ば》、又、御家之《の》*鑓先〱《やりさきやりさき》と云《いい》武国也と申《もうす》は手前之《の》云《いい》なしニて他方《よそ》ニは不知《しらざる》事ニ而《て》は無之哉《これなきや》、書物ニも見《み》及不申《およびもうさざる》事と被申《もうされ》候ニ付《つき》、御鑓先之《の》事は記録ニ相見へ候、*嶋原戦死四百ニ及《および》候は*鎌倉崩《くずれ》ニは増可申《ましもうすべく》候、是は武国と不申《もうさず》候而《て》不叶事《かなわざることに》候、他方《よそ》之《の》知《しる》人ニは 太閤様 権現様なと《ど》御褒美之《の》事、是ハ近代ニ目もたす《ず》とはいわれぬ能《よき》証拠人ニ而《て》候と取合申《とりあいもうし》候。永《なが》牢人なと《ど》は退屈して意恨ニ存《ぞんじ》悪口を仕《つかまつり》候。夫《それ》故運尽《つき》帰参も不仕《つかまつらず》候也と。

〈現代語訳〉

ある浪人が言われるには、「(浪人が)他国へ出ることを許されず、生活費も与えられないのはご無理なことである。他国へでも出れば、世渡りのしようもあるはずだ。(このままでは)遠からず悪事を招くことになるだろう」とのことだったので、「他国へ出るのを許されないのが、ありがたいことなのだ。浪人させるのは、殿からのご意見である。大切な者とお思いになるから、他国へはお出しにならないのである。このように主従の契りの深いご家中は、またとあるまい。お懲らしめになった上で、折をみて再び、召し出されるのである。悪事を招くなどとは、数年も経ってから言うことだ。（それは）当面の苦しさに上を恨んで言うだけの、つくりごとであると見受けられる。（そのようなことでは）さらなる罰を与えられてしまうぞ」と言ったところ、なおも「今佐賀の侍たちは、朝は昼近くまで寝ていて、役目にあたっては仮病を使い、自堕落きわまりない風俗である」と言われたので、「それが御家の強みである。利口で聡明に働き回る者は、『これだけ働けば、他国なら高い身分にもなれるであろうに、ご褒美さえないとは』などと思い、浮気心を起こすであろう。しかし、ご譜代としてお仕えし続けてきた家の侍であれば、元来浮気心をもつことはなく、誰が教えるともなしに、ここに生まれここに死ぬと心を決め、御家を自分の宿と思っている。だからこそ悠々と朝寝もするのである。これほどの強みがどこにあるだろうか」と言った。ところがさらに、「御家のことを（何かにつけて）『鑓先』『鑓先』と言い、武勇の国であると言うのは、自分たちがそう称しているだけで、他国では知られていないことではないか。書物の中にも（そう書いてあるのを）見たことがない」と言われたので、「御家の『鑓先』ぶりは、記録に見えている。島原での戦死者が四百人に及んだのは、鎌倉における北条氏滅亡の時にもまさるものだろう。これは、武勇の国と言わなくては済まない事実である。（また）他国の人も（御家の武勇を）知っている証拠としては、太閤様（秀吉）や権現様（家康）がご褒美を下された、という事実がある。ご両人こそは、最近の世にそれを見知る者はいない、とは言えなくなる、何よりの証人である」と取り合っておいた。長年の浪人などは、鬱屈して恨みを生じ、御家の悪口を言うものである。それゆえ運も尽き、帰参もかなわないのである、と言われた。

〈注〉

鑓先　武力のこと。また槍先の功名のことで、武功の意。　**嶋原戦死**　沖田畷の戦い（天正十二年〈一五八四〉）における戦死のこと。沖田畷の戦いは、肥前島原半島でおきた龍造寺隆信と、有馬晴信、島津家久との戦いで、龍造寺は大敗を喫した。龍造寺隆信は戦死、逃げのびた鍋島直茂が、龍造寺政家の後見となった。　**鎌倉崩**　鎌倉幕府が滅亡したときの戦いい。

138　一、*すてものも尽《つく》したる者ニなけれハ《ば》用ニ立《たたず》す。丈夫窮屈斗《ばかり》ニては働《はたらき》なきもの也と。

〈現代語訳〉

（役に立つことだけでなく）無用なことをも、やりつくしてきた者でなければ、御用に立たない。手堅く型通りのことをしているだけでは、確かな働きが出来ないものだ、と言われた。

〈注〉

すてもの　餅木本では「すて者」。役に立たなくなったもの、無用なもの。

139　一、*愚見集ニ書付《かきつけ》候如く、奉公之《の》至極は家老之《の》座ニ直り御異見申上《もうしあぐ》る事ニ候。此眼さへ付《つき》候へは《ば》余《あまり》の事捨《すて》ものなとは《ど》ゆるし申《もうし》候。扨ゝ《さてさて》人はなきものニ候。ケ様之《かようの》事ニ眼之《の》付《つき》たる者は一人もなし。適《たまたま》私欲之《の》立身を好ミて追従仕廻《しまわ》る者はあれ共《ども》、是ハ小欲ニ而《て》終《つい》ニ家老ニは望懸得《のぞみかけえ》す《ず》。少《すこし》魂之《の》入《いり》たる者ハ、利欲を離るゝと思ふて踏込《ふみこみ》て奉公せす《ず》、*徒然草*撰集抄なと《ど》を楽ミ候。兼好西行杯《など》は腰抜《こしぬけ》*すくたれ者なり。武士業か《が》ならぬ故、ぬけ風を拵《こしらえ》たる物也。今ニも出家極老之《ごくろうの》衆は学びても可然《しかるべく》候。侍たる者ハ名利之《の》真《まん》中《なか》地獄之《の》真中《まんなか》ニ駈入《かけいり》ても主君之《の》御用ニ立へ《たつべ》きと也。

〈現代語訳〉

『愚見集』に書き付けたように、至極の奉公とは、家老の座に着いて主君にご意見することである。こう見据えることさえ出来ていれば、それ以外のこと、（奉公には）無用のことなど、何をしようと文句はない。それにしても、人物はいないものだ。このようなところに目標を見定める者は一人もいない。私欲から立身出世を望み、上に追従してまわる者を見かけることはあるが、これは小さな欲というもので、家老にまで望みをかけることはついぞ出来ない者である。少し魂の入った者はというと、それが利欲を離れることだと思って踏み込んだ奉公をせず、むしろ『徒然草』、『撰集抄』などを好んで読むのである。兼好、西行などは、腰抜け、卑怯者である。武士の業がつとまらないので、腑抜けた風をもっともらしく仕立てたのである。今でも、出家した者や老い果てた者なら、彼らに学ぶことがあってもよいであろう。しかし侍たるものは、名利のまっただ中、地獄のまっただ中に駆け入ってでも、主君の御用に立たなければならない、と言われた。

〈注〉

愚見集　常朝が養子の山本常俊に与えた教訓集。聞書一－19参照。**徒然草**　吉田兼好の随筆。兼好は神職の家の出であるという説と、武士であったという説がある。**撰集抄**　西行作と伝えられていた仏教説話集。西行は出家前、佐藤義清という名で、武士であった。**すくたれ者**　卑怯者。

140　一、我等は親七十才之《の》子ニ而《て》塩売ニ成共《なりとも》くれ可申《もうすべし》と申《もうし》候事、*多久図書殿、*神右衛門ハ陰之《の》奉公を仕《つかまつる》と　*勝茂公常ゝ被成御意《ぎょいなされ》候へハ《ば》、多分子孫ニ萌出《もえいで》御用ニ立可申《たちもうすべく》とて御留《とめ》、松亀と名を御付《つけ》、*枝吉理左衛門より袴着させ被申《もうされ》、九才より　光茂公小僧ニて被召仕《めしつかわれ》、不携《ケイ》と申《もうし》候。綱茂様よりも御雇《やとい》なされ、御火燵《こたつ》之《の》上ニ居《おり》候而《て》わるさ共致《どもいたし》、*御かるひ被成《なされ》候而共《てとも》御遊被成《あそびなされ》、其時分何共《なにとも》ならぬわるさ者ニとられ申《もうし》候。十三才之《の》時、*髪立《たて》候様ニと　光茂様被仰付《おおせつけられ》一年引入居申《ひきいりおりもうし》、翌年五月朔日《ついたち》ニ罷出《まかりいで》、市十と名を　改申《あらためもうし》候而《て》、御小性役相勤申《あいつとめもうし》候。然処《しかるところ》、*倉永利兵衛引入《ひきい》レニて元服いたし、御書物役手伝《てつだい》被仰付《おおせつけられ》、余り之《の》取成《とりなし》ニて、*権之允ハ歌も読申《よみもうし》候ニ付《つき》若殿様よりも折〳〵《おりおり》被召出《めしいださるる》と被申上《もうしあげられ》候ニ付《つき》差支《さしつかえ》、暫《しばらく》御用無之《これなく》候。利兵衛心入《こころい》レは、其身之《の》代人ニ仕立可申《したてもうすべく》存入《ぞんじいり》と、後《のち》ニ存付《ぞんじつき》候。右之《の》後、江戸御供も不仕《つかまつらず》ぶらりといたし罷在《まかりあり》候付而《につきて》、以之外《もつてのほか》*不気味ニ成《なり》、其比《ころ》松瀬ニ*湛然和尚御座候、親より頼申《たのみもうす》と申置《もうしおき》候付而《につきて》懇意ニ候故、節〻参《まいり》、出家可仕《つかまつるべき》か共存入《ともぞんじいり》候。其様子*五郎左衛門見取《みとり》、前神《さきの》右衛門加増地を差分可申《さしわけもうすべし》と*数馬へ内談為仕《つかまつりたる》由承《うけたまわり》候。*弓矢八幡取間敷《とるまじく》と存《ぞんじ》候処、*請役所ニ被召出《めしいだされ》、新《あらた》ニ御*切米被仰付《おおせつけられ》候。〈外《ほか》ニ両人あり〉此上ハ小身者とて人より押下《おしくだ》さるゝは無念ニ候、何としたらは《ば》心能《よく》奉公可仕《つかまつるべき》かと昼夜工夫申《もうし》候。其比《ころ》毎夜、五郎左衛門咄を承《うけたまわり》ニ参《まいり》候ニ、古老之《の》咄ニ、名利を思ふ奉公人は奉公人ニあらす《ず》、名利を不思《おもわぬ》も奉公人ニあらす《ず》と申伝《もうしつたえ》候、此《この》通り工夫申《もうし》候様ニと申《もうし》候故、弥《いよいよ》工夫一篇ニ成《なり》、不図《ふと》得心申《もうし》候。奉公之《の》至極之《の》忠節は主ニ諫言して国家を治《おさむ》る事也。下之《の》方ニ*ぐとつき廻りては益《やく》ニ不立《たたず》。然《しからば》は家老になるか《が》奉公之《の》至極也。私之《の》名利を不思《おもわず》、奉公名利を思《おもう》事ぞと得と胸ニ落《おち》、さらは《ば》一度御家老ニ成《なり》て見《み》すへ《べ》しと覚悟を極《き》め申《もうし》候。尤《もつとも》*早《はや》出頭は古来の*うぢなく候間、五十歳斗《ばかり》より仕立可申《したてもうすべく》と呑込《のみこみ》、二六時中工夫修行ニ而《て》骨を折《おり》、紅涙迄ニはなく候得共《そうらえども》黄色なと《ど》の涙は出申《いでもうし》候程ニ候。此間之《の》工夫執行《しゅぎょう》則《すなわち》* 角蔵流ニ而《て》候。然処《しかるところ》ニ *御主人ニおくれ、兼こ《かねがね》出頭仕《つかまつり》候者ハ*すくたれ御外聞を失申《うしないもうし》候付而《につきて》、如此罷成《かくのごとくまかりなり》候。本意は不遂《とげず》候へ共《ども》、しかと本意を遂申《とげもうし》候事、段こ咄申《もうし》候通ニ而《とおりて》候。思立《おもいたつ》と本望を遂《とぐ》るものニ候。又御用ニ立《たち》候者之《の》ばちこき候ハ自慢之《の》天罰故ニ候。此事愚見ニ書付《かきつけ》候通《とおり》也。誠ニ、身之《の》上咄高慢之《の》様ニ候へ共《ども》、奥底なく、不思議之《の》因縁ニ而《て》山家之《の》閑談、*無他事有躰《たじなきありてい》咄申《もうし》候と也。翌朝

手ごなしの粥《かゆ》に極《きわめ》よ冬籠り　期酔
朝皃《あさがお》の枯蔓燃《かれづるもゆ》る　庵《いおり》かな　古丸

〈現代語訳〉

私は、父親が七十歳の時の子で、（父は）「塩売りの行商人にでもやってしまおう」と言ったのを、多久図書殿が「神右衛門は陰の奉公をすると、勝茂公が常々仰せになっているから、おそらく（その働きは）子孫の上に芽吹いて、（この子は）御用に立つであろう」とお留めになり、松亀と名づけてくださった。枝吉利左衛門に袴着の式をしていただき、九歳の時から光茂公の小僧として召し使われ、当時は不携と称していた。綱茂様からもお雇いを受け、お火燵の上に乗って悪さをしたり、おんぶをなされたりしてご一緒に遊び、その頃はど

うにもならないいたずら者と思われていた。十三歳の時、前髪を立てるようにと光茂公から仰せつけられ、一年間引きこもった後、翌年の五月一日に出仕して、市十と名を改め、御小姓役をつとめた。そうしているうち、倉永利兵衛を烏帽子親として元服し、御書物役の手伝いを仰せつけられたが、（利兵衛が私を）引き立てようとするあまり、「権之允は歌も詠みますので、若殿様からも折りに触れて召し出されます」と申し上げたことが差し障りとなり、しばらくの間、御用の仰せつけがなかった。利兵衛の心づもりとしては、私を自分の代理人に仕立てようと考えてのことと、後に気がついた。このことがあって後、江戸へのお供もせず、ぶらぶらと過ごしていたせいで、ことのほか気を滅入らせていたが、その頃松瀬に湛然和尚がおられ、親から（私のことを）頼みますと言っておかれたために懇意だったので、この和尚をたびたび訪ね、出家しようかとも考えたのであった。その様子を山本五郎左衛門が見てとって、先代神右衛門の加増地を私に分けてやるべく、中野数馬へ内談したとのことを聞いた。弓矢八幡にかけても受け取るまいと思っていたところ、請役所に呼び出され、新たに御切米をいただくことになった。〈同じ仰せを受けたものが私のほかに二人いた。〉こうなった以上は、身分の低い者と人から見下げられるのは無念である、どうしたら気持ちよくご奉公が出来るだろうかと、昼夜工夫することとなった。その頃毎夜、五郎左衛門の話を聞きに行っていたが、「古老の話として、『名利を思う奉公人は奉公人ではない。名利を思わないのも奉公人ではない』と言い伝えられている。ここを工夫し直すように」と言われたので、いよいよ奉公の工夫一筋となり、ある時不意に、得心することが出来た。奉公における至極の忠節は、主君に諫言して国家を治めることである。下の方でぐずぐずしていては、役に立たない。となれば、家老になることこそ至極の奉公である。自分の名利を思うのではなく、奉公人としての名利を思うのだと、とくと腑に落ち、ならばいつかきっと家老になってみせる、と覚悟を決めたのであった。もっとも、早い出世は古来良いことにならないので、五十歳ごろから出世しようと腹づもりをし、寝ても覚めても工夫修行に骨を折り、血の涙とまではいかなくとも、黄色の涙くらいは流すほどであった。この間に工夫修行したところが、すなわち「角蔵流」である。そうしていたところ、ご主人に先立たれ（てしまい）、かねがね幅を利かせていた者は口ほどにもない体たらくで、主君の名誉に疵をつけたので、私は（せめて）このような身となったわけである。（家老になるという）本意は遂げられなかったが、そうでありながら、まさしく本意を遂げたのだということ、ここまで話してきた通りである。思い立てば、本望は遂げられるものである。これに対して、実際に御用に立っている者が罰を受けるのは、自慢に対する天罰ゆえである。このことは『愚見集』に書きつけた通りである。まことにもって、身の上話は高慢のようだけれども、私の心底に隠すものは何一つなく、不思議の因縁で実現した山家での静かな談議にことよせて、ただありのままをお話ししたのである、と言われた。翌朝の句に、

自由気ままに作った粥の味に、山家の冬籠りの風情を味わいつくして下さい　期酔（陣基）
（その風情は）粥を炊く庵の景色というところでしょうね　古丸（常朝）

〈注〉

多久図書殿　多久茂富。多久安順の養子。後年、勝茂から鍋島姓をたまわって鍋島図書とも。山本重澄の寄親。（人物補注、多久茂富）　**神右衛門**　常朝の父、山本重澄。（人物補注、山本重澄）　**勝茂公**　鍋島勝茂。（人物補注、鍋島勝茂）　**枝吉理左衛門**　枝吉順之。利左衛門と書く方が多いか。蔵入頭人、大組頭を勤めた。『常朝年譜』によれば、順之の養父順実が、大坂夏の陣で共に出陣するなど、重澄と縁があり、昵懇であったため、順之は重澄を尊敬しており、常朝の袴着などの世話を引き受けたとある。（人物補注、枝吉順之）　**御かるひ**　「かるひ」は「かろひ（負ひ）」。九州の方言で、背負うの意。　**髪立**　前髪を立てて結うこと。元服以前の若衆の髪形にすること。　**倉永利兵衛**　倉永良清。手明槍であったが、光茂のもとで侍となった。御歌書役、御陸頭などを勤めた。**権之允**　常朝の元服後の名。親の名である神右衛門を名乗ることが許されるのは、元禄四年（一六九一）、三十三歳の頃。　**不気味**　気分が落ちこむこと。　**湛然和尚**　湛然梁重。（人物補注、湛然梁重）　**五郎左衛門**　常朝の甥、山本常治。（人物補注、山本常治）　**数馬**　中野利明。常朝や常治の寄親。（人物補注、中野利明）　**弓矢八幡**　弓矢の神である八幡神のこと。武士が誓いの際に言うことば。　**請役所**　請役家老（当役）が政務を行う役所。　**切米**　扶持米。切米取は知行を持たない小身の武士の代名詞。　**ぐとつき**　ぐずぐずして。　**早出頭**　出世が早いこと。　**のうぢなく**　「能持なく」。永続きしないこと。役に立たないこと。　**角蔵流**　聞書二－2参照。　**御主人ニおくれ**　元禄十三年（一七〇〇）、常朝四十二歳の年に、主君鍋島光茂が死去したことをさす。　**すくたれ**　卑怯なこと。見苦しいさま。　**無他事**　余計な尾ひれのないこと。

聞書第三

此《この》一巻、*直茂公御咄《はなし》、*茂宅聞書、*柴田聞書、*御代ゝ御咄聞書ニ無之《これなき》事を書付《かきつく》也

〈現代語訳〉 この一巻は、直茂公の御事績で、『茂宅聞書』『柴田聞書』『御代々御咄聞書』に記述が無い事を、書き付けるものである。

〈注〉

直茂公 肥前佐賀藩祖、鍋島直茂のこと。人物補注参照。 **茂宅聞書** 茂宅は深堀純賢の法名。深堀純賢は深堀領主であったが、龍造寺隆信に従い、のちに鍋島家家臣となった。『茂宅聞書』は、純賢が、養子茂賢（陽泰院の姪が純賢に再縁した際の連れ子）、その兄茂里（勝茂が生まれる前の直茂の養子で、のちに横岳家を継いだ）のために書き残したもので、『日峰様御咄之書』、『直茂公御物語』、『御家聞書』とも呼ばれる。（人物補注、深堀純賢） **柴田聞書** 柴田とは柴田宗春（宗俊とも書く）のこと。柴田宗春はもと千布茂利と言い、直茂の側に仕えていた。直茂隠居ののち、鍋島元茂（小城藩初代藩主）に譲られた、柴田が書き残した直茂の事績が『柴田聞書』である。 **御代ゝ御咄聞書** 直茂、勝茂、光茂の事績を集めたもの。直茂八項目、勝茂四項目、光茂十三項目あり、『葉隠』と共通の内容もある。著者は山本常朝とも。

1　一、或時　直茂公之《の》仰《おおせ》に、*義理程感深き物ハなし、従弟抔之《いとこなどの》死《しに》たる時涙を流さぬ事も有《ある》に、故《ゆえ》ゆかりもなき見も知《しり》もせぬ五十年も百年も以前之《の》人之《の》上を聞《きき》て義理成《なる》事にハ落涙《らくるい》する也、と被　仰《おおせられ》候由。

〈現代語訳〉

あるとき、直茂公がおっしゃったことには、「義理ほど感じ入ることの深いものはない。従弟などが死んだ時、涙を流さない事もあるのに、縁故もゆかりもなく、見も知りもしない、五十年も百年も前の人の身の上を聞いて、正しい筋道を通した事に対しては涙がこぼれる」と仰せられた、とのこと。

〈注〉

義理　正しい筋道。

2　一、*小早川隆景《たかかげ》より何方《いずかた》へ使者を以《もって》　事六ヶ敷《ことむつかし》キ口上被申遣《もうしつかわされ》候付《につき》て　直茂公へ口上御指南被下《くだされ》候様ニと右　使《みぎのつかい》を佐嘉へ被遣《つかわされ》候。御面談ニて口上《こうじょう》被聞召《きこしめされ》被仰《おおせられ》候ハ御口上に申《もうす》所少も無之《これなく》候、但《ただ》是ハ詞之《の》*色之《の》入ル口上ニて候。惣而《すべて》*舞*平家抔《など》も上手ノを聞《きき》てハ及落涙《らくるいおよび》候、下手ノも同し文字《じ》節にて候へ共《ども》涙出不申《いでもうさず》候、是《これ》ハ御手前為心得申《こころえのためもうし》候由被成 御意候得《ぎょいなされそうらえば》は右之《の》使者難有《ありがたき》由奉 感 罷 帰《かんじたてまつりまかりかえり》候と也。

〈現代語訳〉

小早川隆景からどなたかのところへ、使者を立てて難しい口上を申し伝えようとされるにあたり、直茂公へ「口上についてご指南くださいますように」と、その使者を佐賀へお遣わしになった。ご面談の上、口上をお聞きになり、おっしゃったことには、「御口上に対して申し上げることは少しもない。ただしこれは、語り口の情調が必要な口上である。およそ舞や平家の語りなども、上手の者のを聞けば涙がこぼれるが、下手な者のは、同じ文句や節であっても涙は出ない。これはそなたの心得のために申し上げておく」との旨、仰せになったので、その使者はありがたいことと感じ入って帰って行った、とのことである。

〈注〉

小早川隆景 毛利元就の三男。小早川家を継いだ。豊臣秀吉の信任が厚かった。(人物補注、小早川隆景) **色** 人の心を動かすような響き、調子。 **舞** 幸若舞のこと。舞の動作を伴う語り物で、多くは軍記物語に題材をとった。 **平家** 平家琵琶のこと。平家物語を琵琶に合わせて語る音曲。

3　一、直茂公寒夜《かんや》に御火燵《こたつ》を被成《なされ》　*陽泰院様へ被成　御意《ぎよいなされ》候ハ、偖〻《さてさて》寒き事ニ而《て》候、火燵《こたつ》に居《おり》てさへ堪《こらえ》かたく候が下〻《しもじも》ハ何として夜を明《あか》し可申哉《もうすべきや》、其内《そのうち》ニ別而《べつして》難儀之《の》者ハ誰ニて可有之哉《これあるべきや》と被　仰《おおせられ》候。陽泰院様も、誠に火燵《こたつ》ニても寒サを防兼《ふせぎかね》候か《が》百姓共ハ火《こ》燵《たつ》も持申間敷《もちもうすまじく》と被　仰《おおせられ》候。乍去《さりながら》*藁《わらび》火成共《なりとも》あたり*火箱なと《ど》ニてもあたゝまり可申《もうすべく》候、別而凌兼申《わけてしのぎかねもうす》者ハ何ニて可有之哉《これあるべきや》と色〻御評判被　遊《あそばされ》候末ニて　直茂公被　仰《おおせられ》候ハ、一の難儀は獄屋之《ごくやの》者共成へ《なるべ》し、火之《の》取　扱《とりあつかい》不相成《あいならず》壁もなく着物も薄ク食物も有間敷《あるまじく》候、扨〻《さてさて》不便之《ふびんの》事かなと乍御夫婦様《ごふうふさまながら》繰返《くりかえ》シ被成　御意《ぎよいなされ》候て、籠屋《ろうや》に何人居申《おりもうし》候哉《や》、早刻《そっこく》相　改《あいあらため》可申上旨《もうしあぐべき》被　仰出《おおせいだされ》候。筋〻《すじすじ》役人より申　遣《もうしつかわし》夜中俄《にわか》ニ相　改《あいあらため》書付差上《かきつけさしあげ》、何之《の》子細ニ候哉《や》と役所〻〻《やくしよやくしよ》に扣　居申《ひかえおりもうし》候。右書付被成御覧《かきつけごらんになられ》御台所ニて粥を被　仰付《おおせつけられ》早刻《そっこく》牢屋へ被　遣《つかわされ》罪人共へ被為　拝領《はいりようなされ》候。涙を流し有難《ありがた》かり頂戴　仕《ちようだいつかまつり》候由。

右は*小少　将之《こしようしようの》尼《あま》〈正誉《しようよ》〉若年之《の》時分御前ニ罷在《まかりあり》候て御直《おじき》ニ承《うけたまわり》候　趣《おもむき》老後に咄《はなし》被申《もうされ》候を常朝師　承《うけたまわり》候由偖《さて》又　直茂公　陽泰院様へ之《の》御詞遣《おことばづか》ひそふせよかふせよと被　仰《おおせられ》候由也。

〈現代語訳〉

直茂公が寒夜に火燵を使われ、陽泰院様へおっしゃったことには、「さてさて寒いことだ。火燵に入っていてさえ堪えがたいのに、下々の者たちはどのようにして夜を明かすのだろう。なかでもとくに難儀をしている者は誰であろうか」と仰せになった。陽泰院様も「まことに、火燵にいても寒さを防ぎかねますのに、百姓どもは火燵も持ってはおりますまい」とおっしゃった。「とはいえ彼らも藁を焚いた火にでもあたり、あるいは火箱などでも、暖まることができよう。さらに寒さを凌ぎかねている者は、誰ということになろうか」と、色々お話し合いになった末に、直茂公がおっしゃったことには「最も難儀なのは、牢獄の者どもであろう。火の取り扱いも許されず、壁もなく、着物も薄く、食べものもないであろう。さても不憫であることよ」と、奥方様ともどもくりかえし仰せになって、「牢屋に何人が入っているか、即刻調べて知らせよ」との旨、お命じになった。各筋の役人から（この命が）申し伝えられ、夜中にわかに調べを行って書付を差し出し、「どういう訳であろうか」と、各役所では待機していた。（直茂公は）その書付をご覧になると、台所へ粥をつくるよう仰せつけられ、即刻牢屋へ運ばせ、罪人たちにお与えになった。罪人たちは涙を流して感謝し、頂戴したとのこと。

右の話は、小少将の尼（正誉）が、若い時分（陽泰院様の）御前にあって直々に承ったところを老後に語られたものを、常朝師が聞かれたとのこと。また、直茂公の陽泰院様に対するお言葉づかいは、「そうせよ、こうせよ」というおっしゃりようであった、とのことである。

〈注〉

陽泰院　石井常延の次女で、彦鶴、または藤のこと。陽泰院は法名。鍋島直茂の後室で、勝茂の生母。（人物補注、陽泰院）　**藁火**　藁を燃やした火。　**火箱**　炭火を入れて手足を暖めるのに用いる箱のこと。　**小少将之尼**〈正誉〉　名は喜佐。正誉は法名。北村宗吉季宗の娘で、幼少の頃より陽泰院の御側に勤めた。

4　一、陽泰院様　勝茂公ヘ被仰《おおせられ》候ハ、石井一門之《の》者ニ已後《いご》迄《まで》＊雑務《ぞうむ》役を被申付《もうしつけられ》間敷《まじく》候、此《この》儀深〻《ふかぶか》頼《たのみ》申《もうし》候、此《この》前より雑務《ぞうむ》役致《いたし》候者ハ多分盗《ぬすみ》をして死罪に逢《あい》候、手ニ触《さわり》候故ほしく成《なり》て盗《ぬすみ》をすると相見《あい》ヘ候、役を不仕《つかまつらず》候半ハ《そうらわば》ほしき念も起らす《ず》盗可致《ぬすみいたすべき》様無之《これなく》候、我等身乃《の》＊切れの者共ニて候ヘハ《ば》不便《ふびん》ニ候て断《ことわり》申《もうし》候と被仰《おおせられ》候由。

〈現代語訳〉

陽泰院様が勝茂公へおっしゃったことには、「石井一門の者には、後々まで雑務役をお申しつけにならないでください。このことを深くお願いいたします。以前より雑務役をつとめる者は往々にして盗みをし、死罪となっております。手に触れるがゆえに、欲しくなって盗みをするものと見受けられます。役に当たっていなければ、欲しいという念も起らず、盗みのしようもございません。私とは身を分けた一門の者たちですから不憫に思い、お断り申し上げます」と仰せられたとのこと。

〈注〉

雑務役　財政をつかさどる役のこと。『校補』によれば、勝茂の代においても、またその後においても、石井家の者で雑務役に任じられた者はいる。　**切れ**　一部分。きれはし。はしくれ。

5　一、直茂公御小性《こしょう》衆を被為召《めしなされ》、泉水之《せんすいの》水ハ何程有哉《なにほどあるや》、見て参れと被成《ぎょいなされ》　御意候。八合斗《ばかり》　御座《ござ》候と申上《もうしあげ》候。又一人被為呼《よびなされ》同様ニ被仰付《おおせつけられ》候。八分程御座《ござ》候と申上《もうしあげ》候ニ付《つき》、八分か《が》能《よく》候、八合ハ*聞《きき》にくきぞと被《おおせられ》　仰候由。

〈現代語訳〉

直茂公が御小姓衆をお召し寄せになり、「泉水の水はどのくらいあるか、見て参れ」とお命じになった。その者は「八合ばかりございます」と申し上げた。もう一人をお呼びになり、同じようにお命じになった。「八分ほどございます」と申し上げたところ、殿は「八分というのがよい、八合とは聞き苦しい言い方であるぞ」と仰せられたとのこと。

〈注〉

聞にくきぞ　十分の八をいいあらわすのに、「八合」は気取った、乃至はひねった言い方なので、素直に「八分」というのがよいということ。あるいは「八合」では、容積をあらわすのか割合をさすのかが紛らわしいので、わかりにくいということか。

6　一、*太閤秀吉公薩摩入之《いりの》時軍《いくさ》奉行衆より先陣龍造寺*道押《みちおし》軍法ニ背き不埒《ふらち》ニ御座《ござ》候間行列直シ可申《もうすべき》由被申上《もうしあげられ》候。太閤被聞召《きこしめされ》軍に法なし、敵に勝《かつ》を軍法とす、竜造寺ハ九州之《の》鑓突《やりつき》也、あの通《とおり》ニて仕覚有《しおぼえあるべ》へし、なまじゐ成《なる》事を云出《いいいだ》シ多分ハ恥をかくへ《べ》しと御呵《しかり》にて候由。

〈現代語訳〉

太閤秀吉公が薩摩に攻め入られた時、軍奉行の人々より、先陣の龍造寺勢の行軍隊形は軍法に背いており不埒なので、隊列を直すべきである旨、申し上げられた。太閤はそれをお聞きになると、「戦に法などない、敵に勝つことが軍法である。龍造寺は九州における武勇の家である。あの通りで勝ってきたのであろう。なまじな事を言うとおおかた恥をかくことになるぞ」とお叱りになったとのこと。

〈注〉

太閤秀吉公薩摩入之時　天正十五年（一五八七）に豊臣秀吉が島津義久を討つため九州に入ったときのこと。龍造寺は、三年前の沖田畷の戦いで島津家久、有馬晴信に龍造寺隆信を討たれていたため、島津への敵討ちとして先陣を希望し許された。龍造寺政家、鍋島直茂ともに先陣に加わっていた。

道押　行軍の仕方。軍勢が進出していくことを「押す」という。

7　一、太閤の御前ニて大名衆生花《いけばな》を被成《なされ》候。直茂公之《の》御前ニも花入花具《はないれはなぐ》出申《いだしもうし》候。終《つい》に生花《いけばな》なと《ど》被成《なされ》候儀無之《これなく》御不案内ニ候て、花具《はなぐ》を諸《もろ》手ニて一ツに御握り本《もと》を突揃《つきそろえ》られ花入《はないれ》に*そくと御《お》立《たて》被差出《さしいだされ》候。太閤御覧候て花ハわろく候へ共《ども》立て振《ぶ》りハ見事也と被仰《おおせられ》候由。

〈現代語訳〉

太閤の御前で、大名衆が生け花をなされた。直茂公の御前にも花器と生け花の材料が出された。（直茂公は）生け花など全くなされたことがなく、不案内でいらっしゃったので、花を両手で一つに握り、根元を突きそろえ、花器に束のまま立てて差し出された。太閤はご覧になって、「花のできばえはよくないが、活けぶりは見事である」とおっしゃったとのこと。

〈注〉

そくと　束ねたままの状態で。「そく」は束。

8　一、*佐嘉御城御普請《ふしん》御成就之《の》上　直茂公被遊御覧《ごらんあそばされ》候様ニと御座《ござ》候ニ付《つき》、御駕籠《かご》ニて御出被成《いでなされ》候。　勝茂公ハ*立付《たちつけ》を召《めし》御出被成《いでなられ》、*物合之《ものあいの》一通《とおり》一ゝ《いちいち》御講釈被遊《あそばされ》あちこちと御働《はたらき》被遊《あそばされ》候。　直茂公御*伽之《とぎの》衆に被成御意《ぎょいなされ》候ハ、信濃殿ハ*城取之《どりの》*敵合《てきあい》を精を出《いだ》シ講釈さるゝか《が》腹切《きり》所を忘れてハ居《お》られぬかと被仰《おおせられ》候由。

直茂公ハ惣而《すべて》*縄張《なわばり》*備立《そなえだて》抔《など》と申《もうす》事ハ大形《おおかた》に被遊《あそばされ》、唯《ただ》御家中一和《いっか》仕《つかまつり》御主人を奉歎《なげきたてまつる》様ニ被成《なされ》、自然之《の》時ハ上下一致に突懸《つきかか》り切崩《きりくず》シ申《もうす》事を大切に被思召入《おぼしめしいられ》候由也。又御軍法一通ハ国主より外《ほか》にハ御家中之《の》者何共存不申《なにともぞんじもうさぬ》様ニ被成《なされ》候か《が》　直茂公之《の》御流義ニて候。*物前ニて只《ただ》御一言ニて埒明申《らちあきもうす》御仕組《しくみ》御秘事御座《ござ》候由。御軍法之大《のたい》概《がい》ニても御家中之《の》者存候得《ぞんじそうらえば》ハ自然と敵方《てきかた》ヘ洩聞《もれきこ》ヘ又其《その》場の御差図《さしず》を不《ふ》うけがひ仕《つかまつる》事も可有之哉《これあるべきや》と也。*カチクチと申《もうす》御伝受御世替之《がわりの》時有之《これある》事之《の》由。又小城《おぎ》ニも御代ゝ《ごだいだい》御伝《つたえ》御座《ござ》候由。十三ヶ條共申《とももうし》候也。

〈現代語訳〉

佐賀城の御普請が完成したので「直茂公にご覧いただきたい」とあって、御駕籠でおいでになった。勝茂公は立付袴を着ておいでになり、備えのうまく整っているさまを、全体にわたってひとつひとつ講釈されながら、あちこち動き回っておられた。直茂公が御側の人々におっしゃったことには、「勝茂は城のつくりが敵の攻撃に対していかにうまくできているかを一生懸命説明しているが、負けて腹を切るときのことを忘れてはおられぬか」と仰せになったとのこと。

直茂公は、およそ陣立てや兵の配置などということはおおまかに定められ、ただ家中が一和して主君を深く思うようになさって、いざという時は上下一致して突きかかり敵を斬りくずす、ということを大切に考えていらっしゃったとのことである。またご戦術の一通りは、主君のほかには家中の者が何とも存じ上げないようになさるのが、直茂公のご流儀であった。開戦の直前、ただ一言で埒があく仕組みに、秘訣をお持ちであったとのこと。ご戦術のおおまかなことでも家中の者が知れば、どこからともなく敵方に洩れたり、またその場のお指図に従わない場合もあるのではないか、ということである。カチクチという伝授が、ご主君の代替わりの時になされるのだとのこと。また、（それは）小城鍋島家にも代々伝えられているとのこと。全十三ヵ条とも言われている。

〈注〉

佐嘉御城御普請御成就　『直茂公譜』によれば、普請が始まったのが慶長十三年（一六〇八）、完成は翌年である。直茂の隠居は完成の翌年。**立付**　裾を紐で膝の下にくくりつけた、はかまの一種。**物合**　物事が思い通りに運んでいるさま。ここでは、城の防備が、思い通りよくできあがっているさま。**御伽之衆**　大名の話し相手として側に仕える者。**城取**　城がまえ。城のつくり。**敵合**　敵の攻撃に対して防備がうまく整っているさま。**縄張**　陣や城を建てる際に、その位置を定めるため敷地に縄を張ること。『直茂公譜』によれば、佐賀城の縄張りは直茂が行っている。**備立**　兵の配置をすること。陣立てとも。**物前**　戦いの始まるぎりぎりの間際。**カチクチ**　軍法。勝口、勝ち方を意味するか。鍋島直茂が用いていた。代々藩主において面授口訣で伝えられた。また小城藩初代藩主元茂（勝茂の長男）の年譜には、カチクチの軍法が、直茂の遺言により大木兵部丞統清から伝えられたとある。小城藩はもともと直茂の隠居領であり、元茂は直茂隠居の際に多数の家臣を、逝去の際に隠居領を譲られている。

9　一、直茂公御側に新参《しんざん》に御懇《ねんごろ》に被召仕《めしつかわれ》候者有《あり》。或時古老ノ衆申合《もうしあわせ》御前へ罷出《まかりいで》、今程《ほど》何か《が》しを別而《わけて》御懇ニ被召仕《ねんごろめしつかわるる》と相《あい》見へ申《もうし》候、我〻鑓突申《やりつきもうし》候時分終《つい》ニ相《あい》見へ不申《もうさず》候、*先途之《せんどの》御用ニ相立《あいたち》候儀心得不申《こころえもうさず》候が如何様之《いかようの》思召入《おぼしめしいれ》ニて御懇ニ被召仕《ねんごろめしつかわれ》候哉《や》と申上《もうしあげ》候。直茂公被聞召《きこしめされ》、いかにも尤之《もっともの》存分《ぞんじわけ》ニて候、彼《かの》者先途之《せんどの》用ニ立申《たちもうし》たる者ニてもなく候へ共《ども》、我等気ニ入心安《いりこころやすく》候故、*尻をも拭わせ申《もうし》候、其方《そのほう》達にハケ様之《かようの》事ハあつらへか《が》たく候、鑓突《やりつき》候時ハ其方《そのほう》達を頼申事《たのみもうすことに》候と被成御意《ぎょいなされ》候由。

〈現代語訳〉

直茂公の御側に、新参で懇ろに召し使われている者があった。ある時、古老の家臣たちが申し合わせて御前に出て、「近頃、何某をとりわけ懇ろに召し使われているとお見受けいたします。我々が戦で働いておりました時分には、(このようなことは)ついぞお見受けいたしませんでした。(かの者が)大事の時の御用に立とうとは思われませんが、どのようなお考えで懇ろに召し使われるのですか」と申し上げた。直茂公はこれをお聞きになり、「いかにももっともの言い分である。かの者は大事の用に立つ者でもないのであるが、予にとって好ましく気安いので、尻までもふかせている。その方たちには、このようなつまらぬ雑用を頼むわけにはいかない。いざ合戦という時には、その方たちをこそ頼りにすることである」とおっしゃったとのこと。

〈注〉

先途　勝敗や存亡を決する場のこと。　**尻をも拭わせ**　身辺の取るに足りない雑用をさせているということ。

10　一、*直茂公高麗御陣之《の》時、為御武運《ごぶうんのため》京都*愛宕《あたご》山威徳院江*護摩堂御建立被成《なされ》候。是愛宕《あたご》護摩堂之《の》初《はじめ》也。其已後《それいご》　*細川殿より護摩堂建立、夫より後　公儀護摩堂御建立有《あり》。一とせ焼失之《の》後　*勝茂公御再興被成《なされ》候。其後及破壊《そのごはかいにおよび》候を吉茂公之《の》御代威徳院訴訟*京都聞番《ききばん》*高木与惣兵衛取次《とりつぎ》御再興被成《なされ》候也。

〈現代語訳〉

直茂公は高麗への出陣のとき、武運を祈るため、京都愛宕山の威徳院に護摩堂を建立された。これが愛宕護摩堂の初めである。それ以後、細川家による護摩堂の建立があり、さらにその後、幕府による護摩堂の建立もあった。ある年に焼失して後、勝茂公が再興された。その後破損したのを、吉茂公の代に、威徳院からの訴えを京都聞役の高木与惣兵衛が取り次ぎ、再興されたのである。

〈注〉

直茂公高麗御陣之時　文禄の役（文禄元年〈一五九二〉）における朝鮮への出陣のこと。『直茂公譜』に護摩堂建立の記事は見当たらない。**愛宕山威徳院**　愛宕山白雲寺の宿坊の一つ。白雲寺の本尊は将軍（勝軍）地蔵で、武士からの信仰が篤かった。**護摩堂**　護摩行を行うための堂。**細川殿**　細川藤孝のことか。藤孝は三男幸隆を、初め愛宕山白雲寺の宿坊福寿院で出家させていた。または、藤孝の嫡男忠興のことか。藤孝は主君信長逝去の際に剃髪隠居したため、文禄の役の頃の家督は忠興にある。　**勝茂公御再興被成候**　『勝茂公譜』に、護摩堂再興の記事は見当たらない。『校補』に、勝茂が慶安元年（一六四八）に銅燈籠や燈明料などを寄進していること、それを享保二年（一七一七）に四代藩主吉茂が修復、寄進を行ったことが記されている。『吉茂公譜』にも、享保二年に愛宕山威徳院の勝茂寄進の銅燈籠を修復したという記事がある。**京都聞番**　京都にあって、本藩との連絡、諸大名家との交際、連絡、調整にあたる役のこと。京都留守居役に同じ。**高木与惣兵衛**　高木盛真。光茂の書物役で、光茂逝去の際に出家したが、翌年俗体に戻った。その後、京都聞番、長崎聞番、江戸留守居を勤めている。

11　一、*玉林寺住持金峯《*きんぽう》和尚ハ　直茂公御祈禱之《の》師也。金峯《きんぽう》隠居嘉瀬《*かせ》に居住有《あり》。直茂公被仰《おおせられ》候ハ、多年之《の》厚恩難報事《ほうじがたきことに》候、今嘉瀬之《かせの》隠居所へ知行百石可附進《ふしんすべき》と被成《ぎょいなされ》　御意候。金峯《きんぽう》承り其方《そのほう》数年之《の》武篇ハ我等珠数《じゅず》之《の》房をもみ切《きり》ていたさせ候事ニて候を早《はや》忘却候哉《や》、今知行百石ニて可付離《つきはなすべき》所存と見へたり、恩をしろしめさハ《ば》一生懇意有《ある》筈也、夫《それ》にてハ向《さ》キあぶなく候と殊外《ことのほか》立腹ニて候。直茂公被聞召《きこしめされ》、さらハ《ば》知行ハ進申間敷《しんぜもうすまじく》候、御堪忍候《そうら》へと被　仰《おおせられ》候由。

〈現代語訳〉

玉林寺の住職金峯和尚は、直茂公のご祈禱の師である。金峯和尚が隠居して、嘉瀬に住むこととなった。直茂公がおっしゃったことには「積年のご厚恩には報いきれないものがある。このたびは嘉瀬の隠居所へ知行百石を寄進したい」とお気持ちを示された。金峯和尚はそれを聞いて「そなたの歴年の武功は、わたしが数珠の房をもみ切って成就させたものであったのを、もう忘れてしまったのか。今、知行百石でもってお払い箱にするつもりと見た。恩を知っておられるならば、一生懇意にするはずだ。これでは先行きは危うい」と、ことのほか立腹であった。直茂公はそれをお聞きになり「ならば知行は差し上げますまい、ご堪忍ください」と仰せになったとのこと。

〈注〉

玉林寺　曹洞宗の寺院。至徳年中（一三八四―一三八七）の建立。現在の佐賀市大和町にある。

金峯和尚　清流寺の六代住持。当時、玉林寺はその末寺の住持が輪番で住持を勤めていた。**嘉瀬**　現在の佐賀市嘉瀬町。金峯和尚は、嘉瀬にある東光寺に隠居した。東光寺は曹洞宗の寺院で高伝寺の末寺。

12　一、直茂公ハ梅林庵*ニて御手習被遊《てならいあそばされ》候。其《その》時分梅林庵近所之《の》宝持院*、御鬢《びん》御衣装諸事之《の》御給仕心ニ入被勤《いれつとめられ》候。公御成長之《の》後、宝持院へ何ニても望候事御叶可被遣《かなえつかわせられるべき》旨被仰《おおせられ》候処《ところ》、私何も望無之《のぞみこれなく》候、蒟蒻《こんにゃく》を一生給申度《たべもうしたく》候、御懇《ねんごろ》ニ被仰下事《おおせくださることに》候間此《この》望《のぞみ》御叶被下《かなえくださり》候へと被申上《もうしあげられ》候。夫《それ》より一生之《の》内二日ニ一度宛《ずつ》御使《つかい》ニてこんにやくを被遣《つかわされ》候由。

〈現代語訳〉

直茂公は、（子供の頃に）梅林庵で文字の手習いをされた。その節は、梅林庵の近所の宝持院が、御髪や御衣裳、その他のお世話を心をこめて勤められた。直茂公が成長された後、宝持院へ、何なりと望みがあれば叶えてつかわそうとの旨、仰せになったところ、宝持院は「私には何も望みはありませんが、蒟蒻を一生の間いただきたくぞんじます。懇ろに仰せをいただいたことですから、この望みをお叶えください」と申し上げられた。それから一生の間、二日に一度ずつ使いをやって、蒟蒻をお届けになったとのこと。

〈注〉

梅林庵　曹洞宗の寺院。高伝寺の末寺。現在の佐賀市本庄町にあった。　**宝持院**　『校補』に宝持庵の誤りとあり、『直茂公譜』でも宝持庵とある。宝持庵は曹洞宗の寺院で高伝寺の末寺。佐賀市本庄町にあった。

13　一、直茂公ヘ金峯《きんぽう》和尚見廻之《みまいの》節ハ御咄久敷有之《ひさしくこれあり》候。一宿之《の》時ハ御夫婦様之《の》中ニ臥《ふせ》り被申《もうされ》候。或時夜明《あけ》て目を覚《さま》し見《み》被申《もうされ》候へハ《ば》直茂公不被成御座《ござなられず》　御前様斗《ばかり》御休ミ被成御座《ござなられ》候。金峯驚き起《おき》上り見《み》被申候得は《もうされそうらえば》　公ハ次之《の》間ニ*静座《せいざ》ニて被成御座《ござなられ》候。いつも夜明《あけ》にハ長腋差《わきざし》御指《さし》静座《せいざ》被遊《あそばされ》候。金峰《きんぽう》立腹ニて以之外《もってのほか》*ねた《だ》り被申《もうされ》候由。

〈現代語訳〉

直茂公を金峯和尚がお訪ねになった時は、長らくお話をされた。泊まられる時は、ご夫婦の間にお休みになった。ある時、夜が明けて目を覚ましてごらんになると、直茂公はおいでにならず、奥方様ばかりお休みになっていた。金峯和尚は驚き、起き上がってごらんになったところ、直茂公は次の間に静座をしておいでであった。いつも夜明けには、長脇差を差され、静座をしておられたのである。金峯和尚は立腹して、いつになくしつこく抗議なさったとのこと。

〈注〉

静座　心静かに座ること。朱子学の修養方法。**ねたり**　「ねだる」は難癖をつけておどす、ゆするの意。ただし「ねだる」は下二段活用なので、連用形は「ねだれ」となるところ。あるいは、相手のしうちを恨んで根にもつの意の「ねたがる」のくずれた形か。

14　一、〈＊栗山書付之内《かきつけの》〉＊慶長二年四月五日大坂御城ニ而《て》＊高麗奉行＊蜂須賀《はちすか》阿波守、＊安国寺、＊鍋嶋加賀守、右三人ニて談合可申《もうすべき》由被仰出《おおせいだされ》候。同六日太閤様御手前ニて御茶被進《しんぜられ》候衆　直茂公、＊池田伊豫守《いよのかみ》、＊京極侍従、左《さ》候て直茂公御引出《ひきで》物、御腋差《わきざし》、＊御胴服、銀子五十枚、＊秀頼様より御胴服、＊呉服一重《ひとかさね》、御拝領被成《なされ》候。

五月九日辰《たつ》ノ刻《とき》＊数寄屋ヘ被成御成《おなりになられ》御同座之《の》人数、太閤様、＊羽柴大納言殿、＊富田左近将監《しょうげん》殿、直茂公御手前ニて御茶湯過《すごし》候へハ《ば》書院へ御移リ＊藤八郎殿ヘ被渡御目《おめわたされ》候。夫《それ》より広間ヘ被成御出《おいでになられ》　直茂公、藤八郎殿より之《の》進物被成御覧《ごらんになられ》候。則《すなわち》広間ニて御《お》目《め》見之《みえの》衆、＊竜造寺作十〈諫早石見殿也〉、＊鍋嶋平五郎〈主水殿也〉、＊小川平七〈鍋嶋和泉守殿也〉、右四人置《おき》太刀ニて御目見《おめみえ》。夫《それ》より楽《ガク》屋舞台へ御移り、夫《それ》より御くつろけ《げ》の間へ御移被成《うつりなされ》候。夫《それ》より＊風呂屋被成御覧《ごらんになられ》、夫《それ》より又書院へ御移被成《うつりなされ》、書院ニて終日《しゅうじつ》之《の》御咄之《の》事。書院ニて＊こしめされ候御膳則其侭《すなわちそのまま》直茂公ヘ被遣《つかわされ》候。銀子三百枚則《すなわち》直茂公ヘ御拝領、晩元《ばんもと》被成還御《かんぎよ＊なされ》則《すなわち》直茂公為御礼《おんれいのため》御登城之《の》時、又御膳被進《しんぜられ》候事。同十一日之《の》朝於《において》山里《やまざと＊》太閤様御手前ニて御茶被遣《つかわされ》候衆、鍋嶋加賀守、＊寺沢志摩守、＊生駒雅楽頭《うたのかみ》、＊有楽斎也。右栗山聞書《ききがき》ニ有《あり》。

〈現代語訳〉

〈栗山の書付による〉慶長二年（一五九七）四月五日、大坂城にて、高麗奉行は、蜂須賀阿波守、安国寺、鍋島加賀守とされ、三人で相談するべき旨、仰せがあった。同六日、太閤様のお点前で、お茶をいただいたのは、直茂公、池田伊予守、京極侍従。そして直茂公には、引出物として、御脇差、御胴服、銀子五十枚を下され、秀頼様からは御胴服、呉服一重を拝領された。

五月九日辰の刻（午前八時）、太閤様は数寄屋へおいでになった。ご同席の方は、太閤様（のほかに）、羽柴大納言殿、富田左近将監殿。直茂公のお点前でお茶を過ごされたので、書院へお移りの後、藤八郎殿のお目通りがかなった。それより広間へおいでになり、直茂公と藤八郎殿からの進物をご覧になった。このとき広間でお目見えしたのは、龍造寺作十〈諫早石見殿である〉、後藤喜清次〈鍋島若狭殿である〉、鍋島平五郎〈主水殿である〉、小川平七〈鍋島和泉守殿である〉。右の四人が、置太刀でお目見えした。それより能舞台へお移りになり、さらにおくつろぎの間へと移られた。その後、湯殿をご覧になり、それから書院へお戻りになって、書院にて終日、お話をされた。書院では、太閤様がお召し上がりの御膳を、そのまま直茂公にお遣わしになった。銀子三百枚を直茂公に下され、夕刻お帰りになった。これを受けて直茂公が御礼のため登城された時、また御膳を下された。同十一日の朝、山里丸にて、太閤様お点前でお茶をいただいたのは、鍋島加賀守、寺沢志摩守、生駒雅楽頭、有楽斎であった。以上、栗山聞書に記されている。

〈注〉

栗山　栗山長左衛門のことか。『御当家聞書　全』（草野太郎兵衛永元聞書）に、慶長二年（一五九七）の出来事をあげ、「右覚書ハ寛文六年、栗山長左衛門、山本神右衛門へ自覚書付也」としている部分がある。ここの山本神右衛門は常朝の父重澄のことで、書付の内容は、勝茂に仕えた栗山七郎右衛門（長左衛門の父）の覚えに基づくか。**慶長二年四月五日**　『直茂公譜』には、直茂は慶長二年（一五九七）の正月、朝鮮に渡海していたが、同年三月末、秀吉に呼び戻されたとある。直茂は四月四日大坂に着き、六日に大坂城で秀吉に面会した。また五月九日に数寄屋に招かれ、その後十一日に山里丸で茶を振る舞われた。その際秀吉から、蜂須賀家政、安国寺恵瓊と軍事を相談し、兵の指揮を執るように命じられた。**高麗奉行**　朝鮮において兵の指揮を執る役職か。**蜂須賀阿波守**　蜂須賀正勝の息子、蜂須賀家政。のちの徳島藩祖。**安国寺**　安国寺恵瓊。臨済宗の僧で、もともと毛利氏の使僧。秀吉に重用された。従軍僧として朝鮮に渡っている。**鍋嶋加賀守**　鍋島直茂。**池田伊豫守**　池田秀雄。もとは池田景雄。秀吉から一字を賜り、秀雄と名乗っていた。**京極侍従**　京極若狭守高次。妹は秀吉の側室（松丸殿）で、正室は秀吉の側室（淀殿）の妹である。**京御胴服**　「羽織」の古いよび方。**秀頼様**　秀吉の二男。母は淀殿。**呉服**　絹織物。反物。**数寄屋**　茶の湯のための建物。**羽柴大納言殿**　前田利家。領国は加賀国、能登国。秀吉の下で大老を勤めた。秀吉の死後、秀頼の後見役となった。**富田左近将監殿**　富田知信。伊勢安濃津城主。**藤八郎殿**　龍造寺高房のこと。龍造寺政家の嫡男で、天正十八年（一五九〇）政家の隠居後、家督を相続した。慶長二年において十二歳。幼少のため、藩政は直茂に任されていた。『直茂公譜』によれば、このとき初めて秀吉に拝謁した。（人物補注、龍造寺高房）　**竜造寺作十**　諫早直孝。龍造寺家兼の次男家門の曾孫。のちに知行地である諫早と称した。家老を勤めた。（人物補注、諫早直孝）　**後藤喜清次**　鍋島茂綱。龍造寺隆信の三男家信の嫡男。家信が後藤貴明の養子となったため、茂綱も後藤と呼ばれる。のちに鍋島姓をたまわった。知行地から武雄と称した。家老を勤めた。『直茂公譜』によれば、このとき直孝の父家晴と茂綱の父家信は勝茂にしたがって朝鮮で在陣していた。そのため、両家の嫡男が挨拶をしたとのこと。（人物補注、鍋島茂綱）　**鍋嶋平五郎**　鍋島茂里。石井信忠の息子で、直茂の養子。横岳家を継ぎ、家老を勤めた。（人物補注、鍋島茂里）　**小川平七**　鍋島忠茂のこと。直茂の次男で、勝茂の弟。小川家俊の養子となり、小川平七直房、または半助と称した。のちに鍋島に姓を改め、江戸で鍋島家の忠誠の証として徳川に仕えた。（人物補注、鍋島忠茂）　**風呂屋**　浴室。湯殿。　**こしめされ**　「聞こし召され」の略。召し上がる、お食べになるの意。餅木本では「御上り」。　**還御**　天皇・三后などが他出先から帰ること。大臣・将軍の場合にも用いられることがある。　**山里**　山里曲輪、または山里丸のこと。曲輪は石や土を築いて囲んだ区域のこと。山里丸は大坂城本丸の北部分にあり、茶室などがあった。　**寺沢志摩守**　寺沢広高。肥前唐津藩初代藩主。　**生駒雅楽頭**　生駒親正。讃岐高松藩初代藩主。　**有楽斎**　織田長益。織田信長の弟。剃髪して有楽斎如庵と名乗った。茶人。

15　一、〈右同〉慶長二年〈酉《とり》〉三月太閤様より被為召《めしなられ》候て加州様高麗より御帰朝、佐嘉へハ無御立寄《おたちよりなく》、松瀬山へ御一宿〈今の*通天庵也。其《その》時*池上六太夫宅也〉、直様《すぐさま》大坂御登リ、同五月九日大坂此方御屋敷へ太閤様御成《なり》候事。六月初比《はじめごろ》加州様佐嘉へ被成御下着《ごげちゃくなされ》、万事被仰付《おおせつけられ》、早〻《そうそうに》高麗御渡海、御打立之《うちたちの》日ハ為御湯治《ごとうじのため》*塚崎へ御一宿、翌日*伊万里御越之《こしの》事。〈栗山書付《かきつけ》ニ有《あり》〉。

〈現代語訳〉

〈右に同じ（栗山の書付による）〉慶長二年（一五九七）〈酉〉三月、太閤様よりのお召しで、加州様（直茂公）は高麗よりお戻りになったが、佐賀へは立ち寄られることなく、松瀬山で御一泊され〈今の通天庵である。その当時は池上六太夫宅であった〉、すぐさま大坂へお上りになった。同五月九日、大坂の鍋島家御屋敷へ、太閤様のお成りがあった。六月初めごろ、加州様は佐賀へお帰りになり、万事を仰せつけられ、早々に高麗へ渡海された。ご出立の日は、ご湯治のため塚崎に御一泊され、翌日、伊万里へおいでになった。（栗山書付にあり）。

〈注〉

通天庵　『曹洞宗由緒』によれば、廃寺となっていたものを、鍋島普周、深江信渓が再興させ、高伝寺の末寺とした。　**池上六太夫**　船頭。子も池上六太夫という。朝鮮出兵において船頭を勤めた。『直茂公譜』には松瀬の三反田で船津権太夫の家に泊まったとある。　**塚崎**　現在の武雄市武雄町。

温泉がある宿場町だった。**伊万里**　現在の伊万里市。港がある。『直茂公譜』によれば、そこから再び朝鮮に渡った。

16　一、〈馬場氏之《の》咄《はなし》＊ニ用之助牢人内之《の》事也ト。又透運＊聞書之《の》趣《おもむき》末ニ記之《これをしるす》＊〉斎藤用之助内証差支《さしつかえ》晩之《の》＊飯料《はんりょう》も無之《これなく》候付而《につきて》女房歎《なげき》申《もうし》候。用之助承之《これをうけたまわり》、女成共《なりとも》武士之《の》家に居《お》るものが米抔《など》のなきとて草臥《くたびれ》候事ふかひなし、米ハ何程ニ而《にて》も有《ある》也、待《まち》て居《おり》候へと申《もうし》て刀を取《とり》外ニ出《いで》候へハ《ば》、馬十疋《ぴき》斗《ばかり》米を負《おわ》せ通り申《もうし》候。用之助見て、是ハと《ど》こへ参《まいり》候哉《や》と申《もうし》候。百姓共承《うけたまわ》り＊下台所へ参《まいり》候と申《もうし》候。さらハ《ば》＊こふ参《まいり》候て我等所へおろし候へ、我等ハ斎藤用之助と云《いう》者也、役者衆へ＊引合申《ひきあいもうす》米有之事《これあることに》候、あちこち致《いたす》ハ其方《そのほう》共太儀ニて候、手形を出《いだ》し申事《もうすことに》候間、是を庄屋へ見せ候《そうら》へと申《もうし》候。百姓共《ども》受合《うけあい》不申《もうさず》直《ただち》ニ罷通《まかりとおり》候付《につけ》て、用之助立腹いたし刀をすはと抜《ぬき》一人もやるまし《じ》きと申《もうし》候ニ付《つき》て、皆ゝ手を立《たて》断申《ことわりもうし》候て用之助所へ持越《もちこし》手形を取罷帰《とりまかりかえり》候。用之助女房へ申《もうし》候ハ、米ハ是程沢山《たくさん》ニ有《ある》也、心任《まかせ》ニ遣《つか》ひ候へと申《もうし》て罷在《まかりあり》候。然《しかる》所右之《の》段相聞《あいきこ》へ、用之助御究被成《きわめなされ》候処《ところ》、有躰《ありてい》ニ申《もうし》出《いで》候。御僉議之《の》上死罪ニ相極《あいきまり》候。如例《れいのごとく》加州様へ達御耳《おみみにたつし》候様ニと被仰付《おおせつけられ》、当《とう》＊役之《の》衆三ノ丸へ罷出《まかりいで》右之《の》次第申上《もうしあげ》候。直茂公被聞召《きこしめされ》候て何共無御取合《なにともおとりあいなく》、かゝ＊聞《きか》れ候哉《や》、用之助ハ被殺《ころされ》候由、扨《さて》も不便《ふびん》千万之《の》事也、日本《ひのもと》ニ大唐をそへても替《かえま》間敷《じき》命をハ《ば》我等か《が》為に数度一命を捨て用ニ立《たち》血ミとろ《ど》ニ成《なり》て肥前国を突留《*つきどめ》、今我等夫婦之《の》者殿と云《いわ》れて安穏に日を暮すハ彼《かの》用之助共か《が》働《はたらき》故ニて社《こそ》あれ、就中《なかんずく》用之助ハ究竟《くきよう》一之《の》兵《つわもの》ニて数度之《の》高名仕《つかまつり》たる者也、其《その》者が米を持《もた》ぬ様ニして置《おき》たる我こそ大罪人ニて候、用之助ニ咎ハ少《すこし》も無《なき》ものを彼を殺して我ハ何として生《いき》て居《お》らるゝものか、扨ゝ《さてさて》かわひなる事と　御夫婦様御落涙《らくるい》ニて御愁歎《しゅうたん》不大形《おおかたならず》候。請御意《ぎょいをうけ》候衆迷惑致　引取罷帰《いたしひきとりまかりかえり》　勝茂公ヘ有之侭《ありのまま》ニ被申上《もうしあげられ》候へハ《ば》、扨ゝ《さてさて》無勿躰事《もったいなきことに》候、何をかな《が》孝行可申上《もうしあぐべき》とこそ存《ぞんじ》候ニ、左様ニ被思召《おぼしめさるる》用之助何しに殺可申哉《ころしもうすべきや》、早ゝ《そうそうに》三丸《さんのまる》ヘ罷越《まかりこし》、則《すなわち》差免《さしゆるし》候通《とおり》申上《もうしあげ》候様ニと被仰付《おおせつけられ》、用之助被差免《さしゆるされ》候段達御耳候《だんおみみにたつしそうら》へハ《ば》、子なから《が》も過分成事不過之《かぶんなることこれにすぎず》候と御本丸ノ方を御拝ミ被遊《あそばされ》候由。

〈現代語訳〉

〈馬場氏の話によると、以下は用之助が浪人中のことであったという。また『透運聞書』の伝えるところは、あとでこれを記す〉斎藤用之助は家計が行き詰まり、晩に食べるものすらなく、女房がこれを嘆き訴えた。用之助はこれを聞いて「女とはいえ武士の家におる者が、米ぐらいが無いからといって弱気になるとはふがいない。米はいくらでもある。待っておれ」と言って刀を取り外に出ると、馬十四ばかりに米を背負わせたものが通った。用之助はこれを見て、「これはどこへ行くのだ」と聞いた。百姓どもが答えて「下台所までまいります」と言った。「ならば、こちらへ来て拙者のところへ荷を下ろされよ。拙者は斎藤用之助という者だ。その中には役人衆に受け取る約束をしてある米がある。あちこちへ運んで回るのも大変であろう。証文をお出しするから、それを庄屋に見せるがよい」と言った。百姓どもは承知せず、そのまま通り過ぎようとするので、用之助は立腹して刀をずばと抜き、「一人も行かせぬ」と言ったので、皆手を合わせて詫びを言い、用之助のところへ運んで、証文を受け取り帰っていった。用之助が女房に言ったことには、「米はこれほどたくさんある。思うままに使うがよい」と言ってすませた。するとこのことは広まって、用之助をお取り調べになったところ、（用之助は）ありのままに申し出た。ご詮議の結果、死罪ということに決した。例にならって加州様（直茂公）のお耳にも入れるようにと（勝茂公は）お言いつけになり、担当の者たちが三の丸へ参上し、右の次第を申し上げた。直茂公はお聞きになったが何ともご返答がなく、「奥よ、聞いたか。用之助は殺されるとのこと、さても不憫きわまりないことである。日本に大唐国を副えて差し出されても取り替えることなどできない命を、予のために何度も一命を捨てて役に立ち、血みどろになって肥前の国をその槍先で不動のものとした。今われら夫婦が殿と呼ばれて安穏に日々を暮らすのは、あの用之助たちの働きがあってこそなのだ。なかでも用之助は抜きんでた随一の勇士で、たびたびの功名を挙げた者である。その者が米も持てないようにしておいた予こそ、大罪人である。用之助に罪は少しもないのに、あの者を殺してどうして予は生きていられよう。ささて哀れなことよ」

と、ご夫婦ともども涙を流され、お嘆きはひとかたならぬものであった。御意を承った者たちは困惑して引き下がり、戻って勝茂公へありのままに申し上げると、公は「さても恐れ多いことである。何であれ孝行して差し上げられることはないものかと思っていたが、そこまで思い入れがおありの用之助を、どうして殺すことが出来ようか。すぐにも三の丸へ参上し、ただちに赦免することといたします旨、申し上げるように」とお命じになり、用之助を許されたことがお耳に達すると、（直茂公は）「わが子ながら、ありがたいこと、これに過ぎることはない」と、御本丸の方を拝まれたとのこと。

〈注〉

馬場氏　馬渡氏の誤字か。小城本では同様の割注が条文末尾にあり、そこには馬渡氏と書かれている。餅木本には割注なし。「馬渡氏咄」、「馬渡氏書付」、「馬渡新七書付」は、以降にも出てくるので、ここも馬渡氏と考えるのが自然か。馬渡氏、また馬渡新七とは馬渡俊継のことで、『北肥戦誌』（別名『九州治乱記』、『覚書』）の著者とされる。『覚書』の成立は『葉隠』と同時期（正徳年間〈一七一一―一七一六〉）と見られる。**用之助**　斎藤用之助実貞。父斎藤佐渡守茂是と共に鍋島直茂に仕え、直茂隠居後、元茂に附けられた。直茂逝去の際、父子ともに追腹。本条文と、次の条文の出来事は、ともに『直茂公譜』附録にも見られる。『直茂公譜』附録によれば、用之助の父は佐渡の低い身分の者で、直茂に取り立てられて後も小身だったため生活が苦しかった。当時、斎藤父子を始め、武功がありながら、組頭を嫌い、その命令に逆らい、辻斬り・強盗などをする十八、九人ほどの無法者がいたようである。　**透運聞書**　松浦佐五右衛門、法名透運による『透運筆語』のことか。透運は鍋島喜左衛門茂貞の三男。『透運筆語』は八十六歳の筆記とされる。元禄七年（一六九四）の記事もあり、常朝より五十歳ほど年上と見られる。　**末ニ記之**　聞書三－52の話を指す。　**飯料**　食事を作るための材料。　**下台所**　家臣や使用人の食事を供する台所、食堂。　**こふ**　餅木本、小城本では「こう」。『校本葉隠』では「斯う」。　**引合申米**　受け取る約束になっている米。「引合」は売買などの約定、またはその証書。　**当役**　請役家老（特に中心となって藩政を統括する家老）のこと。　**かゝ**　母親や自分の妻を呼ぶ語。　**突留**　槍で突き刺し、動かぬようにする。

17　一、勝茂公鉄砲的御覧被成《ごらんになられ》候ニ、斎藤用之助前ニ成《なり》*火蓋をつき空ニ向《むかい》て放し申《もうし》候。*夫《それ》廻り之《の》者玉無シと答ヘ申《もうし》候。用之助乍立《たちながら》高声ニ申《もうし》候ハ、何しに玉ハあらふか、此歳迄終《までつい》に土射たる事ハなし、然共《しかれども》妙な曲《くせ》ニて敵の胴中ハ迦《はず》したる事なし、其《その》証人ニハ*飛驒殿生《いき》ておぢやると申《もうし》候。　勝茂公以之外《もってのほか》御立腹、御手打之《うちの》御気色ニ相見《あいみえ》候か《が》、其侭《そのまま》御帰城被遊《あそばされ》、諸人興を覚《さま》し居申《おりもうし》候。　則刻三丸《そっこくさんのまる》ヘ御出《いで》、只今如斯之《ただいまかくのごとくの》次第ニて御座《ござ》候、私を主人共不存《ともぞんぜず》、人中《ひとなか》ニて恥をあたへ申《もうし》たる者ニ候間、手打可仕《うちつかまつるべき》と存候《ぞんじそうら》へ共《ども》、*御前様御秘蔵之《の》者ニ候故暫《しばら》く堪忍致《いた》し、是迄控《これまでひか》へ罷出《まかりいで》候、*何《どの》之通《とおり》ニも被仰付被下《おおせつけられくだされ》候様ニと殊《ことの》外《ほか》*御咳せき被成《なられ》被仰上《おおせあげられ》候。　直茂公被聞召《きこしめされ》、其方《そのほう》立腹尤《もっとも》至極ニて候、則寄親《すなわちよりおや》何某ニ腹を切《きら》せ候へとあらゝかに被仰《おおせられ》候。　勝茂公被聞召《きこしめされ》、組親何か《が》し無調法ハ無御座《ござなく》候、唯《ただ》用之助をどの通《とおり》ニも被仰付被下候得《おおせつけられくだされそうらえ》と被仰候《おおせられ》。　直茂公被聞召《きこしめされ》、頃日《けいじつ》組頭共《ども》へ申聞《もうしきけ》候は、ケ様《かよう》ニ打続《うちつづき》天下泰平之《の》事ニ候得《そうらえば》ハ、若士《わかざむらい》共《ども》致油断《ゆだんいたし》、武具之《の》取扱《とりあつかい》も不存《ぞんぜず》、徒《いたずら》ニ罷在《まかりあり》候而《て》ハ、自然之《の》時用ニ不立《たたぬ》事ニ候間、先近ゝ《まずちかぢか》鉄砲的を射させ　信濃守ニ見セ候而《て》可然《しかるべき》と申付《もうしつけ》候、是ハ不鍛錬之《の》若輩者共之《どもの》事ニて候、夫《それ》ニ老人之《の》用之助を引出《ひきいだ》し若輩者共並《なみ》ニ的を射させ候事、無調法千萬、寄親越度《おちど》此《この》上なく候、用之助申分《もうし》尤《もっとも》至極ニ候、彼《か》ノ者か《が》証人ハ成程《なるほど》我等ニて候、早速組頭切腹可申付《もうしつくべき》由稠敷被仰《きびしくおおせられ》候ニ付《つき》て　勝茂公重《ちょう》畳《じょう》御断《ことわり》被仰上相済申《おおせあげられあいすみもうし》候由。

〈現代語訳〉

勝茂公が鉄砲の的撃ちをご覧になったとき、斎藤用之助が前に出て、火蓋をきり、空に向かって撃ち放した。見分役は「命中弾なし」と申告した。用之助は立ったまま、声高らかに申したことには「どうしてタマがあるものか。この年までついぞ土を撃ったことはない。それでも妙な習性で、敵の胴中を外したことはない。その証人（＝証拠）として、直茂公が生き延びておいでだ」と言った。勝茂公は大いにご立腹され、手打ちにせんばかりのご様子であったが、そのまま城へお帰りになり、人々は興がさめたままとなった。勝茂公はすぐに三の丸へおいでになり、（直茂公へ）「ただいま、このような次第となりました。私を主人とも思わず、衆目の中で恥をかかせた者でありますから、手打ちにしたく思いますが、御前様ご秘蔵の者のことでございますので、ひとまず堪忍し、ここまで保留にして参上しました。いかようにも仰せつけくださいますように」と、ことのほかせきこみ苛だったご様子で申し上げられた。直茂公はお聞きになって「そなたが立腹するのは至極もっともである。ただちに組頭何がしに腹を切らせよ」と、荒々しく仰せになった。勝茂公はそれをお聞きになると、「組頭何がしの落ち度ではございません。ひとえに用之助を、どのような罰にでも仰せつけくださいますように」とおっしゃった。直茂公はお聞きになって、「日ごろ組頭どもへ申し聞かせているのは、このように天下泰平がうち続いていることであるから、若侍などが油断し、武具の取り扱いも知らず、いたずらに日を過ごしていては、いざというとき役に立たない事になる。まずは近々鉄砲の的撃ちをさせ、信濃守（勝茂）に見せるがよかろう、と申しつけたのだ。これは鍛錬の足りぬ若輩どものことを言ったのである。そこに老人の用之助をひっぱり出し、若輩どもと同じように的を撃たせたこと不届き千万、組頭の落ち度はこの上ない。用之助の言い分は至極もっともである。かの者の力量の証人（＝証拠）は、なるほど予（が今に生きていること）である。さっそく組頭に切腹を申しつけよ」との旨、厳しく仰せられたので、勝茂公は幾重にもお詫びを申し上げ、事が済んだとのこと。

〈注〉

火蓋　火縄銃の点火薬が入った火皿を覆う蓋。これを開き、引き金を引くと、火縄が火皿の火薬に火をつけ、弾が発射される。 **夫** 餅木本では「火」とある。 **飛騨殿** 鍋島直茂のこと。天正十七年（一五八九）正月、加賀守に任じられるまで、直茂の官位は飛騨守だった。続く条文は加賀守拝領の勅命についてのものである。（人物補注、鍋島直茂） **御前様** 直茂の後室、陽泰院のこと。餅木本では「御夫婦様」、小城本では「御まへ様」とある。（人物補注、陽泰院） **何** 底本、「ど」とあったのが、「何」に訂正されている。餅木本、小城本では「ど」。 **御咳せき被成** 餅木本、小城本は、「御せき被成」。「せく」は逆上する、いらだつの意。

18 一、直茂公*口宣之《くぜんの》事 一、従五位下口宣《くぜん》 一、加州様ニ御受領之《の》時口宣《くぜん》 一、豊臣信生《のぶなり》ト有之《これあり》 天正十七年正月七日

〈現代語訳〉

直茂公が拝命した口宣のこと。

一、従五位下に叙せられたときの口宣。

一、加賀守を拝命したときの口宣。

一、（姓名は）豊臣信生とあった。

（日付は）天正十七年正月七日。

〈注〉

口宣　五位以上の叙位・任官について、天子からの口頭の詔勅を、職事（蔵人）が上卿（議事の首席者である大臣・納言等）に報告する文案をいう。以下に続く官職は、秀吉を通してではあるが、天皇から勅命を受けた形で、正式に任じられたものである。直茂はこのとき、従五位下に叙され、加賀守に任じられた他、秀吉から豊臣姓を許された。また、信生という名を改め直茂とした。『直茂公譜』には「公従五位下に被叙加賀守被任、信生に被改直茂ト被号、羽柴御名字豊臣姓を御免」とある。

19　一、*豊前守殿御屋形ハ最初*塩田ニ而《て》候。直茂公仰付《おおせつけ》ニ、*御家中之《の》者、豊前守殿御家来衆と*公事沙汰《くじざた》喧嘩口論等仕出候半《しいだしそうらわば》は、不依理非《りひによらず》御家中之《の》者負《まけ》ニ可被仰付《おおせつけらるべし》と兼而《かねて》被仰出置《おおせいだされおき》候由、*脱空《ダク》老咄也。

〈現代語訳〉

豊前守殿のお屋敷は、当初塩田にあった。直茂公の仰せつけとして、「家中の者で、豊前守殿の御家来衆と訴訟・喧嘩・口論などをし出したならば、理非にかかわらず、わが家中の者の負けと申し渡すべし」と、かねがね言い置かれていたとのこと。これは脱空和尚の話である。

〈注〉

豊前守　鍋島信房。直茂の兄。龍造寺隆信の家老。『校補』によれば、天正四年（一五七六）、有馬への押さえとして、鹿島に置かれた。その後、神代（こうじろ）に移った。神代（こうじろ）鍋島家の祖。神代鍋島家はのちに連判家老となった。（人物補注、鍋島清房）**塩田**　現嬉野市塩田町。『校補』はこれを間違いとしている。塩田の久麻城は、城主原豊後守尚家、尚行父子が沖田畷で戦死した際、男子がなかったために、信房の次男助右衛門茂治が娘を娶る形で継いだ。**御家中之者**　『校補』には、鍋島直茂家臣の意で、佐賀藩の意ではないのではないか、とある。**公事沙汰**　訴訟事件。**脱空老**　安達権之助虎顕のこと。信房の孫鍋島隼人佐茂貞（もと須古家、隆信弟信周の四男鍋島市佑長昭の息子）の三男。現佐賀市大和町にあった久池井村に隠居していた。享保十四年（一七二九）九十一歳で亡くなっている。常朝より二十歳ほど年上。

20　一、於伏見御城《ふしみごじょうにおいて》高麗陣御僉議之《の》時分、太閤之《の》御前ニて隆景《たかかげ》色絵図をひろけ《げ》、赤ひ国へハ此《この》道より打入《うちいり》白キ国を通《とおり》候て抔《など》と御申《もうし》候。直茂公其《その》座ニ被成御座《ござなられ》、爰元《ここもと》ニて空之《そらの》御僉議は益《やく》ニ立間敷《たつまじく》と被思召《おぼしめされ》、既ニ可被　仰上《おおせあげられるべし》と被　思召《おぼしめされ》候得共《そうらえども》、若《もし》御意ニさかひ申《もうす》義も候哉《や》と御扣《ひか》ヘ被成《なされ》候。扨《さて》高麗ニて　段ゝ《だんだん》御仕《し》寄被成《よりなられ》候ニ伏見ニ而之《ての》御僉議少《すこし》も違不申《たがいもうさず》。

　直茂公其《その》時之《の》御一言御扣《ひかえ》御仕合《しあわせ》ニ被思召《おぼしめされ》候と御咄之《はなしの》由、*助右衛門殿咄《はなし》也。右は前方《まえかた》ニ隆景《たかかげ》なと《ど》潜《ひそか》ニ渡海候而之《ての》事かと也。

〈現代語訳〉

伏見城において、高麗出陣のご詮議の時、太閤の御前で、小早川隆景は色絵図を広げ、「赤い国へはこの道より攻め入り、白い国を通りまして」などと申された。直茂公はその座にあって、「こちらにいて架空の詮議をしていては役に立つまい」とお思いになり、まさにそう申し上げようと思われたが、もしや太閤の御意に逆らうことにもなろうかと、お控えになった。さて、高麗に行って、順次攻め寄せてごらんになると、伏見での詮議は少しも実際と違っていなかった。直茂公は、その（詮議の）時の一言をお控えになったのを幸いに思われたと、お話しになったとのこと。これは助右衛門の話である。右のいきさつは、前もって隆景などがひそかに海を渡っておいてのことか、との話であった。

〈注〉

助右衛門　徳永助右衛門。田代陣基の母の弟。鍋島主水茂里（横岳鍋島家祖）に仕えていた。享保十九年（一七三四）十一月に死去。

21　一、三ノ御丸ニて密通仕《つかまつり》候者、御僉議之《の》上男女共ニ御殺《ころし》被成《なされ》候。其後幽霊毎夜御内ニ顕れ申《もうし》候。御女中衆怖《おそろ》しか《が》り夜ニ入《いり》候へは《ば》外ヘも出不申《いでもうさず》候。久敷ケ《ひさしくか》様《よう》ニ候故　御前様へ御知《しら》セ仕《つかまつり》候ニ付《つき》て、御祈禱、*施餓鬼《せがき》なと《ど》被仰付《おおせつけられ》候へ共《ども》不相止《あいやまず》候故直茂公へ被仰上《おおせあげられ》候。公被聞召《きこしめされ》、扨こ《さてさて》嬉敷《うれしき》事哉《かな》、彼《かの》者共は首を切《きり》候而《て》も不事足《ことたらぬ》にくき者共ニて候、然処《しかるところ》死《しに》候而《て》も行所《ゆきどころ》へも不行《ゆかず》迷ひ廻り候て幽霊ニなり苦を請《うけ》うかび不申《もうさざる》は嬉敷《うれしき》事也、成程《なるほど》久敷《ひさしく》幽霊ニなりて居《おり》候へかしと被仰《おおせられ》候。其夜より幽霊出不申《いでもうさず》候由。

*慶長十一年丙午《ひのえうま》、公上方《かみがた》御留主之《るすの》間ニ密通露顕、御帰国之《の》日捕之《これをとらえ》候。其《その》内慶加と申《もうす》坊主取損《とりそんじ》し、御蔵ニ入《いり》、戸を立て切篭《きりこも》ル。依之《これにより》*牟田茂斎、刀を不差《ささず》、内ニ入《いり》て面談し和儀を以《もって》搦取之《これをからめとる》。女中は乳人おとら、お千代、お亀、松風、かるも、おふく、あい、ちや、合《あわせ》テ八人也。男ハ中林清兵衛、同勘右衛門、三浦源之丞、田崎正之助、慶加、七右衛門、合《あわせ》て六人也。*本庄若村之《ジウゴの》廟ニ而《て》成敗被仰付《おおせつけられ》候。

〈現代語訳〉

三の丸で密通をした者を、ご詮議の上、男女ともにお殺しになった。その後、幽霊が毎夜、御殿内にあらわれた。奥女中衆は怖ろしがり、夜になると外へも出なかった。久しくそれが続いたので、奥方様（陽泰院様）へお知らせしたところ、ご祈禱や施餓鬼などをお命じになったけれども止まないので、直茂公に申し上げられた。公はお聞きになって「さてさて嬉しいことよ。かの者どもは、首を斬っても飽きたらない、憎い者どもである。それが、死んでも行くべきところへ行かず、迷いに迷って幽霊になり、苦しみを受けて浮かばれずにいるとは嬉しいことだ。いくらでも長く幽霊になっておるがよい」と仰せられた。その夜から、幽霊は出なくなったとのこと。

慶長十一年（一六〇六）、丙午の年、直茂公が上方にあってお留守の間に密通が露見し、ご帰国の日にこれを捕えた。そのうち慶加という坊主は捕えそこない、（慶加は）お蔵に入って戸を閉めきり、たて籠もった。そこで牟田茂斎が、刀を差さずに内へ入って面談し、和議をもってこれを捕えおおせた。女は乳人おとら、お千代、お亀、松風、かるも、おふく、あい、ちや、の計八人、男は中林清兵衛、同勘右衛門、三浦源之丞、田崎正之助、慶加、七右衛門の計六人である。本庄若村の廟で成敗を申しつけられた。

〈注〉

施餓鬼　施餓鬼会の略。餓鬼道に落ちた亡者のために、飲食物を施し、供養する法会。　**慶長十一年丙午**　慶長十一年（一六〇六）正月に江戸城の普請が、同年三月に石垣などの普請があった。そのため江戸に呼ばれていたか。　**牟田茂斎**　牟田蔵人茂斎。初め出家していたが、直茂の命によって還俗した。『直茂公譜』の、文禄の役において渡海した人数をあげた部分に、成富茂安組として名前がある。　**本庄若村之廟**　本庄神社のこと。現在の佐賀市本庄町にある。

22　一、直茂公千栗《*ちりく》御通之《とおりの》時、此所《この》ニ九十余才之《の》者罷在《まかりあり》候、目《め》出《で》度《たき》老人ニ候間、被遊御覧《ごらんあそばされ》候様ニと申上《もうしあぐ》ル。公被聞召《きこしめされ》、夫程《それほど》見にくき者ハなし、幾人之《の》孫子共をか見倒したらん、何か《が》目出度《めでた》かるへ《べ》しと被仰《おおせられ》不被遊御覧《ごらんあそばされず》候由。

〈現代語訳〉

直茂公が、千栗の里をお通りになった時、（ある者が）「ここに九十余歳になる者がおります。めでたい老人ですので、ご覧あそばしますように」と申し上げた。直茂公はお聞きになって「それほど見苦しい者はない。幾人の孫子どもの死に目に会ってきたことか。何がめでたいものか」と仰せになり、お会いにならなかったとのこと。

〈注〉

千栗　訓みは「ちりく」。現佐賀県三養基郡みやき町。

23　一、直茂公之《の》御前妻*は高木肥前守*娘ニ而《て》候。此《この》高木之《の》末《すえ》、諫早之《の》三村惣左衛門*之《の》由也。御離別以後、筑後之《の》鐘ヶ江*甚兵衛ニ嫁娶《よめいり》候也。高木之《の》正法寺*ニ御納《おさま》リ候。*主水《もんど》殿〈日妙〉之《の》御内方天林様*は右御前妻之《の》御腹ニ御出生也。日妙事は陽泰院様之《の》御甥*ニ而《て》候。日妙之《の》御袋は石井安藝守*殿娘、御戦死以後深堀茂宅*へ嫁娶被仰付《よめいりおおせつけられ》候由。助右衛門殿*咄《はなし》也。

〈現代語訳〉

直茂公のご前妻は、高木肥前守の娘であった。この高木の末孫は、諫早の三村惣左衛門であるとのことだ。ご離別の後、筑後の鐘ヶ江甚兵衛に再嫁した。高木の正法寺に葬られている。主水殿〈日妙〉の奥方天林様は、右に述べたご前妻腹のお生まれである。日妙は、陽泰院様の又甥であられる。日妙のお母上は、石井安芸守殿が討死された後、深堀茂宅への再嫁を仰せつけられたとのこと。これは助右衛門殿の話である。

〈注〉

御前妻　法名慶円。寛永八年（一六三一）に死去。**高木肥前守**　高木胤秀。高木氏は龍造寺氏と共に、もともと少弐氏に仕えていた。その後、龍造寺隆信と少弐冬尚が敵対し、少弐氏が滅ぼされた。高木胤秀は元亀元年（一五七〇）の今山の戦い（大友宗麟と龍造寺隆信の戦い）の際、大友氏に加勢した。そのため胤秀娘の慶円は鍋島直茂と離縁となった。**三村惣左衛門**　高木胤秀の末の息子が、龍造寺宗珎（龍造寺家兼次男家門の三男、三村氏祖）の養子となり、三村久右衛門と称した。その子供が惣左衛門という。諫早家に仕えた。**鐘ヶ江甚兵衛**　鐘ヶ江盛清。筑後国鐘ヶ江（現福岡県大川市鐘ヶ江）を領していた。天正七年（一五七九）龍造寺につき、隆信戦死後の天正十三年（一五八五）大友宗麟の侵攻によって、戦死。**正法寺**　高木氏の菩提寺。高木村（現佐賀市高木瀬東）にある。**主水殿**　鍋島茂里。日妙は法名。石井信忠と石井忠俊の娘妙玉との息子で、直茂の養子。本文は茂里を陽泰院の甥とするが誤り。訳出は「又甥」とした。妙玉の母が陽泰院の姉なので、茂里の母が陽泰院の姪である。（人物補注、鍋島茂里） **天林様** 直茂と慶円の娘。初め納富家輔に嫁いだが、家輔が若くして亡くなったため、茂里に嫁ぐ。 **石井安藝守殿娘** 石井安芸守は石井信忠のことで、鍋島茂里の父。茂里の母をその娘とするのはおかしい。「娘」の字は、小城本にはなく、誤記か。訳出では「娘」を除いた。信忠は沖田畷の戦いで戦死した。 **深堀茂宅** 深堀領主、深堀純賢。茂宅は法名。石井信忠の次男茂賢は、母の再嫁によって、石井の知行と深堀領を継ぐことになった。（人物補注、深堀純賢） **助右衛門** 徳永助右衛門。聞書三−20注参照。

24　一、*隆信公御戦死以後、直茂公御念し《じ》被成《なされ》候は、某儀嶋原ニて御供仕筈《つかまつるはず》ニ候へ共、一度薩摩ニ仇を報し《ほうじ》為可申《もうすべきため》存命仕《つかまつり》、急度《きつと》取懸可申《とりかけもうすべく》と存《ぞんじ》候処、勇士共は嶋原ニて討死仕《うちじにつかまつり》、生残《いきのこり》候者共は老人若輩共故不任所存《しょぞんにまかせず》押移《おしうつり》候、此《この》事不相叶《あいかなわざる》以前ニ御弔《とむらい》仕《つかまつり》候ても御請被遊間敷《うけあそばされまじく》と奉存《ぞんじたてまつり》候間、御弔不仕《とむらいつかまつらず》候、一度念願相叶《あいかない》候様御守護可被遊《あそばされるべき》由御祈念被遊《あそばされ》候。然処《しかるところ》太閤秀吉公薩摩為退治《たいじのため》御下向ニ付《つき》て、直茂公より、古敵ニ候間、先陣被仰付《おおせつけられ》候様ニと御願被成《なされ》、相叶申《あいかないもうし》候。直茂公御祈念ニ、今度先陣仕《つかまつり》念願相叶罷帰《あいかないまかりかえり》候て、当城之《の》*鬼門ニ一寺建立仕《つかまつり》、御弔《とむらい》を始《はじめ》永こ当家之《の》弓矢之《の》守護神と崇可申《あがめもうすべく》候、弥《いよいよ》御威力を可被加《くわえられるべき》由、隆信公之《の》尊霊ニ御祈誓被成《なされ》候て御打立被遊《うちたちあそばされ》候。*嶋津兵庫降参ニ付《つき》、為御褒美《ごほうびのため》政家公ニ羽柴御名字、直茂公ニ豊臣氏并《ならびに》御小袖二重御拝領被成《なされ》候。御帰国之《の》上*金剛山宗龍寺御建立、御七年忌之《の》御法事より初《はじめ》て御弔《とむらい》被成《なされ》候。戦死之《の》面〻も同前ニ御弔《とむらい》可被成《なさるべき》由ニて　直茂公御自筆ニ被遊付《つけあそばされ》候。右御拝領之《の》御小袖一ツハ御寺納《におさめ》被成《なされ》候。于今《いまにおいて》宗龍寺ニ有之《これある》也。一ツハ御城ニ在之《これある》也。扨又《さてまた》宗龍寺之《の》住持年頭ニハ右御小袖を着仕《つかまつり》　天下泰平国家安全之《の》御祈禱被仕《つかまつられ》候由。*川上棟木之《むなぎの》銘ニ羽柴肥前守政家と有之《これある》由。*宗智寺御塔ニハ鍋嶋加賀守豊臣朝臣直茂と有之《これある》也。

又政家公御名字御拝領ハ天正十六年大坂御参上之《の》節、*大友、*立花同前ニ御官位御名字御紋被下《くだされ》候由。*馬渡氏咄也。

〈現代語訳〉

龍造寺隆信公がご戦死されて後、（その御霊に対し）直茂公がお念じになったことには「それがし、島原で（死出の）お供をいたすはずでしたが、ひとたび薩摩に仇を報じますために生きながらえました。すぐにも攻め寄せねばと存じましたが、勇士どもは島原で討ち死にし、生き残った者は老人と若輩どもだったので、思うにまかせぬまま、時を移しております。この事が成就する前にお弔いいたしましても、お受けいただけまいと存じましたので、お弔いもしておりません。ひとたび念願かないますよう、ご加護ください」との旨、ご祈念された。すると、太閤秀吉公が薩摩退治のためご下向となったので、直茂公より「宿敵でございますゆえ、先陣を仰せつけくださいますように」と願い出られ、それがかなえられた。直茂公が祈念されたことには、「このたび薩摩へ先陣いたし、念願をかなえて帰陣し、この城の鬼門に一寺を建立し、お弔いいたしますとともに、以後永久に当家の弓矢の守護神と崇めてまつります。いよいよその威をお力添えください」との旨、隆信公の御霊に対しご祈誓され、ご出立になった。島津兵庫が降伏したので、ご褒美として、（龍造寺）政家公に羽柴のご名字を、直茂公に豊臣氏の姓と小袖二重を下された。ご帰国された上は、金剛山宗龍寺を建立し、七回忌のご法事から、はじめて隆信公へのお弔いをされた。戦死した者たちもご一緒に弔うべきものとして、直茂公のご自筆で書き付けられた。右の拝領した小袖の一つはお寺へお納めになった。これは、今でも宗龍寺にある。もう一つは御城にある。宗龍寺の住職は、年頭には右の小袖を着て、天下泰平、国家安泰のご祈禱をされるとのこと。さてまた、河上神社の棟木の銘に「羽柴肥前守政家」とあるとのこと。宗智寺の御塔には、「鍋島加賀守豊臣朝臣直茂」とある。

また、政家公がご名字を拝領したのは、天正十六年（一五八八）、大坂参上のときで、大友、立花も同時に、ご官位、ご名字、ご紋を下されたとのこと、これは馬渡氏の話である。

〈注〉

隆信公御戦死　龍造寺隆信は、天正十二年（一五八四）、沖田畷の戦いにおいて戦死した。沖田畷は現長崎県島原市にある。戦いは、島原領主有馬晴信が島津義久と結んで、龍造寺氏から離反したため、その討伐として起こった。有馬晴信が援軍を頼み、島津から島津家久が出陣した。佐賀藩において、島原戦死、島原退口と言えば、この沖田畷の戦いを指す。**鬼門**　北東の方角にあたるところ。陰陽道で鬼が出入りする方角として忌む。鬼門の方角に寺社を建てると魔除けとなる。**嶋津兵庫**　島津義弘。義久の弟。**金剛山宗龍寺**　龍造寺隆信の菩提寺として建立された寺。のちに隆信と共に沖田畷の戦いで戦死した者の碑も建てられた。**川上棟木**　河上神社（別称與止日女神社。現佐賀県佐賀市大和町川上にある）の社殿の棟木のこと。社殿は文化十三年（一八一六年）に焼失、その後、再建された。**宗智寺御塔**　宗智寺は現佐賀市多布施にある曹洞宗の寺。多布施村の館に隠居していた直茂は、逆修（生前に死後の仏事を行うこと）として、館内に御塔（墓碑）を建てた。翌元和四年（一六一八）、直茂が逝去し、遺言によって館跡に宗智寺が建立された。これは、『元茂公譜』によれば、多布施に自身の遺骸を収めれば家中の者が敵の蹄にかけまいとするだろう、多布施より内側に敵を入れなければ佐賀は持ちこたえる、という直茂の考えによる。御塔（墓碑）は現在高伝寺に移されている。**大友**　大友義統。大友宗麟の嫡男。**立花**　立花宗茂。**馬渡氏**　馬渡俊継。聞書三－16「馬場氏」注参照。

25　一、隆信公之《の》御首《みしるし》薩摩より送り、*筑後榎津《えのきづ》ニ参着《さんちゃく》。是ハ国之《の》強弱を伺《うかがい》候事を直茂公御察《さつし》、*大隈安藝守ニ被仰含《おおせふくめられ》、被遣《つかわせられ》、御しるし被差返《さしかえされ》候。夫より薩摩ニ用心之《の》由。薩摩ノ使《つかい》御首を肥後国高瀬之《の》*願行寺ニ納めて帰申《かえりもうし》候也。

〈現代語訳〉

隆信公のご首級を薩摩から送り、筑後の榎津に到着した。これは国の強弱を探ろうとするものだと直茂公はお察しになり、大隈安芸守にその意をお言い含めの上、お遣わしになり、ご首級を差し返された。それ以後、薩摩の動きに用心したとのこと。薩摩の使者は、ご首級を肥後国高瀬の願行寺に納めて帰っていった。

〈注〉

筑後榎津　現福岡県大川市榎津。**大隈安藝守**　大隈茂隆。法名茂了。直茂に仕えた。『校補』によると、使者は大隈安芸守と、葉次郎右衛門が勤めた。（人物補注、大隈茂隆）**願行寺**　現熊本県玉名市高瀬にある、時宗の寺。

26　一、直茂公御耳ニ瘤出来《こぶいでき》候を、誰か申上《もうしあげ》候ハ、蜘《くも》之《の》糸ニてまき引切候得《ひききりそうらえば》ハ切れ申《もうす》物ニて候と申上《もうしあげ》候故、*世話《せわ》敷《しき》物也と被仰《おおせられ》右之《の》通《とおり》被遊《あそばされ》候。其跡たゝ《だ》れ段〻くさり申《もうし》候。御養生被成候《なされそうら》へ共《ども》、癒不申《いえもうさず》候ニ付《つき》、我等只今迄人之《の》為ニ能様《よき》ニと斗《ばかり》何事も致候《いたしそうら》へ共《ども》、聞《きき》候所ニ違《たがい》め有《あり》て我知らす《ず》ニ誤《あやまり》候事有《あり》と見へて天道より耳ニ御咎メ有《ある》事と存《ぞんじ》候、くされ死《じに》してハ子孫之《の》恥ニ候間、大破《おおやぶれ》ニ不成《ならぬ》内ニ死《しに》候へかしと被仰《おおせられ》、其後ハ只《ただ》御病気と斗《ばかり》被仰《おおせられ》、深ク御隠シ被遊《あそばされ》候か《が》、御絶食ニて御薬も不被召上《めしあがられず》候。勝茂公より、親之《の》死場《しに》ニ薬を呑《のま》セ申《もうさ》ぬ事、後日之《の》批判も無面目御座《めんぼくござなく》候間、御薬被召上被下《めしあがられくだされ》候様ニと重畳《ちょうじょう》御断《ことわり》被仰上《おおせあげられ》候ニ付《つき》て、さらハ《ば》信濃守か《が》為ニ候間、軽き薬を呑《のま》せ候様ニと被仰付《おおせつけられ》、御薬煑《*せん》ジ役*林栄久被仰付《おおせつけられ》候。御薬差上《さしあげ》候処、栄久被召出《めしいだされ》、以之外《もってのほか》御立腹にて、其《その》方ハ心安《やすき》律儀成《なる》者と存《ぞんじ》候故、薬之《の》事申付《もうしつけ》候へハ《ば》、不届《ふとどき》千万之《の》儀を仕《つかまつり》候、此《この》薬ニハ米を加《くわ》へたる物也、有躰《ありてい》ニ申《もうし》候へと被成　御意《ぎょいなられ》候。栄久涙を流し、数日御食不被召上《めしあがられず》、御力も有御座《ござある》間敷《まじく》候へハ《ば》、責《せめ》て御薬ニ少シ米を入《いれ》、煎《せんじ》候て差上《さしあげ》、御力付被遊《つけあそばされ》候ハ《ば》、御本腹可被遊哉《あそばれるべきや》と存《ぞんじ》候て成程《なるほど》米を加　申《くわえもうし》候由、申上《もうしあげ》候。重而《かさねて》ケ《か》様《よう》ニ不仕《つかまつらぬ》様ニと稠敷被　仰付《きびしくおおせつけられ》候。御病中ニ*石井生札を被召出《めしいだされ》、今夜中ニ書院を解退度《ときのけたく》候、人足共《ども》物音不仕《つかまつらぬ》様ニ可成哉《なるべくや》と被成御意《ぎょいなされ》候。安き御事ニて御座候由、御請申上《うけもうしあげ》、一夜ニ解退少《ときのけすこし》も物音不仕《つかまつらず》候。翌朝被成御覧《ごらんになられ》、何と致《いたし》候へハ《ば》物音不仕《つかまつらず》候哉《や》と御尋　被成《たずねなされ》候。生札申上《もうしあげ》候ハ、*夫丸《ぶまる》ニ柴之《の》葉をくわへさせ申《もうし》候と申上《もうしあげ》候。公被聞召《きこしめされ》、能仕《よくつかまつり》候、夫故其《それゆえその》方ニハ申付《もうしつけ》候、偖《さて》泉水之《の》中嶋之《の》石を書院之《の》跡ニ*逆修《ぎやくしゅ》ニ立可申《たてもうすべく》候、*野面《のづら》石ニ而《て》塔を立《たて》候へハ《ば》子孫か《が》無《なき》ものと姥《うば》かゝ共申《どももうし》候、人か《が》不気味ニ可存《ぞんずべく》候間、石之《の》裏を斧ニて切《きり》、形付《つけ》候様ニと被仰付《おおせつけられ》、御銘書ハ暫ク御工夫被遊《あそばされ》、鍋嶋加賀守豊臣朝臣直茂と御書《かか》せ被成《なされ》候。右之《の》御屋敷宗智寺也。御

塔も有之《これある》也。〈但《ただし》　御死去前年御建被成《たてなされ》候也〉

〈現代語訳〉

直茂公のお耳に瘤ができて、誰かが申し上げたことには「蜘蛛の糸で巻き、引きちぎればとれるものでございます」と述べたので、「厄介なことだな」と仰せになり、その通りになされた。その跡がただれ、次第に腐ってきた。ご養生されたけれども治らないので、「予はこれまで、人のために良いように、とばかり何事もしてきたけれども、人から聞くところに間違いがあって、知らないうちに誤りを犯すことがあったと見え、天道から耳に対してお咎めを受けたのだと思う。腐り死にしたとあっては子孫の恥であるから、大きく腐れぬうちに死にたいものだ」と仰せられ、その後はただ「病気」とのみおっしゃって、深くお隠しになっていたが、食事を断たれて薬もお飲みにならなかった。勝茂公から「親の死ぬ間際に薬を飲ませないとあっては、後日批判を受けても面目ないことでございますから、お薬を召し上がってくださいますように」と、重ね重ねご説得なさったので、「ならば信濃守（勝茂）のためであるから、軽い薬を飲ませるように」と仰せになり、お薬の煎じ係である林栄久に命じられた。お薬を差し上げたところ、公は栄久を召し寄せて大変ご立腹になり、「その方は安心できる律儀な者だと思ったがゆえに、薬のことを申しつけたのに、不届き千万なことをしおったな。この薬は米が加えられたものだ。正直に申せ」とおっしゃった。栄久は涙を流し、「この数日お食事も召し上がらず、お力も無くなっておいでですので、せめてお薬の中へ少し米を入れ、煎じて差し上げ、体力をおつけになれば、ご快復されるのではと存じ、仰せの通り米を加えました」との旨、申し上げた。「二度とこのようなことはせぬように」と厳しくお命じになった。ご病気中に石井生札をお召しになり「今夜中に書院を解体したい。人足どもは物音を立てぬように出来るだろうか」とおっしゃった。生札は「たやすいことでございます」とお引き受けし、一夜のうちに解体して、少しも物音は立てなかった。翌朝ご覧になり、公は「どうすれば物音が立たないのだ」とお尋ねになった。生札が申し上げたことには、「人夫に柴の葉をくわえさせました」とお答えした。公はお聞きになって「よくやった。だからその方にこそ申しつけたのだ。では次に、泉水の中島の石を解体した書院の跡へ、逆修として建てたいのだが、自然石のままで塔を建てると子孫が絶える、と年寄りの女どもが申している。人が不安に思うであろうから、石の裏側を斧で切り出し、整形するように」と仰せつけになり、碑銘についてはしばらくご考慮され、「鍋島加賀守豊臣朝臣直茂」とお書かせになった。そのお屋敷が宗智寺である。ご石塔もある。〈但書　ご逝去の前年にご建立されたものである〉

〈注〉

世話敷　厄介な。面倒な。**煑**《ジ》　「煎《ジ》」の誤字か。餅木本、小城本では「煎」。**林栄久**　林利兵衛貞正。医道の心得があった。父林一徳斎（秦伯）は朝鮮の人。**石井生札**　石井義元。直茂に重用された者の一人。直茂の以前の名「信生」から一字を拝領し、生札と称した。（人物補注、石井義元）**夫丸**　人夫。人足。**逆修**　生きているうちに仏事を行い、あらかじめ死後の冥福を祈ること。**野面石**　切り出したままの、加工されていない石。

27　一、*元茂公ヘ直茂公御咄に、上下ニよらす《ず》時節到来すれハ《ば》家か《が》崩《くず》るゝ物也、其時崩《くずす》ましき《じ》とすれハ《ば》きたな崩しをする也、時節到来と思ハ《ば》はいさぎよく崩《くずし》たるか《が》能《よき》也、其時ハ抱《かか》へ留《とむ》る事も有《あり》と被仰《おおせられ》候由。月堂様御咄を*禅界院殿聞覚《ききおぼえ》候由也。

〈現代語訳〉

元茂公に対する直茂公のお話に、「家格の上下を問わず、その時節が来れば家が滅びるものである。その時、滅ぼすまいとすれば、見苦しい滅び方をするのである。その時節が来たと思ったなら、いさぎよく滅んだがよい。その（覚悟をした）時は、（かえって）家を抱え留めるということもある」と仰せになったとのこと。月堂様（元茂公）のお話を、禅界院殿（ご次男直朗殿）が聞き覚えておられたとのことである。

〈注〉

元茂公　鍋島元茂。鍋島勝茂の庶子で、直茂の養子。支藩小城藩初代藩主。月堂は法名。（人物補注、鍋島元茂）**禅界院殿**　元茂の次男、鍋島直朗。鍋島武興（横岳鍋島家、鍋島茂里の孫）の養子となり、横岳家を継いだ。禅界院は法名。

28　一、直茂公御夢ニ、与賀*之《の》宮之《の》前を御通《とおり》被遊《あそばされ》候処ニ、御跡より加賀守〳〵と呼声《よびごえ》仕《つかまつり》候付《につき》、御見返り被遊《あそばされ》候へハ、*白張《はくちょう》装束之《の》人、石橋之《の》上ニ御立《たち》、闇《くらく》してならぬと被仰《おおせられ》候。御夢心ニ、扨《さて》ハ常燈《じょうとう》を揚《あ》ケ《げ》よとの御事成《なるべ》へしと被思召《おぼしめされ》、夫《それ》より常燈《じょうとう》被差上《さしあげられ》候。御隠居已後《いご》も　直茂公より被差上《さしあげられ》候付《につき》て、于今《いまに》*小城より　上《たてまつ》り候由。〈此《この》事兵*動左仲覚書《おぼえがき》*末ニ　記之《これをしるす》〉

〈現代語訳〉

直茂公が御夢の中で、与賀神社の前をお通りになったところへ、後ろから「加賀守、加賀守」と呼び声をかけられたので振り返られると、白張の装束を着た人が石橋の上に立ち、「暗くてしかたがない」とおっしゃった。夢の中の心に「これは常夜燈を納めよということであろう」とお思いになり、それ以後、常夜燈をご奉納された。ご隠居後も直茂公より差し上げられたので、今も小城から寄進があるとのこと。〈この事についての、兵動左仲の覚書の記述は本聞書の末尾に載せる〉

〈注〉

与賀之宮　現佐賀市与賀町にある与賀神社のこと。正式の表記は與賀神社。『校補』によれば、直茂が常燈を奉じたのは慶長十四年（一六〇九）のこと。**白張装束**　糊のついた白布の狩衣。神事の道具を運ぶ人夫などが身に着けた。**小城**　支藩小城藩。もともと直茂の隠居領だった。**兵動左仲**　兵動延貞。与賀神社の神職。連歌宗匠も勤めた。**末ニ記之**　同様の話が「左仲」の「覚」として聞書三－56にある。

29　一、直茂公*最前之《の》御前様、御離別已後《いご》*うハなり打《うち》に折ゝ御出候得共《いでそうらえども》、*陽泰院様御取持《とりもち》御丁寧ニ候故、御納得ニ而《て》御帰《かえり》候事、度ゝニて候由。

〈現代語訳〉

直茂公のさきの奥方様は、ご離別の後、しばしば「うわなりうち」をかけられたが、陽泰院様のご対処が周到でいらっしゃるので、ご納得してお帰りになる、ということがたびたびであったとのこと。

〈注〉

最前之御前様　高木胤秀娘。法名慶円。**うハなり打**　後妻のことを、うわなりと言う。うわなり打ちとは、先妻が親しい女たちと共に、予告をしたうえで、後妻の家を襲う風習のこと。**陽泰院**

石井常延娘。鍋島直茂の後室。（人物補注、陽泰院）

30　一、*日峯様御存生之《の》内より、在ゝ端ゝ之《ざいざいはしばしの》者共わかり兼《かね》たる事有之《これある》時ハ、佐嘉之《の》方を拝ミ鬮取《くじとり》候て　*加州様御教《おしえ》被成《なされ》候と申《もうし》候て相定《あいさだめ》候由。

〈現代語訳〉

日峯様（直茂公）のご存命中より、領内各地方の下々の者どもは、どうしてよいかわからない事があった時、佐賀の方を拝んでくじを引き、「加州様がお教えくださいます」と申して、事を決めたとのこと。

〈注〉

日峯様　日峯は鍋島直茂の法名。（人物補注、鍋島直茂）　**加州様**　加賀守は鍋島直茂の官職名。

31　一、*藤嶋生益《しょうえき》宅ニ、早朝*本庄院住持参り、今朝御神躰御身拭《ぬぐい》為可仕《つかまつるべきため》宝殿を開き候へハ《ば》*御くじ《ぐし》落居申《おちおりもうし》候、早ゝ為可申上《もうしあげるべきため》御くじ《ぐし》も持参仕《つかまつり》候と袈裟ニ包差出被申《つつみさしいだしもうされ》候。生益被申《もうされ》候ハ、御くし《ぐし》ハ御覧被成《なさるる》物ニても無之《これなく》候間、御持帰《もちかえり》可被成《なさるべく》候、右之《の》段ハ則《すなわち》可申上《もうしあぐべし》と申《もうし》候て致出仕申上《しゅっしいたしもうしあげ》候処、直茂公以之外《もってのほか》御立腹、扨ゝ《さてさて》にくき坊主かな加賀守をた《だ》まし可申《もうすべく》と仕《つかまつり》候哉《や》、則《すなわち》*穢多《えた》共召連《めしつれ》拷問ニて有躰《ありてい》いわせ候様ニと被仰《おおせられ》候。生益難落着《らくちゃくしがたく》、御為《ため》を存《ぞんじ》候て申《もうし》候処ニ拷問仕《つかまつり》候儀ハ如何《いかが》と申上《もうしあげ》候へハ《ば》、殊外《ことのほか》御呵《おしかり》、其《その》方ハ成間敷《なるまじく》候、余《よ》人ニ可申付《もうしつけるべし》と被仰《おおせられ》候ニ付《つき》て、生益申上《もうしあげ》候ハ、成間敷《なるまじく》ニてハ無御座《ござなく》候、左《さ》様ニ被成御意《ぎょいなされ》候ハ《ば》、則《すなわち》可罷越《まかりこすべく》と申上《もうしあげ》、籠守織部《ろうもりおりべ》召連罷越《めしつれまかりこし》候処ニ住持出《いで》合被申《あいもうされ》候を手を取《とり》、加州様御立腹則《すなわち》拷問と被仰出《おおせいだされ》候由申《もうし》候へハ《ば》、偖〻《さてさて》迷惑成《なる》義、合点不参《まいらず》と被申《もうされ》候。生益申《もうし》候ハ、出家たる者の穢多《えた》の手に渡り候上ニて白状ハ見苦敷《みぐるしく》可有之《これあるべく》候と申《もうし》候付《につき》、住持被申《もうされ》候ハ、しからハ《ば》有躰可申上《ありていにもうしあげるべく》候、御身拭仕《ぬぐいつかまつり》御神躰動《うごき》候故御くじ《ぐし》落申《おちもうし》候ニ付不斗《つきふと》心付《つき》、ケ様《かよう》ニ申上《もうしあげ》候ハ《ば》、御造栄《ぞうえい》も被成《なされ》、寺も栄可申《さかえもうすべく》と存《ぞんじ》候て申上《もうしあげ》候由、白状仕《つかまつり》候。生益急き《ぎ》罷帰《まかりかえり》、白状之《の》趣申上《おもむきもうしあげ》候へハ《ば》、最前ニ違《たがい》御笑《わらい》被成《なされ》候。生益*せき上り、私をた《だ》まし申《もうし》たる意恨晴《ばら》シに磔《はりつけ》ニ懸可申《かけもうすべく》候間、某ニ被下《くだされ》候様ニと申上《もうしあげ》候。直茂公弥《いよいよ》御笑被成《わらいなされ》、其《その》方ハ最初実《じつ》と存《ぞんじ》候故今腹を立《たて》候、我等ハ謀計之《ぼうけいの》儀を早察《はやさつし》候付《につき》て其《その》節ハ腹立候《たてそうら》へ共《ども》、今ハ左様ニなし、彼《かの》坊主此中《このなか》我等社参之《の》度〻に寺ニ立寄《たちより》候様ニと申《もうし》候故一度寄リ候へハ《ば》、吸《すい》物を出《いだし》候か《が》、椀之《の》底ニ土付居《つきおり》候、左《さ》候てあたまを地ニ付け*難有《ありがたき》なと《ど》ゝ申《もうし》候、左《さ》様ニ存《ぞんじ》候ハ《ば》、我等ニ居《すえ》候膳之《の》心遣《づかい》を社可入念事《こそねんをいれるべきことに》候、*まいす者*すまぬ奴と日来《ひごろ》存《ぞんじ》候か《が》、ケ様之《かようの》事工《たく》ミ出《いだし》候、祈願所之《の》事《ことに》候間、只《ただ》住持を代《かえ》候様ニと被仰付《おおせつけられ》候由。生益痛入《いたみいり》候と物語之《の》由。清左衛門*咄《はなしもうし》申候由也。

〈現代語訳〉

藤島生益の宅へ、朝早く本庄院の住職が来て、「今朝、ご本尊のお体をお拭いしようと宝殿を開きましたら、お首が落ちておりました。すぐに申し上げようとお首も持参いたしました」と、袈裟に包んで差し出された。生益が申されたことには、「お首は（殿が）ご覧になるものでもないから、お持ち帰りなさい。右の次第については申し上げよう」と言って登城し、ご報告すると、直茂公は大いにご立腹され、「さてさて憎き坊主よ、この加賀守を騙そうというのか。この上は、配下の者を召し連れ、拷問にかけて正直に言わせるように」とおっしゃった。生益は腑に落ちきらず、「殿の御ためを思って申したものを、拷問にかけますのはいかがなものかと」と申し上げると、ことのほかお叱りになって、「その方には出来ない、他の者に申しつける」と仰せられたので、生益が申し上げたことには「出来ないことはございません。そこまでおっしゃるのであれば、すぐに参ります」とお答えし、牢役人の織部を召し連れて向かった。すると住職が出て来られたので、その手を取り「直茂様はご立腹で、拷問せよと仰せになった」という旨を伝えると、「さてさて困惑することだ、合点がいかない」と申された。生益が申したことには、「出家者たるものが、牢役人の配下の者の手にかかってから白状するのは、見苦しいことでしょう」と言ったので、住職が申すには、

「ならば正直に申し上げます。お体を拭ったところ、ご本尊が動いて、お首が落ちました。それでふと思いつき、あのように申し上げれば、ご造営もなさり、寺は栄えるであろうと存じて申しました」との旨、白状したのであった。生益は急いで立ち帰り、白状した内容をご報告すると、直茂公は先程とは違ってお笑いになった。生益はかっとなって、「私を騙しました恨みを晴らすため、磔にしとうございますので、それがしにお預けくださいますように」と申し上げた。直茂公はますますお笑いになり、「その方は最初に本当だと思ったから今腹を立てるのだ。予は謀《はかりごと》を早く察したので、その時は腹を立てたが、今はそうでもない。あの坊主はこの間から、予が神詣でをするたび『寺へお立ち寄りくださいますように』と言うので一度寄ったところ、吸い物を出したが、椀の底に土がついていた。そのくせ頭を地につけて『ありがたきこと』などと言う。そう思うならば、予に出す膳への心遣いにこそ、念を入れるべきだ。糞坊主、許せぬ奴と日頃から思っていたが、(果たして今回）このようなことを企んだ（わけだ)。祈願所の事であるから、住職を交替させるだけとするように」と仰せつけられたとのこと。生益は、痛み入ったと物語ったとのこと。（以上のように）清左衛門が話したとのことである。

〈注〉

藤嶋生益　始め宝持庵の弥蔵主の弟子として出家していたが、直茂の命によって還俗、側に仕えた。　**本庄院**　本庄神社の神宮寺。天台宗。　**御くじ**　「みぐし」。頭や首の尊敬語。　**穢多**　江戸時代の身分制において非人とともに最下層に位置づけられて差別された階層の人々。当時の佐賀藩では、牢役人の下役を勤めさせられたこともあった。**せき上り**　かっとなって。逆上して。**まいす者**　まいすとは、売僧と書き、禅宗で僧形で商売などをした堕落僧をいう。転じて、嘘やいつわりのこと。佐賀方言では「ミャース」と言い、へつらいやおもねりを意味する。まいす者で、へつらい、おもねる者のこと。**すまぬ奴**　気に入らない奴。うさんくさい奴。**清左衛門**　藤島生益の孫。

32　一、稲垣*権右衛門御暇《いとま》被下《くだされ》候事

直茂公之《の》御代ニ御家中之《の》者共上方之《の》事一向不存《いっこうぞんぜず》、*公儀方勤《つとめ》候者倉町*九郎一人ならて《で》無之《これなく》候。*国廻り上使の付廻《つけまわり》を九郎ニ被仰付《おおせつけられ》候処、上方流ハ銀之《の》轡をはめ申《もうし》候間、早ヽ被仰付《おおせつけられ》候様ニと注進仕《つかまつり》候。又野か《が》けニて上使より弁当御振舞候時、毛氈《もうせん》を敷有之《しきこれあり》候を、何としたる致《いたし》様かと色ヽ致工夫《くふういたし》、毛氈《もうせん》を膝ニ掛《かけ》、野か《が》けを給申《たべもうし》候。ミがき轡、毛氈抔《もうせんなど》さへ不見知躰之《みしらぬていの》人ニ候へ共《ども》、責《せめ》て公儀方九郎ならて《で》無之《これなく》、別而《わけて》御事欠《かけ》候故、稲垣権右衛門と申《もうす》浪人を二百石ニて被召抱《めしかかえられ》候。其《その》時分高伝寺御参詣之《の》処ニ門前ニ張《はり》紙あり。

　御譜代之《の》者だに取らぬ知行をは《ば》稲垣来《きた》り二百石取る

と書付《かきつけ》有り。御帰之《かえりの》上、譜代之《の》衆ニさへ無沙汰致シ、他方《よそ》之《の》者ニ知行呉《くれ》候事、何《いずれ》も不合点之《の》段、尤《もっとも》至極、我等誤り痛入《いたみいり》候、公儀方無調法ニても国家之《の》害ニハ不成《ならず》候と被仰《おおせられ》、権右衛門ニ右之《の》段被仰聞《おおせきかされ》御暇《いとま》被下《くだされ》候由。

〈現代語訳〉

稲垣権右衛門がお暇を出された事

直茂公のご治世に、御家中の者どもは上方の事を全く知らず、幕府の御用を勤める者は、倉町九郎一人以外にいなかった。巡見使への付き添いを九郎に仰せつけたところ、「上方風は（馬に）銀のくつわをはめますので、早々にご用命されますように」と注進した。また野遊びをして、巡見使から弁当が振る舞われたとき、毛氈を敷いてあったのを、どうするためのしつらえかと色々考え（た末に）、毛氈を膝にかけて弁当を食べた。磨きくつわや毛氈などさえ知らないような者であったが、それでも幕府御用向きは九郎以外にはなく、特別ご不自由な事だったので、稲垣権右衛門という浪人を二百石で召し抱えられた。その頃、直茂公が高伝寺に御参詣されたところ、門前に張り紙があった。「御譜代の者だに取らぬ知行をば稲垣（異な餓鬼）来たり二百石取る」と書き付けてあった。お帰りになって、「譜代の者にさえ何もしてやれない事、他国者に知行を与えた事、どちらにも合点がゆかぬというのは至極もっともであり、予の誤り、痛み入った。幕府向きの御用は、不調法でもわが国の害にはならぬ」と仰せられ、権右衛門に右の次第をお言い聞かせになり、お暇を出されたということである。

〈注〉

稲垣権右衛門　詳細不明。「権左衛門」が「権右衛門」に訂正されている。餅木本では「権右衛門」、小城本では「権左衛門」である。　**公儀方**　幕府との交渉・接待にあたる役。　**倉町九郎**　倉町信吉の孫で、信光の嫡男。信吉、信光は父子で龍造寺隆信に仕えており。『直茂公譜』においては今山の戦いの際などに名前がみられる。　**国廻り上使**　寛永十年（一六三三）の国廻りのこと。巡見使の一回目とされる。諸大名権力の監察を主とした。次の寛文七年（一六六七）の諸国巡見使以降は、在地の状況の監察が主となった。

33　一、*永禄十八年之《の》秋、太閤大明為御征伐《だいみんごせいばつのため》、道を朝鮮ニ被求候《もとめられそうら》へ共《ども》、朝鮮受合不申《うけあいもうさず》候ニ付《つき》、先《まず》朝鮮為御征伐《ごせいばつのため》、*名古耶御城　直茂公ヘ被仰付《おおせつけられ》候。文禄元年高麗御陣、*加藤清正、直茂公御先陣　公之《の》御勢《おんぜい》一万二千也。三月下旬御出船、四月廿八日朝鮮釜山浦《ふざんほ》御着《ごちゃく》也。文禄三年、中戻り、諸将為休息《きゅうそくのため》被召寄《めしよせられ》候。慶長二年三月　直茂公被為召《めしなられ》御帰朝、大坂御逗留、六月上旬御暇《いとま》、蜂須賀《はちすか》、安国寺、直茂公、朝鮮軍事三奉行ニ被仰付《おおせつけられ》候。*同三年十二月、皆ゝ帰朝、直茂公　勝茂公、直《じき》ニ御登《のぼり》、伏見ニて　家康公御面談、大坂ニて秀頼公ニ御勤《つとめ》被成《なられ》候。同四年三月、直茂公御暇《いとま》ニて御下国、朝鮮立《たち》より八ヶ年、御帰国不被成《なされず》候也。*

〈現代語訳〉

天正十八年（一五九〇）の秋、太閤は、大明国ご征伐のため、道案内を朝鮮に求められたが、朝鮮が承知しなかったので、まず朝鮮をご征伐するため、名護屋城のご築城を直茂公に仰せつけられた。文禄元年（一五九二）の高麗出陣は、加藤清正、直茂公がご先陣で、公のご軍勢は一万二千であった。三月下旬、ご出航、四月二十八日、朝鮮の釜山浦にご到着された。文禄三年（一五九四）、いったん帰陣。諸将を休息のためお呼び寄せになった。慶長二年（一五九七）三月、直茂公はお召しによりご帰国、大坂にご滞在。六月上旬、お暇を許された。蜂須賀、安国寺、直茂公が朝鮮軍事三奉行に仰せつけられた。同三年十二月、全軍帰還。直茂公、勝茂公はただちに上方へのぼられ、伏見で家康公にご面談、大坂で秀頼公にお仕えされた。同四年三月、直茂公にお暇が出て（佐賀へ）ご下国。朝鮮への出立より八年間、御帰国されなかったことになる。

〈注〉

永禄十八年　「天正十八年」（一五九〇）の間違い。**名古耶御城**　現在の佐賀県唐津市鎮西町名護屋に、大陸征服の拠点として築かれた城。惣奉行には浅野長政、設計として縄張り奉行には黒田孝高が任じられた。**加藤清正**　幼少より秀吉に仕えた。肥後熊本藩初代藩主。**同三年十二月**　八月に秀吉が逝去したため。　**御帰国不被成**　『直茂公譜』には慶長二年、大坂逗留ののち佐賀に帰着されたとある。

34　一、直茂公、当時気味*能《よき》事ハ　必《かならず》後ニ悔《くい》ル事有《ある》物也と被成御意《ぎょいなされ》候由。

〈現代語訳〉
直茂公が、「その当座気分のよい事には、必ず後になって悔いる事があるものだ」と仰せになったとのこと。

〈注〉
気味　気分。心持ち。

35　一、隆信公御軍功段ゝ募《つの》リ申《もうし》候時分、或夜御酒宴被遊《あそばされ》候ニ、御庭之《の》隅《すみ》ニ人蔭見へ申《もうし》候由御女中なと《ど》申《もうし》候ニ付《つき》、則《すなわち》御出《いで》御覧被成《なられ》、何者ぞと御尤《とが》メ被成《なられ》候へハ《ば》、左衛門大*夫ニて候と御答《こたえなされ》被成、抜《ぬき》鑓を御持被成御座《もちなされござ》候。何故《なにゆえ》ニ夫《それ》ニ被居《おられ》候哉《や》と隆信公被仰《おおせられ》候へハ《ば》、世上敵多ク御油断被成《なされ》候時節ニて無御座《ござなく》候、今夜御酒盛と承《うけたまわり》候ニ付《つき》、無心元《こころもとなく》存《ぞんじ》、御番仕《つかまつり》候由被仰《おおせられ》候。隆信公御感心不浅《あさからず》、是ニて酒を参《まいり》候へと被仰《おおせられ》候ニ付《つき》、御座ニ御通被成《とおりなされ》候処、寒夜《かんや》ニて御手こゞゑ御持被成《もちなされ》候御鑓御手より離レ不申《もうさず》候由。

〈現代語訳〉

龍造寺隆信公のご軍功が度重なった頃、ある夜、ご酒宴を開かれると、お庭の隅に人影が見えますと奥女中などが言うので、外に出てご覧になり、「何者だ」とお咎めになると、（直茂公が）「左衛門大夫でございます」とお答えになり、抜き身の槍をお持ちになって坐っておられた。「何ゆえそこにおられるのか」と隆信公が仰せになると、「世上には敵が多く、ご油断なさる時節ではございません。今夜はお酒盛りと承りましたので不安に存じ、番をいたしております」との旨、仰せになった。隆信公は深くご感心され、「こちらで酒を飲め」と仰せられたので、お席に上られたところ、寒い夜でお手が凍え、お持ちになっていた槍が手から離れなかったとのこと。

〈注〉

左衛門大夫　鍋島直茂の若い頃の官職名。

36　一、太閤様仰《おおせ》ニ、龍造寺隆信と云《いい》し者ハ名将可為《たるべし》と思ハれ候、子細ハ鍋嶋飛騨守ニ国家を打任《うちまかせ》候ハ能《よ》ク人を見知《しり》たる也、今飛騨守を見て思ひ知られ候と御申《もうし》候由。

〈現代語訳〉

太閤様の仰せに、「龍造寺隆信と称した人物は、名将であろうと思われる。そのわけは、鍋島飛驒守直茂に国家を打ち任せるのは、人物を見抜けてのことだからだ。今飛驒守を見てそう思い知った」と申されたとのこと。

37 一、天正十八年、*小田原御陣ニ直茂公御越之《こしの》節、下関御宿、*道山平兵衛ニて候也。

〈現代語訳〉

天正十八年（一五九〇）、小田原のご陣に直茂公が向かわれた際、下関の御宿は、道山平兵衛方であった。

〈注〉

小田原御陣 秀吉の小田原征伐のこと。『直茂公譜』によれば、直茂は秀吉に陣中見舞いとして使者や贈物を送り、天正十八年七月には少人数を伴って自ら見舞った。遠くからの見舞いであり、また小田原に着いた当日に北条氏が降参したため、秀吉は大変喜んだという。**道山平兵衛** 『校補』によれば、浪人道山新左衛門の子利兵衛が、下関の町人となり、海賊と一味して大坂に行く船を襲っていたところ、直茂が利兵衛を頼み、海上を無事に通してもらった。以降、海路を行く使者飛脚の往来などについては、代々道山が請け負っているとある。道山平兵衛も道山利兵衛の関係者であろう。

38　一、慶長八年十一月、中野*神右衛門代官*所之《どころの》百姓共下代*《げだい》八並善右衛門と申《もうす》者之《の》事を生三*方へはさミ状*仕《つかまつり》、御改之《あらための》上無実ニ付《つき》磔《はりつけ》と被申上《もうしあげられ》候処 直茂公、磔《はりつけ》ハ台木も人間もくさり捨《すつ》るものニて候、殊《こと》ニ神右衛門合点申間敷《もうすまじく》候、蓮池*めい嶋ニ千間堀ほらせ候様ニと被仰付《おおせつけられ》候。訴訟人共千間堀を掘申《ほりもうし》候由。

〈現代語訳〉

慶長八年（一六〇三）十一月、中野神右衛門支配地の百姓どもが、下代である八並善右衛門という者の事について、鍋島生三のところへ訴状を差し出したが、取り調べの上無実であったので、（訴えた者どもは）磔刑と申し上げたところ、直茂公は「磔は、台木をも人間をも腐らせ捨てるものである。ことに神右衛門は合点するまい。蓮池の見島に千間堀を掘らせるように」と仰せつけられた。訴訟を起こした者どもは（仰せの通り）千間堀を掘ったとのこと。

〈注〉

中野神右衛門　山本常朝の祖父、中野清明。（人物補注、中野清明）　**代官所**　蔵入地（藩の直轄領）で、代官が支配を任された領地。この時、中野清明は神埼郡詫田（現佐賀県神埼市千代田町詫田）の代官だった。　**下代**　代官の下役。下級の役人のこと。八並善右衛門については未詳。　**生三**　鍋島伊賀守生三。直茂の従兄周防守清虎の三男。姉川鍋島家の祖。（人物補注、鍋島生三）　**はさミ状**　直訴の訴状。竹の先や木の枝にはさみ、高く捧げて差し出したことから。　**蓮池めい嶋**　現佐賀市蓮池町大字見島。

39　一、*有田皿山ハ、直茂公高麗国より御帰朝之《の》時、日本之《の》宝ニ可被成《なさるべく》とて焼物上手頭六七人被召連《めしつれられ》候。金立《きんりゅう》山ニ被召置《めしおかれ》、焼物仕《つかまつり》候。其《その》後伊万里之《の》内、*藤之《の》河内山へ被移《うつされ》、焼物仕《つかまつり》候。夫《それ》より日本人見習《ならい》、伊万里、有田方ゝニ罷成《まかりなり》候由。

〈**現代語訳**〉

有田皿山は、直茂公が高麗国よりご帰還の時、日本の宝にしたいと、上手の陶工を六、七人お召し連れになったものである。（彼らは）金立山に召し置かれ、焼き物を作った。その後、伊万里の藤の河内山へと移され、焼き物を作った。それからは日本人も見習って、伊万里、有田の方々に広がったとのこと。

〈注〉

有田皿山　現佐賀県西松浦郡有田町。　**藤之河内山**　現佐賀県伊万里市松浦町山形藤川内。

40　一、*鹿子《かのこ》村龍昌寺之《の》天神ハ、隆信公宰府御勧請被成《なされ》候。*安藝殿若輩之《の》時分、天神之《の》森ニて鳩を打被申《うちもうされ》候処、迦《はずれ》申《もうし》候付《につき》て腹を立《たて》、今之《の》鳩ニ中《あた》り不申《もうさず》ハ天神之《の》業《わざ》ニて有へ《あるべ》し、にくき天神也とて二ッ玉を込メ宝殿を裏表ニ射貫被罷帰《いぬきまかりかえられ》、直茂公へ右之《の》通被申上《とおりもうしあげられ》候。公被聞召《きこしめされ》、扨ゝ無勿躰《さてさてもったいなき》事を仕《つかまつり》候と、則《すなわち》御行水被成《なされ》、御上下《かみしも》を召《めし》御参詣、只今疎《そ》早《そう》者、以之外《もってのほかの》之儀を仕《つかまつり》、御怒リ可被遊《あそばされるべし》と、近来迷惑千萬奉存《ぞんじたてまつり》候、彼《かの》者ハ兼《かね》て右之《の》通之疎《とおりのそ》早《そう》者ニ御座《ござ》候、平《ひら》ニ御免可被遊《ごめんあそばされるべく》候、為御断某罷出《おことわりのためそれがしまかりいで》候と地ニ御平伏、高吟《たかぎん》ニ御断被仰上《ことわりおおせあげられ》候由。

〈現代語訳〉

鹿子村龍昌寺の天神は、龍造寺隆信公が太宰府よりご勧請なさったものである。安芸守殿が若年の時分、天神の森で鳩を狙い撃たれたが、外れたので腹を立て、「今のが鳩に当たらなかったのは天神の仕業であろう、憎き天神だ」と、二発の玉を（銃に）こめ、宝殿を裏から表へ撃ち抜いてお戻りになり、直茂公へその通り申し上げた。公はお聞きになって「さても恐れ多いことをした」と、すぐに行水をなさって、裃をお召しの上ご参詣になり、「ただいま粗忽者がもっての外なる所行をいたし、お怒りになっているものと、近頃になく困惑この上なく存じております。かの者は、かねてより右の通りの粗忽者でございます。どうかお赦しください。お詫びのためそれがしがやって参りました」と、地に平伏して声高くお詫びを申し上げられたとのこと。

〈注〉

鹿子村龍昌寺　現佐賀市本庄町大字鹿子にあった寺。『曹洞宗由緒』によれば、隆信ではなく、その祖父龍造寺家純（龍造寺家兼嫡男）が造営し、太宰府より勧請したとのこと。**安藝殿**　鍋島茂賢。（人物補注、鍋島茂賢）

41　一、直茂公之《の》仰《おおせ》ニ、我気《わが》ニ入《いら》ぬ事か《が》、我為《わがため》ニ成《なる》物也と被仰《おおせられ》候由。是ハ勝茂公常ニ御咄被成《なされ》候由也。

〈現代語訳〉

直茂公の仰せに、「自分の気に入らぬことが、自分のためになるものだ」とおっしゃったとのこと。これは勝茂公が常に語っておられたとのことである。

42　一、陽泰院様ハ御前夫*納富治部大輔殿御討死已後《うちじにいご》、*石井兵部大輔殿*飯盛之《いさかりの》屋敷ニ被成御座《ござなされ》候。或時隆信公御出陣御供之《の》衆、兵部大輔殿御方ヘ被立寄《たちよられ》、弁当遣《つか》ひ被申《もうされ》候。兵部大夫殿内衆ヘ鰯《いわし》を焼進《やきしんぜ》候様ニと御申付《もうしつけ》候。内衆焼申候《やきもうしそうら》ヘ共《ども》、大勢ニて中々《なかなか》間ニ合不申《あいもうさず》候。陽泰院様のれん之《の》陰より被成御覧《ごらんになられ》候か《が》、つと御出《いで》、大釜の下ノ火をかき出《いだ》し、鰯篭《いわしかご》を打《うち》返し、大団《おおうちわ》ニてあをぎ立《たて》、*箕《み》ニかすり込《こみ》、炭を*簸出《ひいだ》シ、其侭被差出《そのままさしいだされ》候。直茂公御覧被成《ごらんになられ》、あの様ニ働《はたらき》たる女房を持度《もちたく》と被思召込《おぼしめしこまれ》、其《その》後御通イ被成《なされ》候。或時盗人と申《もうし》候て追懸《おいかけ》候故、堀を御飛被成《とびなされ》候ヘハ《ば》、刀打掛《うちかけ》候ニ付《つき》御足之《の》裏ニ少《すこし》疵付申《つきもうし》候。此外ニ*多久夜懸之《よがけの》時分薄手一ケ所御負被成《おいなされ》候由也。〈又一説ニ天正四年二月*横沢城攻之《せめの》時被負御手《おておわれ》候斗《ばかり》也ト〉

〈現代語訳〉

陽泰院様は、ご前夫である納富治部大輔殿が討ち死にされた後、実父石井兵部大輔殿の飯盛の屋敷にいらっしゃった。ある時、隆信公ご出陣のお供の者たちが、兵部大輔殿のところへ立ち寄られ、弁当を調達された。兵部大輔殿は、女子衆へ「鰯を焼いて差し上げるように」と申しつけられた。女子衆は（鰯を）焼いたけれども、（お供が）多勢なのでなかなか間に合わなかった。陽泰院様はのれんの陰からご覧になっていたが、さっとお出ましになり、大釜の下の炭火をかき出し、鰯を入れたかごを（火の上に直接）ひっくり返し、大団扇であおぎ立て、（鰯を炭や灰ごと）箕にかき入れ、炭をふるいだし、そのまま差し出された。直茂公はそれをご覧になって、「あのように気働きのできる女房を持ちたい」と思い入れられ、その後、お通いになった。ある時、（家人が直茂公を盗賊と誤り）「盗人」と言って追いかけてきたので、堀を飛び越えられたが、刀で斬りつけられ、足の裏に少し疵がついた。このほかに（公の負傷は）、多久の夜討ちの時、浅い傷を一ヵ所負われたとのことである。〈また一説に、天正四年（一五七六）二月、横沢城攻めの時、負傷されたものだけである、とも言う〉

〈注〉

納富治部大輔　納富信貞（信純とも）。龍造寺隆信の家老だった納富石見守栄房の次男（養子）。永禄九年（一五六六）川久保で神代長良の伏兵に遭い戦死。陽泰院との間に、一男一女あったが、息子能登守家理（信理、家俊とも）は沖田畷の戦いで戦死した。**石井兵部大輔**　石井常延。兵部小輔とも。隆信の家老であった石井和泉守忠清の嫡男。陽泰院の父。また鍋島茂里、鍋島茂賢を生んだ妙玉は、陽泰院の姉の娘。**飯盛之屋敷**　佐賀市本庄町大字鹿子（古くは字上飯盛）の居城。元亀元年（一五七〇）、この屋敷を移設した後に、本善寺の伽藍が建立された。本善寺は、常延の菩提寺としてその法名をとり、常照院と改称している。日蓮宗。**箕**　穀物を中に入れてふるい、殻やごみをよりわける農具。 **簸出**シ 箕でふるって、殻やごみを除くこと。 **多久夜懸** 元亀元年（一五七〇）八月二十日から二十一日の夜、今山の戦いの翌日に、多久梶峰城の小田鎮光を攻めた時のこと。小田氏は龍造寺氏と共に少弐氏に仕えていたが、龍造寺氏と少弐氏との戦いの中で龍造寺隆信に降伏、小田鎮光は妻として隆信の養女を娶り、隆信の三男を養子として迎えていた。今山の戦いにおいて小田は大友についたため、養女、三男が敵方に囚われた形となった。多久梶峰城を攻めたのは、二人の奪還のためである。『直茂公譜』では、今山城の戦いを含め、直茂は疵一つ負わなかったという話も伝えている。 **横沢城攻** 横造城とも。隆信の有馬攻めの始めである。『直茂公譜』によれば、天正四年（一五七六）二月、横造城攻めの際、筵の後ろから直茂を狙っていた槍に供が気づき、槍を摑んで引き合っていたところ、直茂が気づいて加勢し、槍を奪い取った。このとき、足払いをされ、直茂の踵に疵がついたとのこと。

43 一、太閤様名古屋御在陣之《の》節、九州大名之《の》内方を被召寄《めしよせられ》、御遊興被成《なされ》候。陽泰院様ニも御出被成《いでなされ》候様ニと申来《もうしきたり》候ニ付《つき》、かふ＊蔵主《ぞうす》御頼《たのみ》御断被仰《ことわりおおせられ》候。かう蔵主《ぞうす》心遣《づかい》ニて御出《いで》ニ不及《およばざる》様ニ相済申《あいすみもうし》候。乍去《さりながら》、都合之《の》例ニ罷成《まかりなり》候間、一度ハ御目《め》見被成《みえなされ》候様ニと申《もうし》来《きたり》候ニ付《つき》、御額、角ニ御作り、異形之《の》御面相ニて御出《いで》、御目《め》見被成《みえなされ》候。其已後《それいご》ハ御出《いで》不被成《なされず》候由。〈金丸氏咄なり〉＊

〈現代語訳〉

太閤様が名護屋に陣を置いておられた時、九州の大名の奥方をお召し寄せになり、お遊びをなされた。陽泰院様にも、おいでになるよう申しつけがあったが、幸蔵主（太閤の侍女）を通じてお断りのお返事をされた。幸蔵主の心遣いにより、お出かけには及ばずにすんだ。とはいえ「勝手都合を通す前例となってしまいますので、一度はお目見えされますように」と言ってきたので、お額に角があるかのように（髪の生え際を）細工し、異形のご面相でお出かけになってお目見えした。それ以後はお出かけにならなかったとのこと。〈金丸氏の話である〉

〈注〉

かふ蔵主　豊臣秀吉の正室である高台院付きの侍女、孝蔵主。　**金丸氏**　金丸郡右衛門一久。光茂、綱茂の祐筆役を勤めた。（人物補注、金丸一久）

44　一、或山伏、*黒田長政ヘ参リ、昨夜之《の》夢ニ長政公*五ケ国之《の》大守ニ被為成《ならせられ》候と見申《みもうし》候由申《もうし》候。長政返答ニ、扨ゝ《さてさて》能《よき》夢早ゝ《はやばや》知《しら》セ過分之《の》事《ことに》候、頓而《やがて》五ケ国之《の》大守ニ成《なり》候節、祝儀可進《しんずべく》と申《もうし》候て返し被申《もうされ》候。彼《かの》山伏、案ニ相違し御国へ罷越《まかりこし》、直茂公ヘ御目ニ懸リ、公五ケ国之《の》大守ニ被為成《ならせられ》候と霊夢を見申《もうし》候由申上《もうしあげ》候ニ付《つき》、扨ゝ《さてさて》能《よき》夢早ゝ《はやばや》知《しら》セ過分之《の》事《ことに》候と被仰《おおせられ》、金子百疋《ひき》被下《くだされ》候。或時御咄之《の》衆被申上《もうしあげられ》候ハ、筑前ニてハケ《か》様《よう》〱《かよう》と承《うけたまわり》候、金子被下《くだされ》候ハ如何《いかが》と下ニ取沙汰《とりざた》仕《つかまつり》候由被申上《もうしあげられ》候。公被仰《おおせられ》候ハ、惣而《すべて》道之《の》者ハ其《その》道ニて立《たち》てゆかて《で》叶ハぬもの也、山伏抔《など》ハあの様成《なる》事共《ども》を云《いい》て人之《の》施シを受《うけ》るもの成《なる》故、金子を呉遣《くれやり》候と被仰《おおせられ》候由。*〈助右衛門殿咄也〉

〈現代語訳〉

ある山伏が黒田長政のところへ来て、「昨夜の夢に、長政公が五ヵ国の太守になられると（のしるしを）お見受けしました」との旨を伝えた。長政はその返答に「それはそれは良い夢、早々に知らせてもらい、もったいないことだ。やがて五ヵ国の太守となった時は、祝儀を差し上げるであろう」と言ってお帰しになった。かの山伏は、思惑が外れてわが国へ参り、直茂公にお目にかかって、「公が五ヵ国の太守になられるとの霊夢を見てございます」との旨、申し上げたところ、（直茂公は）「それはそれは良い夢、早々に知らせてもらい、もったいないことだ」と仰せられ、金子百疋をお与えになった。ある時、お伽の人々が申し上げたことには、「筑前ではこうこうであったと承りました。（それに対して殿が）金子を下されたのはいかがなものかと、下々の者が取り沙汰しております」との旨、申し上げられた。直茂公がおっしゃったことには、「およそ道を修める者は、その道で生計を立てていかねばならぬものである。山伏などは、あのようなことを言って人の施しを受けるものであるから、金子をくれてやったのだ」と仰せられたとのこと。〈助右衛門殿の話である〉

〈注〉

黒田長政　黒田孝高の嫡男。筑前国福岡藩初代藩主。　**五ヶ国之大守**　肥前・肥後・筑前・筑後・豊前の五ヵ国のこと。　**助右衛門殿**　徳永助右衛門。聞書三－20注参照。

45　一、或時御*伽之《とぎの》衆　直茂公へ申上《もうしあげ》候ハ、当時日本ニて名将と申《もうす》ハ*隆景《たかかげ》と　直茂公之《の》由、風聞仕《つかまつり》候と被申上《もうしあげられ》候へハ《ば》、及《および》もなき事也、先年太閤様御前へ諸大名列座之《の》時、御意被成《なされ》候ハ、何《いずれ》も数年苦労致され候ニ知行を遣度《やりたく》候へ共《ども》、いかに候ても日本小国ニて地か《が》不足《たらず》、唐《から》、天竺《てんじく》を切取《きりとり》、其《その》方抔《など》ニ存分ニ知行を可遣《やるべく》と存立《ぞんじたち》候、いかゝ《が》可有哉《あるべきや》と被仰《おおせられ》候、其時ハ御乱心かと存《ぞんじ》候程ニて候、一人も御挨拶申上《もうしあげ》候者無之《これなく》候処、隆景一人、成程《なるほど》御尤《もっとも》之儀可然奉存《しかるべくぞんじたてまつり》候と被申上《もうしあげられ》、御機嫌能《よく》候て、絵図を被差出《さしいだされ》、山川、道、橋、兵粮等之《の》事、即座ニて御僉議被成《なされ》候ニ、隆景*差引被申上《さしひきもうしあげられ》候、其《その》時ハ*軽薄成《なる》事を被申上《もうしあげられ》候、何とて此方《こなた》より相知可申哉《あいしれもうすべきや》と存《ぞんじ》候処、参懸《まいりかか》リ候て、隆景申《もうし》分少しも違《たがい》不申《もうさず》、天下ノ名人ニて候と被仰《おおせられ》候由。

〈現代語訳〉

ある時、お伽の人々が直茂公へ申し上げたことには「現今日本において名将といえば小早川隆景と直茂公であるとのこと、世の評判でございます」と申したところ、「(隆景の名将ぶりは、自分など)及びもつかないことだ。先年、太閤様の御前へ諸大名が列座した時、(太閤様が)仰せられたことには『いずれの者も長年苦労されており、知行を与えたいところだが、どうあっても日本は小国であって土地が足りぬ。唐、天竺を切り取り、その方らへ存分に知行を遣わしたいと思い立った。いかがなものであろうか』とおっしゃった。その時は、ご乱心かと思うほど(の突飛なお話)で、一人もご返事を申し上げる者がいない中、隆景一人だけは、『なるほどごもっともなお話、そうすべきかと存じ上げます』と申し上げられ、(太閤様が)ご機嫌をよくして(かの地の)絵図を差し出され、山や川、道、橋、兵糧などの事をその場でご相談されると、隆景はあれこれと意見を申し上げた。その時は、『いい加減なことを申し上げるものだ、どうしてこちらにいて(そこまでの事が)知れようか』と思っていたが、かの地に渡って攻めかかると、隆景が申されたことは少しも違っていなかった。(隆景は)天下の名人である」と仰せられたとのこと。

〈注〉

御伽之衆　大名の話し相手として側に仕える者。**隆景**　小早川隆景。(人物補注、小早川隆景)**差引**　潮が差したり引いたりすること。応酬すること。かけひき。**軽薄**　うわべだけで誠意がないこと。お追従。

46　一、直茂公へ御用ニて、安藝殿*三ノ丸へ被罷出《まかりいでられ》候処、御留主《るす》ニて候故、どなたへ御出被成《いでなされ》候哉《や》と被相尋《あいたずねられ》候へ共《ども》、相知不申《あいしれもうさず》候。翌日被罷出《まかりいでられ》候へ共《ども》、御座所相知不申《あいしれもうさず》、方ニ被相尋《あいたずねられ》候処、*隅櫓《すみやぐら》へ被成御座《ござなされ》候。則《すなわち》罷《まかり》登り、いか様之《の》儀ニ而《て》夫《それ》ニ御座候哉《や》と被申上《もうしあげられ》候へハ《ば》、二三日此《この》所より国之《の》風俗を見候と被仰《おおせられ》候。夫《それ》ハ如何《いか》用之《の》儀ニ御座候哉《や》と被相尋《あいたずねられ》候へハ《ば》、人通りを見候て考ル事也、歎ケ敷《なげかわしき》事ハ最早《もはや》肥前之《の》鑓先ニ弱ミか《が》付《つき》たると思ハるゝ也、其《その》方抔《など》心得候て可罷在《まかりあるべく》候、往来之《の》人を見るニ大方《おおかた》上ハまぶた打《うち》おろし、地を見て通ル者斗《ばかり》ニ成《なり》たり、気質か《が》おとなしく成《なり》たる故也、勇む所か《が》なけれハ《ば》鑓ハ突《つか》れぬもの也、律儀正直ニ斗《ばかり》おほ《ぼ》へて心か《が》逼塞《ひっそく》して居《おり》てハ男業成へ《おとこわざなるべ》からす《ず》、間ニハ空《そら》言《ごと》をもいひ散《ちら》し、張《はり》かゝりたる気持か《が》武士之《の》役ニ立《たつ》なりと被仰《おおせられ》候。是より安藝殿空言《そらごと》多《おおく》候由。〈中野氏*咄也〉

〈現代語訳〉

直茂公へ御用があって、安芸殿が三の丸へおいでになったところ、お留守であったので、「どなたへお出かけになったのか」とお尋ねになったが、わからなかった。翌日おいでになつたが、ご所在は不明で、方々へ尋ねられたところ、角櫓へいらしていた。さっそく登って行かれ、「どうしたわけで、そこにおいでなのですか」と申し上げると、「二、三日の間、この場所から国の風俗をうかがっておる」と仰せられた。「それはどのようなわけでございますか」とお尋ねになったところ、「人通りを見て案じているのだ。嘆かわしいことに、すでに肥前の槍先に弱みがしみついたと思われる。その方などは心得ていなくてはならない。往来の人を見ると、たいてい上まぶたを下におろし、地面を見て通る者ばかりになった。気質がおとなしくなったがゆえである。勇むところがなければ、槍は突けないものだ。律儀さや正直さばかり身につけて、心が縮こまっておっては、男のわざは成せぬ。時には虚言さえも言い散らし、見栄を張ってかかるほどの気概が、武士の役に立つのだ」と仰せられた。この時から、安芸殿には虚言を吐くことが多くなったとのこと。〈中野氏の話である〉

〈注〉

安藝殿 鍋島茂賢。(人物補注、鍋島茂賢) **隅櫓** 城郭の隅に立てられた櫓。角櫓。『校補』によれば、三の丸の角櫓は慶長十二年、直茂七十歳の頃に建てられたという。 **中野氏** 聞書四-70に、鍋島忠直(光茂の父)の急死に関する記事があり、「中野是水咄也」とある。是水は中野幸明(中野利明の子)のことで、ここもあるいは幸明が語ったものか。

47 一、直茂公*千葉殿より御帰之《かえりの》時、究竟之《くきようの》士《さむらい》十二人被相附《あいつけられ》候。御被官之《の》始《はじめ》にて候。
鑰尼《かぎ》　野辺田　金原　平田　巨勢《こせ》　井手
田中　濱野　陣内　仁戸田《にえだ》　堀江　小出〈馬渡氏書付《かきつけ》ニ有《あり》〉*

〈現代語訳〉

直茂公が千葉家よりお戻りの時、抜きんでた侍十二人を付けられた。これがご家来の最初である。鑰尼、野辺田、金原、平田、巨勢、井手、田中、浜野、陣内、仁戸田、堀江、小出である。〈馬渡氏の書付にある〉

〈注〉
千葉殿　千葉氏は肥前の豪族。『直茂公譜』によれば、有馬氏に佐賀侵攻の気配があったため、その対策として千葉氏と手を結ぶこととなり、直茂（四歳）が千葉胤連の養子となったという。胤連に実子胤信が生まれたため、直茂は十四歳の時、鍋島に戻った。その際、胤連の隠居領と家臣を譲られた。**馬渡氏書付ニ有**　冒頭に「馬渡氏之書付」とあったのが訂正され、文末に移っている。この一文、餅木本、小城本にはなし。聞書三-16注「馬場氏」参照。

48　一、直茂公御休《やすみなされ》被成候時ハ、御次之《の》間ニて古老之《の》勇士共罷在《どもまかりあり》、茶、烟草を被下《くだされ》、

寄合《よりあい》咄 仕《つかまつり》候様ニ被仰付《おおせつけられ》、間越《まごし》ニ御聞被成《ききなされ》、御不審之《の》事ハ御問答被成《なされ》、御聞《きき》御寝入《ねいり》被遊《あそばされ》候由。

〈現代語訳〉

直茂公がお休みになる時は、次の間に歴戦の勇士どもが参上しており、茶、煙草を与えられ、四方山話をするように仰せつけられた。（公はその様子を）ふすま越しにお聞きになり、ご不審があれば（彼らと）問答され、（返答を）お聞きになって寝入られたとのこと。

49 一、日峯様御伽之《とぎの》人ヽへ仰有《おおせあり》けるハ、侍たらん者ハ不断《ふだん》心ゆるす事なかれ、不慮之《の》事ニ仕合《しあわせ》するもの也、油断すれハ《ば》必《かならず》落度《おちど》有《ある》物也、又人之《の》いふとて人を悪クハ云《いわ》ぬものぞ、奉公之《の》道ニハ人を進メ、物見遊山ニハ人より進められたるが能《よ》シ、知らぬ事を人之《の》語るを知《しっ》タふりハ悪きぞ、知《しっ》た事を人之《の》尋《たずね》し時云《いわ》ぬハ悪しと御意之《の》由也。是集書之《*あつめがきの》内を写《うつす》。

〈現代語訳〉

日峯様（直茂公）がお伽の人々へ仰せになったことには、「侍たる者は、ひとときも心を弛めてはならない。不慮の事態に出くわすものである。油断していれば、（そこで）必ず落ち度を生じるものだ。また、他人がそう言ったからといって誰かを悪くは言わないことだ。奉公の道へは人を誘い、物見遊山には人から誘われるというのがよい。自分が知らぬことを人が語るとき、知ったふりをするのは悪いことだ。自分の知っていることを人から尋ねられたとき、（あえて）それを言わないのは、よろしくない」とおっしゃったとのことである。これは、集め書きされたものからの写しである。

〈注〉

是集書之内を写　この一文、餅木本、小城本にはなし。

50　一、*〈右同〉《みぎにおなじ》直茂公御前へ*綾部右京、*千布《ちぶ》太郎左衛門、*大隈玄蕃罷出《まかりいで》、御咄申《もうし》上《あげ》ル其《その》時、右京被申上《もうしあげられ》候ハ、上方大名も大形《おおかた》承《うけたまわり》及《および》候中ニも、小早川殿、御分別も武之《の》道も懸合《かけあわせ》たる大将との取沙汰《とりざた》承《うけたまわり》候、御前様ニハ武道ハ隆景よりハ数多《あまた》大切成《なる》鑓も被成《なされ》たる事也、世間ニ其《その》隠レなく、ほめ申之《もうすの》由、御咄申され候時、殿之《の》仰《おおせ》ニ、いか成《なる》事を聞《きき》て左様ニ隆景と我等と似たる様ニ申《もうすぞ》そ、田舎者ニて世間上方之《の》事知《しる》まじ、たくらべて言へ《いうべ》き人ニ非《あらず》す、其《その》子細を語《かたり》て聞《きか》せん、小田原御陣之《の》明《あく》ル年、大坂御城ニ諸大名被召寄《めしよせられ》、高麗御陣之《の》御吟味有之《これある》時、我等も其《その》時末座ニ居《おり》て御詮議を聞《きき》たるニ、太閤被《おおせいだされ》仰出候ハ、高麗を責取《せめとり》て末代之《の》物語ニせんと有之《これある》時、隆景進出《すすみいで》て、一段可然《しかるべき》思《おぼし》召立《めしたて》と被申上《もうしあげられ》候、其《その》時我等か《が》存《ぞんじ》候ハ、隆景ハ日本ニて之《の》分別者と聞《きき》つるが、扨《さて》ハ*まひすの人と存《ぞんじ》候、未《いまだ》た見もせぬ高麗国之《の》事を被思召立《おぼしめしたたれ》候へと被申上《もうしあげられ》候事、物おかしく聞居《ききおり》たり、さらハ《ば》祐筆呼出《よびいだし》、一ツ書ニて掟等を定めんとて高麗御陣中之《の》事段ゝ御詮議也、太閤被仰出《おおせいださるる》御詞ニ御尤《ごもっとも》〳〵《ごもっとも》と斗《ばかり》被申上《もうしあげられ》候、*自然〳〵、夫《それ》ハ閊《ツカヘ》可申《もうすべき》、夫《それ》ハ如何《いかが》と、又ハ山之《の》障リなと《ど》ゝ御請《うけ》也、高麗之《の》地理一ゝ被申上《もうしあげられ》候事、いか成《なる》事ぞと我等ハ思ひて有《あり》けるか《が》、其《その》時隆景之《の》申上《もうしあげ》られしに高麗七年之《の》中一ツも無相違《そういなく》、皆ゝ割符《わりふ》を合《あわせ》たる如しと右京へ御咄之《の》由。

〈現代語訳〉

〈右に同じ〉直茂公の御前へ、綾部右京、千布太郎左衛門、大隈玄蕃が参上し、お話を申し上げていた時、右京が申したことには、「上方の大名についても、おおむねその評判を聞いております中にも、小早川（隆景）殿は、ご分別も武の道も兼ねそなえた大将、との噂を承りました。殿におかれましては、武道については、隆景より幾多の差し迫った戦いをなされておいでです。このこと世間にも隠れもなく、誰もが賞讃しております」との旨、お話し申し上げた時、殿の仰せに、「どんなことを聞いて、そのように隆景と予を似た者のように言うか。田舎者で世間や上方のことを知らぬのだ。（隆景は、予と）較べて評するべき人ではない。そのわけを語って聞かせよう。小田原攻めの翌年、大坂城に諸大名をお集めになり、高麗への出陣の軍議があった時、予もその際末座にあってご詮議を聞いていたのだが、太閤の仰せに『高麗を攻めとって末代までの物語にするのだ』とのお言葉があった時、隆景が進み出て『何よりそうあるべき事を思い立たれました』と申し上げた。その時、予は心に『隆景は日本きっての分別者と聞いていたが、さては嘘つき者か』と思ったものだ。まだ見もしない高麗国のことを（攻めとろうと）思い立たれませと申し上げたこと、片腹痛く聞いておった。すると（太閤様は）祐筆を呼び出し、箇条書きで（陣中の）掟を定めようと仰せられ、高麗攻めの事を次々にご詮議されたのである。（隆景は、）太閤様が仰せになる言葉に対し、『ごもっとも、ごもっとも』とばかり申し上げ、ときどき、これはどうかと思われるような場合には『それは差し支えましょう』『それはいかがかと』『あるいは山が障りとなりましょう』などと応じておられた。高麗の地理を逐一ご指摘申し上げるとは、どういうことだと予は思っていたが、その時隆景が申し上げたことに、高麗における七年の間の実情は一つも違っておらず、それぞれ割り符を合わせるようであった」と右京へお話しになったとのこと。

〈注〉

右同　餅木本、小城本にはなし。なお、以下の話は、聞書三－45と重なる部分が多い。　**綾部右京**

綾部茂幸。沖田畷の戦いにおいて、直茂を守って撤退した七人のうちの一人。**千布太郎左衛門** 千布茂利。千布家利の三男。父家利は沖田畷の戦いで戦死した。茂利は直茂の側に仕えた。のちに柴田宗春（または宗俊）と名を改め、直茂の事績を『柴田聞書』として残した。**大隈玄蕃** 大隈安芸守茂隆（法名茂了）の次男、大隈常明。（人物補注、大隈茂隆）**まひすの人** 売僧（まいす）。うそつき。へつらい、おもねる人。**自然〳〵** ごくたまに。場合によっては。

51 一、直茂公の御前ニ*多久与兵衛殿、*諫早右近殿、*武雄主馬殿、*須古下総殿、*堪忍候て御咄之《の》節、美濃柿を被差出《さしいだされ》、何《いずれ》も賞翫有る。與兵衛殿、柿之《の》実を畳と敷居之《の》間ニ潜《ひそか》ニ押入置《おしいれおか》れけるを、直茂公ちらと御覧候て、台所ニ大工ハ居《おら》ぬか、道具を持《もち》、罷出《まかりいで》候へと被仰《おおせられ》、其敷《しきい》を迦《はず》セと被仰《おおせられ》、柿之《の》核を捨《すて》、元の如く敷《しきい》をはめ候へと被成御意《ぎょいなされ》、其通《そのとおり》仕《つかまつり》候。いつ《ず》れも迷惑無此上《このうえなく》、与兵衛殿ハ其後一生釣柿を不参《まいらず》候由。〈*透運聞書之《の》内ニ有《あり》〉

〈現代語訳〉

直茂公の御前で、多久与兵衛殿、諫早右近殿、武雄主馬殿、須古下総殿が、堪忍番として御前に控え、お話しなどしていた折、美濃柿が差し出され、いずれもご相伴にあずかった。与兵衛殿が、柿の種を畳と敷居の隙間にこっそり押し入れて置いたのを、直茂公がちらりとご覧になって、「台所に大工はおらぬか、道具を持ってこちらへ参れ」と仰せられ、「その敷居をはずせ」と仰せつけになり、「柿の種を捨て、元のように敷居をはめよ」とおっしゃって、（大工は）その通りにした。いずれも困惑したことこの上なく、与兵衛はその後一生つるし柿を食わなかったとのこと。〈『透運聞書』の中に見える。〉

〈注〉

多久与兵衛　多久長門守安順。龍造寺隆信の弟、長信の嫡男。知行地である多久と称した。請役家老を勤めた。（人物補注、多久安順）**諫早右近**　諫早石見守直孝。龍造寺家兼の次男家門の曾孫。知行地である諫早と称した。家老を勤めた。（人物補注、諫早直孝）**武雄主馬**　鍋島若狭守茂綱。龍造寺隆信の三男家信の嫡男。家信が後藤貴明の養子となったため、後藤殿、後藤若狭守とも呼ばれる。鍋島姓をたまわった。知行地から武雄と称した。家老を勤めた。（人物補注、鍋島茂綱）**須古下総**　須古下総守信明。龍造寺隆信の弟、信周の次男。知行地である須古と称した。家老を勤めた。（人物補注、須古信明）**堪忍**　「堪忍番」のことか。召されたわけではないが、自発的に殿の御前に集まり、控えていたことをいうか。聞書二-13注参照。**透運聞書之内ニ有**　この一文、餅木本、小城本にはなし。聞書三-16注参照。

52　一、〈*右同《みぎにおなじ》〉*斎藤佐渡、若キ時分、武道勝レ、度ヽ之《の》手柄仕《つかまつり》、直茂公別《わけ》て御懇《ねんごろ》ニ被召仕《めしつかわれ》候へ共《ども》、世間無調法ニて如睦之《じょぼくの》御奉公不相成《あいならず》、静謐之《の》後、朝夕之《の》いとなミも成兼《なりかね》、既ニ飢《うえ》ニ及《および》、一夜之《の》歳を越《こゆべ》へき様もなく、腹を切《きら》んと申《もうし》候を、倅《せがれ》用之《の》助、何事成共《なりとも》いとなミて見候《そうらわ》半んと申《もうし》候へハ《ば》、鄙《ひ》劣《れつ》なる業《わざ》をしてハ活《いき》ても詮なし、中〻ニ大成る悪事成共《なりとも》して死ぬハ本望也と言《いう》。用之《の》助尤《もつとも》と云《いい》て、親子連《づれ》に高尾之《の》橋ニ出《いで》、仕合《しあわせ》を待《まち》けるニ、米負《おい》たる馬通《とおり》けれ共、一駄二駄に目をかけす《ず》、十駄斗《ばかり》一連《ひとつら》ニ通《とおり》けるを、親子刀を抜《ぬき》、馬主共を追散《おいちら》し、其米を我所江取入《とりいれ》たり。其事世上隠《かくれ》なく、御目附《つけ》方、偖又《さてまた》米主*犬塚惣兵衛よりも言上ニ成《なり》、奉行中詮議之《の》上、勝茂公へ被申上《もうしあげられ》、死罪ニ相《あい》極《きまり》、奉行中三丸《さんのまる》へ罷出《まかりいで》、*藤嶋生益を以《もつて》直茂公へ御披露有《あり》。御夫婦様御一所ニて被聞召《きこしめされ》、御悲歎不大形《おおかたならず》、兎角之《とかくの》御意もなかりしかハ《ば》、生益引取《ひきとり》、右之《の》段奉行中へ申《もうし》達《たつし》候付《につき》て勝茂公へ被申上《もうしあげられ》候へハ《ば》、御驚《おどろき》被成《なされ》、佐渡牢人被仰付《おおせつけられ》候旨、重而《かさねて》奉行中を以《もつて》三ノ丸へ被仰上《おおせあげられ》候処、御前ニ被召出《めしいだされ》、彼《かの》佐渡か《が》昼強盗ハ我等か《が》させたるニことならす《ず》、度〻手柄高名仕《つかまつり》たる者なれ共《ども》、如睦之《の》奉公軍《いくさ》程無之《これなき》故、しか〳〵知行抔《など》も取らせず、無事之《の》世間故、我等も思ひ忘れたり、其恨《そのうらみ》ニケ《か》様之《ようの》事をも仕出《しいだす》べし、無面目《めんぼくなき》事也、我等ニ対シ、牢人被申付《もうしつけられる》事、信濃守孝行有難《ありがたく》嬉敷《うれしき》事也、ケ《か》様之《ようの》悪事仕出《しいだし》候者を被助《たすけられ》よとハ言難《いいがたく》、最前ハ返答もせさ《ざ》る也と被仰《おおせられ》、奉行中退出有《あり》。追付《おつつけ》生益ニ被仰付《おおせつけられ》、佐渡へ米拾石被下《くだされ》けると也。

直茂公御他界之《の》時、佐渡追腹之《の》御願申上《もうしあげ》候

を、勝茂公被聞召《きこしめされ》、其心入《そのこころいれ》を以《もつて》我ニ奉公仕《つかまつり》候へと御留被成《とめなされ》候へ共《ども》、頻《しきり》ニ御暇《いとま》申《もうし》上《あげ》、切腹仕《つかまつり》候。倅《せがれ》用之《の》助も同前ニ追腹《おいばら》仕《つかまつり》候。用之《の》介次男、*権右衛門、勝茂公之《の》追腹《おいばら》。父子三代御供仕《つかまつり》候也。

〈現代語訳〉

〈右に同じ（『透運聞書』の中に見える）〉斎藤佐渡は、若い頃、武道に秀でていてたびたび手柄を立て、直茂公は格別懇ろに召し使われていたが、世故には不調法で平時のご奉公が出来ず、世が鎮まった後は、朝夕の暮らしも営みかねて飢えるに及び、年越しの一夜も過ごしようがなかったので、腹を切ろうと申したところ、倅の用之助が「どんな事でもやってみましょう」と申したので、「卑劣なことをしてはそれで生き延びても仕方がない。むしろ、大きな悪事でも働いて死ぬなら本望だ」と言う。用之助も「ごもっともです」と言って、親子連れで高尾の橋に出かけ、機会を窺っていると、米を背負った馬が通ったが、一駄二駄には目もくれず、十駄ばかり一続きに通った列に対して、親子とも刀を抜き、馬子どもを追い散らし、その米を自分のもとへ運び込んだ。このことは世間に隠れなく、目付役からも、米主の犬塚惣兵衛からも言上があり、奉行において評定の上、勝茂公へ申し上げられ、死罪と決まった。奉行は三の丸へ参上し、藤島生益を通じて直茂公へご報告した。直茂公夫妻はご一緒にお聞きになったが、ご悲嘆はひとしおで、どういう仰せ一つもなかったので、生益は退いて右の次第を奉行に伝達し、(そこから) 勝茂公へ申し上げた。(勝茂公は) 驚かれて、佐渡らには浪人を仰せつけになる旨、再び奉行を通じて三の丸へ申し上げられた。すると奉行は御前に召し寄せられ、(直茂公は)「かの佐渡による昼強盗は、予がさせたも同然である。たびたび手柄高名を立てた者であるが、平時の奉公は軍中ほどのことがないので、それ相応に知行も取らせないまま、平穏な世間であるがゆえに予も忘れていた。その恨みからこのような事もしでかしたのであろう。面目ないことである。予に免じるかたちで浪人を申しつけられたこと、信濃守 (勝茂) の孝行はありがたく嬉しいことである。このような悪事をしでかした者を助けられよとは言いにくく、先刻は返答もしなかったのだ」と仰せになり、奉行は退出した。追って藤島生益に命じ、佐渡へ米十石を下されたとのことである。直茂公がご他界の時、佐渡が追腹の願いを申し出たので、勝茂公はお聞きになって、「その心入れで予に奉公いたしてほしい」とお止めになったが、かたくなにお暇を訴え、切腹した。倅の用之助も同時に追腹を切った。用之助の次男権右衛門は、勝茂公のときに追腹を切った。父子三代、死出のお供をしたのである。

〈注〉

右同 この一文、餅木本、小城本にはなし。 **斎藤佐渡** 斎藤佐渡守茂是。聞書三－16注参照。
犬塚惣兵衛 犬塚家続。龍造寺高房の側頭を勤めた。 **藤嶋生益** 聞書三－31注参照。 **権右衛門** 斎藤権右衛門基真 (あるいは実信)。斎藤用之助実貞の次男。勝茂のもとで手明槍として仕えた。

『勝茂公譜』には、大男だったので乗物副を仰せつけられたとあり、追腹に関しては、喧嘩をして切腹に決まったが許されたためとある。

53　一、*横尾内蔵允、無双之《の》鑓突《やりつき》ニて　直茂公別而《わけて》御　懇《ねんごろ》ニ被召仕《めしつかわれ》候。　*月堂様へ御咄ニも、内蔵が若さ《ざ》かりニて*虎口前之《の》鑓を其方抔《そのほうなど》に見セ度《たき》事也、誠ニ見物《みもの》事ニて有《あり》し、と御褒美被遊《あそばされる》程之《の》者也。内蔵允も御　懇　忝　存《ねんごろかたじけなくぞんじ》、追腹《おいばら》之《の》御約束誓詞を差上置申《さしあげおきもうし》候。然《しかる》処ニ百姓と*公事を仕出《しいだ》し御披露有《あり》、無理之《の》公事ニて内蔵允負《まけ》ニ成《なり》たり。其時内蔵允立腹致し、百姓ニ被思召替《おぼしめしかわられる》者か《が》追腹《おいばら》　仕《つかまつる》　事不罷成《まかりならず》候、誓詞被差返《さしかえされ》候様ニと申上《もうしあげ》候　付而《につきて》、直茂公、一方よけれハ《ば》一方ハわろし、武道ハよけれ共《ども》世上しらて《で》惜しき事也と御意被成《なされ》、誓詞御返シ被成《なされ》候由。

〈現代語訳〉

横尾内蔵允は無双の槍の使い手で、直茂公は格別懇ろに召し使われた。月堂様（元茂公）へのお話にも、「内蔵允が若い盛りに最前線で振るった槍さばきを、その方などに見せたいものだ。まことに見事なものであった」とご称美されるほどの者であった。内蔵允もそのご懇意をかたじけなく存じ、追い腹をするお約束の誓詞を差し上げてあった。ところが、（内蔵允が）百姓との間に訴訟沙汰を起こしてご公示があり、無理な訴訟だったので内蔵允の負けとなった。その時、内蔵允は立腹し「百姓に御心を移された者が追い腹をいたすことは出来ません。誓詞を差し返されますように」と申し上げたので、直茂公は「一方に優れていれば、もう一方には障りがある。武道には優れているが世故にくらく、惜しいことだ」とおっしゃって、誓詞をお返しになったとのこと。

〈注〉

横尾内蔵允　横尾信広。曾祖父、祖父と龍造寺家兼に仕え、父久広は隆信に仕えた。父は沖田畷において戦死。信広も各地で戦功があった。　**月堂様**　鍋島元茂の法名。（人物補注、鍋島元茂）　**虎口前**　ここ一番の重大な戦い。激戦場。　**公事**　訴訟事件。民事訴訟。

54　一、直茂公兼《かね》而《て》御船嫌《ふねぎらい》ニて、船之《の》匂ひ、磯辺之《の》匂ひ御胸ニ支《つか》へ、御食曾《かつ》而《て》不被召上《めしあがられず》候。慶長年中、御下国、十月八日之朝、順風ニて御出船之《の》処、八ッ時過《すぎ》より難風吹出《ふきいだし》、夜ニ入《いり》大浪打掛《うちかかり》、梶を打砕《うちくだき》、方所不相知《あいしれず》、船頭舸《せんどうか》子《こ》其外船中之《の》者不知前後《ぜんごをしらず》、其内舸子《かこ》一人と*藤嶋生益只二人相働《はたらき》候へ共《ども》、不及手《ておよばず》、余リ危ク候付《につきて》而、御屋形之《の》内ニ生益参リ、*持永助左衛門を漸《ようやく》呼起《よびおこ》シ、両人ニて奉懐起《いだきおこしたてまつり》、屋形之《の》上ニ奉揚《あげたてまつり》、欄干ニ取付《とりつか》セ申《もうし》、万一誤有之《あやまりこれある》節、何ニ成共《なるとも》、御取付被遊可然《とりつきあそばされしかるべく》と申上《もうしあげ》、御後《うしろ》より助左衛門欄干と共ニ奉懐《いだきたてまつる》。公御吐逆被成《とぎゃくなされ》、助左衛門も吐逆仕《とぎゃくつかまつり》、御顔、御胸、御懐ニ吐込《はきこみ》、言語道断也。生益戯レ申上《もうしあげ》候ハ、其御《そのご》様躰《ようたい》は童共之《の》*兎之《の》子取《とろ》ニ似申《もうし》たると笑申《わらいもうし》候。舩底之《の》代梶《かえ》を舸子《かこ》と両人ニて取出《とりいだ》シ漸《ようやく》押《おし》はめ、夜半ニ及比《およぶころ》、風少シたるミ、御舩少《すこし》しつ《ず》まる。然《しかる》処御供舩二三艘、御召舩之《の》脇を通る。月影ニ公御覧被成《なされ》、舫《もやい》候へと被仰《おおせられ》、声ゝに呼懸《よびかけ》候へ共、風波荒ク耳ニも不入哉《いらざるか》、行衛《ゆくえ》不知《しらず》、吹《ふか》れ行《ゆく》。公大ニ御立腹、何某乗《のり》たるを慥《たしか》ニ見届《とどけ》たり、此舩安穏せバ切腹さすべしと御怒リ被成《なされ》候。生益申上《もうしあげ》候ハ、此浪風ニて不任心《こころにまかせざる》儀ニ候、奉見捨《みすてたてまつる》にてハ不可有《あるべからず》と申上《もうしあげ》候。暫《しばら》ク有《あり》て、又大風吹出《ふきいだし》、代梶《かえ》をも打折《うちおり》、御舩漂《ただよい》廻り候。公梶を又打折《うちおり》たるかと御尋之《たずねの》時、何者とハ不知《しらず》、板を踏《ふみ》*折《おり》たると申《もうす》。公大ニ御立腹、我をたふ《ぶ》らかす奴、成敗仕《つかまつ》れと御怒被成《いかりなされ》候。既ニ御舩沈《しずむべ》へき様子也。公、生益を召《めし》、最《も》早《はや》不及力《ちからおよばず》と見へたり、腰之《の》物差《ささ》セよと被仰《おおせられ》、生益申上《もうしあげ》候ハ、如此成《かくのごとくなる》時誤有《あやまりある》物ニ候、事極《きわま》ル時節は御腰物可奉《たてまつるべし》と申上《もうしあげ》候。公重而《かさねて》、平《ひら》ニ差《ささ》セよ、脇指斗成共《わきざしばかりなりとも》差《ささ》セよ、乍不肖《ふしょうながら》天下ニ名を知られたる加賀守か《が》何国之《いずくにの》浦ニても死骸丸腰といわれん事、子孫の恥也、平《ひら》ニと被仰《おおせられ》候。生益推量仕《つかまつる》ニ不事極已《こときわまらぬい》前《ぜん》ニ御自害可被成《なさるべき》御気質、兼而能奉存《かねてよくぞんじたてまつり》候故、曾而不応御意《かつてぎょいにおうぜず》、舩底ニ入《いり》、米俵を二俵取出《とりいだ》シ、細引《ほそびき》ニて結び合セ、梶穴より海底に下《さぐ》る。依之《これによって》御舩静《しずま》リ、御安堵被遊《あそばされ》候。然《しかる》処舸子《かこ》之《の》者申《もうし》候ハ、夜も明《あけ》方ニ成《なり》、山見へ申《もうし》候と言《いう》。諸人悦ひ《び》見候へハ《ば》、播州明石之《の》前纔《わずか》五六丁澳之《おきの》方也。風波も静《しずま》りけれハ《ば》、橋舟ニ公を奉乗《のせたてまつり》、御打《うち》物を持《もた》セ、塩屋を借リ、暫ク奉休《やすめたてまつり》、御衣装被召替《めしかえられ》、御一睡被遊《あそばされ》候ヘハ《ば》、御顔色直リ、御行水被成《なされ》、四ッ時分御膳上《あが》り、御機嫌能《よく》、生益か《が》終夜之《の》働《はたらき》故、安堵被遊《あそばされ》たりとて、御印籠より延齢丹御呑《のま》セ被下《くだされ》候。其後御無事ニ御帰国也。右之《の》始終、御前様〈陽泰院様〉、勝茂様被聞召《きこしめされ》、御前様より御頭巾、勝茂公より知行御加増被下《くだされ》候。*御前様ヘ其時之《の》様子具《つぶさ》ニ物語仕《つかまつり》候へと、於御前《おまえにおいて》、御子様方不残《のこらず》被成御座《ござなされ》、被聞召上《きこしめしあげられ》、御前様御声を被揚《あげられ》御落涙、御合掌被成《なされ》、生益を御拝ミ被成《なされ》候と宮内卿、*清左衛門姥《うば》ニ咄被申《もうされ》候。

姥《うば》ハ生益之《の》女房也。宮内卿ハ*木村主馬母也。右咄を直茂公も被聞召《きこしめされ》候て、御笑被成《わらいなされ》候。今ハ笑《わらい》けれ共《ども》、其節ハ中々可笑《わらうべき》心なし、生益脇差を呉《くれ》なバ咽《のど》を可突《つくべし》と思ひけれ共、くれず、不届《ふとどき》ニ思ひしに、今ハ大慶也。其節脇差を可取《とるべき》気力なかりしと被仰《おおせられ》候。御帰国後、御召舩を見捨《みすて》、素通リ候者、御沙汰無之《これなく》、諸人奉感《かんじたてまつり》候と也。

生益へ、孫清左衛門、右素通《どおり》候者之《の》名を尋《たずね》候へハ《ば》、生益以之外《もってのほか》立腹、御主人さへ其後御意不被成《なされぬ》事を我等口より其方ヘ可申聞哉《もうしきかすべきや》、奉公をも勤《つとめ》候者か《が》、其《その》様成《なる》無遠慮之《の》事を申《もうす》物哉《か》とした丶かに呵申《しかりもうし》候由。

〈現代語訳〉

直茂公は、かねてより船がお嫌いで、船の匂いや磯の匂いが胸につかえ、（船上では）お食事も全く召し上がらなかった。慶長年間（一五九六―一六一五）、（上方より）ご下国の際、十月八日の朝、順風の中船出されたところ、八ツ時（午後二時）過ぎから強風が吹き出し、夜に入ると大浪が打ち寄せて楫を打ち砕き、方向も場所も不明となり、船頭水夫をはじめ船中の者は皆、前後も分からなくなった。その中にあって水夫一人と藤島生益の二人だけは働いていたが、力及ばず、余りにも危険となったので、生益は殿のお屋形へ参り、持永助左衛門を何とか喚び起こして、二人で公を抱き起こして屋形の上にお連れし、欄干につかまらせて、「万が一の事故となった時は、何があっても（これに）しがみついていらしてください」と申し上げ、後ろから助左衛門が欄干と一緒に（直茂公を）抱きかかえて差し上げたが、公が嘔吐され、助左衛門も嘔吐したので、お顔、お胸、懐中にも汚物を浴び、言うに堪えない有様となった。生益はあえて戯れ、「そのご様子は、子どもたちの『兎の子取ろ』に似てございます」とお笑い申し上げた。船底にある予備の楫を水夫と二人で取り出し、何とか押しはめ、（また）夜半に及んでは風も少し弱まり、船は少し落ち着いた。その時、お供の船が二、三艘、公の御船の側を通った。月影を頼りに公はご覧になり、大声を上げて「船をつなげ」と仰せられ、人々も口々に呼びかけたが、風波が荒くて耳に入らなかったものか、どこかへと吹かれ去っていった。公は大いにご立腹され、「何がしが乗っていたのを確かに見届けた。この船が無事となったら切腹させてくれる」とお怒りになった。生益が申したことには「この波風で思うに任せなかったのでしょう。お見捨て申し上げたのではありますまい」と申し上げた。しばらくして、また大風が吹き出し、予備の楫も打ち折り、船は漂流しはじめた。公が「楫をまた打ち折ったか」と尋ねられた時、誰とはわからないが「板を踏み折ったのです」と答えた。公は大いにご立腹され、「予をたぶらかす奴、成敗せよ」とお怒りになった。船はもはや沈むと見えた。公は生益を呼び、「もはや力及ばぬものと見える。腰の物を差させよ」と仰せられたが、生益が申し上げたことには、「このような時、（ご判断には）誤りがあるものでございます。最期と極まった時にはお腰の物をお持ちいたします」と申し上げた。（しかし）公は重ねて「どうか差させてくれ、脇差だけでも差させよ。不肖ながら、天下に名を知られた加賀守が、どの国の浦にでも流れついたその死骸が丸腰であったと言われるのは、子孫の恥である。どうか（頼む）」と仰せられた。生益が推察するに、（公は）いまだ最期と極まらない内にご自害なさろうとしている、その気質をかねてより存じ上げているので、決して御意には応じず、船底におりて米俵を二俵取り出し、細引の綱で結び合わせ、楫穴から海中にぶら下げた。これによって船は静まり、（公は）ご安心された。そのうちに、水夫が「夜も明け方となり、山が見えますぞ」と言った。人々が喜んで眺めると、播州明石に面してわずか五、六町沖の辺りであった。風波も静まったので、艀に公をお乗せし、お腰の物を持たせ、塩焼き小屋を借り、しばらく休ませ申し上げ、ご衣裳を替えられ、ひと眠りされると、お顔色もよくなり、行水をされ、四ツ時分（午前十時ごろ）

御膳を召し上がり、ご機嫌もよく、生益の夜通しの働きゆえにご安心されたのだとして、御印籠の中から延齢丹を（出されて生益に）飲ませておあげになった。その後、無事に帰国された。右の一部始終を、御前様〈陽泰院様〉と勝茂様がお聞きになり、御前様からは頭巾を、勝茂様からは知行の加増を（生益へ）お与えになった。御前様はそのときの様子をつぶさに自分に聞かせよとおっしゃって、御前にお子様方が残らずお座りの中でそれをお聞きになり、御前様は声を上げて涙を流され、手を合わせて生益を拝まれたと、宮内卿が清左衛門の姥に話された。姥は生益の女房である。宮内卿は木村主馬の母である。

右の（宮内卿による）話を直茂公もお聞きになっていて、お笑いになり、「今は笑ったが、その節は全く笑いごとではなかった。生益が脇差をくれれば、喉を突こうと思っていたが、渡さず、不届きなことと思ったが、今はそれで幸いであったと思う。その時は脇差を握る気力もなかった」と仰せられた。ご帰国の後、公の御船を見捨てて素通りした者に対して、お咎めはなく、人々は感心したということである。

生益に対し、彼の孫の清左衛門が、右の素通りした者の名を尋ねたところ、生益は大いに立腹して、「ご主人様さえその後仰せにならないことを、わしの口からその方へ聞かせられようか。ご奉公をつとめる者が、そのように無遠慮なことを申してよいものか」と、こっぴどく叱りつけたとのこと。

〈注〉

藤嶋生益 聞書三―31注参照。**持永助左衛門** 持永助左衛門茂成。九州探題であった今川貞世の子孫とされる。大物頭を勤めた。餅木本では助右衛門、小城本、『校補』では助左衛門となっている。**兎之子取** 子供の遊び。前の子供の帯を摑んで一列になり、鬼になった子供が、その列の一番後ろの子供を捕まえるもの。**折** 底本に、「おり」と振り仮名がある。**御前様へ** 餅木本、小城本には「へ」がない。**清左衛門** 藤島生益の孫。姥は祖母の意。**木村主馬** 直茂、元茂に仕えた組頭。『校補』には不詳とあるが、『元茂公譜』に名前が見られる。

55 一、天守御普請之《の》時、大工棟梁何某奸謀《かんぼう》仕《つかまつり》候ニ付而《つきて》被行死罪《しざいおこなわれ》候由。此儀ニ付《つき》〈口《く》伝《でん》有り〉。

〈現代語訳〉

天守閣のご普請の際、大工の棟梁何がしが奸謀を企てたので、死罪に処されたとのこと。この件について〈口伝がある〉。

56 一、直茂様より*与賀社、*本庄社、*大堂社、此三社ヘ常燈《じょうとう》被差上《さしあげられ》候。大堂社ハ *月堂様御産神《うぶすな》ニて候故、被差上《さしあげられ》候由。与賀社ハ 直茂公、三御丸より多布施御通被遊《とおりあそばされ》候砌《みぎり》、与賀御神前ニて、社内よりくらき〳〵と申声《もうす》仕《つかまつり》候故、神前ヘ人を被遣《つかわされ》、御見セ被遊《あそばされ》候ヘハ、人は居不申《おりもうさず》、殊外《ことのほか》くらく御座《ござ》候と申上《もうしあげ》候。夫《それ》より常燈被差上《じょうとうさしあげられ》候由。右三社共ニ御隠居以後も　直茂公、御自分ニ御とほ《ぼ》し被遊《あそばされ》候故、今には小城より料銀上《のぼ》り申《もうし》候。如右覚罷在《みぎのごとくおぼえまかりあり》候。　*左仲。

〈現代語訳〉

直茂公より、与賀神社、本庄神社、大堂神社、この三社へ常夜燈を差し上げられた。大堂神社は月堂様（元茂公）の産土神なので、差し上げられたとのこと。与賀神社（について）は、直茂公が三の丸から多布施への途中で社前をお通りになった際、その御神前で、社の中から「暗い、暗い」と言う声がしたので、神前へ人を遣わして見に行かせたところ、「人はおりませんが、大変に暗うございます」と申し上げた。それ以降、常夜燈を差し上げられたとのこと。右の三社ともに、ご隠居の後も、直茂公が御みずからお灯しになったので、今も小城から御燈明料が出されている。右のように記憶しております。左仲。

〈注〉

与賀社　聞書三－28参照。　**本庄社**　現佐賀市本庄町にある本庄神社。　**大堂社**　現佐賀市諸富町にある神社。　**月堂様**　鍋島元茂。（人物補注、鍋島元茂）　**左仲**　兵動左仲。聞書三－28注参照。

人物補注

あ行

諫早直孝（一五七四—一六三五）　龍造寺家門（龍造寺家兼の次男）の次男鑑兼の孫。石見守、右近允、右近将監と呼ばれる。直孝の前は作十郎、万歳とも名乗っていた。鑑兼は、龍造寺隆信の本家村中龍造寺家相続に反対する本家旧臣土橋の勢力に、本家を継ぐ者として担ぎ出されたことがある。父家晴は一時柳川城を拠点としていたが、豊臣秀吉の九州配分の際、柳川城が立花宗茂に与えられたため、代わりに諫早が知行地として与えられた。以後、直孝の代から諫早を名字として名乗っている。父家晴（法名道安）は龍造寺高房逝去の後、江戸に呼ばれ、龍造寺家督に関して意見を聞かれ、鍋島勝茂を推挙した。その後、直孝は勝茂のもとで家老として藩を支えた。諫早家は以後、連判家老（代々家老を勤める家格）として、鍋島藩の藩政を支えた。妻は初め龍造寺政家の娘、後妻は鍋島直茂娘。

石井正之（？—一六六〇）　幼名は塩童。弥七左衛門と呼ばれる。林栄久（のち、利兵衛貞正に名を改めた）の長男で、石井縫殿助茂清（石井次男家）の養子。栄久は鍋島直茂が朝鮮半島から連れてきた者で朝鮮人である。医道の心得があり、直茂や陽泰院を診ていた。栄久の家督は次男林形左衛門貞之が継いだが、鍋島忠直（鍋島勝茂嫡男）が逝去した際に追い腹した。正之の養父茂清の家督は、正之の希望もあって、実子が継いだ（聞書八－53）。島原の乱において一番乗りの軍功を立て（聞書六－104）、それによって知行地を拝領、別家を立てた。

石井義元（?—一六〇二）　生札と呼ばれる。石井三河守義昌（石井三男家）の孫。石井家は少弐氏、龍造寺氏、鍋島氏に仕えており、石井駿河守忠義の子孫は、長男家、次男家、三男家、四男家、五男家と全て別家を立てている佐賀藩の名門である。義元は鍋島直茂に重用された者の一人で、直茂当時の名前信生から一字をもらい、生札と称した。同じく一字を賜った鍋島生三、下村生運と共に、藩政を支えた。直茂の継室は、石井常延（石井長男家祖和泉守忠清の嫡男）の娘（陽泰院）で、生札の又従兄弟でもあり、初代藩主鍋島勝茂は龍造寺城内の石井生札宅で出生している。生札の跡式は孫伝右衛門正能が継いだ。正能は、島原の乱において、石井正之と語らい共に一番乗りの軍功をあげたが（聞書六－104）、江戸参勤のお供を勤める中で遊女にいれあげたため正保二年（一六四五）に切腹となっている（聞書六－42）。正能の嫡男次左衛門氏之は鍋島光茂のもとで帰参。氏之の子伝右衛門氏久は綱茂の年寄役を勤めたが、袋酒盛と呼ばれる事件（御袋との酒盛りの意。鍋島敬意とその母親が、年寄役であった石井氏久と酒盛りをし、石井氏久が浪人を命じられた事件。聞書二－57に注、聞書七－23に詳細）で浪人となった。生札の次男茂紹はその時子のなかった鍋島茂賢の養子となっており、茂賢の実子茂里が生まれた際に別家を立てている。『元茂公譜』には石井生札の子某夫婦が鍋島忠直の側役を勤め、忠直の逝去と共に出家したとある。

石田一鼎（一六二九―一六九四）　一鼎は剃髪後の名。剃髪前は石田安左衛門宣之。『安左衛門尉宣之伝』によれば、幼少のころから学を好み、儒仏の書に親しんでいた。十七歳で父の跡を継ぎ、初代藩主鍋島勝茂の側役となり、勝茂逝去後は、その遺命により二代藩主鍋島光茂の側役となった。三十四歳の時、藩主の意に逆らい、小城藩二代藩主鍋島直能に預けられた。八年目に許されたが、その後、下田（現佐賀市大和町大字梅野）に隠棲した。著書に『要鑑抄』『日峯公御壁書廿一箇条註』『泰巌公御年譜』『下村正運行実録』『石田私史』『梅山遺稿』等がある。『視聴覚知抄』『先考三以記』の編集にも関わっている。一鼎の著作『要鑑抄』には、三誓願「一、武士道ニ於テ未練ヲ不可取　一、先祖ノ名字ヲ断絶スヘカラス　一、畢竟主君之御用ニ可立」が書かれており、これは常朝の四誓願の原型と考えられる。老いてからの言動について常朝から「理屈老耄」（聞書一‐168）と言われることもあるが、「何事も願さへすれハ願ひ出す」（聞書一‐103）など、奉公に関する教えは理屈に依らないものも多い。「御家ハ我一人して抱留メ申」（聞書二‐78）という常朝を認め、「我死後ニ御家を偏ニ頼申候、乍太儀御国を荷ふて上ケ候へ」（聞書二‐122）と常朝に龍造寺鍋島家、肥前佐賀藩の将来を託した。

牛島真孝（一六四三―一七一五）　源蔵と呼ばれる。法名は一中。鍋島勝茂の小小姓となり、御歌書方、鉄砲物頭、京都留守居役などを勤めた。常朝より十六歳年上で、常朝が京都御用をつとめる際に同役だったことがある。元禄九年（一六九六）に、常朝と共に二代藩主鍋島光茂から蒲団を頂いた。

光茂逝去の際には常朝と共に出家している。妻は光茂の歌書役であった石井又右衛門忠俊（石井四男家）の娘。酒癖が悪く、酔うと人に意見をする。その酒癖によって同役に恨まれたところを、常朝が間に入って宥めたことがある（聞書二－123）。

枝吉順之（？—一六八〇）　下村茂充（下村生運嫡男）の次男で、枝吉順実の養子。利左衛門（理左衛門）と呼ばれる。蔵入頭人、大物頭を勤めた。『常朝年譜』によれば、大坂冬の陣などの際、養父順実が常朝父重澄と懇意にしていたため、順之は重澄への付け届けを忘れず、重澄の死後は毎年盆には墓前にお供えを欠かさなかったという。重澄から常朝のことを頼まれ、常朝の袴着を執り行い、お古の裃を嫌がった常朝のために新品の裃と、引き出物として備前長船盛光の小脇差を贈った。小脇差は順之が中院通茂から賜ったもので、鍋島光茂継室甘姫（通茂妹）が嫁ぐおり、順之が京都に伺った時に賜ったものである。その後、常朝が扶持を得るまで十年間、夏冬の衣装と裃を毎年贈った。鍋島勝茂が逝去した際、多久茂辰がその夜のうちに葬礼を済ませられる者を探して皆に断られるなか、順之が請け負い、夜のうちに葬礼を済ませたという（聞書四－81）。順之の跡式は養子順恒（鍋島市正直広の子）が継いだ。順恒は弁財公事（背振山境界線をめぐる福岡藩との裁判）において勲功があり、のちに請役家老の相談人となっている。聞書一－182で星野了哲から衆道の理を授けられたと言われるのは順恒である。また順恒は、石田一鼎の門人で、学者であった。

大木知昌（一六一九—一六九〇）　兵部丞、勝右衛門と呼ばれる。もしくは曾祖父知光を元祖兵部、以降、二代兵部、三代兵部、四代兵部、あるいは現在の兵部に対して前兵部と呼ばれる。曾祖父知光は龍造寺隆信が筑後を従えるに及び龍造寺氏に下り、隆信の死後、肥前に移り住んだ。祖父統清は文禄・慶長の役、関ヶ原の戦いと出陣し、島原の乱にも七十一歳で従軍している。統清七十三歳のころ、大木一門による大木組が編成され、その大組頭となった。鍋島直茂から鍋島元茂(小城藩初代藩主)へカチクチの軍法を伝えるよう託され、また初代藩主鍋島勝茂が編纂を命じた『視聴覚知抄』『先考三以記』に老巧者として関わった。統清の嫡男知照は家督を継ぐ前に死去したため、孫の知昌が組と知行を継いだ。知昌は初代藩主勝茂、二代藩主光茂に仕え、大目付、年寄役を勤めている。『葉隠』で登場する大木兵部(大木前兵部)は、主にこの知昌である。武雄家が相続で騒動となり、多久茂辰が止めに出ようとした際、家老が出るまでもないと代わりに出ようとし、その覚悟を察した茂辰に呼び返されたことがある。それ以降、多久家と大木家とは入魂となったという〈聞書八-13〉。

大隈茂隆(?―一六二四)安芸守と呼ばれる。法名は茂了。鍋島直茂に仕えた。島津から送られた龍造寺隆信の首を、島津へさし返す際の使者となっている〈聞書三-25〉。『葉隠』に出てくる大隈姓の者はすべて茂隆の子孫である。茂隆長男義隆の孫加兵衛孝辰(鍋島勝茂逝去の際、御骨の御供をし、その後剃髪〈聞書八-32〉)、その長男五太夫(家督相続前に争論によって浪人〈聞書一-137、169〉)、次男新之允(沢辺平左衛門宅で博打をし浪人〈聞書八-46〉)。茂隆次男玄蕃常明(鍋島直茂に仕えた〈聞書三-50〉)、その子次兵衛常的(鍋島光茂押し込めの詮議に異を唱えた〈聞書一-7〉)などである。八代の孫に大隈重信を出し、大隈家は侯爵家となった。

岡部重利（？）　宮内と呼ばれる。代々摂州伊丹の住民で、祖父伊丹康直は今川家に仕えたのち、徳川家康に仕えた。父伊丹重好も家康に仕え、秀忠の御側を勤めた旗本である。父の代に殿中での刃傷事件によって浪人、京都に隠居していた。母方の親族、岡部内膳長盛の娘（後の高源院）が、家康の養女として鍋島勝茂継室となったので、その付き人として肥前に下った。岡部の名字を賜り、岡部重利と名乗る。勝茂の嫡男忠直の御側役として仕え、忠直逝去後は、その嫡男光茂に仕えた。着座、年寄役を勤めた。御抱者（他藩からの家臣）として初めての年寄役である。大組頭も勤めている。組子のためにあらかじめ軍用金を用意しておくなど、組頭としての振る舞いは賞賛される（聞書一－202）ものの、家風を心得ないところがあり、光茂押し込めの詮議を企んだ末、隠居することとなった（聞書一－7）。

か行

金丸一久（一六六〇―一七一〇）　郡右衛門（軍右衛門）と呼ばれる。二代藩主鍋島光茂、三代藩主鍋島綱茂の祐筆役。『葉隠』には金丸氏の話として書き出される条文が多いが、その多くは初代藩主鍋島勝茂に関するものである。金丸一久自身は常朝より一つ年少であり、勝茂に仕えた経験はないため、父軍兵衛貞久、もしくは祖父清右衛門恒長（島原の乱で戦死）の話を一久が語ったものか。

神代直長（一六二八―一六九三）　左京、右兵衛と呼ばれる。初代藩主鍋島勝茂の六男。神代（くましろ）家を継いだ。知行地から川久保家とも呼ばれる。神代家は龍造寺隆信と肥前の覇を争った神代勝利の家系で、隆信のもとに下る際、小川信俊（直茂弟、小川信安養子）の三男家良が養子となっていた。家良の孫常利、またその子常宣が相次いで早世したため、直長が養子となった。直長によって神代家は一時的に親類格となり、直長の隠居後はもとの家格に戻るはずであったが、直長が養子に二代藩主光茂の次男直利を迎えており、かつ三代藩主綱茂に子がなく直利が四代藩主吉茂となったため、引き続き親類格として扱われることになった。光茂押し込めの詮議に同意していた。延宝元年（一六七三）のイギリス船入港の際に、警戒にあたった佐賀勢の指揮を執っている。

小早川隆景（一五三三―一五九七）毛利元就の三男。小早川家を継いだ。兄吉川元春と共に父元就を補佐し、その没後は毛利家を継いだ甥輝元を補佐した。本能寺の変以後、豊臣秀吉と結び、重用される。九州征伐、小田原征伐、文禄の役に戦功あったが、慶長二年、病死した。『直茂公譜』によれば、元亀二年（一五七一）備後にいた足利義昭に拝謁するため、龍造寺隆信の命で鍋島直茂が安芸に赴いた際、毛利と好を結び、小早川隆景とも今後について意見交換を行っていたとある。その後、直茂は小早川隆景を仲介として、豊臣秀吉とも早くから通じた。隆景は秀吉の九州配分において、筑前一国と、筑後、肥前の一部を与えられ、九州探題となったが、不相応と感じたためか、肥前の一部を直茂に譲った。この礼として、文禄の役の際、直茂は執行平左衛門組と江上太郎兵衛を隆景の加勢に付けている。また、龍造寺政家が隠居を考えたおり、嫡男高房が三歳だったため、龍造寺一族で家督を誰に譲るか相談し、慶誾尼が直茂を推し皆が同意した。これを、直茂は受け入れなかったが、政家は成富茂安を隆景へ相談にやり、隆景が直茂を大坂へ招いて国政を担当するよう説得した。慶長二年（一五九七）、朝鮮から一時帰国した直茂は、死の直前の隆景の見舞いに赴き、世の成り行きについて密談したという。『葉隠』には、難しい口上を任された使者の指導を、隆景から直茂に頼むという条文がある（聞書三－2）。直茂と特に懇意な大名であったと思われる。秀吉は、隆景、直茂を高く評価し、天下を取るための大気、勇気、智恵のうち、二つを持ち合わせた者と語り、隆景は大気、智恵を持ち、勇気に欠け、直茂は勇気、智恵を持ち、大気に欠けると評した（聞書十－144）。

さ行

相良及真（一六三〇―一六八〇）　求馬と呼ばれる。鍋島勝茂継室高源院の手男鶴源兵衛と高源院奥女中の子（「手男」は聞書二－124注参照）。相良権左衛門が難船溺死したため、権左衛門の娘と縁付くことで、跡式を継ぐこととなったが、権左衛門の娘が幼少であったため、鍋島直朝養女（鍋島孝顕娘）を娶り、娘を養女とした。一説によると、持永助左衛門益英（成富茂安の弟。姉妹の婿であった持永助左衛門茂成の養子）の末子が出生の際、産月が悪かったため捨て子にされたのを、高源院がもらい、源兵衛の子として育てたという（聞書六－18）。鍋島光茂の遊び相手として育ち、のちに年寄役、加判家老（一代限りの家老）となる。側役だった頃、光茂の歌道への執心を勝茂に叱られ、歌道が御家長久の基だとただ一人反論した（聞書二－67）。「相良求馬ハ御主人と一味同心ニ死身ニ成て勤たる者」（聞書一－7）と言われ、光茂押し込めの詮議においては、切腹となることも辞さず、詮議に反対の意を示した。主君に異を唱え、切腹の命を受けたこともあるが（聞書一－137）、異見を撤回せずに許されている。光茂から一目置かれた者（聞書二‐12）であり、光茂から「求馬程成者を今一人ほしく候」（聞書八‐27）と述べられる人物である。江戸で遊女にいれあげた際には、国家のために止めるよう言われ、承知した（聞書八‐61）。及真の代から大身となった取り立て者であるため、優秀な家来が少ない（聞書九‐18）、家風を知らないなどの欠点もある（聞書五‐98）。

三条西実教（一六一九―一七〇一）『葉隠』では実教卿と呼ばれる。二代藩主鍋島光茂の歌道の師範。常朝を使者として、臨終前の光茂に古今伝授一巻を授けた。官位は正二位権大納言。父は従四位下公勝、祖父は右大臣実条。父が早世したため、祖父の跡を継いだ。三条西家は大臣家の家格で、四箇の大事、有識故実、和歌を家職とした。和学に力を入れ、香道にも通じる。祖父実条は武家伝奏を勤め、慶長十八（一六一三）年から二十七年間、最長の期間を勤めあげた。実教の嫡男公福も武家伝奏を勤めている。子孫の三条西季知は、幕末において尊攘派の中心として活動し、文久三年（一八六三）八月十八日の政変において長州へ逃れた七卿落ちの一人である。光茂逝去直前、常朝が帰国できるようにはかった河村権兵衛は、三条西家御家司である。幕末において三条西季知に仕え、禁門の変で斬殺された河村李興は、河村権兵衛の子孫と目される。『葉隠』に記された実教の言葉は「一呼吸之中ニ邪を含ぬ所か則道也」（聞書一‐39）、「しれぬ事は知るゝ様ニ仕たる者か有り。又自得して知るゝ事も有。又何としても知れぬ事も有。是か面白き事也」（聞書一‐203）などである。一つの道に通じた者として、常朝はその教えを仰いでいたようだ。

志田良正（？―一六六一）　吉之助と呼ばれる。龍造寺隆信嫡男政家の小姓。政家の死後、家督を養子に譲り、隠居した。『葉隠』において曲者と言われる人物で、「生ても死ても残らぬ事ならは生たるかまし」や「喰か喰まひかと思ふ物ハくわぬがよし。死フか生フかとおもふ時は死たかよし」（聞書一－48、115）など、わざと臆病に見られるような発言をすることがある。鍋島勝茂の請役家老であった多久茂辰と親しく、茂辰はその器量を見込んで万事相談し、いずれ奉公させようという心づもりであったが、それを察し、わざと馬鹿、欲深、臆病者として振る舞ったという（聞書八－69）。

柴田宗春（？）　本名千布太郎左衛門茂利、千布家利の三男。父因幡守家利は龍造寺隆信に仕え、沖田畷の戦いで戦死、茂利は鍋島直茂の側役を勤め、直茂が隠居領を鍋島元茂（鍋島勝茂長男）に譲った際、共に元茂付きとなった。法名は宗春。柴田宗春と名乗り、直茂の事跡を『直茂公御咄聞書』（『柴田聞書』）として書き残した。

春岳明凞（？）　臨済宗水上山万寿寺の十四世住持で、泰長院の九世住持を兼任していた。キリスト教徒の疑いがあり貞享四年（一六八七）に訴えられた。聞書五の鍋島光茂の年譜には、「十二月廿五日春岳邪宗被企之由道心者浄心長崎御奉行衆ニ申出候被相改候処無実ニ付而追而被差免候」と書かれている。キリスト教徒の疑いは晴れたが、公儀に召し出されたこともあり、水ヶ江乾享院へ押し込めとなった。同年の『常朝年譜』に「春岳和尚ノ番人ノ内ニ被相加候条、右番可相勤由、御家老衆より被仰付候事」とあり、常朝も春岳の番についていたことが分かる。春岳はこの件によって両寺から追放となり、独和尚と呼ばれた。

須古信明（一五六六―一六四二）　龍造寺信周（龍造寺周家の次男、龍造寺隆信の弟）の次男。下総守と呼ばれる。法名は影庵。父信周が須古城を拠点としたため、須古を名乗る。鍋島勝茂を、龍造寺の家督を継ぐ者として推挙し、勝茂のもとで家老を勤めた。須古家は以後、連判家老（代々家老を勤める家格）として、鍋島藩の藩政を支えた。『直茂公譜』によれば、関ヶ原の戦いにおける柳川城攻めの際には、先陣の鍋島茂賢および鍋島茂里が激しく戦うなか、左右に備えた鍋島茂綱と須古信明が、側面から鉄砲を撃ち、形勢を有利に変えた。この戦功により、加増を受けている。茂綱がこの戦いで討ち死にすると述べ、軍を鼓舞したのに対し、信明は無口であったという（聞書十一－24）。直茂が篤く信頼する者で、他の者には見せない病気の耳をたびたび見せていた。直茂逝去の前に呼ばれ、言い置きたいことを承っている。『影菴御異見書幷仰書写』には、家中における主人としての心得や、奉公における心得が書かれており、そこには「主人其外人之前にてふしゅひを不申様ニ気遣すへし」「何篇よく思慮をして可申事専要也」「主人其外人前ニて物を多いふへからす」とある。

絶学了為和尚（？）　高伝寺の第十九世住持。小城郡古湯村の山伏、実相坊の子で、沢野新右衛門組の弓足軽の養子となったが、的を射外した際、組頭に叱られ、奮激し、松陰寺賢渚和尚のもとで出家した。元禄九年（一六九六）鍋島綱茂より高伝寺の住職に仰せつけられ、同十三年、鍋島光茂を弔ったのち隠居。常朝の出家において戒を授けている。常朝の山屋敷、朝陽軒で、同じく隠居した常朝と同居していた。宝永三年（一七〇六）綱茂逝去の折は、綱茂が兼ねて帰依していた黄檗派の大願寺に葬送されるところを、了為が城に乗り込み、黄檗派の僧を追い立て、棺を担いで、高伝寺へ御供仕るべきと主張したため、高伝寺で弔うことになったという。同五年（一七〇八）に加賀国大乗寺の住職に請われ、翌年加賀に赴き住持となった。正徳四年（一七一四）に下国。朝陽軒はその間、寺号を引き、宗寿庵と名を変えている。宗寿庵には霊寿院（光茂側室）が葬られたため、常朝は大小隈へ庵を移した。宗寿庵の開山は了為、二代は高伝寺第二十代住持行寂となっている。「昔之侍ハ寝蓙の上ニ而死ぬる事を無念かり、戦場ニて死度とのミ歎きし也。出家も此心を持ねハ道を成就する事ならす」（聞書十-147）と述べるような豪胆な出家である。

た行

多久茂辰（一六〇八—一六六九）　美作守と呼ばれる。多久茂富の子。父茂富（後藤貴明の子家均と多久安順妹の子）が祖父安順と義絶したため、七歳から安順のもとで学び、多久家を継いだ（聞書六-95）。寛永十四年（一六三七）の鍋島勝茂の参勤交代のおり、安順の推薦で留守中の請役家老（家老の中で中心的な役割を担う）を任される（聞書九-1）。その直後起こった島原の乱において、家臣の配置や、幕府との連絡役、多久家の指揮をこなし、請役家老として勤めを果たした。勝茂が三男直澄を後継ぎに考えていた際、嫡男忠直の子光茂を後継ぎに推し、公儀への挨拶など手を尽くした（聞書四-76、聞書五-105）。勝茂のもとで藩を支え、勝茂の病床に付き添い臨終まで看取った。葬送後、出家。妻は鍋島勝茂の娘。

多久茂富（一五八五―一六五九） 図書頭と呼ばれる。父は後藤家均（後藤貴明の子）、母は龍造寺長信の娘（多久安順の妹）で、多久安順の養子。部屋住の頃から大組頭となり、大坂の陣に出陣していたが、寛永五年（一六二八）養父安順と義絶し、蟄居した。そのため、多久の家督は茂富の子茂辰が継いでいる（聞書六‐95）。蟄居ののち、勝茂から鍋島姓を許される。島原の乱において、閑居の身ながら出陣したことにより、勝茂に喜ばれ、安順からも許された。常朝の父重澄の寄親であり、常朝の幼名松亀の名づけ親である。常朝が生まれた当初、重澄は「塩売ニ成共くれ可申」と考えていたが、「神右衛門ハ陰之奉公を仕と　勝茂公常〻被成御意候へハ、多分子孫ニ萌出御用ニ立可申」という多久茂富の言葉で、武士として育てられることとなった（聞書二‐140）。

多久茂矩（一六三一―一六九〇） 長門と呼ばれる。多久茂辰の嫡男。母は鍋島勝茂の娘。二代藩主鍋島光茂の請役家老を勤めた。『勝茂公譜』によれば、勝茂自ら加冠のため多久家へ赴き、茂矩の前髪を取り、勝茂の名の一字と、脇差を下賜したとある。以後、多久家の前髪取りの儀は、佐賀城において藩主の手を添えて行われるようになった。光茂押し込めの詮議に同意していたが、詮議後も光茂に仕えている。光茂の息子茂文（伊豆）を養子とした。貞享三年（一六八六）、蔵入地（藩主直轄地）において、他の者には分かりにくいことなどがあり、茂矩頼みの部分が多いこと、茂矩が病人であり、今後請役家老を勤めることが難しいことなどを案じた光茂によって、隠居を命じられた。隠居の理由からか、家中の者が多久へ引き取るよう迎えに来た際には、思うところがあり、佐賀を離れないと述べている（聞書八－38）。隠居においては、光茂から茂文が幼少のため、茂矩弟安胤（兵庫助）に家督を譲るよう言われるが、家中の者が藩主の子を養子としたのだから茂文に家督を譲るべきと反対し、茂文に家督を譲ることとなった（聞書六－12）。

多久安順（一五六三―一六四一）　長門守と呼ばれる。龍造寺長信（龍造寺周家の三男、龍造寺隆信の弟）の嫡男。父長信が多久村を知行地として賜り、安順が龍造寺を改め多久と称した。妻は鍋島直茂の娘。龍造寺の家督を継ぐ者として鍋島勝茂を推挙し、勝茂のもとで家老を勤めた。当時、家老を勤めた多久、武雄、諫早、須古の龍造寺四家のうちで中心的な役割を果たす。龍造寺四家は以後、連判家老（代々家老を勤める家格）として、鍋島藩の藩政を支えた。勝茂の姉聟として信頼篤く、『勝茂公譜』によれば、佐賀城の二の丸を任され、勝茂の名代も勤めている。諫言もたびたび行った。寛永二年（一六二五）皆困窮していたところに、江戸で物入りのため、勝茂が家中から金を徴収しようとしたが、安順が諫言し取りやめとなっている。金の徴収をやめたという条文（聞書九－10）もこの時の事か。同年、政務の要法を記し、献じることで諫言とした。その後も政道の心得を記し献じた。勝茂が三男直澄に家督を譲って隠居することを考えていた折、相談を受けた安順は光茂に譲るべきと諫言している。龍造寺伯庵（高房庶子）が、自身こそ龍造寺家督を仰せつけられるべき者であると公儀へ訴訟した際には、安順が勝茂家督相続の正統性を証言した。後藤家均の子茂富を養子としたが、義絶し、茂富の嫡男茂辰を七歳から養育、茂辰に家督を継がせた（聞書六－95）。

田代陣基（一六七八―一七四八）又左衛門と呼ばれる。『葉隠』の筆録者。三代藩主鍋島綱茂に祐筆役として仕えていたが、『葉隠』編集を始める前年に側役を解かれた。その後、常朝の言葉を約七年の歳月を費やして書きとめ、『葉隠』十一巻を完成させた。五十四歳の時、再び側役となり五代藩主鍋島宗茂の祐筆役を勤めた。妻は徳永助右衛門の娘。

湛然梁重（?―一六八〇）鍋島家菩提寺である高伝寺の十一世住持。前住鶚峯は月舟宗胡（武雄出身、曹洞宗復古運動の先駆け）を後住に願ったが、既に菩提寺を預かっていた月舟に断られた。その後、鶚峯の頼みで月舟が推薦したのが、湛然である。禁酒の徹底など寺内の風紀改善に努めた。「出家ハ慈悲を表ニして内ニは飽迄勇気を貯へされハ仏道を成就する事不成もの也。武士ハ勇気を表ニして内心ニは腹之破るゝ程大慈悲心を持たされハ家業不立もの也。依之出家は武士ニ伴て勇気を求メ武士は出家ニ便りて慈悲心を求るもの也」（聞書六―18）と述べ、慈悲に加えて勇気を重視する。武士を恐れず、敵討ちを遂げた竜雲寺住持伝湖を庇い、多久茂辰の死罪の要求を退け、逃がした（聞書八―56）。『光茂公譜』によれば、寛文六年（一六六六）円蔵院住持村了（村良とも）が寺格を上げてほしいと二代藩主鍋島光茂に直訴し斬首となった際も、村了の命を助けるように訴えていたが、聞き入れられなかったため、佐賀から出国しようとした。その後、結局、出国は許されず、しかし湛然が高伝寺に戻ることを拒否したため、隠居を仰せ付けられ、松瀬の華蔵庵に禁足蟄居となった（聞書六―17）。『重澄年譜』によれば、重澄（常朝父）は嫡男武弘の三男を湛然の弟子とし主君の菩提を弔わせ、忌日には高伝寺に寄進をし、花を絶やさなかった。湛然はこれに感心し、重澄に血脈（仏法を相承した系譜）を授けている。重澄が常朝のことを頼んだため、常朝とも懇意であった（聞書二－140）。常朝は延宝七年（一六七九）二十一歳の頃に、湛然和尚を訪ね、血脈を授かっている。

な行

中野清明（一五五五－一六二〇）　式部少輔、のちに神右衛門と呼ばれる。山本常朝の祖父。『中野神右衛門清明年譜』によれば、中野氏はもともと後藤氏の傍系として、後藤貴明に仕えていた。清明が九歳の時、後藤氏と平井氏との合戦で、父を始め中野一門の者は三十七人討ち死にする。清明の父忠明は出陣の際、「成長之後武道之誉レ取候得」（聞書六－101）と述べ、清明に別れを告げた。清明は後藤貴明のもとで育てられた。その後、中野一門は後藤貴明養子惟明に付けられたが、貴明に実子晴明が生まれ父貴明と養子惟明が不和になると、父子で戦いとなり、負けた惟明が平戸に帰ってしまった。この結果浪人となった中野一門を被官としたのが鍋島直茂である。清明は直茂の下で活躍、三池鎮実を攻めた際は、接戦の中一番首を取り、龍造寺隆信からお褒めの言葉を頂いている（聞書六－100）。その後も一番槍、一番乗りの活躍をした。沖田畷の戦いにおいては、敗戦の中、切腹しようとしている直茂を止め、鍋島太郎五郎（直茂養子茂里）、鍋島大膳（清房兄清康の三男信久の子信清）、中野清明、綾部新五郎（右京亮茂幸）、小森神五、南里太郎三郎（助左衛門茂俊）、槍持増岡権左衛門、合わせて七人で（他に茂里の小者小宮三之丞）直茂を守り退却した。直茂が豊臣秀吉の直轄領草野を任された際には、草野の代官に任じられた。直茂が秀吉の小田原征伐の陣中見舞いに行く際に、その身を案じ先回りして無理矢理同行し、「草野之くるひ者」と呼ばれる。文禄・慶長の役では、蔚山において数十万の敵軍を前に、皆言葉もないところを、「三才牛ノ毛の数」と評し士気を高めた（聞書九－23）。五十四歳の時、駿河城普請において奉行を勤め、その際何事かあったのか、帰路、目付役小川右馬允を討ち果たした。小川は多久家の者だったため、多久安順は切腹を主張したが、伏見城城代だった岡部長盛の心遣いや、深堀家鍋島茂賢、横岳家鍋島茂里の尽力もあり、一時浪人となった。直茂逝去の際、老年を理由に追腹を願ったが、初代藩主鍋島勝茂に止められる。六十六歳で死去した。「御主人様より御懇ニ被召仕候時する奉公ハ奉公ニ而ハなし、御情なく御無理千万成時する奉公が奉公ニ而候」（聞書九－24）と子供に常々話していた。

中野利明（一六二八―一六九九）三太夫、のちに数馬と呼ばれる。中野清明の曾孫で、中野政利の子。中野本家を継いだ。その後家督を継いだ次男貞起もまた数馬と呼ばれるため、前数馬とも呼ばれる。常朝の従兄弟の子に当たるが、年上である。中野一門組の大組頭で、常朝とその甥常治の寄親。『常朝年譜』によれば、九歳の常朝が二代藩主鍋島光茂の小僧として江戸に上った折には、常朝は中野利明の長屋で寝起きし、利明から教訓を受けた。元服も利明の宅で行っている。藩主となる前の三代藩主鍋島綱茂の側役、年寄役を勤め、元禄三年（一六九〇）、光茂の加判家老となった。初代藩主勝茂の小姓を勤めていた頃から、大胆で利発な子供であり（聞書七－22）、綱茂の年寄役を勤めた際には、切腹の命を取りやめるように七度も進言し、意見を通したことがある（聞書一－137）。罪人には、一段軽い刑罰を与えるよう努めた（聞書一－51）。

中野正包（?—一六八九）　将監と呼ばれる。正包の祖父正守は中野清明の次男であり、常朝の父重澄の兄にあたる。祖父正守も中野将監と呼ばれるため、正守は前将監、あるいは又右衛門と呼ばれる。二代藩主鍋島光茂のもとで大組頭、年寄役を勤めたが、財政の逼迫する中、その実情を隠し、光茂への多くの意見を留め、光茂の悪名となったため、三家、御親類、家老から糺され、元禄二年、切腹を申し付けられた。同役の馬場勝右衛門重好は浪人となった。介錯は常朝が勤めた。家名は断絶となっている。切腹後、大木組で悪口を言われ、大木知昌がそれをたしなめたという条文（聞書一－199）があるように、基本的に藩内の評判は悪いようである。正包には「諫と云詞早私也」（聞書二－128）、「御異見なとゝ申ハ殿之思召寄ニ而御自身被思召直候と皆人存候様ニ密々ニ仕殿之悪事ハ我身ニ引かぶり候こそ御譜代之士之覚悟とは可申候」（聞書五－98）という考えがあり、三支藩と本藩との間で問題が起こった折も、内々に意見し、自身の手柄ではなく、光茂の功としたという。常朝の理想「奉公之至極は家老之座ニ直り御異見申上る事ニ候」（聞書二－139）には、正包の影響がうかがえる。

鍋島勝茂（一五八〇—一六五七）　肥前佐賀藩初代藩主。鍋島直茂の嫡男。信濃守と呼ばれる。母は石井常延の娘（陽泰院）。法名は泰盛院。『勝茂公譜』によれば、龍造寺城内の石井義元宅で出生。直茂夫妻が男子の出生を蠣久大神宮に祈念したところ、果たして男子が出生したため、伊勢松と名付けられた。十歳のころ、龍造寺高房が鍋島直茂養子となるに伴い、江上家種（龍造寺隆信次男、江上武種養子）の養子となった。翌年、豊臣秀吉に請われ、人質として大坂に赴く。文禄の役で、養父家種が逝去。慶長の役では実父直茂と共に渡海し、武功をあげた。関ヶ原の戦いでは、石田三成が愛知川に関を設けたため関東に赴くことができず、高房と共にやむなく西軍に属し、伏見攻め、安濃津城攻めに加わった。その後、徳川家康の指示で九州の警戒のために帰国していた直茂から下村佐馬助茂充が遣わされ、関東勢と連絡を取るように促される。そのため野代に滞陣したまま、関ヶ原の合戦そのものには加わらなかった。合戦後、切腹覚悟のうえ、黒田長政、井伊直政を頼んで家康に赦免を願い、直茂の忠節を理由に許された。赦免の場で立花宗茂の退治を命じられ、柳川城を攻め下し本領を安堵された。慶長十二年（一六〇七）、高房逝去後、龍造寺一門の推挙もあり、龍造寺の家督を継ぎ初代藩主となる。島原の乱においては、下知を無視し、城攻めに取り掛かったとして、詮議にかけられ、改易の噂が流れた。鍋島家中では改易の際は籠城討ち死にと詮議があったが、大久保彦左衛門忠教の言葉で評定が変わり、閉門蟄居を命じられた。この時、佐賀出身の出家が国のためと武装して集まったため、町の小屋小屋において食事を振る舞った。閉門を命じられたのち解散したが、勝茂はその志を感じ、安否を知るために二十年に一度は帰国するよう述べている（聞書四－23）。妻は初め秀吉の養女として戸田勝隆の娘を娶っていたが、二十歳で早逝したため、家康の養女として岡部長盛の娘（法名高源院）を娶った。嫡男忠直が早世したため、三男直澄に家督を譲ろうとしたが、家中の反対にあい、忠直嫡男光茂に家督を譲った。もともと親類格（振る舞いなどの際に対座で主君と同間できる格、それ以下の格は敷居の外に着座した）であった龍造寺四家（多久、武雄、諫早、須古）に加え、自身の子の家を親類格とし、また忠誠の証人として徳川家に仕える者へ江戸詰めの手当てとして大配分を与え、三支藩を作った。国の仕組みを整え、『鳥ノ子御帳』などの書物を残し、鍋島藩の存続に努めた（夜陰の閑談）。聞書四は勝茂の事績が中心である。

鍋島清久（一四六八―一五五二）　佐賀藩藩祖鍋島直茂の祖父。平右衛門と呼ばれる。法名は利叟。祖父経直の代から本庄を領地とする。『北肥戦誌』によれば、少弐資元が大内義隆の侵攻を受けた田手畷の戦い（享禄三年〈一五三〇〉）の際、長男清泰、次男清房、赤熊武者を率いた野田清忠（清忠の姉妹が清久の妻で清泰、清房の母。清忠娘は清泰の妻）と共に少弐勢として活躍、同じく少弐家臣として活躍した龍造寺家兼に請われ、清房を家兼の孫（家兼長男家純娘）の婿とした。以後、龍造寺家兼、隆信に仕えた。信仰が篤く、英彦山神社（福岡県）へ毎年年籠り（年末から年始まで祈念のため社に籠ること）に参詣していた。また英彦山権現を徳善院（現佐賀市嘉瀬町、清久祖父菩提寺、真言宗）に勧請している。『葉隠』「夜陰の閑談」では、清久について「御信心」と述べられている。

鍋島清房（一五一二―一五八五）　佐賀藩藩祖鍋島直茂の父。清久の次男。駿河守と呼ばれる。法名は剛意。『北肥戦誌』によれば、父清久と田手畷の戦いで活躍、龍造寺家兼の孫（家兼長男家純娘）を妻に迎えた。妻と死別ののち、慶誾尼（隆信母）が再嫁した。龍造寺家兼、隆信に仕えた。天正十二年（一五八四）沖田畷の戦いの際には、佐賀城の留守居を任されていた。沖田畷の戦いによる隆信戦死が伝えられるなか、次男直茂が帰還し、嬉しさのあまり涙が止まらなかったという。嫡男豊前守信房（直茂兄）は隆信、政家、高房のもとで家老を勤め、隆信のもとで有馬の押さえとして鹿島に配されたが、慶長十四年（一六〇九）、神代（こうじろ）に移った。神代鍋島家の祖である。信房曾孫弥平左衛門嵩就は、一雲と号し、加判家老を勤めた。以後、神代鍋島家は連判家老の家格となっている。

鍋島茂里（一五六九―一六一〇） 太郎五郎、左衛門大夫、平五郎、のちに主水佐と呼ばれる。法名は日妙。石井安芸守信忠（石井次男家）の息子で、母妙玉は石井忠俊と法性院（陽泰院姉）の娘。男子のなかった鍋島直茂の養子となる。直茂に実子勝茂が生まれたため、鍋島家を継がず、のちに横岳家を継ぎ、横岳鍋島家の祖となる。横岳鍋島家はのちに連判家老となり、親類同格の家格となっている。妻は鴨打清兵衛胤房だったが離別、直茂と前妻慶円の娘天林尼を娶った。天正十二年（一五八四）の沖田畷の戦いに十六歳で出陣、敗戦のなか実父信忠はこの戦いで戦死、茂里は直茂を守り退却した。茂里は以降の戦いでも活躍、特に関ヶ原の戦い後の柳川城攻めにおいては、戦の指揮を任され、弟茂賢とともに先陣を勤め戦功をあげた。『直茂公譜』からは、兄弟で討ち死に覚悟であった様子がうかがえる。病死の間際、茂賢に言い残すことを聞かれ、大坂の陣があるだろうことと、その時の城の乗り口を述べ、自分が生きていなかったら、蜂須賀が一番乗りをするだろうと語っていたという（聞書八－83）。『勝茂公譜』には、茂賢の進言がすぐには用いられず、蜂須賀が一番乗りをしたとある。

鍋島茂綱（一五八二―一六五五） 若狭守、主馬と呼ばれる。後藤家信（龍造寺隆信の三男、後藤貴明の養子）の嫡男。茂綱の前は喜清次と名乗っていた。姓は後藤から、鍋島の名字を拝領したため鍋島、もしくは知行地から武雄と呼ばれる。後藤家への龍造寺家の養子は、塚崎領主であった後藤貴明が、実子家均に家督を継がせようとしたため、養子惟明と戦いになり、隆信に加勢を乞うたことによる。貴明は隆信の加勢によって勝利し、その代償として家信を養子とし、居城、領地を明け渡すこととなった。家信が龍造寺家中の者を家臣として塚崎城に入ったのに対し、家均は別の知行を拝領し、貴明家中の者を譲られている。こうして後藤家（武雄家）は実質、龍造寺家の分家となった。茂綱は龍造寺四家として鍋島勝茂のもとで家老を勤め、以降武雄家は連判家老の家格となっている。茂綱は各所に出陣し軍功をあげたが、特に慶長五年（一六〇〇）の柳川城攻めの際、活躍し、加増を受けている。『直茂公譜』によれば、その頃病気で療養していた茂綱は、柳川城攻めの先手を望んで佐賀に来たが、既に先手は茂里茂賢兄弟に決まったと聞き、先手でなければ切腹すると主張した。直茂は若年ながら「流石龍造寺ノ家族ヨ」と喜び、これをなだめて二陣に任じた。茂綱は「我ハ一足も引す。討死すへし」と述べ士気を高め、先手の激しく戦うところに横から鉄砲を放ち、自身も切り込んで行った（聞書十一-24）。また当時三十二歳の茂里と、十九歳の茂綱は衆道の関係にあり、茂里を助けに切り込んでいったとある。妻は前妻が永田純家の娘（直茂養女）、後妻が鍋島忠茂の娘（勝茂養女）。晩年、前妻の子茂和と、後妻の子茂明に所領を分けようとし、茂和の反対にあって、御家騒動を起こした（聞書八-13）。

鍋島茂賢（一五七二―一六四六）　七左衛門、のちに安芸守と呼ばれる。石井安芸守信忠（石井次男家）の息子で、母妙玉は石井忠俊と陽泰院姉の娘。鍋島茂里の弟。父信忠が沖田畷の戦いで戦死したため、母妙玉が鍋島左馬助純賢（もと深堀純賢、鍋島姓が許されていた。法名茂宅）に再嫁、茂賢も連子として養子となった。茂賢は実父信忠の遺領と深堀領とを継いだ。養父純賢が鍋島の名字を拝領していたため、鍋島を名乗る。以降、深堀家は深堀鍋島家と呼ばれる。連判家老の家格ではないものの、茂賢の代から代々加判家老を勤め、藩政を支えた。神をも畏れぬ豪胆な性格（聞書三－40、聞書八－59）で、「武篇は気違ニならねバされぬ物也」（聞書二－117）、「戦場ニ望では分別か出来て何共止られぬ物也。分別有てハ突破ル事不成。無分別か虎口前之肝要也」（聞書十一－26）など、戦場では分別を捨てることを重視した。我儘という評もあるが、特に戦場で頼りとされたようである（聞書八－10）。柳川城攻めにおいて、戦の指揮を任された兄茂里と共に先陣を勤め、戦功をあげた。『直茂公譜』には兄茂里の「今度ノ一戦我等兄弟討死ノ場也、此節其方清ク可死ヤ、心底ノ程如何」という問いに、「仰ニヤ及ブ、某一番ニ討死可仕、御心易カレ」と答えたとある。

鍋島生三（一五五三―一六二九）　生三は法名。俗名は伊賀守道虎。鍋島周防守清虎（鍋島清久の長男清泰の子、鍋島直茂の従兄弟）の三男。『直茂公譜』によれば、天正八年（一五八〇）、龍造寺隆信が広く威を振るう中、各地の押さえのため、佐賀に人材が少ないことを鍋島直茂が嘆いていたおり、下村生運が高楊庵（のちの高伝寺）住持だった生三を推薦、生運が数十度通って説き伏せ、藩政を任せることとなった（聞書六－154）。直茂に仕え、治政における功績が大きい。姉川家の遺跡を相続し、姉川鍋島家の祖となった。子孫の多くは加判家老（一代限りの家老）を勤めている。柴田宗春による『直茂公御咄聞書』によれば、「返〳〵咎は軽く、少の忠節も重く仕候ハヽ、家は連続たるべし」と常々話していた。

鍋島忠茂（一五八四―一六二四）半助、平七、和泉守と呼ばれる。鍋島直茂の次男、勝茂の弟。母は陽泰院という説と、井手口氏という説がある。忠茂の前は、直房と名乗った。小川家俊（小川武蔵守信俊の子。信俊は直茂の弟で、小川信安の養子である。家俊は直茂の甥にあたる）が文禄の役において朝鮮で病死したため、その跡を継いだ。『勝茂公譜』によれば、豊臣秀吉から知行を拝領するに際し、鍋島家の人質として大坂に上った。その後、小川家を継ぎ、慶長元年（一五九六）十三歳で朝鮮に渡海し、在陣した。慶長六年（一六〇一）徳川家康から本領を安堵されると、鍋島家の証人として江戸詰めとなった。その際、小川から鍋島に姓を改めている。徳川秀忠に仕え、近習となり、忠の字と、下総国矢作の地を拝領した。慶長十三年（一六〇八）から病気で佐賀に戻っていたが、慶長十九年（一六一四）、大坂冬の陣が起こると病気をおして江戸に参じた。佐賀において鹿島領を拝領し、支藩鹿島藩の初代藩主に数えられることもある。忠茂の子、正茂には子がなく、勝茂五男直朝を養子としていたが、正茂が勝茂の言葉にたびたび従わなかったため、勝茂から義絶され、直朝、鹿島領地、共に召し上げられることとなった。正茂の子正恭が、老中の仲介で二代藩主鍋島光茂と和解した（聞書六-86）。忠茂を祖とする家系は、江戸屋敷の地名から餅木鍋島家と呼ばれ、徳川家の旗本となっている。妻は江上家種（龍造寺隆信長男、江上武種養子）の娘。

鍋島綱茂（一六五二―一七〇七）肥前佐賀藩第三代藩主。二代藩主鍋島光茂の長男。信濃守と呼ばれる。法名は玄梁院。母は上杉定勝の娘。『綱茂公譜』によれば、江戸の桜田屋敷に生まれ、江戸で育つ。寛文十二年（一六七二）、二十一歳で初めて佐賀に下国。この時拝まれたことを父光茂に話すと、拝まれる位だと考えないようにと厳しく注意される（聞書五－82）。元禄八年（一六九五）四十四歳の頃、光茂の隠居に伴い、家督を相続する。宝永三年十二月（一七〇七）五十五歳で逝去。男子がなく、神代直長（初代藩主鍋島勝茂六男）の養子となっていた弟直利（光茂次男、のちの吉茂）を養子とした。光茂の治世が三十九年に対し、綱茂の治世は十一年と短い。重要な施策は、龍造寺四家を、親類同格に任じたことである。『常朝年譜』によれば、常朝は九歳の時から光茂に仕え参勤交代の供をしたが、江戸においては綱茂の年寄役であった中野利明の側におり、時に七歳年長の綱茂の遊び相手を勤めたという。常朝は若い頃、綱茂から召されることも多く、歌会などに出席した。このため、光茂からしばらく遠ざけられたことがある（聞書二－140）。光茂逝去の後、綱茂は出家した常朝の家督を継がせるため、養子を取るように命じている。仕えることこそなかったものの、常朝にとって縁の深い人物である。聞書五に主な事績が書かれている。

鍋島直茂（一五三八－一六一八）佐賀藩藩祖。鍋島清房の次男。母は龍造寺家純（家兼長男）の娘。左衛門太夫、飛騨守、加賀守と呼ばれる。直茂と名乗る前は、信生など。法名は日峯。龍造寺隆信の従兄弟で、慶誾尼（隆信母）が鍋島清房に再嫁したため義兄弟でもある。妻は初め高木胤秀娘、法名慶円。高木胤秀が大友宗麟に一味したため離別した。継室は石井常延娘、法名陽泰院。『直茂公譜』によれば、龍造寺隆信の家臣として多くの戦功をあげた。特に元亀元年（一五七〇）の今山の戦いでは、大友勢の大軍に包囲されるなか、本陣の夜襲を提案、実行し、大将大友親貞（宗麟弟）を討って難を逃れた。その後も、隆信の勢力拡大に貢献するが、天正十二年（一五八四）、沖田畷の戦いにおいて有馬晴信に加勢した島津家久（義久弟）によって隆信を討たれる。直茂自身は辛くも落ちのび、政家（隆信嫡男）を支え、肥前の平定に努めた。早くから豊臣秀吉に通じ、九州進出において島津征伐の先陣を申し出、任された。天正十六年（一五八八）、病気を理由に政家が隠居すると、龍造寺一門の相談のすえ国政を任され、幼少で家督を譲られた高房（政家嫡男）を養子にし、養育することとなった。その際、龍造寺の名字も与えられたが、断っている。文禄の役では加藤清正の陣に属し、慶長の役では毛利秀元のもとで戦った。加藤清正らが百万の軍勢に包囲された蔚山城の戦いで、救援の先陣を勤め、道を開いた。秀吉の死後は徳川家康に通じた。関ヶ原の戦いでは、家康の指示で九州の警戒のために帰国、嫡男勝茂が東軍と合流できず伏見攻めに加わったため、関東勢と連絡を取るように促した。合戦後、勝茂は切腹覚悟のうえ家康に赦免を願い、直茂の忠節を理由に許されている。柳川城攻めを命じられ、本領を安堵された。慶長十三年（一六〇八）高房逝去後、龍造寺一門を以て、龍造寺の家督を譲られるべき者であると言われるが、直茂は高齢のため、勝茂が家督を継ぐ者として推薦された。慶長十五年（一六一〇）、多布施に隠居。勝茂長男元茂を養子として育てており、小城の隠居領、ならびに家臣の多くは元茂が継いだ。長く国政を担ったものの、藩主となってはいないため、藩祖と呼ばれる。『葉隠』には多くの言葉が直茂の教えとして残されており、常朝をはじめ、古老の鍋島武士の間で、直茂の教えは広く共有されていたと思われる。死後も厚く崇敬されており、日峯様は神仏と並ぶ礼拝の対象である。聞書三は直茂の事績が中心である。

鍋島直弘（一六一八―一六六一）　山城守と呼ばれる。初代藩主鍋島勝茂の四男。法名は盛徳院。直弘の家系は白石に館を構えたため、白石家と呼ばれる。母は高源院。出生前に、高源院が霊夢を見たために、勝茂は子が男子であり武勇の者になると直感し、はたして男子が生まれたので、武勇の誉れ高い成富茂安の養子として育てられた。茂安の所領を分地される。のちに鍋島名字を拝領。三支藩はそれぞれ徳川家に仕え、また大配分地として独自の藩政を行っているため、本藩においては直弘を祖とする白石家が重く用いられた。親類格として連判家老を勤めている。二代藩主鍋島光茂によって追腹法度が出されたのは、直弘が逝去した時のことである。『光茂公譜』によれば、三十六人が追腹しようとしていたという。妻は鍋島茂綱の娘。

鍋島普周（一六一八―一六九六）　普周は剃髪後の名前。俗名は種世。六左衛門、内記と呼ばれる。祖父種巻は鍋島周防守房元（清虎とも。鍋島清久の長男清泰の子、直茂の従兄弟）の次男で、鍋島生三の兄。房元嫡男為俊が戦死したため、種巻が家督を相続した。鍋島村、本庄村を知行している。父鍋島舎人佐茂利のころ、もと神代家の領地だった山内（現在の大和町北部と富士町のあたり）の代官を任された。部屋住みの頃の鍋島綱茂の年寄役や大目付を勤め、延宝七年（一六七九）、主君鍋島光茂押し込めの僉議に反対し、北原村に隠遁、剃髪した（聞書一―7）。反対の理由を海音に聞かれ、「御異見は仕様か有事ニ候。挙而申上る抔と云は、悪事を銘打て世上ニ出す様成る物也。」（聞書二―113）と答えている。弟深江信渓、深江真章は母方の名字を名乗った。普周は信渓と共に、安国山通天庵を建立、また信渓が建立した法華山永明寺に楠木正成、正行像を寄付した。永明寺には海音が隠居している、普周と交流があった。『葉隠』では海音和尚の話として、普周の話が幾つか述べられている（聞書二－113、聞書八－30）。『歴代略記』『普聞集』『武士通鑑』などの著作がある。

鍋島光茂（一六三二―一七〇〇）　肥前佐賀藩第二代藩主。初代藩主勝茂の嫡男忠直の子。丹後守と呼ばれる。法名は乗輪院。父忠直（法名は興国院）は、疱瘡にかかり、二十二歳で江戸にて早世。光茂が幼少であったため、勝茂は三男直澄を後継ぎにしようとしていた。勝茂は忠直の室であった松平忠明の娘（法名恵照院）を直澄に再嫁させたが、長男元茂、多久安順、多久茂辰を始め家中の反対にあい、断念、光茂が跡を継ぐこととなった（聞書五－105、129）。母恵照院のおば小倉女に養育される。江戸生まれ江戸育ちだったが、承応元年（一六五二）、二十一歳で初めて佐賀に下国、明暦三年（一六五七）、家督を継いだ。佐賀藩の基本的な体制は光茂の時に確立され、古い習慣を改めた部分も多い。『葉隠』「夜陰の閑談」で批判されている新儀の一部は、光茂の時代になったものである。万治二年（一六五九）、着座を定め、寛文元年（一六六一）、鍋島直弘（勝茂四男）の逝去に際して後追いを禁じた追腹法度を、天和三年（一六八三）、本藩と支藩との関係を定めた三家格式を定めた。元禄五年（一六九二）、背振山における佐賀藩と福岡藩との境界線をめぐって、福岡藩の百姓から訴えがあり、争論（弁財公事）が起こった。翌年佐賀藩の勝訴となる。元禄八年（一六九五）に隠居。前室は上杉定勝の娘で、綱茂を産んだが早世。継室は中院通純の娘で、吉茂出産の翌年逝去。のち側室鍋島直朝養女（執行宗全の娘、法名霊寿院）を寵愛した。寵愛によって藩政がおろそかになったとして、押し込めの詮議にまで至ったことがある（聞書一－7）。歌を好み、逝去の間際、常朝の仲立ちで古今伝授を受けた（聞書五－71）。常朝の主君であり、主に事跡が書かれた聞書五以外にも条文が多い。

鍋島元茂（一六〇二－一六五四）　肥前佐賀藩の支藩小城藩初代藩主。鍋島勝茂の長男。紀伊守と呼ばれる。法名は月堂。母は勝茂前室戸田勝隆娘の奥女中。勝茂継室である岡部長盛の娘（法名高源院、家康の養女）に忠直が生まれると廃嫡されたが、鍋島直茂がその器量を惜しんだため、直茂の養子となり養育を受けている（聞書六－41）。忠誠の証人として江戸に赴き、徳川家に仕えた。直茂の隠居領と家臣を継ぎ、小城藩初代藩主となった。そのため家臣には老功の士が多い。忠直早世後、勝茂三男直澄が家督を継ぐことに反対し、忠直嫡男光茂を跡継ぎとして支持した（聞書五－129）。十五歳から柳生宗矩より新陰流を学び、晩年徳川家光の指南役候補となったが、実際に指南役となる前に逝去している（聞書十一－6）。藩主が口伝で伝えられるカチクチの軍法を、大木統清を通して伝授された。元茂が直茂の教えを語る条文もあり、直接、直茂の教えを受けた鍋島家最後の世代としてその存在は大きい。

鍋島吉茂（一六六四－一七三〇）　肥前佐賀藩第四代藩主。二代藩主光茂の次男。母は継室中院通純の娘。神代左京直長（鍋島勝茂の六男、神代常宣養子）の養子となり、神代弾正直利と名乗った。その後、兄である三代藩主綱茂の子がいずれも早世していたため、綱茂の養子となった。翌年、綱茂逝去により跡を継ぎ、鍋島丹後守吉茂と名を改めた。吉茂の子も早世しており、自身の後に神代家を継いだ弟の神代主膳直堅（のちの信濃守宗茂）を養子とした。『直茂公譜』、『勝茂公譜』は、吉茂の頃に編纂されたと考えられている。『葉隠』が筆録された期間に藩主であり、記された事績は少ない。

成富茂安（一五六〇―一六三四）　十右衛門、兵庫と呼ばれる。龍造寺隆信、鍋島直茂、鍋島勝茂に仕えた武巧者。初陣以来、文禄・慶長の役、関ヶ原の戦い、大坂の役に従軍している。特に慶長の役では、鍋島勢の先陣として一番槍をとるなどの活躍をし（聞書七-2）、その奮戦によって、鍋島勢が属した隊の主将である加藤清正を助けた。勝茂の信頼も厚く、勝茂の四男鍋島直弘は成富茂安の養子として育てられている。治世においても、新田開発や、堤を築き水道を通すなどの治水に努め、大きな功績を残した。

は行

原田種文（一六四〇―一七一四）　吉右衛門と呼ばれる。法名は照庵。もともと祖父種守は筑前の浪人で、朝鮮出兵の折、加藤清正の推薦で鍋島家に仕えることとなった。種文は書に優れ、鍋島直澄（勝茂三男）によって祐筆役として召し抱えられた。その後加増を受け、元禄三年（一六九〇）には大組頭、のち二代藩主光茂の加判家老にまで出世した。

深堀純賢（一五三七―一六一九）　左馬助と呼ばれる。法名は茂宅。深堀領主。天正の初め、龍造寺隆信が高来郡の進出に乗り出した際、一番に味方した。また『北肥戦誌』によれば、沖田畷の戦いにおける隆信戦死後も、島津・有馬からの使者を殺し、龍造寺に味方する立場を違えなかった。その後、豊臣秀吉の九州配分において、秀吉の直参となる。『直茂公譜』によれば、天正の末、深堀領内の海を通る商船から礼物を取っていたことを秀吉に咎められ、領地を没収され浪人となり、嘉瀬に蟄居した。蟄居の間も鍋島直茂から懇意にされ、家臣に加わりたいという望みを持ったという。朝鮮在陣において鍋島勢の下に配されるが、公儀からの下知と兼ね難かったため、鍋島家の家臣となることを願い出て、許された。この時、直茂から鍋島姓を賜る。また妻子が既に亡くなっていたため、直茂の仲立ちで妙玉（陽泰院の姪）を娶り、前夫石井安芸守信忠（沖田畷の戦いで戦死）との子茂賢を養子とした。茂里（茂賢の兄、鍋島直茂養子）と養子茂賢のために、直茂の言葉を書き留め、『茂宅聞書』として残している。

ま行

三谷政道（?—一七一〇）　千左衛門と呼ばれる。剃髪後は如休。初代藩主鍋島勝茂の御徒十人衆であり、そのうちの随一と言われている。勝茂の逝去後は光茂に仕え、光茂逝去の際に出家した。四代藩主吉茂の御代始めには、九十二歳で召し出され、勝茂の時代の狩りなどについて尋ねられている。『葉隠』では、介錯や打ち首に無類の手際を発揮した武功の者として語られている。「人ハ気持か大事也」（聞書八－32）、出世した後は「牢人切腹被仰付候而も少も残念之所ハ有間敷候」（聞書八－33）など、常朝の言葉と重なる言葉がある。

村田安良（一五八七―一六三二）　龍造寺政家（隆信嫡男）の次男。八助と呼ばれる。政家の隠居地を相続した際、姓を龍造寺から村田に改めた。知行地から久保田家と呼ばれる。親類格久保田家の祖。当初久保田家は親類格筆頭であったが、初代藩主鍋島勝茂の息子たちが親類格となった時に、上座を譲った。龍造寺一門として江戸に詰め、忠誠の証人として徳川家に仕えた。孫政辰（政利とも）は勝茂の四男直弘（白石家）の子で、曾孫政盛は二代藩主光茂の子である。前者は宮内、隠岐、後者は八助、隠岐と呼ばれる。

や行

山崎政良（?―一六九一）　三郎兵衛、勘左衛門、勘解由、後に蔵人と呼ばれる。山崎重政の次男。父重政が家督を相続しないうちに死去したため、祖父政雅の知行を分知した。初代藩主鍋島勝茂、二代藩主鍋島光茂に仕え、光茂のもとで大物頭、年寄役を勤めた。「見へ過る奉公人ハわろし」（聞書一-196、聞書二-60）という言葉は、常朝によって金言と称讃されている。中野政利（中野利明の父）が手本とすべき武士としてあげた人物である。

山本重澄（一五九〇―一六六九）　神右衛門と呼ばれる。山本常朝の父。常朝も神右衛門と呼ばれるため、前神右衛門とも。法名は善忠。中野清明の三男で、山本宗春の養子。『北肥戦誌』によれば、山本宗春の父八戸下野守宗暘は八戸領主であったが、神代勝利と通じ龍造寺隆信にたびたび背いたため、隆信に攻められ落城し、人質となった宗春も殺されそうになった。しかし宗春の母は龍造寺周家の娘（隆信の姉）だったため、慶誾尼（隆信母）が孫の命を惜しみ、許された。宗春は山本助兵衛宗春と名を変え、隆信に仕えた。『重澄年譜』によれば、重澄は初代藩主鍋島勝茂に仕え、多久茂富の組に属し、鉄砲足軽組の物頭を勤めた。茂富は重澄の息子（常朝とその兄武弘）の名づけ親となっている。大坂冬の陣の際、茂富は鍋島直茂に出陣の許しを乞い、組の者を連れずに来るように命じられていたが、出陣の気配を察した重澄は茂富を追いかけ、帰るように言われたのちも、忍んで先回りした。途中相談相手がないことを悔やんでいた茂富は、家来から重澄がいることを聞き、供としている。大坂城普請では普請奉行二百人頭として活躍。特に寛永元年（一六二四）の普請においては、筑前福岡藩黒田長政の家臣と肥前佐賀藩の家臣で喧嘩となり、石の引き合いに負けた佐賀藩の石垣の石が丁場へ引かれず打ち捨てられていたところを、喧嘩に気づいた重澄が石に上り、扇で拍子をとって、須古おどりを踊りながら歌い、下知し、無事石を引き届けたという。この件は他藩にまで評判となった。島原の乱では、鍋島帯刀茂貞（大田鍋島家、茂貞の時に鍋島姓拝領）の組において出陣、負傷した。勝茂から、城攻めの際の重澄の活躍によって、鍋島帯刀は戦死したのだと直接声を掛けられている。その後、有田皿山の代官や、楠久の牧奉行などを勤めた。晩年、勝茂から「陰之奉公」（聞書二－140）をすると言われ加増を受け、作事普請を勤め、また当時長袴と呼ばれる立場（後の着座）ともなっている。勝茂の逝去後、身体の衰えを理由に六十九歳で隠居した。岡部長盛の心遣いによって父中野清明が切腹を免れたこともあり、岡部長盛の娘で勝茂継室である高源院にも良く仕えたという。高源院の逝去後百日に剃髪、以後、泰盛院（鍋島勝茂）、興国院（勝茂嫡男、鍋島忠直）など藩主の忌日に毎月高伝寺に寄進をし、花を絶やさなかった。これに感心した湛然梁重和尚から、血脈が重澄の言動として記されている。常朝が十一歳の時に亡くなったが、その影響は大きい。

（仏法を相承した系譜）を授かっている。「武士は曲者一種ニて済」（聞書二-48）として曲者であることを重視した（聞書一-133、聞書六-101）。また「侍は人を持ニ極候」（聞書一-132）と述べ、育てた家臣は勝茂からも信頼されている。日頃から教訓をし（聞書一-60、聞書十一-42）、多くの教え

山本常朝（一六五九―一七一九）　神右衛門と呼ばれる。神右衛門の名が許される前は、権之允、市十郎とも。『葉隠』の口述者。九歳のころから小僧として二代藩主鍋島光茂に仕え、元服後は側役として、歌書方、書物役、京都役などを勤めた。元禄十三年（一七〇〇）四十二歳の時、主君光茂が逝去したため、その頃禁止となっていた殉死の代わりに、出家隠棲した。出家後、常朝が口述し、田代陣基が書き留めた『葉隠』の他、常俊へ贈った『愚見集』『餞別』や、中野清明、山本重澄、常朝の三代にわたる年譜を書き残した。正徳五年（一七一五）には、藩主としての心得を書いた『乍恐書置之覚』を、まだ藩主となっていない五代藩主宗茂に贈っている。宗茂の年寄役中嶋忠右衛門喬連が記した『御年寄手扣』には、宗茂の常朝評「常朝儀、珍敷人柄ニテ、気質スルトニ博学ニハナケレトモ、物毎気ヲ付タル、今時無之、終ニ似候者御覧不遊由御咄被遊候」が記されている。

山本常俊（一六七九―一七一六）　権之允と呼ばれる。富永良朝の弟で、常朝の養子。常朝には男子がおらず、出家後に家督を存続させるため、婿養子を取ることが許された。常朝の養子には、初め、中野安明（中野正包の弟澄明の子）が選ばれていたが、元禄十四年（一七〇一）、その父澄明が有罪

で浪人となったため、養子から外されている。『葉隠』では、常朝から様々な教えを受けていることが窺える。三代藩主鍋島綱茂に仕え、逝去の際に出家を願ったが、許されなかった。江戸で御留守御使者番を勤めている際、三十八歳で病死。

山本常治（一六三九―一六八七）五郎左衛門と呼ばれる。常朝の兄山本吉左衛門武弘の嫡男、常朝の甥。常朝が父重澄の晩年の子であるため、常朝より二十歳年上である。寛文六年（一六六六）、父武弘が死去し、家督を継いだ。『常朝年譜』によれば、二代藩主鍋島光茂に仕え、貞享三年（一六八六）には着座、大目付役に任ぜられた。翌年には武具方、牧奉行を勤めていたが、自宅から火事を起こし自殺。命のないまま自殺したため、常治嫡男種朝は浪人、常朝も側役を一時外された。重澄の没後、常朝は常治の屋敷のそばに母姉と共に引っ越しており、どのような奉公をすべきか模索していた頃は、毎晩常治の話を聞いていた。常治から「古老之咄ニ、名利を思ふ奉公人は奉公人ニあらす、名利を不思も奉公人ニあらすと申傳候、此通り工夫申候様ニ」と言われ、常朝は奉公について得心したという（聞書二－140）。常治は常朝にとって最も身近に存在する鍋島武士の手本であったと思われる。

陽泰院（一五四一―一六二九）石井兵部少輔常延（石井長男家）の次女。陽泰院は法名。鍋島直茂の後室。初め納富治部太輔信貞に嫁いだが、永禄九年（一五六六）、信貞が川久保にて神代長良勢の伏兵に遭い戦死、寡婦となって父の居城飯盛城に戻っていた。龍造寺隆信が出陣の御供とともに屋敷に立ち寄り、食事を所望した際、屋敷の者が大量の鰯を焼くのに手間取っていたので、陽泰院が鰯を直接炭の中に入れて手際よく焼いた。それを見た直茂が「あの様ニ働たる女房を持度」と思い、通うようになったという（聞書三－42）。直茂の前妻は高木胤秀の娘（法名慶円）だったが、胤秀が龍造寺と敵対する大友に一味したため離縁となっている。しばらく男子に恵まれなかったため、茂里（石井安芸守信忠子）を養子とした。のち勝茂、忠茂が生まれる。忠茂の生母は側室である井手口氏という説もある。慈悲深く、寒夜に直茂と領民を慮り、もっとも難儀であろう牢屋の罪人に粥を与えるよう命じた（聞書三－3）。『直茂公譜』によると、筑後の領主田尻鑑種が龍造寺に背いた際、人質となっていた三歳の田尻善左衛門種貞の死罪に反対し、命を助けた。種貞は筑後の武士であったが、陽泰院逝去において追腹している。

ら行

龍造寺家兼（一四五四－一五四六）　山城守と呼ばれる。龍造寺康家の三男。兄である次男家和が本領村中城（佐賀城）を継ぎ、家兼は康家隠居領の水ヶ江城を継いだ。龍造寺隆信の曾祖父。法名は剛忠。龍造寺氏は少弐資元の家臣で、少弐資元が大内義隆の侵攻を受けた享禄三年（一五三〇）の田手畷の戦いで活躍し、台頭した。『北肥戦誌』には、この戦いにおいて、鍋島清久（藩祖鍋島直茂祖父）、長男清泰、次男清房（藩祖鍋島直茂父）も活躍、その働きに感心した家兼は、清久の息子を孫婿に所望し、まだ妻のなかった清久次男清房と家兼長男家純の娘との縁組が決まったとある。家兼は清房に引き出物として現佐賀市本庄町の土地八十町を贈った。大内義隆と少弐資元との戦いは、天文三年（一五三四）、家兼が少弐資元に大内義隆との和睦を勧め、協議の末、和睦となる。しかし、翌年大内氏によって少弐氏の所領が没収され、翌々年手勢が少なくなったところを攻められ、資元は自害する。以降、家兼は少弐氏遺児冬尚に仕えつつも、少弐氏の重臣に大内氏との内通を疑われることとなった。天文十三年（一五四四）少弐氏重臣馬場頼周は、龍造寺氏を攻め滅ぼす計画を進め、少弐冬尚も同意し、各地で反旗を翻させ、龍造寺氏にこの退治を命じた。家兼は手勢を分け、各地へ向かわせたが、苦戦し、翌年水ヶ江城に各々戻ったところを包囲された。ここにおいて、家兼は馬場頼周から冬尚への申し開きを促されたため、城を明け渡し、各々各所へ分かれた。しかし、城から出たところをそれぞれ馬場頼周親子の軍勢を中心とする少弐勢に攻められ、家兼の長男家純、その息子周家（隆信父）、純家、頼純、次男家門、その息子家泰を始め龍造寺家中はことごとく討たれた。九十二歳の龍造寺家兼のみ襲われず、筑後に逃れた。その後、鍋島清久父子を始め、肥前の者の支援によって水ヶ江城に戻り、馬場頼周親子を討った。翌天文十五年、水ヶ江城にて逝去。死の前年、多数の僧を招き、法華経一万部輪読の修行を行い、僧からもの乞いに至るまで施しを行った。この万部修行は、代々の佐賀藩主にも受け継がれ、初代藩主鍋島勝茂、二代藩主鍋島光茂、三代藩主鍋島綱茂、四代藩主鍋島吉茂も行っている。『葉隠』「夜陰の閑談」では、家兼について「御仁心御武勇」と述べられている。

龍造寺隆信（一五二九―一五八四）　山城守と呼ばれる。龍造寺家兼の曾孫。法名は泰巌。父周家と祖父家純とは、大内義隆への内通の疑いによって、主君少弐冬尚の重臣馬場頼周に討たれた。『北肥戦誌』によれば、龍造寺家兼逝去後、水ヶ江龍造寺家の相続を誰にするか一族家臣が相談のうえ決まらず、神慮をはかったくじによって、出家していた隆信（この時十八歳）を還俗させ、水ヶ江龍造寺家を相続させることとなった。その頃、本家村中龍造寺家の龍造寺胤栄は、少弐冬尚によって村中城（佐賀城）を追われていたため、大内義隆を頼み、少弐冬尚と戦っていた。天文十六年（一五四七）、隆信はこれに加勢し、共に少弐冬尚を筑後に退けた。翌年、胤栄が病死すると、胤栄に息子がなかったため、旧臣の相談によって、胤栄の妻を隆信が娶り、隆信が本家村中龍造寺家をも継ぐこととなった。しかし、龍造寺胤栄旧臣の土橋栄益はこれを不満とし、天文二十年（一五五一）、隆信を庇護していた大内氏の滅亡を機に、家門次男鑑兼（家兼孫、のちの諫早家祖）を胤栄の後継に据え、隆信と敵対する者を味方につけ、佐賀城を攻めた。隆信はこれによって、一時筑後に退く。天文二十二年（一五五三）、佐賀城を取り返すため、味方を集め出陣、土橋栄益を始め、敵対する者を下し、佐賀城に帰還した。その後、少弐冬尚を討ち、肥前一国の平定に努め、神代勝利や有馬義貞（有馬晴信父）を相手に、一進一退の攻防を繰り広げた。敵方が大友宗麟に一味し、大友宗麟が龍造寺隆信征伐のために侵攻すると、龍造寺勢は佐賀城に立て籠り三千余りの人数で防戦を強いられた。元亀元年（一五七〇）の今山の戦いでは、大友親貞（大友宗麟弟）の増援によって、推定十万の軍兵に包囲されたが、城攻めを受ける前夜、鍋島直茂（鍋島清房次男）の提案によって本陣を夜襲、大将大友親貞を討ち、難を逃れた。その後大友宗麟と和平を結び、大友に与した敵方を攻め下した。天正六年（一五七八）耳川の戦い（大友宗麟と島津義久の戦い）によって大友宗麟の力が衰えると、筑後に勢力を伸ばした。ついで島津が肥後に勢力を伸ばし始めると、これと敵対、天正十二年（一五八四）、有馬晴信に加勢した島津家久軍との戦い（沖田畷の戦い）において敗戦、戦死した。

龍造寺高房（一五八六―一六〇七）　駿河守と呼ばれる。龍造寺隆信の孫、政家の嫡男。『勝茂公譜』によれば、天正十六年（一五八八）三歳の時病気になり、兄たちが同じ病気で早世していたため、不吉を避け鍋島直茂の養子となった。父政家が病身によって隠居し、天正十八年（一五九〇）五歳で豊臣秀吉から家督を認められる。国政は鍋島直茂に任せ、直茂の養育を受けた。豊臣秀吉、徳川家康に仕えた。慶長十二年（一六〇七）、江戸で妻（鍋島茂里の娘で、鍋島直茂の養女）を切り殺し、自害を図った。特に理由を語らなかったため、乱心とされた。その後、療養したものの再発し、同年逝去。

龍造寺政家（一五五六―一六〇七）　龍造寺隆信の嫡男。天正八年（一五八〇）隆信が隠居し、家督を継いだ。天正十二年（一五八四）沖田畷の戦いにて辛くも落ちのび、隆信戦死後の肥前を直茂と共に支えた。『直茂公譜』によれば、豊臣秀吉の九州進出に伴い、これに仕えたが、病気で奉公が難しいため、隠居した。後のことは一門で相談の結果、国政を直茂に任せ、家督は高房に譲ることとし、天正十八年（一五九〇）秀吉からこれらを正式に認められた。高房を直茂の養子として、その養育を任せた。慶長十二年十月、高房の死の後、逝去。

山本常朝略年譜

山本常朝本人が作成した、出生から死の直前までの年譜『山本神右衛門常朝年譜』、幕末頃に枝吉神陽（副島種臣の兄）らが編集した『葉隠』の最初の註釈書『葉隠聞書校補』中の「山本神右衛門常朝略譜」、及び『葉隠』本文中にある常朝自身の回想記事などをもとに作成した。

万治二年（一六五九）一歳

六月十一日、山本神右衛門重澄の末子として、佐賀片田江横小路屋敷にて出生。幼名松亀。母は前田作右衛門女。

父重澄はこの年七十歳、前年に隠居し、家督を山本吉左衛門武弘（常朝の兄）に譲っていた。父七十歳の子であったため、重澄は、塩売り、麴売りにでもくれてしまおうと考えていたが、家老多久茂富に、末々必ず御用に立つはずだからと留められ、松亀の名を贈られる。

出生後ほどなく、木原村の隠居所に移る。

万治三年（一六六〇）二歳
七月　山本五郎左衛門常治（常朝の兄武弘の子）、鍋島主水の家来と喧嘩し二人を殺傷するもお咎めはなし。

万治四・寛文元年（一六六一）三歳
四月　鍋島縫殿助（姉川茂泰）宅にて帯解。
この年、父重澄、先代から懇意の枝吉利左衛門に松亀の後事を託し、五歳になったら利左衛門の裃にて着袴させるように依頼するが、松亀が古い裃は嫌だと言うので、利左衛門は新調を約束する。

寛文二年（一六六二）四歳
疱瘡を患う。
この年、佐賀を訪れた蓮池藩主鍋島直澄に、父に連れられて城下でお目見えする。「近う」というお言葉で、駕籠につかまり立ちしていたが、駕籠を上げる段になって、まだ常朝がとりついたままになっていたので、直澄は「待て待て」と言葉をかけ、懇ろに扱ってくれたことを、老いた後もありありと覚えていたという。

寛文三年（一六六三）　五歳

四月　父重澄、東田代へ屋敷を移す。木原は農村で、幼い松亀が農作業ばかり見て育つのを憂慮してのことという。

この年、枝吉利左衛門方で着袴。以後、常朝が扶持米を取るまで十年間、毎年枝吉より夏冬の衣装を給される。また、刀の差し初めの儀を、中野数馬正利のもとでとりおこなう。姉万よし、大塚七左衛門に嫁ぐ。

この年から、父の名代として高伝寺参詣、藩主親類衆、家老衆への挨拶などをつとめる。

寛文四年（一六六四）　六歳

四月、常朝の刀差し初めの儀を行った中野数馬正利没。

寛文五年（一六六五）　七歳

この年より、父の名代として菩提寺に代参。

菩提寺は、小城深川の勝妙寺で、佐賀城下からは十キロメートルほどのところにある。身体を頑健にするため、武者草履をはき、徒歩で参拝させられたという。

『葉隠』聞書二－93参照。

寛文六年（一六六六）　八歳
兄山本武弘没。家督は武弘の子、山本五郎左衛門常治が相続する。

寛文七年（一六六七）　九歳
藩主鍋島光茂の御側小僧を仰せつけられ、はじめて光茂にお目見えする。不携の名を与えられる。
　光茂の参勤に従い江戸に上る。七歳年長の綱茂（のちに三代藩主）に召し出され、しばしば遊び相手をつとめる。聞書二－140にその頃の回想が記されている。

寛文八年（一六六八）　十歳
光茂とともに帰国。あまりに年少であるため、親元に帰される。

寛文九年（一六六九）　十一歳
十月　父神右衛門死去。法名孝白善忠。

寛文十年（一六七〇）　十二歳
十二月　光茂より髪立を命ぜらる。

寛文十二年（一六七二）十四歳
五月　髪立が整い、光茂の小小姓として出仕。名を市十郎に改める。主従三人扶持、衣装料として銀三百目を毎年支給される。

延宝三年（一六七五）十七歳
光茂江戸在府の間、綱茂の御側に仕える。

延宝四年（一六七六）十八歳
山本常治弟の九郎兵衛が出奔。常治は蟄居申し付けられる。

延宝五年（一六七七）十九歳
一月　九郎兵衛切腹。常治は閉門仰せ付かる。九郎兵衛の事件により、常朝も任を解かれる。
九月　光茂の参勤の御供を仰せ付かる。

延宝六年（一六七八）二十歳
八月　元服。名を権之允に改める。

御側役、御歌書書写を仰せ付かる。

延宝七年（一六七九）　二十一歳

四月　松瀬華蔵庵の湛然和尚に参禅、血脈を受ける。

十二月　湛然に下炬念誦（あこねんじゅ）を受ける。

湛然は、石田一鼎とともに、常朝の精神形成に大きな影響を与えた人物として知られ、『葉隠』の中にもしばしば湛然の教えが引かれる。聞書二－140の回想によれば、御歌書役倉永利兵衛が、おそらく自分の後任にするつもりで御書物役手伝いに推薦し、常朝は和歌も詠み、綱茂の歌会にもしばしば出入りしていると吹聴したことが問題となって、しばらく御用から遠ざけられたらしい。光茂参勤の供からもはずされ、鬱状態におちいり、いっそ出家しようかとまで思いつめて湛然のもとに通ったという。なお「下炬念誦」の「下炬」は松明で火を点ずることで、普通は葬儀の際、荼毘に付す儀式についていう。「念誦」は仏を念じながら仏名を唱えること。「下炬」とひとつづきの「念誦」は、「山頭念誦」であるが、これも葬儀の仏事であり、常朝が「下炬念誦」を受けたというのが、具体的に何をしたのかは不詳。ただし、『驢鞍橋』（上－六四）には、「霊気」がついた病人に対して、「下火念誦にて葬例の儀式」を行ったところ「霊気」が払われたとの記事があり、「逆修をも死人に成て弔ひたるが能也。死人に往て、霊気著べからず」ということが述べられている。あるいは常朝も、気鬱を晴らすために死者となる儀礼を受け、それによって「死身」の境地を得たということか。なお、常朝の葬儀で、遺言により引導は略されたということも、これと関連しているのかもしれない。

延宝八年（一六八〇）二十二歳

十二月　新たに切米二十石を拝領。

延宝九・天和元年（一六八一）二十三歳

七月　中野数馬利明組に配属される。

九月　小小姓として光茂の参勤に従う。

天和二年（一六八二）二十四歳

六月　山村助大夫成次の娘と結婚。

十一月　沢辺平左衛門切腹、常朝が介錯をつとめる。

同　御書物役を仰せ付かる。

沢辺平左衛門切腹

沢辺平左衛門は中野政良の子で、沢辺家の養子に入っていた。常朝には従兄弟にあたる。平左衛門実弟中野休助らが仲間を集め、平左衛門宅で博打を行ったことが発覚し、平左衛門、休助、福地孫之允の三名が切腹を命じられた。

常朝は十一月十日に平左衛門から手紙で介錯を依頼された。直ちに「ご覚悟の程は承知しております。介錯の儀、承りました。このような大役は一旦はご辞退申し上げるべきところですが、明日にさし迫ったことですので、とやかく申し上げている場合ではないでしょう。確かにお引き受けいたしました。人は多くいる中でこの私をご指名下さったこと、我が身にとっての本望です。この上は万事ご安心下さい。夜中ですが追っつけ御宅に伺い、詳細のご相談を致しましょう」との書状を送った（この文面は聞書七－24にも写しがある）。この間、平左衛門の兄や、山本常治から、重ねて介錯依頼の書状が届いた。十一月十一日、国相寺にて平左衛門は見事切腹、常朝も首尾好く介錯をなしとげた。

切腹に先立って、常朝は平左衛門から、伝家の宝槍、沢辺の小十文字を贈られた。

翌日、山本常治が来訪し、褒美として鞍・鐙を贈られた。中野将監からも「一門にも外聞を取らせた」旨の褒美の書状が届いた。その後江戸にいた寄親の中野数馬からも褒美の書状が届いた（このことは、聞書一－16にも略述されている）。

九月　光茂の参勤に従い、途中、京都御用を仰せ付かる。

天和四・貞享元年（一六八四）　二十六歳

三月　娘土千代出生。

貞享二年（一六八五）　二十七歳

六月　土千代死去（法名幻荷童女）

十二月　江戸で火事の際、書類を避難させる役に配されるが、光茂の御意により、御側の御供役に改められた。聞書二‐63にこのときの回想記事がある。

貞享三年（一六八六）　二十八歳

三月　牛嶋源蔵真孝とともに京都御用を仰せ付かる。

十月　切米五石加増される。

この年、山本家当主五郎左衛門常治は、三百石に加増され、着座大目付役を仰せ付かる。

貞享四年（一六八七）　二十九歳

七月　山本五郎左衛門宅より出火。五郎左衛門は自決。

上の処分を待たずに切腹したのは不届きであるとして、五郎左衛門の息子権右衛門種朝は牢人を仰せ付かる。また常朝も御側役をはずされた。

九月　娘彦つち出生。

元禄二年（一六八九）　三十一歳

七月　朝倉五郎大夫の後任として、中野数馬組、組扱いをつとめる。

九月　中野将監正包切腹の介錯をつとめる。

中野将監切腹

『校補』によれば、将監の罪状は、光茂内室の霊寿院に取り入り、藩政を恣《ほしいまま》にしたためとあるが、おそらく政争にからんでのことであったのだろう。将監の祖父は常朝の父重澄の兄正守である。常朝が沢辺平左衛門を介錯した際には、褒美の書状を送っている。『葉隠』の中ではしばしば忠臣の代表として言及され、切腹したのちも常朝は将監に対して同情的であった（聞書一－16、一－199、二－128、五－98、八－40）。『常朝年譜』には、この事件の詳細はあえて記さない旨の断り書きがある。

元禄三年（一六九〇）　三十二歳

三月　山村造酒切腹にともない、組扱いをはずされる。

五月　請役付を仰せ付かる。
山村造酒之俊の罪状は不詳である。常朝の妻の父山村助大夫成次は、造酒の父連俊の兄である。

元禄四年（一六九一）　三十三歳
九月　御書物役を仰せ付かる。
同　親の名「神右衛門」を名乗るよう命ぜられる。
元禄五年から七年にかけて、たびたび京都御用を命じられている。また数度にわたって銀子を拝領する。

元禄八年（一六九五）　三十七歳
八月　切米十五石加増される。
この年十一月、鍋島光茂は六十四歳で隠居、綱茂が家督を相続する。

元禄九年（一六九六）　三十八歳
三月　京都役を仰せ付かる。

古今伝授の交渉に奔走

常朝の京都での任務は、光茂の熱望する古今伝授を授けられるよう、三条西実教と交渉することであった。この年から元禄十二年にかけ、常朝は交渉に奔走し、たびたび実教からの書状を光茂に届けている。光茂から褒美に夜着・蒲団を拝領して感激したのもこの間のことである（元禄九年、聞書二-63）。古今伝授とは、『古今和歌集』中の難語の解釈等を秘密の内に伝授することである。

光茂は若年より歌道に熱心で、その執着ぶりを勝茂からきびしくとがめられるほどであった。しかし、太平の世では武勇で名を上げるのは難しい。それならば歌道を成就し、古今伝授を「一生の思ひ出」にしたいというのが、光茂の念願であった（聞書五-72）。

元禄十年（一六九七）　三十九歳

八月　瘧《おこり》を患い、江戸で養生。

元禄十二年（一六九九）　四十一歳

九月　十石加増され、地方取（切米ではなく地方知行をうけること）となる。現米五十石、知行高百二十五石。

元禄十三年（一七〇〇）　四十二歳

五月　一日、三条西実教に託された古今伝授の一箱を携え佐賀着。同夜、重篤の病床にあった光茂は箱の内容を確認する。十六日、光茂逝去。六十九歳。法名乗輪院。

同　十七日、常朝出家の願いが許され、即日剃髪。

七月　北山黒土原に隠居。中野澄明二男源四郎を養子として常朝家督を継がせることが許可される。

光茂逝去直前に古今伝授を送達

常朝は、京都で、三条西家家司の河村権兵衛を通じて交渉をつづけていた。この年は九月まで在京の予定であったが、光茂の病状が気になり、見舞いのため帰国することを決意した。その際、河村に対して、何か主君への手土産を下さるよう願ったところ、歌書の写しを持たせてくれるという返事を得た。常朝は重ねて、主君大望の伝授三種のうち、せめて一つでも頂戴できれば、江戸の医者の薬以上の効き目があるだろうとお願いしたところ、二枚の紙からなる伝授一通を与えられることになった。

大事の伝授を収めた箱を携え、帰国の途上、下関で、常朝に即刻帰国するよう命じる飛脚と行き会った。それより早駕籠を急がせ、五月一日に佐賀に到着。その間光茂は、くり返し「神右衛門はまだか」とお尋ねになり、もしまにあわなければ、持参の物は自分の位牌の前に供えよと言ったという。

常朝が到着したときは、病状はきわめて重く、すでに遺言や一族への別れの挨拶もすませたところであった。光茂が、せめて箱だけでも見たいというので、御側の者が助けて、二枚の紙を確認し、他に一冊になったものは、はしがきと奥書をご覧になった。下国がまにあい、生前の主君に古今伝授を届けることができたこのときのことを、常朝は、主従の深い縁、神仏のはからい、まことに不思議のことであると述べている。

元禄十四年（一七〇一）　四十三歳
六月　中野澄明が牢人したのにともない、源四郎との養子縁組取り消しとなる。
九月　富永吉三郎（山本常俊）と養子縁組。
宝永三年（一七〇六）　四十八歳
十二月　綱茂逝去。五十五歳。法名玄梁院。
宝永六年（一七〇九）　五十一歳
一月　吉三郎、権之允と改名。
十月　常朝母死去。法名紅室妙桂。
宝永七年（一七一〇）　五十二歳
三月　『葉隠』によれば、田代陣基、はじめて黒土原の常朝の庵朝陽軒を訪れる。

正徳二年（一七一二）　五十四歳
四月　朝陽軒の寺号を宗寿庵に改む。
正徳三年（一七一三）　五十五歳
八月　霊寿院（光茂側室）死去。宗寿庵に葬る。常朝は墓所を憚り、庵を大小隈に移す。
正徳五年（一七一五）　五十七歳
十一月　養子権之允常俊、江戸で病死。
正徳六年（一七一六）　五十八歳
四月　永山三四郎を養子として権之允跡目を継がせる。
享保四年（一七一九）　六十一歳
十月十日、死去。法名旭山常朝。庵前で荼毘に付される。遺言により、引導法話は無し。宗寿庵、龍雲寺、高伝寺に分骨された。

関連系図

龍造寺家

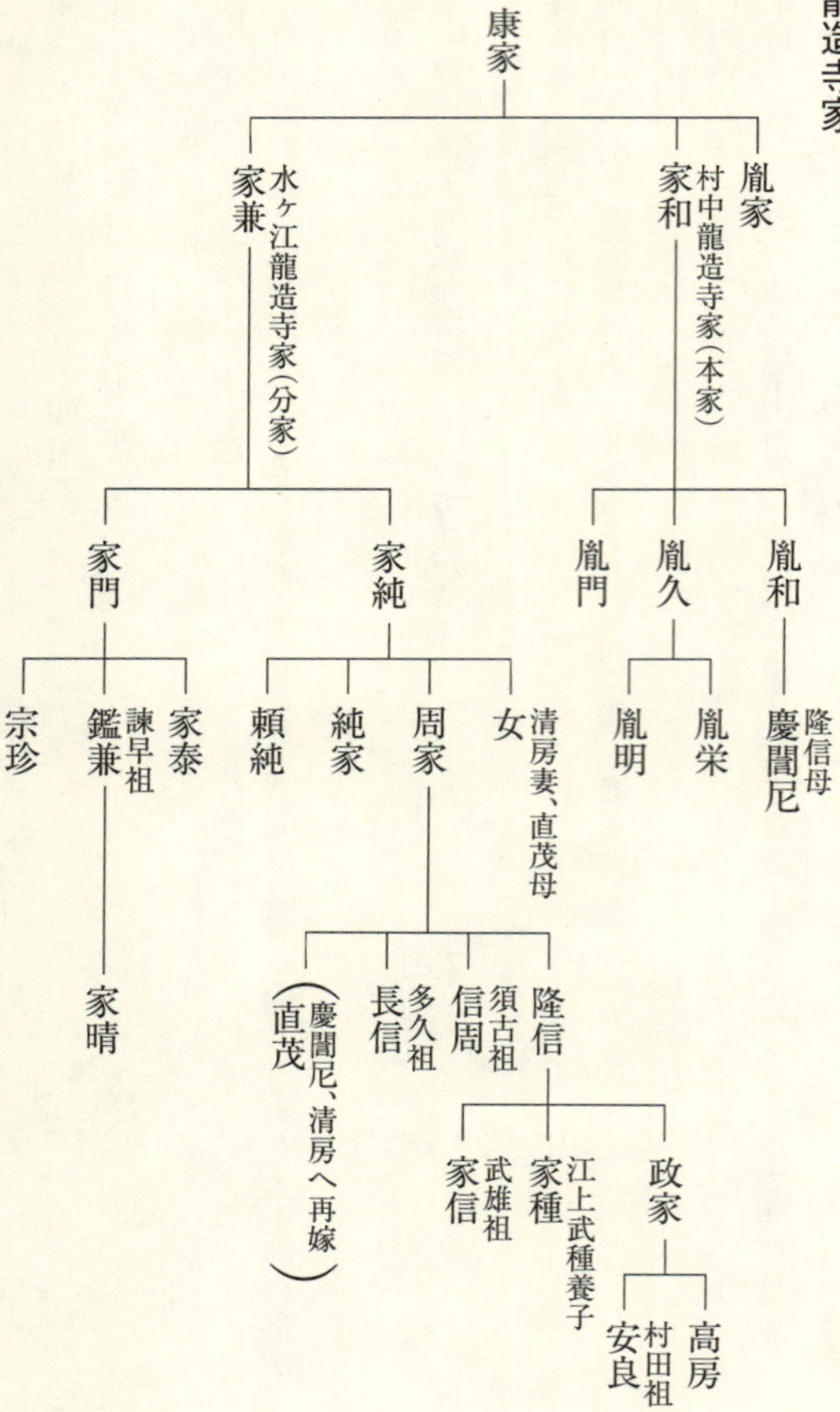
康家
胤家
家和
村中龍造寺家(本家)
家兼
水ヶ江龍造寺家(分家)
胤和
胤久
胤門
慶誾尼
隆信母
胤栄
胤明
家純
家門
女
清房妻、直茂母
周家
純家
頼純
家泰
鑑兼
諫早祖
宗珍
家晴
隆信
信周
須古祖
長信
多久祖
直茂
(慶誾尼、清房へ再嫁)
政家
家種
江上武種養子
家信
武雄祖
高房
安良
村田祖

中野家

- 清明
  - 茂利（水町信定の子）
    - 政利
      - 利明
      - 宗明
  - 正守
    - 正邦
      - 正包
      - 澄明
        - 安明（一時山本常朝養子）
  - 重澄（山本宗春養子）
    - 武弘
      - 常治
    - 常朝
      - 常俊（富永良朝の弟）
  - 貞政
  - 正利
  - 正弘
  - 政良
    - 政貞
    - 某
    - 沢辺平左衛門（沢辺三良兵衛養子）
    - 休(久)助
    - 某
    - 長敬

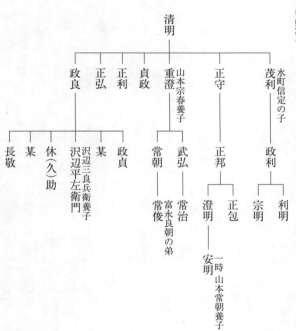

鍋島家

- 清久
  - 清泰
  - 清房 妻家純娘
    - 信房 神代《こうじろ》鍋島祖
    - 直茂 藩祖
      - 茂里 石井信忠の子 横岳鍋島祖
      - 勝茂 母陽泰院 初代藩主
        - 元茂 小城祖
        - 忠直
          - 光茂 二代藩主
            - 綱茂 三代藩主
            - 吉茂 四代藩主
            - 宗茂 五代藩主
        - 直澄 蓮池祖
        - 直弘 白石祖
        - 直朝 鹿島祖
        - 直長 神代《くましろ》家を継ぐ
      - 忠茂 餅木祖
    - 信俊 小川信安遺跡を継ぐ

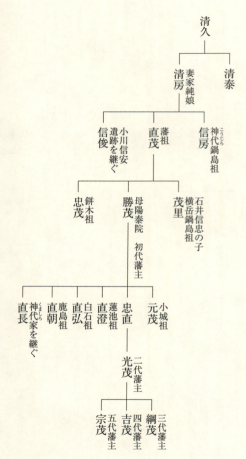

『葉隠』の思想と山本常朝

菅野覚明

1.『葉隠』という書物

『葉隠』全十一巻は、佐賀藩士山本常朝（万治二～享保四、一六五九～一七一九）の談話を、同じく佐賀藩士の田代陣基（延宝六～寛延元、一六七八～一七四八）が、宝永七（一七一〇）年三月五日から享保元（一七一六）年九月十日まで七年間かけて筆録したものとされている。しかし、田代陣基による自筆原本は発見されておらず、当時の記録類や当事者自身の著作にも本書の成立事情を示す記述は残されていない。そのため、『葉隠』の成立や伝来については、いまだにわからないことが多い。現在知られている、『葉隠』という書物についての最も基本的な情報は、現存する多数の写本（完本約二〇種、端本約四〇種）の記述から推測されたものである。それらの細部についてはまだ多くの検討の余地が残されているが、ともかくも今日ほぼ認められていることの概要をまとめてみれば、おおよそ次のようになるだろう。

①『葉隠』の成立

孝白本と呼ばれる系統の写本の巻末に付された跋文には、「この全十一巻は、山本常朝の話を、田代陣基が常朝の草庵に通って書きとめたものである」旨の記述がある（本文庫底本にもある）。また、巻頭と聞書二末尾にある俳句のやり取りの箇所には、それぞれ常朝と陣基の俳号が記されている。『葉隠』が、常朝の談話を陣基が筆録していることについては、特に疑いをはさむべき理由はない。

『葉隠』が、山本常朝の談話をもとにしていることは、常朝自身の経験や回想を語った項目（特に聞書一、二に多数見られる）からも明らかである。そのことはまた、『葉隠』の中に、常朝自身の著作（『愚見集』『乍恐書置之覚』『中野清明年譜』『山本重澄年譜』など）の記述とほぼ重なる内容を持つ項目が多くあることからも裏付けられる。しかし、十一巻すべてが常朝の談話であるとは考えられない。そのことは、早くは、嘉永・安政頃に成った最初の『葉隠』注釈書である『葉隠聞書校補』の中で指摘されている。『校補』によれば、『葉隠』には、常朝の談話だけでなく、常朝以外のさまざまな人物の談話や記録から取られた記事が数多くある。そして、中には常朝没年（享保四年）より後の出来事も記されており、『葉隠』の完成は常朝没後のことであろうと述べている。この記載を受けて、池田史郎は、「聞書」六－125にある加判家老の一覧には、おそらく享保十四年の人事が反映されており、これが常朝没後の出来事の一例であろうと述べている。

確かに、聞書三以降の巻には、「馬渡氏咄」「江副彦次郎咄」「金丸氏咄」など、常朝以外の談話者の名を挙げた項目が数多く見られる。中には、「馬渡氏に相尋候処如此承伝候由」（聞書六－83）とか「馬渡氏返書ニ嶋津大友龍造寺九州之大家ニ而……候由」（聞書六－161）とあるように、筆録者がわざわざ誰かに問い合わせて得た回答を記載しているとみられる箇所もある。さらには、聞書五の五二項目に上る鍋島光茂・綱茂の年譜記事のように、明らかに藩の公的記録類を抜書きしたと見られる項目、『甲陽軍鑑』『驢鞍橋』といった著名な書物の記事を写し取った項目、個人の記録・覚えなどの写しと思われる項目も少なくない。もちろん、それらの中には常朝の口を通して得られた情報もあるだろうが、一部には田代陣基が、直接常朝以外の人物の話を聞き、あるいは資料にあたって記されたものも含まれているであろう。また、写本によってはまとまった増補があるもの、あるいは逆に複数の項目がかけているものも見られ、筆写の過程で後人による少なからぬ増補、削除の手が入っていたことも推測できる。

このように見てくると、筆録者の陣基は、常朝の談話をただそのまま文字に写していたわけではなく、『葉隠』という書物をまとめるために相当積極的に編集の手を加えていたことが想像できる。いいかえれば、『葉隠』は、いわば常朝と陣基の共同著作であり、さらにいうならば、そこに引かれた多くの資料に関わる複数の佐賀藩士たちによる共同編集の産物であるとも考えられる。このことはまた、のちに見るように、『葉隠』の思想が、誰のものであるのかという問題とも関わってくるだろう。

②成立時期

『葉隠』の筆録が、宝永七（一七一〇）年にはじまり、七年後の享保元（一七一六）年に完成したとされているのは、巻頭にある「宝永七年三月五日初而参会」という記述と、五常本、小山本など一部写本の末尾に記された「享保元年丙申九月十日」という記述（本文庫底本では欠）が根拠となっている。享保四年以後の成立とする『校補』の指摘もあるので、享保元年完成と断定することはできないが、『葉隠』の原本がおおむねその時期に成立したことは、おそらく間違いないであろう。少なくとも、陣基が、常朝との初めての出会いののち、相当長期にわたって常朝の草庵に通い、筆録・編集の作業を続けたことは、聞書十一－167の「此庵ニて咄候事共」という文言や、聞書中にいくつか出てくる正徳（一七一一～一七一五）年間の出来事の記述からうかがい知ることができる。なお、この間、常朝は正徳三年八月に、北山黒土原から大小隈に草庵を移転している。

③書名の由来

『葉隠』という書名についてもまた、不明な点が多い。一般に「葉隠」という書名で知られているが、それが成立当初からの書名であるかどうかは確証がない。写本には『葉隠』という表題を持つものが多いが、一部には「葉隠聞書」「葉隠集」という表題のものもある。本文庫底本を含め一部の写本に付された恩田一均の跋には、「葉かくれと名付し事、いかなる心か知れる人にたづぬべし」とある。一均は元禄九（一六九六）年の生まれで、常朝より三十七歳、陣基よりは十八歳年少で、没年は未詳であるが明和八（一七七一）年七十六歳の時『北肥戦誌』全三十巻を写したことが知られている。『葉隠』成立と同時代の人の言葉であることからすれば、『葉隠』という書名は成立当初からのものであって、筆録者田代陣基による命名であったとも考えられる。しかしまた、その当時には『葉隠』という書名がどのような意味で付けられたのかは、すでに不明になっていたことも知られる。

「葉隠」という題名の意味するところについては、いくつかの説がある。佐賀藩の藩校弘道館教授を勤め、のちに東京帝国大学教授となった歴史学者久米邦武は、出家隠棲した常朝が、北山草庵の「草葉の陰より御家を荷ふ精神なるを以て、此集を葉隠と名付けたり」(『葉隠巻首評註』)と述べている。『葉隠』全巻をはじめて翻刻・刊行し、今日の葉隠研究の基礎を打ち立てた栗原荒野は、「主君には陰の奉公が真也」(聞書十一—138)とする常朝の奉公観と、木の葉隠れの草庵で語られた「樹陰の聞書」の意を合わせてつけられたのであろうとする(『校註葉隠』)。抄録ではあるが『葉隠』本文をはじめて活字本として刊行し、『葉隠』が広く一般に知られるきっかけを作った中村郁一は、「寄残花恋」と題された西行の和歌「葉隠れに散りとどまれる花のみぞ忍びし人に逢ふ心地する」にもとづくとする説を唱えた。これは、隠棲している常朝を、葉陰に散り残った花に譬えたとする見方で、西行の和歌のモチーフが、巻頭の陣基の句「白雲や唯今花に尋合」の意想と照応していると見るものである。これらの説のいずれをとるべきかはにわかには決しがたいが、仮に『葉隠』の命名者が陣基であると考えるならば、最も説得力があるのは西行の和歌説のように思われる。少なくともいえることは、「葉隠」という単語が、主として和歌や俳諧の中に現れる歌語で、日常普通の会話や文章ではめったに用いられることのない言葉だということである。そういう特殊な歌語が選ばれているということからすれば、歌の世界に詳しい人物が、著名な和歌での用例を踏まえて命名したと考えるのは、ごく自然なことであろう。山本常朝も田代陣基も、和歌や俳諧の世界に通暁した人物であり、『葉隠』本文中にも、和歌や歌学に関連する記事が少なくない。

④構成と内容

『葉隠』は、序論にあたる「夜陰の閑談」と題された文章、および「聞書第一」から「聞書第十一」までの全十一巻から成る武士道教訓・説話集である。

「聞書」各巻は、一つ書きの条文項目から成り、その総数は一三五五項目（写本により多少の異同がある）にのぼる。各項の配列に明瞭な規則性は認められないが、各巻ごとの内容にはある程度のまとまりがある。

「夜陰の閑談」は、全体の総論ともいうべきもので、そこでは佐賀藩士の学びとしての「国学」の重要性が説かれている。「国学」とは、佐賀藩の歴史・成立事情、歴代藩主とそれに仕えた先祖たちの事績を学ぶことをいう。佐賀藩および藩士のあるべきありようは、「血みどろ」の苦労を重ねて佐賀藩を確立した先祖たちの言行の中にすべて示されているのであり、藩士は何を措いてもまず「国学」を学ばなければならないとされる。その上で、鍋島侍の「覚悟の要門」が、「武勇において遅れをとらない」、「主君の御用に立つ」、「親に孝行する」、「大慈悲心をおこして、人のためになる」という四ヵ条の「誓願」として示される。いわゆる葉隠四誓願である。

聞書一と二は、主に武士道に関するさまざまな教訓から成り、ほぼすべてが常朝の直話である。「夜陰の閑談」冒頭と聞書二の末尾には、常朝と陣基の俳句のやり取りが記されており、「夜陰の閑談」および聞書一、二は、全体があたかも一夜の物語であるかのように構成されている。おおまかに見れば、聞書二までは常朝の思想が直接的に表明されたひとまとまりの教訓談話集であるということができる。

聞書三以降の各巻は、教訓談話的な項目も多少は見られるが、そのほとんどは藩の歴史・伝承、武士たちの言行・逸話などの説話的記事で占められている。聞書三は、藩祖鍋島直茂の言行とその時代の逸話、聞書四は初代藩主勝茂、勝茂の嫡男忠直の事績、聞書五は、二代藩主光茂、三代綱茂、四代吉茂の事績と、その時代のさまざまな逸話が記される。聞書六は佐賀藩の旧事・伝承など、聞書七から九までは佐賀藩古来の武士たちの逸話、聞書十は他国の出来事や武士たちの逸話、そして聞書十一は戦場における教訓や伝承、武士たちの逸話の補遺をその内容とする。聞書三から十一までは、一言でいえば、武士道に関する説話集であり、そこに記されていることがらは、佐賀藩士の学びとしての「国学」の具体的な内容に相当する。

以上を合わせれば、書物としての『葉隠』の全体は、藩士に対する思想的教訓談話（武士道）と、その根拠となる事実の集成（「国学」）という二本の柱から構成されているということができるであろう。

2.『葉隠』の思想と山本常朝

山本神右衛門常朝は、佐賀藩の有力な譜代家臣団である中野一門の出身である。中野氏は、肥前武雄城主後藤氏の一族で、常朝の祖父中野神右衛門清明のとき、後藤氏の内紛が原因で浪人していた中野一門を、当時龍造寺隆信の重臣であった鍋島直茂が召抱え、ここに鍋島・中野の主従関係が始まった。中野清明は、以後数度の合戦において武功を挙げ、龍造寺隆信が討死した沖田畷の戦いでは、切腹しようとする直茂を諫め、主君を守り通して退却する。文禄・慶長の役にも従軍して、武名を高めた。主君を案じて独断専行して「草野之くるひ者」と呼ばれ、あるいは、職務上のトラブルから目付役を斬って捨てるなど、その人物は『葉隠』の言葉でいうなら典型的な「曲者」であり、戦国乱世の荒武者であった。

常朝の父山本神右衛門重澄は、中野清明の三男で、八戸氏の分かれである山本家に養子に入り、直茂の嫡男、初代佐賀藩主鍋島勝茂に仕えた。大坂の陣では独断で組頭を追って従軍、島原の乱では鍋島帯刀配下として原城攻めに参加、帯刀は戦死、重澄も重傷を負う。この戦いでは、主君勝茂から、「重澄があまりにはやって猛攻をしかけたおかげで帯刀は討死した」と、いささか変わったお褒めにあずかる（鍋島名字の者が一人も戦死しないのでは幕府に対する鍋島家の忠誠心が疑われるからという、冷酷な乱世の論理である）。重澄もまた、典型的な「曲者」であった。重澄に対する主君の信任は厚く、中野清明の死去に際しては、「神右衛門」を名乗ることが許される。中野氏を名乗る兄弟ではなく、他家に養子に入った自分に「神右衛門」の名が許されたことに、重澄は大いに感激したと伝えられる。

山本常朝は、「書物見るハ公家之役、中野一門ハ樫ノ木握リて武篇するか役也」（聞書一－60）といわれる中野一門のうちに生を享けた。幼少期には、戦国武士最後の生き残りである父重澄によって、「血みどろ」の苦労を分かち合った草創期佐賀藩の武士たちの気風をたたきこまれた。『葉隠』の中には、父重澄の教えや人となりを記した項目が数多くある。常朝の思想の基盤を形づくっているのは、父重澄を通して受けつがれた、「御譜代」の武辺の家たる中野一門のエートスである。常朝は、三十三歳のときに、父重澄がそうであったように、嫡男でないにもかかわらず「神右衛門」の名を拝領している。このことによって、祖父清明、父重澄の精神を継承する者という常朝の自覚は、より一層深められたことであろう。常朝が中野清明、山本重澄の事績を年譜としてまとめたのも、中野一門の精神の直系の後継者であるという意識のあらわれのひとつと思われる。

常朝が仕えたのは、二代藩主鍋島光茂である。元禄八年（一六九五）に光茂が家督を綱茂に譲って隠居したのちも、事実上はほぼ光茂の御用を勤め、元禄十三年（一七〇〇）光茂が逝去するや、直ちに剃髪出家して、北山黒土原の草庵に隠居している。光茂は、戦国末の激動期を生きぬいた藩祖直茂、初代藩主勝茂父子とは、あらゆる意味で対照的な主君であった。光茂が藩主となったのは、島原の乱から二十年が過ぎた明暦三年（一六五七）のことである。光茂が藩主として行ったことは、一口に言えば、藩のありかたを、戦時体制から平時の体制へと転換することであった。

草創期の佐賀藩の制度・組織は、「血みどろになって肥前一国を槍先で突き留めた」(聞書三－16)、戦国乱世の体験の中で培われ、築き上げられてきたものである。戦国大名龍造寺氏と土豪鍋島氏の連合にはじまり、戦乱の中でいくたびか組みかえられながら、勝茂の代に完成した伝統的な制度・組織を、『葉隠』は、「御先祖様、御仕組」、「日峯様、泰盛院様之御仕置、御指南」とよぶ(「夜陰の閑談」)。「御先祖様、御仕組」の根底をなす精神は、戦場で生死を共にする戦闘者集団の倫理であり、情念である。例えば家臣団編成の基礎をなす「寄親寄子」制は、家族的・心情的な結合によって戦闘単位の強固な一体性を作り出すための、戦国期に広く見られる組織体制である。『葉隠』では、藩草創期の「寄親寄子」の強固な団結への郷愁、回帰願望がしばしば語られる(「昔は寄親と組子の間には純一無雑な心の合一があった」聞書一－62)。生も死も共にする頼もしき家来たることの表現である「追腹」も、勝茂の代までは数多く見られる。初期佐賀藩政治体制の中核をなす、龍造寺・鍋島一門による執政体制も、武勇と忠誠への信頼にもとづく家々の私的な連合・同盟関係(陣立編成)を踏まえたものであった。

光茂の代に次々と打ち出された政策は、『葉隠』の中では、否定的なニュアンスをこめて「新儀」とよばれている。「支藩統制と世禄制の実施および殉死の禁」(藤野保編『続佐賀藩の総合研究』)に代表される光茂の施策の一貫した狙いは、直茂・勝茂時代に作り上げられた藩の体制を解体し、徳川太平の世にふさわしい新しい制度へと組み替えていくことであった。そこでは、戦闘者集団の倫理に替わって、為政者・官僚の道理と法が、制度・組織の根本原理とされる。戦う者の人格的・情的な主従関係は、国家を統治する役人の儒教的な君臣関係に置き換えられる。「御先祖様、御仕組」から「新儀」への移行は、戦国以来の家々では、多かれ少なかれ、戦闘者集団の情念に執着する譜代家臣と、新たに台頭してくる技能エリート官僚（『葉隠』では、しばしば「召抱者」「出頭者」「利口成者」とよばれて批判の対象となる）との対立構図を生み出した。光茂に始まった改革は、三代藩主綱茂、四代藩主吉茂へと受けつがれ、常朝の晩年には、佐賀藩においても、固定した階層的身分制秩序と官僚的組織が確立する。

常朝は、一貫して「新儀」を否定し、「御先祖様、御仕組」への回帰を主張する立場に身をおいている。例えば、「夜陰の閑談」の中で列挙される「御三人之不熟、着座作リ、他方者抱へ、手明鑓物頭、組替、屋敷替、御親類並家老作リ」等々の「新儀」は、いずれも「仕そこなひ」であると切って捨てられる。その一方で、常朝は、「新儀」を打ち出す光茂その人に対してあからさまな批判を加えることはない。「新儀」に抵抗するのは譜代のエートスであるが、主君に対する絶対的献身もまた譜代のエートスだからである。「御譜代」たる中野一門の情念を自覚的に受けつぐ常朝は、ここで、微妙な問題に突き当たっている。

主君に対する絶対的献身は、戦場で生死を共にする主従の心情的一体関係の中で、おのずから醸成されてきた道徳である。それは、戦場や戦闘という行為がいやおうなしに強いてくる戦闘者の行動様式、心的状態なのであって、本来は道徳と呼ぶ必要すらないものである。常朝も、必死の戦いの中におのずと忠孝が生まれてくるという（聞書一－114）。実際、直茂・勝茂時代の武士たちは、それを理屈抜きの日常的なありようとして体現していたのである。だが、常朝の生きた時代には、主従の心情的一体がおのずと生まれてくるような状況（合戦）はすでに遠い過去のものとなっていた。主従の間柄も家臣相互の関係も、今では単なる外形的な職務の分担関係以上の何ものでもなくなってしまっている。そのような中で、あるべき奉公、主従の理想的な一体関係はどのようにすれば可能なのか。

一方的に身を投げ出してしまえばよい、というのが常朝の答えである。相手に通じようが通じまいが、そんなことはお構いなく、ひたすら身命をささげるというこの発想は、「忍恋」「ひたすら歎く」「陰の奉公」などとさまざまにかたちを変えながら、『葉隠』の随所に現れている。奉公人のあるべきあり方が、「武士の大括りの次第は、身命を主人に差し出すのが根本である」（聞書二―7）とか、「速やかに死に切って幽霊となって主君をひたすら思う」（聞書一―35）といった形で捉え返された時、常朝の思考は、「御譜代」の多くの武士が共有するエートスから一歩踏み出し、一つの哲学への道を切り開いている。

武士のあるべきあり方の根本は身をなげうつことであるというのは、戦国乱世の武士たちが体験の中から見いだした知恵であり、体験において実際に実現していたあり方である。「身命を主人にとくと奉る」（聞書二―7）奉公も、「死身」「死狂ひ」になって活路を切りひらく闘争も、直茂・勝茂時代の武士たちは皆、身をもって体現していたことであった。その限りでは、『葉隠』が語っていることの大半は、戦国乱世の武士たちの生きざまの祖述であり、その生き方を理想と仰ぐ譜代の武士たちの情念を代弁したものに過ぎない。『葉隠』の基本思想は「国学」にあるといわれるのもそのためである。しかし、ある特定の状況（戦場）の中で、わが身を投げ出すという道徳が成立していたということと、そういう状況がないところで、わが身を投げ出す道徳を説くことの間には、大きな隔たりがある。というのも、前者においては、身を投げ出す行為が道徳的であるのは自明なことであるのに対し、後者では、常に「なぜ」という反問がありうるからである。

戦場においては、身を投げ出すという行為の道徳性を保証するのは、まさに戦場という状況そのものである。現に戦っている戦闘者共同体は、生死、とりわけ「死」を共にすることによって、その共同性を十全に実現する（つまり、倫理を実現する）からである。

「御譜代」の武士たちの思い描く理想は、戦闘者である主君と家来の、生死を共にする共同体のありようである。「御譜代」の武士の情念は、合戦の場において主従の契りを確かめ合うことが現実にはかなわない太平の世にあっても、少なくとも観念の上では、鍋島の御家は戦う主君と戦う家来の共同体であることを希求する。それゆえ主君には、せめてもう少しでも「国学」を学んで欲しい（「夜陰の閑談」）と常朝は願う。しかし、現実の主君光茂は、究極の身を投げ出す行為である「追腹」を禁止し、今は太平の世であるから、武勇ではなく歌道で名を残そうと念じ、「古今伝授」に執心する、新時代の開明的・文治主義的な主君であった。一方的に身を投げ出すというのは、そのような主君との間に、直茂・勝茂時代のような主従の契りを打ち立てるために、常朝が見いだした活路であった。だが、一方的に身を投げ出すという行為によって、一体どのような理想が実現するのだろうか。少なくともこの場合、直茂や勝茂がそうであったように主君も「死身」であれとは要求されていないのだから、かつてのような戦闘者の共同体そのものが再現されることはありえないだろう。一方的に投げ出すとは、他者や状況とは関わりなくということであり、すべての根拠は我を投げ出す我のうちにあるだろう。常朝の中で、わが身を投げ出すことを可能にしている根拠は何なのであろうか。

譜代の武士たちが理想と仰ぐ直茂・勝茂の「御仕置、御指南」とは、いってみれば、浮沈定めなき乱世を生き抜くための知恵であり、作法である。討死、切腹、浪人はあたりまえ、御家の滅亡でさえいつ起こっても不思議ではないという状況、それが乱世である。例えば、勝茂の代の家来衆は、「七度牢人しなければ誠の奉公人とはいえない」と、口ぐせのように言っていたという（聞書一－128）。そこでは、永続、固定は何一つ保証されず、型にはまった分別は一切通用しない。要するに乱世とは、諸行無常の道理が、誰の目にも日々あらわであるような状況のことである。そういう乱世を生き抜くための知恵、作法の根本は、したがって何よりもまず、とらわれのない、自由なものでなければならない。「国学」が探究する藩祖直茂の言行に一貫するのは、まさにとらわれのない自由な思考、臨機応変、自在な身の処し方であった。直茂の思考には、例えば大名の御家だから壊れるはずはない、あるいは壊れるべきではないといった固定的思考は全く入り込む余地を持たない。どんな家でも、時節が来れば滅びるものだ。それを、無理にとどめようとすれば「きたな崩し」になる。時節到来と思ったら、いさぎよく滅んだがよい。そう覚悟すれば、かえって家を抱き留める道もある。直茂は、そのように述べたという（聞書三－27）。こういう自在な思考が、乱世を生き抜く知恵の本質をなすのであろう。直茂配下の多くの名のある武士たちもまた、自由な思考、自在な振る舞いによって激動の時代を生きぬいた「曲者」であった。そして、わが身を投げ出すことによって実現されるのは、まさにこのとらわれのない自由自在の境地であるというのが、乱世の武士たちが体験的に感得した戦場の「哲学」なのであった。

『葉隠』の内容はきわめて多岐にわたるが、それらの根本にあるのは、「まず己の身命を差し出してしまえば、すべての指針はそこからおのずと割り出されてくる」という、きわめて単純明快な論理である。主君に身命を奉ってしまえば正しい知恵が出るとか、死身でありさえすれば行為において誤りはないといった、『葉隠』の中で繰り返される論法の根源にあるのは、主君も家来も共に身を投げ出しあって戦う戦場の中で得られた乱世の知恵である。常朝が求め、おのれの手に握ろうとしたものも、そこにおいて何事も解決するような自由自在の境地であったのだろう。常朝は、その自由を、主君に対して一方的に身を投げ出すことによって手に入れたのである。

常朝は、彼の意識としては確かに「死身」になって主君光茂に仕えた。だが、常朝が主君に対して身を投げ出したのは、主君と戦いを共にした結果でないのはもちろんであるが、かといって、自分の求める境地を得るためにそうしたのでもない。常朝は、あくまでも「主君のため」に身を投げ出したのであって、他の目的を実現する手段として身を投げ出したわけではない。では、生死を共にする心情的一体の欠如したところで、なお常朝をして特定の主君に対し自分から身を投げ出すことを可能にしているものは、何なのか。結論をいってしまえば、それは、常朝自身が感得した「哲学」としての「慈悲」であったと考えられる。

「御先祖様」の「御苦労」の中で醸成された草創期佐賀藩士たちのエートスを祖述した文献は、『葉隠』以外にも少なからず現存する。それらの中で、佐賀藩の思想を儒教的概念で捉えなおして書かれたものに、常朝の儒学の師とされる石田一鼎の『要鑑抄』がある。『要鑑抄』の主題は、「武勇で遅れをとらない」「先祖の名を絶やさない」「主君の御用に立つ」という氏神に対して発した三誓願に要約される。この三誓願は、『葉隠』の四誓願のモデルとなったといわれており、四誓願のうち三ヵ条は、三誓願と内容的に重なっている。『葉隠』は、その上に「大慈悲」の一条を加えて四誓願としている。武士の思想の基本要素である武勇、忠孝は、『要鑑抄』と『葉隠』

に共通する三つの誓願が包摂するところであり、儒教的道理にもとづくか、譜代の情念の生々しい祖述であるかという違いを除けば、三つの誓願が覆う範囲は、ごく一般的な鍋島武士の思想であるということができる。そして、一般的鍋島武士道に付け加えられた「慈悲」の思想は、おそらく常朝その人の思考の特色を現しているものと考えられる。とはいえ、「大慈悲」の強調は、常朝の全くの独創であるわけではない。栗原荒野が指摘するように、それは確かに常朝の「卓見」ではあるが、「仏道の師湛然和尚の感化」によるものであるのも間違いはない。湛然梁重は、常朝が青年期に師事した禅僧で、その教えは『葉隠』の中でもたびたび紹介されている。さらにいえば、それは「御先祖様」たちが実行してきた具体的な慈悲の行い（戦死者の供養、領民に対する仁政など）を踏まえたものでもある。とはいえ、「君父のため、諸人、子孫のためにするのが大慈悲」と、主君への献身が「慈悲」の中に括りこまれていることの意味は大きい。のみならず、あらゆるものを包摂するものが慈悲であり、「慈悲から出る智勇が本物」、「慈悲のために罰し、慈悲のために働くゆえに強く正しいこと限りない」といわれるとき、慈悲はもはや一切の知恵・行為を生み出す根源とされている観すらある（聞書一－179）。

もちろん、一切衆生のために身を投げ出す慈悲が、絶対自由の知恵（悟り）への道であるとするのは、大乗仏教の基本的な考え方である。しかし、戦場で身を投げ出す奉公が実現する自由の境地を、一切衆生におのれの存在を差し出す大乗の慈悲の境地として捉えなおしたところは、「主君のために命を捨てるほど、清浄な悟りの境地はない」（聞書七－51）と喝破した鈴木正三に代表される戦国乱世の禅僧たちの思想を媒介としているとはいえ、やはりすぐれて常朝の行き着いた彼の「哲学」であったといえるだろう。

一般的鍋島武士道としての『葉隠』に、常朝が付け加えた特色をもう一つ挙げておこう。それは、平時におけるお城勤めに関する教えの一つである。

常朝が平時の武士のありかたとして、繰り返し教訓を示しているのは、「風体、口上、手跡」についてである。中でもとりわけ強調されるのは「口上」（公的な場での物言い）であり、常朝の著作『愚見集』では、奉公人の身につけるべき「芸能」の「第一は口上なり」とされている。そして、口上には、「音声、吟響、色句、節拍子、調子」などがあることを心得るべきであるとされ、謡曲などを参考にするようにと記されている。

言葉による表現の仕方に関する教訓が多いのは、『葉隠』の一つの特色である。例えば聞書一－142では、治世に勇をあらわすのは言葉であり、乱世でもただ一言で剛臆が見えると述べた上で、「此一言が心之花也。口ニてハいわれぬ物也」とされる。こうした言語情調の機微にわたる言語表現へのこだわりは、おそらくは常朝自身の文学的感性、嗜好によるものであろう。主君光茂は和歌を愛好し、常朝の奉公もまた、そのほとんどが歌書の管理や古今伝授の斡旋など、和歌をめぐるものであった。常朝自身も歌をよく詠み、歌学にも精通していたことは、『葉隠』の中の記述からも、また彼の著作『山本常朝和歌幷日記』からもうかがわれる。常朝が和歌の素養をどこで、どのようにして身につけたかは不明であるが、おそらくは主君への献身的奉公の一環として、「武田信玄が詩歌を好んだので、信玄の身近に仕えて諫言をするために詩歌を学んだ」板垣信方のように（聞書十－154）、ひそかに独学して身につけたのであろう。

常朝にとっての和歌は、単なる教養にとどまらず、彼自身の身を投げ出す仕方、「死身」の奉公とも重なっていたのである。

3．本書底本について

最後に、本書の底本について簡単に触れておく。『葉隠』の諸写本や、その系統については、本文庫第三冊にまとまった論考を掲載する予定であるので、ここではごく基本的な情報を示すにとどめる。

底本とした佐賀県立図書館蔵天保本（杉原本）は、薄茶色表紙の全六冊、表題は「葉隠」で、末尾に「天保十三年壬寅十一月上旬写終之　杉原蔵書」と記されている。十一巻末には、孝白本系統の写本の特徴である、蒲原孝白による跋と、恩田一均による二つの跋が付されている。ただし、他の孝白本系写本にある「蒲孝白謄写之」の文言を欠くほか、一均跋にある「藤崎氏」から借用したという箇所が、「中野氏」から借用となっている。本文に関しては、増補された部分や、欠文などが相当程度山本本と共通するが、また、山本本と異なる特徴も多い。この点に関しては、従来の写本系統分類の再検討も含めて、今後なお慎重な比較検討が必要であろう。天保本の詳細については他にも検討すべき点が多いが、それも、第三冊の解説に委ねたい。

本文の作成に関しては、各方面からさまざまなご支援を賜りました。底本の使用をご許可下さった佐賀県立図書館には、心より御礼申し上げます。また、底本に関してご助言を賜った佐賀県立図書館資料課郷土調査担当スタッフの皆様、葉隠研究会の皆様、ありがとうございました。心より感謝申し上げます。一御田神社権禰宜の岡本和真氏には、本文翻刻の一次原稿を作成していただきました。記して感謝の意を表します。

（かんの・かくみょう　皇學館大学教授　日本倫理思想史）

KODANSHA

注・『葉隠』は、身分制度が厳然と存在した江戸時代に、武士の生き方・思想を説いた著作です。作中には、「穢多」「片輪」「かつたひ」など差別的な言辞があります。差別は容認されるべきものではありませんが、そのような歴史的時代的背景のもとで形成された、「武士道」という普遍的な日本思想を正確に伝えることを期して、本書では、本文は写本の文言をそのまま忠実に再現し、翻刻しました。ご理解いただきますようお願いいたします。

菅野覚明（かんの　かくみょう）
1956年生まれ。東京大学名誉教授。著書に『本居宣長』『神道の逆襲』など。以下，いずれも東京大学大学院博士課程単位取得退学。専攻は，日本倫理思想史・倫理学。

栗原剛（くりはら　ごう）
1975年生まれ。現在，山口大学准教授。著書に『佐藤一斎――克己の思想』など。

木澤景（きざわ　けい）
1979年生まれ。現在，静岡県立大学准教授。

菅原令子（すがわら　れいこ）
1984年生まれ。現在，神奈川大学非常勤講師。

講談社学術文庫

定価はカバーに表示してあります。

新校訂《しんこうてい》　全訳注《ぜんやくちゅう》　葉《は》隠《がくれ》（上《じょう》）

菅野《かんの》覚明《かくみよう》、栗原《くりはら》剛《ごう》、
木澤《きざわ》景《けい》、菅原《すがわら》令子《れいこ》　訳・注・校訂

2017年９月11日　第１刷発行
2025年５月12日　第５刷発行

発行者　篠木和久
発行所　株式会社講談社
東京都文京区音羽 2-12-21 〒112-8001
電話　編集（03）5395-3512
販売（03）5395-5817
業務（03）5395-3615

装　幀　蟹江征治
印　刷　株式会社ＫＰＳプロダクツ
製　本　株式会社若林製本工場
本文データ制作　講談社デジタル製作

© Kakumyo Kanno　2017　Printed in Japan

落丁本・乱丁本は，購入書店名を明記のうえ，小社業務宛にお送りください。送料小社負担にてお取替えします。なお，この本についてのお問い合わせは「学術文庫」宛にお願いいたします。
本書のコピー，スキャン，デジタル化等の無断複製は著作権法上での例外を除き禁じられています。本書を代行業者等の第三者に依頼してスキャンやデジタル化することはたとえ個人や家庭内の利用でも著作権法違反です。

ISBN978-4-06-292448-1

「講談社学術文庫」の刊行に当たって

これは、学術をポケットに入れることをモットーとして生まれた文庫である。学術は少年の心を養い、成年の心を満たす。その学術がポケットにはいる形で、万人のものになることは、生涯教育をうたう現代の理想である。

こうした考え方は、学術を巨大な城のように見る世間の常識に反するかもしれない。また、一部の人たちからは、学術の権威をおとすものと非難されるかもしれない。しかし、それはいずれも学術の新しい在り方を解しないものといわざるをえない。

学術は、まず魔術への挑戦から始まった。やがて、いわゆる常識をつぎつぎに改めていった。学術の権威は、幾百年、幾千年にわたる、苦しい戦いの成果である。こうしてきずきあげられた城が、一見して近づきがたいものにうつるのは、そのためである。しかし、学術の権威を、その形の上だけで判断してはならない。その生成のあとをかえりみれば、その根は常に人々の生活の中にあった。学術が大きな力たりうるのはそのためであって、生活をはなれた学術は、どこにもない。

開かれた社会といわれる現代にとって、これはまったく自明である。生活と学術との間に、もし距離があるとすれば、何をおいてもこれを埋めねばならない。もしこの距離が形の上の迷信からきているとすれば、その迷信をうち破らねばならぬ。

学術文庫は、内外の迷信を打破し、学術のために新しい天地をひらく意図をもって生まれた。文庫という小さい形と、学術という壮大な城とが、完全に両立するためには、なおいくらかの時を必要とするであろう。しかし、学術をポケットにした社会が、人間の生活にとってより豊かな社会であることは、たしかである。そうした社会の実現のために、文庫の世界に新しいジャンルを加えることができれば幸いである。

一九七六年六月

野間省一

人生・教育

村井　実全訳・解説

アメリカ教育使節団報告書

戦後日本に民主主義を導入した決定的文献。臣民教育を否定し、戦後の我が国の民主主義教育を創出した不朽の原典。本書は、「戦後」を考え、今日の教育問題を考える際の第一級の現代史資料である。

253

夏目漱石著（解説・瀬沼茂樹）

私の個人主義

文豪夏目漱石の、独創的で魅力あふれる講演集。漱石の根本思想である近代個人主義の考え方を述べた表題作を始め、先見の明に満ちた『現代日本の開化』他、『道楽と職業』『中味と形式』『文芸と道徳』を収める。

271

佐藤一斎著／川上正光全訳注

言志四録《げんししろく》（一）～（四）

江戸時代後期の林家の儒者、佐藤一斎の語録集。変革期における人間の生き方に関する問題意識で貫かれた本書は、今日なお、精神修養の糧として、また処世の心得として得難き書と言えよう。（全四巻）

274～277

吉田松陰《しょういん》著／近藤啓吾全訳注

講孟劄記《こうもうさつき》（上）（下）

本書は、下田渡海の挙に失敗した松陰が、幽囚の生活の中にあって同囚らに講義した『孟子』各章に対する彼自身の批判感想の筆録で、その片言隻句のうちに、変革者松陰の激烈な熱情が畳み込まれている。

442・443

宇野哲人《うのてつと》著（序文・宇野精一）

論語新釈

「宇宙第一の書」といわれる『論語』は、人生の知恵を滋味深く語ったイデオロギーに左右されない不滅の古典として、今なお光芒を放つ。本書は、中国哲学の権威が詳述した、近代注釈の先駆書である。

451

下村湖人《こじん》著（解説・永杉喜輔）

論語物語

『論語』を心の書として、物語に構成した書。人間味あふれる孔子と弟子たちが現代に躍り出す光景が、みずみずしい現代語で描かれている。『次郎物語』の著者の筆による、親しみやすい評判の名著である。

493

《講談社学術文庫　既刊より》

人生・教育

小堀桂一郎訳・解説

森鷗外の『智恵袋』

文豪鷗外の著わした人生智にあふれる箴言集。世間へ船出する若者の心得、逆境での身の処し方、朋友・異性との交際法など、人生百般の実践的な教訓を満載。鷗外研究の第一人者による格調高い口語訳付き。

523

サミュエル・スマイルズ著／中村正直訳（解説・渡部昇一）

西国立志編《さいこくりっしへん》

原著『自助論』は、世界十数ヵ国語に訳されたベストセラーの書。「天は自ら助くる者を助く」という精神を思想的根幹とした、三百余人の成功立志談。福沢諭吉の『学問のすゝめ』と並ぶ明治の二大啓蒙書の一つ。

527

新渡戸稲造《にとべいなぞう》著（解説・佐藤全弘）

自警録《じけいろく》 心のもちかた

日本を代表する教育者であり国際人であった新渡戸稲造が、若い読者に人生の要諦を語りかける。人生の妙味はどこにあるか、広く世を渡る心がけは何か、全力主義は正しいのかなど、処世の指針を与える。

567

橋本左内《さない》著／伴　五十嗣郎全訳注

啓発録《けいはつろく》 付　書簡・意見書・漢詩

明治維新史を彩る橋本左内が、若くして著した『啓発録』は、自己規範・自己鞭撻の書であり、彼の思想や行動の根幹を成す。書簡・意見書は、世界の中の日本を自覚した気宇壮大な思想表白の雄篇である。

568

貝原益軒著／伊藤友信訳

養生訓《ようじょうくん》 全現代語訳

大儒益軒は八十三歳でまだ一本も歯が脱けていなかった。その全体験から、庶民のために日常の健康、飲食飲酒色欲洗浴用薬幼育養老鍼灸など、四百七十項に分けて、噛んで含めるように述べた養生の百科である。

577

宇野哲人全訳注（解説・宇野精一）

大学

修己治人、すなわち自己を修練してはじめてよく人を治め得る、とする儒教の政治目的を最もよく組織的に論述した経典。修身・斉家・治国・平天下は真の学問の修得を志す者の熟読玩味すべき哲理である。

594

《講談社学術文庫　既刊より》

人生・教育

中庸《ちゅうよう》
宇野哲人全訳注（解説・宇野精一）

人間の本性は天が授けたもので、それを〝誠〟で表し、「誠とは天の道なり、これを誠にするのは人の道なり」という倫理道徳の主眼を、首尾一貫、渾然たる哲学体系にまで高め得た、儒教第一の経典の注釈書。

595

五輪書
宮本武蔵著／鎌田茂雄全訳注

一切の甘えを切り捨て、ひたすら剣に生きた二天一流の達人宮本武蔵。彼の遺した『五輪書』は、時代を超えて我々に真の生き方を教える。絶対不敗の武芸者武蔵の兵法の奥儀と人生観を原文をもとに平易に解説。

735

菜根譚《さいこんたん》
洪自誠《こうじせい》著／中村璋八・石川力山訳注

儒仏道の三教を修めた洪自誠の人生指南の書。菜根とは粗末な食事のこと。そういう逆境に耐えてこそこの世を生きぬく真の意味がある。人生の円熟した境地、老獪極まりない処世の極意などを縦横に説く。

742

平生《へいぜい》の心がけ
小泉信三著（解説・阿川弘之）

慶応義塾塾長を務め、「小泉先生」と誰からも敬愛された著者の平明にして力強い人生論。「知識と智慧」など日常の心支度を説いたものを始め、実際有用の助言に富む。一代の碩学が説く味わい深い人生の心得集。

852

孔子
金谷《かなや》　治《おさむ》著

人としての生き方を説いた孔子の教えと実践。二千年の歳月を超えて、今なお現代人の心に訴える孔子の魅力とは何か。多年の研究の成果をもとに、聖人ではない人間孔子の言行と思想を鮮明に描いた最良の書。

935

知的生活
P・G・ハマトン著／渡部昇一・下谷和幸訳

生き生きとものを考える喜びを説く人生哲学。時間の使い方・金銭への対し方から読書法・交際法まで自己を磨き有用の人物となるための心得万般を伝授。学識だけでない全人間的な徳の獲得を奨める知的探求の書。

985

《講談社学術文庫　既刊より》

学校と社会・子どもとカリキュラム
ジョン・デューイ著／市村尚久訳

デューイの教育思想と理論の核心を論じる。学校を小型の共同社会と捉え、子どもの主体性と生活経験の大切さを力説する名論考。シカゴ実験室学校の教育成果から各教科の実践理論と学校の理想像を提示する。

1357

吉田松陰　留魂録
古川　薫全訳注

大文字版

死を覚悟して執筆した松陰の遺書を読み解く。志高く維新を先駆した思想家、吉田松陰。安政の大獄に連座し、牢獄で執筆された『留魂録』。松陰の愛弟子に対する最後の訓戒で、格調高い遺書文学の傑作の全訳注。

1565

孟子
貝塚茂樹著

孟母三遷で名高い孟子の生涯と思想の真髄。戦国七雄が対立した前四世紀、小国鄒《すう》に生まれ諸国を巡って仁政を説いた孟子。井田制など理想国家の構想や、あるべき君子像の提言を碩学が平易に解説する。

1676

経験と教育
ジョン・デューイ著／市村尚久訳

大文字版

デューイの教育哲学を凝縮した必読の名著。子どもの才能と個性を切り拓く教育とはどのようなものか。子ども自身の経験を大切にし、能動的成長を促す教育理論を構築。生きた学力をめざす総合学習の導きの書。

1680

呂氏春秋
町田三郎著

秦の宰相、呂不韋《りょふい》が作らせた人事教訓の書。始皇帝の宰相、呂不韋と賓客三千人が編集した『呂氏春秋』は天地万物古今の事を備えた大作。天道と自然に従い人間行動を指示した内容は中国の英知を今日に伝える。

1692

孝経
加地伸行全訳注

大文字版

この小篇は単に親孝行を説く道徳書ではない。中国人の死生観・世界観が凝縮されている。『女孝経』「法然上人母へのことば」など中国と日本の資料も併せ、精神的紐帯としての家族を重視する人間観を分析する。

1824

白石良夫全訳注
本居宣長「うひ山ぶみ」
「漢意《からごころ》」を排し「やまとたましい」を堅持して、真実の「いにしえの道」へと至る。古学の扱う範囲や目的と研究方法、学ぶ者の心構え、近世古学の歴史的意味等、国学の偉人が弟子に教えた学問の要諦とは？

1943

加地伸行全訳注
論語 増補版
人間とは何か。溟濛の時代にあって、人はいかに生くべきか。儒教学の第一人者が『論語』の本質を読み切り、独自の解釈、達意の現代語訳を施す。漢字一字から検索できる「手がかり索引」を増補した決定新版！

1962

福沢諭吉著／土橋俊一校訂・校注（解説・竹内 洋）
福翁自伝
幕末・維新の激動期、封建制の枠を軽々と突き破り、長崎、大坂、江戸、欧米へと自らの世界を展げ、日本の思想的近代化に貢献した福沢諭吉。痛快無類の人生を平明な口調で存分に語り尽くす、自伝文学の最高傑作。

1982

エミール・デュルケム著／麻生 誠・山村 健訳
道徳教育論
「規律」と「自律」を子どもにどう教えるか。科学としての社会学を確立した著者が論じる道徳教育の理論と実践。学級と教師の役割、体罰の禁止、科学教育の必要性など現在の教育問題にも有効な指針を示す古典。

1992

奈良本辰也著・訳
吉田松陰著作選 留魂録・幽囚録・回顧録
至誠にして動かざる者は未だ之れ有らざるなり――。幕末動乱の時代を至誠に生き、久坂玄瑞、高杉晋作、伊藤博文らの人材を世に送り出した、明治維新の精神的支柱と称される変革者の思想を、代表的著述に読む。

2202

佚斎樗山著／石井邦夫訳注（解説・内田 樹）
天狗芸術論・猫の妙術 全訳注
剣と人生の奥義を天狗と猫が指南する！ のろまな古猫は、いかにして大鼠を銜え取ったか。滑稽さの中に風刺をまじえて流行した江戸談義本の傑作。宮本武蔵の『五輪書』と並ぶ剣術の秘伝書にして「人生の書」。

2218

人生・教育

論語のこころ
加地伸行著

『論語』はこう読み、こう教える！　大人から子どもまで万人に贈る入門書。仁と礼に基づく理想社会とは何か。人間の幸福とは何か。実践的な読み方と、その魅力の伝え方を中国哲学史研究の泰斗が平易に説く。

2320

モンテーニュ　よく生き、よく死ぬために
保苅瑞穂著

「もっとも美しい魂とは、もっとも多くの多様さと柔軟さをもった魂である」。モンテーニュは宗教戦争の時代にあって生と死の真実を刻んだ。名文家として知られる仏文学者が、その生涯と『エセー』の神髄を描く。

2322

漱石人生論集
夏目漱石著

夏目漱石の屈指の読み手、作家の出久根達郎氏が随筆、評論、講演、書簡から編んだ、今も新鮮な漱石の「生き方のエッセンス」。人生を凝視し、人生の意義を見いだすべく苦闘した文豪の知恵と信念とに満ちた一冊。

2327

夢酔独言
勝　小吉著／勝部真長編

「おれほどの馬鹿な者は世の中にもあんまり有るまい」「馬鹿者のいましめにするがいゝぜ」。坂口安吾も激賞した、勝海舟の父が語る放埒一途の自伝。幕末の江戸の裏社会を描く真率な文体が時を超えて心に迫る！

2330

逸翁自叙伝　阪急創業者・小林一三の回想
小林一三著（解説・鹿島　茂）

電鉄事業に将来を見た男はどんな手を打ったか。沿線の土地買収、郊外宅地の開発分譲、少女歌劇……。誰も考えつかなかった生活様式を生み出した、大正・昭和を代表する希代のアイデア経営者が語る自伝の傑作。

2361

故郷七十年
柳田國男著（解説・佐谷眞木人）

齢八十をこえて新聞社に回顧談を求められた碩学は言った。「それは単なる郷愁や回顧の物語に終るものでないことをお約束しておきたい」。故郷、親族、官途、そして詩文から民俗学へ。近代日本人の自伝の白眉。

2393

《講談社学術文庫　既刊より》

小此木啓吾著
現代の精神分析 フロイトからフロイト以後へ

精神分析百年の流れを、斯界第一人者が展望。二十世紀は精神分析の世紀でもある。始祖フロイトの着想から隣接諸科学を巻き込んだ巨大な人間学の大成へ。一世紀にわたる精神医学のスリリングな冒険を展望する。

1558

中沢新一著（解説・吉本隆明）
チベットのモーツァルト

密教の実践的研究が現出させた、チベット高原の仏教思想と現代思想のスリリングな出会い——。八〇年代以降の思想潮流を創り、今なお、思想の大海を軽やかに横断しつづける著者の代表作、待望の文庫化なる。

1591

森　三樹三郎著（解説・蜂屋邦夫）
老荘と仏教

中国は外来思想＝仏教をいかに吸収したのか。西域より移入以来二千年の歴史をもつ中国仏教。仏教根本義「空」の思想の、老荘の「無」を通した理解から禅仏教の確立まで、中印思想のダイナミックな交流を追究。

1613

金谷　治著
易の話 『易経』と中国人の思考　大文字版

占い書にして思想の書『易経』を易しく解説。儒教の重要な経典として「五経」の筆頭におかれた『易経』。二千余年来の具体的な占い方を解説しつつ「易」と歩んだ中国人の自然・人生・運命観を探る大文字本。

1616

九鬼周造著／藤田正勝全注釈
「いき」の構造

「粋」の本質を解明した名著をやさしく読む。いきとは何か？　ヨーロッパ現象学を下敷に歌舞伎、清元、浮世絵等芸術各ジャンルを渉猟、その独特の美意識を追究。近代日本の独創的哲学に懇切な注・解説を施す。

1627

今道友信著
アリストテレス

「万学の祖」の人間像と細緻な思想の精髄。人間界、自然界から神に至るまで、森羅万象の悉くを知の対象とした不朽の哲人アリストテレス。その人物と生涯、壮大な学問を、碩学が蘊蓄と情熱を傾けて活写する。

1657

哲学・思想・心理

諸子百家
浅野裕一著

春秋・戦国を彩る思想家たちの才智と戦略。戦乱の世に自らの構想を実現すべく諸国を遊説した諸子百家。利己と快楽優先を説いた楊朱、精緻な論理で存在の実体を問う公孫龍から老子、孔子までその実像に迫る。

1684

君あり、故に我あり　依存の宣言
S・クマール著／尾関　修・尾関沢人訳

平和への世界巡礼で名高い英国思想家の名著。懐疑・自我の確立・二元論的世界観。デカルト以降の近代思想は対立を助長した。分離する哲学から関係をみる哲学へ。ひたすら平和を願い、新しい世界観を提示する。

1706

戦国策
近藤光男著

前漢末、皇帝の書庫にあった国策、国事等の竹簡を校定し編まれた『戦国策』。陰謀渦巻く一方、壮士・将軍・能臣が活躍、賢后・寵姫が微笑む擾乱の世を、人物編・術策編・弁説編の三編百章にわけて描出。

1709

東洋のこころ
中村　元著

東洋人の心性を育み、支えてきたものとは？　人心の荒廃が叫ばれる今こそ、我々の精神生活の基盤＝東洋のこころを省みることが肝要である。比較思想的な観点を踏まえ、碩学が多角的に説く東洋の伝統的思想。

1741

マルクス・アウレリウス「自省録」
マルクス・アウレリウス著／鈴木照雄訳

ローマ皇帝マルクス・アウレリウスはストア派の哲学者でもあった。合理的存在論に与する精神構造を持つ一方、文章全体に漂う硬質の色を帯びる無常観。哲人皇帝マルクスの心の軋みに耳を澄ます。

1749

学問のすゝめ
福沢諭吉著／伊藤正雄校注

「天は人の上に人を造らず人の下に人を造らず」近代日本を代表する思想家が本書を通してめざした精神革命。自由平等・独立自尊の思想、実学の奨励を平易な文章で説く不朽の名著に丁寧な語釈・解説を付す。

1759

《講談社学術文庫　既刊より》